$$\frac{1958}{2015}$$

中国电视图史

CHINESE TV : AN ILLUSTRATED HISTORY

项目主持
陈刚、胡智锋

编委会
高晓虹、胡智锋、宋家玲、陈刚、哈艳秋、李锦云、
刘年辉、王姗、叶基固、刘宏、王建宏、王甫

编写组

内地部分

编写：王姗、刘年辉、李振营、于然、郭杨、董孟怀、杨博、
陈淼、高贺胜、梁笑然、孙会、宋丽丽、张开一、王晓喆
写作助理：龚诗尧、李晓罡
图片编辑：于然、李振营、丰瑞

台湾部分

编写：叶基固、何怀嵩、惠珺
图片编辑：罗淑铃、周俐妤
写作助理：简沅庭、郑伟志

香港部分

编写：王姗
图片编辑：王晓喆

统筹：中国传媒大学电视学院

中国电视图史

$\dfrac{1958}{2015}$

CHINESE TV: AN ILLUSTRATED HISTORY

陈刚　主　编
王姗　副主编

中国传媒大学出版社

·北京·

图书在版编目（CIP）数据

中国电视图史：1958—2015/陈刚主编．－－北京：中国传媒大学出版社，2019.5
ISBN 978-7-5657-2190-8

Ⅰ．①中⋯　Ⅱ．①陈⋯　Ⅲ．①电视史—中国—1958—2015—图集　Ⅳ．①G229.297-64

中国版本图书馆CIP数据核字（2018）第029827号

中国电视图史：1958—2015
ZHONGGUO DIANSHI TUSHI：1958—2015

主　　编	陈　刚
副 主 编	王　姗
责任编辑	程　平　李水仙　蒋　倩
封扉设计	郑志亮
责任印制	阳金洲
出版发行	中国传媒大学出版社
社　　址	北京市朝阳区定福庄东街1号　邮编：100024
电　　话	86-10-65450528　65450532　　传真：65779405
网　　址	http://www.cucp.com.cn
经　　销	全国新华书店
印　　刷	北京中科印刷有限公司
开　　本	889mm×1194mm　1/16
印　　张	54.25
字　　数	1278千字
版　　次	2019年5月第1版
印　　次	2019年5月第1次印刷
书　　号	ISBN 978-7-5657-2190-8/G·2190　　定　价　698.00元

版权所有　　翻印必究　　印装错误　　负责调换

看见的历史

中国古代以"图""书"并称，早有"左图右史"的史学理念。南宋史学家郑樵在《通志·图谱略》中说："图，经也，文，纬也。一经一纬，相错而成文。""古之学者为学有要，置图于左，置书于右，索象于图，索理于书。"

图史互文的传统在近年获得不少学科的重视，在历史学界形成了图像史学的实践与理论讨论的风潮。图像史学兴起的原因，除了回应传统之外，还有两个重要的因素不容忽视：

一是西方图像史学理念的引入。西方现代图像研究源于德国艺术史家阿比·瓦尔堡。1912年阿比·瓦尔堡在罗马国际艺术史大会演讲中正式提出图像学的研究方法。随后一大批学者加入图像学的研究，发表了很多重要成果。后来图像学影响逐渐扩大，被应用到各类相关学科。2008年英国著名文化史家彼得·伯克所著的《图像证史》中文版出版，对中国的图像史学发展产生重要影响。

二是图像时代的到来。我们正处在视觉居于社会现实主导形式时代。图像在文化消费和日常生活中已经占据关键地位。电视的普及，让公众的影像消费成为日常行为；互联网，尤其是移动互联网的迅速发展，智能手机的普及，让影像、图片的生产与传播变得大众化和日常化。

新闻传播学、传媒艺术学领域的各类图史著作相继出版，这说明作为新兴的史学呈现样式，图史在本领域有了初步的尝试。其中有影响的图史著作包括：《中国新闻图史》（丁淦林、黄瑚等，2002年）、《中国报刊图史》（李焱胜，2005年）、《中国广告图史》（黄升民、丁俊杰、刘英华，2006年）、《中国电影图史（1905-2005）》（中国电影图史编辑委员会，2007年）、《中国广播电视图史》（赵玉明、艾红红，2008年）、《中国红色报刊图史》（张挺、王海勇，2011年）、《中国电影历史图志：1896-2015》（丁亚平，2015年）。

本书以图文并举、图文互文的方式来记叙中国电视的历史，在借鉴并吸收前述诸多图史著作和相关电视史著作的经验基础上，也做了一些不一样的尝试。

中国电视事业从1957年创办到2015年，走过了58年的历程。这半个多世纪，随着社会的整体发展，中国电视事业历经坎坷曲折，从初创走向繁荣。随着改革开放的大好机遇，电视成为最有影响力、最强大的"第一媒体"。大致说来，中国电视事业前20年为初创期，发展历程曲折；后来的30年，为改革和飞跃发展时期，日新月异，从20世纪80年代自中央电视台开始的新闻改革到90年代初的《东方时空》推出，直至《焦点访谈》《实话实说》《新闻调查》等一批有影响的栏目相继创办，伴随着大量中外合拍、自制的优秀电视节目的问世，中国电视走向辉煌。中国电视一步一个台阶，不断发展，走向繁荣；新近几年，则是媒介走向融合的时期，电视媒介步入转型期，各级电视台纷纷开始拥抱新媒体，开拓新的传播平台。以此为脉络，本书将内地电视发展分为五个阶段：初创期（1958—1966）、挫折前行期（1967—1976）、稳步成长期（1977—1991）、快速壮大期（1992—2008）、积极转型期（2009—2015）。香港、台湾电视发展则各有与内地不同的历史进程，本书依其自身脉络分别区分为四个阶段。最后将内地与香港、台湾的各个不同电视发展阶段做了大致整合，形成按阶段区分为五编的编排体例。

本书采用编年体方式，遵循"以时间为经，以事件为纬"的史书撰写体例，将中国内地、香港、台湾三地的电视发展历程放在各自的政治、经济、社会和科技发展的大背景下进行系统全面的梳理和形象客观的展示。以每一年度或每一个阶段作为独立编排单位，每一单位按内地、台湾、香港顺序分别记载三地的电视发展状况。每一阶段的具体内容按时间编排。力争从条块结合的视角，对电视发展历程进行全景式的扫描与呈现。每一单位的主要板块包括：

大事记。记录有重大影响的电视事件，或对于电视的全局有影响的重要事件，包括涉及电视的重大的境内外交流活动。电视大事记，在本书中发挥提要作用。以时间为线，简洁概括地记叙电视发展过程中的大事要事，提纲挈领地记录电视发展的历史原貌。在事件选取时，一方面尽量全方位、多角度地收录有影响的重要事实。事实选取对象不局限于电视行业本身，而尽量囊括对电视有重要影响的相关领域发生的事件。另一方面，注重突出时代特色、行业特色。从1957到2015年，历时58年，电视发展经历了多个不同阶段，各个阶段发展情况有较大差异，所以注重各个时代的不同特色，不同阶段并非以同一标准来选取事实，而是以各个电视发展阶段的不同特点作为评判依据。电视业发展会受到政治、经济等社会各个系统的影响，但也有自己的进程和条件，所以，在电视发展分期时，以电视本身的发展脉络作为分期依据；在事实选取时，会特别注意电视发展史上有研究价值和存史意义突出的事实。

政策法规。记录具有重要价值或影响的法律、行政法规、部门规章、规范性文件，包括有较大影响的地方法规和规章。电视法规与政策是调控电视业发展的刚性因素之一。电视发展整体格局、微观路径，电视机构的性质、内容、广告、资本等方面的运营，都受到法规与政策的指引与约束。例如，1992年6月16日，中共中央、国务院作出《关于加快发展第三产业的决定》，正式把广播电视、报刊经营列入第三产业。此政策将电视视为第三产业的重点发展对象，从此推动了电视产业的跨越式发展。

电视栏目和节目。节目是电视业的核心，是电视直接与观众交流的主要方式，也是电视能够产生巨大影响力的主要原因。中国电视节目经历了一个数量从少到多，类型从单一到多元，影响力从弱到强的过程。本书记录和呈现了主要的电视节目类型的发展历程，涉及的节目类型包括新闻类、专题类和杂志类、纪录片类、教育类、综艺类和艺术类、电视剧类等。

电视评奖。电视领域的评奖活动，特别是政府或者行业协会等主办的评奖活动，则是激励电视创新、引导电视发展的柔性机制。比如，新闻类的中国新闻奖是经中央批准常设的、中华全国新闻工作者协会组织评选的全国优秀新闻作品最高奖。该奖通过"检阅""表彰"和"展示"，发挥"示范""引导""鼓励"的整体效应，实现为"全党全国工作大局服务"的目标，是一种"导向的导向"。除中国新闻奖外，本书记录的重要奖项的获奖作品和人物包括：中华新闻工作者协会主办的长江韬奋奖、国家新闻出版广电总局主办的中国电视剧飞天奖、中国广播电视协会主办的金话筒奖、台湾有关主管机关主办的电视金钟奖等。

电视史料。精选具有重要历史价值的第一手电视史料和少量价值重大的二手电视史料，原汁原味地呈现电视发展的重要历史记录。本书着眼于"存史"，对史料只记载而不论述。选取史料包括早期电视节目单、重要电视政策文件、中央领导的重要讲话、受众调查资料、电视口述历史资料等。原始史料呈现个案、细节，为历史留下鲜活的记忆。

电视技术。记录电视技术重要进步和突破，强调技术对电视事业的推动力。本书从技术视角观照电视发展，注重呈现新技术、新媒体在中国电视业的发展中和电视表达方式上所起到的重要作用。这样，让我们能更为准确地把握新技术、新媒体给电视带来的机遇和挑战。

电视人物。电视发展史上做出突出贡献或有重要影响的人物，获得重要奖项的人物。

电视出版机构和电视出版物。记录有较大影响的电视出版机构和出版物，包括电视报刊、电视图书、电视学术作品等。

电视教育。简述电视教育史上具有重要意义的事件、机构等。

本书拓展了中国电视史的叙述时空。将中国内地和香港、台湾电视的发展历程，整合在一起进行系统、全面和客观的描述和再现，力求展示真正意义上全视野、完整的"中国电视史"，这种努力一定程度上有助于推进内地、香港、台湾电视史与电视事业研究的交流融合。在时间方面，一般以1958年5月1日北京电视台的试播作为中国电视事业诞生的标志。但在此前的1957年5月29日，香港成立了"丽的映声"，正式推出电视服务。本书对中国电视史叙述以此作为起点，更为符合历史的实际。

作为一部以图像和文字并重，客观记述中国电视发展历程的著作，在表达策略上也有自身的特色。

本书遵循述而不作、记而不论的原则。注重客观记叙，很少直接主观论述和评论，力求比较公正地展示电视发展的原生态。这样，通过文字和图像存留电视发展的原貌，为进一步认识和理解电视历史提供基础。本书对电视历史的认识则通过让事实说话、让史料说话的方式来实现，也就是通过对大事、法规、节目等条目安排以及各条目材料的甄选来表达一定的电视发展史观。

本书采用图像与文字叙述并行的方式。图像包括事件照、人物照、节目海报、剧照、报刊文照、设备实物照等，每幅图片配文字说明。优先考虑具有时代性或者场景性的图片，能够呈现较为充盈的故事性、良好的视觉效果，具有丰富的信息量。对于人物，包括获奖的人物或者电视人物，多选择人物照片，以突出人物的价值与地位。

图像在本书中具有与文字同等重要的地位。电视是以活动图像为主要表达符号的传播形式，以图像来呈现其发展历史，有可能会更好地还原电视的本来面目。但是图像在本书中的价值，并不仅仅限于此。图像作为电视历史记录，不是文字记录的插图，或者文字记录的注解，而是具有别具一格的、独立的价值。

以图记史。图像可以记录历史。例如，内地初创时期的电视节目，包括电视剧，采取的都是直播的方式进行播送。当时采用直播方式而不是录播方式，是由于技术条件限制，与今天的直播形式不同，其意义和价值也不同。本书通过老照片展示了当时电视直播的工作场景，非常清楚地呈现了原始的电视直播状况。这比文字描述更为直观和细致。文字是概念性符号，即使文字尽力展示历史细节，也只能碎片化呈现，而难以整体再现，更不易捕捉细微的变化。图片蕴含着更为丰富的立体化的历史信息，包含更细腻、更完整的细节，呈现更为有趣的历史景象。图史可以充分利用图像的特殊优势，迅速而清楚地从细节方面交代复杂的过程。

以图证史。图像可以与文字相互印证，也可以与文字相互对峙。有些图像与文字具有互文性和互补性，那就是图文相合、文图交融。也有些图像与文字具有裂隙，传递与文字不一样的，甚至完全迥异的信息与意义，相互对峙与抵触。两种情况，图像都与文字互动、对话，为文字记录的历史提供肯定或否定的证据。图像作为无言的证据，为我们更准确地认识历史提供了机会。当然，当图像与文字冲突时，谁对谁错，需要费心费力去辨正。虽然图像具有直接的证据力，但图像所传递的信息也有可能是不真实的。

以图明史。以图记史、以图证史，只是图像史学的初级阶段。其主要的价值在于图像对历史的记录以及图文互证，包括以图记史、以图证图、按图索文、以文索图、以文证图、以图证文等形式。美术史论学家潘诺夫斯基在20世纪中期提出了"图像学方法"。"图像学方法"包含三个层次分别是：第一层次，前图像学的描述，关注的是图像的"自然意义"，由可识别的物品和事件组成。第二层次，严格意义的图像学分析，主要关注图像的"常规意义"，如图像中历史事件是某一件具体事实。第三层次，图像研究解释，关注的是图像的"本质意义"，就是"揭示决定一个民族、时代、宗教或哲学倾向基本态度的那些根本原则"。以图记史与以图证史，主要停留在潘诺夫斯基所述的第一层次和第二层次。那么，透过图像，关注、揭示和解释图像背后所勾连的政治、经济、文化和技术等多维的社会关系，挖掘图像深层意义，就会抵达第三层次，从而实现以图明史的功效。也就是关注图像的背后，以图像作为切口，发现和阐述历史。本书以客观记叙为准则，对所展示的图像鲜有引申解读，只能说为进一步的电视图史研究工作奠定了一定基础。

以图传史。文字叙述的电视历史，往往朴素抽象、概括程度较高，读者主要限于学术界，普通观众不太有阅读的意愿。图像记录的历史，因为图像本身所具有的形象、直观、生动的优点，读者感知更为直接和确切，让读者读起来更有趣味。细节翔实、妙趣横生的图像让历史更有吸引力，有助于吸引电视从业人员、普通观众乃至一般民众通过读图来触摸电视的历史，所以图史可以拓展受众群体，扩大知识传递范围，推动电视文化普及与发展。

"千载寂寥，披图可鉴。"图像对于电视历史具有极其重要的价值，但是这种价值不是图像自动生成的。电视是一种影像艺术，作为其产品的电视节目，多以活动影像形式留存。大量的电视节目留下难以计数的图像资料。如何从中筛选、鉴别、提取富有意义的图像，进行保存和研究，需要研究者有较强的鉴识能力。与此同时，关于电视生产、制作、播出等很多幕后工作的图片与影像，却难以获得。图像资料的一多一少，考验着研究者的收集、甄选能力，更关乎支撑此类能力的史观与史识。作为电视图史的编撰者，要掌握电视历史的密码，能解读分析图像信息，还要领会体味文字魅力，三者缺一不可，而这需要充分的训练与磨砺。本书的编撰者虽力图呈现一部高水平的电视图史，但囿于主观学识与客观条件所限，与理想境界还有一定的距离。

目 录

第一编 — **1**

第一部分　内地　初创期（1958—1966） 3

　　概述 3
　　1958-1960 3
　　1961-1966 28

第二部分　台湾　初创期（1962—1971） 46

　　概述 46
　　1962-1971 46

第三部分　香港　初创期（1957—1967） 59

　　概述 59
　　1957-1967 59

第二编 — **79**

第一部分　内地　挫折前行期（1967—1976） 81

　　概述 81
　　1967-1976 81

第二部分　台湾　三足鼎立期（1972—1984） 90

　　概述 90
　　1972-1984 90

第三部分　香港　三足鼎立期（1968—1978） 106

　　概述 106
　　1968-1978 106

第三编 — **127**

第一部分　内地　稳步成长期（1977—1991） 129

　　概述 129
　　1977-1978 129
　　1979年 141
　　1980年 154
　　1981年 167
　　1982年 183
　　1983年 200
　　1984年 214
　　1985年 227
　　1986年 237
　　1987年 245
　　1988年 256
　　1989年 265
　　1990年 276
　　1991年 284

第二部分　台湾　多元化时期（1985—1999） 295

概述 295

1985-1999 295

第三部分　香港　两强争霸期（1979—1993） 325

概述 325

1979-1993 325

第四编 ——— 343

第一部分　内地　快速壮大（1992—2008） 345

概述 345

1992年 346
1993年 357
1994年 373
1995年 392
1996年 415
1997年 424
1998年 442
1999年 460
2000年 481
2001年 501
2002年 519
2003年 534
2004年 563
2005年 577
2006年 599
2007年 613
2008年 632

第二部分　台湾　开放转型期（2000—2015） 645

概述 645

第三部分　香港　多元发展期（1994—2015） 697

概述 697

第五编 ——— 725

内地　积极转型期（2009—2015） 727

概　述 727
2009年 728
2010年 744
2011年 759
2012年 781
2013年 804
2014年 830
2015年 843

主要参考文献 ——— **855**

后　记 ——— **856**

第一编

第一部分
内地 初创期（1958—1966）

概 述

1958年5月1日，中国内地第一座电视台——北京电视台（即现在中央电视台前身）试验播出黑白电视节目。继北京电视台之后，许多省市纷纷建立电视台。1958年，上海、哈尔滨分别建立电视台。1959—1961年，天津、广东、吉林等地纷纷建立电视台。1961年年底，全国建立的电视台、试验电视台和转播台共计26座。截至20世纪50年代末，全国共有电视机1.7万台，当时的电视机一般安装在公共场所供集体收看。

20世纪60年代，国民经济遭遇严重困难，中央广播事业局采取压缩广播电视规模的方针，只保留部分电视台，其余停办。全国最初只保留了北京、上海、广州、沈阳、天津五座电视台。1963年年初，哈尔滨、长春和西安也保留了电视台。

初创期的电视在国内外新闻报道、科教和文化宣传方面开始发挥重要作用。印尼举行第一届新兴力量运动会、第一颗原子弹爆炸、第28届世界乒乓球锦标赛等，北京电视台都积极进行报道。北京电视台还把电视片寄往国外，在美、英、日等国的新闻机构发行。先进人物如雷锋、欧阳海、王进喜、焦裕禄、王杰等，先进集体如大庆、大寨等均是通过电视报道为群众所熟知的。

截至1965年8月，北京电视台与27个国家的电视机构建立了电视片交流关系，拍摄的《对虾》《金小蜂和红铃虫》《水地棉花蹲苗》等科教片在国际电视节获奖。

1958—1960

一、大事记

1958年3月17日，我国第一台黑白电视机诞生，国营天津无线电厂（后更名为天津通信广播公司）研制的"北京"电视机试播成功。

1958年3月17日，我国第一台黑白电视机实地接收试验成功。当晚7点电视机屏幕上清晰地出现了广播员的图像，并伴随着洪亮的声音

这个戴着红盖头的中国第一台电视机，被誉为"华夏第一屏"，如今摆在天津通信广播公司的产品陈列室里。这台14英寸黑白电视机，是当时国营天津无线电厂技术人员利用国产电子管加上苏联的元器件生产出来的

1958年5月1日19时整,中国第一座电视台——北京电视台(中央电视台前身)开始试验广播。当晚,在北京仅有的几十台电视接收机屏幕上,出现了一幅以广播大楼模型作为背景图案,上书"北京电视台"字样的电视画面。

电视机局部图。为了纪念中国第一台电视机,特以首都"北京"命名

北京电视台试播时的电视转播画面

中国第一台电视机纪念章

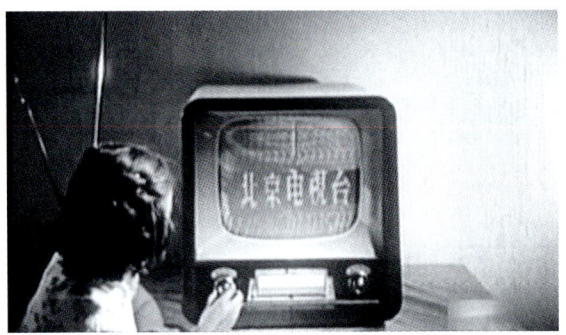

北京观众在家中收看北京电视台节目

1957年中国老百姓第一次看到电视时欣喜好奇的情景。在商品展览会上,参观者对"电视机"这个神奇的小匣子无不感到惊讶,有人甚至转到电视机背面,去看演员藏在哪里

1958年5月1日北京电视台首次播出后全体工作人员合影

北京电视台正式开播时，首都地区约有50台电视接收机。这是早期播音员正在向观众介绍当天电视节目的情形

《人民日报》1958年5月5日刊登新闻报道——《我国第一座电视台开始实验性广播》

1958年9月2日，北京电视台转入正式广播，每周播出4次，星期二、四、六、日各播一次。

1958年9月2日，沈力在播音时的情景

北京电视台开播时，虽然北京只有几十台电视机，但是每台电视机前都坐满了观众，有时几十人甚至上百人在观看，电视被称为"小电影""小剧场"，深受观众欢迎

1958年10月1日,我国第二座电视台——上海电视台试验播出,并于次年10月1日正式播出。1958年12月20日,我国第三座电视台——哈尔滨电视台(今黑龙江电视台前身)开始播出。1959年到1960年,长春、天津、沈阳、广州、鞍山、抚顺、苏州等地也相继设立电视台。

1958年,上海电视台工作人员利用劳动车操纵摄像机

1958年10月1日,上海电视台首播后全体工作人员合影

1958年12月15—20日,中央广播事业局在北京召开全国电视台基建工作座谈会,研究电视事业的发展方针、发展规划和技术方案以及电视台基本建设中的关键问题。广播事业局局长梅益提出:电视广播节目应该是新闻性、知识性和文艺性三者并重。

1958年12月,位于北京复兴门外的中央广播大楼基本建成。20世纪50年代末至90年代,北京电视台办公地点一直位于该大楼内。

1958年10月,上海电视台开播初期台址(新永安大楼内,照片中最高的那幢现代摩天楼)

1959年的北京广播大厦。前面立着"大跃进"时的口号"干劲一鼓再鼓,上游一争再争"

1959年1月1日，北京电视台由每周4次广播改为每周6次广播。

1959年9月12日，周恩来（右一）视察北京电视台

1959年，刘少奇主席视察开播一年的北京电视台

1960年1月1日起，北京电视台试行新的固定节目时间表，每周播出8次，星期日上午增加一次，设置了《少年儿童》《体育爱好者》《电视新闻》《祖国各地》《故事影片》等十多个栏目。

早期少年儿童电视节目

二、政策法规

1959年10月19日，刘少奇主席到中央广播事业局视察工作。指出"下一步应该搞彩色电视"。

三、电视栏目和节目

（一）新闻类

1. 北京电视台第一个电视节目

1958年5月1日，北京电视台首次试验播出的第一个节目是《工业先进生产者和农业生产合作社主任庆祝"五一"节座谈》。节目内容为工人、农民谈"大跃进"计划，庆祝"五一"国际劳动节。

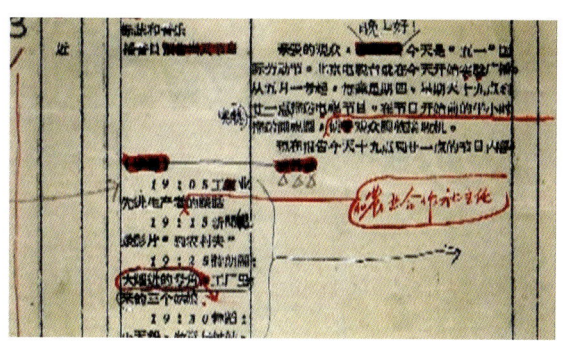

1958年5月1日北京电视台节目播出单原件，现存于国家广播电视总局档案馆。图为第一个电视节目的节目单原稿

2. 北京电视台第一批电视新闻栏目：《图片报道》《电视新闻片》《简明新闻》

1958年5月15日，北京电视台第一次播出《图片报道》，题为《"东风牌"小轿车》，内容是介绍我国制造的小轿车，节目长度约为4分钟。

1958年5月29日，北京电视台记者拍摄播出了电视新闻片《朱德副主席为石景山钢铁厂扩建工程剪彩》。6月1日，北京电视台记者李华、孔令铎拍摄了电视新闻片《中共中央机关刊物〈红旗〉杂志创刊》。这是北京电视台屏幕上出现最早的电视新闻片。

自1958年11月2日起，北京电视台开始设置口播新闻栏目，名为《简明新闻》。每次5分钟，由中央人民广播电台新闻部供稿。该栏目安排在晚间电视节目结束前播出，由播音员沈力在演播室直播。

（上下图）图片报道《"东风牌"小轿车》节目截图

电视新闻片《朱德副主席为石景山钢铁厂扩建工程剪彩》节目截图

1958年，北京电视台记者李华在北京木材厂拍摄新闻

3. 北京电视台第一次播出电视国际新闻节目

1958年5月8日，北京电视台第一次播出的外国电视新闻节目是民主德国为庆祝"五一"国际劳动节和我国第一座电视台开始试验广播寄来的祝贺词和电视新闻片。

自1959年下半年起，国际新闻日益增多，北京电视台取消单国新闻专辑的编辑方法，改为《国际新闻》专辑，综合选编外国新闻片。

4. 北京电视台第一次向国外寄送自拍的电视片

1959年4月21日，北京电视台将长约7分钟的电视新闻片《第二届全国人大第一次会议专题报道》航寄给苏联、民主德国、罗马尼亚、匈牙利、波兰、捷克斯洛伐克的电视台，这是北京电视台第一次向国外寄送自拍的电视片。

（二）专题类和杂志类

1. 北京电视台：《少年儿童节目》

1958年9月，北京电视台创办了第一个也是持续时间最久的一个对象性栏目《少年儿童节目》，它的固定报幕员是一个名叫王小毛的木偶。

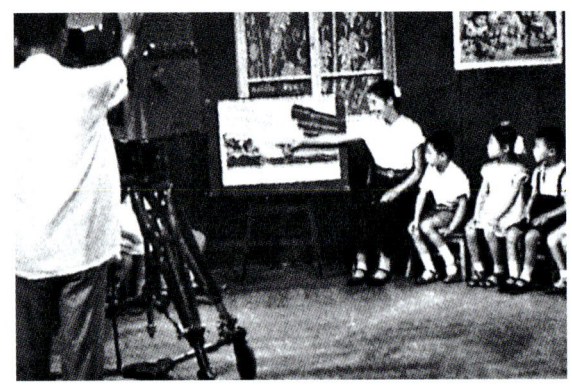

北京电视台早期录制《少年儿童节目》现场

2. 北京电视台:《体育爱好者》

1958年年底,北京电视台《体育爱好者》栏目开始不定期播出,这是中国第一个体育栏目。自1960年1月1日开始,该栏目成为北京电视台的固定体育栏目,隔周的二、五播出。但由于技术所限,该栏目的主要内容是时效性不强的体育知识类节目,如专题节目《怎样做广播体操》《怎样学游泳》等。

3. 北京电视台:"庆祝中华人民共和国成立10周年"系列节目

1959年9月中旬,北京电视台编排了"庆祝中华人民共和国成立10周年"系列节目。主要内容有自拍电视短片《首都在建设中》《访人民公社》《运动健将》《一个工人家庭》等。

4. 北京电视台:《首都少先队员庆祝北京建立少先队10周年大会》

1959年10月,北京电视台摄制了我国第一部少儿电视纪实片《首都少先队员庆祝北京建立少先队10周年大会》,共20分钟。

5. 广州电视台:《电视台的第一批客人》等

1959年10月17日,广州电视台制作播出了《电视台的第一批客人》,邀请部分广东省劳模与观众见面。1960年7月1日,广州电视台邀请广州市"七一"受表彰的优秀共产党员制作并直播了《电视台的客人》。播出时由广州市委组织全市各基层党支部收看,作为党组织生活的一次体验。当时广州电视台还播出了节目《全新针织厂的过去和现在》,形式是请工厂职工直接与电视观众见面,介绍公私合营后的发展变化,当中插播图片和记者拍摄的影片。

6. 北京电视台:《文化生活》专栏

1961年,北京电视台开办《文化生活》专栏,编导为洪民生等。该专栏先后播出《新春谈年画》《介绍我国古代十大画家》《泥人张》等。

《文化生活》记者在制作出土文物的专题节目

(三)教育类

1. 北京电视台:《汉语拼音字母电视教学讲座》

1959年5月15日,北京电视台和文字改革委员会开始联合举办《汉语拼音字母电视教学讲座》,这是我国第一个电视教育节目,编导为张家成。

 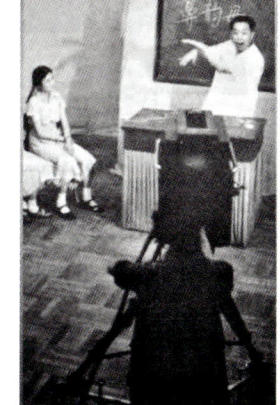

(左右图)早期的电视教学节目

北京电视台早期的电视教育片

2. 北京电视台：《科学知识》等

1958年，北京电视台创办了科普知识栏目《科学知识》；1960年创办了《医学顾问》，编导为张家成等。这是中国最早的电视科普知识栏目。

记者孔令铎后来回忆："在拍摄过程中，寻找一个制高点拍一个全景非常困难，后来费了很大劲借来两个高梯，把它们立起来，这才勉强解决了高角度，拍了全景。"

1958年北京电视台播出《断手再植座谈会》

3. 上海电视台：《卫生节目》等

1958年上海电视台开办后，首先创办了一个以传授卫生常识和预防疾病为主的《卫生节目》。1960年4月，又创办了该台第一个科技专栏——《科技知识》。

4. 哈尔滨电视台：《卫生常识》等

哈尔滨电视台播出不久，就相继播出了《卫生常识》《科学战线》《科学世界》等节目。

（四）纪录片类

1. 北京电视台：《英雄的信阳人民》

1958年7月，记者孔令铎、庞一农拍摄了我国第一部电视纪录片《英雄的信阳人民》，报道了河南信阳人民的抗灾斗争。

2. 北京电视台：《平息西藏叛乱》

1959年5月10日，北京电视台当天两次播映新闻纪录影片《平息西藏叛乱》。

3. 北京电视台：《首都人民庆祝建国9周年》

1958年10月1日，北京电视台摄制并于当晚播出的第一部记录重大庆典活动的电视纪录片《首都人民庆祝建国9周年》。这部20分钟的纪录片是未经配音和拷贝的样片。当晚播出时，几部录音机分别配音乐、音响，播音员对着画面解说，制作方式十分原始。

4. 广州电视台：《羊城新貌》

1959年10月1日广州电视台试播当天，上午在广州起义烈士陵园前进行了广州市人民庆祝中华人民共和国成立10周年大会和游行的实况转播，当晚播出广州电视台拍摄的第一部电视纪录片《羊城新貌》。

5. 北京电视台：《为钢而战》

北京电视台第一部有声光学黑白纪录片，1960年拍摄。

（五）综艺类和艺术类

1. 北京电视台第一次演播室直播文艺节目

1958年5月1日，北京电视台开播第一天的文艺节目是在一间约60平方米的办公室改建的小演播室内直播的。表演的节目有诗朗诵《工厂里来的三个姑娘》《"大跃进"的号角》和舞蹈《小天鹅舞》《牧童与村姑》《春江花月夜》。

直播节目舞蹈《小天鹅舞》

2. 北京电视台第一个少儿艺术节目

1958年5月29日，北京电视台播出由中国木偶艺术团演出的《两个笨狗熊》木偶小戏，这也是北京电视台播出的第一个少儿节目。

3. 北京电视台第一次大规模文艺节目实况转播

1959年10月1日，北京电视台通过电缆传送，直播了天安门广场庆祝新中国成立10周年的文艺晚会实况。

4. 北京电视台第一次转播外国文艺节目

1959年国庆期间，北京电视台第一次转播外国文艺节目。内容包括前来参加庆祝新中国成立10周年演出的苏联芭蕾舞团表演的《天鹅湖》、乌兰诺娃主演的舞剧《吉赛尔》和《海峡》片段。

5. 北京电视台第一次向国外赠送祝贺新年的节目

1959年11月，北京电视台第一次依靠自己的力量拍摄了向外国电视观众祝贺1960年元旦的联欢节目，并制成16毫米黑白光学声带片寄给苏联、古巴以及东欧的一些国家。这是北京电视台第一次向国外赠送祝贺新年的节目。

北京电视台给苏联等国制作的"贺年片"，前排中穿旗袍的是主持人沈力

6. 北京电视台第一部歌舞片

1960年，北京电视台直播了第一部歌舞片

(六) 电视剧类

1. 北京电视台:《一口菜饼子》

1958年6月15日,北京电视台演出了中国第一部电视剧《一口菜饼子》。该剧由胡旭导演、中央广播实验剧团演出。电视剧《一口菜饼子》根据同名小说改编而成,讲述了一个不要忘记过去苦难生活的故事。它塑造了一个承受生活重压、为救女儿而省下仅有的一口菜饼子、最后死在饥寒交迫之中的母亲形象。

电视剧《一口菜饼子》直播现场。由于技术条件限制,这部在现场搭置的实景中拍摄并同步直播的电视剧,甚至不能作为资料保存下来

电视剧《一口菜饼子》剧照。逃荒路上,母亲把最后一口菜饼子拿了出来,把死的机会留给自己,把生的希望给了孩子。后来生活条件好了,妹妹忘本了,居然拿枣丝糕逗狗,遭到姐姐的呵斥,告诉她忘记历史就意味着背叛

直播结束后,主创人员合影留念

2. 北京电视台:《党救活了他》

1958年9月4日,北京电视台播出反映工人丘财康事迹的电视剧《党救活了他》。这是我国第一部专门为电视媒体创作的电视报道剧。1958年9月3日,报纸报道上海钢铁厂优秀工人丘财康因抢救国家财产被严重烧伤,上海广慈医院的医护人员奇迹般地救活了濒临死亡的丘财康。北京电视台编辑部副主任胡旭、导演王扶林抓住这一题材,立即组织高方正等人编写剧本提纲,并连夜进行排练,次日进行直播。

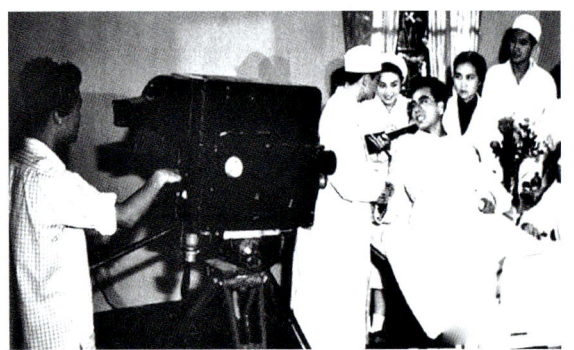

第一部电视报道剧《党救活了他》直播现场

3. 上海电视台:《红色的火焰》

1958年10月25日,上海电视台开拍并直播该台第一部电视剧《红色的火焰》,这是上海电视台制作电视剧的开端。该剧根据上海一位先进工人的事迹创作,描述上海耐酸搪瓷厂青年工人李志祥经过百余次努力,终于试验成功以石灰代替电石的先进事迹。

1958年10月25日,上海电视台第一部电视剧《红色的火焰》拍摄现场

4. 长春电视台：《三月雪》

1960年7月16日，长春电视台直播由黑龙江省广播电视艺术团演员现场演出的电视剧《三月雪》。导演何仁，编剧高兰。《三月雪》追述了一位壮烈牺牲在一棵三月雪树下的女共产党员刘云的事迹。应观众要求，长春电视台于7月19日再次演播。

电视剧《三月雪》剧照。剧中烈士刘云的女儿小娟在学习

《三月雪》演播后演员和播出人员合影

四、电视史料

（一）北京电视台开播资料

1. 1958年5月1日北京电视台试验播出的节目①

19：05　政治节目《工业先进生产者和农业生产合作社主任庆祝"五一"节座谈》

发言者有：北京通用机械厂八级钳工佟春荣，北京市劳动模范、石景山钢铁厂二高炉炉长刘万元、北京西郊四季青农业生产合作社主任郝德才。

发言的内容主要是介绍他们所在单位的生产情况以及今后的跃进计划。在讲话中穿插了一些生产图表和照片。

19：15　纪录片《到农村去》（中央新闻纪录电影制片厂摄制）

19：25　文艺节目 诗朗诵
◎《工厂里来的三个姑娘》
◎《"大跃进"的号角》

19：30　舞蹈
◎《小天鹅舞》（北京舞蹈学校欧洲舞剧科四年级学生沈清燕、吴振善、郑一林、钟润良表演）
◎《牧童与村姑》（北京舞蹈学校民族舞蹈科五年级学生邓传玉、朱清渊表演）
◎《春江花月夜》（北京舞蹈学校民族舞蹈科教员周广慧表演）

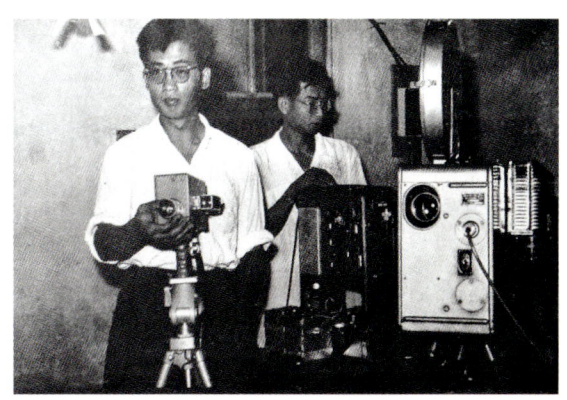

创办之初，北京电视台自办节目能力较低，电视转播影片较多。操作流程是：将影片映到墙上，再用摄像机将信号传出，完成转播影片的工作

---

① 《当代中国的广播电视》编辑部.中国的电视台[M].北京：北京广播学院出版社，1987：4—5.

没有升降机，北京电视台记者因陋就简登高拍摄

2. 1958年9月2日北京电视台正式播出的节目①

9月2日北京电视台宣布正式播出。原定1959年元旦正式播出，提前为1958年10月1日，（后）又提前为9月2日。一再提前的原因，是听说台湾将于1958年10月10日成立电视台，因而要与之竞争。正式播出后每周有四次节目（附第一周节目内容）：

9月2日（星期二）
◎19：32 本台开始正式广播的几句话
◎19：35 音乐舞蹈
◎20：00 新闻
◎20：15 "新学年开始了"
◎20：30 苏联故事影片《失踪的人》

9月4日（星期四）
◎19：32 电视剧《党救活了他》
◎20：00 新闻
◎20：10 力一同志讲《从我国第一个原子反应堆谈起》
◎20：30 科学教育影片《向原子能时代跃进》
◎21：30 越剧舞台纪录片《拾玉镯》

9月6日（星期六）
◎19：32 对少年儿童广播
◎20：00 新闻
◎20：10 科教影片《科学与技术》
◎20：30 故事影片《红霞》

9月7日（星期日）
◎19：30 实况转播北京人民艺术剧院在人民剧场演出的节目——《难忘的岁月》

3. 北京电视台正式广播后制定的方针②

宣传政治，传播知识和充实群众生活，根据党的社会主义建设总路线的精神，宣传全国和北京地区工农业生产'大跃进'及'文化大革命'的成就，做好时事、政治、军事方面的宣传，加强社会主义和国际主义的宣传，传播科学技术知识，大力推荐优秀文艺创作，以及作（做）好对少年儿童的共产主义教育。

（二）上海电视台开播资料③

1. "过期8年胶片"第一条新闻片的拍摄

1958年10月1日，共和国成立9周年的国庆节，就是上海电视台正式对外试播的日子。原上海电视台记者朱盾和邹志民来到了人民广

---

① 郭镇之.中国电视大事记(1955-1978)[J].新闻研究资料,1989(2):171-172.

② 中央电视台研究室,中央电视台《当代中国的广播电视》编写组.1955-1983年中央电视台大事记[M].1984:4-5.

③ 《人民的电视》揭秘上海电视50年[N].东方早报,2008-11-19(10).

场，开始了上海第一条新闻片的拍摄——上海人民庆祝国庆。但当时刚起步的上海电视台没有摄影机，没有胶片，这条电视新闻片就是用一台旧摄影机和过期8年的旧胶片拍成的。朱盾介绍："偶然听说八一电影制片厂有一批已过期8年的16毫米胶片，决定试用一下，竟发现勉强可用。但从八一厂借来的摄影机却怎么也无法投入拍摄。大家又跑了好多旧货商店，结果花900元淘来一台八成新的16毫米鲍来克斯摄影机。"邹志民形容当时忙乱的拍摄情形："游行10点钟正式开始到12点多结束两个小时游行。朱盾分工在主席台上专门拍主席台的活动。我安排专门拍中近景的工作人员在队伍里面穿来穿去。拍摄完，我们请了科影的一个剪接师来剪接，他毕竟是现场没有去，次序搞错了，本来应该是纺织队伍在前面，结果纺织队伍剪到后面去。"当天新闻拍完后，电视台没有冲印胶片的后期制作部门，只能跑到上海第二医学院专门冲印X光片的地方，让医学院帮忙冲印。就这样，上海电视史上的第一条新闻诞生了。

2. "微微颤抖的手"第一个电视画面推出

1958年10月1日晚上6点30分，上海电视台正式对外播放了测试信号，供当时全市100个接收点调试电视机，从这一刻起上海电视台的开播进入了倒计时，开播那天的导播许诺透露："电视台的第一个画面是我切出去的，从6点30分开始我记得先是放台标，放《社会主义好》的音乐，一个时钟的画面被准时切出去，7点整，一个时钟的画面被准时切出去，当时的电视机都是需要先调整画面的，那个时钟的画面没有调整好，看上去不是很圆。"继而1958年上海人民庆祝国庆大会，许诺用微微颤抖的右手推上导播台上的切割刀，切出了上海电视台正式试播的第一个画面，她用自己的右手把上海推入了一个电视的新纪元。

试播当天的第二版块是由歌唱节目和曲艺节目构成的，女高音歌唱家周小燕是第一位在上海电视台的荧屏上放歌的演员，演唱了《朵朵葵花向太阳》《小扁担两头弯》两首歌，那一次荧屏放歌对上海电视台来说是开了电视文艺节目的先河。除了文艺演出之外，电影也是当天播出的主要内容之一，开播当天最后的节目是放映国产故事影片《钢人铁马》。晚上9点30分刚过，上海电视台试播结束并获得成功，整个播出过程没有发生任何差错和事故。

3. 食堂搭景 第一部电视剧诞生

上海电视台播出的第一部电影是1958年的《钢人铁马》，而自制的第一部电视剧则是《红色(的)火焰》。根据上海一位先进工人的事迹创作的《红色(的)火焰》于1958年10月25日开拍，该剧为配合(20世纪)50年代末上海开展的技术革新运动，描述上海耐酸搪瓷厂青年工人李志祥经过一百多次努力，终于试验成功以石灰代替电石的先进事迹。作为编导的沈西艾回忆："11楼食堂搭景，因为都是直播，来不及换衣服，就重穿几件，一件一件脱；换装来不及，就拉自己的发髻，拉下来就变成十年后。拍摄中还会有些技术工人经常冲入镜头而出差错。"

上海电视台开播当天最后的节目是放映国产故事影片《钢人铁马》

（三）哈尔滨电视台开播资料[1]

1958年12月20日晚上6点30分，在哈尔滨市打开电视机，屏幕上伴随着乐曲，映现出"哈尔滨电视台"几个大字。电视播音员陈阿喜同志抑制着内心的兴奋，略带激动而郑重地向哈尔滨市的第一批电视观众宣布：哈尔滨电视台从今天起开始试验广播。

接着中共黑龙江省委书记、副省长王一伦同志做电视讲话。他代表省委和省人民委员会、哈尔滨市委和市人民委员会，对哈尔滨电视台试验广播表示热烈祝贺。全省著名的先进生产者、哈尔滨机车车辆修理工厂的铣工苏广铭同志、省商业劳动模范哈尔滨第七百货商店营业员王洪华同志和电视观众见了面。然后，播出了黑龙江广播电视文工团和黑龙江广播说唱团演出的节目，有诗朗诵、歌曲、山东快书、西河大鼓、相声等十多个文艺节目。电视屏幕把人们的视野扩大到更广阔的空间。

五、电视技术

（一）第一台国产黑白电视机

1958年3月17日，我国第一台国产黑白电视机诞生。

（二）第一台电视发射机

1958年5月1日，我国第一部电视发射机开始正式发射广播。1959年9月，为扩大电视接收范围，北京电视台试播自制了五千瓦电视发射机。

我国第一部电视发射机

北京电视台20世纪50年代的发射机房

（三）第一次实况转播

1958年6月19日，北京电视台在北京体育馆转播"八一"男女篮球队同北京男女篮球队的友谊赛，这是我国电视台的第一次实况转播。1958年7月20日，北京电视台进行了第二次实况转播，转播的是北京足球队对匈牙利足球队的比赛实况。

1958年10月1日，北京电视台使用我国自己研制生产的第一辆三信道黑白电视转播车，完成了庆祝新中国成立9周年天安门广场阅兵式和群众游行的实况转播任务。这是北京电视台第一次实况转播国庆庆典。

1959年4月18日，北京电视台转播了周恩来总理在第二届全国人民代表大会第一次会议上作《政府工作报告》的实况，这是北京电视台第一次实况转播全国人民代表大会。

---

[1] 《当代中国的广播电视》编辑部.中国的电视台[M].北京：北京广播学院出版社，1987：138.

1959年5月1日，北京电视台第一次在天安门转播首都各界人民庆祝"五一国际劳动节"大会和群众游行实况。此后，每逢庆祝"五一""十一"的群众集会和活动，北京电视台都进行了实况转播。

1959年9月，北京电视台第一次实况转播综合赛事——中华人民共和国第一届全国运动会。

1959年9月底，在新建的人民大会堂内设置了10讯道电视转播中心。这样，不用转播车也可以在人民大会堂进行实况转播。

1959年"五一"天安门实况转播后工作人员合影

1959年9月，北京电视台记者采访报道中华人民共和国第一届全国运动会开幕式

1958年10月1日，北京电视台第一次实况转播国庆庆典

国庆实况转播工作照

20世纪50年代转播球赛现场

（四）第一辆国产电视转播车

1958年7月，北京广播科学研究所与北京广播器材厂合作，用国产电子元件（摄像管除外）研制出中国第一辆有3个摄像机讯道的黑白电视转播车。

第一辆国产电视转播车

（五）广播电视的最高研究机构

1958年10月17日，中央广播事业局广播科学研究所成立，这是我国广播电视的最高研究机构。

（六）第一台国产彩色电视机

1960年5月1日，北京电视台彩色电视试验播出成功。自此，我国成为世界上第五个开始彩色电视试播的国家。后因国家经济困难，试验停止。

（七）第一个电视节目演播室

1960年5月1日，在广播大楼院内设计建设的北京电视台"新楼"落成，北京电视台建成了第一批正式的电视节目演播室。新楼设有一个由五个摄像机讯道组成的黑白电视中心机房和一个由两个彩色摄像机讯道组成的彩色电视中心机房，并拥有建设面积分别为600、150、40平方米的大、中、小三个演播室，一个电影机房和两个导演控制室。此外还有电影审看间、道具制作间、化妆间、演员休息厅等附属用房，在地下室筹建了洗印车间。

北京电视台第一个电视演播室。它的位置在今天的国家广播电视总局大楼的西翼四楼（西城区复兴门外大街），当时是由一个排练场改造而成的

北京电视台新楼的演播室为电视节目创作提供了更大的空间

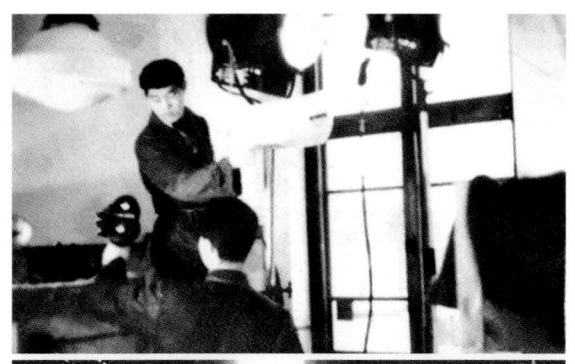

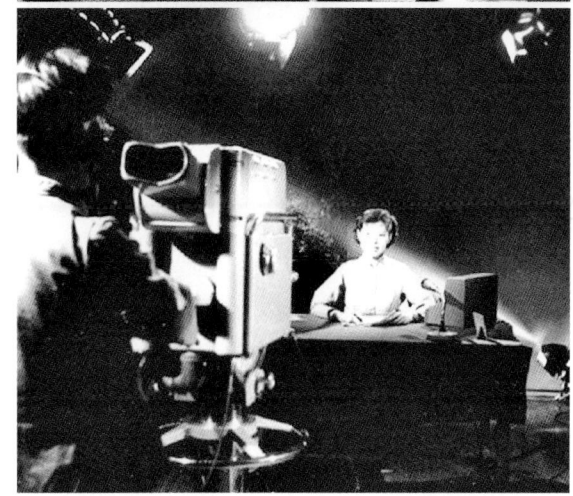

（上下图）早期演播室的电视灯光设备简陋。沈力后来回忆："每次播《简明新闻》的时候，两个聚光灯往那儿一照，夏天的时候小虫就飞，有一次还飞到我嗓子眼里去了。"

六、电视人物

（一）沈力

沈力是中国第一位电视播音员，也是第一位电视主持人。在北京电视台初创的近两年时间里，只有沈力一名播音员播报新闻，主持社教、文艺、体育等各类节目，创造了一个端庄、文雅、大方、诚挚的电视屏幕形象。

沈力后来回忆："最初的新闻是用图片报道的形式播出的，用照片配上画外音，后来增加了5分钟的《简明新闻》。当时电视台还没有自己的新闻队伍，稿源来自中央人民广播电台《新闻报纸摘要》组，由他们给电视台出5分钟的新闻稿，由播音员出图像口播。"

沈力说："我播新闻是什么样儿，连我自己也不清楚。因为那时候还没有录像设备，全部节目都是直播，想要看看自己是啥模样或为自己挑挑毛病，真是妄想。"

"当时在我们那间小小的播音室里，吊着的话筒前没有桌子，有时搬把椅子放稿件用，遇上忙时连椅子都顾不上准备。为了保证不让一点杂音传出去，我就播完一张稿纸，往地上扔一张。等新闻播完了，稿纸便铺满脚边。人家说，沈力播音，就像'天女散花'。"

沈力介绍："那时候电视事业刚刚起步，一般人家都没有电视机，对电视的威力也不了解，影响比广播小得多，不像现在光彩、轰动。所以，一切都很平静。"

北京电视台刚建立的时候，条件相当艰苦。沈力后来描述了当时的情形："就在广电总局院里广播大楼西侧的四层楼上，用办公室改装了一间约60平方米的演播室，三面挂了一圈带褶皱的幕布，另一侧隔出了一间只能容纳3人的导演室。"

沈力被誉为"屏幕第一人"

沈力在播报新闻

（二）赵忠祥

赵忠祥是中国第二位电视播音员、第一位男播音员。1959年进入北京电视台工作。

赵忠祥在屏幕上亮相，还有一个小插曲。1960年4月22日晚7时，像往常一样，电视屏幕上出现了沈力端庄大方的形象。突然屏幕上一阵杂波，随着画面的闪动，一个观众从没见过的小伙子出现在屏幕上，但很快就消失了。这个小伙子就是赵忠祥。这是一次意外事故，当时赵忠祥正在做播音准备，无意中被亮了出去，但他没有慌神，亮了一个沉稳的相。这可以说是赵忠祥播音事业的开始。

罗东后来回忆："那时到处都是困难。不能克服一个个困难，不能解决成串的问题，就不知道怎么生活。摄影机虽然破旧，但还能用；胶片过期也未达到报废的程度，但是胶片是负片，也没有印片机，更没有洗片机。这在今天看来，就根本不具备拍摄电视新闻的基本条件。好在我们的这些同志大多经过革命战争的锻炼，没有洋设备那就用'土枪土炮'，去市场上买了冲洗胶片的药品，同时买回几个瓷缸，请木匠做了几个木架，把胶片缠上，拿到缸里用力摇动，把负片反转冲洗，出了正像。中国第一条用胶片拍摄的电视新闻就是在这种条件下，在瓷缸中诞生了。"

20世纪60年代的播音员赵忠祥

北京电视台筹备处临时办公地点

（三）罗东

罗东是北京电视台第一任负责人。

为了学习和借鉴国外办电视的经验，中央广播事业局派罗东和孟启予组成电视代表团，于1957年12月赴苏联和民主德国考察，1958年3月返回北京，为建立电视台进行业务上的准备。1958年8月17日，中央广播事业局党组任命罗东为电视台筹备处主任，共同筹建北京电视台。1959年10月10日，中央正式任命罗东为"北京电视台"（对内仍称"电视部"）主任，孟启予、胡旭为副主任。

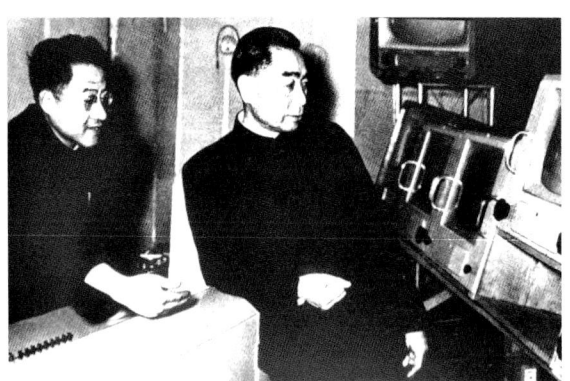

周恩来总理（右一）在北京电视台听取罗东（左一）汇报

（四）吕大渝

1960年，吕大渝从高中直接进入北京电视台，与沈力、赵忠祥一起成为我国第一代电视播音员。1978年，作为播音员和采访者的吕大渝随邓小平访日，以一袭全白的西服和皮鞋风靡日本，被日本人称为"白衣天使""北京恋人"和"邓小平一行中的第二号人物"。

开播之初的电视播音员吕大渝

吕大渝被称为"邓小平一行中的第二号人物"

七、电视出版

（一）《电视节目》

1958年8月22日，中共中央宣传部批准出版《电视节目》周刊。

（左右图）《无线电与电视》创刊号封面和封底

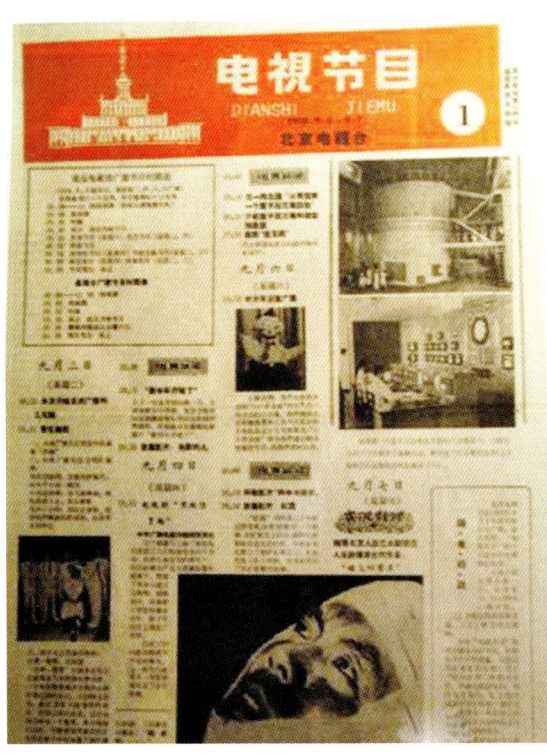

北京电视台第一期《电视节目》，刊登了1958年9月2—7日的节目

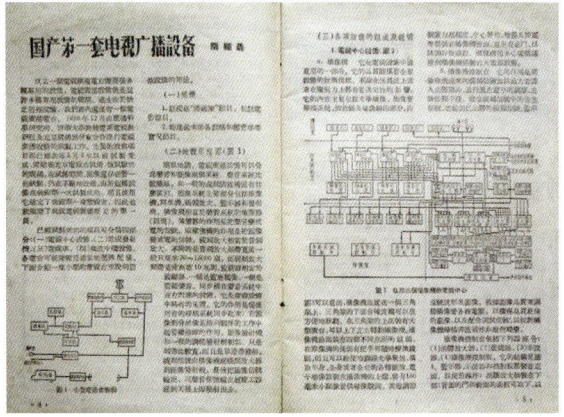

《无线电与电视》创刊号刊登专稿《国产第一套电视广播设备》

（二）《无线电与电视》

《无线电与电视》于1958年7月3日创刊，是国内较具影响的电视技术刊物，由科学技术出版社出版。该刊的读者主要是广大无线电和电视爱好者及工程技术人员，刊登内容主要是器材信息、影音技术、维修知识、国内外新技术动态、电子爱好者的业余制作等，融资料性和技术性、理论性和实用性、严谨性和趣味性于一体。创刊号上收录有《国产第一套电视广播设备》《漫谈电视——现代的千里眼》等专稿。该刊"文革"期间停刊，于1978年7月1日复刊，后于2014年停刊。

《无线电与电视》第2期（1958年8月）封面、封底

《无线电与电视》第2期（1958年8月）目录页

（左右图）《无线电与电视》第4期（1958年10月）封面和封底。第4期为"国庆九周年"专号，其封面上的电视机就是当年全国不足300台的仿苏北京820电视接收机

任训练班班主任的倪正义提出建立北京广播专科学校的设想。不久，教育部就同意成立北京广播专科学校，并纳入1958年招生计划。1958年3月18日，中国省市广播局长会议决定训练班从良乡12号发射台迁回城内南礼士路广播科研所。

1958年9月2日，中央广播事业局直属的第一所高等专科学校——北京广播专科学校成立，学校地址在复兴门外真武庙，倪正义为负责人。专科学校设发送、传音、电视三个专业，学制2年，招收高中毕业生。10月4日首批357名新生入学。广播专科学校在生活上和学习管理上实行军事化管理，每个班级以连为建制单位，设连长、指导员，把教学、科学实验和生产实践紧密结合在一起。

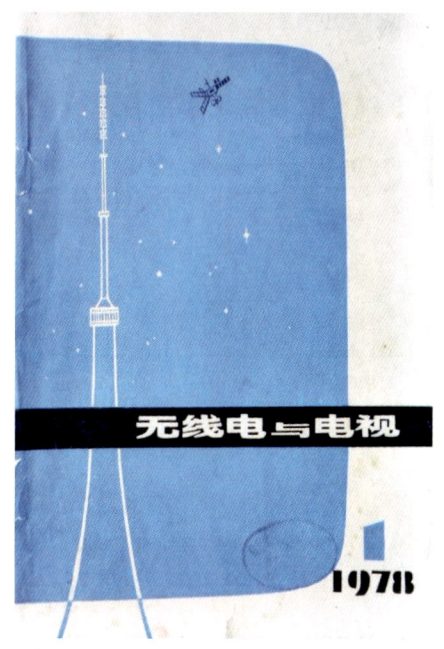

《无线电与电视》复刊后第1期

八、电视教育

（一）第一所广播专科学校

1958年，北京广播专科学校成立。这是中央广播事业局直属的第一所专科学校。其前身是成立于1954年3月的中央广播事业局所办的广播技术人员训练班。

1956年，刘少奇在听取广播事业局工作汇报时，提议创办培养广播干部的高等学校："你们为什么不办大学，搞一个大学好。应该有一个大学来训练广播干部。"1957年，时

北京广播专科学校南礼士路校址

（二）第一所广播电视高等学校

1958年9月11日，中央广播事业局党组、编委会会议决定1959年开办北京广播学院。11月设立波斯语和西班牙语专业，开始培养第一批本科生。 1959年9月4日，中央广播事业局副局长、第一任北京广播学院院长周新武在全体工作人员会议上宣布："北京广播学院正式开办起来了！" 9月5日起，北京广播学院首批新生陆续到校，共573人，其中新闻系240人，无线电系278人，外语系55人。9月7日，北京广播学院正式成立。

1959年北京广播学院首届新生开学典礼在广播大楼音乐厅举行

1959年北京广播学院迎新晚会

《广播业务》1959年第9期刊登的北京广播学院开学典礼的报道

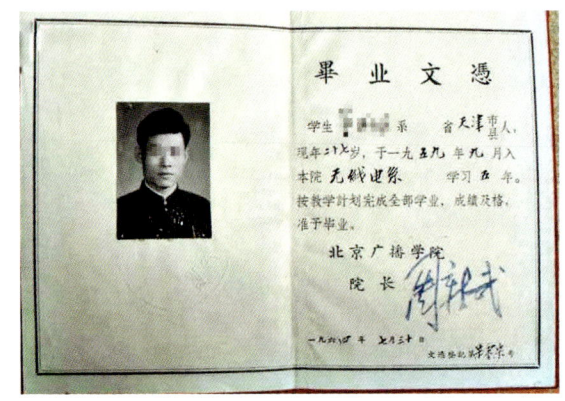

1959年9月入学的北京广播学院首届本科毕业生于1964年7月底毕业

（三）第一批电视大学

1. 北京电视大学

1960年1月，北京电视大学获准创办，并成立了领导小组。3月8日，北京市教育局和北京电视台联合开办北京电视大学，它是中国第一所电视大学。这是我国电视教学事业的开始。北京市副市长吴晗曾任北京电视大学校长。北京电视大学是一所面向职工的业余大学，最初设有预科和数学、物理、化学三个专业课程。

北京广播学院新闻系第一届电视摄影班合影

最早一批的北京广播学院毕业文凭

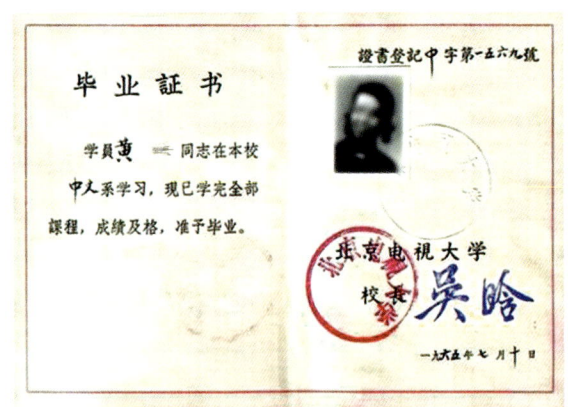

北京电视大学毕业证书

北京电视大学校徽

2. 上海电视大学

1960年2月，华东师范大学和上海电视台联合试办上海电视大学。校长由华东师范大学党委书记常溪萍兼任。上海电视大学设有数学、物理、化学和中文四个专业。除中文专业采用函授教学外，其余三个专业均用实况直播的形式。截止到1966年5月，从上海电视大学毕业的学员共有2 000多名。

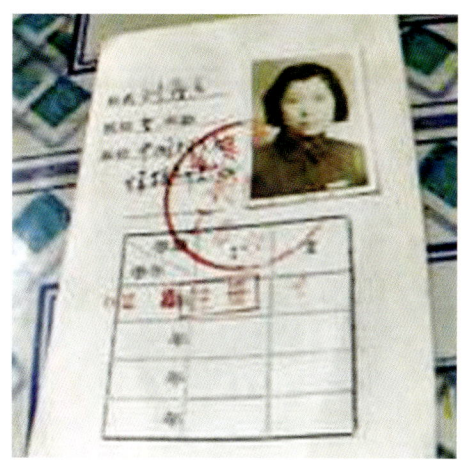

北京电视大学学员证

上海电视大学上课现场

3. 长春电视大学

1960年6月，长春电视大学开学。它开设数学、物理、化学三门课，有学员800多名。1962年国民经济困难时期停办。

（四）第一批广播电视中等专业学校

1958年9月15日，湖南省广播事业局创办的湖南广播技术学校正式成立，这是我国第一所广播电视中等专业学校。至1960年，山西、山东、安徽、上海、吉林、辽宁、黑龙江、内蒙古、陕西、广东等省、自治区、直辖市广播事业局开始兴办广播学校。

北京电视大学第二届毕业典礼现场。至1966年，北京电视大学共培养3届毕业生8 000余人，单科结业5万余人次

1961—1966

一、大事记

1961年1月2日至9日，北京电视台派记者报道周恩来总理访问缅甸。这是北京电视台第一次派记者报道国家领导人的出访活动。

周恩来总理访问缅甸时着缅甸民族服装与东道主欢庆泼水节

1961年4月4日至14日，中央人民广播电台、北京电视台在北京转播新中国历史上第一次举办的世界性体育比赛——第26届世界乒乓球锦标赛。

第26届世界乒乓球锦标赛比赛现场视频截图

1961年5月1日，毛泽东到上海电机厂与工人们共度节日，上海电视台推出新闻报道。

1961年上海电视台报道毛泽东与工人们共度"五一"

1963年1月9日至14日，北京电视台分别向17个国家寄送报道中印边界问题的电视片。

1963年11月10日至20日，中央人民广播电台、北京电视台派出报道组，采访在雅加达举行的第一届新兴力量运动会。北京电视台是第一次派记者到国外报道体育活动。

1964年12月27日，毛泽东主席为北京电视台题写台名。

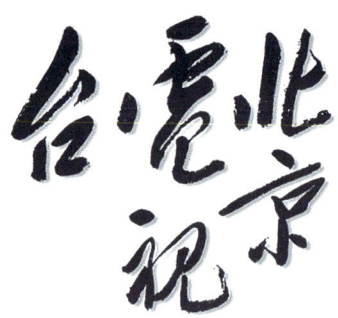

1965年1月1日至1978年5月1日，毛泽东题写的台名作为台标播出

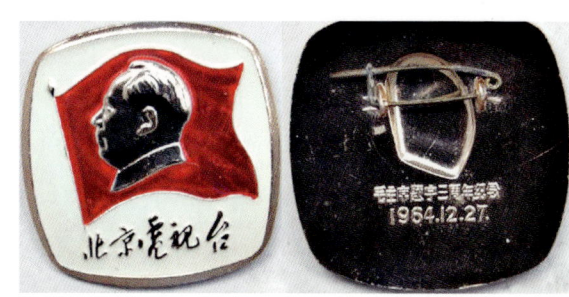
纪念毛泽东主席为北京电视台题写台名三周年的像章

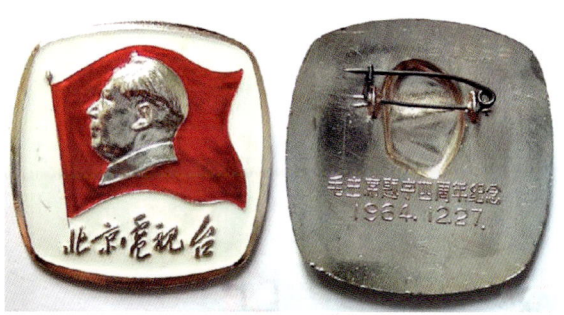
纪念毛泽东主席为北京电视台题写台名四周年的像章

1965年2月11日，中共中央宣传部转发中央广播事业局党委《关于建立地方广播记者站和电视记者站的请示报告》。

1965年8月5日，北京电视台转播1965年北京国际乒乓球邀请赛实况。

二、政策法规

1963年2月19日，国务院文教办公室批复中央广播事业局关于电视台调整问题的请示。按照调整计划，全国电视台和电视实验台只保留北京、上海、广州、沈阳、天津、哈尔滨、长春、西安8座。

1965年6月5日，国务院文教办公室同意将哈尔滨、长春、西安电视实验台和太原电视教育台转为正式电视台。

1966年8月1日，中央广播事业局取消播音员报名、电视新闻片记者署名的制度。

1966年12月31日，中央广播事业局向中宣部递交了《关于停止电视播出的请示报告》。列举的理由如下：

（1）群众忙于"文化大革命"，电视观众人数大减；

（2）专业文艺团体早已停止演出，八届十一中全会以前的影片一律停止发行；

（3）北京电视台的革命群众强烈要求"集中精力搞'文化大革命'"。

三、电视栏目和节目

（一）新闻类

1. 北京电视台：《新运会简报》

1963年11月9日，北京电视台为加强新兴力量运动会的报道开始增设《新运会简报》节目，在每晚《电视新闻》之后播出。

2. 北京电视台：《支援地震灾区人民重建家园》

1966年5月17日和20日，北京电视台两次播出电视报道《支援地震灾区人民重建家园》。

（二）专题类和杂志类

1. 北京电视台：《古老西藏换新天》

1965年8月15日至9月15日，西藏自治区成立前后，北京电视台播出有关西藏的电视系列片。这些电视片主要表现西藏美丽的风光、富饶的物产和汉藏人民团结和睦的景象。之后，该片汇编成新闻专辑《古老西藏换新天》，在国庆期间再次播出。

2. 北京电视台："焦裕禄系列"电视片

1966年2月11日至5月中旬，北京电视台派两名记者去河南兰考拍摄介绍焦裕禄模范事迹的电视片，共拍12个新闻主题，如《河南人民争学焦裕禄》《忆焦裕禄、学焦裕禄（遗物展览）》《焦守凤（焦裕禄女儿）的电视讲话》《实现焦裕禄的思想，建设新兰考》。这些电视片从2月16日起在电视新闻节目中陆续播出。

北京电视台记者前往河南兰考拍摄了介绍焦裕禄模范事迹的电视片

3. 北京电视台：《活学活用毛主席著作，促进思想革命化》

1966年5月8日，北京电视台开办了《活学活用毛主席著作，促进思想革命化》的专题节目。

4. 武汉电视台：《毛主席畅游长江》

1966年7月，武汉电视台拍摄了《毛主席畅游长江》电视片，送北京电视台播出。王任重同志同意复制后寄送全国各地方电视台和外国电视机构。

《毛主席畅游长江》截屏

（三）教育类

1. 北京电视台：《金小蜂与红铃虫》

1963年9月1日至10日，以中央广播事业局副局长左漠野为团长的中国电视代表团参加在阿联（今名埃及）亚历山大港举行的第二届国际电视节。上海科学教育电影制片厂出品、北京电视台播出的《金小蜂与红铃虫》获科教片二等奖。这是我国首次参加国际性电视节并获奖。

摄制组工作人员在零下3摄氏度的冷库中拍摄《金小蜂与红铃虫》

《金小蜂与红铃虫》海报

2. 北京电视台：《对虾》

1964年8月14日至9月11日，以北京电视台副台长戴临风为团长的中国电视代表团一行三人到开罗参加阿联第三届国际电视节，带去的科教片《对虾》（由北京科教电影制片厂制作）被评为科教片二等奖。《对虾》在北京电视台多次播出。

科教片《对虾》画面

3. 北京电视台：《水地棉花蹲苗》

1965年8月25日，由上海电视台台长田志强带队的电视代表团一行四人赴阿联，参加在亚历山大城举行的第四届国际电视节，带去的科教片《水地棉花蹲苗》获教育片一等奖，该片在北京电视台多次播出。

（四）纪录片类

1. 北京电视台：《当人们熟睡的时候》

1961年，北京电视台拍摄了纪录片《当人们熟睡的时候》。这是第一次运用同时、多点广泛采写的方式表现主题，由众多记者同时拍摄在不同岗位上坚持夜班工作的人们。

《金小蜂与红铃虫》海报

2. 北京电视台：《长江行》《珠江三角洲》

1963年，孟启予、戴临风两位副台长带领北京电视台的一个摄制组到外地拍摄了两部电视纪录片：一是《长江行》（主创人员孔令铎、田亨九、戴维宇、陈汉元、左耀东等），本片以一艘客轮为线索，介绍长江两岸的自然风光，具有真实、流畅的观赏效果；二是《珠江三角洲》（主创人员庞一农、王娴等），本片表现了珠江三角洲地区的地域特色和季节特色，尤其是农村欣欣向荣的景象。这两部影片也是北京电视台最早的有声电视纪录片。

3. 天津电视台：《战胜洪水》

1963年8月，天津电视台把天津抗洪斗争的相关新闻片及资料制作成40分钟的电视纪录片《战胜洪水》，并请郭沫若同志题写了片名。

4. 北京电视台：《第一届新兴力量运动会》

1963年12月31日，北京电视台将记者在雅加达拍摄的《第一届新兴力量运动会》电视片，汇编成85分钟的有声大型纪录片播出。由电视新闻片汇编成有声大型纪录片，是北京电视台的首次尝试。

《第一届新兴力量运动会》宣传海报

5. 北京电视台：《欢乐的新疆》等

1964年，北京电视台摄制了第一部少数民族题材的电视纪录片《欢乐的新疆》（主创人员冀峰、朱景和、王娴等），影片主要描绘了天山南北的壮丽景色以及新疆各族人民团结和睦共创新生活的动人景象。"文化大革命"之前北京电视台到少数民族地区拍摄的电视纪录片还有《美丽的橄榄坝》《春到侗乡》等。1965年，北京电视台摄制了电视风光纪录片《芦笛岩》《厦门风光》《苏州园林》等。

6. 北京电视台:《我国第一颗原子弹爆炸成功》

1965年8月5日,北京电视台播出纪录片《我国第一颗原子弹爆炸成功》。

纪录片《我国第一颗原子弹爆炸成功》截屏。图中人物为钱学森

7. 北京电视台:《收租院》

1965年10月,四川美术学院师生集体创作完成了大型情景泥塑群像《收租院》,反映了新中国成立前四川省大邑县恶霸地主刘文彩剥削农民的罪行。这组作品展出后产生了很大的社会影响,成为当时进行阶级教育的形象化教材。北京电视台的王元洪、朱宏和陈汉元据此创作了一部30分钟的纪录片。1966年4月,该纪录片在北京电视台播出后,产生了巨大的社会反响。4月中旬,文化部决定将这部用16毫米胶片拍摄的影片扩印成35毫米拷贝,在全国电影系统广泛放映。此后,这部影片在全国各地连续放映了8年之久。该片的解说词还被编入当时的中学语文课本。

30分钟的电视纪录片《收租院》截屏

解说词作者陈汉元为这组画面配上的解说词:"箩筐空了,麻袋空了,肚子空了,一年的辛苦全都落空了。"

8. 北京电视台:"越南系列"

1965年1月,北京电视台记者叶惠参加中国新闻代表团赴越南南方进行历时一年的采访,拍摄了《英雄的越南人民》《保卫北方》等新闻纪录片。1966年,朱景和、周居方、韩金度被派往河内长驻,拍摄了《战斗中的越南》《越南青年突击队》等纪录片。

(五)综艺类和艺术类

北京电视台:《笑的晚会》

1961年8月30日,北京电视台举办第一次《笑的晚会》,导演笪远怀。所有节目均为相声。

第二次晚会播出于1962年1月20日,仍然以相声为主,但也增加了其他形式的喜剧节目,如话剧片段、独角戏、洋相和笑话。总导演是耿震,电视导演是王扶林。演播时他们参考外国电视台的做法,布置了一个茶座式景区,演员分散围坐着,既是表演者,又是现场观众。北京人民艺术剧院的方琯德担任节目串联。开始时屏幕上出现了一把扇子,扇子折起,露出后面方琯德的一张苦脸。方琯德说自己从出娘胎到现在都不会笑。这时马季出来演第一个节目"笑一笑",方琯德的苦脸稍有好转,然后逐个节目发生变化,最后哈哈大笑。

在第二次《笑的晚会》上,北京人民艺术剧院演员方琯德(左一)在开场白中说道:"大家说我是一个喜剧演员,因而找我来报幕。其实我不是喜剧演员,我是一个悲剧小生,专演林黛玉型的悲剧角色……"

1962年9月30日，播出了第三次《笑的晚会》。这次晚会是为国庆晚会组织的，节目式样、播出风格和前两次不同，减少说唱，着重表演，以电影、话剧演员演小品的形式为主。晚会特邀北京电影制片厂导演谢添和著名相声演员侯宝林担任艺术指导，特邀导演是中国青年艺术剧院杜澎。电视导演仍然是王扶林。在这次晚会上，中国青年艺术剧院的青年演员王景愚演出了哑剧小品《吃鸡》，这个节目后来在1983年的晚会上重演。其他节目中，有模仿北京街头小贩吆喝声的《市井大合唱》，讽刺不肯让座的小品《在公共汽车上》，讽刺不遵守公共秩序的《一张照片》，有一人表演三个角色的《不速之客》，有滑稽动作《变脸》，有模拟公鸡下蛋的小品《米亨先生》，有后来被用来宣扬和平共处的小品《驯虎女郎》，还有被滑稽处理了的京剧、话剧片段和独唱，以及陈强从延安时期就保留的活宝节目《光棍哭妻》。

《笑的晚会》演播现场

（六）电视剧类

1. 北京电视台：《暴风雨中》

1961年10月29日，北京电视台直播电视剧《暴风雨中》。

电视剧《暴风雨中》拍摄现场

2. 长春电视台：《亲人》等

1962年10月25日，长春电视台播出该台第二部电视剧《亲人》，导演何仁，编剧高兰。该剧是根据王愿坚的同名小说改编的，描写了一位当了将军的老红军，认一位同名牺牲战友的父亲为亲人的动人故事。同年11月24日，长春电视台再次播出电视剧《亲人》。

1963年3月5日，毛主席题词"向雷锋同志学习"。5月1日，长春电视台播出长影演员剧团演出的电视剧《雷锋》。

《亲人》播出后演播人员合影

3. 天津电视台：《搬家》

1964年春节期间，天津电视台播出了该台第一部电视剧《搬家》。这部电视剧由俞炜导演，天津人民艺术剧院赵连甲、尹舒堃等人参加演出。当时在电视台的演播室内搭了三堂景，剧中的有些场景只好先用16毫米的电影机拍下来，剪辑分段后和直播的300多个镜头穿插起来播放。

电视剧《搬家》拍摄现场

四、电视史料

（一）1966年北京电视台史料之一[①]

1966年5月中旬，北京电视台作出"关于宣传社会主义'文化大革命'"的一些安排：

（1）在《简明新闻》里，播送有关"文化大革命"的消息和重要文章摘要。

（2）从5月15日起，在社教节目里举办专题栏目《高举毛泽东思想伟大红旗，搞掉反党反社会主义的黑线》。

（3）拍摄有关"文化大革命"的电视新闻。

（4）少儿节目将适当组织少年学生批判反党反社会主义言行。

（5）文艺节目主要从正面树立典型，宣传高举毛泽东思想红旗的好节目。

（二）1966年北京电视台史料之二[②]

1966年5月下旬，北京电视台提出在社会主义"文化大革命"中关于组织文艺节目的几项措施：

1. 编审人员加强政治责任心和阶级斗争观念，建立健全有关制度，层层负责，人人把关，保证电视屏幕上大放鲜花，不播毒草。

2. 注意编选以下几方面的优秀节目：

（1）宣传毛泽东思想的、塑造革命斗争中的英雄形象的、反映工农兵、为工农兵的、为社会主义服务的好的或较好的节目，特别是"文化大革命"中涌现出来的创社会主义之新、立无产阶级之异的在革命化、民族化、大众化方面有较大成就的优秀节目，其中属样板性的要反复播出。

（2）紧密配合政治、中心任务和重大节日的宣传活动，编选旗帜鲜明、战斗性强、小型多样的文艺作品。

（3）积极扶植工农兵及青年学生的业余文艺活动，设立《工农兵业余文艺》专栏。

（4）根据电视文艺宣传的需要，自办一些文艺节目，如电视小品、电视剧。

3. 属下列内容的坏节目一律不播：
（1）歪曲历史真实，专写错误路线的。
（2）描写英雄人物却是犯错误的，歪曲英雄形象的。
（3）描写战争恐怖、渲染苦难的。
（4）专写中间人物的，丑化工农兵形象的。
（5）美化阶级敌人、模糊阶级界线、调和阶级斗争的。
（6）提倡资产阶级人道主义，宣扬人性论和所谓"人情味"的。

[①] 《当代中国的广播电视》编辑部. 中国的电视台[M]. 北京：北京广播学院出版社, 1987: 17.

[②] 中央电视台研究室，中央电视台《当代中国的广播电视》编写组.1955-1983 中央电视台大事记[M]. 1984: 44-46.

（7）写谈情说爱，宣扬资产阶级、小资产阶级思想感情的。

（8）传统剧目，包括帝王将相、才子佳人和鬼戏，不管中国或外国的一律不播。

4. 外国艺术团体的演出要区别对待。凡属左派和进步艺术团体的演出，根据对外文委（国家对外文化联络委员会）的指示，并经局、台领导同意，照播；凡属"苏修"等国艺术代表团的演出一律不播；有些国家艺术代表团的节目受西方影响很大，虽然领导同意转播，但在播出镜头处理上也要注意不要突出落后部分。

5. 扩大节目来源，加强采访工作。

（三）上海电视台史料①

自1958年10月（上海）电视台成立起，到1966年8月"文化大革命"动乱开始为止。这个阶段的特点是上海电视新闻表现出它的幼年性。由于没有任何经验，从办电视新闻的指导思想、业务方向到新闻的样式，都没有和电影新闻（《新闻简报》）区分开来，表现在：

首先，这个阶段的电视新闻忽略了作为新闻最主要的因素之一——时效性。当时除了每年国庆节游行的新闻是赶在当天播出外，其他新闻一概不讲时效，西瓜落令以后才报道西瓜上市，到了夏收才报春种，鱼汛过去已久才报道捕鱼消息，雨过天晴、烈日当空却报道奋战阴雨。诸如此类，不一而足。新闻都从鲜货搁成了干货，变成了明日黄花。

造成这种现象的原因之一是当时电视新闻片的后期制作周期太长。洗印间设备简陋，洗一次片子要经过洗底片、配光、印片、洗拷贝等工序，又都是手工操作的。而且当时还有几种不同的胶片交叉使用，交叉洗印，这就更加影响了播出时效。

其次，表现在新闻的格式和播出安排上。由于新闻摄影数量少，又讲究配成拼盘，前面照例是工农业生产，后面是文教体育，四五条新闻凑成10分钟左右的一集，几乎没有什么时效要求。这样就完全办成了《新闻简报》的模式。

最后，表现在新闻选题上，不是正确地处理新闻价值和画面形象的关系，往往托词某条新闻没有画面而不去报道。

从这阶段的编辑、记者人数比例上，也反映出业务指导思想上的偏差。建台初期，新闻组只有编辑1人，摄影记者4人（其中3人是原电影厂摄影师），编辑摄影的比例为1∶4。到1966年前后，编辑虽增为2人，而摄影记者却增至8人，比例仍为1∶4。在摄影记者中，大部分只擅长摄影技术，而不善于驾驭新闻报道。这种文字和摄影力量的比例失调，造成了长期以来新闻组人员组成不合理。当时，在业务思想上重摄影轻编采、重画面轻文字占了主导地位。由于过分讲究画面构图，往往产生现场摆布（拍）的现象和痕迹，有的甚至认为新闻摄影离开了组织拍摄便寸步难行，助长了弄虚作假的歪风，严重影响（了）新闻的真实性。

---

① 《当代中国的广播电视》编辑部.中国的电视台[M].北京：北京广播学院出版社，1987：151-152.

五、电视技术

1964年5月9日、29日,北京电视台和天津电视台用微波线路互传节目成功。这是北京电视台第一次通过微波线路与外地互传电视节目。由此,北京电视台在利用发射台和转播台扩大本地覆盖的同时,开始利用微波线路将电视节目向北京以外地区辐射,从而开启了北京电视台覆盖全国、全球的历程。

20世纪60年代北京电视台技术人员安装架设转播微波传输设备

1964年,为提高电视节目质量,北京电视台与有关技术部门对微波设备和电子特技设备进行研究与试制,经过十余月的艰苦奋斗,采用国产元器件试制出第一套电子特技设备,填补了北京电视台节目制作设备的空白。

1964年，北京电视台从日本引进一台两英寸黑白磁带录像机。这部早期的录像机没有编辑功能，不能进行节目制作，只能用于录制和播出现成节目。北京电视台专门建立录像机房，指定专人对录像机进行学习和研究。这是北京电视台的第一个录像机房。

20世纪60年代北京电视台黑白电视调像台

20世纪60年代北京电视台黑白电视播出中心机房

20世纪60年代北京电视台黑白电视播出导演室

北京电视台早期的电视装备

技术人员在调整声音

1964年，中央广播事业局专门立项，对共用天线系统进行研究，拉开了中国发展有线电视的序幕。

1966年1月初，北京电视台购买的两台全半导体磁带录像机安装完毕，在新年期间试用，节目清晰度超过电影，这是北京电视台首次使用电视录像设备。

1966年5月，北京电视台的黑白电视节目通过微波线路途经太原传送到西安。

六、电视教育

（一）北京广播学院从停办到恢复

1961年6月20日，根据中央关于调整高等院校的指示，中央广播事业局要求北京广播学院当年停止招生。1962年11月13日，全国教育事业计划会议通知中国广播事业局，北京广播学院应于1964年停办。

之后，经学校、中央广播事业局、教育部等多方申请，1963年5月24日，国务院下达《关于恢复北京广播学院的通知》（国文办字367号文件）同意恢复原定裁撤的北京广播学院。5月27日，国务院批准北京广播学院继续招生。1963年招收80名新生。

1964年11月11日，全国人大常委会副委员长、中国文联主席郭沫若为北京广播学院题写校名。

1965年7月，北京广播学院正式成立函授部，开办广播技术高等函授教育，从28个省、市、自治区广播电台及广播事业局直属的16个台录取函授生211名。

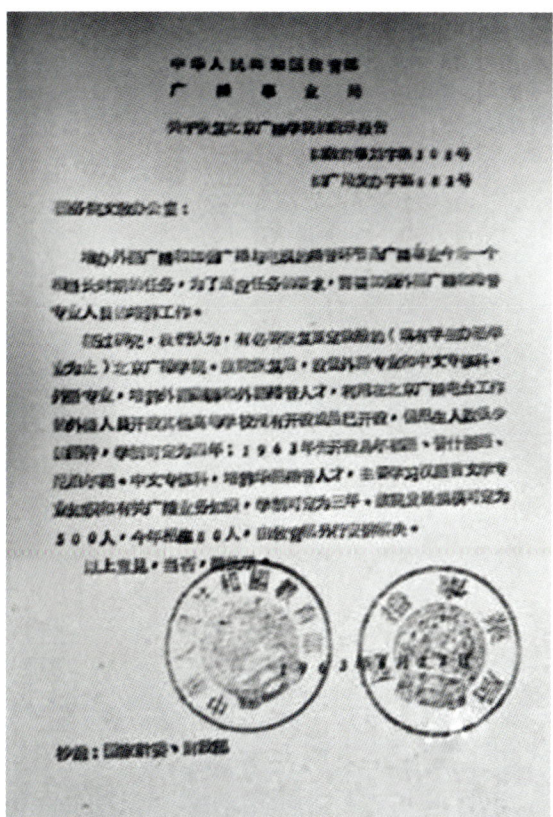

1963年，教育部、中央广播事业局向国务院文教办公室提交的《关于恢复北京广播学院的请示报告》

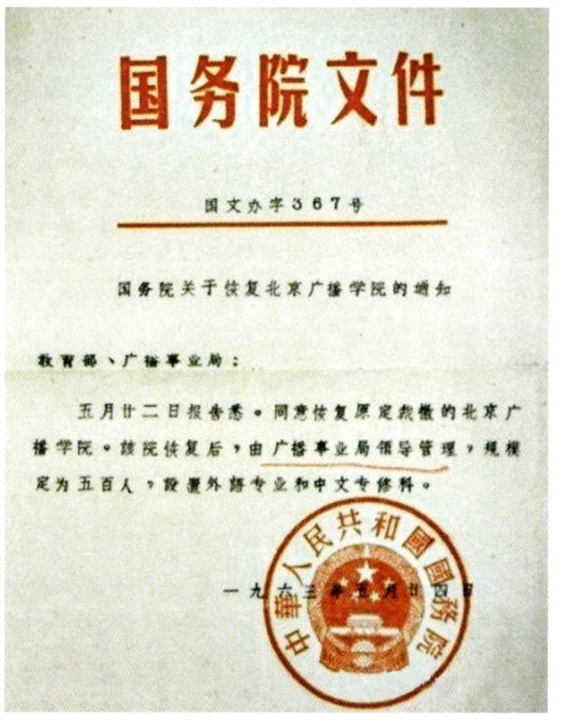

1963年5月24日，国务院下达《关于恢复北京广播学院的通知》

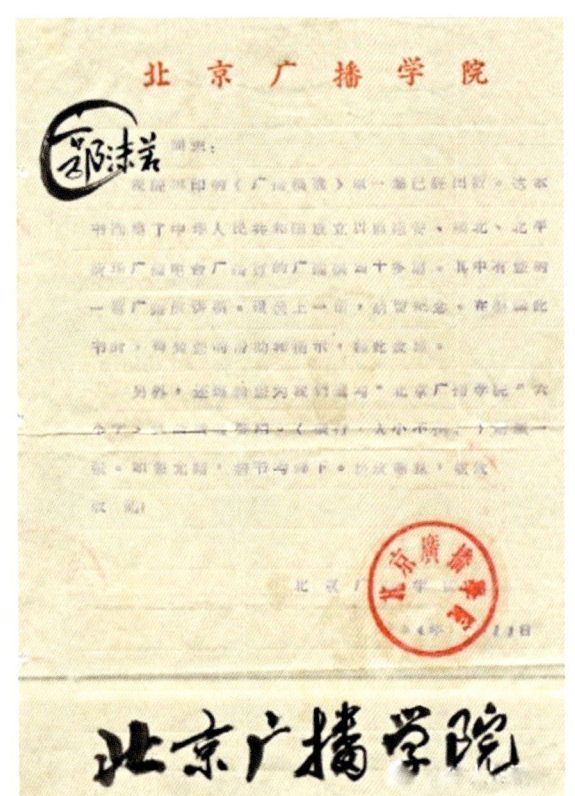

1964年，北京广播学院请郭沫若题写"北京广播学院"校名，以做横匾

（二）安徽电视学校

1962年，安徽电视学校开办。它设中文、数学、英语三个专业，于1963年10月27日举行招生考试，录取新生500余人。

（三）太原电视工读中学正式开学

1964年11月2日，太原电视工读中学正式开学。第一期招收高小毕业生706人，分设26个电视班。

太原电视工读中学海边街电视班辅导员马秀华在辅导学生自习

《光明日报》1965年11月24日头版头条刊文《太原电视工读中学越办越好》祝贺太原工读中学开办一周年

太原电视工读中学校徽

七、电视人物

（一）第一批出国采访记者

1960年2月，北京电视台派出记者孔令铎、冀峰去印度尼西亚采访。1960年，北京电视台派记者李华去老挝采访。

北京电视台记者李华在老挝采访时的情景

（二）第一批赴国外报道国家领导人活动的记者

1961年1月5日至14日，北京电视台派出记者孔令铎、庞啸随同周恩来总理率领的中国政府友好代表团访问缅甸。

（三）第一批到国外报道体育活动的记者

1963年11月10日至20日，北京电视台派出记者孔令铎、冀峰、于广华、刘贵林到印度尼西亚雅加达采访报道第一届新兴力量运动会。

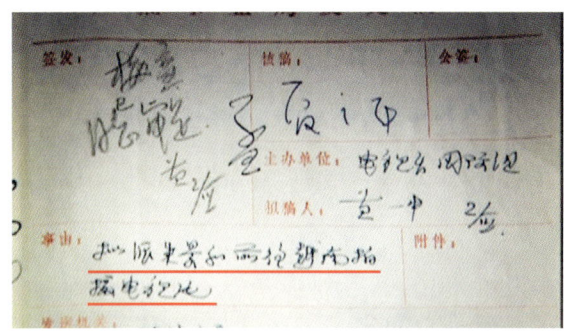

《北京电视台1963年出国片工作规划（草稿）》，其中提出"加强对外电视宣传"

（四）第一位驻外记者

1965年3月8日，北京电视台派记者朱景和赴越南采访。朱景和成为我国第一位常驻国外的记者。

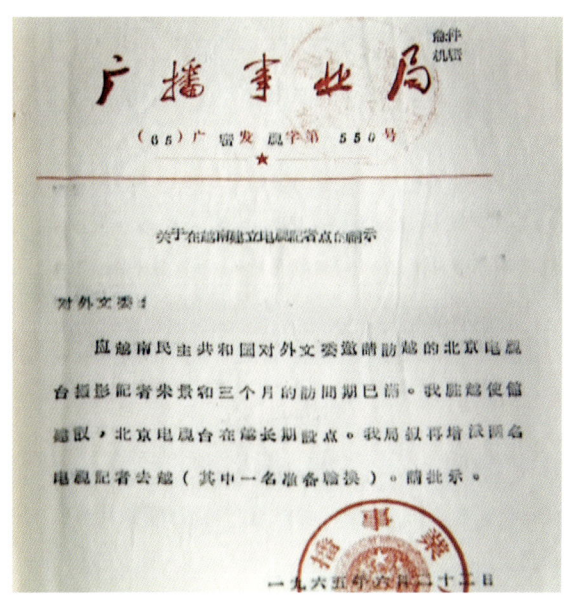

1965年的中央广播事业局的一份文件上这样标注："拟派朱景和前往越南拍摄电视片。"此份文件现保存于中央档案馆

北京电视台记者与越南主席胡志明合影

北京电视台记者叶惠在老挝战地采访

（五）第一位采访外国政府首脑的记者

1965年6月15日，北京电视台驻越南记者朱景和采访越南总理范文同。

朱景和在越南拍摄电视片。他拍摄的美国轰炸越南某麻风病院的报道在世界上引起很大反响，越南总理范文同为此特意向中国表示感谢

◀ 中央广播事业局1965年的密发第550号文件《关于在越南建立电视记者点的请示》："我驻越使馆建议，北京电视台在越长期设点。"

第二部分
台湾 初创期(1962—1971)

概述

台湾第一家具有电视台雏形的媒体机构是于1962年成立的教育电视广播实验电台。第一家向公众广播并从事商业广播的电视台，则是在1962年4月28日由台湾地区政府与多家台湾、日本企业共同出资成立的台湾电视公司（简称"台视"）；后来陆续成立"中国电视公司"（简称"中视"）和中华电视公司（简称"华视"）。在当时特殊的政治、经济情势之下，当时公司股份皆为中国国民党及相关组织或是台湾教育主管部门、防务主管部门等机构所持有。

1962年2月14日，"第四届全国教育会议"开幕，教育电视广播实验电台正式成立并开播。1963年12月1日，教育电视广播实验电台改名教育电视广播电台，中文简称教育电视台，英文简称"NETV"，直属于教育资料馆，节目内容以社会教育与学校教育并重。1964年5月，台湾教育主管部门下属的社会教育司开始筹划建立空中教学学制。1965年2月，"社会教育司"指定台北市立高级商业职业学校（今台北商业技术学院）与教育电视台合作试办"空中教学"课程。教育电视台的收视范围仅有台湾北部地区，收视率仅有1.40%。这是台湾电视事业的开端。

1962年4月28日，台湾电视公司正式成立，简称"台视"，英文简称TTV，是台湾第一家电视台。1962年10月10日，由宋美龄按钮，台视正式开播。

1968年9月3日，"中国电视事业股份有限公司"成立，通称"中国电视公司"，是台湾第二家电视媒体公司，简称"中视"，英文简称CTV。1969年10月31日，由当时"副总统"严家淦主持剪彩仪式，国民党财务委员会主任委员俞国华主持按钮仪式，中视正式开播，改变了台湾无线电视"仅此一台（台视）"的局面。中视的成立，开创了台湾电视史上两个里程碑：一是播出彩色电视节目，二是"每日连续播出"形态的电视剧正式诞生。

在防务主管部门与教育主管部门的支持下，教育电视广播电台于1970年改组为"中华电视台"。1971年1月31日，中华电视台正式成立，是台湾第三家电视台，简称"华视"，英文简称CTS。10月10日，华视开始试播。10月31日16时整，华视正式开播。

1962—1971

一、大事记

1962年 2月14日，台湾地区第一个电视台"教育电视实验广播电台"问世。教育电视广播实验电台不播广告，经费完全依赖教育主管部门的预算。1963年12月1日，"教育电视广播实验电台"更名为"教育电视广播电台"，中文简称"教育电视台"，英文简称NETV。

教育电视台台标

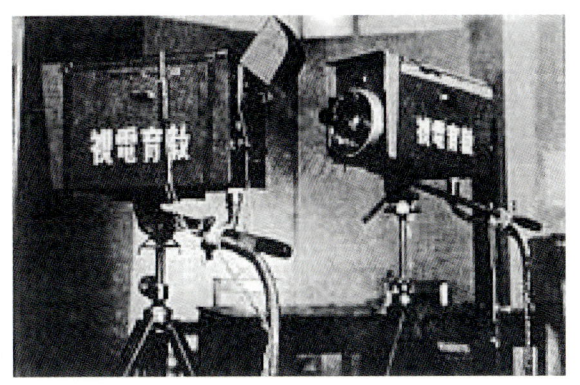

教育电视台摄影机　　　　　台湾电视公司节目录制现场

1962年4月28日,台湾电视公司正式成立,它是台湾第一家电视台,简称"台视",英文简称TTV。10月3日,台视试播节目七天。10月10日19时整,台视开播,是台湾第一家无线电视台,其官方期刊《电视周刊》同日创刊。

台湾电视公司大楼

台湾电视公司历代台标变迁图。第一代的台视台标,背景样式为黑白两色横条交错横排,外框为四角皆磨圆的长方形,正中央为黑底白边的"TTV"三个大写英文字母加一道白底黑边的"右上—左下"方向的闪电。四角皆磨圆的长方形象征电视屏幕,黑白两色横条交错横排象征黑白电视节目,闪电象征台视节目讯号。第二代的台视台标沿袭第一代的架构,背景样式改为直立的蓝绿红三色长方形由左至右排列,外框改为球面且四角不磨圆的电视屏幕形状,"TTV"三个大写英文字母与闪电改为白底黑边。蓝绿红三色长方形象征彩色电视的RGB原理。台视第三代台标——以蓝红白三色为主色的台视碟形卫星天线形状商标、台视英文简称第一代标准字体与台视中英双语全衔标准字体。台视CIS标准色系为蓝色与红色,辅助色系为黑色与绿色。

台湾电视公司官方期刊《电视周刊》

为了在1962年10月10日开播,台视在当时台视中央大楼一楼设立了电视机生产线,名为"台湾电视公司制配厂",生产"台视牌"黑白电视机,这是台湾第一家电视机制造厂。

台视与日立合作生产的14寸电视机"14T-613",当时售价4 660新台币

14T-613的屏幕左上方有一个黑色长方形,台视第一代商标即在其内

台视与东芝合作生产的14寸电视机"14T-511"

14T-511的屏幕正下方为台视第一代商标

早年台湾地区购买电视机的用户都须申请《电视广播接收机执照》,并每年缴执照费,方得在家中使用电视机

1968年9月3日,"中国电视事业股份有限公司"成立,通称"中国电视公司",是台湾第二家电视媒体公司,简称"中视",英文简称CTV。1969年10月31日,"中国电视公司"正式开播,改变了台湾岛内无线电视的局面。从此以后,中视定每年10月31日为台庆。1970年9月1日起,"中国电视公司"全面彩色播出,将台湾电视由黑白带入彩色时代。

"中国电视公司"大楼

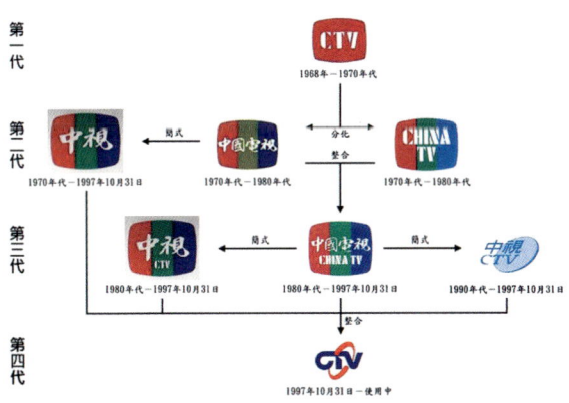

"中国电视公司"历代台标变迁图。中视第一代台标,是在一个红色的电视屏幕形状图案的正中央加注横排的"CTV"三个白色大写英文字母。而"中国电视公司"六字楷书体标准字,从孙中山的楷书字迹之中集字而成,寓意效法孙先生服务人群的精神。约2002年至2003年,中视新闻的麦克风以红底白字的麦克风海绵套取代麦克风牌,红色麦克风海绵套外贴全白色的中视第四代台标与孙中山楷书体"中视"二字。中视第四代台标以蓝橘两色为主要颜色,象征笑口常开,也代表"中"字。中视第四代台标启用后,不再使用电视屏幕形状的旧台标,也甚少使用"中国电视公司"六字的楷书体标准字,但此六字一直留在中视大楼外墙上,而中视较常使用的是其中的"中视"二字

1969年9月7日,台视发射全台湾第一个彩色电视节目讯号,并自该日起每日不定时试播彩色电视节目,试播期间播映彩色影片《洋场私探》《超空人》与部分彩色卡通片。9月25日,台视宣布彩色电视节目试播成功。

1970年4月12日13时18分,台视以52小时前运达的两台飞利浦PC-80彩色摄影机正式播出台湾第一个彩色现场节目《群星会》。

1971年1月31日,中华电视台正式成立,它是台湾第三家电视台,简称"华视",英文简称CTS。10月10日,华视开始试播。10月31日16时整,华视正式开播;同日,华视第一本出版物《中华电视周刊》(*CTS Weekly*)创刊。自此,华视定每年10月31日为台庆。

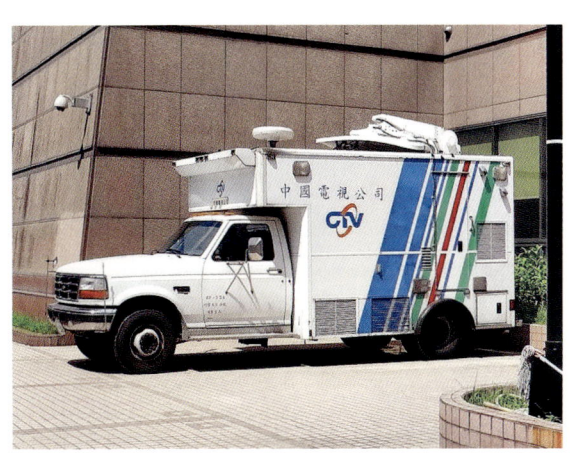

"中国电视公司"的小转播车,车身后半段的RGB三色线条为20世纪90年代至今的彩绘格式

"中华电视台"五字取自蒋介石手迹。依据华视的官方说法:这代表华视"传承历史文化,维护固有法统"之成立宗旨

华视第一代台标时期陶瓷茶杯。台标是绿色圆形图案在左，蓝色圆形图案在右。蓝色圆形图案上的"华视"两个白色中文字采用蒋介石墨宝集字，书写方向是从右到左。此版台标搭配同样采用蒋介石墨宝集字的"中华电视台"五字使用

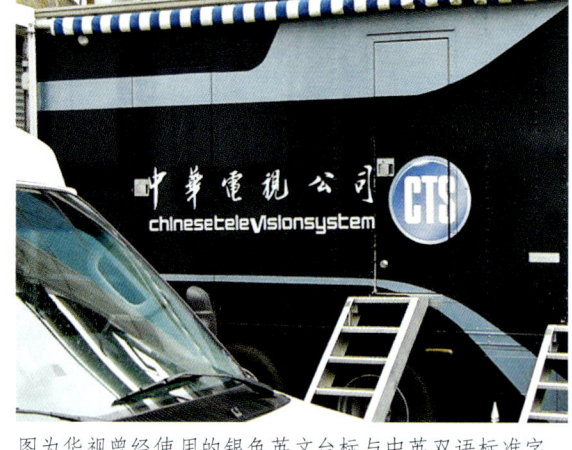

图为华视曾经使用的银色英文台标与中英双语标准字。2003年，徐璐任职华视总经理期间，华视将第二代台标舍去蓝色圆形图案，再将绿色圆形图案改为银色，成为第三代台标。"中华电视公司"六字沿用蒋介石墨宝集字，"Chinese Television System"字样从一般印刷体的字形改为现版字形并使用至今

20世纪80年代末，华视台标结构改为蓝色圆形图案在左，绿色圆形图案在右。蓝色圆形图案上的"华视"两个白色中文字，书写方向改为从左到右。这是华视第二代台标

2004年江霞接任华视总经理后，华视恢复使用第二代台标至今。华视2004年7月启用的中英文标准字组，中文标准字仍然取自蒋介石墨迹，英文标准字从2003年启用

华视摄影大楼正面上方的"中华电视公司"六字，取自蒋介石墨宝。1988年11月25日，华视全名正式变更为"中华电视股份有限公司"，沿用华视第二代台标，搭配同样采用蒋介石墨宝集字的"中华电视公司"六字并沿用至今

二、电视栏目和节目

（一）新闻类

1. 台视：《台视新闻》

《台视新闻》（*TTV News*）是台视新闻部制播的电视新闻节目总称。《台视新闻》开播时称为《电视新闻》，起初只在每日20:00—20:15播出一节新闻，当时播报形式为一名记者与一名女播音员轮流播报。中视开播后，台视才将《电视新闻》改名为《台视新闻》，以与中视的电视新闻节目总称《中视新

闻》有所区别。早年，台视一直享有"新闻王国"的美誉。

台视开播初期（1962年10月10日至1962年12月31日），每日20:00—20:15播15分钟新闻，画面为静态照片、图表、字卡及影片；由一男一女播音员在幕后轮流交替播报，配上背景音乐。

1963年2月1日，台视的国际新闻开始采用合众国际社新闻影片，每天播出三、四条，长约5分钟，接在《台视晚间新闻》之后，于每天20:16—20:20由播音员旁白播出。

1963年1月1日至1963年10月9日，《台视新闻》改由记者面对镜头播报。1963年10月10日起，每日20:00改由男女记者交替播报。

1963年6月5日11:50—12:50，台视在台北松山机场实况转播欢迎泰国国王普密蓬及诗丽吉王后访问台湾典礼，这是台湾电视新闻史上第一次实况转播。

1963年12月3日，台视在每周一至周六20:15—20:20播出《世界新闻》，每周日播出以世界电视新闻影片剪辑成15分钟的《一周国际大事》。1965年3月，台视在每周一至周五23:20—23:30增播10分钟的《收播新闻》。

1964年2月，台视增购传真照片接收机，每日接收合众国际社的18张传真照片。

1965年10月，台视现场直播午间新闻节目《午间新闻》开播。

1969年11月19日，台视以1小时实况转播"太阳神12号"太空人登陆月球，这是台湾电视史上第一次使用人造卫星进行现场转播。

1970年10月10日，台视首次以彩色节目讯号播出午间及晚间新闻。

1971年6月7日9:10，少年棒球选拔赛在台南市开幕，台视启用BBC彩色转播车转播赛事。此型转播车是BBC综合20部转播车的实际使用经验改良制成的，全球第一部已被BBC优先留用，台视订购的是全球第二部。

1971年9月7日，台视正式以彩色播出每日三节的《新闻及气象报道》。

盛竹如是台湾首位具有主播职位的记者、著名新闻主播、台视元老级人物，1962年入职台视。图为盛竹如在台视主播新闻画面

2. 中视：《中视新闻》

《中视新闻》（*CTV News*）是中视新闻部制播的电视新闻节目的总称。

中视每日开播的各节新闻，名称皆为《中视新闻》，名称没有"午间""晚间"与"夜间"之分。由于当时每日节目开播时间的限制，当时没有早间新闻。

1969年11月，中视首次实现空中采访。11月25日，中视新闻部收到消息：万吨级货轮"霭云轮"因主机故障而漂流在宜兰县东方海面。29日，中视新闻部向台湾航空租了一架

6人座的Cerrna型飞机，特派交通记者方预与摄影记者台益公采访"霭云轮"现场。方预播报的当日19:30与22:00的《中视新闻》，独家播出"霭云轮"现场空中采访影片，长达两分多钟。

1969年12月9日，中视首次现场直播彩色新闻节目。当日19:30，中视在"摄影场E"现场直播15分钟的彩色新闻，朱友龙首先入镜担当主播，莫洒滇播报艾德曼来访，潘健行播报美国渔业专家谢哈道博士的新闻，杨文华播报3条软性新闻，张节播报气象，许居琼与林韬负责幻灯片，陈远炀担任导播，陈巴月担任助理导播，总播出时间是11分55秒，共播报11条新闻、5条新闻影片。

1962年11月8日起，《群星会》每周播出两集，每集长度为30分钟，让观众既能听歌又能见人。1969年12月7日13:20，台视以《群星会》试播自制彩色电视节目，是台湾第一个以彩色节目讯号试播的现场节目。1970年4月12日13:18，台视以52小时前运达的两台飞利浦PC-80彩色摄影机现场直播《群星会》，《群星会》成为台湾第一个彩色现场节目。第一代《群星会》制作人是关华石，主持人是词曲创作者慎芝。《群星会》捧红了不少歌手，如谢雷、张琪、青山、姚苏蓉、邓丽君等。

1969年12月9日，中视首次现场直播彩色新闻节目时的中视新闻主播台，图为女记者杨文华

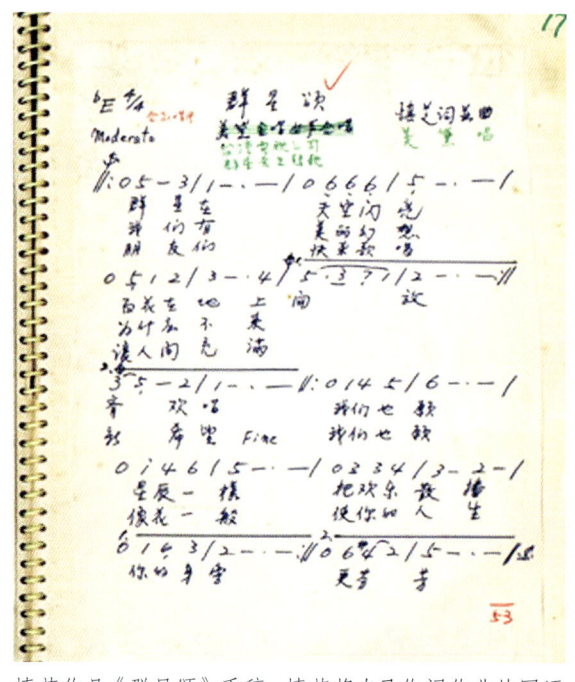

慎芝作品《群星颂》手稿。慎芝将自己作词作曲的国语歌曲《群星颂》定为《群星会》主题曲

（二）综艺类和艺术类

1. 台视：《群星会》

《群星会》是台视播出的国语歌唱综艺节目，1962年11月8日开播。如果台视试播期间的节目不列入计算，《群星会》是台湾电视史上第一个电视歌唱节目。《群星会》名称曾经过3次修改，最初名称是《音乐歌舞——群星会》，后改为《国语歌曲——群星会》，最后改为《群星会》。

关华石（第一排中）、慎芝与《群星会》（第一代）群星合影

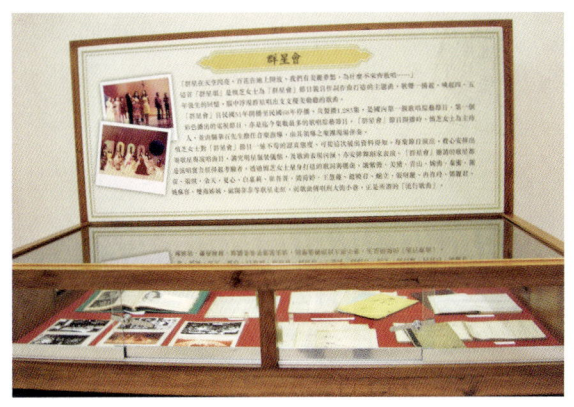

2007年台湾大学图书馆《牵手·推手——慎芝·关华石手稿资料暨藏书展》展柜之一

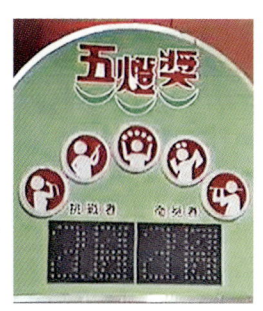

《五灯奖》的标志是五灯标志。"五灯奖"三字为红色，"五灯奖"三字下方的三个新月形状图案为浅绿色。"奖"字的写法是日文汉字的写法。五灯标志的底色是红色，图案是白色。五灯标志代表《五灯奖》五大类型的单元：戏曲、舞蹈、技能、乐器、歌唱

2. 台视：《五灯奖》

《五灯奖》是台视委外制作的综艺节目，同时也是台湾电视史上除了各台新闻以外最长寿的节目，播出期间长达33年（1965年10月9日至1998年7月19日），是台湾当时第一个冠名赞助节目，内容包括《田边俱乐部——周末剧场》《田边俱乐部——歌唱擂台》《才艺五灯奖》《新五灯奖》与《五灯奖》5个节目。

1965年，台视推出歌手竞赛类节目《五灯奖》。这种融合了流行音乐和竞赛元素的节目形态一经推出即获得观众的热捧，甚至出现了8家地方性电台一起转播《五灯奖》的场面，可谓盛况空前。

《五灯奖》一直"亮"了30多年，到1998年停播时，共播出1 701期，堪称台湾地区生命力最强的电视娱乐节目。其成功之处在于首次实现了企业在电视节目中的植入性广告营销，该节目赞助商的销售业绩也暴增7倍，开创了节目营销的成功范例。

《五灯奖》培养出许多明星，如张惠妹、吴宗宪等。

3. 台视：《宾果游戏》

1966年，台视出现了一个猜谜歌唱节目《宾果游戏》，由杜诗制作、白嘉莉主持，颇让观众有耳目一新之感。《宾果游戏》后来演变为《三朵花》，后又改名为《大千世界》。主持人还有张法鹤、方羊、李睿舟。

自1966年11月6日起至1975年7月6日该节目停播，在1976年1月4日又复播，至1979年5月20日停播。播出时段为19:06—19:40。

担任过金马奖委员会主席的张法鹤。他在1966年策划及主持台视益智节目《大千世界》时，收视率两年居首

4. 台视：《翠笛银筝》

这是台湾第一个以户外景物为背景的歌唱综艺节目。

1970年9月12日首播,播出至1978年10月1日。播出时段为19:00—19:30。

制作人是晏光前,导播为黄海星,主持人为崔苔菁和王孟丽(1976年开始)。

《翠笛银筝》一改歌唱节目在棚内录制的惯例,将电视台转播车开至全台各地,以大自然为背景的节目令观众耳目一新。

崔苔菁因主持综艺节目《翠笛银筝》名声大噪

(三)电视剧类

1. 台视:《重回怀抱》《浮生若梦》《郑成功》等

1962年10月19日,台视播出台湾电视史上第一部闽南语电视剧《重回怀抱》。当时这部电视剧在市场的播出情形良好,不但奠定了电视台在午间时段固定演出闽南语电视剧的基础,也使得台视陆续增加由民间故事或歌谣改编成的闽南语古装剧,如《吴凤》《周成过台湾》等。

1962年11月18日,台视播出第一部国语单元剧《浮生若梦》。此剧之后,台视又推出了数部单元剧,此时台湾电视剧尚无所谓的"连续剧"类型。

1963年3月16日,台视播出第一部古装电视剧《郑成功》。

1970年7月5日,《台视国语电视小说》开播,第一部电视小说是根据徐讦小说改编的《风萧萧》,由朱白水与鲁稚子共同制作,定于每日晚间播出30分钟,以一个月内播完为原则。《台视国语电视小说》是台视为了与中视的《晶晶》竞争而推出的一个同类型节目,但《晶晶》已抢先使用"连续剧"三字命名,故而以"电视小说"四字命名。《台视国语电视小说》播出的同时有旁白,类似广播剧,但是有画面可看。

2. 中视:《晶晶》

《晶晶》是中视制作的台湾第一部国语电视连续剧。自此之后,"连续剧"便成为台湾主要的电视剧形态。

1969年10月11日播出第一集,每周一至周六19:50—20:10以黑白画面播出(1970年1月5日提前至19:45播出),至1970年2月28日共播出102集。《晶晶》最初每周播出6天,每天播出15分钟;由于播出后轰动全台,因此延长为20分钟,后又延长为30分钟。《晶晶》描述了在国共内战、海峡两岸隔离的动荡局势下,晶晶(李慧慧饰)及其母亲林凤仪(刘引商饰),历经千辛万苦、几度交会却又错过、最后重逢的故事。主题曲是由邓丽君演唱的《晶晶》。

3. 华视:《燕双飞》

华视开播的第二天（1971年11月1日），晚间7:30即播出闽南语连续剧《燕双飞》。此剧虽距今已超过40年了，但仍被大家常常挂在嘴边，最主要的是该剧主演为后来的巨星凤飞飞，当时主演且主唱了该剧的主题曲。

剧中有三位主要角色，分别是由凤飞飞饰演的"凌波仙子"柳上燕、白虹饰演的"青衣侠客"朱无双与张宗荣饰演的左剑飞，各取其名尾字成片名《燕双飞》。该剧以明朝历史为背景，以正义侠客对抗东厂太监的故事为主轴，有浩然正气也有儿女情长。这部电视剧后，凤飞飞星运大开。

主演李慧慧并非职业演员，而是经过长达3个月的甄选与试镜，在500余位应征者中脱颖而出的

中视第一部连续剧《晶晶》的大结局

张宗荣及凤飞飞出演《燕双飞》的现场

《晶晶》主题曲由邓丽君演唱

▼ 华视开播第二天节目表显示《燕双飞》在19点30分播出第一集《荒林喋血》

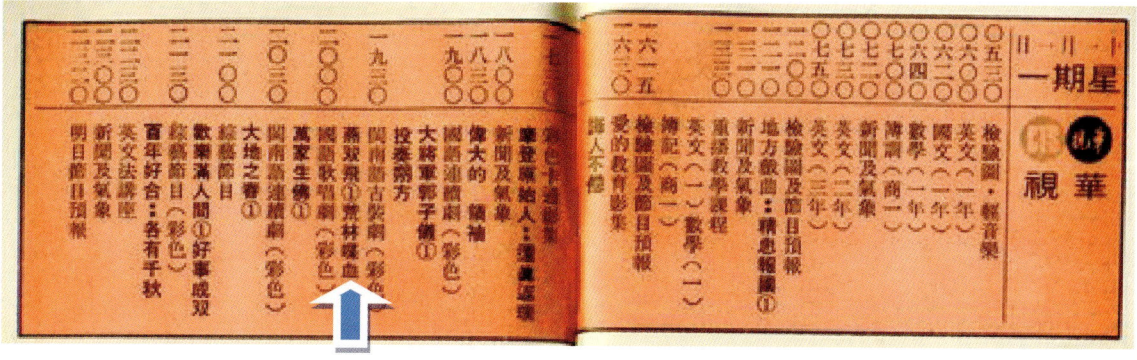

（左右图）《燕双飞》剧照

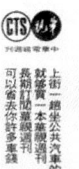

（左右图）《华视周刊》对凤飞飞个人及剧集《燕双飞》的专栏介绍

三、电视史料

（一）台视试播和开播当天的节目表[①]

1. 台视试播首日（1962年10月3日）节目表

◎18时至18时30分节目为国歌、节目报告、儿童教育影片《第一步》、儿童教育节目《儿童世界歌曲教学》

◎18时30分播出电视影片《太空前驱》

◎18时40分播出妇女节目《妇女俱乐部》

◎19时播出《新闻、气象报告》

◎19时15分播出李少华等人表演的《西洋技术》

◎19时40分至20时播出《星际航空概况》

2. 台视开播当天（1962年10月10日）节目表

播出时间	节目名称
18:50~19:00	检验图
19:00~19:03	开播、"国歌"、节目报告
19:03~19:15	公司开幕实况
19:15~20:00	"总统"文告、国庆实况
20:00~20:15	新闻、气象报告
20:15~20:30	卡通
20:30~21:00	国语歌曲—歌星演唱
21:00~21:20	电视节目胶片
21:20~21:55	宪光康乐队演出
21:55~22:55	电视节目胶片
22:55~23:00	新闻、气象报告
23:00~23:02	预播明日节目、收播

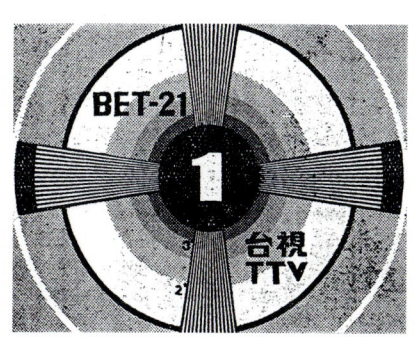

台视开播时的黑白检验图

（二）中视开播当天（1969年10月31日）节目表[②]

播出时间	节目名称
18:10	检验图
18:30	开播致辞
18:35	友邦庆贺节目
19:00	卡通世界：赵泽修的彩色卡通
19:15	万寿无疆
19:30	新闻
20:00	庆贺特别节目
21:15	国剧：兴唐灭巢
22:45	明天节目预报、收播

（三）中视开播时的经营方针

◎奉行"国策"，宣扬政令，为政府与民众服务。

◎配合经济发展与经济建设，为工商企业服务。

◎本着"寓教于乐"的原则，为国民康乐与社会教育服务。

◎提高营业品质，争取合理利润，为促进电视发展服务。

（四）华视开播当天（1971年10月31日）节目表[③]

播出时间	节目名称
16:00~16:30	华视开播典礼、酒会
16:30~17:30	近悦远来
17:30~18:10	特别节目
18:10~18:25	小宝宝拜寿
18:25~18:50	华视晚间新闻
18:50~19:30	万众欢腾
19:30~20:00	松柏长青
20:00~21:00	群星祝嘏
21:00~22:00	越剧：金枝玉叶
22:00~23:00	万寿无疆
23:00~23:30	国剧选粹
23:30	收播

---

① 《台视二十年》编辑委员会.台视二十年：1962—1982年[M].台北：台湾电视公司，1982：247.

② 今日电视[N]."中央日报"，1969-10-31(7).

③ 中华电视台 明正式开播[N].联合报，1971-10-30(8).

四、电视人物

（一）傅培梅

傅培梅是台湾知名厨师、烹饪节目制作人及主持人，被喻为"台湾的茱莉亚·蔡尔德"（Julia Child，美国名厨）。

1962年12月，傅培梅首次在台视的妇女节目中担任烹饪环节的主持人。后来，她常常在台视的《每周一菜》（1963年4月3日至1965年10月）与《星期餐点》（1963年8月至1965年10月）这两个节目中担任主持人。接着，在台视连续主持《家庭食谱》（1965年10月开播，由《每周一菜》与《星期餐点》合并而成，傅培梅亲自制作）、《幸福家庭》及《傅培梅时间》（1962—2002年）等节目。

傅培梅的节目，从食材的切割、洗涤开始，到菜肴端上餐桌为止，每一个动作都让观众看到；观众可以预先准备好食材，跟着电视上的示范一起做菜。傅培梅对台湾人影响深刻，观看她的电视烹饪节目，台湾的许多家庭主妇也能自己烧出美味的家常菜。直到2002年，因为生病身体虚弱，傅培梅才终止上节目及出书。她是台湾第一个在电视节目中传授烹饪技艺的人。

《傅培梅时间》总计播出1 400多集，教了4 000多道菜肴

（二）慎芝

慎芝是台湾知名的歌曲作词者、电视节目主持人。台视歌唱节目《群星会》即为其所主持。

1962年10月，慎芝与关华石接受台湾电视公司邀请，筹备台湾第一个电视歌唱节目《群星会》。1962年10月10日，台湾电视公司开播；关华石制作、慎芝主持的《群星会》于同年11月8日开播，主题曲《群星颂》由慎芝作词作曲。慎芝不仅曾为《群星会》的歌星们设计服饰，也曾在台视旗下刊物《电视周刊》逐期撰文介绍歌星并宣传《群星会》。

在《群星会》的全盛时期，凡是歌星，只要一参加《群星会》，就觉得身价上涨了百倍。当时《群星会》是以现场直播的方式播出的。《群星会》所创造的男女对唱的表演形态风靡一时，如青山与婉曲、夏心与张明丽、谢雷与张琪、余天与秦蜜等。

台湾电视史上第一个播出时间最久的歌唱节目《群星会》，由关华石与慎芝夫妇联袂制作，造就出的歌星不计其数，邓丽君即是其中之一

第三部分
香港 初创期(1957—1967)

概 述

香港的电视广播始于1957年,亚洲电视有限公司(亚视)的前身——丽的映声是香港第一家电视广播公司,其后第一家无线电视台无线电视于1967年开播。

英国丽的呼声在香港的分公司于1949年成立,并于1957年5月29日在香港成立商营有线广播电台,正式推出电视服务丽的映声,此为香港及远东地区第一家电视台,揭开香港电视广播的历史一页。当时"丽的"以收费方式提供服务,成立初期只有一个黑白画面的英文台,每日播放4小时,向每个用户收取25港元的月费,相当昂贵。开台时租户仅有640家,1969年鼎盛时期租户达10万家。

1965年,港英政府邀请财团竞投地面电视广播牌照,引来各个财团竞逐,最后香港电视集团得到牌照,并于1967年11月19日以香港电视广播有限公司(通称"无线电视"或"无线")名义推出免费电视广播服务。

1957—1967

一、大事记

1957年5月29日,香港第一家电视台丽的映声成立。这是由英国财团经营的丽的呼声(香港)有线公司开办的收费黑白有线电视。丽的映声不但是香港第一个电视台,更是全球华人地区第一个电视台。

1957年5月29日,港督葛量洪为丽的映声主持开播典礼。自港督葛量洪按下开播按钮的那一刻起,丽的映声(亚视前身)成为全球第一家华语电视台

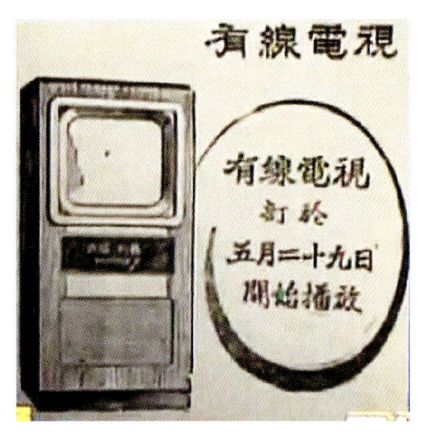

1957年4月4日"丽的映声"在报纸预先登出的系列广告,广告标题是《申请安装丽的映声有线电视》

"丽的映声"开台的相关新闻报道

丽的映声的转台设备。丽的映声以有线传播，安装时在墙上设置有一个奶白色、有旋钮的小盒作为转台之用

丽的映声台标（1957—1973）

"丽的映声-丽的电视-亚洲电视"发展史上使用过5代台标：

第一代台标（1957—1973）：丽的映声时期使用。台标采用放射16道光芒的太阳图案，象征电视广播辐射全港

丽的电视台标（1973—1982）

第二代台标（1973—1982）：丽的映声在1973年转为无线播出后改名为丽的电视时期使用。台标形如黄色的电视屏幕，中间写着"RTV"（Rediffusion TV，丽的电视），表示这是电视媒体

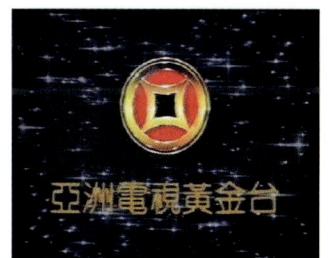

亚洲电视台标（1982—1989）

第三代台标（1982—1989）：邱德根获得亚视股权后，丽的电视更名"亚洲电视"时期使用。新台标为铜钱状（与邱氏旗下的远东集团标志一样），"金钱"台标象征着财富

亚洲电视台标（1989—2007）

第四代台标（1989—2007）：林百欣收购邱德根的亚视全部股权后更改台标，台标最初设计为蓝、绿、红三原色，毛线形。后因这种"毛线"有"缺口"并有棱角，所以于1991年由堪舆学家填满缺口并改为圆边，形状似风车，取其顺风顺水无波折的好意头，并象征亚洲电视全体员工团结一致、万众一心，共同为亚洲电视而奋斗。台标之中亦暗藏着重叠的三个英文字母"A""T""V"，"A"代表"Asia"（亚洲），TV代表"电视"

亚洲电视

第五代台标（2007—2016）：2007年10月8日，亚视改版，启用设计师Sandy MacMillan设计新台标，新台标在之后数年的使用期间也有细微变化。台标采用了橙红色的英文字母小写"a"作为主体，形状是由无限符号（∞）及"莫比乌斯带"生发出来的，取其电视节目创意无限之意，而"a"字则代表"Asia"（亚洲）及A级（最好），橙红色代表年轻活泼、积极正面

"丽的映声"电视机广告。20世纪60年代,一部有线电视机售价差不多800港元,绝非一般市民所能负担

图为20世纪60年代后期的出租电视机。那时电视机价钱着实太高昂,一般市民根本买不起,丽的映声为了提高用户数量,推出租机服务。若租户的电视机坏了,丽的派人把坏机取回修理,并会借出另一部租机暂时使用。那时租用电视机,大机租金1 000港元,小机减半,1 000港元租金可说是极其昂贵,所以20世纪60年代电视在香港绝对是小众娱乐。丽的映声开台时,安装费25港元,自购电视机月费25港元,租用电视机月费55港元。开台之初,丽的映声先在山顶区铺线,后来才发展到其他地区,原因很简单,住山顶的清一色是外国人,丽的映声所提供的节目以英语为主,当然先主攻山顶。20世纪50年代香港人平均月薪不到100港元,要每月拿55港元出来作娱乐费,简直是不可思议

丽的映声的月费收条。每月有专人上门收费,收据是一张小小的四方形卡片,约一平方英寸大小,中央印上收费月份的阿拉伯数字,每个月份用不同颜色的卡片

1962年9月,台风"温黛"袭港,造成百余人死亡,丽的映声举办筹款晚会,为灾民义唱,这是香港电视史上第一次大型筹款义演。

1966年,丽的映声举办全港第一个电视艺员训练班。1966年至1967年为第一届。第一届毕业生中较为人熟知的有汪明荃、森森、黄楚颖、苏淑贤、邹世孝等。

丽的映声筹款晚会现场,一群名伶义唱筹款

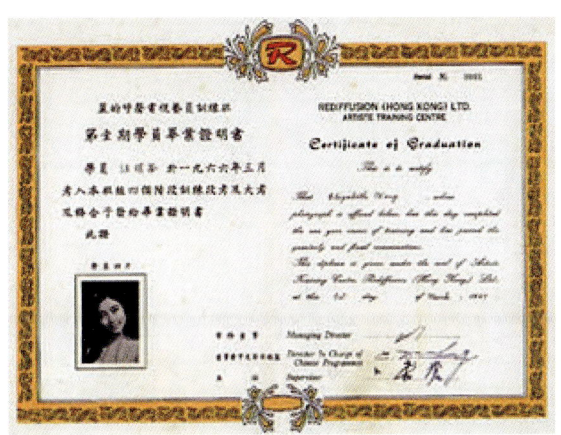

1966年,汪明荃加入丽的映声第一期艺员训练班。她毕业时成绩名列前茅,毕业证书是0001号,是香港历史上第一张电视艺员训练班毕业证书。汪明荃1967年签约丽的映声

1963年9月30日,丽的映声增设中文频道,以粤语为主要语言。开台当日的第一个趣剧名为《妙趣横生》。这个趣剧是香港电视历史上第一个中文趣剧,成为电视趣剧鼻祖。

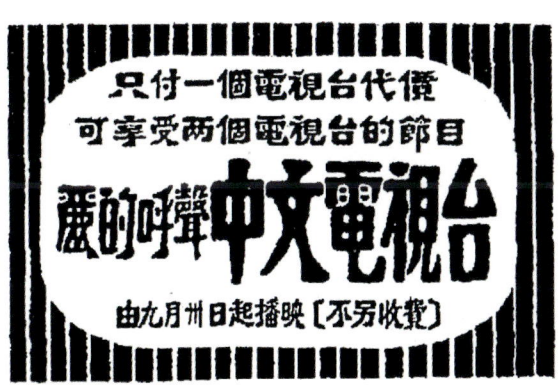

"丽的映声"中文电视台广告

丽的映声第一期艺员训练班学员合影

1963年,香港市民在家中收看丽的映声的电视节目

丽的映声第五期艺员训练班学员合影。金牌监制麦当雄(后排右二)和知名演员刘松仁(后排左二)即出自该期培训班

1967年11月19日,香港第一家无线商业电视台"香港电视广播有限公司"(通称"无线电视"或"无线",TVB)开播。开播时为黑白电视。在香港,无线电视是第一家免费电视台,是全港首间商营无线电视台。开播当日,即以微波科技直播澳门格兰披治大赛车,这是香港电视史上首次现场直播。

无线电视开播录制的港督戴麟趾致辞

无线电视开播时,公司标志(左图)最初没有颜色,只是在圈矩形内加上一个圆形,代表电视机,并配以英文简写HK-TVB或"香港"代表"香港电视有限公司(HK-TVB Limited)"。1972年,无线电视开始以全彩色广播,标志(右图)添上电视的三原色(顺序为蓝、绿、红)横线,表示正式进入彩色电视年代

1967年11月15日,《香港电视》创刊号发行,该期刊物主要介绍无线电视开播时的重要节目,包括澳门格兰披治大赛车直播、梁醒波等领衔主持并演出的综艺节目《欢乐今宵》等。《香港电视》作为无线电视官方刊物,主要介绍该公司的活动、艺员动向、节目游戏参加表格和训练班报名表等。刊物最初售价为港币两角;加价至三角时,无线电视旗下艺员森森常在《欢乐今宵》中借OK手势宣传此刊物,森森因而获得"三毫子小姐"称号。据1996年指标年报统计,《香港电视》刊物读者曾达241 000人。1997年5月,《香港电视》被《南华早报》收购,转型为"报道无线、亚视两台电视剧"并"全面报道全港各电视台及娱乐机构的新消息和动向"的综合娱乐杂志,结果销路不畅,于同年8月27日停刊。

《香港电视》创刊号封面,封面正中人物即为香港本土知名粤剧演员梁醒波

1967年11月20日,即无线电视台开播第二天,播出综艺节目《欢乐今宵》。《欢乐今宵》成为世界上播映时间最长的节目。

1967年,《欢乐今宵》工展会演出

二、电视栏目和节目

（一）新闻类

1. 丽的映声/亚洲电视：《六点钟新闻》

《六点钟新闻》是亚洲电视新闻及公共事务部每日制作的重点新闻节目。每日18:00于本港台及亚洲台播出。该节目在丽的映声启播当日（1957年5月29日）首播。

该节目播出时间曾多次改变，在丽的电视年代主要在18:15播出，曾被安排在《今日》《著灯开饭睇电视》等清谈节目中，作为一个环节播出。直至1984年，曾一度改称《香港一日》并在19:00播放。1989年2月13日起，改名为《六点钟新闻》。1999年10月4日起，改名为《亚视焦点新闻》。1999年10月18日起，改名为《亚视七点半新闻》。2008年9月28日起，《六点钟新闻》改用16:9宽高比制作。

亚洲电视传统上只会给有经验的主播报道《六点钟新闻》的机会，该传统随着亚视内不少资深主播离职而改变。

《六点钟新闻》的主播先简单讲述有关新闻，然后播出由记者旁述先前录好的新闻片，详细报道有关新闻。但自2007年9月开始，除了原有的报道方式外，该节目开始仿效外国（如美国）新闻报道，采用专题报道的方式：由主播简单讲述有关新闻，然后交由另一名（或更多）记者以直播的方式报道有关新闻，并播出由记者旁述先前录好的新闻片。

自2007年12月开始，该节目增加了一种专题报道的方式：由主播简单讲述有关新闻，然后交由另一名（或更多）记者以录播方式在虚拟布景前报道，并运用虚拟布景展示有关新闻的图片或影片，亦播出由记者旁述先前录好的新闻片。

亚视时期的《六点钟新闻》

2. 无线电视：《六点半新闻报道》

《六点半新闻报道》（*News at Six-Thirty*），通常为21分钟。每日傍晚18:30于无线翡翠台、高清翡翠台（只限星期六、日）、互动新闻台及无线新闻台播出。该节目在无线电视开播当日（1967年11月19日）首播，早期在19:30播出，但随着1976年翡翠剧场的开播，改为18:30播出至今。《六点半新闻报道》同时在无线电视网站提供免费网上直播，并提供免费网上重播服务。自2008年7月13日起，《六点半新闻报道》改用16:9宽高比制作。

《六点半新闻报道》播出画面

（二）专题类和杂志类

1. 丽的映声：《女人世界》

丽的映声中文台开播后不久即开设了高亮主持的男性专题节目《先生俱乐部》，紧接着又开设了以女性为目标观众的直播节目《女人世界》，由梁舜燕与张清共同主持。

《女人世界》每次节目都会邀约观众参与现场互动，和主持人一起畅谈女性生活，比如化妆、仪态、发型等专题内容，有时主持人还亲身示范化妆和打理发型等。

节目的有奖问答游戏环节特别受观众欢迎，游戏玩法是电视台预先将问题写在卡纸背后，游戏时现场观众将卡纸反转后即兴答题，答对者可获得奖品。

《女人世界》的主持人梁舜燕、张清（右）和节目助理编导（左）

梁舜燕主持《女人世界》节目现场

2. 丽的映声：《快乐生辰》

1963年，丽的映声增设中文台后设置了诸多粤语节目，儿童节目《快乐生辰》即是其中之一。节目由加明叔叔（本名王曦）与梁舜燕、黎婉玲联合主持。

《快乐生辰》在每天下午五点至七点的儿童节目时段中播映，每期半小时，参加者都是四岁以上的小朋友。参加方式是由家长写信到丽的映声电视台申请，申请时注明小朋友的兴趣和才能。节目组届时再通知家长陪同小朋友去电视台参加节目。

除了为小朋友庆祝生日的固定内容之外，《快乐生辰》还有讲笑话、玩游戏和由加明叔叔表演木偶和魔术等环节，其中如"尖鼻仔""马骝仔"等是最吸引小观众的木偶。加明叔叔会在节目直播前带领50名小观众到幕后参观，并跟他们讲讲笑话，小观众在轻松的氛围当中情绪松弛下来，不再紧张。主持人梁舜燕事后回忆："每周我们邀请50名小孩参加，并从中拣选一些孩子即场表演有趣味的节目。我们没有与小童事前彩排，但这么多年来现场直播却从未出过岔子，也算幸运。"

丽的映声在中文台增加《快乐生辰》这档儿童节目，一是希望做到电视节目多元化；二是希望可以借此吸引更多家中有小孩的成年观众收看；三是希望培养一批小观众，等他们长大后继续捧场。

丽的这个计划很成功,《快乐生辰》播映了18年,当年一大批年幼的观众成为忠实观众,一直陪伴着这个节目成长。有忠实观众多年后曾回忆起节目给人留下深刻印象的一幕:一名四岁的小女孩现场背诵岳飞的《满江红》,技惊四座。表演完毕后,主持人问小妹妹背诵的是什么,她伶牙俐齿地回答说:"《满江红》。"主持人继续追问她可知是谁人所作时,她天真地说:"妈咪!"

《快乐生辰》很受家长和小孩欢迎

3. 丽的映声:《丽的音乐会》

丽的映声开设中文台后不久即开设专题音乐节目《丽的音乐会》,每周播映一次。此节目由著名音乐人林乐培导演、梁舜燕主持。节目创办本意为推广古典音乐,提高观众的音乐品位。

节目主要介绍西方的古典音乐,向观众讲述贝多芬、肖邦、巴赫等西方音乐家的生平事迹、艺术成就和风格,同时亦播放他们的作品供观众欣赏。另外,节目也会访问在香港居住的音乐家和演唱家,例如费明仪、韦秀娴等,并且请他们现场表演。

梁舜燕主持《丽的音乐会》节目现场

(三)综艺类和艺术类

1. 丽的映声:《全家福》

《全家福》(*Digit a Day*)是香港电视史上首个有奖游戏节目。丽的映声在1957年开台后不久即设立此节目,由梁舜燕负责主持。

《全家福》的玩法与今天的六合彩相似,以搅珠形式运作抽奖。电视演播现场放置了五个搅珠机,然后由主持人从每个搅珠机中搅出一个号码,五个号码顺序全中便中奖。不过与现在六合彩不同的是,观众无须到位于香港湾仔的丽的映声大楼现场购买号码。因为当时丽的映声是有线电视,观众每月要按时缴纳收视费用才能收看电视节目,所以观众都有一个特定的用户号码,《全家福》便是使用该用户号码作抽奖之用。

主持人梁舜燕多年后回忆:"那是丽的在1957年开台后不久即设立的有奖游戏,目的当然是吸引更多市民成为电视台的用户,同时亦希望能令已有的观众觉得节目多元化和有实际的奖品,让他们愿意继续留下做丽的的忠心观众。"

梁舜燕主持香港首个电视有奖游戏节目《全家福》

2. 丽的映声:"丽声杯"颁奖礼

1964年,丽的映声为了吸引观众,与《星岛日报》联合举办"丽声杯"颁奖礼。颁发的奖项包括四个领域:最受欢迎电视男女艺员、最受欢迎国语片男女明星、最受欢迎粤语片男女明星、最受欢迎粤剧男女演员,得奖者由知名人士组成的评审团、丽的映声的观众和《星岛日报》的读者联合投票产生。当时四个领域的演艺人均以获得"丽声杯"为荣。

"丽声杯"总共举办四届。首届"丽声杯"在1964年举办,张清和高亮同时获得"最受欢迎电视男艺员"奖项,梁舜燕获得"最受欢迎电视女艺员"奖项。

"丽的三花"为丽的映声的收视作出了较大贡献

3. 无线电视:《欢乐今宵》

《欢乐今宵》(Enjoy Yourself Tonight,简称EYT),是香港无线电视的长寿综艺节目。

无线电视1967年开播第二天(即11月20日)便开始播出,直至1994年10月7日播映第6 613期为止,27年内一星期有五晚现场直播,20世纪80年代甚至有时一星期六晚直播,制作集数之多被列入世界纪录,成为全世界最长寿的综艺节目。

《欢乐今宵》每集长度约1小时30分钟(初期每集1小时,后期每集1小时45分钟)。

《欢乐今宵》从一开始就走中下层路线,为新区和廉租屋居民提供简单而又生动的娱乐,请歌手演唱,设计一些粤语的长篇话剧,通过演员和观众进行一些简单的游戏来派发各种奖品。这一风格适应了当时观众的经济文化需求,其本土色彩突出的创新性,成为该栏目长期发展的重要法宝。

1965年第二届"丽声杯"颁奖礼现场

梁舜燕(左)、黎婉玲和庞碧云(右)在"丽声杯"齐封视后,人称"丽的三花"

无线电视创办的《欢乐今宵》节目现场。较早期的演出者有森森（左二）、梁醒波（右五）、沈殿霞（右四）等

《欢乐今宵》幕后合影

4. 无线电视：《花王俱乐部》

《花王俱乐部》是无线电视首个问答游戏节目，于1967年11月25日（开台第七天）首播，并于20世纪70年代风靡一时。

该节目最著名的主持是胡章钊，其余主持人还有林燕妮、钟玲玲、钟晓薇、黄柯柯、陈喜莲、黄文慧、程可为、葛霭慈等。节目主要由日本家居用品公司花王冠名赞助，而大奖则是一部18寸彩色电视机。游戏的问题较为简单，并且有提示，使赞助商的奖品较易送出。由于游戏胜出者可以选择领取奖金或奖品，所以主持人说出的"你要奖金定奖品？"（你要奖金还是奖品？）成为该节目著名的金句。

以上三张图为《欢乐今宵》开播初期制作的节目唱片

《花王俱乐部》主持胡章剑问观众："你要奖金定奖品？要钱即摆奖金，要奖品呢？台上嘅嘢一只手摞晒！"（你要奖金还是奖品？要钱的话马上拿奖金，要奖品呢，台上的东西只能用一只手拿完！）

（四）电视剧类

1. 丽的映声：《幸福的家庭》

《幸福的家庭》于1957年播出，是香港电视史上首部剧集，为现场直播剧。

剧中演员合影。梁舜燕（右二）参演

2. 无线电视：《太平山下》

《太平山下》是无线电视首部剧集，在开播当日（1967年11月19日）即推出。这是一部处境剧（类似情景剧），每周日播出半小时，由钟景辉编导，梅欣、容玉意、沈殿霞、郑君绵等演出。电视剧集中描绘了太平山下居住的香港居民身边发生的众多生活趣事。

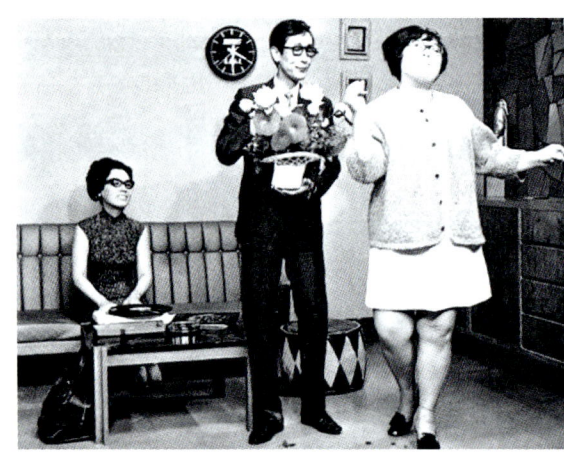

沈殿霞（右）参演无线电视第一部剧集

三、电视史料

（一）丽的映声开播当天（1957年5月29日）节目表

播出时间	节目名称
18:50～19:00	检验图
19:00～19:30	开播、开幕仪式、节目报告
19:30～19:40	公司主席致辞
19:40～19:50	晚间新闻、天气预报
19:50～20:00	香港教育
20:00～20:55	香港电影
20:55～21:00	最后新闻、天气预报
21:00～21:01	明日节目预告、收播

（二）丽的映声开播[①]

1. 为《木偶家庭》配音

梁舜燕（Lily姐）1957年4月加入丽的映声。电视台设在湾仔的军器厂街一座大厦内，即现时的油站附近，大厦今天已经被拆卸。初时电视台的职员不多，除了总监和导演，还有摄影师、收音师、场务等。"电视台地方很小，除了写字楼外，还有一个面积较大的播映室，差不多所有演出都在此厂直播。另外有一个较小的播映室是专门留给新闻报告（编者注：即新闻播报）的。儿童节目《木偶家庭》也有自己的一个专用小房，报幕员亦用来准备和休息的房间。大厦内另设食堂，丽的呼声其实也在同一座大厦之内。"Lily姐忆述香港第一代电视台的布置情况。

到了60年代，电视台开始扩展，迁到告士打道，即现时六国饭店旁，并拥有自己的建筑物，名叫丽的大厦。电视台拥有数层楼，地方宽敞多了。

---

① 涂小蝶.从丽的之花到上等人——梁舜燕口述电视史[N].澳门日报，2015-11-12至2015-12-31.

1957年至1963年的丽的映声只有一个英文电视台，但却混合粤语和英语节目的播映时间。英语节目有新闻报告、连续剧集等，中文节目则有新闻报告、播映片集等，还有访问、红歌星（如潘迪华）表演唱歌。

丽的映声初期播映的时间很少。1957年至1963年，电视台每天下午五点才"开台"（"开台"是术语，即开始播映节目之意）。五点至六点是儿童节目时间，如播映《木偶家庭》、英语卡通等适合小孩子观看的节目。六点分别是中文和英语新闻报告，之后播映歌唱节目、访问、配音外国电影，直至约十点收台。"这时候，报幕员便会说：'最后新闻报告完毕，祝各位晚安。'跟着便会播放英国国歌《天佑我皇》。"

后来星期六也开始播映，由下午两点开台至五点收台，多是播放电影，并以英语节目为主。有时会播映粤语长片，甚至潮州电影。再过一些时候，连星期日也播映节目了。

"我在丽的映声的第一项任务是替儿童节目《木偶家庭》配音。那时候丽的映声还未开台，但我每天都回去试播。这个节目由我和金魁分饰剧中所有角色，包括祖父、祖母、父亲、母亲和一子一女。有些记录指出这个节目从来没有正式播出，这是错误的。丽的映声还未开台，我已经每天都为此节目配音试播，一直做了好几年。"Lily姐指出错误流传的资料。

1957年丽的映声开播时电视台即设在丽的呼声大厦（位于庄士敦道）

1959年5月，新的丽的呼声大厦（位于告士打道）正式落成并启用，配有录影室、播映室、播音室等

1968年，位于广播道的丽的新大厦成立并启用。新大厦有9间播映室和8间播音室，配有先进的录音、电子设备

《木偶家庭》是一个扯线木偶的儿童节目，在丽的映声试播期间即开设播出

2. 终圆报幕梦

1960年，丽的电视英国总公司刊物的封面大字标题称梁舜燕（Lily姐）为"The First Television Lady of Hong Kong"（即香港首位女电视人）。她却客气地指出她加入丽的映声时已经有一位女报幕员比她更早在那儿工作。那位女报幕员正是港英政府时期首位华人政务司兼行政和立法两局官守议员廖本怀的妻子毛妹。毛妹本身亦是一位芭蕾舞蹈家，后来开设芭蕾舞学校，之后一直活跃在舞蹈教育界。

丽的映声5月开台，到8月时，Lily姐终于从配音间转到她梦想的岗位——报幕员。

报幕员负责整晚的报幕工作，在每个节目开始前告诉观众跟着会有什么节目播映。此外，报幕员亦兼任新闻报告员，报道该晚的新闻，即是现时所谓的新闻主播。另外，还需要报时。"那时候我们出镜的化妆、服装和发型全都是自己一手包办，并且要自掏荷包缝制服装，哪像现时的艺人那样幸福，有专人化妆梳头、有服装公司赞助服饰？"Lily姐说出当时当报幕员不为人知的困难。

"我每晚有港币50元的酬金，即一个月就有200元收入。"Lily姐大方地公开她当年的工资。以50年代的经济环境来说，一星期只工作一天，一个月便有200元的收入已是相当不错了。后来，她兼任逢星期一儿童节目的报幕员，每次另有15元酬金。

由于Lily姐懂英语，监制们便让她以英语报幕。"其实我所要说的只是'Good afternoon ladies and gentlemen, now let's start...'然后说出节目的英文名称而已。后来我又当上星期三的报幕员，之后电视台连星期六、日也从下午两点开始播映节目，我便由下午两点至五点工作。"

3. 新闻女主播

梁舜燕（Lily姐）在丽的映声工作的首数年担任新闻报告员，即今天的主播。她逢星期一报告新闻，星期六和日则由下午两点至五点开始工作。丽的增设中文台后，她仍是下午上班，但已增加至每周三晚报告新闻的工作量。

当时的所谓新闻报幕间，地方非常小，报告新闻的工作台其实只有一张餐桌般大。其他电视室也只有数十平方呎（编者注：呎为英制计量单位，十平方呎约合1.1平方米大小）的面积，是一个斗室而已。

当时报告新闻和天气由两名报告员分别以广东话和英语轮流报告。中文和英语的报告员各占数人，后者都是洋人。当时报告新闻和报时的安排是：先由洋人报告员以英语报告新闻，跟着轮到中文报告员以广东话报告。当洋人报告员报告新闻时，中文报告员便坐在旁边。待前者完结后，中文报告员便以广东话报时，说："现在是亚米加标准时间几时几分。"而当中文报告员以广东话报告新闻时，洋人报告员便坐在一旁，待前者完成报告后，洋人报告员便用英语报时。

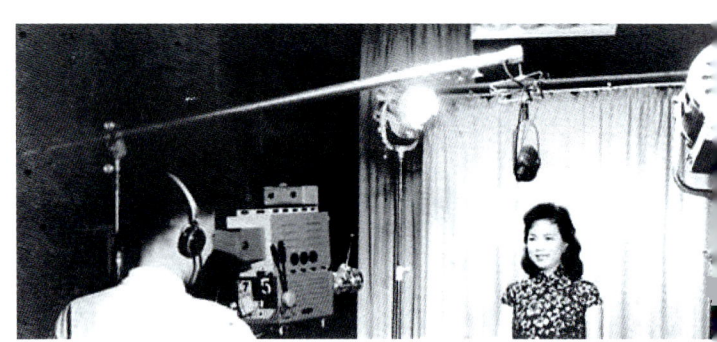

梁舜燕在丽的映声开播初期报幕

至于报幕员则在报幕时才出镜，节目进行中她们需要坐在镜头旁边随时准备报幕。

"我一星期报告三晚新闻，每晚两次，即晚间六点和十点，我们称为'开台新闻'和'收台新闻'。至于报时，我要说的话仅是：'现在是亚米加时间几点正'。每晚报时大约两三次。"Lily姐说出当时她的工作梗概。

新闻报告员有时也闹出不少笑话。Lily姐说一位女新闻报告员以为在镜头前与观众见面便一定要挂上笑脸，所以每报告完一段新闻后都会向着镜头微笑。没料到一次她报告的是一宗与人命有关的新闻，她也依旧对着镜头微笑。这引来一位观众不满，立即打电话到电视台投诉，刚巧由Lily姐接听。"那位观众批评她冷血，连有人死亡也在笑。"身为资深新闻报告员的Lily姐也觉得那位小姐处事可以灵活一些。

又一次，另一位女新闻报告员以为每逢在以白话文写成的读稿上见到"的"字便应自动转念成"嘅"字，竟然将"波罗的海"念成"波罗嘅海"，成为流传至今的经典新闻笑话（编者注：此语出自狄娜）。

丽的映声早期的新闻播报现场，图中人物为新闻女主播黎婉玲和梁舜燕（右）

梁舜燕在丽的映声播报新闻

1964年，丽的映声的培训课程现场

1964年，丽的映声的电视网络培训室

1964年，丽的映声的工作人员在工程车旁合影

1968年，丽的映声的演播室内的工作场景。图中人物为"丽的三花"：庞碧云（左）、黎婉玲和梁舜燕（右）

1964年，丽的映声的工作人员在外景工程车上合影

1969年，丽的映声综艺节目演播现场

1965年，丽的映声工作人员合影

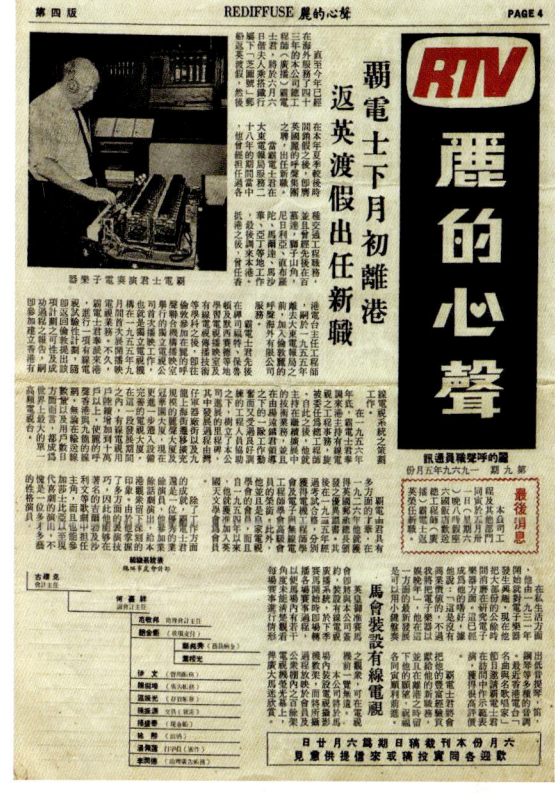
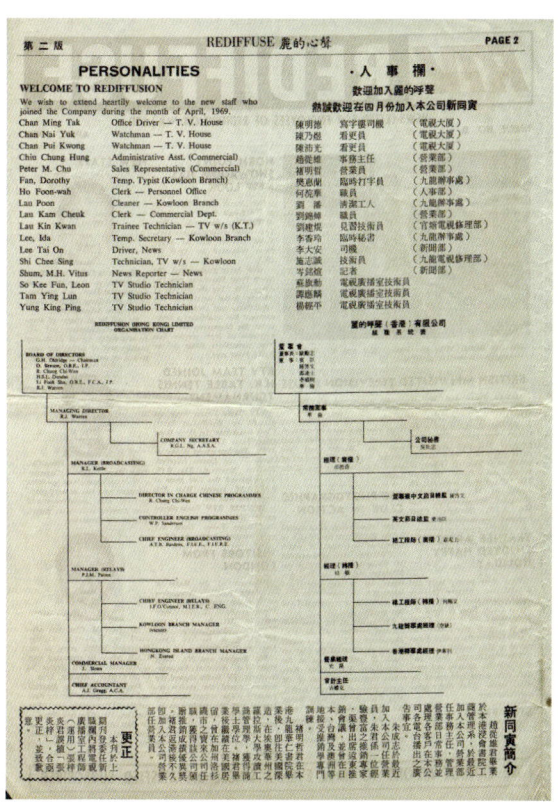

大约1969年前后,丽的映声创办了《RTV丽的心声》(Rediffuse Newsletter)。它是一份内部发行的职员通讯。图片为《RTV丽的心声》1969年第8期和第9期的部分版面

四、电视人物

（一）梁舜燕

香港第一代电视人非梁舜燕莫属。她于1957年加入丽的映声，担当报幕员、报时和新闻报道员。她亦参演香港第一个现场直播剧《幸福的家庭》，以及主持有奖游戏节目《全家福》(Dight a Day)，每星期在现场摇出幸运号码。

1963年中文台开台后，梁舜燕即主持《女人世界》《快乐生辰》《丽的音乐会》《明星生活》等。

梁舜燕于1964至1967年连续四年获得"最受欢迎电视女艺员丽声杯奖"；1966年被当时丽的电视英国总公司刊物评为The First Television Lady of Hong Kong（香港第一电视女士）；与庞碧云、黎婉玲三人被冠以"丽的三花"的美誉。

梁舜燕早期是丽的映声的一姐

梁舜燕报道新闻

（二）邵逸夫

香港电视广播有限公司(Television Broadcasts Limited，简称TVB，通称"无线电视"或"无线"）荣誉主席。1967年由邵逸夫等人创办的香港无线是世界第一大华语商营电视台。

1965年，邵逸夫由影业转向电视，和利孝和、祁德尊、余经纬等及英美资金，取得香港的免费电视牌照，并于1967年合资创办无线电视，最大股东利孝和为主席，邵逸夫则任常务董事。1980年，利孝和病逝，而美英资金亦不愿派人入主无线，邵逸夫遂增持无线股权成为最大股东，担任无线的行政主席至2011年12月31日。

50多年来香港无线电视制作的节目蜚声国际，"全世界有华人的地方，就有邵逸夫旗下的邵氏电影(SB)和香港无线电视的电视剧"，经典的影视文化形象誉满全球、脍炙人口，是全球华人的集体回忆。

在香港，无线电视是第一家免费电视台，历经50多年，依然保持香港地区一半以上的电视收视人群，称霸香港电视业半个多世纪，培养出台前幕后的华语影视制作团队数以百计。当今华语影坛、歌坛的多位明星，都出自无线电视旗下的艺员训练班。

年轻时的邵逸夫。据资料显示，"四大天王"的人选和称号也由邵逸夫一手操办

在澳门，香港无线电视和其台湾分公司台湾无线卫星台（TVBS）一直能在澳门电视网络播放，平均坐拥超过八成澳门电视观众。

在内地，香港无线电视是第一批获得国家广电总局批准、合法落地内地的境外（含港澳台）电视媒体。

（三）沈殿霞

沈殿霞是香港无线电视的第一代艺人。1967年11月15日，沈殿霞加入香港无线电视台，成为最早的艺员之一，昵称"肥肥""肥姐""开心果"，擅长担任现场直播节目主持人。沈殿霞加入香港无线电视后不久便开始主持长寿综艺栏目《欢乐今宵》，是《欢乐今宵》最长久的女主持人。20世纪70年代曾与张德兰、汪明荃、王爱明并称"四朵金花"。

沈殿霞招牌式的响亮尖锐的笑声、猫头鹰式发型及稍向上的黑框眼镜深入人心，这种欢乐形象从20世纪60年代开始一直延续到21世纪。

沈殿霞早年照

20世纪70年代的《欢乐今宵》。沈殿霞与张德兰、汪明荃及王爱明组成"四朵金花"，在《欢乐今宵》中载歌载舞

（四）蔡和平

1967年蔡和平到香港，参与了香港无线电视的筹建工作。21岁的蔡和平应邀到该台担任高级编导。他才华横溢，创办了电视长寿综艺节目《欢乐今宵》，不久他被提升为该台制作部经理。这充分显示了蔡和平在电视制作方面的突出才能。

当时无线电视的首任总经理Colin Bendall希望制作一个类似澳洲 *In Melbourne Tonight*（《今夜墨尔本》）的节目，于是蔡和平用五个月的时间观察香港人的文化和生活后，策划并制作出《欢乐今宵》，结果大受欢迎。

蔡和平

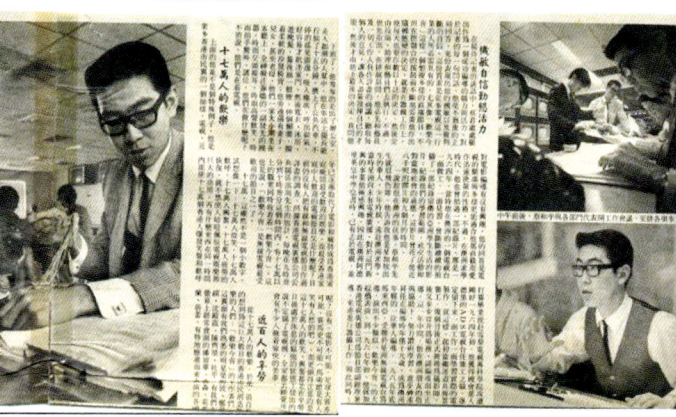

1968年的《星岛晚报·亚洲周刊》报道了蔡和平和他制作的《欢乐今宵》

（上下图）1967年香港地区报纸关于蔡和平等人加盟无线电视的相关报道

第二编

第一部分
内地 挫折前行期(1967—1976)

概 述

1966年,"文化大革命"爆发。林彪和江青反革命集团控制了电视的领导权,利用广播电视宣传为"文化大革命"鸣锣开道,广播电视事业遭受严重挫折。电视人才受到摧残压迫,事业发展停滞不前,甚至严重倒退。这个时期的电视节目极"左"思潮充斥。当年的电视文艺节目主要是八个"样板戏"——京剧《红灯记》《沙家浜》《智取威虎山》《海港》《奇袭白虎团》、芭蕾舞剧《白毛女》《红色娘子军》、交响音乐《沙家浜》和被群众称为"老三战"的三部电影,即《地道战》《地雷战》《南征北战》。另外,就是毛泽东思想业余宣传队演出的文艺节目。播出的有数的几首歌曲是《东方红》《大海航行靠舵手》《国际歌》《三大纪律八项注意》和根据毛泽东语录谱写的"语录歌"。当时主要的政治性节目是《电视新闻》《电视讲话》,内容多为学习毛泽东著作的体会。

尽管如此,电视事业在部分领域还是取得了一定的发展。

电视基础建设与技术有一定的进展。

彩色电视开播。1973年5月1日,北京电视台正式宣布彩色电视节目试播。同年,上海、成都、天津等地也开始试播彩色电视节目。1974年10月1日,北京电视台对外正式宣布彩色电视节目播出。

有线电视开始出现。1976年4月,北京东方红炼油厂建立中国第一座有线电视中心。

广播电视开始利用微波中继干线网络传播节目。

到1976年,全国电视的覆盖人口已达36%。北京电视台的彩色节目通过微波线路,送达全国25个省、直辖市与自治区。

1967—1976

一、大事记

1967年1月1日,北京电视台从当天起,在节目开始时先播出毛泽东主席像和语录。1970年,北京电视台根据周恩来的意见从9月1日起停止播放光芒四射的毛泽东头像;1971年11月22日,取消每天节目开始前例行的毛泽东语录。

1967年北京电视台节目开始时先播出毛泽东主席像

1967年北京电视台节目开始时先播出毛泽东主席语录

1967年1月2日,北京电视台播放通知:1月3日起,暂时停止一般性的电视播出。只剩下上海和广州两家电视台坚持播出。2月4日,北京电视台在停播一个月后恢复播出。

1970年5月,周总理就北京电视台必须加强群众文艺宣传的问题做了批示,旗帜鲜明地指出"广播电视的文艺节目不能太贫乏了"。1970年8月,在周恩来亲自过问下,北京电视台打破禁令,转播了中朝乒乓球友谊赛。

1971年,我国和朝鲜签订新的广播电视合作协定。北京电视台和英国"维司新闻有限公司"签订互购电视新闻片协议。

1972年5月,我国在国际电信联盟的合法席位得到恢复。

1973年12月3日,中央广播事业局以中华人民共和国广播电台和电视台名义致电亚洲广播联盟(简称"亚广联")第十届全会和亚广联主席:我国决定行使"亚广联"正式会员的权利。

1973年12月新华社新闻稿《中国广播电台、电视台行使亚洲广播联盟正式会员的权利》

1976年7月1日,北京电视台第一次试播《全国电视新闻联播》,该节目成为《新闻联播》的雏形。

二、政策法规

1967年12月12日,中央广播事业局实行军管(1973年1月结束军管)。

自1967年开始,中央广播事业局列为中央直属部门。

三、电视栏目和节目

(一)新闻类

北京电视台:《全国电视新闻联播》

1976年7月1日,北京电视台第一次试播《全国电视新闻联播》,向全国十多个省、直辖市电视台传送信号,该节目为《新闻联播》的雏形。播出时间10—15分钟,只有外景片,没有播音间的口播。早期《新闻联播》的地方新闻,大都是通过班机或火车送到北京,加上洗印、编录,快则一周,慢则半月才能跟观众见面。

(二)专题类和杂志类

1. 北京电视台:"庆祝中华人民共和国成立20周年"系列节目

1969年10月1日,上午转播《庆祝中华人民共和国成立20周年》大会和游行实况,晚上转播《庆祝中华人民共和国成立20周年》焰火晚会实况。

《中华人民共和国成立20周年》大会和游行实况电视节目截屏

2. 北京电视台:《周恩来总理治丧活动》电视片

1976年1月8日,周恩来总理逝世。北京电视台通过国际通信卫星,向全世界发送周恩来总理治丧活动电视片。这是北京电视台第一次通过卫星向全世界发送国内重大事件电视新闻片。由于"四人帮"对广播电视关于周总理的治丧活动的宣传报道从内容到播出次数加以限制,以至于广播电视的宣传报道没有充分反映人民的感情和愿望,激起群众极大的愤慨和不满。

1977年1月6日,《光明日报》刊登文章声讨"四人帮"破坏周恩来总理治丧活动电视报道的罪行

3. 北京电视台:《沉痛哀悼朱德同志逝世》

1976年7月6日,中央人民广播电台、北京电台、北京电视台广播了中共中央、人大常委会、国务院关于朱德委员长逝世的讣告、治丧委员会名单和公告,并播放了哀乐。12、13日北京电视台播出《沉痛哀悼朱德同志逝世》电视片,用微波线路传送到地方电视台,并将电视片寄送至朝鲜、罗马尼亚、日本、南斯拉夫等八个国家。

《沉痛哀悼朱德同志逝世》电视画面

4. 北京电视台:《毛泽东主席治丧活动》电视片

1976年9月9日,毛泽东主席逝世,中央人民广播电台、北京电台、北京电视台当天连续广播中共中央、人大常委会、国务院、中央军委发布的《告全党全军全国各族人民书》、治丧委员会名单及公告,并播放哀乐。9日到22日治丧期间,集中报道治丧活动,文艺节目一律撤销。12日到20日,北京电视台通过卫星向国外播送关于悼念毛泽东主席的电视报道。

香港一黑白电视机销售店,人们正在收看北京电视台有关毛泽东主席逝世的新闻

5. 北京电视台:《首都军民庆祝粉碎"四人帮"的伟大胜利》

1976年10月23—26日,北京电视台通过三大洋上空的国际通信卫星,向国外播放《首都军民庆祝粉碎"四人帮"的伟大胜利》电视节目。24日,北京电视台转播首都百万群众在天安门广场庆祝的实况。

首都军民庆祝粉碎"四人帮"游行电视画面

（三）教育类

1. 天津电视台的少儿节目

1971年9月，天津电视台的少儿节目恢复播出。当时全国电视台的少儿节目并未产生较多生动活泼、适合少儿特点的节目，多是唱"样板戏""语录歌"等内容，但天津电视台还是涌现出一批少儿类的知识性节目，如《浮力》《长江》《黄河》《造纸》《纠正错别字》《太阳和太阳系》《夏夜星空》等。

2. 北京电视台的《科学常识》等

1972年7月25日，北京电视台恢复播出《科学常识》节目。

（四）纪录片类

1. 北京电视台的纪录片

在这个特殊的历史时期，北京电视台的记者和编辑深入基层，拍摄出一批带有那个时代印记的电视纪录片，如《兰考人民战斗的新篇章》《三口大锅闹革命》《当代愚公战太行》《泰山压顶不弯腰》《大庆在阔步前进》《深山养路工》《下课以后》《放鹿》《海空雄鹰团》等。

1973年5月，北京电视台首次拍摄了彩色电视纪录片《欢庆"五一"》（35分钟）。5月8日分别在彩色、黑白电视中播出。

2. 广州电视台：《罗定山河起宏图》《石湾陶瓷绽新花》

1970年，广州电视台摄制的电视纪录片《罗定山河起宏图》在北京电视台播出后，即制成光学声带影片，复制30个拷贝交广东省电影发行公司发行，成为广州电视台第一部在全省发行的电视纪录片。1972年，广州电视台记者周伦爽拍摄《石湾陶瓷绽新花》，送北京电视台冲洗成彩色片。这是广州电视台自拍的第一部彩色纪录片。

（五）综艺类和艺术类

这一时期的电视文艺节目主要是八个"样板戏"——京剧《红灯记》《沙家浜》《智取威虎山》《海港》《奇袭白虎团》、芭蕾舞剧《白毛女》《红色娘子军》、交响音乐《沙家浜》——和被群众称为"老三战"的三部电影，即《地道战》《地雷战》《南征北战》。另外，就是毛泽东思想业余宣传队演出的文艺节目。

当时只有配合重要政治活动的文艺演出才允许北京电视台转播，其中有首都红卫兵演出的大型音乐舞蹈《毛主席革命路线胜利万岁》、驻京部队战士演出的歌舞《毛泽东诗词组歌》《井冈山的道路》、工农兵文艺节目《热烈欢呼全国山河一片红》等。

在这一时期，北京电视台也播出了少量外国文艺团体来华演出的节目，如转播过越南南方解放阵线歌舞团、阿尔巴尼亚人民军艺术团的访华演出，朝鲜大型歌舞《党的好儿女》以及日本松山芭蕾舞团演出的《白毛女》等。

1974年至1976年，北京电视台根据中共中央办公厅指示，利用少有的彩色录像设备录制了一大批传统戏曲与曲艺节目，为我国戏曲、曲艺艺术的发展保存了十分珍贵的资料。

1976年12月29—31日，北京电视台在粉碎"四人帮"之后首次播放被长期禁锢的故事片《洪湖赤卫队》和舞台艺术片《东方红》。

北京电视台录制革命歌曲现场

这一时期电视台反复播放的8个样板戏之一——《智取威虎山》演出现场

（六）电视剧类

1974年10月12日，北京电视台在少年儿童节目中播出童话剧《小白兔盖房子》，这是"文革"以来第一次播出儿童剧。

四、电视史料

（一）1970年9月25日，北京电视台制定《1971—1975年发展规划（草案）》①

计划在1971年至1975年内大力发展彩色电视，同时适当发展黑白电视。目标是力争开播三套节目，其中两套彩色，一套黑白。每天共播出16—20小时，基本上从早到晚都能看到电视节目。5年内逐步形成"天上卫星，地上微波，地下电缆"三结合的节目传送网，实现全国电视节目联播。草案还规定了在技术设备发展和电视接收机方面的目标。

（二）1973年12月，中央广播事业局制定《全国电视发展"四五"规划（草案）1974—1975年》②（以下简称《规划》）

《规划》提到：目前全国已有28个省、自治区、直辖市建起了36座黑白电视台和99个电视转播台；北京、上海、天津、成都的彩色电视台今年已先后开始试播；14个省、市、自治区已建有微波干线；电视工业系统从元件、器件到整机，从发射设备、中心设备到电视接收机，已初步建立了一些厂点。

《规划》确定的方针是发展我国电视，在一个相当时期内，要实行彩色电视和黑白电视同时并举、互相促进。规定"四五"后两年的任务是在电视广播台（站）的建设方面改造14个省的黑白电视台，扩建和新建一批转播台。1975年转播台的数量将由现在的99个增加到160个，发射功率由239千瓦增加到674千瓦。充实提高北京、上海、天津、成都四个彩色电视试播台，争取1975年达到正式播出水平。根据条件还将陆续建设7个彩色试播台，争取75、76年试播。在微波干线建设方面，争取1975年和76年在上海、天津、成都、广州、沈阳、长沙、石家庄、武汉、西安、郑州、合肥、南京、杭州、太原和秦皇岛等15个城市都能收看北京的彩色电视节目。

（三）1976年7月1日，北京电视台《全国电视新闻联播》播出串联单③

◎战斗在车间的党支部。5分。（上海电视台）

◎小靳庄在战斗中前进。5分。（天津电视台）

◎敢斗修正主义的先锋战士。4分30秒。（武汉电视台）

◎朝气蓬勃的党支部。5分10秒。（北京电视台）

◎陈锡联副总理会见尼日利亚青年代表团。1分40秒。（北京电视台）

◎谷牧副总理会见埃塞俄比亚政府贸易代表团。1分5秒。（北京电视台）

◎朝鲜人民军协奏团访问红星中朝友好公社。8分15秒。（北京电视台）

（四）上海电视台资料④

中国第一部彩色电视片的出现与1972年美国总统尼克松访华有关。当时，有250多位外国记者随同尼克松一行访华，毛主席指示上海外事部门，要给美国代表团的成员和随行的记者每人准备一份礼物。于是，他们每人获赠5斤茅台酒心巧克力。《中美上海公报》的发表，让毛主席很高兴，他指示：每个人再赠送5斤酒心巧克力。没想到这导致了美国客人回国时行李超重，许多美方记者、工作人员只得将多余的物品留在锦江宾馆。

---

① 中央电视台研究室，中央电视台《当代中国的广播电视》编写组.1955–1983年中央电视台大事记[M]. 1984：78.
② 中央电视台研究室，中央电视台《当代中国的广播电视》编写组.1955–1983年中央电视台大事记[M]. 1984：115.
③ 唐世鼎.中央电视台的第一与变迁(1958–2003)[M]. 北京：东方出版社，2003：24.
④ 《人民的电视》揭秘上海电视50年[N].东方早报，2008-11-19（C10）.

服务员把他们丢弃的东西集中起来，发现里面有些彩色胶片，700多米长。这批胶片被送到电视台，大家如获至宝。在王开照相馆、冠龙照相馆洗印师们的帮助下，试验了半个多月后，这些胶片终于被投入拍摄，由此诞生了新中国第一部彩色电视片：《轻工业园地百花盛开》。然而，直到1973年8月1日，上海电视塔在威海路上高高竖起，黑白电视信号转为真正的彩色信号，中国第一部彩色电视片才恢复了它应有的颜色。

五、电视技术

1968年1月，北京电视台月坛发射塔建成。发射功率为10千瓦，有效发射半径约60—80公里。

1968年12月26日，北京电视台第一次通过微波从天津回传新闻。

1969年，在我国北京、天津、上海、成都、中南等地区进行了彩色电视制式"攻关会战"和多种彩色电视制式的研究、比较，最后在1971年全国电视会议上确定以西德PAL制为我国彩色电视暂行制式。此后，又于1972年制定了我国彩色电视暂行标准。

1970年1月16日至2月1日，全国电视专业会议在北京举行。这次会议是由中央广播事业局、第四机械工业部、中国人民解放军通讯兵部、国家电信总局联合召开的。会议确定集中主要技术力量研制彩色电视，并适当发展黑白电视。

1970年12月26日，中国第一台彩色电视机在天津无线电厂诞生，从此拉开了中国彩色电视生产的序幕。

早年北京电视台月坛发射塔建成时的场景

天津无线电厂生产的第一台彩色电视机是"万国牌"

1972年2月21日至28日，中央广播事业局租用美方全套彩色电视设备，协助美国三大广播公司通过卫星转播美国总统尼克松访华活动的广播和电视节目。这是首次从我国通过国际卫星向世界发送广播电视报道。

1973年1月,首次实施卫星传送电视节目。

1973年1月10日至15日,北京电视台协助扎伊尔电视台通过卫星转播蒙博托总统访华的实况。这是我国首次使用自己的卫星地面站和电视设备且由自己的技术人员通过卫星传送电视节目。

1973年5月1日,北京电视台开始彩色电视试播,每周播出4次。1974年5月后改为每日播出。

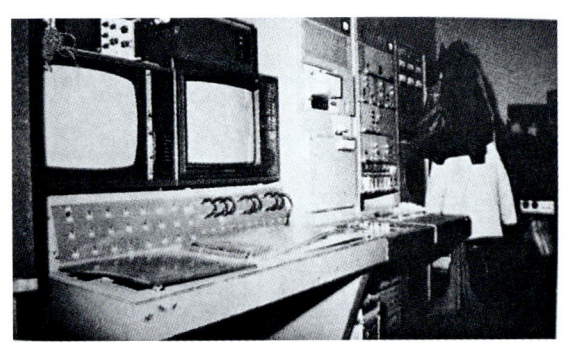

北京电视台第一套彩色电视设备

1973年8月1日,上海电视台试播彩色电视节目。10月1日,天津电视台、成都电视台也开始试播彩色电视节目。

自1973年8月7日起,每周二在京津、京沪微波线路上传送北京电视台彩色电视节目。

1973年10月1日,北京电视台彩色电视节目转入正式播出,转播了首都人民庆祝中华人民共和国成立24周年游园活动的实况。上海、天津、南京、武汉、杭州等地试转了彩色电视节目。

1973年10月21日至27日,北京电视台与武汉电视台合作,将在武汉举行的全国乒乓球比赛的实况用微波跟踪传回北京。这是中国第一次进行远距离实况转播。

1975年1月,北京电视台由黑白、彩色交叉向全国各地传送节目,改为全部传送彩色节目。

1975年,全国使用微波线路收转北京电视台节目,可向北京回传部分节目的省、市、自治区达26个(除西藏、新疆、内蒙古外),初步形成了全国电视广播网。

六、电视人物

第一批电视技术工作者

新中国第一批电视技术工作者主要包括中央电视台的林景云、方庆浩、孙同耕、丁培良、刘宜勤等。林景云1957年参加我国第一套黑白电视设备的试制工作,后参加北京电视台的创建工作、天安门转播工程的安装调试工作和彩电中心工程的部分设计工作等。

地方电视台编辑通过微波向北京电视台回传新闻

林景云接受采访

七、电视出版：《广播与电视技术》

《广播与电视技术》1974年由中央广播事业局技术处创办，1981年由内部发行改为公开发行。该刊现在仍在发行，是我国广播电视领域历史最悠久的的行业科技期刊。该刊贯彻"为领导决策服务，为促进广播电视事业和科技发展服务，为培养技术干部服务"的办刊宗旨，遵循"权威性、普及性、综合性、实用性、超前性"的办刊特点，主要刊载技术政策、标准、规范，传播新知识和新技术，介绍维修知识和经验，报道行业动态等。

《广播与电视技术》创刊号封面

八、电视教育：北京广播学院的停办与恢复

1972年12月21日中央广播事业局向国务院正式报送《关于继续开办北京广播学院的请示报告》（72广军发政字第282号）。同日，中央广播事业局军管小组决定恢复北京广播学院，复校筹备领导小组成立。

《关于继续开办北京广播学院的请示报告》写道："在'文化大革命'中，由于我们对于广播电视事业的发展估计不足向中央写了停办北京广播学院的请示报告。1971年全国教育工作会议正式决定撤销该院。近一年来，由于全国广播电视系统专业技术干部需求极为迫切，中央广播事业局本身干部来源亦难解决，加之近年外交路线的伟大胜利，中央有关单位需要亚非拉地区稀有语种干部大量增加，对撤销北京广播学院也有反映，经研究认为，还需继续开办北京广播学院，目前开办条件是完全具备的：（1）原有教职工400人，除34名调出外，其余全在局内；（2）校舍稍加整理即可使用，教室课桌、宿舍床铺、图书资料均没有处理，教学设备、科教仪器，虽有的已用于广播，但中央广播事业局自身可以调剂解决；（3）开办规模拟设三个系，教职工350人至400人，在校学生1000人左右。"

1973年3月17日，国务院科教组计字60号文件通知："国务院科教组同意恢复北京广播学院，由中央广播事业局直接领导，党的工作、政治工作仍归北京市委领导，面向全国招生。其基建投资、经费由主管部门负责安排。"

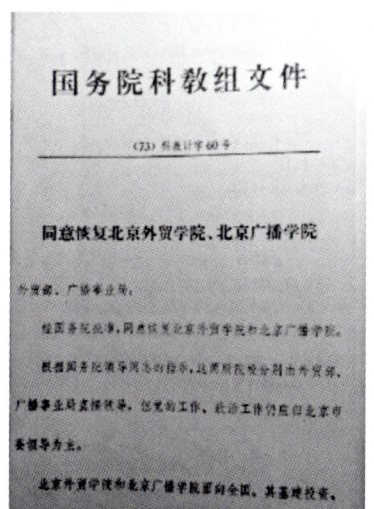 

国务院教科组同意恢复北京广播学院文件

第二部分
台湾 三足鼎立期(1972—1984)

概 述

从1972到1984年,台湾仅有三家电视台"台视""中视"和"华视",于台湾无线电视业界各据一方。三台之间既有合作又有竞争,也同时具备商业媒体与公共媒体的性质。

1970年5月,由于台视与中视恶性竞争,导致电视广告泛滥,大量播映歌仔戏、布袋戏,竟然形成"农民不耕田,工人不做工,小学生逃学"之现象。

1984年起,老三台必须按照新规定,缴纳电视发展基金,以支持公共电视。

1972—1984

一、大事记

1972年1月31日,"中华文化事业股份有限公司"改组为"华视文化事业股份有限公司",该名称后加"中华电视台"五字即是当时华视全名。

1972年2月10日,台视、中视、华视联合实况转播在台北市中华体育馆(已于1988年遭大火烧毁)举行的晚会《中兴之夜》,为台湾电视界共同合作之始。

1972年,台湾推行政策性净化电视节目,每天方言节目不得超过1小时。

1974年 7月26日,台视买进Ampex HS-100B/200变速录影机,可用于慢速重播体育节目的精彩片段。

1975年,台湾第一家收视率调查公司益利市场研究顾问公司成立。

1975年,台湾立法机构通过广播电视相关规定。

1976年,为消除"恶补"现象,华视推出国中英数理化教学节目。

1976年 11月5日,台视率先启用全电子彩色检验图。

1981年 5月16日,台视转播该年金钟奖颁奖典礼,首次使用视讯数位特效机(Digital Video Effect,简称DVE)。

1981年中视播出《楚留香》,此剧凭借第一部港剧"新鲜感"的优势,缔造了46%的惊人收视率。当时只要开播时间一到,台湾观众全守在电视机前等待收看。之后陆续引进的香港武侠剧《射雕英雄传》《碧血剑》《雪山飞狐》都有好评,收视榜上节节攀升,接二连三地创下收视奇迹。

1983年,华视增设UHF超高频系统,试播"空中大学"课程。

1984年,台湾新闻主管部门设立"公共电视制播小组",征用三家无线电视台的时段播出公共电视节目。1984年5月1日,第一个公共电视节目《大家来读三字经》在台视播出。

二、电视栏目和节目

（一）新闻类

《晚间新闻》是台湾电视公司的招牌新闻栏目，也是台湾电视史上最悠久的新闻栏目。台视正式开播之初，三节的新闻报道（12:40—13:00、20:00—20:15、22:55—23:00）皆无正式栏目名称，午间和收播前两个档次称作《新闻、气象报告》，而晚间八点档则称作《新闻报道》。中视开播后，台视20:00的新闻报道移至19:00播报。中视与华视开播后皆于19:30—20:00设置新闻报道节目，台视19:00的新闻报道遂改称为《台视新闻》。1973年12月1日起，因台湾主管部门的规定，台视、中视、华视每日晚间的新闻报道统一于19:30开播，自此逐渐形成《晚间新闻》的名称；报纸逐渐开始称此时段的新闻为《晚间新闻》，并在前面冠上电视台名称；但在报纸的电视节目表上仍以《新闻、气象》刊登，而台视的节目开场标题也仍然使用《台视新闻》。直至20世纪90年代后，台视才在片头打上《台视晚间新闻》。

2011年5月，台视总务组拆除台视广场围墙时，台视西翼大楼悬挂着的廖筱君《台视晚间新闻》宣传海报。拍摄者为前台视导播和前《电视周刊》专栏作家李旼（笔名史屁伯）

《台视晚间新闻》原先由记者与播报员轮播，直到1981年11月30日因台视新闻建立主播制度而由盛竹如担任主播。自此，节目与播报人员皆形成固定格局。

1982年5月7日，台视临时更换节目，抽掉气象报告，《台视晚间新闻》率先播出"警方侦破土地银行古亭分行抢案"新闻，记者张继正同时访问到该案嫌疑人李师科，收视率达到58.1%，是台湾电视新闻史上最高纪录。

《台视晚间新闻》2014年版片头

（二）专题类和杂志类

1. 华视：《今天》

《今天》是由台湾作家薇薇夫人主持的妇女栏目，1972年11月6日开播，荣获1982年、1985年、1988年金钟奖"社会建设服务奖"。《今天》在1988年5月19日停播之后，于同年5月23日由晨间新闻栏目《早安今天》接棒。1973年7月，华视创办小型月刊《今天别刊》，收录《今天》每月的播出内容，涵盖新闻访问、家庭消费、医药卫生、美容化妆、国画书法、舞蹈瑜伽、外语教学、资讯电脑等多个方面。

薇薇夫人为台湾最有影响力的女性作家之一，也是华视《爱心园地》的主持人

2. 华视：《华视新闻杂志》

《华视新闻杂志》于1981年1月20日开播，是迄今为止台湾电视史上播出最久的新闻杂志栏目。目前该栏目使用3D全虚拟摄影棚及高画质录制。

《华视新闻杂志》自1982年以来多次获得金钟奖。该节目曾在2011年5月2日改为带状节目播出。2007年10月4日，《华视台语新闻杂志》开播。

1983年6月1日至1985年1月1日，华视创办《华视新闻杂志月刊》，共20期，英文名称为 *CTS News Magazine*，以"新闻的、知识的、文化的、生活的"为四大宗旨，与《华视新闻杂志》互相配合，以补足《华视新闻杂志》无法详尽介绍的题材，并邀请名家执笔，深入分析、探讨观众与读者所关心的议题。

《华视新闻杂志》标志

第一代主持人陈月卿（左）与高信谭多次获得金钟奖新闻节目主持人奖

《华视新闻杂志月刊》创刊号,封面为主持人陈月卿与高信谭

3. 台视:《为善长乐》

1983年 2月5日,台视公共服务栏目《为善长乐》开播。台视设立"为善专户",借由采访报道,集合善心人士的关注与爱心,经常性地开展社会关怀工作。

(三)教育类

1. 中视:《历史上的今天》

《历史上的今天》是迷你社教栏目,1979年1月1日至1983年底每日在《中视晚间新闻》之前播出5分钟(19:25—19:30),介绍过去百年间全球各地当天发生的大事,每两件大事之间,以一个指针不停转动的时钟画面为间隔。

每集长度不超过5分钟,如果当天的《中视晚间新闻》内容比较多则可能被缩短至3分钟。《历史上的今天》收视率久居老三台同时段节目第一名,观众以知识分子为主。

2. 华视:《每日一字》

《每日一字》是由华视教学部制作且于1981年1月25日至1998年5月28日播出的电视教学栏目。每集时间约5分钟,由一位女主持人主持,介绍一个合乎规范的"正体字",除了基本的字音、字形外,也会提及该字的由来及用法。

该栏目20世纪80年代由华视新闻四位女主播(李艳秋、李蕙芳、沈敬家、罗敏)轮流主持,20世纪90年代由萧裔芬主持。

该节目特色鲜明:片头曲是国乐名曲《阳明春晓》;主持人多穿着旗袍,以坐姿出现;由台湾书法家张炳煌用毛笔于一张印有红色九宫格的宣纸上,以楷书一笔一画示范该字的写法。

《每日一字》前期版本开场动画截图

《每日一字》节目截屏画面

华视《每日一字》后期版本节目截图

3. 华视:《每日一词》

1982年6月13日至1991年4月23日在华视播出的电视教学栏目,是《每日一字》的姊妹作品,每集时间约5分钟,由李艳秋、李蕙芳、沈敬家三位女主播轮流主持,每集介绍一个中国成语。

（四）综艺类和艺术类

1. 台视：《云州大儒侠》

《云州大儒侠》是台湾电视布袋戏的经典作品，由黄俊雄领导的剧团所创造。

1970年3月2日，黄俊雄将黄海岱的《忠勇孝义传》改编成《云州大儒侠》，首创将布袋戏搬到电视上表演。在台视播出后轰动全台湾，连续演出583集，创下当年台湾电视节目97%的最高收视率。1974年6月25日，政府以"妨碍农工作息"为由停播。

其内容为主角云州大儒侠史艳文带领中原群侠对抗藏镜人等反派人物的故事，著名角色有史艳文、苦海女神龙、刘三、怪老子、哈买二齿、藏镜人、秦假仙等。

黄俊雄将布偶尺寸加大，强调眼部的神气，以流行音乐取代传统的锣鼓。他自创布袋戏拍摄技术至今，已成为独树一帜的专业节目制作系统。

黄俊雄与《云州大儒侠》中的刘三。黄俊雄2002年荣获第三十七届电视金钟奖终身成就奖

2. 台视：《分秒世界》

《分秒世界》是台视趣味性益智猜谜节目，为台湾常态性益智电视节目的始祖。

节目由陈德利制作、傅影主持。于1973年1月22日至1980年5月31日播出。开播初期的播出时段为每周一至周五的17:55—18:20；1976年1月12日起改为每周播5集，每集10分钟；1976年7月13日起改为每周二18:00—18:30播出，期间时段多有变动。

内容与日本朝日电视台益智猜谜节目 *Quiz Time Shock* 雷同，赞助商是天梭、欧米茄等钟表的代理商。节目内容分为"计时开始"与"时间到"，邀请观众参加答题。"计时开始"测验参赛者的急智，参赛者必须在1分钟内回答12个问题，以答对题数决定奖金金额；"时间到"同样是测验急智，但有明星上场表演题目，让观众在1分钟内猜答案，奖金金额随答题时间递减，越早答对者奖金越高。

《分秒世界》节目现场

3. 台视：《小人物狂想曲》

《小人物狂想曲》是台视以短篇喜剧为主要内容的综艺栏目，由陶大伟、孙越、夏玲玲主持兼主演，谢荔生指挥台视大乐队与2001合唱团伴奏，陈振中导播。

《小人物狂想曲》在1979年8月3日22:00—23:00播出一集之后，广受欢迎。于是1980年2月10日至5月4日，台视在每周日20:00—21:00常态性播出。《小人物狂想曲》以多噱头与快节奏给观众留下深刻印象。节目曾经获得1981年第16届金钟奖"优良电视综艺节目奖"，夏玲玲获得1980年第十五届金钟奖"喜剧女演员奖"。

《小人物狂想曲》节目现场。　左起：孙越、夏玲玲、陶大伟

4. 华视：《综艺100》

《综艺100》1979年8月26日开播，1984年10月21日停播，播映时间为每周日20:00—21:40，共268集。主持人是张小燕。

《综艺100》的单元有"热门话题""100专辑""星际新闻""枕边细语""非广告""后窗妙谈""每周一星""国外艺人表演""360度的烦恼""点子""歌声舞影""你侬我侬""流行歌曲畅销排行榜"等。除了"非广告""星际新闻"等少数单元持续之外，其他单元几乎都是"见好就收"，因为观众都喜欢新鲜的。由于善用大量短剧及新鲜单元穿插于歌唱节目中，《综艺100》突破了1979年以前综艺节目固有的形态，创下了高收视率。《综艺100》每一集的结尾是由张小燕用她的五音不全的嗓音唱《再见歌》。

《综艺100》曾经荣获金钟奖"最佳综艺节目奖"（1980年、1981年、1984年）、"最佳综艺节目主持人奖"（1980年、1981年、1983年）、"最佳大众娱乐节目奖"（1980年）、"最佳灯光奖"（1980年）、"最佳编剧奖"（1980年）、"最佳录影奖"（1980年）。

《综艺100》播出期间，在每周日20:00的黄金时段中，台视一共播过25个节目，中视一共播过22个节目。《综艺100》用"以不变应万变"的姿态，与这47个轮番上阵的节目单打独斗，直到台视推出港剧《天龙八部》，才打败了《综艺100》。

"流行歌曲畅销排行榜"是《综艺100》与《民生报》联合主办的流行歌曲排行榜，于1983年8月至1984年10月期间开办，改用唱片销售量定榜单，不再以投票数定榜单

"佳曲介绍"单元现场情形。"佳曲介绍"是专为华视大乐队定做的音乐演奏单元

《综艺100》开头动画

《双星报喜》播出时间为1981年8月27日至1990年10月20日。1981年至1987年，男主持人先后有巴戈、曹启泰、阳帆，女主持人仅有邹美仪。1983年年底之前，内容以歌舞为主，短剧单元有"憨女婿""妙夫妻""半斤八两"等。1983年年底之后，改以"蓝白对抗"的歌唱竞赛作为基本架构，歌星现场轮流演唱。1989年7月，邹美仪与华视合约到期而退出主持，改由李天柱、马世莉主持，仍以"蓝白对抗"的歌唱竞赛作为基本架构。

5. 华视：《神仙、老虎、狗》

《神仙、老虎、狗》由张帝、张魁、凌峰三位"丑男人"联合主持，是1980年9月20日至1982年7月31日期间华视播出的知名综艺栏目，首开"丑人主持"的先例，又名《周末2100》。其专属的主题曲《神仙、老虎、狗》由三位主持人合唱。主题曲中，张帝自称"神仙"，凌峰自称"老虎"，张魁自称"狗"。张帝的急智歌单元"台上台下"，在当时的台湾很受欢迎。

巴戈、邹美仪凭借《双星报喜》获得1986与1987年电视金钟奖"综艺节目主持人奖"。

邹美仪与巴戈主持《双星报喜》

《神仙、老虎、狗》三位主持人（从左至右）凌峰、张帝、张魁

6. 华视：《双星报喜》

1981年，华视在周四晚间推出《双星报喜》，由巴戈和邹美仪主持，这一胖一瘦的搭档，堪称一绝。主题曲《胖胖与扁豆》由赵树海作词作曲。

《双星报喜》的宣传广告单

赵树海为《双星报喜》创作的主题曲《胖胖与扁豆》

7. 台视：《我爱红娘》

《我爱红娘》是台湾第一个电视交友节目。该节目由洪理夫制作，于1982年10月30日18:00—19:00首播，1993年10月9日播出最后一集。节目口号是"我爱红娘，红娘爱我，为您搭起友谊的桥梁"。

以各种方式让男女双方在电视上相亲，是节目的主要趣味所在。在前6集，为了打"俊男美女牌"，洪理夫请中影演员训练班来做示范演出。在第一任主持人沈春华、田文仲时期，主持人亲自担任红娘。沈春华离职、张月丽接手主持后，还请来两性专家与艺人客串红娘。参加者在报名时，必须核查身份证与相关资料，还必须填写保证书。之后，工作人员牺牲节假日，广赴各地与参加者详谈，深入了解参加者的择友标准，以为参酌。

每集录影播出后一个月内，若有观众检举参加者曾有不良行为或未在报名资料上注明曾经结过婚或已经离婚，一经查证属实，工作人员即依保证书开除参加者的"红娘之友"会员资格，并通知该集所有参加者提高警惕。节目播出期间，成功促成多对佳偶。

8. 中视：《黄金拍档》

《黄金拍档》是20世纪80年代红极一时的大型综艺节目，是中视综艺节目代表作品之一，制作单位是中华制作公司。1984年12月15日开播，1988年1月9日停播，共158集。《黄金拍档》早期由张菲、倪敏然、徐风与罗江共同主持，后来加入了原本在节目中间换场时打杂换道具、经常被主持人呼来唤去的检场（其艺名即从此而来），合称"黄金五宝"。助理主持人是罗璧玲。

"黄金五宝"的联合主持，每次皆以不同的造型、不同的身份、不同的时代背景登场，这是《黄金拍档》的一大创新与突破。

《黄金拍档》照片

《我爱红娘》第一代主持人沈春华、田文仲

"黄金五宝"，左起：倪敏然、张菲、徐风、罗江、检场。他们手上各拿一个"金虎奖"奖座

（五）电视剧类

1. 华视：《西螺七剑》

《西螺七剑》是华视热门电视剧，由刘林、高鸣、高幸枝主演，共播出222集，创下当时闽南语连续剧最高播出集数的纪录。1972年以现场同步方式播出，由台湾西螺少林武术传承的真实故事改编。

《黄金拍档》播出期间，倪敏然饰演的七先生让"伤脑筋"成为当时的流行语

凤飞飞参与《西螺七剑》演出

1986年，崇格企业制作、东尼机构发行的"黄金五宝"虎年贺岁黑胶唱片专辑《黄金拍档热门迎春大集合》

《黄金拍档热门迎春大集合》唱片专辑封套背面有"伤脑筋"三字

在戏中饰演"四崁"（施秋莲）的高幸枝与剧中主角之一"阿善师"的扮演者刘林后结为夫妻

2. 华视：《包青天》

1974年，连续剧《包青天》连续播出7个月（播映期为1974年4月8日至1974年11月3日），共350集，创下当时台湾电视剧播映集数最高的纪录。该剧以宋朝名臣包拯为主角，由仪铭饰包拯，田鹏饰展昭，古铮饰公孙策。

《包青天》剧照。主演仪铭

3. 华视：《保镖》

《保镖》为华视于1974年9月6日至1975年6月25日期间播出的八点档古装武侠剧，全256集，每集播出90分钟。陈明华担任制作人兼编剧，张玲、卫子云、龙隆、云满娇等主演。该剧在台湾播出时造成轰动，因此播映期不断延长，动员了300多名演员参演，并曾远销香港。该剧以明世宗嘉靖年间为背景，讲述了一个波澜生动的武侠故事：为了挽救江南百姓，中原镖局毅然放弃酬劳，接受了一桩最危险的买卖，将举发严嵩祸国殃民罪状的血书护送进京，并密呈疾恶如仇的"铁面御史"邹应龙，借以除去严嵩等奸人，整个保镖任务落在赵三小姐燕翎身上。

《保镖》宣传页

《保镖》剧照。该剧主要讲述了女侠赵燕翎（左二，张玲饰）闯荡江湖的故事

4. 台视：《天眼》

《天眼》是台湾电视史上首部警匪电视剧，于1979年开始播出，前后共647集。

《天眼》第一部为类戏剧节目，并设主持人金培凯，导演为刘承栗。在播出初期，剧中的刑警角色仅有陈应龙（刘承栗饰）与林光华（孙树和饰），且片头字幕均不出演员表。随着收视率的不断攀升，开始增加主要刑警角色，全盛期曾多达五六人。金培凯在每集故事剧末做总结时，都会讲出一句固定台词"老天有眼，可以明察秋毫"，提醒观众不可作恶。中期于各集播出后增设"天眼追踪"单元，公布当时重大刑事案件的通缉犯照片与资料，呼吁民众给警方提供破案的相关线索。

在1981年第十六届金钟奖颁奖典礼上，《天眼》获电视金钟奖剪辑奖（得奖者：段兆伟）。

《天眼》第二部为纯粹的戏剧。第一部的演员仅有刘承栗与孙树和，但后来两人均离开演出团队。另外第二部剧中的刑警角色名也多半直接以演员姓名称呼。

刑警陈应龙的扮演者刘承栗

5. 台视：《星星知我心》

《星星知我心》是20世纪80年代红极一时的台视八点档国语连续剧，由林福地制作兼导演，吴静娴、石安妮、方向中、胡家玮、苏慧伦、温兆宇主演，情节感人肺腑、赚人热泪，在当时引起很大的反响，是台湾电视史上连续剧的代表之一。该剧标榜绝无色情暴力、绝无怪力乱神，很适合家长与孩子共同观赏。1983年8月15日首播，1983年10月7日结束，播出时间为每周一至周五20:00—21:00，共40集。

该剧讲述一个罹患癌症晚期的单亲妈妈古秋霞（吴静娴饰）与她的子女们之间的故事，捧红了之前从无演戏经验的吴静娴，吴静娴因这部剧获得金钟奖最佳女演员奖；也捧红了小彬彬，使小彬彬成为当时最知名的童星。

《星星知我心》剧照

6. 中视:《神雕侠侣》

《神雕侠侣》(1984年版)是台湾中视出品的古装武侠剧,改编自金庸同名武侠小说,由台湾金牌制作人周游制作,孟飞、潘迎紫、沈海蓉、应晓薇等主演,于1984年6月首播,在台湾引起巨大轰动。由张勇强与金佩珊合唱的主题曲《跃马江湖道》成为传唱至今的经典。

《小甜甜》在台湾播映的时间横跨10年,成了那个时代台湾人共同拥有的童年回忆

潘迎紫、孟飞分饰小龙女和杨过

2. 中视:《科学小飞侠》

1977年12月22日,中视开始播出卡通片《科学小飞侠》(日本卡通片名为《科学忍者队》)。

(六)卡通片类

1. 华视:《小甜甜》

1979年7月16日至12月7日,华视播出日本卡通片《小甜甜》,创下50%的高收视率。之后1981至1989年间,该片在台湾重播了五次之多。《小甜甜》的故事发生在20世纪初的美国,孤女小甜甜在孤儿院的山丘上巧遇一位吹奏苏格兰风笛的王子,从此改变了她一生的命运。

《科学小飞侠》剧照

3. 台视《北海小英雄》、中视《海王子》、华视《无敌铁金刚》

1978年，台视、中视与华视分别播出六点档卡通片《北海小英雄》《海王子》《无敌铁金刚》。

《北海小英雄》剧照

《海王子》剧照

《无敌铁金刚》剧照

三、电视史料

1986年，《华视新闻杂志》做了一个有关1986年台湾地区民意代表选举的单元，当时执行制作的邓蔚伟去访问党外人士张旭成对该次选举的观察，张旭成完全讲优点。邓蔚伟逼问张旭成"难道都没有缺点吗"，张旭成遂讲了唯一的缺点：中国国民党台北市党部任意改变党外人士政见发表会的地点。该单元剪接时，张岐凤问文从道："文制作，这一段要不要用？"文从道答："有什么关系？讲了6分钟的话，有5分多钟都是肯定的，只有半分钟批评的话；你不用的话，人家会讲你'控制新闻'。"该段内容播出以后，当时负责督导《华视新闻杂志》的华视新闻部副理吴江说，中国国民党台北市党部主任委员关中这半年任内所经营的成果被《华视新闻杂志》一夜之间毁了。

1986年11月5日，文从道递交辞呈，退出《华视新闻杂志》。1986年12月6日，该次选举结果揭晓，中国国民党"7 up"（提名7位候选人全部当选），文从道据此认为该段内容并未伤害中国国民党的选情。[①]

四、电视人物

（一）张小燕

张小燕是台湾地区知名综艺节目主持人，人称"小燕姐"，为台湾娱乐圈的"综艺大姐大"与"综艺教母"。曾有外国杂志报道，在华人演艺界中，娱乐圈的"大姐大"只有两人，分别是香港的汪明荃和台湾的张小燕，可见其地位和影响力。在台湾娱乐界，张小燕与张菲、胡瓜、吴宗宪被并称"三王一后"。张小燕多次获得金钟奖"最佳综艺节目主持人奖"。

---

① 刘英钦.台湾电视风云录[M]. 台北：黎明文化事业公司，1999：218-219.

张小燕自20世纪60年代起即主持《儿童世界》《日正当中》《综艺100》《超级星期天》等节目，影响广泛，至今仍活跃在主持界。

许不了

张小燕

（二）许不了

许不了是知名喜剧演员，由演电视剧起家。许不了有"台湾卓别林"的美誉。

在1977年中视午间闽南语连续剧《雷峰塔》里，许不了因扮演许仙的书童"许不了"而成名，故改艺名"小伯乐"为"许不了"。

1977年，在中视综艺节目《你爱周末》中，许不了与凤飞飞对演魔术单元"笑说魔术"。1977年，许不了为中视综艺节目《一道彩虹》固定班底兼助理主持人。1980年，他参演朱延平执导的电影《小丑》，轰动大街小巷。由于许不了本身所具有的草根性及早年积累的喜剧表演基础，搭配所营造的悲喜剧的表演风格，让他在演艺工作中获得了极大的成就，掀起了一股"许不了旋风"。

（三）仪铭

1974年仪铭出演华视《包青天》，主演了350集，从此名噪一时。

他曾获得过两届金钟奖（最佳男演员和最佳男配角）和两届金马奖，1985年退出演艺圈。1992年一度因老友邀请复出，参演《黄土地外的天空》，之后就没再拍戏。仪铭的演艺作品另有《秋蝉》《红楼梦》等。

当年和仪铭合作的唐威曾回忆："仪铭很正直很敬业，以前赶拍戏时，古装头套一戴49天没拿下来，最后拿下来皮都掉了，他也没有抱怨。"

仪铭（右）是出演第一代"包青天"的资深演员

第三部分
香港 三足鼎立期（1968—1978）

概　述

无线推出免费电视服务后，丽的映声于1973年提供免费电视广播服务，并改名"丽的电视"，无线电视也引入香港小姐竞选节目；香港佳艺电视（简称"佳视"）于1975年9月7日开播，加入市场竞争，成为香港第三家免费电视台。

无线电视开台初期推出的电视剧，由于制作班底是舞台剧工作者出身，所以剧集成分以舞台剧为多，直至取材美国故事《午夜情》（*The Other Side of Mid-night*），并以香港酒店为背景的百集长剧《狂潮》播出，一改舞台剧的方法，在香港引起了追看电视剧的热潮。此后，无线电视制作《家变》《强人》《大亨》等百集长剧，让无线变成了众台之首。

无线电视高层周梁淑怡后来跳槽到佳艺电视，亦从无线电视带走同一班精英到佳视，使三个电视台鼎足而立。

丽的电视曾因起步太晚，为三台之末，但监制麦当雄制作的《大丈夫》等剧开始为丽的挽回口碑，后来与萧若元制作百集长剧《鳄鱼泪》《变色龙》等，使丽的在电视行业稳住阵脚。

周梁淑怡跳槽到佳艺电视担任总经理后，大力改组佳视节目，甚至动员大量物力开拍长篇电视剧《名流情史》。不过，由于当时香港政府发牌给佳艺电视时设置了限制，佳视必须给出部分黄金时段作教育节目，导致其竞争存在先天性缺陷。

佳艺电视曾推出根据金庸名著改编的电视剧，兴起武侠剧热潮，迫使无线电视和丽的电视大量购入金庸名著，而丽的也引入自制武侠剧。

在激烈的竞争态势下，佳艺电视的经营日益困难。结果不到三年，佳艺电视于1978年8月22日倒闭。

1968—1978

一、大事记

1968年7月，丽的映声第二届艺员训练班毕业，这届训练班培养出许多人才，如褟素霞、黄淑仪、卢大伟、谢月美、黄韵诗、梁小玲等，他们后来都成为香港电视史上第一代优秀艺人。

1968年，无线电视通过人造卫星为香港观众转播四年一度的体坛盛事——奥林匹克运动会。1969年，通过人造卫星转播人类首次登陆月球的空前壮举。1976年，首次在香港举行的"环球小姐精选"通过人造卫星转播至世界各地，全球收看的观众达5亿余人。

1968年12月5日，无线电视开始播映第一部自制长篇电视剧《梦断情天》。该剧为黑白片，逢周四播出30分钟，开创电视长剧先河，该剧的主演为冯淬帆、黄淑仪。

1970年，香港电台成立公共事务电视部，专门制作配合香港当局各项政策、措施的电视片，免费提供给商业电视台播映，其内容包括公共事务、戏剧、纪录片、游戏节目等。

1971年，无线电视节目《欢乐今宵》成为全港第一个彩色制作节目。

无线电视开播时，公司标志最初没有颜色，只是在圈矩形内加上一个圆形，代表电视机，并配以英文简写HK-TVB或"香港"代表"香港电视有限公司"

肥肥（沈殿霞）主持《欢乐今宵》。她主持《欢乐今宵》长达20年之久，是香港第一金牌女司仪。她亲切可爱、豁达幽默的形象为其赢得"香港开心果"的美誉

"无线"因其三色台标也被称作"三色台"

1972年6月18日，无线电视首次利用电子新闻采访设备，报道香港翠屏道山泥倾泻事件，领先全东南亚。随后举办历史性马拉松式的义演筹款节目，为当年"六一八"雨灾的灾民筹得700万港元善款。

1971年，无线电视与邵氏兄弟合办第一期电影电视演员训练中心，自行培训艺人。

无线电视早期和邵氏兄弟公司联合主办电影电视演员训练中心

1972年，无线电视开始以全彩制作播出。台标添上电视的三原色（顺序为：蓝、绿、红）横线，标志正式进入彩色电视时代。

1973年，丽的映声更名为丽的电视，改为无线免费广播，并改播彩色电视。丽的电视分设"丽的中文台"和"丽的英文台"两个频道。无线电视开播后，丽的电视用户不断流失。丽的呼声（丽的映声母公司）于1973年获得香港政府增发的新无线电视台牌照，并于同年11月1日宣布停播一个月，进行无线广播改造工程，这短短一个月的停播使丽的付出了沉重的代价，它的忠诚支持者在丽的停播期间只好转投无线电视，并形成惯性收视，因此丽的即使转为无线彩色电视，仍无法与无线电视竞争。

丽的电视重新开播的报纸广告(上中下图)

1973—1982年期间丽的电视的台标

1973年5月,丽的电视举办"沙滩小姐"选举大赛,这是香港电视史上最早的选美节目之一。冠军林建明日后在影视圈发展,成为极受欢迎的电视艺人。

丽的电视早在1972年就已举办过选美比赛

丽的映声20世纪70年代的电视新闻外景队的现场工作照

1975年9月7日,佳艺电视开播,它是香港的第三家免费商业电视台。至此,香港电视形成了"亚视""无线"和"佳视"三足鼎立之势。

佳艺电视报纸广告

1975年，黄锡照出任丽的电视总经理。黄锡照是丽的电视第一个华人总经理。他大胆破格起用新人，发掘一批年富力强、创作力丰富的新一代电视人，如被称为"丽的三雄"的麦当雄、李兆熊、屠用雄，对无线电视形成较大压力。

佳视电视的开播广告。佳艺电视的台标呈环状六角形，由六组呈120度角相交的线条组成。这六组线条分别代表儒家的"六艺"（礼、乐、射、御、书、数），同时亦代表佳艺电视的六大股东，分别为林炳炎家族（恒生银行创办人之一）、怡和洋行、商业电台，以及三家当时在香港拥有很高公信力的中文报社——《星岛日报》《华侨日报》《工商日报》。在六大股东当中，商业电台拥有较大的主导权。

丽的电视电视剧广告

1976年7月11日，无线电视用人造卫星全球转播首次在香港举行的"环球小姐"竞选，全球观众逾5亿人。

1976年"环球小姐"竞选现场

1976年，无线电视成立电视广播（国际）有限公司，致力于开拓海外的节目发行及录像带租赁服务，经营卫星及有线电视频道。

1976年，无线电视制作100集的电视剧《书剑恩仇录》。这是无线电视第一部改编自金庸武侠小说的剧集，自此，无线电视时装与古装剧双线发展。无线电视又拍摄了第一部百集豪华时装剧《狂潮》（120集），自此掀起百集长剧热潮。

1977年，无线电视的节目部经理周梁淑仪带人集体跳槽到佳视。

1978年3月，丽的电视改为24小时全日广播，市民可以不分昼夜，随时收看。

20世纪70年代丽的电视的播控室

1978年8月22日,佳艺电视倒闭。

(上中下图)佳艺电视倒闭的报纸报道

二、电视栏目和节目

(一)新闻类

1. 丽的电视/亚洲电视:《世界新闻》

1976年4月19日至1984年4月1日早7点,丽的电视的丽的一台(后称"亚视中文台")开始播出《世界新闻》,用粤语播音,主播为萧若元。《世界新闻》是全球第一个华语晨间新闻节目。1984年4月1日之后,该节目先后改名为《晨早新闻》《大家早晨》《亚视晨早新闻》等,最后更名为《亚洲早晨》。

2. 无线电视:《午间新闻》

于1970年11月19日开播,并持续至今。当前《午间新闻》的节目内容包括:一般新闻(约10分钟),包括香港本地新闻、内地时事、国际时事、软性新闻、体育;午间财经(约3分钟),报告股市状况、货币兑换价(只限港股开市日);天气等。

现在《午间新闻》的片头画面

3. 无线电视:《新闻提要》

于1970年11月16日开播,并持续至今。节目播放初期只以影像显示新闻内容,并由新闻播音员旁述。20世纪80年代中期在节目中出现新闻播音员。

2010年《新闻提要》片头

（二）专题类和杂志类

1. 丽的映声：专题节目与杂志类节目

丽的映声早期推出的节目主要有：高亮、黄霑主持的杂志类节目《金玉满堂》（后期卢大伟加入），陈淦旋主持的医学常识节目《卫生与健康》，曾近荣主持的《学以致用》，朱维德主持介绍香港历史的《香港掌故》。

2. 丽的电视：《小小乐园》

《小小乐园》是丽的电视于20世纪70年代推出的儿童节目，由赵淑贞主持。最经典的内容是赵淑贞经常会讲"魔镜，魔镜，小小乐园的魔镜，快点快点告诉我，家里的小朋友在干什么呀，啊，我看到了"的台词。

《小小乐园》画面

（三）教育类

佳艺电视：教育节目

佳艺电视获得牌照的条件是，必须从星期一至星期五每晚黄金时间播放两小时的教育课程，教育时段内不得插播广告。课程主要以成人教育为主，并与香港中文大学校外进修部和基督教职业训练学校合办，课程包括"汽车工程""簿记""室内设计""外语""绘画"和"插花"等。以上电视教育课程设有课外导修及考试，合格的话可获取文凭。

《金玉满堂》主持人高亮（中）

（四）综艺类与艺术类

1. 无线电视：《双星报喜》

《双喜报喜》是喜剧综合节目，由许冠文、许冠杰兄弟主持。该节目曾创下当年香港电视最高收视率，也成为香港电视史上娱乐节目的经典。

《双星报喜》由许冠文、许冠杰（右）兄弟主持

首集《双星报喜》为半小时特别节目，1971年的大年初一晚9:00，于无线电视翡翠台播出。同年4月，它成为26集的常规节目。《双星报喜》正式于1971年4月23日首播，逢星期五晚上8:30播出。由许氏兄弟主持并演出的《双星报喜》，风格清新，内容精巧，笑料不断。1972年，播出改版后的《双星报喜》第二辑。

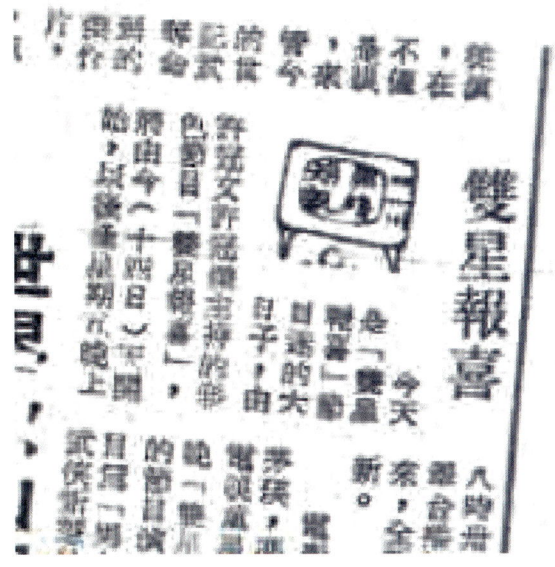

1972年4月14日《华侨日报》娱乐版上刊载的《双星报喜》播出预告

（上下图）20多年后，这套老节目发行的纪念版影碟仍被观众蜂拥购买

《双星报喜》主持人和嘉宾合影

《双星报喜》主持人许冠杰

2. 无线电视：《K-100》

《K-100》是无线电视于1977年1月22日至2005年9月17日播出的常态性娱乐资讯节目，节目中包含了艺员及名人访问、电视广播城介绍、TVB节目预告和花絮、报告无线电视业务的最新动态。此节目经常在星期五、六、日晚上播放。节目名称源自当时无线电视在九龙中央邮局的邮政信箱号码。

3. 无线电视：《观塘新区雨灾筹款晚会》

1972年6月24日，无线电视为"六一八"雨灾的灾民举办马拉松式的义演节目，邀得著名影星李小龙、陈宝珠，粤剧名伶任剑辉、白雪仙和新马师曾，以及全台电视艺员及歌手等，历时12小时，最终筹得约900万港币善款，打破香港赈灾筹款的纪录，更吸引了大批市民抢购彩色电视机。自此无线电视的筹款节目成了各慈善机构的主要收入来源之一。

观塘新区雨灾筹款晚会现场

观塘新区雨灾筹款晚会截屏。粤剧名伶白雪仙（左一）、任剑辉（右一）合作表演

观塘新区雨灾筹款晚会截屏。"慈善伶王"新马师曾整晚不停献唱

观塘新区雨灾筹款晚会截屏。主持人宣布筹款已经突破700万港元大关

4. 无线电视:"香港小姐"竞选

"香港小姐"竞选是香港大型的选美活动,于1946年开始出现,由私人机构举办。1972年,香港电视广播有限公司开始举办每年一度的"香港小姐"选举,之后统一由无线电视举办。"香港小姐"选举的宗旨是"美貌与智慧并重"。在近千名报名者中挑选20名参赛者,参加电视直播的准决赛,再筛选12名进入总决赛。获奖者往往一夜成名,进入娱乐圈成为万众瞩目的明星,或嫁入豪门跻身社会名流。

1973年"香港小姐"竞选画面

1973年首届港姐选举冠军孙泳恩

5. 无线电视:《精打细算》

1973年著名配音演员卢国雄主持游戏节目《精打细算》,大受欢迎。节目每周一至周五下午6:15分播出。

《精打细算》节目现场

6. 无线电视:《各位观众,凤凰女小姐》

《各位观众,凤凰女小姐》是由粤剧名旦凤凰女1975—1976年间主持的30分钟有奖游戏节目,玩法跟《花王俱乐部》大同小异,同样是参赛者跟主持人角力,奖品、奖金二选一。值得一提的是,该节目玩游戏前由小姐介绍和示范奖品,再配旁白,胜在有亲切感。

综艺节目《各位观众,凤凰女小姐》内容主要分为两部分,上半部分为凤凰女以贵妇、垃圾婆、挑剔老板等"百变"造型演绎趣剧,既反映时弊,又与民生息息相关,加上黄霑、乔宏、吴耀汉等笑匠助阵,一不小心就会让人笑破肚皮。下半部分与现场观众玩选择奖金或奖品的有奖游戏,是节目最精彩的部分。

因为节目送出的礼物相当丰富,包括旅游礼券、洗衣机、音响等,超级大奖是彩色电视机。以当时的物价及生活指数来衡量,这些都是一般市民无法负担的奢侈品,所以节目推出后大受欢迎。

粤剧名伶凤凰女主持节目现场

7. 丽的电视:系列综艺节目

20世纪70年代,丽的电视推出了系列综艺节目,包括《家燕与小田》,除了歌舞之外,还有由薛家燕和黎小田扮演的一对老夫妻的幽默剧;《秀兰歌星处处闻》,由奚秀兰与夏春秋主持,夏春秋经常取笑奚秀兰的广东话发音不正确;《得咗》,由狄娜主持的一个游戏节目,游戏形式是用弩射箭靶。

丽的电视举办的综艺节目

(五)电视剧类

1. 无线电视:《梦断情天》

无线电视自制的第一部长篇电视剧《梦断情天》,于1968年12月5日开始播映。该剧是一部黑白片,逢周四播出30分钟。自此,TVB开始致力于电视剧制作。该剧的主演为冯淬帆、黄淑仪。

由黄淑仪、冯淬帆等主演的《梦断情天》是无线电视的第一部长剧

2. 无线电视:《烟雨濛濛》

无线电视1973年推出电视剧集《烟雨濛濛》,根据台湾作家琼瑶小说改编,由李司棋、郑少秋等主演,共20集。它是无线电视首部全彩色电视剧。该剧主题曲由郑少秋主唱。

《烟雨濛濛》剧照

3. 无线电视：《书剑恩仇录》

1976年无线电视根据金庸所著武侠小说《书剑恩仇录》改编拍摄制作的武侠剧集，全剧共60集，由郑少秋、汪明荃、余安安等主演。此剧为第一部由无线电视改编自金庸武侠小说拍摄制作的剧集。播放后热潮席卷香港和新加坡。郑少秋从无线电视一线小生一跃成为香港电视圈首席小生。

4. 无线电视：《大亨》

无线电视1978年制作了时装长篇剧集《大亨》，共85集，由郑少秋、刘松仁等主演。该剧讲述了徐绍良、李华强、康炳仁三人虽出身底层、背景不同，但奋斗目标一致，最终成为上流社会的大亨的故事。

《大亨》宣传画

（上下图）《书剑恩仇录》剧照

《大亨》剧照

5. 丽的映声：《四千金》

《四千金》是丽的映声1968年开播的自制剧。该剧讲述一个家庭四个年轻女孩的一些趣事。此剧被认为是香港本土处境剧（即情景剧）的雏形。该剧围绕日常生活的平常事情展开，引起了广大电视观众的共鸣。主演汪明荃因此剧而走红。

《四千金》演员（由右至左）：大姐苏洁贤、二姐黄楚颖、三姐汪明荃、四妹褐素霞

《四千金》剧照

《电视周刊》对《四千金》的报道

6. 丽的电视：《三国春秋》

1976年丽的电视播出的古装剧，共20集。改编自中国古典小说《三国演义》，讲述了刘、关、张三兄弟桃园结义至刘备白帝城托孤的故事。本剧为钟景辉到丽的电视以后制作的电视剧，几乎动用了丽的所有电视艺员拍摄，耗资巨大，为当年的古装大剧。

《三国春秋》的纸媒评论

7. 丽的电视：《追族》

《追族》是丽的电视的长篇电视剧，1977年12月31日开始播出。故事讲述了雍、利、罗三家名门望族之间的恩怨情仇。

《追族》是集丽的全台人力、物力拍摄的电视剧。图为丽的电视的花旦，后排左起：张美琏、蓝娣、南凤、马敏儿、苏淑萍、卢宛茵、江雪。前排左起：冯宝宝、欧阳佩珊、吕有慧、禤素霞、梁淑庄。这里未包括本已移民美国、特别专程回港拍剧的罗艳卿

8. 丽的电视：《鳄鱼泪》

《鳄鱼泪》是丽的电视播出的经典电视剧，于1978年4月23日首播，共89集。该剧由潘志文、张玛莉、林嘉华等领衔主演，麦当雄监制，萧若元编剧。同名主题曲《鳄鱼泪》由袁丽嫦演唱，黄霑作曲及填词。该剧讲述年轻记者吕文骏（潘志文饰）不择手段，利欲熏心，终事业有成，走进上流社会，但到夜深回首，流下鳄鱼泪的故事。

《鳄鱼泪》广告

9. 丽的电视：《变色龙》

《变色龙》是丽的电视的经典电视剧，于1978年11月6日播出，共80集，由潘志文、刘纬民、刘志荣等领衔主演。本剧主要讲述三兄弟由好友变死敌的故事，剧情峰回路转，令人拍案叫绝。

1978年出版的《电视周刊》，其封面是电视剧《变色龙》的主角

10. 丽的电视：《浣花洗剑录》

《浣花洗剑录》是丽的电视1978年推出的电视剧，改编自古龙的小说，由张国荣、文雪儿主演。该剧播出后轰动一时，给观众留下了深刻的印象。

《浣花洗剑录》主演合影

11. 佳艺电视：《射雕英雄传》

1976年，佳艺电视台首次将金庸武侠小说《射雕英雄传》改编成电视剧，这部电视剧也成了"史上第一部金庸剧"，由白彪和米雪主演，播出后大受欢迎，是一部具有里程碑意义的绝版之作。该剧一推出就轰动全港；俏丽可人的米雪因为演活了黄蓉一角，成为当时全香港最红的女星，甚至红遍整个东南亚。

米雪扮演的黄蓉娇俏可爱，白彪扮演的郭靖憨厚淳朴

《射雕英雄传》男女主演合影

12. 佳艺电视：《神雕侠侣》

1976年，佳艺电视根据金庸所著武侠小说《神雕侠侣》改编拍摄，由罗乐林、李通明领衔主演，全剧共59集。

《神雕侠侣》剧照

1976年第36期的《佳视周刊》封面为电视剧《射雕英雄传》中的白彪（扮演郭靖）和林子欣（扮演华筝）

13. 佳艺电视：《金刀情侠》

《金刀情侠》是佳艺电视根据古龙小说《九月鹰飞》改编的一部古装武侠剧，由徐克导演，余安安、黄韵诗等主演。导演徐克引入美国电影的表达方法，人物造型、摄影构图、灯光运用、蒙太奇剪辑、电影特技、演员调度、服装、美术指导等都很讲究，剧集质量和以前的电视产品相比有很大突破。徐克把电影的悬疑、恐怖、奇情等元素与中国武侠类型相融合，效果奇特。

电视剧《射雕英雄传》的宣传海报

《金刀情侠》宣传海报

三、电视史料

佳艺电视主要电视剧列表

佳艺电视曾经制作过很多被电视迷视为经典的电视剧,包括《射雕英雄传》《神雕侠侣》等。佳艺电视是全球第一家将华文武侠小说改编成电视剧的电视台,更引领潮流,率先将金庸武侠小说改编成电视剧。一些著名的电视幕后人员及演员,如徐克、周梁淑怡、郑裕玲等,都曾任职于佳艺电视。

佳艺电视艺员在训练中心合影

电视剧	主演
《隋唐风云》	湘漪、鲍汉琳
《武则天》	湘漪、冯淬帆
《顶爷》	刘丹
《追虎擒龙》	刘丹、湘漪
《明星》	张玛莉、曾江
《赌国仇城》	欧嘉慧、刘丹
《广东好汉》	白彪、米雪
《射雕英雄传》	白彪、米雪
《神雕侠侣》	罗乐林、李通明
《碧血剑》	陈强、文雪儿
《雪山飞狐》	米雪、卫子云
《鹿鼎记》	文雪儿、李通明
《萍踪侠影录》	杨盼盼、陈强
《白发魔女传》	李丽丽、白彪
《武林外史》	米雪、李通明
《金刀情侠》	余安安、黄韵诗
《名流情史》	邓碧云、罗艳卿
《流星蝴蝶剑》	魏秋桦、罗乐林
《仙鹤神针》	罗乐林、马海伦
《红楼梦》	伍卫国、米雪
《风雷第一刀》(未完成拍摄)	伍卫国、米雪
《细鱼吃大鱼》	林伟图、米雪

电视剧《广东好汉》的海报

《广东好汉》的主演:米雪扮演严咏春,白彪扮演洪熙官,卫子云扮演方世玉,梁小龙扮演童千斤

米雪和白彪在佳艺电视的《神雕侠侣》中分别扮演黄蓉和郭靖

杨盼盼、陈强主演《萍踪侠影录》。男主演陈强系龙虎武师出身,武打功架十足,招式行云流水

佳艺电视1977年版《雪山飞狐》的宣传海报。主演:卫子云(胡斐、胡一刀)、米雪(袁紫衣)、李通明(苗若兰)、文雪儿(程灵素)、白彪(苗人凤)等

《萍踪侠影录》女主演杨盼盼

《名流情史》电视剧组特地远赴夏威夷拍摄外景

佳艺电视自制电视剧《红楼梦》片头。1977年,佳艺电视将全本《红楼梦》第一次完整搬上电视屏幕,全剧共70集,动用了300多名演员参演,是当时香港最大规模的电视剧

《名流情史》剧照

《红楼梦》的主演名单:伍卫国扮演贾宝玉,毛舜筠扮演林黛玉,米雪扮演薛宝钗,吴浣仪扮演王熙凤

《名流情史》剧照。《名流情史》定位为长篇时装电视剧,原计划制作100集,但拍完36集后,佳视就因为资金问题而倒闭

刘丹扮演贾琏

电视剧《名流情史》的播放广告

郑裕玲扮演司棋

1977年,佳艺电视推出《细鱼食大鱼》,该剧定位为"武侠奇情幻想幽默喜剧"

报纸对电视剧《细鱼食大鱼》的拍摄情况进行报道

在电视剧《细鱼食大鱼》中,米雪扮演云吞面铺的千金阿红(红辣椒),现代生活中的她穿越到古代,成为闯荡江湖的女侠

四、电视人物

(一)夏春秋

原名吴耀冬(唔要冬),花名"冬叔",香港电视节目主持人。夏春秋于1950年加入亚洲电视(前身为丽的呼声),至2000年离开亚视,出演了无数戏剧、综艺等节目,期间因长时间主持六合彩搅珠的直播节目而为人熟悉。

1965年丽的映声官方刊物《香港电视双周刊》介绍初入行的夏春秋

（二）郑少秋

演员、歌手。1970年加入无线电视，开始主演电视剧及发行个人唱片。1976年在《书剑恩仇录》一人分饰陈家洛、乾隆、福康安三个角色。1979年出演《楚留香》中的楚留香。1991年在《戏说乾隆》中因饰演大侠形象深入人心。1992年在《大时代》中演出丁蟹一角，造就此后香港股市及经济学界的独特现象，被称为"秋官效应"。2006年荣获香港乐坛荣誉大奖"金针奖"。2007年，香港媒体评选出"百大香港经典电视角色"，郑少秋一人独揽7个经典角色。

郑少秋剧照

（三）周梁淑怡

她是当时著名的"佳视六君子"之一。20世纪70年代曾任无线电视节目监制，监制节目有《双星报喜》等；1989年曾任亚洲电视总经理。

周梁淑怡

第三编

第一部分
内地 稳步成长期（1977—1991）

概 述

从1976年10月"文化大革命"结束，到1991年国民经济建设"七五"计划胜利完成的15年历程，是内地电视稳步成长的大好时期。

从1976年开始，电视"硬件"呈现快速增长的趋势。各省、市、自治区恢复了"文革"期间被强行关闭的电视台。电视业进行了一系列拨乱反正，结束了"文革"时期的领导班子，组成了富有经验和较强业务能力的新领导班子，整顿了电视编播队伍，大力推进了电视节目的改进和提高。

1978年12月18日至22日，中共第十一届三中全会在北京召开。中国电视事业在"进一步解放思想"方针的指引下，开始探索和谋求"发展自身独特优势""走自己的路"。

电视新闻、纪录片、电视剧与电视文艺节目的制作生产都在迅速发展。

中央电视台（以下简称"央视"）的《新闻联播》《观察与思考》等栏目产生了很大影响力。电视现场报道特别是新闻直播出现，丰富了报道形式。电视纪录片制作、播出数量仅在中央电视台每年都有千部（集）左右，制作技术也在不断进步，纪录片创作空前繁荣。

电视剧产量也有很大发展，央视从最初的8部上升到1983年的383部（集）。从1984年起，中国电视剧走向成熟并一直延续到今天。中国电视剧在1977—1991年的14年里从弱到强，已经成为当代中国最主要的文艺作品展示窗口。电视剧艺术的兼容性吸引了文艺界广泛的参与，产生了良好的社会效益和经济效益。

电视文艺全面发展繁荣。自1983年开始，在经历了转型期和海外文艺冲击之后，电视文艺进入全面发展阶段。连续举办大型电视文艺晚会，尤其是春节联欢晚会的播出，开辟了电视文艺的新局面；文艺专栏如雨后春笋般出现，充实了日常电视文艺节目的播出；一批综艺节目诞生，并和栏目结合，形成了电视文艺的拳头产品；各式自娱性节目、竞赛性节目频繁推出，影响广泛。对电视文艺节目的评奖、研讨蔚然成风。

截至1990年，中国大陆的电视频道共有554套，平均每周播出22 298小时，每周自办节目为8 274小时，其中，新闻节目占10%，专题节目占8.8%，教育节目占5.1%，文艺节目占67.2%，服务性节目占8.9%。这些成果，为电视的进一步崛起打下了基础，创造了条件。

1977—1978

一、大事记

1977年11月10日，中共中央下发通知，中央广播事业局属国务院领导，宣传业务由中宣部协助中央指导。

1978年1月1日，在"文化大革命"中中断了的每晚由电视播音员出图像向观众报告节目的形式，从即日起开始恢复。

1978年5月1日，北京电视台正式改称为"中央电视台"，英文缩写为CCTV，更换后的新台标通过电视向观众播放。

图为中央广播事业局办公室文件（广发办1978-001号）于1978年4月18日发文通知"北京电视台"改名为"中央电视台"

1979年至2001年使用的旧台标呈蝴蝶形，并包含"TV"两个字母，由原央视职工张德生设计，通称"蝴蝶标"。蝴蝶标形似人造卫星运转轨迹、原子核、电视发射塔上的蝴蝶天线，是"CCTV"四个字母的变形体，颜色采用彩色电视的三原色（即红、绿、蓝）

1978年4月28日《人民日报》新闻报道《北京电视台将改名为中央电视台》

蝴蝶标离开了电视荧幕之后，仍在央视记者话筒上以及各种宣传品上出现

 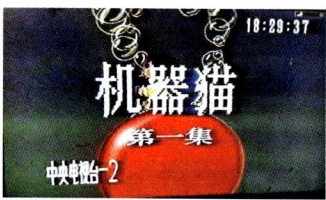

更名之后，央视开始使用文字台标"中央电视台"，出现在屏幕左下角。为防止与字幕冲突，只在整点和半点出现

（左右图）1987年，因经济综合频道上星，央视文字台标改为"中央电视台-频道序号"（如"中央电视台-1"）的形式，仍出现在屏幕左下角

华国锋为中央电视台题写台名

1981年6月30日,中央电视台改换台标,将华国锋题字改为美术字

2001年使用至今的台标

1978年5月1日西藏电视台试播。这是除北京市以外全国最后成立的省级电视台(北京电视台于1979年5月成立)。

1978年12月23日,具有伟大历史意义的党的十一届三中全会于12月18日至22日在北京举行。中央电视台在23日及时作了报道。

二、政策法规

1978年11月24日,中央广播事业局正式颁布《农村有线广播技术标准和技术管理规程》。这是农村有线广播第一个技术上的法律性文件。

三、电视栏目和节目

(一)新闻类

北京电视台:《新闻联播》

自1978年1月1日开始,北京电视台《新闻联播》正式打出栏目名称及字幕,开始定名播出。中断了多年的播音员出图像向观众预告节目的形式,也于同日恢复。创办之初的《新闻联播》以直播形式播出,播出时间固定为19:00—19:20。第一期《新闻联播》共5条新闻,加上配乐和切换时间,全长20分钟。

(上中下图)《新闻联播》早期片头

《新闻联播》最早的女播音员李娟

《新闻联播》最早的男播音员赵忠祥

艾知生、杨伟光和新闻中心编辑记者一起研究《新闻联播》节目

（二）专题类和杂志类

1. 北京电视台：《世界各地》

1977年10月26日，北京电视台国际部开办《世界各地》栏目，当天首次播出电视片《伊朗的风光和艺术》。这个栏目每周播出一次，每次约15分钟，着重介绍世界各国的经济建设、文化教育、人民生活、名胜古迹和地理风光等。

《世界各地》栏目片头

2. 广州电视台："迎春系列"

1978年春节，广州电视台（广东电视台前身）社教组制作了一组迎春节目，包括《万紫千红报春光》《红梅青松祝华年》《花儿朵朵喜迎春》等。第一个节目以百年来广州花市的历史为经脉，穿插古今诗人墨客的题咏颂赞，报道花市的盛况及花农们的今歌昔泪。第二个节目由著名的岭南派画家关山月、黎雄才、胡根天，书法家秦咢生，诗人陈芦荻现场作画题诗，向观众祝贺新春。第三个节目则是孩子们表演的文艺节目，气氛热闹活泼。

3. 北京电视台：《体育之窗》

1978年4月，北京电视台推出《体育之窗》栏目，主要是介绍著名运动员、教练员的训练生活、群众性的体育活动、体育科研以及体育知识、国内外体育比赛和体育友好往来的情况等。

4. 中央电视台：《祖国各地》

1978年9月30日，中央电视台专题部开办《祖国各地》栏目。取材范围主要是地理风光、文物古迹、古今名胜、建设新貌、风物特产和风土人情6个方面。

2. 北京电视台：《毛主席在中南海住过的地方》等

1977年9月，北京电视台编导王娴等拍摄了纪录片《毛主席在中南海住过的地方》；1977年12月中旬，戴维宇等拍摄纪录片《周总理的办公室》。

《祖国各地》片头

《毛主席在中南海住过的地方》宣传画

（三）教育类

1. 北京电视台：《向科学现代化进军》

1978年3月13日，为迎接科学大会的召开，北京电视台设立了《向科学现代化进军》专栏，第一次播出内容为新闻专辑《科技人物赞》，介绍了数学家杨乐等5个人物。

2. 北京电视台：《科学与技术》

1978年3月，北京电视台将《科学知识》改为《科学与技术》。这个栏目以传播科技知识为主要任务。1978年，在邓小平同志访问日本之际，《科技与技术》介绍了日本的科学技术。1981年6月，《科学与技术》改为《科学与生活》。

（四）纪录片类

1. 北京电视台：《中缅友谊开新花》

1977年4月20日，北京电视台播放随邓颖超副委员长访问缅甸的记者拍摄的电视纪录片《中缅友谊开新花》。

（五）综艺类和艺术类

1. 北京电视台：《外国文艺》

1977年11月，北京电视台国际部开办《外国文艺》栏目，着重向观众介绍外国的优秀文艺节目（以古典节目为主，兼顾有代表性的能为观众接受的现代节目），包括音乐、美术、舞蹈、文学名著欣赏等。

2. 北京电视台："春节联欢晚会"

1978年2月6日，北京电视台举办"文革"后首次春节联欢晚会。郭沫若特为晚会创作春联："四害必须肃清，飞雪迎春到；三年肯定大治，心潮逐浪高"。晚会有歌舞、新春猜谜会、新电视片、新故事片和新排练的京剧，一些知名人士与观众见面并表演了节目。

（六）电视剧类

1. 北京电视台：系列译制剧

1977年11月29日，北京电视台播出的南斯拉夫电视剧《巧入敌后》（又名《黑名单上的人》），成为中国第一部译制剧。南斯拉夫影视剧的率先闯入，让国人和影视工作者对其情有独钟。

1978年1月27日，北京电视台开始播放它同上海电影译制厂合作译制的英国广播公司出品的电视连续剧《安娜·卡列尼娜》。

英国电视连续剧《安娜·卡列尼娜》剧照

（上下图）《巧入敌后》剧照

《黑名单上的人》（又名《巧入敌后》）宣传画

2. 中央电视台：《三家亲》

1978年5月22日，中央电视台播出了粉碎"四人帮"之后的第一部电视剧《三家亲》。这部短剧的意义在于，它是中国第一部从室内到室外实景拍摄的电视剧。它以真实的环境、多变的场景和灵活的镜头反映了生气勃勃的农村生活。1978年，中央电视台共拍摄了8部电视剧，包括《卖火柴的小女孩》《爸爸和妈妈谁好》《教授和他的女儿》等。

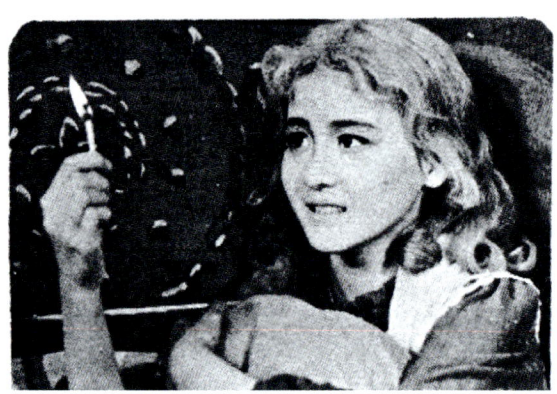

《卖火柴的小女孩》剧照

3. 中央电视台：《窗口》

1978年10月1日，中央电视台播出第一部采用录像技术制作的电视剧《窗口》。

四、电视史料

（一）《新闻联播》史料之一[①]

《新闻联播》开播第一天的节目串联单如下：

◎邓副主席等出席国务院办公室招待会，同外国专家欢庆新年。3分钟。（北京台）
◎马万水工程队再夺新高峰。（北京台）
◎平定县粮食获得丰收。1分40秒。（太原台）
◎安阳电子管厂研制成功等离子数码管。1分30秒。（河北台）
◎电视纪录片：初露锋芒。9分钟。（北京台）

《新闻联播》开播第一期节目单

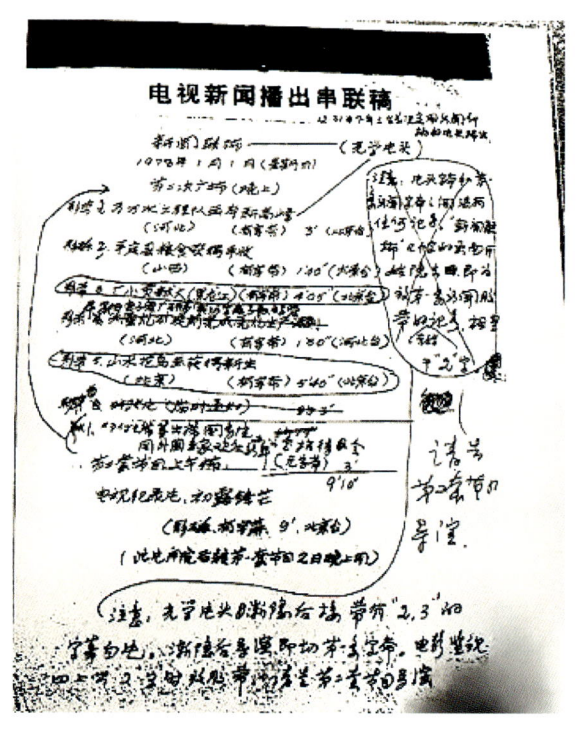

1978年元旦《新闻联播》开播的第一张串联单。此图为上图中的第二张串联单

（二）《新闻联播》史料之二[②]

到1978年1月1日，中央电视台的电视新闻事业已走过了近20个年头。这一天，一个全新的新闻栏目《新闻联播》悄然出现在观众面前。这一天，没有鲜花，没有掌声，更没有美酒，甚至没有留下一张合影。开播首张串联单上留下了首任《新闻联播》组组长黄一中清秀隽永的字迹："12月31日下午，三位台长决

[①] 杨伟光，李东生.《〈新闻联播〉20年》[M].北京：生活·读书·新知三联书店，1999：序.

[②] 《新闻联播》台前幕后探微[N].北京晚报，2008-01-01.

定用新闻部拍摄的新片头播出。"那个时代，就像中小学生的考试试卷一样，串联单是油印的，入选内容确定后，首先刻制蜡版。黄一中因写得一手好字，在与后来成为第二任组长的李茂宽一番谦让之后，最终由黄一中刻制蜡版。第一张节目串联单还留下了多人的笔迹，有几处勾勾抹抹的痕迹，原本排在中间位置的新闻《邓副主席等出席国务院办公室招待会，同外国专家欢庆新年》被一个长长的箭头勾到了第一条的位置。第三条和第四条新闻被标明来自太原台和河北台，初创时期的《新闻联播》有70%的新闻来自地方电视台。

在此之前，本想召开一次全国地方台通联会议，因当时国务院规定，开全国会议必须报国务院审批，时间上已经来不及了，于是决定在合肥、太原、成都召开区域性电视座谈会。在1977年10月末到12月初期间，新闻部的夏之平、朱继峰、穆昭山等飞赴全国各地组织会议，后来被戏称为"飞行会议"。新年前夕，地方组第一任组长穆昭山受命组织更换新的栏目片头。美工组负责人张德生说，《全国电视台新闻联播》名字太长，建议简化成《新闻联播》。新片头蓝底白字，简洁大方，得到了大家的认可。

《新闻联播》的播出过程简单得就像放露天电影一样，一台16毫米的电影放映机将影像投射在一块白幕上，一台电视摄像机同步"转播"，同时一台笨重的开盘式录音机播放着解说词和背景音乐。"直播"过程让现场工作人员提心吊胆，默声胶片镜头间是用胶水粘连的，一旦断裂后果不堪设想。如果影片播放与录音播放不同步，笑话就闹大了。

1978年12月，中央电视台开始使用仅有的两台ENG电子采访设备，录制新闻声像合一，在采访不久后就可以播出，改变了手洗电影胶片的技术落后状态。

（三）《新闻联播》史料之三[①]

1. 最初的主播们只解说，不出镜

1978年1月1日，当天值班编辑黄一中手写的一张"电视新闻播出串联稿"上，满是勾勾画画的箭头和圆圈，这张纸上记录的是第一期《新闻联播》的主要内容：共5条新闻，加上配乐和切换时间，全长20分钟，头条是《邓副主席等出席国务院办公室招待会，同外国专家欢庆新年》。

开播后，由于当时电视台没有录像机，新闻画面用电影胶片拍摄下来送到直播间，一边播放带子，一边同步配音解说，播音员本人并不出现在节目画面上，"只闻其声，不见其人"。

2. 赵忠祥是第一个露面的

《新闻联播》首任男主播赵忠祥还记得，这样的情况持续了两年，直到1979年年底，他的面孔才第一次出现在《新闻联播》上。"第一次上镜，屏幕上只有我一个人，后来成了一男一女两人播报新闻。"双人搭档主播的形式一直沿用至今。

"当时我们要具备极强的文字辨别能力，（新闻稿）都是手写的，上面可能有20个编辑的字迹"，赵忠祥说，有时节目直播中还会插进临时来稿，重要信息容不得半点差错。

赵忠祥回忆，1979年他跟随国家领导人去美国访问，看到美国的新闻播音都使用了"提示器"，就是摆在镜头和播音员之间的一块屏幕。赵忠祥回国后立刻向台里打报告，引进了这种实用设备，这才摆脱了"低头看稿"的紧张状态。

[①] 杨梓.《新闻联播》看今夕[J]. 初中生世界，2013(Z3): 33.

（四）《新闻联播》史料之四[1]

李娟回忆说：

那个时候因为条件还不够，大量的新闻片都是用的胶片，所以是声和像，声音和图像是分离的，当时是一个什么工作状态呢？就是把16毫米的胶片，比如刚才第一条，也就30秒吧，就是用几个胶片带，30秒的，然后打到白色的墙上，也没有什么电影放映的幕布，然后我们就拿着解说词，一边看影片，一边就念，然后外边的录音师就给录下来。等播出的时候还是分离的，就是非常紧张，放映员在精心地放这个片子，录音师就是摁准了那钮，要高度精神集中，高度技术熟练，就是对着正好是这个画面，比如说刚才那大人参，正好我说到大人参的话的时候，他赶紧就摁，当时没有现在这种完整声像合一的设备。

李娟在《这一天——纪念改革开放三十年特别节目》中描述当年在《新闻联播》节目中的工作状况

（五）北京电视台变更播出时间的通知[2]

1978年1月19日，北京电视台向各省、自治区、直辖市广播局、无线总处发布关于教育电视变更播出时间的通知。

通知说：

为满足广大电视观众的要求，我台将对电视播出时间进行调整，并从1月30日开始执行。

第一套节目从18点开始，每周一、三、五播出电子技术讲座，二、四、六播出数学讲座。19点开始综合节目。大约在每天的21点30分左右，综合节目后播出英语讲座。另外每周二、四、六、日的下午增播一次教育讲座。

第二套节目从9点开始，每周一、三、五播出电视教育讲座。晚上从18点30开始，每周一、三、五播综合节目，二、四、六播教育讲座。星期日上午增播一次综合节目。

五、电视技术

1977年7月20日，北京电视台另一座彩色中心安装调试完毕。7月25日，第一套节目用二频道正式向全国播放彩色电视节目，第二套节目仍用八频道向北京地区播出。

北京电视台20世纪70年代的彩色电视播出机房

1978年6月2—26日，中央电视台向全国现场直播了在阿根廷举行的第十一届世界杯足球赛的半决赛和决赛。这是中央电视台第一次通过通信卫星回传信号到北京现场直播海外体育比赛。

1978年7月，国家标准计量局发布了由中央广播事业局、第四机械工业部、邮电部共同起草制订的《黑白电视广播标准》，这是广播电视系统中第一个由国家规定的统一标准。

---

[1] 文字来自视频《这一天——纪念改革开放三十年特别节目》。
[2] 中央电视台研究室，中央电视台《当代中国的广播电视》编写组.1955—1983年 中央电视台大事记[M].1984:159.

1978年8月15日至9月1日，中央电视台派记者赴罗马尼亚、南斯拉夫和伊朗，采访中国领导人对三国的国事访问，这是第一次使用国际通信卫星从国外回传有关活动的新闻和电视片。

1978年10月22日，邓小平副总理访问日本，中央电视台报道组随行采访，并利用卫星回传专题新闻。

1978年11月，中央广播事业局在沈阳召开高山调频和电视发射台使用的YD-76型遥控运动设备鉴定会，会上决定在广播电视系统推广使用该设备。YD-76型遥控运动设备的使用为实现高山调频和电视转播台的自动化、无人值班创造了条件。

1978年12月，中央电视台开始使用日本ENG电子采访设备。ENG电子录像设备可代替摄影机供记者外出采访、录像使用，录制的新闻节目在2—3小时后即可供播出。使用电子采访设备大大简化了节目的制作手段，提高了节目的时效。

六、电视人物

李娟

《新闻联播》首位女播音员。

李娟是北京广播学院的第一批播音专业学员，1973年被选调入中央电视台。《新闻联播》创办之初她成为该节目的播音员。

李娟曾这样描述，1978年5月7日在《新闻联播》节目开始前进行呼号："中央电视台，中央电视台，观众同志们，节日好！"这样的呼号成为一代人的记忆。

她从事播音工作达35年，一度是家喻户晓的播音明星，在20世纪80年代主持《新闻联播》期间曾多次采访来华的外国首脑。

1993年，李娟在美国出席第二十届"艺术传播国际会议"期间，被知名度很高的华裔女主持人宗毓华邀请访问了CBS电视台，受到了国际同行的欢迎。

20世纪80年代初，李娟在播报《天气预报》

七、电视出版

（一）《电视技术》

1977年1月创刊的《电视技术》是中级专业技术刊物，由电视电声研究所主办，初为季刊，后改为月刊。主要刊登发送、接收、摄像、显示、录像、测量、跟踪、制导等电视领域技术发展的相关文章。

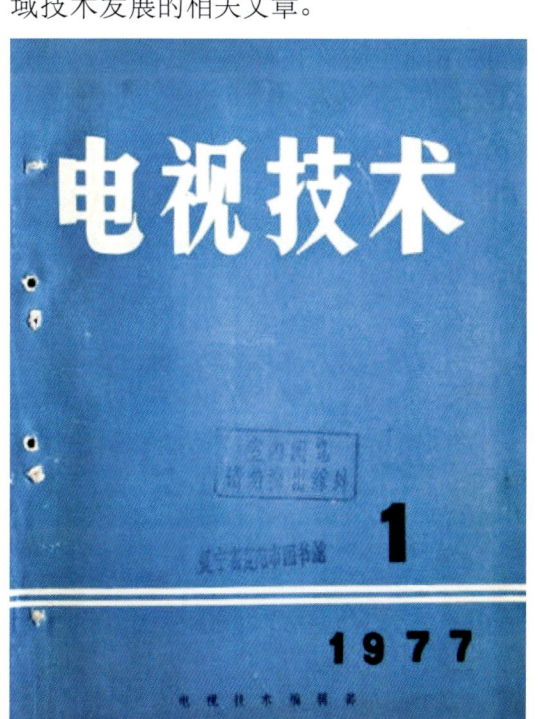

《电视技术》创刊号封面

（二）《广播电视节目报》

1978年6月24日,中央人民广播电台和中央电视台合办的《广播电视节目报》经过试刊,正式出版,每期发行40万份。1981年该报一分为二,《电视周报》诞生。1986年《电视周报》改称《中国电视报》。

1978年11月23日的《广播电视节目报》

（三）《每周广播电视》等

《每周广播电视》由上海市广播电视局主办,原名《每周广播》,1978年1月改为现名。《福建广播电视》1978年10月1日以现名复刊,由福建人民广播电台和福建电视台合办。《四川广播电视》1978年12月30更名复刊。

八、电视教育

（一）邓小平正式批准筹办电视大学

1978年2月3日,教育部和中央广播事业局送交《关于筹办电视大学的请示报告》。2月6日,国务院副总理方毅在报告上批示:"报邓副主席审批。拟原则同意,编制、房屋、设备、交通工具、外汇等等有关具体问题,请同有关部门商研解决。"

同日,邓小平亲笔批示"同意"。

1978年2月3日,教育部和中央广播事业局送交的《关于筹办电视大学的请示报告》。文件上方手写字迹分别为方毅和邓小平的批示

（二）上海电视大学恢复办学

1978年4月,上海电视大学恢复办学。校长由上海市原副市长杨恺兼任,上海市教育局和电视台负责日常的教学、演播工作,设有数学、物理、化学、医学四个专业。

1979年

一、大事记

1月28日至2月5日，邓小平副总理访问美国，中央电视台、中央国际广播电台派记者随同采访。中央电视台通过卫星及时作了报道。

1979年1月29日上午，卡特总统在白宫南草坪为邓小平副总理举行正式欢迎仪式

1979年赵忠祥进入白宫采访美国总统卡特

1月28日,上海电视台播放了我国第一条电视广告——《参桂养荣酒》。3月15日晚,上海电视台又播出了第一条外商广告——《瑞士雷达表》。3月9日,上海电视台第一次在赛事中插播广告——《幸福可乐》。4月13日,广东电视台播出了它的第一条电视商业广告——《荔江工厂的"泥斗车"》,9月30日,中央电视台播出了它的第一条电视商业广告——《美国西屋电器》。11月8日,中宣部发出《关于报刊、广播、电视台刊登和播放外国商品广告的通知》,批准新闻单位承办广告。12月,中央电视台播出第一条自制广告——《首都出租汽车公司》。

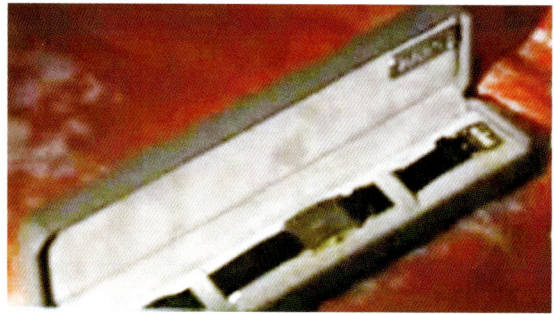

《瑞士雷达表》广告截屏

以上4幅为《参桂养荣酒》广告模拟图。原版电视广告的影像资料已经无法找到,后来有人根据回忆用画图的方式描绘了这条广告。根据回忆,这条广告有4个片段:晚辈店里买酒、提酒登门拜访、送酒孝敬长辈、长辈笑逐颜开

5月16日,北京电视台正式试播。1980年5月,北京电视台转为全彩色播出。

1979年5月16日北京电视台试播场景

1979年5月开播仪式后,北京电视台全台职工合影

北京电视台台标获奖证书

自2009年1月1日起使用的新台标

北京电视台1992年至2008年12月31日使用的台标。台标中央为一个地球环绕三颗卫星的图案,中间加上"BTV"三个英文字母,外围加上动画电波,下面"北京电视台"五个行书字体为书法家邓元昌题写后用堆金的方法制作成的立体字样

7月，中央电视台开始译制外国电视剧和电影故事片，译制的第一部外国影片是菲律宾驻华大使馆提供的《我们的过去》。

1979年8月18日至27日，全国电视节目会议在北京召开。这是在粉碎"四人帮"之后，我国第一次就电视节目进行专业探讨的全国性会议。这次会议是电视走向独立自主制作节目的开端。

二、政策法规

文化部与中央广播事业局于1979年10月24日签订《关于供应电视台播放影片的规定》。协议规定：新影片在北京头轮映毕半个月至一个月后可供中央电视台向北京地区播放；发行期满半年后，可供中央电视台向全国播放。每年元旦、春节、"五一"、"十一"，中国电影公司要供应一两部新影片给中央电视台向全国播放。中国电影公司输入的外国片、香港片，凡没有电视播放权的，中央电视台不得播映。中国电影公司将尽量购买电视播映权，时间可安排在该片发行半年后再供中央电视台向全国播映。

三、电视栏目和节目

（一）新闻类

中央电视台：《王府井停车场见闻》

1979年5月1日，中央电视台的两位青年记者张长明和王纪言用长镜头抓拍了某些领导干部的家属乘公家轿车到王府井购物的真实场景，9月12日以《王府井停车场见闻》为标题在《新闻联播》中播出。中央电视台由此开始在新闻节目中出现批评揭露性的报道，揭开了社会新闻和舆论监督的序幕。

（二）专题类和杂志类

1. 广东电视台："迎春系列"

广东电视台继1978年迎春节目获得成功之后，1979年春节期间又推出了一组迎春节目。1978年的迎春节目融欣赏性和知识性为一体，令人耳目一新，而1979年的迎春节目则以服务性、群众性和知识性见长。节目组根据广东人过春节的传统习惯，录制了《巧制年宵喜迎春》《怎样插瓶花》《今年的金橘明年还结果吗？》等知识小品，请著名的点心师、园艺专家向人们示范炸油角和煎堆、蒸年糕、插鲜花、摆金橘等种种做法。节目播出后，广州市的街头巷尾、车站码头都会听到人们在议论节目内容，许多家庭都按照节目介绍的方法安排节日生活。

2. 中央电视台："张志新"系列

1979年7月1日，中央电视台播出电视片《为真理而斗争——记党的优秀女儿张志新》和专题文艺节目《心灵的呼声——张志新烈士生前写的两首歌》。

3. 中央电视台："庆祝建国30周年全国电视节目联播"

1979年9月15日至10月21日，中央电视台主办"庆祝建国30周年全国电视节目联播"，有25个省、自治区、直辖市的电视台推荐了节目。这是我国电视界第一次大规模的节目交流。

（三）教育类

中央电视台：《为您服务》

该节目于1979年8月12日创办，原为中央电视台宣传办公室节目组附设的一个栏目，主要介绍部分电视节目及生活知识，每周播出一次（约15分钟）。1981年，栏目调整，归入专题部科技与卫生组。1983年元旦《为您服务》正式与观众见面，每周播出一次，每次

20分钟,是中央电视台最早设有固定节目主持人的专栏节目。节目宗旨为传播知识、启迪智慧、引导人们科学地生活。在选题上坚持立足于民众,努力反映人民群众日常生活中亟待解决的问题,当观众的参谋。节目大多采用"拼盘式"结构,粗细相间、老少咸宜。

《为您服务》主持人沈力

《为您服务》主创人员之一陈汉元(左)与主持人沈力

友谊宾馆的两位师傅李炳森、王新国当场献艺

(四)纪录片类

1. 中央电视台:《扬眉剑出鞘》

1979年4月5日,中央电视台在第一套节目里播映了记录天安门事件实况的纪录片《扬眉剑出鞘》。它通过大量珍贵的照片、讲话录音和影片资料,还原了"四五"运动中勇士们不畏强暴,同"四人帮"作坚决斗争的场面。

2. 安徽电视台:《黄山奇观》

1979年,安徽电视台新闻组拍摄的彩色风光纪录片《黄山奇观》,由中央电视台协助制成数十部拷贝在全国播映,并经由驻外使馆、领事馆在欧、亚、美等十几个国家放映。安徽省黄山管理处还把它作为旅游宣传片,在黄山电影院放映了几年,推动了黄山旅游事业的发展。

《为您服务》主持人沈力以记者身份在采访

（五）综艺类和艺术类

1. 中央电视台："迎新春文艺晚会"

1979年除夕，中央电视台播出"迎新春文艺晚会"。晚会由中央电视台文艺部歌舞组导演邓在军和杨洁共同执导。这台晚会采用了现在"春晚"一直使用的茶话会形式。开场部分，晚会颠覆了过去常用的铺排大段政治宣传口号和新年贺词的形式，大胆采用当时少见的交谊舞作为暖场，引起了很大反响。李光羲演唱的《祝酒歌》成为这届晚会的经典节目，这首歌也因此成为当年度最流行的歌曲。

2. 广东电视台和香港无线电视台（TVB）：《羊城贺岁万家欢》

1979年1月29日农历新年，获国务院港澳办批准，香港无线电视台《欢乐今宵》首次移师广州与广东电视台合作，在广州烈士陵园举办并直播《羊城贺岁万家欢》大型春节文艺晚会，时长4小时。沈殿霞等艺人担任主持，粤港两地演艺界人士同台演出。晚会的中心舞台选在外景地，实行多场景切换的表现形式；晚会内容包括歌曲、舞蹈、杂技、小品、粤剧等多种文艺形式，并在节目中灵活穿插广州风貌和市民闹春等场景。

十年后的1989年2月7日，广东电视台与TVB再度合作，在广州天河体育中心和白天鹅宾馆举行第二届《羊城贺岁万家欢》（又名《羊城贺岁万家欢十周年庆典》）。

2009年1月25日，为纪念首届《羊城贺岁万家欢》问世30周年，广东电视台与香港TVB再次携手，举办了第三届《羊城贺岁万家欢》。

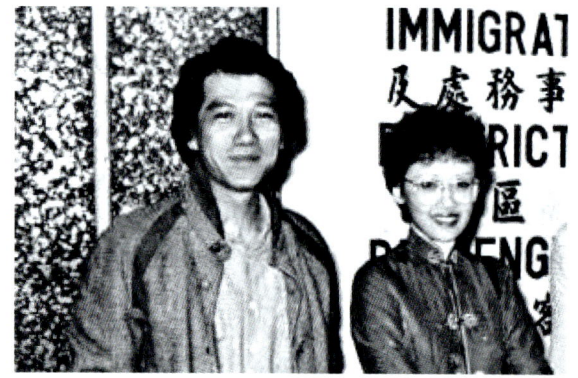

1979年，香港著名金牌司仪何守信和演员韩马利赴广州参加《羊城贺岁万家欢》，在离港禁区前接受记者采访，言谈中抑制不住回乡的激动

香港演员郑少秋（左）在1979年的《羊城贺岁万家欢》晚会中参演节目《八仙贺寿》

1979年1月29日，广东市民收看《羊城贺岁万家欢》

钟保罗、沈殿霞、李美凤、陈秀珠（从左至右）等担任《羊城贺岁万家欢十周年庆典》主持

李美凤、陈秀珠、李香琴和刘嘉玲（从左至右）参演《羊城贺岁万家欢十周年庆典》

第三届《羊城贺岁万家欢》现场，广州笑星黄俊英和香港笑星夏雨联袂主演趣剧《真假369》

3. 甘肃电视台：《文化园地》

甘肃电视台的《文化园地》开办于1979年7月，主要介绍甘肃省的文物古迹、工艺美术、民族风情、音乐舞蹈和戏曲艺术等。其中有些节目作为交流节目翻译介绍给外国观众。

（六）电视剧类

1. 上海电视台：《永不凋谢的红花》

1979年上海电视台录制的反映张志新烈士事迹的电视报道剧《永不凋谢的红花》引起了轰动。1979年7月1日在上海电视台播出，几天后就在央视和全国各地播放。此剧深刻揭露了"四人帮"的罪恶，歌颂了张志新为真理献身的精神。导演李莉，主演向梅，编剧黄允。

主演向梅在看介绍张志新烈士的报道

电视剧《永不凋谢的红花》剧照

电视剧《永不凋谢的红花》剧照

向梅扮演张志新

向梅饰张志新
宋春和摄

在纪念伟大的中国共产党诞生五十八周年的光辉日子里，上海电视台根据党的好女儿张志新烈士的英雄事迹，编制播放的电视报道剧《永不凋谢的红花》，引起了广大观众的强烈兴趣和关注。这是绽放在电视艺苑里的一枝清香扑鼻的鲜花，这是开放在广大电视观众心灵深处的一朵圣洁的真理之花。

第九艺术 绘红花

——喜看电视报道剧《永不凋谢的红花》

郑礼滨

志新烈士可歌可泣的事迹的本身就十分感人，张志新这个光辉的名字已经为广大群众所熟悉和热爱。为了迅速满足广大观众要求在电视中看到张志新的英雄形象的迫切心愿，采取电视报道剧的形式，是比较适合的。

屏幕拉开，映入观众眼帘的是张志新烈士生前曾经长期生活、工作、战斗，直至最后牺牲的那座城市——沈阳的鸟瞰全景，这时，一个深沉而凝重的画外音升起来，我们的这个故事就发生在这座城市里……接着，镜头从一位难友的深切怀念开始，以千姿百态花丛中一朵瑰丽的小红花为引子，把人们带进了一幕幕休日惊心

《上海戏剧》1979年第6期刊文介绍《永不凋谢的红花》

2. 上海电视台：《玫瑰香奇案》

1979年，上海电视台拍摄了电视剧《玫瑰香奇案》。这是新中国成立后第一部以刑事案件为题材的电视剧。剧本的素材来源于法院判决的一起凶杀案件。剧中，游手好闲的未来女婿为了夺财，杀了未来的丈母娘并利用玫瑰香点燃尸体，迷惑公安人员，为自己制造不在场的证据。公安部门在侦破后对犯罪嫌疑人实施了抓捕。

导演郭信玲后来回忆："因为电视剧刚刚起步，大家都在一个起跑线上。所以大家就糊里糊涂地往前冲。谁胆子大，谁就冲在前面。结果我们七天之内就拍了出来。没想到拍出来以后，在上海就引起了轰动。"

3. 广西电视台：《百鸟鸣春》

1979年3月，广西电视台摄制了广西第一部电视剧《百鸟鸣春》，并于1980年播出。这部描写酷爱音乐的女青年黄百灵成长为部队文工团独唱演员的曲折历程的电视剧，把主人公的命运与时代变幻结合在一起，反思了"文革"的灾难。

《玫瑰香奇案》片头截屏

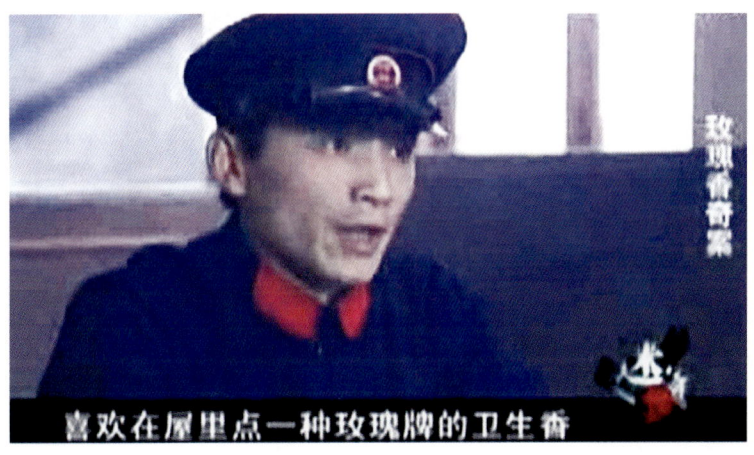

《玫瑰香奇案》画面

4. 中央电视台：《有一个青年》

1979年10月2日，中央电视台播出新录制的电视剧《有一个青年》。导演蔡晓晴，编剧张洁，主演张铁林和方舒。该剧讲述在"文革"中失去正常学习机会的青年不甘现状、勇于追求，终于取得科研成果的故事。故事以青年工人顾明华和女青年徐薇之间微妙的感情变化为主线，通过"一个青年"顾明华由粗俗到文明的转变过程，表达了对以顾明华为代表的一代人的理解和宽容。

《有一个青年》剧照

5. 中央电视台：《他是谁》

1979年11月25日，中央电视台播出其拍摄的电视剧《他是谁》。这是我国第一部用16毫米彩色底片拍摄的电视剧，它可以通过录像机在电视里播放，也可以印成影片拷贝在电影院放映。电视剧《他是谁》根据1979年《人民铁道》通讯《离奇而发人深思的事件》改编拍摄，描写了一个骗子利用社会上的特权思想和不正之风到处行骗的故事。

四、电视史料

中央电视台就国际新闻报道进行总结[①]

1979年1月，中央电视台就国际新闻报道问题进行总结，认为目前国际新闻存在着报道面窄、消息零碎、片面性大、时间性差、片源单调、"禁区"太多等问题。为开创新局面，必须解放思想，改进和扩大国际新闻的报道面。决定今后凡重大的国际政治活动和国际会议（包括苏、美），各国的群众运动，各重大的科研活动和现代化设施，各国的社会新闻、文化、生活、体育等领域，都可酌情作客观报道。报道时，解说词的分析和批判性词句应适当，不要人为拔高和强加于人，要引导观众从画面上得出结论。

五、电视技术

1979年12月25日，我国自行设计制造的黑白电视机流水装配生产线在天津无线电厂建成。在这一时期，中国家庭电视机拥有量迅速攀升。1979年，全国共有电视接收机485万台，其中大多为9英寸或14英寸的黑白样式。

当时人们争相购买电视机

当时常见的黑白电视机

---

① 中央电视台研究室，中央电视台《当代中国的广播电视》编写组.1955-1983年中央电视台大事记[M]. 1984：175-176.

六、电视人物

吉天旭

吉天旭是北京电视台的第一位男主播。1979年5月16日晚7点,吉天旭和丛薇第一次正式坐在演播厅发出这座新电视台的第一组呼号:"观众朋友们!这里是北京电视台!这里是北京电视台!"此后的好几年内,北京电视台的播音员(主持人)只有他们两人。他们身兼数职,从前期采访、分镜头脚本到后期采访、剪辑配音、播报,都要独立完成,"连技术人员有时都要充当记者"。

吉天旭、丛薇主持北京电视台建台十周年文艺晚会

七、电视出版

(一)《北京广播电视》(周报)

《北京广播电视》创办于1979年10月1日。《北京广播电视》的编辑方针是:生动活泼地宣传和介绍北京人民广播电台、北京电视台的广播电视节目,为首都的广大听众、观众服务。

《北京广播电视》

(二)《辽宁广播电视报》等

《辽宁广播电视报》原名《辽宁广播报》,创办于1955年12月,"文革"期间停刊。1979年3月2日复刊,改为现名。该报为辽宁省的听众和观众服务,主要内容为节目预告和介绍。

《广播电视周报》由浙江省广播电视台主办,原名《广播周报》,1979年5月复刊后更名。

《湖北广播电视报》原名《湖北广播节目报》,1979年7月1日复刊改为现名,由湖北广播电视厅主办。

《湖南广播电视报》1979年5月5日复刊改为现名。

《云南广播电视》1979年12月1日复刊后改为现名。

《江苏南京人民广播电台广播节目报》1979年6月30日复刊后更名为《江苏广播电视》,1982年1月再次更名为《江苏广播电视报》。

《陕西广播电视报》1979年10月复刊。

《湖南广播电视报》编辑在评报

（三）《北京广播学院学报》（季刊）

《北京广播学院学报》1979年9月创刊，1983年2月公开出版发行。其办刊宗旨为以马列主义、毛泽东思想为指导，贯彻"百花齐放""百家争鸣"的方针，为促进科学研究、发展广播电视教育事业、提高教学质量、培养又红又专的广播电视专业人才服务。

《北京广播学院学报》创刊号封面

八、电视教育

（一）中央广播电视大学开学

1979年1月11日，国务院以国发（1979）14号文件批转教育部、中央广播事业局《关于全国广播电视大学工作会议的报告》，并在通知中指出："举办广播电视大学，是我国高等教育事业发展中的新事物，对于扩大高等教育的规模，提高广大群众的科学文化水平，加速培养大量又红又专的人才，将会起重大作用。"

国务院国发（1979）14号文件

1979年2月6日，由教育部和中央广播事业局共同举办的中央广播电视大学（以下简称"电大"）开学。中央广播电视大学在北京举行了首次开学典礼，王任重副总理到会讲话，中央电视台向全国作实况直播。随后，28所省市电视大学相继开学，从此揭开了我国广播电视教育史上崭新的一页。

1979年2月8日，中央广播电视大学正式播出电大课程，由著名数学家华罗庚主讲第一堂课

1979年11月29日，国务院以国发（1979）277号文件批转教育部、中央广播事业局《关于第二次全国广播电视大学工作会议的报告》，并在通知中指出："广播电视大学开办半年多来的事实证明，它是多快好省地培养人才的一种办学形式。各省、市、自治区应加强对广播电视大学的领导，帮助解决工作中的实际问题。中央各有关部门应积极予以支持，抓紧落实应由本部门解决的问题，扶植广播电视大学茁壮成长。"

（二）北京广播学院开始招收硕士研究生

1979年，北京广播学院开始招收硕士研究生，1981年成为首批硕士学位授予单位。

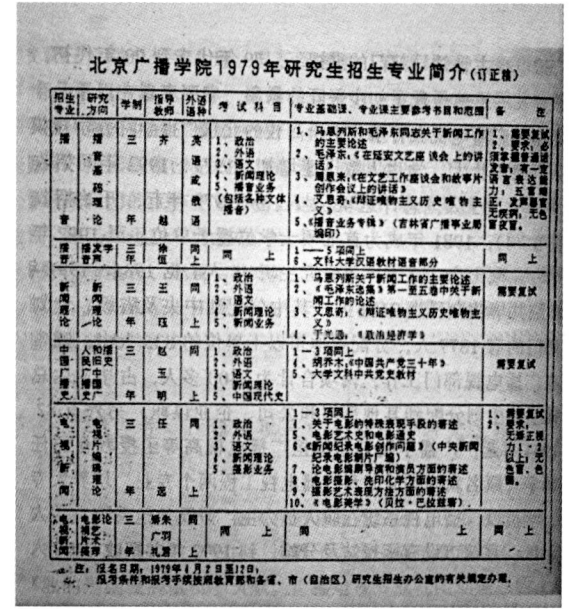

《广播电视节目报》第41期刊载的《北京广播学院1979年研究生招生专业简介》

（三）上海电视业余中学创办

1979年9月，上海市教育局和上海电视台合办了全国第一所电视业余中学，开设有语文、数学、物理、化学四门课程，学制两年半。

国务院国发（1979）277号文件

北京医学院附属第一医院业余学校的教师正在收看电大课程

1980年

一、大事记

1980年6月16日至22日,全国第二次电视节目会议在北京举行。会议总结了1979年电视节目大联播以来全国电视节目的交换情况,研究了1980年"十一"举行的以电视剧为中心的全国电视节目会演和1981年春节全国电视节目大联播问题,并讨论了优秀节目的评奖问题。

1980年7月7日,为满足观众的要求,中央电视台第一套节目开始在每天的《新闻联播》中播送由中央气象台发布的天气预报,预报全国范围内的一般天气和重要天气。一般天气是指降水、风级、气温,预报时效为24小时;重要天气是指台风、暴雨、寒潮等,预报时效为24—48小时。

早期《天气预报》片头背景为中央气象台的大楼

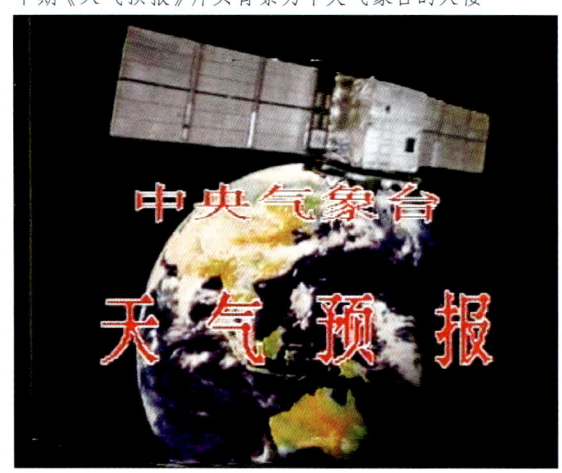

1988年开始,《天气预报》使用气象卫星围绕地球旋转的动画片头

《天气预报》以四季为主题的新片头

1980年12月1—7日，中央电视台主办的第一次全国电视剧情况交流会在北京举行，与会人员就电视剧生产、评奖等问题交换了意见。

1980年12月，中央电视台与中央国际广播电台、中央人民广播电台共同设立驻贝尔格莱德、东京记者站。我国广播电视系统派出了第一批驻国外记者，随后又陆续派出驻伊斯兰堡、巴黎、墨西哥城和华盛顿的记者。

广播电视系统第一批派驻国外的记者

二、政策法规

1980年5月4日，国务院批转中央广播事业局《关于加强地方广播事业管理工作的请示报告》，对中央到地方的各级广播电视机构的关系作了明确规定。

1980年10月22—26日，第一次全国广播事业统计工作会议在郑州举行，会议制定了全国广播事业统计报表试行制度。

三、电视栏目和节目

（一）新闻类

1. 中央电视台：《新闻联播》

从1980年开始，中央电视台《新闻联播》的面貌发生了根本的变化：报道面不断扩大，信息量大大增加，时效性提高，影响不断扩大。《新闻联播》的编排方法也不断改进，按照新闻内容和新闻价值统一编排，缩短新闻长度，增加条数，取消背景音乐，同时对节目标志、播音员图像背景、新闻提要处理、气象预报等都做了明显的改进。

2. 中央电视台：《国际新闻》

1980年4月1日，中央电视台开始收录维斯新闻社和合众独立新闻社分别从伦敦和纽约通过卫星传送的国际电视新闻。4月15日，中央电视台创办《国际新闻》栏目，开始播出通过卫星收录的国际新闻。

3. 中央电视台：《观察与思考》

1980年7月12日，中央电视台第一个述评性新闻栏目《观察与思考》开播，首播节目的标题为《北京居民为什么吃菜难》，庞啸作为第一个被正式冠名为"节目主持人"的出镜记者登上了屏幕。《观察与思考》不仅标志着中国电视史上第一个固定的评论性栏目的问世，同时也标志着一种不同于报刊与广播评论的、新型的、独特的电视评论样式——电视述评的出现。它融音响、画面、文字于一体，融现场采访与即时分析于一体，融各方人士参与议论与记者点评于一体，融纪实性与思辨性于一体。

4. 中央电视台：《交流》

1980年8月4日，中央电视台创办《交流》专栏。节目的主要形式是邀请部委领导来电视台讲解主管部门的情况，请部长和观众直接见面、听取意见、回答问题，以促进干部和群众之间的交流，弘扬社会主义民主。当天播出的第一个节目是《梁灵光同志答电视观众问》。比如，当时面对轻工业部部长梁灵光，人们最关心的是：小学快开学了，轻工业部没能提供足够的纸，应如何解决学生没有课本的问题。

5. 北京电视台：《简明新闻》

北京电视台的第一档新闻节目，创办于1980年5月16日，每次播出5分钟，每周播出两次，形式以口播为主，兼插图片，稿源多来自报纸和电台的消息。其后，逐步改为每周播出5次，口播、图片、录像并重。后改名为《北京新闻》。

2. 中央电视台："审判林彪、江青反革命集团专题报道"

1980年11月20日起，中央电视台每天19:30分连续播出有关最高人民法院开庭审判林彪、江青反革命集团的电视新闻，并增设了"审判林彪、江青反革命集团专题报道"，同时通过卫星向国外转播有关审判的电视报道。报道期间，国内外观众反响强烈。

《简明新闻》的第一个女主播丛薇是北京电视台的第一代女主播

最高人民法院开庭审判林彪、江青反革命集团庭审现场电视画面

（二）专题类和杂志类

1. 中央电视台：《人民子弟兵》

1980年2月16日，中央电视台军事部开办的《人民子弟兵》正式播出。此栏目向观众宣传和介绍人民解放军在保卫祖国、建设祖国以及建设现代化、正规化军队等方面涌现出的动人事迹；宣传军民共建文明新村等方面的新人、新事、新经验。

3. 安徽电视台：《安徽各地》

《安徽各地》是安徽电视台1980年开办的专题栏目，后改名为《江淮揽胜》，系统地向观众介绍安徽的风景名胜、名城重镇、建设成就以及江淮地区的风俗民情和土特名产等。

4. 广东电视台：《体坛内外》

1980年，广东电视台开办《体坛内外》，它是地方台开设的第一个体育栏目。该栏目在星期天晚上黄金时段播出，每月4次，两次60分钟，两次30分钟。内容包括体育比赛、国外体育集锦、国际体育新闻，同时加大对群众体育、传统体育和健身运动的报道力度。

《人民子弟兵》片头

（三）教育类

1. 广东电视台：《"六一"有奖智力测验》

1980年6月1日，广东电视台推出了《"六一"有奖智力测验》，在节目中设置了类似司仪的节目主持人，在加强电视与观众的互动方面积极进行探索。该节目在1980年全国优秀电视节目评奖时获得一等奖。

2. 中央电视台：《玛丽在北京》

作为早期的英语教学节目，《玛丽在北京》影响非常大，成为当时学英语的人必看的一个节目。

《玛丽在北京》配套图书

3. 云南电视台：《少儿节目》

云南电视台的《少儿节目》开办于1980年。节目注意运用文艺、游戏、比赛、智力竞赛等形式向孩子们进行教育，寓教于乐。

（四）纪录片类

1. 中央电视台："鉴真系列"

1980年4月13日，为迎接鉴真大师座像回国"探亲"，中央电视台播出由中央电视台和日本朝日放送联合摄制的彩色纪录片《鉴真送朔》。该片介绍了鉴真大师的生活时代和他东渡的起因。4月19日，中央电视台播出中央电视台摄制的电视纪录片《鉴真大师东渡记》。该片介绍了鉴真大师在12年中6次东渡日本、在日本创建律宗等史迹。1980年7月11日，中央电视台播出《鉴真像回国探亲》。该片介绍了鉴真大师像回到家乡、回到祖国受到热烈欢迎的盛况。

2. 中央电视台：《丝绸之路》

1979年8月8日，《丝绸之路》中日联合摄制组开始拍摄活动，这是我国电视台首次与外国合拍大型纪录片。

1980年5月1日，《丝绸之路》在我国开始首播，1980年5月7日日本首播《古都长安》。《丝绸之路》运用访古问今的纪实手法，以丝绸之路故道为脉络，由东向西，自然分段（集），采访深入，摄影功力扎实，内容极其丰富，且系统性强。《丝绸之路》之后，国内才开始不断涌现长达几个小时甚至十几个小时的系列片。其中中方摄制的《到楼兰去》（上下集）是全片拍摄最艰苦，也是艺术效果最佳的篇章，在日本荣获纪录片大奖。

纪录片《丝绸之路》剧组合影

纪录片《丝绸之路》片头

《丝绸之路》画面截图

《丝绸之路》画面截图

（五）综艺类和艺术类

吉林电视台：《每周一歌》

《每周一歌》节目开办于1980年4月，安排在中央电视台的《新闻联播》之后，吉林电视台的《吉林新闻》之前播出，时间约为5分钟。原来的设想是在两个严肃的新闻节目之间插播一首歌曲，以起到间隔和调剂的作用。节目一经播出，就受到了广大观众的喜爱。

（六）电视剧类

1. 北京电视台：《结婚现场会》

这是北京电视台1980年录制的第一部电视剧。该剧根据马烽的同名小说改编，讲述了县委书记老周到任不久就被请去参加一个结婚现场会的故事，故事新颖，发人深省。蔡骧、陈文导演，王福民、王忠礼等主演。

《结婚现场会》剧照

2. 中央电视台：《大西洋底来的人》

1980年1月5日至4月19日，中央电视台以每周六播放一集的频率，连续播放了美国科幻电视系列剧《大西洋底来的人》（共17集）。这部电视剧并无深刻内容，制作水平也算不上高，但是它的离奇情节却迷住了闭塞了十多年的中国观众，每周一集的播出周期又引发了观众的期盼感。剧中人物麦克·哈里斯戴的"麦克墨镜"在中国风靡一时。

《大西洋底来的人》剧照

麦克这位"大西洋底来的人"，长着蹼状的双手，能在深海高水压下自如地游泳，速度、力量和呼吸等都与人类不同。他能很快地与水中生物如海豚等成为好朋友，但他不能长时间离开水源，这也是他经常要面临的困境

海洋学家伊丽莎白·玛丽博士多次救助麦克返回海洋

麦克拯救过传说中的神秘美人鱼，和她产生了模糊而美丽的情愫。不过无论外界引诱如何强大，这位海底王子最终都会回到女博士伊丽莎白身边。男女主角之间这种朦胧甜美的恋人关系，符合20世纪80年代中国人对爱情的想象和追求

虽然麦克后来终于可以返回海洋世界,但他仍然决定留下来帮助伊丽莎白博士等人探索海洋

剧中男主角麦克戴的"麦克墨镜"(蛤蟆镜)引领了当时中国的时尚潮流

电视剧《大西洋底来的人》英文原名为 The Man from Atlantis,有英文达人指出电视剧应该翻译成《亚特兰蒂斯来的人》,片名中的 Atlantis(亚特兰蒂斯)并非 Atlantic(大西洋)

3. 中央电视台:《望乡之星》

1980年6月4日,中日首次合拍的电视剧《望乡之星》在中央电视台播出。《望乡之星》根据真人真事改编,以抗日战争中伟大的国际主义战士绿川英子为主人公,描述了她用世界语抗日的不凡事迹。栗原小卷、高飞等主演。3月10日,邓小平为《望乡之星》题写片名。

《望乡之星》海报

《望乡之星》剧照

4. 中央电视台：《加里森敢死队》

1980年10月11日，中央电视台播出美国电视连续剧《加里森敢死队》，其惊险刺激、悬念迭生的场面引起了社会的强烈反响，但是在播出12集后，奉令停播，原因是许多观众包括公安部门反映该剧易引起社会的不安定。

《加里森敢死队》海报

四、电视史料

（一）胡耀邦关于电视等的批示

1980年1月6日，胡耀邦总书记在一封反映当时电影放映情况的来信中批示："电影反映和电视广播选择影片一定要照顾我国的现实问题和历史发展情况，照顾我国各民族的风俗习惯。脱离这些，也就要脱离不少群众。为了减少不必要的议论和防止副作用，我主张略加控制，即略为严一点。"

（二）中央电视台《观察与思考》栏目资料[①]

1980年7月12日，中央电视台《观察与思考》栏目开播，第一期节目名为《北京市民为什么吃菜难》。节目中有位中年男人拿着话筒到处采访，节目结束后，片尾的职员表上打出了这样的字样"主持人：庞啸"，这是我国电视史上第一次出现"主持人"这一称谓。

当时的电视都采用新闻电影的理论，要求革命现实主义和革命浪漫主义相结合。"新闻怎么能浪漫呢？回答是，露天煤矿，你赶着牛把煤犁出来，这就是革命浪漫主义。"

那时的新闻，"为了证明麦子密得可以坐人，就把凳子放到麦子里人再坐上去；某县委书记脸上长黑痣，上镜不美观，就换个人冒充书记；房子里没有光线，就把房盖挑了；鹰厦铁路隧道都打完了，为了再现，就在隧道旁边再搞一个"。

庞啸认为，这种作风的来源是苏联。新中国成立后，苏联在中国搞了两个大型纪录片——《解放了的中国》和《全中国人民的胜利》。那时候北京早解放了，导演仍然集结军队，再现了入城仪式。即便如此，两部片子仍然自命为"文献纪录片"。在这样的"文献纪录片"里，观众可以看到逼真的战争场面。"凡是正面拍摄机枪扫射，肯定是假的。"庞啸说。

1980年，庞啸被调到专题部工作。专题部确定要做的栏目名称是《观察与思考》，节目形式究竟该是什么样的呢？大家并不清楚。唯一公认的是，不能用播音员。

[①] 电视：三个电视人的十年[N]. 南方周末，2008-12-11.

"记者出图像,在当时来说是非常严肃的事情,要查三代。最终确定5个人可以出图像,我是其中之一。"庞啸说。这5位中,有一位是胶东口音,还有一位是光头,事实上可以出镜的就只剩3位了。

《观察与思考》的一个代表性节目是《包干到户以后》。"那期节目1980年年底开始采访,1981年中期播出。我带着两位年轻记者在安徽的三四个县进行了采访,赞成的、反对的都采访到了。采访之后的结论是,包干到户是农民欢迎的。"庞啸说,"在那个节目中,主持人的作用和身份定位已经相当清晰了。开始是我在演播室里讲,然后是记者现场采访,最后我在演播室里总结。"

值得一提的是,其中一个年轻记者就是现中央电视台台长赵化勇。

五、电视人物

丛薇

北京电视台第一代播音员、主持人。1979年进入北京电视台,主持了北京电视台的开播典礼,在北京电视台主播新闻十几年,主持过《为您服务》《五彩缤纷》《金话筒的世界》《神州音画》等栏目。

丛薇是北京电视台最早的新闻主播

六、电视出版

(一)《内蒙古广播电视》等

1980年1月1日,《内蒙古电视》试刊27期后,更名为《内蒙古广播电视》。1月5日,《河北广播》在停刊十余年后复刊,并更名为《河北广播电视》,1983年12月又更名为《河北广播电视报》。《黑龙江广播节目报》2月7日更名为《黑龙江广播电视》。1980年3月,《河南广播电视报》复刊,由《河南广播节目报》改名而来。

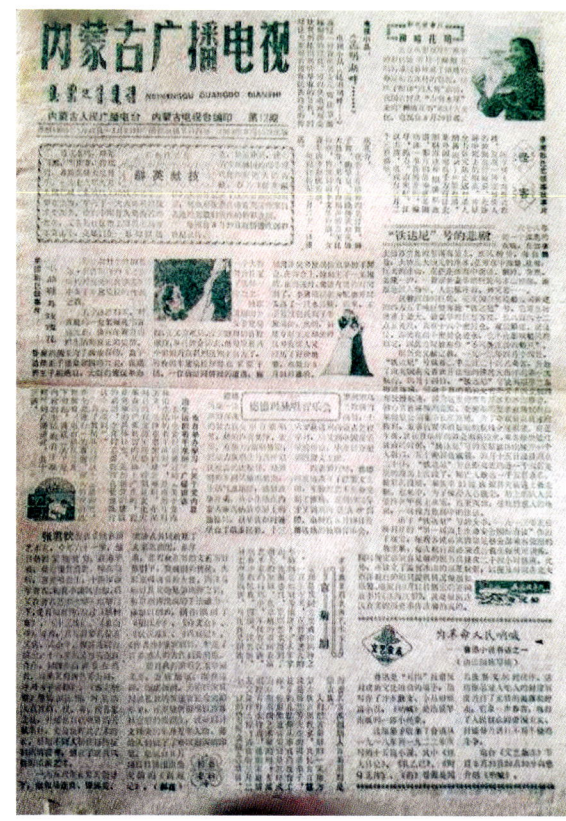

《内蒙古广播电视报》1980年第12期

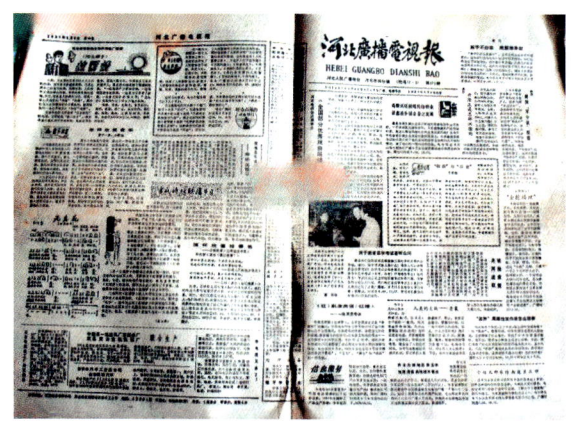

1987年8月6日的《河北广播电视报》

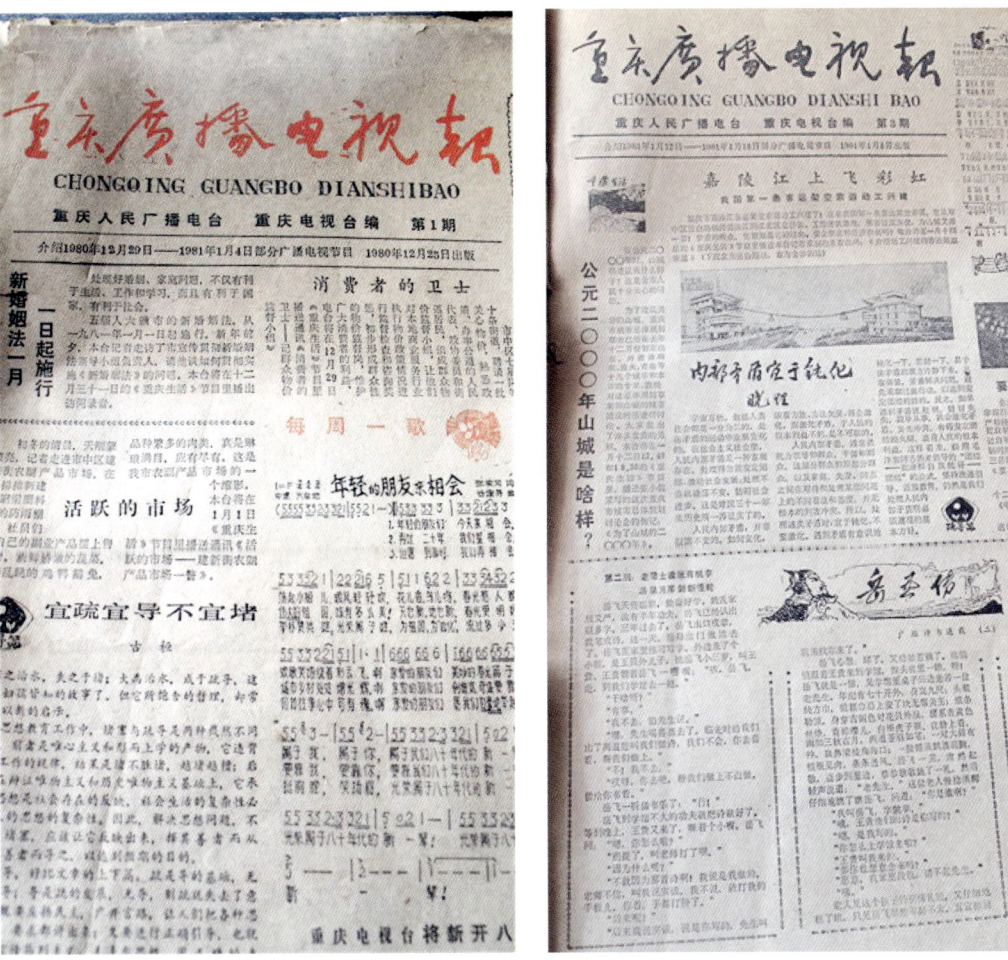

《重庆广播节目报》复刊后更名为《重庆广播电视报》，于1980年12月25日发行第1期

《重庆广播电视报》于1981年1月25日发行第3期

（二）《大众电视》

1980年10月20日，由浙江省广播事业局主办的全国第一份通俗电视刊物《大众电视》创刊。

《大众电视》创刊号封面

（三）《广播电视杂志》

《广播电视杂志》是天津市广播电视局主办的面向大众的通俗性刊物。1980年6月创刊，开始为季刊，1981年1月起改为双月刊，1982年1月起改为月刊，至1983年年底终刊，共出33期。其刊载内容主要是广播电视播出稿件、电视剧编采手记、广播电视的收听收看常识、收音机和电视机的维护修理知识等。该刊于1980年年底至1981年年初举办过我国首次基于观众投票进行的优秀电视剧评选活动。

《广播电视杂志》后期风格有所调整

《广播电视杂志》创刊号封面和封底

七、电视教育

1980年10月15日，安徽省淮南市广播局和教育局利用电视转播台开办的电视中学正式开课，这是全国第一所全日制全学科电视中学。

1980年，北京广播学院电视系从原来从属于新闻系的一个专业升格为独立的系，担负起为全国电视台培养电视编播专业人才的任务。

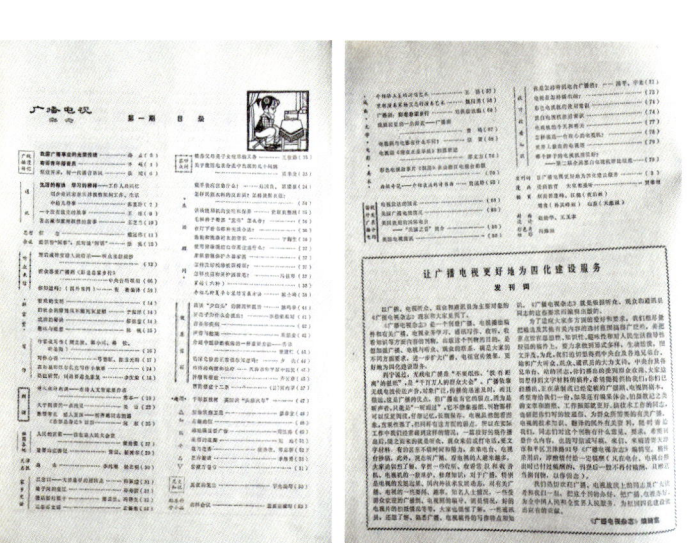

《广播电视杂志》创刊号目录页和发刊词

1981年

一、大事记

3月19日，中央书记处讨论了中央广播事业局的工作，要求制定一个长远规划。胡耀邦指出，广播电视事业是建设精神文明、宣传党的路线政策、促进安定团结、丰富人民精神文化生活的重要工具，不能传播靡靡之音，不能搞精神污染。

4月3日至13日，第三次全国电视节目会议在北京召开。会议对1980年1月1日至1981年3月31日期间在中央电视台第一套节目中播出的各类节目进行评选。这是我国电视史上第一次大规模的全国性电视节目评选活动。

5月17日，中共中央总书记胡耀邦在和中宣部、文化部、广播局负责人谈话时强调，我们的电视广播同资本主义社会的电视广播有根本的区别，要为社会主义服务，为建设社会主义精神文明服务，为"四化"服务，以提升人民的精神境界。

9月21日，经国务院批准，国家计委决定拨款1 300万为新疆地区建立19座中波广播转播台，在乌鲁木齐建立一座高山广播电视转播台。

二、政策法规

1981年7月，中央电视台技术制作部为保证电视广播的安全播出，制定了《录像磁带流程管理办法的规定》，并在台内施行。

三、电视栏目和节目

（一）新闻类

1. 中央电视台：《专题报道》

1981年4月28日，中央电视台新闻部创办《专题报道》栏目。《专题报道》属于新闻节目范畴，具有新闻的特点。它必须以真人真事、坚持真实性为原则，同时又要有较强的政策性和时效性。此栏目的主要内容是报道社会主义"两个文明"建设中出现的新人、新事、新风尚、新成就、新气象、新经验等，题材虽广泛，但应围绕一个问题、一次成就、一件事情、一个人物等作比较完整、细致、深入的报道。

2. 中央电视台：《新闻联播》

1981年7月1日，为丰富新闻内容，提高新闻报道时效，中央电视台《新闻联播》从当日起改变把国内电视新闻、口播国际新闻和通信卫星收录的国际新闻截然分开的做法，将由中央人民广播电台提供的简明新闻和新华社提供的国际简明新闻（口播新闻）按内容编排到国内电视新闻和通过卫星收录的国际新闻中去，国内电视新闻片也适当缩短长度、增加条数；同时，对《新闻联播》的标志和音乐、播报背景、预告新闻提要的方式、气象预报的图表等也进行了一些改进。

3. 中央电视台：实况转播北京国际马拉松赛

9月27日，北京国际马拉松赛举行。中央电视台投入近200人、摄像机16台、各种车辆30多部进行实况转播，这是中央电视台有史以来投入力量最多的一次实况转播。中央电视台除向北京地区转播外，还通过卫星向日本电视观众做了实况转播。

在北京国际马拉松赛期间中央电视台启动赛事转播车

北京国际马拉松赛电视转播画面

北京国际马拉松赛电视转播后主创人员合影留念

（二）专题类和杂志类

1. 北京电视台：《体坛巡礼》与《体育欣赏》

《体坛巡礼》创办于1980年1月底，是北京电视台最早出现的专题栏目，每周一晚上播出，主要介绍国内外重大的体育事件和体坛明星，报道新颖别致的国内外体育活动。

《体育欣赏》是继《体坛巡礼》之后创办的第二个体育专栏节目，1981年创办，每周四晚上播出，主要播放国内外重大的体育比赛、表演，尤其是观众喜闻乐见的新项目的竞赛，以丰富人们的精神生活。全国近20个省级电视台转、录播出北京电视台的体育节目，有些节目还向国外输出。

2. 广东电视台：《家庭百事通》

1981年1月，《群众生活》《卫生与健康》《科技天地》三个栏目合并，定名为《家庭百事通》，每周播出一次，每次约20分钟。《家庭百事通》后来成为广东电视台的品牌栏目，以融百家之事于一身、贴近生活、贴近百姓的特色而广受观众欢迎。

《家庭百事通》结集出书

《家庭百事通》栏目组在研究制作节目

3. 中央电视台：《中国之声》

1981年4月16日，《中国之声》电视节目被美国有线电视台评为亚洲民族系列播出第二名。评定认为：该节目(1) 主题健康；(2) 节目不重播；(3) 教育、娱乐兼顾；(4) 节目之间衔接剪辑技巧优美；(5) 带给纽约文化、艺术新节目。

《中国之声》由中央电视台和纽约宏声传播事业公司联合创办，于1980年10月4日在纽约有线电视J频道开播，每周六晚20:00—21:00播映，节目都是由中央电视台提供的。中央电视台提供的节目有纪录片《西湖》《庐山》《京剧》《中国武术》《欢乐的火把节》、舞蹈《丝路花雨》《荷花舞》和小提琴协奏曲《梁山伯与祝英台》等文艺节目。

4. 广西电视台：《健康顾问》

《健康顾问》开办于1981年，不定期播出，每年平均播出8期，主要宣传卫生科普知识，帮助观众形成良好的卫生习惯，提高健康水准。

5. 黑龙江电视台《镜泊湖》

1981年黑龙江电视台拍摄了一部风光杂志片《镜泊湖》，细致介绍了高山堰塞湖独特的湖光山色。三首插曲分别由李双江、殷秀梅、林静演唱。节目在该台播出后，中央电视台和各地电视台也复制播出，香港还购买了播映权播出两次。

6. 中央电视台："纪念辛亥革命"系列

1981年10月上旬，为纪念辛亥革命七十周年，中央电视台拍摄了电视片《光辉的一页》。这部影片除了大量的文献资料外，还编用了国内外的部分历史影片新闻，其中有甚为珍贵的孙中山先生1924年的讲话录音和讲话镜头。节目于10月10日播出。

在此期间，中央电视台还播放了湖北电视台拍摄的电视片《武昌起义》和中央电视台记者采访孙中山故居时拍摄的电视片《伟大而质朴的人——访中山故居纪念馆》等。

7. 中央电视台："电视科普节目宣传周"

1981年12月14日至20日，在参加1981年全国科普报刊、广播、电视技术年会的电视组代表的倡议下，中央电视台举办了"电视科普节目宣传周"。这是电视系统举办的第一次科普节目宣传周，期间播出了《浅池式太阳能热水器》《农村沼气》《奇妙的二氧化碳》等10个科普节目。

8. 中央电视台：《动物世界》

《动物世界》开办于1981年12月31日，是一个富有知识性、趣味性和教育性的专题节目。它生动地介绍世界各种动物的生活习性、繁衍演化、种群关系以及绚丽多彩、奇伟壮阔的自然景观，深入浅出地宣传保护野生动物、维持自然界生态平衡对人类社会发展的重大意义。该栏目在翻译、录制国外动物保护题材片子的基础上，也组织拍摄了一些中国野生动物片，如《黑鹳》《白唇鹿》《黑颈鹤》《青海野生动物》《黄山猴》《中国珍稀水生动物》等。第一期播出的节目为《动物之雄》。

《动物世界》节目截屏

（三）教育类

1. 中央电视台：《北京中学生智力竞赛》

1981年7月28日至11月17日，中央电视台推出专题节目《北京中学生智力竞赛》。这是中央电视台第一次举办智力竞赛节目，节目每周二播出，共播出13场。参加这次竞赛的共有27所中学。在北京市教育局的协助下，近40位中学老师，出了约1 000道涉及语文、历史、地理、生物、数学、自然常识以及外文等知识的题目。节目中设置了类似老师的人，由他来提出知识竞赛的问题和答案。这便使节目充满了魅力，吸引着观众深度参与。在这个节目中，中央电视台在屏幕上明确打出了"节目主持人"这一名称，主持人为赵忠祥。

《北京中学生智力竞赛》节目录制现场

赵忠祥主持《北京中学生智力竞赛》

2. 中央电视台：《学拼音》

1981年8月31日，中央电视台和全国普通话推广办公室开办了《学拼音》节目。此节目共48讲，每讲10分钟，每周播出两讲，每讲播3天，每天播两次。1983年《学拼音》节目在第十四届国际教育广播电视节目"日本奖"评比中获得特别奖。

《北京中学生智力竞赛》结集出书

1983年《学拼音》在日本获奖

3. 黑龙江电视台：《小天鹅》

这是黑龙江电视台于1981年为少年儿童开办的综合性专题节目，以学龄前儿童和小学生为主要对象，以培养孩子从小立志做一个"有理想、有道德、有知识、有纪律"的人为宗旨。

《说凤阳》画面

《小天鹅》节目片头

《说凤阳》片头

（四）纪录片类

1. 中央电视台：《说凤阳》

1981年3月21日，中央电视台播出由该台记者拍摄的《说凤阳》。该片是我国第一部反映农村"大包干"的纪录片。主创刘效礼。《说凤阳》描述了在党的三中全会之后，农村实行生产责任制后凤阳大变样的景况，旗帜鲜明地赞扬凤阳县委和凤阳农民的改革精神。

2. 中央电视台："见闻"系列

1981年3月22日，中央电视台播出由该台记者拍摄的电视纪录片《加拿大见闻》。此后，中央电视台又陆续播放了一系列类似的电视纪录片，如《日本见闻》《美国见闻》等，给观众留下了深刻的印象。

3. 中央电视台：《他们怎样富起来》

1981年5月13日，中央电视台播出由该台记者拍摄的纪录片《他们怎样富起来》。该片紧紧围绕"解放思想，放开手脚"的经验之路，描述了在十一届三中全会后，南海县广大干部社员在党的新经济政策指引下，根据各生产队不同实际情况，发展多元集体经济、百花齐放、共同走上富裕道路的故事。

4. 中央电视台：《先驱者之歌》

7月1日《先驱者之歌》于中央电视台第一套播出。新影厂为纪念中国共产党建党50周年而制作的《先驱者之歌》，讲述了1894年至1949年间的中国历史，用无数中外摄影师拍摄的画面和镜头，再现了那个长夜漫漫的旧中国，让人目睹了旧中国农村、城市的真实景象和人民的悲惨命运。整个影片通过活生生的事实，让人感受到新中国的来之不易，没有无数先烈的牺牲就没有今天的幸福生活。

《先驱者之歌》画面

5. 甘肃电视台和中央电视台：《探察冰川奥秘》

1981年5月，甘肃电视台摄影记者贾登文和中央电视台录音员杨小平组成冰川摄制组，随考察队攀登雪山冰峰，经过4个多月的跋涉，行程16 000多公里，拍摄了这部纪录片。本片分4集在《祖国各地》中播出，为观众打开了一扇新的知识之窗。此片于1983年获得全国优秀电视专栏节目一等奖。

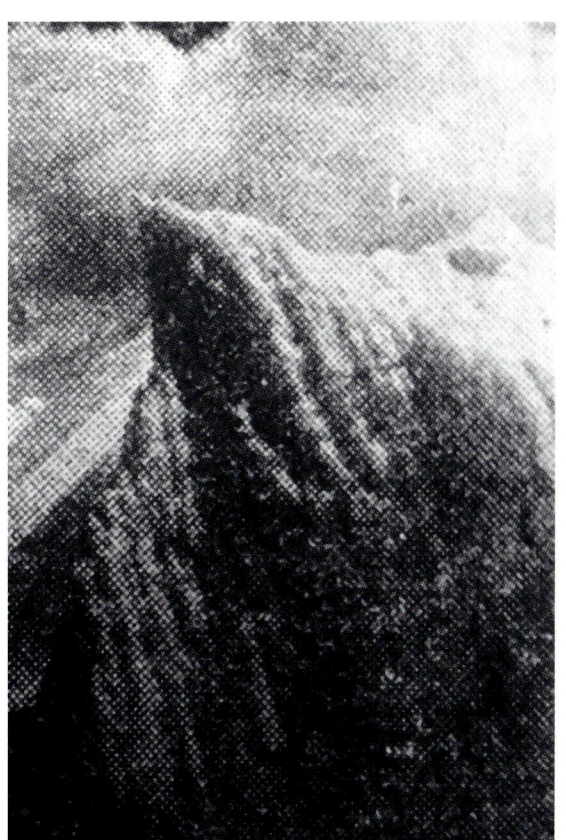

《探察冰川奥秘》照片

（五）综艺类和艺术类

1. 广东电视台：《万紫千红》

1981年元旦，广东电视台开办了"综合性杂志式文艺节目"——《万紫千红》。该节目内容丰富多彩，形式活泼多样，结构灵活多变，既有以风光旅游为主的娱乐专辑和主题文艺晚会，也有花式翻新的各色拼盘，还有综艺晚会和观众自娱节目。它在隔周的星期天晚上播出。它的出现让人耳目一新，因此受到了观众的欢迎，被誉为内地综艺节目的"鼻祖"。在"《万紫千红》是国内最成功的综艺节目"的盛名之下，当年的广东电视台在业内享有"中央二台"的美誉。

反映民生的系列小品《朝见口晚见面》、漫画式喜剧小品《乐叔与虾仔》是当时最受欢迎的单元。《万紫千红》获得了美国"92金狮"综艺节目二等奖,这是它获得的最高国际奖项,而它在国内获得的最高奖项为中国电视"星光奖"一等奖、中南六省区"金帆奖"。1995年,经历15年发展、播放了1 000多期的《万紫千红》停播。

钟新宁、樊玉婵、谭国治(从左到右)是《万紫千红》的第一代主持人

漫画式喜剧小品《乐叔与虾仔》

《万紫千红》节目现场照片

2. 中央电视台:《啊,草原》

该片是一部反映内蒙古草原风貌的艺术电视片,是电视工作者与音乐工作者在创作中的一个新尝试。这部电视片没有解说词,而是以画面和音乐相结合的形式描绘蒙古族牧民的生活。

（六）电视剧类

1. 中央电视台：《敌营十八年》

1981年2月5日，中央电视台拍摄的第一部连续剧《敌营十八年》播出。该剧融戏剧性、惊险性于一身，共10集，每周播1次，3月14日播完。这是中国内地的第一部电视连续剧，由王扶林执导，张连文、张甲田等出演。

《敌营十八年》剧照

《敌营十八年》宣传海报

张连文扮演只身深入虎穴十八年的共产党员江波

2. 中央电视台和丹东电视台：《新岸》

12月5日《新岸》在中央电视台播出。该片由中央电视台和丹东电视台联合录制。导演王岚，演员相红、马崇乐、孙月琴等。该剧根据《辽宁日报》发表的报告文学《走向新岸》改编而成，描写了刘艳华从一个失足青年变为一个对人民有用的人的真实故事。

《新岸》剧照

《新岸》剧照，相红饰演刘艳华

电视连环画《新岸》封面即为剧照

《新岸》剧照

3. 中央电视台：《凡人小事》

《凡人小事》是中央电视台拍摄的单本剧，导演赖淑君。本剧通过讲述一位中学教师调工作及家庭生活中的一些小事，一方面描绘美好动人的情操，写出了新的人物、新的希望，另一方面也鞭挞了社会上的不正之风。该剧将镜头对准现实生活中普普通通的"凡人"，在中国电视剧的创作上开了风气之先。

《凡人小事》剧照

四、电视评奖

（一）文艺类

1981年《广播电视杂志》优秀电视剧评选

评选范围为1979年国庆至1980年电视节目大联播期间中央电视台播出过的电视剧；评选方式为观众投票，从1980年12月7日开始到1981年1月31日结束，历时56天，共收到全国各地观众寄来的评选信件44 057封。入选的12部优秀电视剧有：《乔厂长上任记》《何日彩云归》《有一个青年》《女友》《洞房》《现在正是早晨》《微笑》《宝贝》《没赶上车的小伙子》《瓜儿甜蜜蜜》《女儿的心愿》《光明的天使》。

《洞房》剧照

《乔厂长上任记》剧照

《微笑》剧照

《乔厂长上任记》拍摄现场

《宝贝》剧照

《何日彩云归》剧照

《瓜儿甜蜜蜜》剧照

（二）综合类

1981年全国优秀电视节目评选

1981年4月3日至13日，第三次全国电视节目会议在北京召开。会议对1980年1月1日至1981年3月31日在中央电视台第一套节目里播出的各类节目进行评选。这是我国电视史上第一次大规模的全国性电视节目评选活动。1981年5月4日公布了获奖结果。对电视新闻、电视剧、儿童电视剧、少年儿童综合节目、《祖国各地》、《文化生活》、《科技卫生》七种类型的电视节目评选出一等奖25个、二等奖76个、三等奖103个；电视纪录片、电视教育节目、《体育之窗》、《观察与思考》、电视加工文艺节目、实况录像文艺节目六种类型有43个节目被评为优秀节目奖；《国际新闻》、《世界各地》、《国际见闻》、外国电视剧（故事片）译制被授予栏目综合奖；中央电视台时政新闻组被授予时政新闻综合奖；《审判林彪、江青反革命集团案》报道被授予专题新闻奖、专题报道奖；另外，《祖国各地》的15个节目受到表扬。

一等奖篇目如下：
◎电视新闻（10篇）
《葛洲坝大江截流戗堤胜利合龙》，湖北电视台
《山东德州地区放宽政策 农村出现繁荣景象》，中央电视台
《北京市规划局贯彻中央四条建议制定首都建设规则》，中央电视台
《上海"三街一场"开展评选最佳商店营业员活动》，上海电视台
《广州小学积极开展文明礼貌活动》，广东电视台
《今年春节我国云南贵州等地观测到一次日全食》，中央电视台
《天津军粮城发电厂努力节约能源》，天津电视台
《安徽凤阳县蒋庄大队实行多种形式的生产责任制》，安徽电视台
《山西农村乱开小煤窑 严重破坏国家煤炭资源》，山西电视台
《从长沙开往广州的403次旅客列车发生严重火灾》，湖南电视台

◎电视剧（3部）
《凡人小事》，中央电视台
《女友》，河北电视台
《有一个青年》，中央电视台

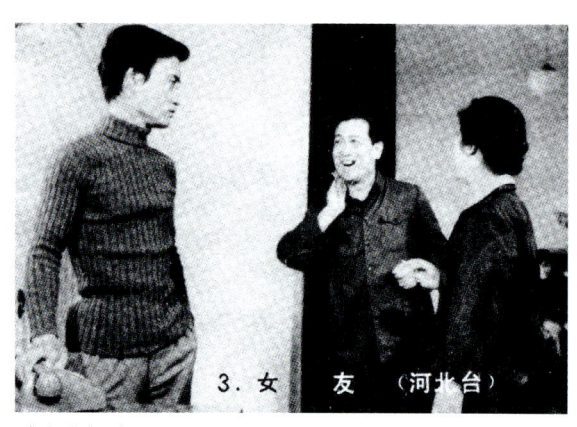

《女友》剧照

◎儿童电视剧（2部）
《好好叔叔》，上海电视台
《故乡》，中央电视台

《好好叔叔》剧照

◎少年儿童综合节目（2个）

《春天的童话》，中央电视台

《智力测验》，广东电视台

《春天的童话》中麦小琴饰演春姑娘

◎《祖国各地》（3个）

《大连漫游》，中央电视台、大连电视台合拍

《瑶山行》，湖南电视台

《地下行》，上海电视台

◎《文化生活》（2个）

《绿叶红花》，陕西电视台

《相声大师哪里去了》，中央电视台

◎《科技卫生》（2个）

《长寿歌》，中央电视台

《防污绿化植物》，广东电视台

五、电视史料

（一）把电视《新闻联播》办成观众爱看的主要节目[①]

张香山说，我们要把中央电视台的《新闻联播》节目办成像中央人民广播电台的《新闻和报纸摘要》节目一样受群众欢迎。有一种习惯看法，总是把电视当作单纯的娱乐工具，或比作与电影差不多的文化工具，对于电视新闻，则更是把它看成可有可无的点缀品，这是不对的。电视是舆论工具，它的功能比电影大得多、广泛得多，比电影更具有群众性。

张香山发表讲话

（二）全国文联副主席夏衍在全国电视剧编导经验总结会上的发言

1981年2月，在全国电视剧编导经验总结会上，全国文联副主席夏衍发言：

电视是富于群众性、效率最高的，目前没有任何一种传播媒介可以超过电视。由于这个原因，电视的重要性很大。电视是向人民传播新闻、文化和科学的，形式可以搞得活一些，比如新闻也可以采访，不一定念。

全国文联副主席夏衍

[①] 中央广播事业局局长张香山在全国电视新闻工作座谈会上的发言摘要。

（三）广东电视台：社交节目怎样才能拥有一席之地[①]

自一九七八年开始，广东台社教组即十分重视派人到北京、上海等地取经、学习，多次组织业务骨干到深圳市观看研究香港电视；反复到城乡观众中去调查讨教，结合自己的经验教训，总结到一点就是：只有那些同群众息息相关、生动活泼、饶有兴味的东西才能在观众生活中占有一席位置。

于是，他们想观众之所想，急观众之所急；像公众的仆人那样到群众生活中去发掘题材，解决观众迫切要求解决的问题。譬如路灯没人装，走路不方便；马路被水淹了没人管；新建成的大楼久久没有水电供应，以致水管电线纵横交错，"蔚为奇观"；大街上炒卖黄色书刊、走私手表等，《观众之友》就用"观察哨"使之公之于众，请有关方面注意，很快就得到解决。广东省实行开放政策、灵活措施，出现了许多新的玩意儿。从家庭来看，每个人同电器打交道的机会多了，问题随之也多起来：电饭煲坏了怎样修？吊风扇怎样安装？电冰箱怎样保鲜？怎样节电？还有，人们怎样可以防止触电？触了电怎样急救？等等，《家庭百事通》针对群众的需要给以回答，收到很好的效果。1982年9月12日，发生了一桩奇事：广东鹤山县一家旅店的职工严银友不慎触电，伤势严重，呼吸停止，心搏消失，但在场的职工并没有惊惶失措，而是沉着、镇定地为他进行人工呼吸，就像有一位高明的医生在指挥抢救一样。20多分钟以后，严银友从死亡中被救活过来了。参加抢救的职工抹去额上的汗水，长吁一声："幸亏看了《家庭百事通》，否则严银友不一定能救活！"原来是：这个专栏不久前播送了触电急救的常识，人们按照它介绍的方法救活了自己的同志。《家庭百事通》就凭着这些为群众所急需的实实在在的知识，赢得了大量忠实的观众。有些观众来信写道："每逢星期六晚上，不论碰到什么事，都要争取看完《家庭百事通》。一旦错过，总感到很不舒服似的。"

一个专栏要长久地保持住对观众的吸引力是很不容易的。因为，生活在前进，人们"所想的""所急的"日新月异。只有保持同观众的密切联系，在内容、形式等方面不断创新，才能做到同群众息息相关。

六、电视技术

1981年6月1日，江苏电视台首次使用南京邮电学院研制的光缆传输系统传送电视节目。

1981年，古典、童话等电视剧中，开始较多地运用抠像技术。

1981年，中央电视台引进小型转播车两辆，其中一辆为三个讯道，一辆为两个讯道，此外还有供EFP使用的设备。

1981年12月，中央广播事业局在北京召开广播电视系统技术标准化会议，首次制定广播电视系统标准体系表。

七、电视人物

（一）苗平

苗平在河北电视台录制的电视剧《女友》中饰演青年女工寒眉，成功地塑造了这一新时代的典型人物。

苗平

[①]《当代中国的广播电视》编辑部.中国的电视台[M].北京：北京广播学院出版社，1987：285-286.

（二）张绍林

1971年张绍林从部队转业到山西电视台从事摄影工作。他拍摄的《山西农村乱开小煤窑　严重破坏国家煤炭资源》在1981年全国优秀电视节目评选中获得一等奖，他拍摄的《太行明珠》《塞上绿洲》等5部纪录片及190多条新闻片获得广泛的认可。其中《塞上绿洲》受到胡耀邦的称赞。1983年他转而进行电视剧导演艺术创作。

八、电视出版

（一）《电视周报》

中央电视台主办。1980年7月筹办，1980年12月15日试刊出版，1981年1月1日正式在全国发行。它以宣传电视节目为己任，刊登中央电视台和北京电视台一周的电视节目单，图文并茂地介绍中央电视台向全国播出的重点新闻、电视剧、文艺节目和专栏节目，评论各类节目，发表采访文章，介绍电视人物，普及电视知识，反映观众意见、建议、要求和呼声。1986年起更名为《中国电视报》。

《新闻战线》1981年第11期封面人物张绍林

《新闻战线》1981年第11期刊文介绍张绍林

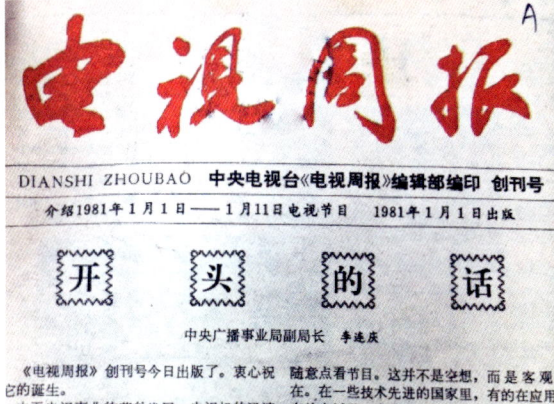

《电视周报》1981年1月1日创刊号。时任中央广播事业局副局长李连庆撰写《开头的话》，赵朴初题写报头

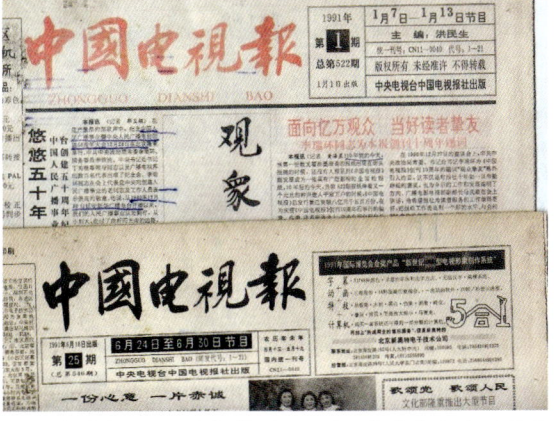

1991年《中国电视报》创刊10周年，中共中央政治局常委、书记处书记李瑞环为《中国电视报》（1991年第1期）题词"观众挚友"

（二）《新疆广播电视报》

1981年5月23日创刊，新疆广播电视台总编室主办，新疆人民广播电台、新疆电视台编辑出版，分汉文版和维吾尔文版。

（三）《包头广播电视报》等

1981年，包头、徐州、南通、大兴安岭等分别创办广播电视类报纸。

（四）《新闻广播电视研究》

《新闻广播电视研究》是北京广播学院新闻研究所主编的学术期刊。1981年4月创刊，试刊15期后，经文化部和广播电视部批准，自1984年第3期起正式公开出版发行。该刊以交流新闻广播电视理论研究成果为主，兼顾业务性和知识性，同时译介国外广播电视理论，介绍国内外广播电视事业发展动态。1989年12月终刊后并入《北京广播学院学报》[《现代传播（中国传媒大学学报）》前身]。

九、电视教育

1981年9月，北京广播学院成立干训部，举办新闻、外语、技术等各类专业训练班，成为广电系统的干部训练基地。

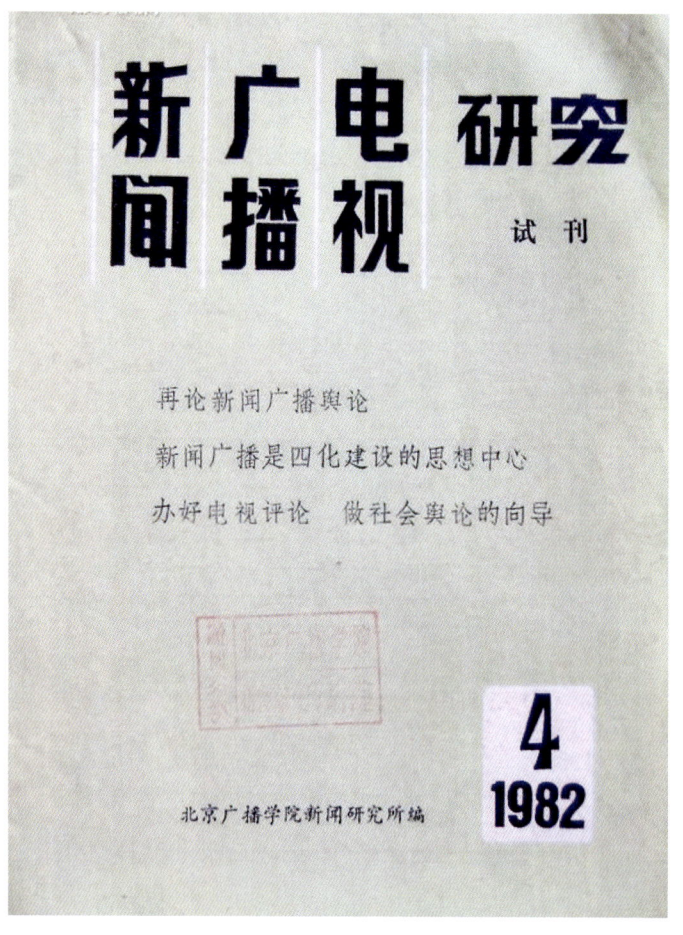

《新闻广播电视研究》1982年第4期封面

1982年

一、大事记

3月1日,全国电视剧座谈会在北京召开,会议讨论了如何提高电视剧创作质量的问题。

5月4日,五届人大常委会第二十三次会议通过《关于国务院部委机构改革实施方案的决议》,宣布成立广播电视部,撤销中央广播事业局,任命吴冷西为广播电视部部长。

7月20日至26日,华北地区广播电视协作会议在承德召开。这是广播电视系统第一次以讨论广播电视新闻和评论为中心内容的专题协作会议。

9月9日,广东省委宣传部决定成立全国第一个音像资料馆,由广东省广播事业局设馆收藏。

9月17日,我国第一家电视制片厂——北京电视制片厂在北京成立。

11月5日至11日,广播电视部在北京召开第一次全国电视台台长会议。会议着重讨论了电视新闻的改革问题,要求通过办好《新闻联播》节目,使中央电视台成为全国新闻舆论的中心之一,各省、自治区、直辖市电视台的新闻节目要成为当地广大群众获得新闻的重要来源之一。

二、政策法规

2月27日,中共中央国务院发布《关于严禁进口、复制、销售、播放反动黄色下流录音录像制品的规定》。根据规定,中央广播事业局于3月16日成立了录音录像制品管理处。

12月23日,国务院原则批准了广播电视部制定的《录音录像制品管理暂行规定》,并作为国务院文件下达。

三、电视栏目和节目

(一)新闻类

1. 北京电视台:《北京新闻》

1982年7月1日《北京新闻》开播。它的前身是1980年5月16日开播的《简明新闻》。初期仍每周一、三、四、六、日晚播出,每次10分钟。《北京新闻》追求时政新闻的严谨性、社会新闻的思想性,力求让观众在有限的时间里了解最丰富的内容。

《北京新闻》播出画面

《北京新闻》早期片头

2. 广东电视台：《住手，国营林木不容盗伐！》

广东电视台4月8日《本台评论》播出：《住手，国营林木不容盗伐！》。至此广东电视新闻开始有了自己的言论。

（二）专题类和杂志类

1. 四川电视台：《农村俱乐部》

《农村俱乐部》创办于1982年，是一个面向全省农民观众的固定专栏节目。《农村俱乐部》当时在四川全省农村家喻户晓，成为农民劳动致富的帮手、科技致富的顾问。

2. 中央电视台：《舞台与银幕》

1982年6月5日，中央电视台开辟《舞台与银幕》栏目，介绍社会上新上映的故事片和新上演的戏剧等。

（三）教育类

1. 中央电视台：《跟我学》

1982年1月5日，我国第一部原版引进的英国BBC情景会话英语教学节目《跟我学》（*Follow Me*）开始在中央电视台播出。《跟我学》以一种在日常生活情景中学英语的方式，颠覆了中国人以往的"语法英语"和"哑巴英语"，一开播便红遍全国，引发了改革开放后第一波学习英语的热潮。

1982年，主持人凯瑟琳（右）和胡文仲在《跟我学》节目的录制现场

2. 中央电视台：《星期日日语》

《星期日日语》于1982年5月开办，是中央电视台最早开播的日语教学节目，收视对象是有较高日语基础的观众。节目内容以日语原版片为主，其中有故事片、电视连续剧、专题片等；以自办节目为辅，如《谈谈听听》（采访日本及中国的有关人士）、《大学生日语演讲会》以及自拍的一些专题片，如《日本的农家》《日本的小学校》《足利纪行》等。每星期日播出1次，每次30分钟。

（四）纪录片类

中央电视台：《他的业余时间》《雕塑家刘焕章》

1982年9月13日，中央电视台播出电视报告文学《他的业余时间》，介绍中年教师宋东升的先进事迹。以电视报告文学的形式编制节目，这是第一次。

电视报告文学《雕塑家刘焕章》采用16毫米彩色胶片制作，时长30分钟，它展示了一个雕塑家精彩人生的精彩片段。面对十年"文革"中流失的年华，哀叹、埋怨已于事无补，要紧的是争分夺秒、聚精会神地把握住现在。正是靠着这种务实精神，刘焕章在不长的时间里为中华民族的雕塑园谱写了华章。

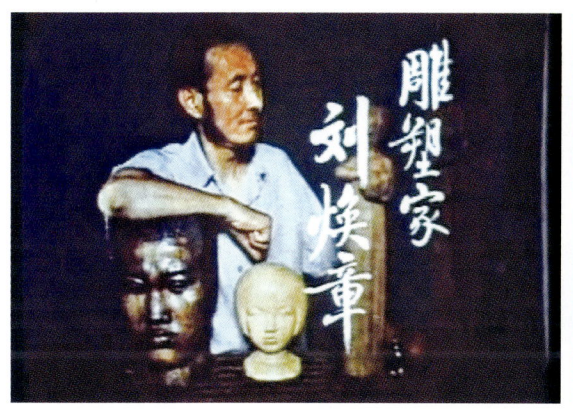
《雕塑家刘焕章》片头

《雕塑家刘焕章》画面

（五）综艺类和艺术类

1. 中央电视台："迎春"系列

1982年1月25日，中央电视台播出首都39个科技出版单位联合举办的"迎春联欢晚会"，晚会上有姜昆和李文华、常宝华和常贵田的新相声，歌唱家李谷一、蒋大为、德德玛、苏小明的独唱，王洁实、谢莉斯的男女声二重唱以及刘诗昆的钢琴演奏等。

同日，中央电视台还邀集在京的京剧界部分名流和新秀，为京剧爱好者举办了"春节京剧欣赏会"。

2. 广东电视台：《人与人》

《人与人》是广东电视台录制的电视小品集，节目对现实社会生活中常见的典型事例加以真实形象的描绘，短小精悍、发人深省、耐人寻味。

（六）电视剧类

1. 湖南电视台：《杨老师》

《杨老师》为湖南电视台1982年摄制的我国第一部反映幼教生活的电视剧。

《电视月刊》封面刊登的《杨老师》剧照

1981年12月湖南电视台在岳麓山拍摄《杨老师》

2. 上海电视台：《秦王李世民》

这是上海电视台第一部历史题材的大型电视连续剧，1982年制作播出。该剧以隋朝末年至唐代开国初期为历史背景，通过唐高祖李渊与其子李世民之间的矛盾，展示了两种不同治国思想之间的斗争。

《秦王李世民》片头

《秦王李世民》剧照

3. 中央电视台：《赤橙黄绿青蓝紫》

1982年9月4日，中央电视台播出根据蒋子龙同名小说改编录制的电视连续剧《赤橙黄绿青蓝紫》（共3集）。导演王扶林，主演陈宝国、夏立言。该剧讲述了原党办秘书、宣传科副科长解净主动到基层工作，与运输队司机刘思佳等人由敌视到和谐相处的故事。

《赤橙黄绿青蓝紫》剧照

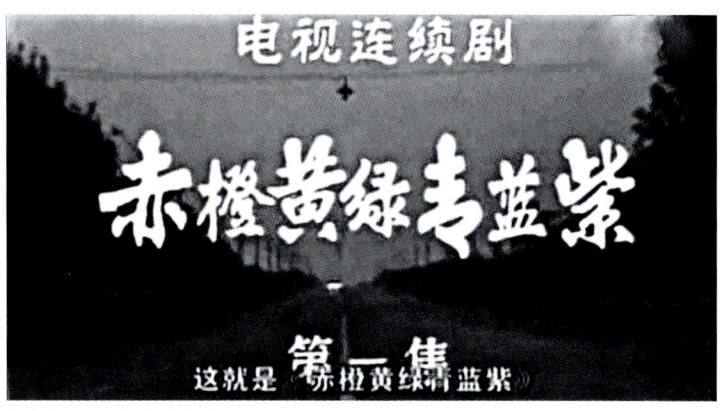

《赤橙黄绿青蓝紫》片头

连环画《赤橙黄绿青蓝紫》封面即为剧照。陈宝国（右）饰演刘思佳

4. 广东电视台:《虾球传》

1982年,广东电视台播出自制8集电视连续剧《虾球传》,该剧根据黄谷柳同名小说改编,成功地塑造了从流浪少年成长为革命战士的虾球的形象。主演钟浩、麦文燕、卢海潮、闪增宏。这是中国内地制作的第二部电视连续剧。在成方圆主题曲《游子吟》的歌声中,该剧开创了当时电视剧的收视高峰。

广东电视台1982年拍摄的电视连续剧《虾球传》宣传海报

《虾球传》导演耿明辰工作照

四、电视评奖

（一）新闻类

1982年（第三届）"全国好新闻评选"

1980年至1989年，北京新闻学会与《新闻战线》编辑部发起"全国好新闻评选"，一般认为它是"中国新闻奖"的前身。第一、二届电视系统没有参加，1982年第三届有少数电视台参加，入选作品3篇。其中，受奖的1篇——中央电视台的电视新闻《四川军民全力抗洪》；受表扬的2篇——中央电视台的电视新闻《我国渤海海域打出一口高产油气井》和电视评论《四平市招贤榜发出以后》。

《大地的深情》剧照（肖雄饰演欧阳兰）

（二）文艺类

1. 第二届（1981年度）"全国优秀电视剧奖"评选

由《文汇报》、中央电视台和上海电视台联合主办的"全国优秀电视剧奖"评选，经过全国34家电视台和电视剧制作单位推荐评选剧目，经过观众提出推荐意见和评委们的反复研究，评选出了1981年拍摄播出的优秀电视剧10部。其中，一、二等奖分别为：

一等奖

◎《新岸》，中央电视台、丹东电视台

二等奖

◎《大地的深情》，中央电视台
◎《卖大饼的姑娘》，上海电影制片厂演员剧团

《卖大饼的姑娘》剧照

2. 1982年首届《大众电视》"繁荣电视剧奖"评选

为了繁荣电视剧创作，《大众电视》杂志于1982年3月首次颁发了"繁荣电视剧奖"。1981年制作8部以上电视剧的单位为：上海电视台、山东电视台、湖南电视台、浙江电视台、湖北电视台、云南电视台、广东电视台、中央电视台和中国广播艺术团电视剧团。

五、电视史料

（一）地方电视台转播中央电视台的节目[1]

1982年1月13日，中央广播事业局召开北京、天津、上海、广东、山东、四川、湖南、甘肃、辽宁、河北10个省市主管电视的广播局局长座谈会，讨论和研究电视工作。

会议的中心议题为"解决地方电视台转播中央电视台的节目"的问题。会议原则上确定了中央电视台的节目要转播到地方上去，地方台摄制的电视剧除在本省首播外，应按比例或商定数额向中央电视台提供复映；各地方台出口电视片亦应经中央广播事业局审查通过。

（二）电视节目栏目化[2]

1982年10月27日，中央电视台召集各编辑部门负责人商议电视节目栏目化的问题。与会者一致认为，此事势在必行，要下决心、花气力整顿栏目。会议初步设想，电视台各部门要确定本部门所办栏目的数量和名称，并规定各栏目的方针、任务、服务对象、选题范围；强调节目规格化；同时要确定每个栏目在两周之内的播出次数以及每次播出的长度，之后，由台领导统筹安排播出。

实现节目栏目化、时间规格化，关系到电视台科学管理水平的提高，与会者要求"告示"全国电视台，希望各台亦能协同行动。

（三）拾遗补阙，见缝插针[3]

1986年，北京广播学院新闻系进行了一次北京电视台观众收视情况的抽样调查。结果表明，在26个节目/栏目中，观众兴趣程度最高的为《北京新闻》，在调查对象可选择6项的情况下，《北京新闻》获得54.66%的选票。

北京人爱看《北京新闻》，主要是它在报道内容上与北京市民心理接近。迄今，北京电视台已在19个区、县建立了自己的记者站，拥有特约记者200多人。《北京新闻》50%以上的内容来自记者站和通讯员。这些身在基层的人员接近群众，反应灵敏，为北京电视台提供了大量的新闻素材和生活信息。

接近性，这是北京电视台赢得观众的法宝，是中央电视台难以取代的。1986年，北京电视台提出了"近些，近些，再近些"的口号，作为矢志不移的奋斗目标。北京电视台自知实力上并非中央电视台的竞争对手。中央电视台作为全国性电视台，具有它独特的地位和其他优越条件。因此，北京电视台采取了现实的做法：拾遗补阙，见缝插针。它从不与中央电视台作正面较量，而只在它的空虚处寻找机会。中央电视台逢年过节的重大活动，北京电视台决不冲击，决不争锋，而是主动让路；同时，它努力发展首都人民需要的各类节目，以"人无我有"的方式实现着自己的价值。

---

[1] 中央电视台研究室,中央电视台《当代中国的广播电视》编写组.1955—1983年中央电视台大事记[M].1984:236-237.

[2] 中央电视台研究室,中央电视台《当代中国的广播电视》编写组.1955—1983年中央电视台大事记[M].1984:262.

[3] 郭镇之.评北京电视台的十年[J].中国广播电视学刊,1989(5):54.

许多电视观众对目前北京电视传播的格局表示满意：想看点权威的、严肃的，找中央电视台，想看点通俗的、轻松的，转到北京电视台。中央电视台和北京电视台各有所长，他们觉得这种布局挺不错。然而，作为一个位于首都的城市大台，甘当配角、自动让路固然风格可嘉，终不免让人感到缺憾：它的角色功能还有局限，它的传播潜力尚未发展；它的竞争意识少了一点，它的自信心差了一点。

六、电视技术

1982年2月，中央广播事业局在上海召开"'视频通道统一测试方法'国家标准审定会"。该国标的制定，有助于我国电视节目播出质量的提高，有利于我国与其他国家电视节目的交换。

1982年9月，广播电视部在山东召开"分米波传送电视试验"鉴定会，肯定了分米波传送电视是可行的。利用这种手段，可为高山电视传送台之间传送电视节目，改变了过去高山台逐台收转传送节目的办法。同时，对比微波接力传送节目，分米波传送可节省投资五分之四。

1982年至1985年，广播科学研究所在中国科学院心理所等单位的协作下，试制成功彩色电视肤色卡（反射式），为国家填补了空白，获得部颁二等奖。此后，广播科学研究所又陆续完成了透射式肤色测试图及反射式与透射式彩色测试图共4种标准。

1982年，中央电视台陆续开始使用微电自动控制系统来改善电视播出手段，如球赛中的重放慢镜头、演播室的灯光自动控制、摄像机自动调整、各种特技效果均已使用这种新技术，效果良好。

七、电视人物

宋世雄

1960年后，宋世雄历任中央人民广播电台体育记者、中央电视台体育评论员。他创造了独具特色的体育评论风格，在国内外享有盛誉。

宋世雄在解说体育比赛

八、电视出版

（一）《中国广播电视》

1982年7月13日，广播电视部主办的《中国广播电视》（月刊）创刊。它是一本既面向社会又兼顾广播电视专业工作者的综合性刊物。1984年它改为单一的面向社会的刊物，由《中国广播电视》编辑部编辑、广播出版社（中国广播影视出版社前身）出版。它以"短、新、快"为特色，寓知识于趣味之中，力求做到生动、活泼、雅俗共赏、老少皆宜。1987年1月，该刊更名为《中国广播影视》并沿用至今。

《中国广播电视》创刊号封面

《中国广播电视》创刊号封底

中国广播电视 目录

创刊号
（总第1期）
1982年7月

	为建设两个文明作出新贡献（代发刊词）…………	吴冷西	3
	迈出了新的一步…………………………………………	张香山	4
祝贺与希望	祝贺中国广播电视七月创刊（题字）………………	廖承志	5
	希望………………………………………………………	肖华	5
	青少年又一良师益友……………………………………	韩英	6
	扩大体育宣传，促进人民健康…………………………	荣高棠	6
	轮子、链条和轨迹………………………………………	金照	7
	衷心祝贺《中国广播电视》创刊………………………	李连庆	8
	当好园丁…………………………………………………	罗东	8
	愿她根深叶茂，茁壮成长………………………………	耿耀	9
	敬贺中国广播电视创刊（题词）………………………	谢冰心	9
	为民求乐乐无穷（题字）………………………………	侯宝林	9
	多为影视界添光彩………………………………………	白杨	9
	喜闻又架新桥梁…………………………………………	张君秋	9
	亲切的关怀——记赵紫阳同志来广播电视大楼视察 …	刘振英	10
广播电视评论	广播剧浅说………………………………………………	左漠野	12
	电视的发展与电视剧的崛起……………………………	洪民生	14
	为先进青年讴歌	戴介甫	15
	——一九八一年广播剧评选获奖剧目之一见		
	平凡中见真情	宋齐明	17
	——喜看电视短剧集《多棱镜》		
	寓匠心于质朴	晨元	18
	——谈电视剧《杨老师》的艺术特色		
广播电视人物	他还在话筒前"燃烧"	白谦诚	19
	——访著名播音员夏青		
	给孩子讲故事五十年……………………………………	孙敬修	21
	我和体育实况转播………………………………………	宋世雄	23
	做生活的推动者——电视剧《赤橙黄绿青蓝紫》故事介绍 …	龙广编	25
导演札记	《武松》充当先锋 《水浒》大军将至	王凌洲	27
	——《武松》导演札记		
	尝试	耿明宸	28
	——导演《虾球传》的体会		
	从舞台到屏幕	张戈	29
	——电视连续剧《秦王李世民》导演随感		
	在电视机前面……………………………………………	吴桓光	30
广播线上	世界人民友谊的桥梁	胡耀亭 吴志成	32
	——中国国际广播电台巡礼		
采散摄记	《奋进曲》拍摄花絮……………………………………	陈明	33
	海燕展翅滇池畔	张昕	34
	——聂耳故乡访问记		

《中国广播电视》创刊号目录页

(左右图)《中国广播电视》创刊号内页

《中国广播电视》更名为《中国广播影视》后出版的第1期封面

（二）《上海电视》

1982年1月创刊，是上海电视台主办的文化和艺术刊物，由《上海电视》编辑部编辑，上海电视台出版。它以报道、评述、预告上海电视台的节目为主，同时也以相当的篇幅介绍、报道全国各省市的优秀节目以及国外电视发展信息。

（三）《电视文艺》

《电视文艺》于1982年1月由中国电视艺术委员会创办，是我国第一家电视剧文学刊物。该刊以提高电视艺术质量、繁荣电视文学创作为宗旨，主要刊登国内外电视文学作品。1985年1月更名为《中外电视》（电视剧·双月刊）。1991年更名为《中国电视》，后慢慢转向为电视艺术理论刊物。

《上海电视》创刊号封面

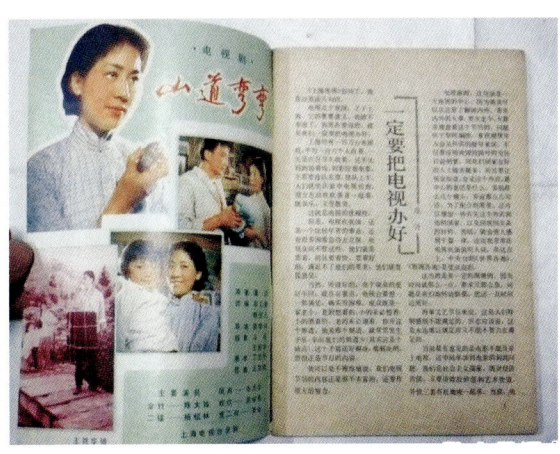

《上海电视》创刊号内页

《电视文艺》创刊号（1982年1月第1期）封面

《中外电视》创刊号（1985年第1期）封面

发 刊 词

新年伊始,《中外电视》(电视剧双月刊)以崭新的面貌同广大读者见面了。

《中外电视》(电视剧双月刊)是由《电视文艺》改刊而成的。《电视文艺》是我国第一家电视剧文学刊物。在创刊后的三年内,《电视文艺》为推动电视事业的发展作出了贡献。当前,我们面临着一个大变革的历史时期,我国城乡澎湃的改革浪潮猛烈地改变了社会面貌。伟大的时代必将产生灿烂的文化。近几年来,最年轻、最具群众性因而也最有发展前途的艺术——电视剧日益走向成熟,走向繁荣。读者对我们刊物也提出更新更高的要求。为适应形势和读者的需要,我们就将《电视文艺》改为《中外电视》(电视剧双月刊)。

在《中外电视》(电视剧双月刊)的创刊号上发表了陆天明的近作《小镇,在土岗背后》。他以深沉冷峻的笔调,描述了人物内涵丰富多变的性格和感情纠葛复杂的人物关系,刻画了一组山口镇上今人可信、可亲、可敬改革者的群象。在《明天更好》调色板上,晨晓、凌晓以其清朗的创作资质把对生活的热爱,对明天的向往地的暖色颜料糅和在与艰辛生活搏战的苦泪里,绘制了一幅个体户的生活画卷,给人以温馨的慰藉和奋进的力量。相信电视剧作家们今后会不断开阔生活视野、磨砺思想锋芒、丰富艺术表现力,创作出无愧于时代和人民的作品,把电视剧水平升华到真、新、深、美的艺术境界中。

这一年,以惊险、武打、传奇等为主要内容的通俗剧出现了十分繁荣的局面。在蜂起众多的惊险电视剧本中,本期选了佐央文的《护送101》。意在提倡有内容、有人物、合情理、讲艺术的创作路子。此剧人物形象鲜明生动,情节跌宕有致,迭出奇峰,引人入胜,确实有别于其他芸芸俗品。

《中外电视》(电视剧双月刊)增加登载外国电视剧本的篇幅。本期的《松驰》(获82年日本艺术电视大奖)和《阿信》(日本收视率最高的电视连续剧)均具感人的艺术魅力。人们从中可以纵览几十年来的日本生活的演化史,也可感受当代日本社会的种种人情世相。苏联侦破电视剧《"X"号案件》披露了苏联社会的世态信息,同时提供了创作惊险题材电视剧的可资借鉴的经验。

观众们翘首企望的电视连续剧《红楼梦》的剧本片断在本期发表。对于中华民族文化的瑰宝《红楼梦》的改编,需要何等的艺术勇气!改编者们迈出了可贵的第一步。妥否?读者是最权威的评判者,请读者们多提宝贵意见。帮助改编者们写好、拍好大型电视连续剧《红楼梦》。

《中外电视》(电视剧双月刊)在评论欣赏、信息报道、图片版面、印刷装帧诸方面,锐意求新,力争生动活泼,精美悦目,以求尽如人意。我们热诚地希望电视剧专业和业余的剧作家、评论家、翻译家、电视工作者、各电视台和其他电视刊物,以及广大的电视爱好者予以大力支持,推荐佳作,随时赐教,让我们共同把《中外电视》(电视剧双月刊)办好!

愿《中外电视》(电视剧双月刊)在百花园中争芳吐艳,迎来新的历史时期光辉灿烂的文艺春天!

《中外电视》创刊号《发刊词》介绍了改刊的具体情况

《中国电视》1993年第5期

《中外电视》创刊号应读者要求刊登了电视剧《红楼梦》的剧本片段

《中国电视》2000年第12期

（四）《广东电视周报》

《广东电视周报》由广东电视台主办。5月28日，《广东电视周报》问世，试刊4期，6月25日正式创刊，除在本省发行外，还发行到邻近各省、区。

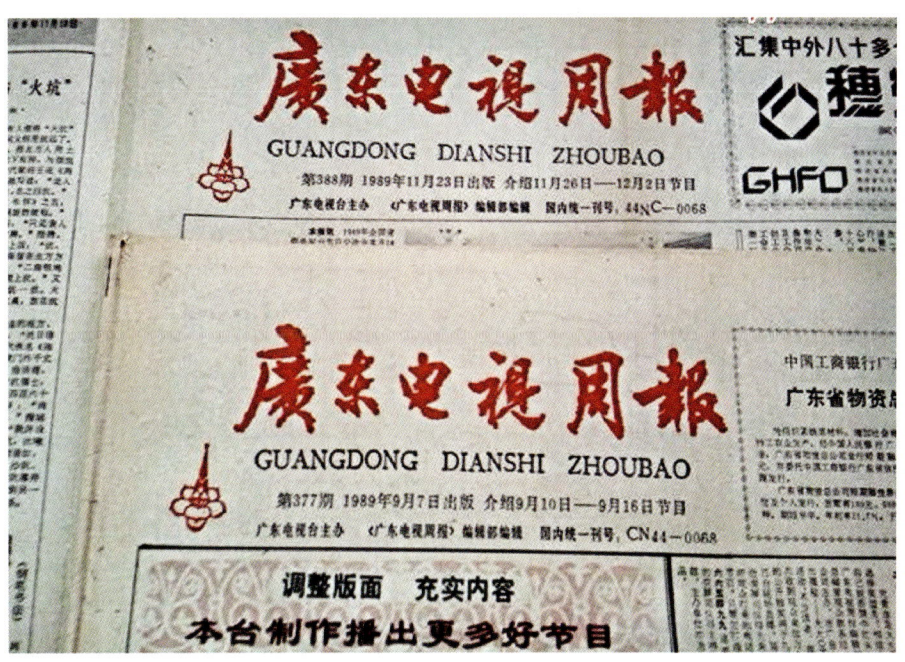

《广东电视周报》报头

九、电视教育

（一）7月3日，中央广播电视大学首届（79届）毕业生毕业

1982年7月3日，中央广播电视大学举行首届（79届）毕业生毕业典礼

（二）8月30日，新疆开办维吾尔语广播电视大学

新疆开办的维吾尔语广播电视大学是全国第一个用少数民族语言办的广播电视大学。

1983年

一、大事记

3月31日至4月10日，第十一次全国广播电视工作会议在北京举行。会议提出要以新闻改革为突破口，带动整个广播电视宣传改革，并提出实行中央、省、有条件的地（市）和县"四级办广播、四级办电视、四级混合覆盖"的方针。即除了中央和省一级办电视台外，在具备条件的地方，允许省辖市、县两级办电视。于是全国各地大大小小的各级电视台如雨后春笋般出现。

10月18日，中央电视台所属中国电视剧制作中心成立。

中国电视剧制作中心标志

中国电视剧制作中心大楼外景

二、政策法规

4月16日，广播电视部、对外经济贸易部和海关总署联合下达《关于录音录像制品出口审核程序的通知》，规定音像制品出口在向对外经济贸易部申领许可证前，需报广播电视部音像制品管理部门审核。

8月14日至19日，广播电视部在北京召开第一次全国电视对外宣传工作会议。会议通过的《全国电视对外宣传工作会议纪要》由中共中央宣传部转发各省、自治区、直辖市和中央宣传系统各单位。

10月26日，中共中央批转广播电视部党组《关于广播电视工作的汇报提纲》，并以中共中央文件的形式发出通知，要求各级党委加强和改进对广播、电视工作的领导，发展和办好广播电视事业。

三、电视栏目和节目

（一）新闻类

1. 上海电视台：《国际瞭望》

上海电视台的《国际瞭望》创办于1983年10月，是一个杂志型的专栏节目。其宗旨是宣传我国的外交政策与外交成就，传播重大的国际新闻。它每周六晚上播出一次，新闻性、知识性、趣味性兼备，是当时上海电视台收视率最高的节目之一。

《国际瞭望》的编辑们

《国际瞭望》主持人晨光

2. 湖南电视台:《晚间新闻》

湖南电视台的《晚间新闻》创办于1983年3月,是全国省级电视台中最早开办的晚间新闻栏目。《晚间新闻》包括党政要闻、经济新闻、社会新闻、文体新闻、科技新闻、司法新闻等内容,但又具有"晚报"风格,具有社会性、知识性和趣味性。该节目所报道的内容大多是与人民群众生活密切相关,为广大观众感兴趣的人和事。《晚间新闻》收视率居于湖南电视台电视栏目之首。

1983年湖南电视台台长胥亚(左一)在审查《晚间新闻》的节目内容

(二)专题类和杂志类

1. 中央电视台:"优秀共青团员张海迪报告会"

1983年3月11日,中央电视台在人民大会堂录制了由中直团委、国家机关团委和北京市团委联合举办的"优秀共青团员张海迪报告会"。节目在3月17日播出,观众反响强烈。

2. 上海电视台:《体育大看台》

上海电视台的《体育大看台》是一个体育专栏节目,开办于1983年4月18日,每周日晚上播出1集,每集1小时。它设置的栏目有:报道一周以来国内外重大体育消息的《体育简讯》;介绍体坛人物和群众性体育活动的《体育见闻》;汇集重大比赛精彩场面的《国际体育》以及《体育知识》等。

《体育大看台》1983年的国内体育报道

3. 中央电视台:《九州方圆》

1983年9月,中央电视台摄制了国庆专题节目《九州方圆》,邀请剧作家苏叔阳和国画家范曾做节目主持人。与其他同类节目相比,这个节目在形式和手法上做了新的尝试。

4. 广东电视台:《学讲普通话》

1983年广东电视台开办教育节目《学讲普通话》,每周两次,共约15分钟。节目主要帮助解决工业、商业、服务行业的广东观众学讲普通话时遇到的问题。这个节目做到了寓教于乐,使人们在欢笑声中学习普通话知识,获得了良好的收视率。

《学讲普通话》摄制组在烈日下工作

范小静主持《学讲普通话》

《话说长江》片头

《话说长江》画面

《话说长江》主持人陈铎、虹云

（三）教育类

辽宁电视台：《小小园地》

《小小园地》是辽宁电视台于1983年专为学龄前儿童开办的栏目，宗旨是根据幼儿园教学大纲，从德、智、体、美诸方面较为系统地对幼儿进行学前教育。《小小园地》发挥电视特长，采用多种形式播出，内容丰富，包括游戏、常识、手工、体育、美术、木偶戏、歌舞、童话剧以及品德教育、专题报道等。

（四）纪录片类

中央电视台：《话说长江》

25集纪录片《话说长江》于1983年8月7日在中央电视台首播。影片采用了中国人所熟悉的章回体，第一次在纪录片中设立了两位主持人——陈铎、虹云，解说雅俗共赏，画面真实生动，故事精彩纷呈。中国观众第一次全面直观地看到了国家的人文地理。节目播出后，全国掀起了遍及大江南北的"话说长江热"。《话说长江》在中国电视史上成为一部里程碑式的作品。

《话说长江》在长江三峡取景

（五）综艺类和艺术类

1. 中央电视台："春节联欢晚会"

1983年2月12日，除夕之夜，中央电视台第一套首次推出"春节联欢晚会"。从此，"春晚"便成了中国人除夕年夜饭后的第一大件事。著名艺术家侯宝林、袁世海、王昆、凌子风应邀担任晚会的艺术顾问，相声演员马季、姜昆，喜剧演员王景愚，电影演员刘晓庆担任节目主持人。这次晚会邀请了全国各方面的艺术家参加表演，形式多样、内容丰富。演员中有观众熟悉的李连杰、李维康、严顺开、赵青、斯琴高娃和我国台湾演员林丽芳等。

在"春晚"彩排期间，黄一鹤（左一）习惯用一副扑克牌研究晚会的节目编排

1983年"春晚"动画片头。4位主持人（从左至右）王景愚、刘晓庆、姜昆、马季的卡通版

1983年"春晚"李谷一演唱《乡恋》

1983年"春晚"画面。4位主持人为（从左至右）王景愚、刘晓庆、姜昆、马季

王景愚1983年在"春晚"上表演小品《吃鸡》

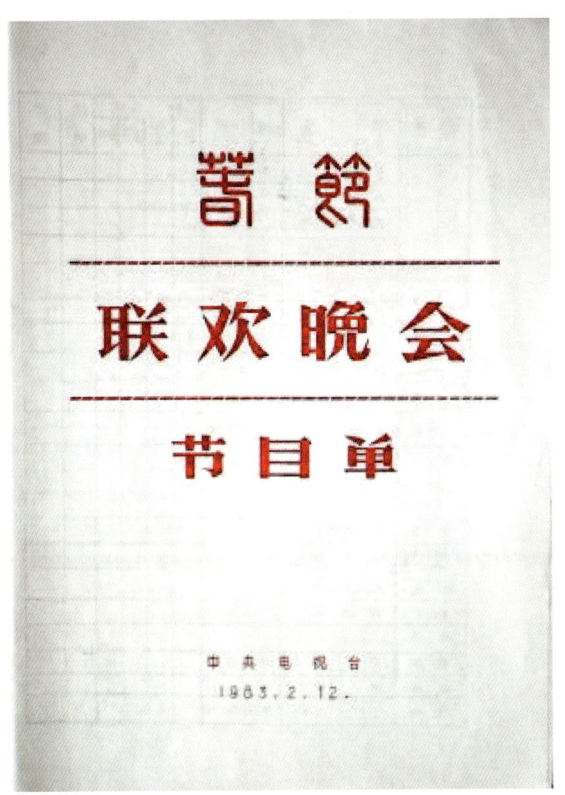

1983年2月12日"春晚"节目单

2. 浙江电视台：《可爱的浙江》

《可爱的浙江》开办于1983年下半年，宗旨是以饱满的热情讴歌浙江悠久的历史、秀丽的山川、众多的名胜和丰饶的物产，真实地反映浙江的建设成就、先进人物、风土人情，激发人们热爱浙江、建设浙江的热情。其中的节目多次在全国或省内电视节目评选中获奖。

（六）电视剧类

1. 山东电视台：《水浒传》

山东电视台1983年首播。在尊重原著的基础上加以创新，一经播出便引发了喜人的收视局面，并获得"金鹰奖"。陈敏、刘柳、刘子云导演，鲍国安、祝延平、于守金主演。

《水浒传》片头

《水浒传》画面

2. 山东电视台：《武松》

1983年山东电视台出品，共8集。该剧根据《水浒传》的有关故事情节改编，内容包括"景阳冈武松打虎""醉打蒋门神""身陷都监府""大闹飞云浦""血溅鸳鸯楼""斗杀西门庆"等主要情节。

《武松》海报

3. 山东电视台:《高山下的花环》

山东电视台拍摄的电视剧《高山下的花环》根据李存葆同名小说改编,塑造了梁三喜、赵蒙生、靳开来等一批个性鲜明的形象,他们在对越自卫反击战中经历了血与火的洗礼。

周里京在《高山下的花环》中饰演赵蒙生

4. 中央电视台:《排球女将》

中央电视台1983年播出了日本电视剧《排球女将》。《排球女将》根据石森章太郎的漫画改编,拍摄于1978年,共71集。该剧引入中国引起轰动。

《排球女将》剧照

四、电视评奖

（一）新闻类

1983年（第四届）"全国好新闻评选"

获奖的电视作品共有13篇，其中新闻类6篇，专题类7篇：

新闻类（6篇）

《山西省西山矿务局年产原煤突破一千万吨》	山西电视台
《郝建秀部长到东风市场调查市场需求》	中央电视台
《中、法合作打出一口高产油井》	广东电视台
《湖南省早稻丰收 农民踊跃交售公余粮》	湖南电视台
《辽宁省各条战线庆祝党的"十二大"召开》	辽宁电视台
《鄂伦春族小姑娘在京治病处处遇亲人》	中央电视台

专题类（7篇）

《庄河水秀》	中央电视台
《祖国各地：探察冰川奥秘》	甘肃电视台 中央电视台
《残花争艳》	吉林电视台
《黄河入海处》	山东电视台
《观察与思考：一个"不可思议"的企业》	中央电视台
《瓶塞大王》	上海电视台
《雕塑家刘焕章》	中央电视台

（二）综合类

1983年首届全国优秀电视专栏节目评选

1983年6月至10月，首届全国优秀电视专栏节目评选启动。该评选活动是广播电视部委托《电视月刊》编辑部和中央电视台专题部联合举办的，共有64个优秀电视专栏节目获奖。

凡1982年在中央电视台第一套节目《祖国各地》《文化生活》《少年儿童》《科技与生活》《卫生与健康》《体育之窗》《观察与思考》《专题报道》这8个栏目中播出的节目，均在评奖范围之内。

一等奖（9个）：

◎《祖国各地：探察冰川奥秘》，甘肃电视台、中央电视台

◎《文化生活：斯诺与中国》（上、下集），中央电视台

◎《少年儿童节目：中学生智力竞赛》，中央电视台

◎《春芽：小木偶学画画》，中央电视台

◎《科技与生活：大气中的长寿素》，黑龙江电视台

◎《卫生与健康：莫道长寿路难寻》，河南电视台

◎《体育之窗：志行风格》，广东电视台

◎《观察与思考：有这样两位县委书记》，湖南电视台

◎《专题报道：左邻右舍》，内蒙古电视台

（三）文艺类

第三届（1982年度）全国电视剧"飞天奖"评选

1983年3月24日至28日，第三届全国优秀电视剧评选会议在北京召开。第三届"全国优秀电视剧奖"正式命名为"飞天奖"，本次评选活动是广播电视部委托《电视文艺》《中国广播电视》和《电视周报》主办的。会议期间，评委们遵循领导、群众、专家三结合的方针，在近40万张选票的基础上进行了充分的讨论。本届开始把电视剧分为连续剧（3集或3集以上）和单本剧（1集至2集），增设了短剧小品奖，并设立了单项奖，共评出18个作品奖和4个单项奖。

◎电视连续剧一等奖：《蹉跎岁月》，中央电视台；《武松》，山东电视台

◎电视连续剧特别奖：《鲁迅》，浙江电视台；《上海屋檐下》，上海电影制片厂电视剧部

◎单本剧一等奖：《周总理的一天》，河南电视台

◎儿童剧一等奖：《小不点儿》，上海电视台

◎短剧小品一等奖：《司机王宝》，中国广播艺术团电视剧团

◎优秀导演：蔡晓晴

◎优秀女演员：肖雄

◎演员鼓励奖：祝延平、赵越

◎特别奖（电视剧）：《鲁迅》《上海屋檐下》《还愿》

◎特别奖（导演）：史践凡

◎特别奖（演员）：蒋宝英

《蹉跎岁月》海报

《蹉跎岁月》剧照。郭旭新饰演男主角柯碧舟，肖雄饰演女主角杜见春

《蹉跎岁月》剧照。赵越（右）饰演邵玉蓉

《蹉跎岁月》的导演蔡晓晴（中）和赵越（左）、肖雄合影

《上海屋檐下》剧照

《武松》剧照。祝延平（左）饰演武松

《周总理的一天》剧照

《鲁迅》剧照

《小不点儿》剧照

五、电视史料

胡耀邦谈"反对精神污染"[①]

"反对精神污染"在20世纪80年代初是一个很敏感的问题,当时无论在党内或党外对"精神污染"具体内涵和如何"反对""清除"的做法都有不同的看法。听说时任党的总书记的胡耀邦在这个问题上受到"非议"。1983年,反对"精神污染"的那一年,我亲自听到胡耀邦同志就这个问题的一次讲话。他全面、清晰和针对性很强的论述,在我脑海里留下了深刻的印象,多年来难以忘怀。最近我找到笔记,并和当时一道听讲话的同志核对了记录。

……

这年的12月8日至12日,团中央召开了十一届二中全会。会上传达学习和贯彻了党的十二届二中全会精神。会后,团中央专门召开各省、市、自治区团委书记会议,进一步讨论安排共青团在建设社会主义精神文明、清除精神污染中的工作问题。13日,胡耀邦同志在中南海接见了与会同志。

……

(编者注:胡耀邦同志针对会议和各地开展"清除精神污染"工作中存在的问题,讲了要注意的八个问题,其中第五个问题涉及电视领域。)

"第五个问题,电影、电视也要规定几条。第一,要多创作一些好的电影、电视片;第二,要提倡多放映一些好的,能够鼓舞人民、青年革命精神,干'四化'的影片;第三,一般没有什么害处的,我看也不要禁止。一部电影片里面插一点爱情故事、接吻,这个怕什么?"耀邦同志讲到这里,有的同志插话说:"一阵儿是八个样板戏,不能有爱情的内容,一阵儿是无爱不成书,电影和文学作品里好像没有爱情不行。从一个极端走到另一个极端。"耀邦同志听了点点头,说:"这个要注意啊!"他说:"有的同志说,有的地方随便禁止电影,这是犯法呀。我前几天看了《不该发生的故事》《被控告的背后》这两部片子,小平同志都看过了的,是称赞的。他的警卫参谋通知我看,我看了觉得好得很嘛,为什么禁呀?"耀邦同志讲到这里,有的同志插话说:"有的地方,原来排好了节目,舞台上一个管灯光道具的工人,说是精神污染不能演,这个节目就删掉了。谁都有否决权,这怎么行呀?"

……

注:(一)陪同党中央总书记胡耀邦接见团中央及各省、市、自治区团委书记会议的有中央书记处书记胡启立。文中插话人为胡启立。

(二)参加胡耀邦这次接见会议的有团中央第一书记王兆国,团中央常务书记胡锦涛,团中央书记处书记刘延东、李海峰、克尤木·巴吾东、李源潮、宋德福,候补书记张宝顺、李克强等。

(三)主持这次接见会的是团中央第一书记王兆国。

(四)1983年12月23日中宣部的《宣传动态》上,刊登了胡耀邦同志这次讲话不准确的摘要。文中引叙讲话的内容,基本上是胡耀邦同志讲话的全文。

六、电视技术

5月,中央电视台首次使用电视屏幕显示报时设备,每隔半小时报时一次。

5月26日至6月4日,广播电视部科学技术委员会成立并召开第一次会议,一致通过了广播电视技术政策建议书。

[①] 魏久明.胡耀邦谈"反对精神污染"[J].炎黄春秋,2008(6):38-42.

8月，国家标准局发布了广播电视部制定的《彩色电视广播标准》，正式确定我国彩色电视制式采用逐行倒相正交平衡调制（PAL/0）方式。

10月24日，电子工业部通信广播电视管理局组织的"电缆分配系统规范"通过审定，该规范成为我国第一个CATV标准。

1983年，广播电视部地方宣传局批准北京燕山石化1万多户的有线电视网络建设规划。1985年，以沙市有线电视网络开通为标志，中国的有线电视发展跨出了共用天线阶段，步入了有线电视的网络发展阶段。

七、电视人物

（一）陈铎

陈铎是中央电视台节目主持人，是我国第一代电视工作者。1982年主持《话说长江》，后主持《话说运河》《万里海疆》《蜀道》《开发大西南》《长征五十年·生命之歌》《话说中国茶文化》《百战经典》等许多大型电视节目与系列片，开创了中国电视节目双人主持的先河，其中《话说长江》创造了迄今为止纪录片收视率的"神话"。

陈铎

（二）虹云

虹云是中国第一批电视主持人，首批获中国播音主持"金话筒"奖的节目主持人之一。1983年由她主持的中央电视台《学拼音》节目在第十四届国际教育广播电视节目"日本奖"评比中获得特别奖。她也是纪录片《话说长江》的主持人。

虹云

（三）陈宝国

影视剧演员。1983年，他因在电视剧《赤橙黄绿青蓝紫》中成功地塑造了男主人公刘思佳而荣获首届《大众电视》"金鹰奖"最佳男演员奖，后又主演多部电视剧，包括1996年饰演《北洋水师》中的邓世昌，2000年饰演《大宅门》中的白景琦，2002年饰演《汉武大帝》中的汉武帝刘彻，2007年饰演《茶馆》中的王利发。

陈宝国

八、电视出版

(一)《电视月刊》

1983年1月,《电视月刊》正式面向全国公开发行。该刊创办于1982年8月,由湖北省广播电视厅主管,湖北电视台主办。该刊以探讨电视节目的艺术规律,提高电视节目的艺术质量和社会效益为宗旨,以介绍全国各地电视台制作的专题节目为主要内容,同时刊登电视剧故事、动态报道及对编、导、演、摄等的专访文章等。

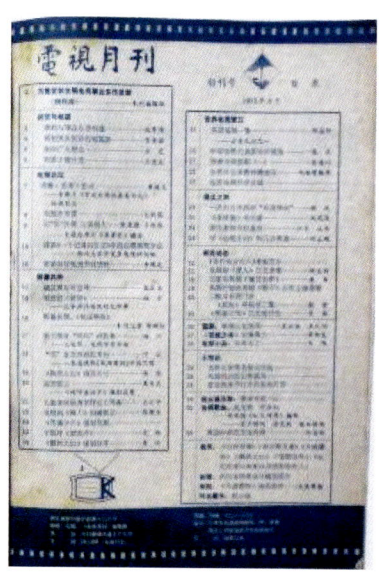

(左中右图)《电视月刊》创刊号封面、封底和目录页

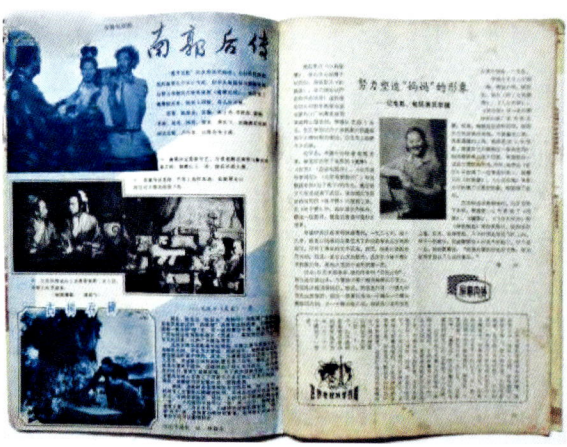

(左右图)《电视月刊》创刊号内页

（二）《南京广播电视报》

《南京广播电视报》创刊于1983年4月。主要栏目有综合要闻、文化艺术、社会生活、剧情介绍、电视指南、广播节目等。2014年更名为《社区新报》。

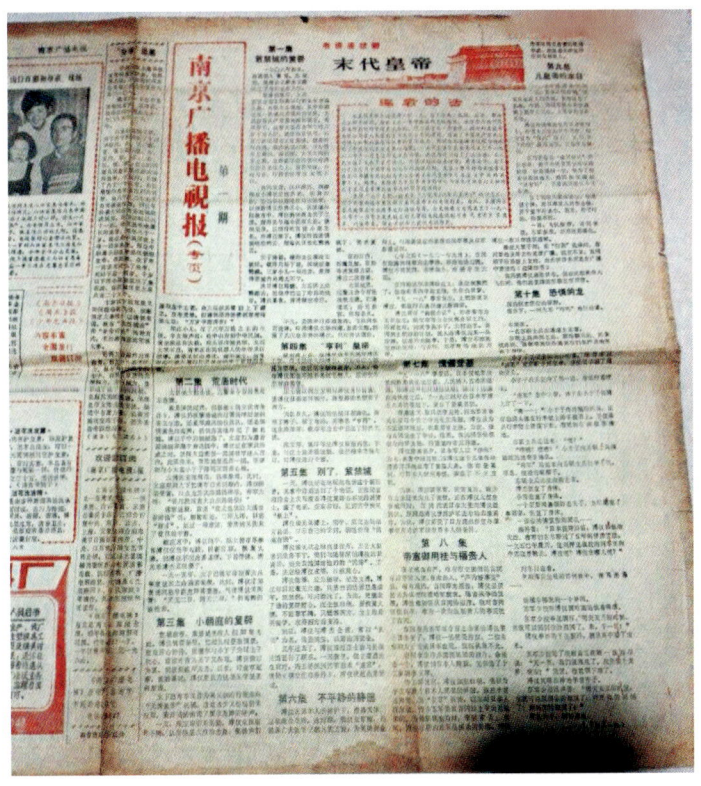

《南京广播电视报》创刊号

九、电视教育

8月，北京广播学院开办新闻编采专业和微波专业两个干部大专班，录取学员78名。

9月21日，广播电视部决定在太原市建立广播电视中等专业学校——华北广播电视学校，学制两年。

华北广播电视学校毕业典礼

9月23日至10月21日，联邦德国艾博特基金会按照其与广播电视部的合作项目，派3名摄影专家在山西省太原市举办了一期电视新闻摄影、编辑训练班。

1984年

一、大事记

1月1日,中央电视台开始增播《午间新闻》《全国电视台联播》。

7月13日,中国广播电视记者团赴洛杉矶采访报道第二十三届奥林匹克运动会,通过大西洋和印度洋卫星把广播电视报道和比赛实况传送到香港,再经广州用微波传到北京向全国播出。

9月18日,拉萨卫星地面站建成,26日拉萨市人民第一次看到中央电视台当天播放的节目,结束了西藏录像转播中央电视台节目的历史。次年,在拉萨、八一、泽当、日喀则、那曲建起5座卫星地面接收站,在全区7个地(市)和大部分县城相继建成电视转播台。

10月1日,中央电视台现场直播首都庆祝中华人民共和国成立35周年阅兵式和群众游行实况,中央电视台通过卫星同时向国外播出。

1984年奥运会开幕式中国代表团入场

直播中华人民共和国成立35周年阅兵式画面

1984年奥运会开幕式电视报道画面

现场直播中华人民共和国成立35周年阅兵式的中央电视台工作人员

11月，中央电视台记者马维军、汪保国随中国首次南极考察队赴南极采访。

中央电视台记者在南极拍摄

二、政策法规

6月1日，广播电视部正式批准颁发农村有线广播站及设备技术要求7项部标准，自1984年7月1日起开始实施。

三、电视栏目和节目

（一）新闻类

1. 浙江电视台：《观众中来》

《观众中来》是在电视新闻中的批评性报道以及反映群众意见和建议的基础上发展起来的，于1984年11月正式列为电视台的不定期专栏节目。其宗旨是表扬好人好事，展示时代新风，批评不正之风，反映群众愿望，以密切党和群众的联系。《观众中来》采用实况录像和连续报道的形式。

2. 山东电视台：《街头见闻》

这是山东电视台于1984年在《晚间新闻》栏目中开辟的一个子栏目，它以社会新闻为主，其中批评性新闻占较大比重。这个栏目风格鲜明、泼辣，触及社会问题，反映群众呼声。

（二）专题类和杂志类

1. 中央电视台：《世界体育》

《世界体育》是中央电视台体育部主办的一个综合性体育节目，开办于1984年1月，原名为《国际体育见闻》，主要内容是汇编近期国际体育比赛的精彩片段。每周播出两辑，每辑15分钟。

2. 北京电视台：《观众之声》

1984年5月1日，北京电视台设立了《观众之声》专栏，专门反映群众呼声，为居民排忧解难。栏目服务受众的宗旨得到了很好的执行，不时有观众上电视现身说法，许多老大难问题通过采编人员的努力，也很快得到了解决。

3. 广东电视台：《奥运之星》

1984年是奥运会年，广东电视台体育组前往郴州、北京、天津、上海等地，采访制作了大型体育系列节目《奥运之星》。

第二十三届奥运会特别节目《奥运之星》录制现场

《奥运之星》节目组和观众见面

（三）纪录片类

青海电视台、中央电视台《唐蕃古道》

1984年5月，青海电视台、中央电视台联合摄制了大型电视系列片《唐蕃古道》（20集）。该片沿着唐代文成公主的进藏路线，追寻西部各民族的历史踪影，真实地展示了青藏高原各族人民的生活风貌、民族风情，以及西部壮丽的河山风光、富饶的物产资源、珍贵的历史文物古迹，热情颂扬了源远流长的汉藏传统友谊，具有丰富的思想内涵和较高的艺术、文献、科学价值。

《唐蕃古道》画面

《唐蕃古道》在青藏高原隆宝湖取景

（四）教育类

1. 中央电视台：《天地之间》

这是中央电视台少儿部录制的专栏节目，从1984年5月开始向全国播出，每两周播出1集，每集15分钟。该栏目运用形象、生动、诙谐、新颖的手法，向9—14岁的少年儿童传播科学文化知识，使他们开阔视野，提高观察能力、思维能力、创造能力和动手能力。

《天地之间》栏目原为拼盘式，每期由几个没有内在联系的小节目组成。1993年，编导们针对栏目存在的问题，强调知识性、参与性和趣味性，运用少年们最喜欢的游戏样式调动他们参与的积极性，让抽象的东西形象化，使微观的东西宏观化，令枯燥的东西生动化，以使他们开阔视野，接受新事物，成为合格的新世纪主人。

《天地之间》片头

《天地之间》片头

《天地之间》主题曲《天地之间的歌》播放画面

《天地之间》主题曲《天地之间的歌》播放画面

2. 黑龙江电视台：《在今天的日历上》

黑龙江电视台于1984年元旦开办的《在今天的日历上》，在中央电视台《新闻联播》节目之后播出，每次3—5分钟。栏目的任务是采用适合电视特点的各种形式，每天向观众介绍一件或几件发生在历史上的"当天"的事件，以达到传播知识，进行爱国主义和国际主义教育的目的。该栏目被观众誉为博览古今中外大事的"千里眼"。

3. 安徽电视台：《致富之路》

这是安徽电视台为了适应农村商品经济发展需要而开设的一个专栏节目，开设于1984年，每次播出10—15分钟。该节目是报道型的，形象地介绍全省各类专业户和乡镇企业的经验，推广技术，传播信息，讲解政策，为农村发展商品经济当好参谋。

（五）综艺类和艺术类

1. 中央电视台：《第一届 CCTV全国青年歌手电视大奖赛》

1984年11月，第一届CCTV全国青年歌手电视大奖赛在中央电视台举行。关牧村、彭丽媛、韦唯、毛阿敏、蔡国庆等众多一线歌手都通过这个舞台踏上了中国歌坛。

1984年12月1日，习仲勋会见第一届CCTV全国青年歌手电视大奖赛获奖者

第一届CCTV全国青年歌手电视大奖赛获奖者合影

2. 中央电视台：《春节联欢晚会》

1984年的"春晚"开创了好几个第一：语言类节目第一次在"春晚"的舞台上大放异彩，马季表演的单口相声《宇宙香烟》讽刺了当时社会上一些商家做虚假广告推销劣质产品的行为；陈佩斯、朱时茂表演的《吃面条》用滑稽、夸张的表现形式给人们留下了深刻的印象，从此观众认识了"小品演员"这一全新的工种；身着中山装的张明敏一曲《我的中国心》，让内地观众了解到原来港台歌曲也不光是"靡靡之音"；由李谷一演唱、乔羽作词、王酩作曲的《难忘今宵》成为以后"春晚"的固定结束曲。

马季表演单口相声《宇宙香烟》

陈佩斯、朱时茂表演小品《吃面条》

张明敏演唱《我的中国心》

李谷一演唱《难忘今宵》

3. 中央电视台：《周末文艺》

中央电视台于1984年7月1日开办《周末文艺》，栏目固定在每周六晚上播出，每次50分钟左右。栏目自开办以来，先后录制和播出了《党在我心中》《祖国您好》《远方的旋律》等一批较有影响的节目。

《周末文艺》资料照片

4. 上海电视台：《大舞台》《大世界》

上海电视台于1984年开办的两档文艺栏目。《大舞台》开办于4月9日，它立足上海，面向上海经济区，依靠专业戏曲剧团，举办大、中、小型各类集锦或晚会节目，主题鲜明，内容丰富，形式多样。《大世界》开办于4月14日，是具有上海地方特色的综合性文化栏目。在1985年进行的大规模观众收视情况调查中，有78%的观众在"你最喜欢的节/栏目"栏里填上了《大世界》，所获票数居上海电视台各栏目之首。

5. 山东电视台：《星期日文艺》

《星期日文艺》为山东电视台文艺专栏节目，创办于1984年4月，汇集了国内外歌舞、曲艺、杂技、魔术以及歌剧、戏剧之精华，同时还介绍名人成长的过程以及名曲的时代背景。

（六）电视剧类

1. 山东电视台：《今夜有暴风雪》

1984年1月播出的4集电视连续剧，由山东电视台根据梁晓声同名小说改编制作。该剧表现知青大批返城的历史背景下，某团在一个夜晚发生的种种变故，从历史的高度全面表现这场风潮所带来的种种影响。片中人物个性特征鲜明，具有代表性，反映了那个年代知识青年的单纯、莽撞，对理想的热情追求和对现实的失意，富有感染力。

《今夜有暴风雪》片头

《今夜有暴风雪》剧照

2. 青岛电视台：《夜幕下的哈尔滨》

1984年播出的13集电视连续剧，由中国电视剧制作中心、电视剧艺术委员会、青岛电视台联合录制，讲述"九一八"事变后我地下工作者与日寇展开英勇斗争的故事。王刚、林达信、迟重瑞主演。

《夜幕下的哈尔滨》剧组人员合影

3. 浙江电视台：《新闻启示录》

1984年播出的电视单本剧，由浙江电视台录制。该剧集政论、纪实、新闻手法为一体，通过某报社三位不同经历、不同思想、不同性格的新闻记者的眼光，透视发生在南亚大学记者招待会上的挖泥船技术谈判等事件，展示中国由传统的教育模式向适应新技术革命的新教育形式转变的艰难过程。

《新闻启示录》剧照

4. 中央电视台：《血疑》

1984年中央电视台引进播出29集日本电视连续剧。这部由山口百惠、三浦友和主演的爱情故事感动了众多中国观众，引起了轰动效应。

《血疑》剧照

5. 北京电视台：《女奴》

1984年由北京电视台译制播映的100集巴西电视连续剧。该剧情节曲折动人，人物命运令人唏嘘，播出后迅速红遍全国。随后国内电视台引进了《卞卡》《诽谤》《坎坷》等拉美电视剧。这批拉美电视剧推动了中国室内剧的制作。

《女奴》剧照

四、电视评奖

（一）新闻类

1984年（第五届）"全国好新闻评选"

本年度有20部电视作品入选"全国好新闻评选"，其中获奖作品10部、表扬作品10部。获奖名单如下：

《湖南王小莉三姐妹办起异型鞋店》	湖南电视台
《广播记者安珂与歹徒搏斗光荣牺牲》	广东电视台
《乌鲁木齐一个民族团结五好大院》	新疆电视台
《六届人大一次会议选举和决定国家领导人》	中央电视台
《获得经济师职称的县委书记邹杰》	江苏电视台
《持枪杀人犯"二王"在江西被击毙》	江西电视台
《朱建华跳过二米三八，再创男子跳高世界纪录》	上海电视台
《陕西彩色显像管总厂当年投产当年盈利》	陕西电视台
《邓小平、邓颖超会见马海德》	中央电视台
《两户农民联合承包交粮四十万斤》	吉林电视台

（二）文艺类

1. 全国第四届（1983年度）全国优秀电视剧"飞天奖"

由广播电视部委托中央电视台、电视剧艺术委员会、中国电视文艺学会（筹）举办的全国第四届（1983年度）优秀电视剧"飞天奖"评选活动1984年4月11日在北京揭晓，共有17部电视剧、15名个人和1个集体获奖。评委会对获奖的剧目和个人都写了评语。

◎连续剧一等奖：《高山下的花环》，山东电视台

评委会评语：该剧编导牢牢地把握"位卑未敢忘忧国"的主题，调动电视艺术手段，鲜明地塑造了梁三喜、赵蒙生、靳开来、梁大娘等丰满、形象的人物，歌颂了解放军指战员对祖国的献身精神，全剧洋溢着爱国主义激情，感人至深。

◎单本剧一等奖：《女记者的画外音》，浙江电视台

评委会评语：该剧反映了企业管理急需改革的重大问题，热情地讴歌站在改革前列的新型企业家形象。编导以报告文学体的独特风格，生动地表现了时代精神，在艺术形式上有新的探索和突破。

◎单本剧一等奖：《燃烧的心》，广东电视台

◎短剧小品 等奖：《老梅外传》，武汉话剧院

评委会评语：该剧寓庄于谐，以漫画手法塑造了一个大大咧咧、忽视安全生产的典型人物形象，艺术夸张适度，幽默自然，在电视喜剧样式上有所突破。

◎优秀儿童剧奖：《小佳佳游园》，四川电视台；《小龙和小丽》，北京儿童电影制片厂、电视剧艺术委员会

◎荣誉导演奖：欧阳山尊，《燃烧的心》导演

◎优秀导演奖：滕敬德、席与明，《高山下的花环》导演

◎优秀男主角演员奖：
位北原，《燃烧的心》男主演
田成仁，《道是无情却有情》男主演

◎优秀女主角演员奖：
相虹，《生命的故事》女主演
范艳华，《她从画中来》女主演

第四届"飞天奖"评选大会现场

《高山下的花环》剧照

《高山下的花环》的演员周里京(左)、导演席与明(中)、编剧李德顺(右)

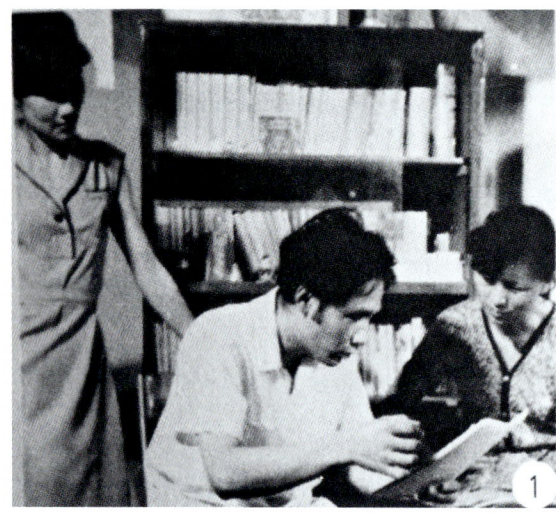
《女记者的画外音》剧照

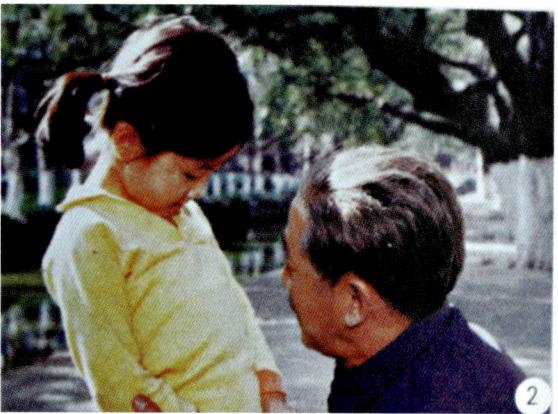
《燃烧的心》剧照

《燃烧的心》剧照

《小龙和小丽》剧照

《小佳佳游园》剧照

《燃烧的心》拍摄现场。欧阳山尊和沈忆秋联合执导

《道是无情却有情》剧照。男主演田成仁（右）

相虹

范艳华

《生命的故事》剧照

2. 1984年第二届全国优秀电视专栏节目

本届优秀电视专栏节目评选由广播电视部委托《电视月刊》编辑部、《电视周报》编辑部和中国电视服务公司联合举办，经过群众投票和评委会评定，共有84个节目和个人获奖。

特别奖（1个）	
《话说长江》	中央电视台
一等奖（9个）	
《祖国各地：泰山》	山东电视台 中央电视台
《文化生活：名画与名著》	广东电视台
《春芽：动物园的客人》	上海电视台
《科技与生活：扎龙自然保护区·水禽的乐园》	黑龙江电视台 齐齐哈尔电视台
《体育之窗：五届全运会专题报道》	上海电视台
《为您服务：除夕》	中央电视台
《专题报道：松田宏也重返复苏之乡》	四川电视台
《人民子弟兵：医精情深》	中央电视台

五、电视史料

电视事业发展概况表

	单位	1980年	1984年
电视台	座	38	93
电视发射台和转播台	座	2 469	9 708
1000瓦及以上	座	250	455
100瓦（含100瓦）	座	39	300
50瓦以下（含50瓦）	座	2 180	893
电视人口覆盖率	%		64.7
电视机社会拥有量	万台	902	4 763
平均每百人拥有电视机	台	0.9	4.6

六、电视技术

我国4月8日发射的试验通信卫星于16日定点东经125度赤道上空，20日起进行15路广播和1路彩色电视的传输试验，使乌鲁木齐市从此能直接收到中央电视台当天播出的电视节目。

5月，广播科学研究所完成我国第一颗通信卫星电视传输指标的测量工作。

7月1日，中央电视台第八频道开始试验用计算机程序控制节目播出。

12月，吉林省广播电视研究所和电子工业部第二十三研究所共同研制一套广播电视光缆传输系统，它可以双向传送彩色电视和立体声广播，功能较为齐全，适合国内广播电视使用。

七、电视人物

（一）邢质斌

中央电视台播音员，在1984年庆祝中华人民共和国成立35周年阅兵仪式上担任现场解说。1974年进入中央电视台（当时称"北京电视台"），后担任《新闻联播》播音员。

1982年，《新闻联播》主播邢质斌在播报新闻

（二）王刚

影视演员，电视主持人。1984年因在电视剧《夜幕下的哈尔滨》中扮演说书人而闻名全国，后一直活跃在电视界。多年来为中央及地方电视台主持春节联欢会、《综艺大观》《东芝动物乐园》《生命在你手中》《天下收藏》《王刚说故事》等大型综艺晚会及各类专题节目。1994年在《宰相刘罗锅》中扮演和珅获得巨大成功，此后相继在《铁齿铜牙纪晓岚》《梦断紫禁城》《铁将军阿贵》《布衣天子》《少年嘉庆》《沧海百年》等剧中共计扮演了320集的和珅。

《新星》中周里京饰演李向南

《夜幕下的哈尔滨》王刚扮演的说书人

（三）周里京

周里京1983年在电视剧《高山下的花环》中因饰演赵蒙生而成为知名演员，后又因该剧荣获第二届（1984年）《大众电视》"金鹰奖"优秀男演员奖。1984年，他在电视剧《新星》中饰演县委书记李向南，李向南这个改革先锋的形象在当时深入人心。

周里京荣获第二届《大众电视》"金鹰奖"优秀男演员奖

八、电视出版

（一）中国广播电视出版社

6月5日，成立于1980年8月20日的广播出版社改名为中国广播电视出版社。该社出版的图书多是为广播影视界服务的，其中包含大量经典图书，如广播电视新闻系列教程、数字广播电视技术书系、广播影视艺术系列、播音主持艺术技巧丛书、新闻与传播理论丛书、广播影视理论研究丛书、CCTV心理访谈专栏系列丛书等，其中《跟我学》发行量高达60余万册。

（二）《广播电视战线》（月刊）

该刊创办于1984年10月5日，由广播电视部地方宣传局编辑，中国广播电视出版社出版。《广播电视战线》的主要对象是各级广播电视机构的宣传、业务人员。它以马列主义、毛泽东思想为指导，坚持四项基本原则，贯彻中央有关指示精神，开展以宣传工作为中心的经验交流和业务研究，为提高广播电视节目质量、开创广播电视宣传工作新局面服务。

（三）《电视剧研究》

《电视剧研究》于1984年创刊，是中国电视剧制作中心主办的专业内部刊物，读者主要是广大电视剧工作者，刊物内容主要是电视剧的业务探讨和理论研究，以及国内外电视剧制作经验的介绍等。

《电视与观众》创刊号封面和内页

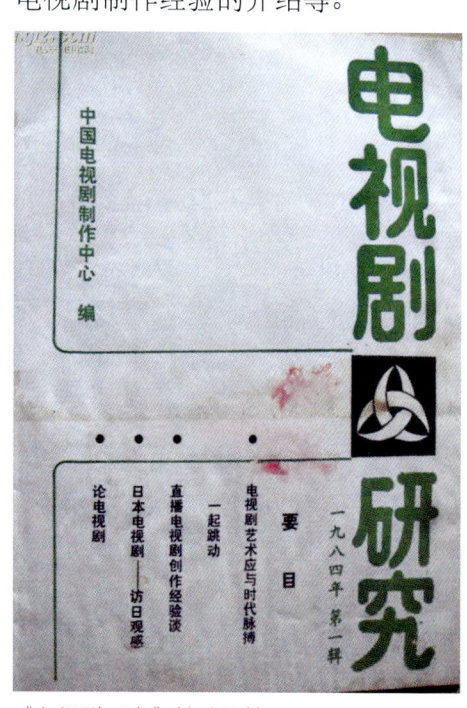

《电视剧研究》创刊号封面

（四）《电视与观众》

《电视与观众》于1984年创刊，是黑龙江电视台主办的内部刊物，该刊的宗旨在于指导电视业务，交流经验，开展研究，报道节目，介绍电视新情况，也适当刊载节目脚本、电视剧本等。

九、电视教育

（一）复旦大学新建广播电视新闻学专业

1984年9月，复旦大学新闻学院新建广播电视新闻学专业。

复旦大学新闻系创办于1929年9月，1978年招收第一批硕士研究生。1988年6月，复旦大学新闻学院成立。

复旦大学新闻学院标志

（二）浙江广播电视高等专科学校筹建

1984年4月，广播电视部下发《关于同浙江广播电视厅合办学校事》，以正式文件的形式批复浙江广播电视厅，同意扩建、合办一所广播电视新闻学校。同年10月，广播电视部正式作出《关于同浙江广播电视厅合办广播电视专科学校的决定》。1986年，学校边筹建边招生。1994年，学校正式更名为浙江广播电视高等专科学校。

1985年

一、大事记

3月，中央电视台第一套节目增辟《晚间新闻》，每次10分钟。

3月13日，广播电视评议委员会成立，广播电视部副部长马庆雄任主任，评委会在广播电视部常设办公室。

4月21日至25日，广播电视部在北京召开省、自治区、直辖市广播电视厅（局）长会议，研究进一步加强音像制品和电视片进口的管理问题。

4月24日至29日，根据中法1984—1985年文化交流计划和广播电视部的指示，山东省广播电视厅在济南举办法国电视周。

5月6日，随我国首支南极考察队赴南极考察的中央电视台记者汪保国、马维军，在中南海怀仁堂庆功授奖大会上被授予三等功。

5月16日，北京电视制片厂改名为北京电视艺术中心，并入北京电视台建制。

5月22日至6月1日，第二届中日电视艺术交流活动在日本东京举行，日本首相中曾根出席酒会并接见了代表团全体成员。

10月7日，国务院副总理李鹏在卫星电视地面接收站试点工作总结会议上指出，要大力发展卫星电视转播，力争使我国的广播电视事业在此后两年有较大的发展。

10月，浙江电视台为调查电视收看情况，发展了140名"电视之友"，初步建成了一个遍及浙江全省各县的电视反馈网。

11月16日，电视国际交流节目解说词研讨会在大连市举行。

二、政策法规

2月8日，湖北省六届人大常委会第十三次会议通过《湖北省有线广播设施保护条例》，2月11日公布实行。

12月22日，吉林省人民政府发布《吉林省广播电视管理暂行规定》。

北京电视艺术中心老照片

三、电视栏目和节目

（一）新闻类

1. 中央电视台：《今日世界》

该栏目由中央电视台于1984年7月创办，是一个以国际问题综述和评论为主的新闻类专题节目。起初每两周播出1集，1985年1月起改为每周播出1集。

《今日世界》栏目片头

2. 黑龙江电视台：《最后新闻》

该节目由黑龙江电视台于1985年下半年创办，侧重报道当天黑龙江省发生的重大事件，反映群众普遍关心的问题，宣传先进典型，具有时效性强、信息量大、可视性强等特点。

（二）专题类和杂志类

1. 上海电视台：《经济之窗》

1981年，上海电视台在新闻节目中辟出《市场掠影》栏目，周六播出，每次两三分钟。1985年，《市场掠影》更名为《经济之窗》，每周一播出，时间增加到20分钟，其中10分钟是经常性的经济新闻，其他时间则设置了经济专题、评论、人物报道等。

《经济之窗》的宗旨是及时宣传、介绍党和政府的经济政策；探讨在经济生活中出现的新情况、新问题；介绍经济战线的新成就、新经验；传播市场信息，沟通产销，指导消费，反映消费者的呼声和愿望。

2. 上海电视台：《法律与道德》

上海电视台于1985年5月22日开办，主要是对观众进行生动形象的法律知识教育，告诉观众如何利用法律保护自己的合法权益，号召人们与违法现象作必要的斗争。

3. 辽宁电视台：《致富之路》

辽宁电视台于1985年3月15日开办，是首次为农民开办的栏目，其宗旨是引导农民学用科学、共同致富。

（三）教育类

中央电视台：《七巧板》

《七巧板》是专为学龄前儿童播出的栏目，创立于1985年6月1日，其宗旨是通过活泼多样的形式对学龄前儿童进行道德、知识、体能等方面的启蒙教育，并提供娱乐。1993年，《七巧板》进行调整，在选材上加强了与教益、游戏、知识相融的节目，在形式上试行了角色主持，推出了卡通人"金龟子"和"河马牛"，使节目在游戏中进行，达到了趣味、知识、教益的统一。

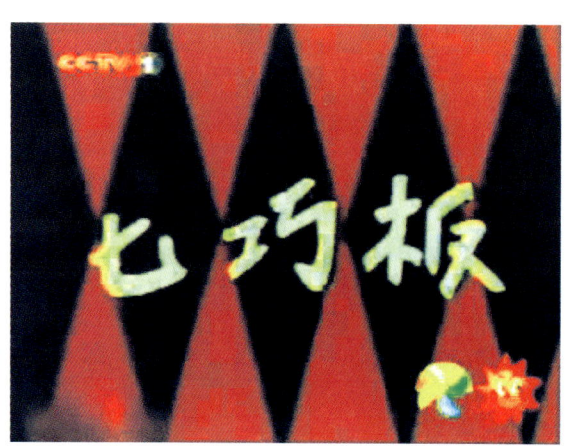

《七巧板》片头

3. 贵州电视台：《歌海拾贝》

1985年创办，该栏目的宗旨是寓教于乐，提高观众的歌曲鉴赏水平和欣赏能力。

（五）电视剧类

1. 北京电视台：《四世同堂》

该剧为北京电视制片厂出品的长篇电视连续剧，1985年8月16日至9月9日在中央电视台播出，共28集。该剧根据老舍同名长篇小说改编，较忠实地再现了原著的思想内蕴和悲剧意识，人物形象丰满、生动、深刻。其因深刻的思想性和高度的文学性在社会上引起了强烈反响。

《七巧板》节目现场

《七巧板》主持人鞠萍

（四）综艺类和艺术类

1. 江苏电视台：《艺林漫步》

该栏目的宗旨是汇集音乐、舞蹈、文学、戏剧和美术的精粹，注重艺术性、趣味性和知识性的有机结合，力求内容丰富多彩、形式生动活泼、雅俗共赏。

2. 湖南电视台：《芙蓉国里》

湖南电视台1985年10月12日开办，旨在向观众系统地介绍湖南的历史地理、风土人情、名胜古迹、特产与新颜新貌等。

电视剧《四世同堂》海报

电视剧《四世同堂》拍摄现场

2. 中央电视台：《寻找回来的世界》

该剧为中央电视台中国电视剧制作中心1985年出品的12集电视连续剧。故事发生在20世纪80年代的北方某城市，以徐问、黄主任和于倩倩为代表的工读学校老师克服种种困难，通过各种方式说服教育谢越、郭喜向、香秀、宋小丽等工读学校的学生，使他们重新树立起对自己、对生活、对社会的信心，重新认识到世界的美好。

《寻找回来的世界》剧照

《寻找回来的世界》剧组，左一为导演许雷

3. 上海电视台：《穷街》

该剧为上海电视台1985年摄制的电视单本剧。该剧通过一名刚从大学毕业分配到穷街一中学当教师的女青年的视角，展现了聚居在上海"下之角"的人们的心态、风貌和生活。全剧生活气息浓郁，节奏流畅明快，寓意含蓄深邃，画面构图新颖，演员表演朴实细腻。该剧于1987年在日本札幌举行的"世界电视节"上获纪念奖，这是国产电视剧第一次在国外举办的国际性电视节上获奖。

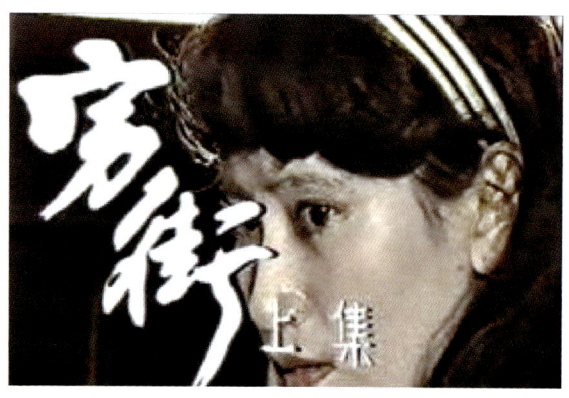

《穷街》片头画面

四、电视评奖

（一）新闻类

1985年（第六届）"全国好新闻评选"

1985年全国好新闻评选，入选的电视作品共24件，其中特等奖1件、一等奖5件、二等奖9件、三等奖9件。

特等奖	
连续报道：《广州群众争相献血抢救一名受伤工人》	广东电视台
一等奖	
《我国通信卫星准确定点于东经125度赤道上空》	中央电视台
《许海峰夺得第二十三届奥运会第一块金牌》	中央电视台
《石家庄育红学校最后一批孤儿离石返唐》	河北电视台
《在南宁至钦州公路上，旅客和司机奋力抢救落水乘客》	广西电视台
《红水河畔女财神》	贵州电视台

（二）综合类

1985年中央电视台专栏节目评奖

1984年度，中央电视台共播出专栏节目3 828个，其中中央电视台制作的节目3 221个，获奖节目201个，占播出总数的6.2%；地方电视台制作的节目607个，获奖节目96个，占播出总数的15.8%。此外，另设栏目外奖。文艺部的栏目外节目《1984年春节联欢晚会》、电教部的《基础英语》获得特等奖。

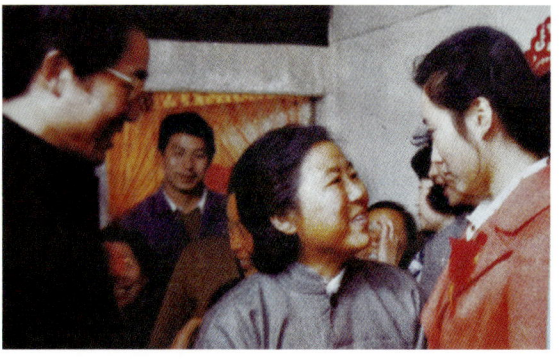
《走向远方》剧照

1984年中央电视台春节联欢晚会画面

陈剑飞在《走向远方》中饰演的周梦远

（三）文艺类

第五届(1984年度)全国电视剧"飞天奖"

本届共评出14个作品奖、14个单项奖。
◎电视连续剧一等奖：《今夜有暴风雪》，山东电视台
◎单本剧一等奖：《走向远方》，湖南电视台；《新闻启示录》，浙江电视台
◎儿童电视剧奖：《插班生》，上海电视台；《强盗的女儿》，中国电视剧制作中心
◎电视短剧小品奖：《小巷通向大街》
◎优秀编剧奖：孙卓、王宏，《走向远方》
◎优秀导演奖：孙周，《今夜有暴风雪》
◎优秀男主角奖：陈剑飞，《走向远方》

《插班生》剧照

电视剧《今夜有暴风雪》导演孙周等主创人员冒着零下40摄氏度的严寒在拍摄现场

《强盗的女儿》剧照

五、电视史料

胡耀邦《关于党的新闻工作（一九八五年二月在中央书记处会议上的发言）》（节选）：①

我们党的新闻事业，究竟是一种什么性质的事业呢？就它最重要的意义来说，用一句话来概括，我想可以说党的新闻事业是党的喉舌，自然也是党所领导的人民政府的喉舌，同时也是人民自己的喉舌。这样一句话，当然不可能概括党的新闻事业的全部内容和作用。比如它还是党联系人民群众的一种纽带和桥梁，又是在人民中间、在党内外和国内外传递信息的一种工具，等等。但是，既然我们党是全心全意为人民服务的，党的工作路线是从群众中来、到群众中去的，那么党的新闻事业要能够充分发挥党的喉舌的作用，就理所当然地包含着既要使上情下达、又要使下情上达的作用，包含着加强党同人民群众的联系、反映人民群众的呼声的作用，包含着在各方面满足人民群众获得信息的需要的作用。因此，从最根本的特征来说，党的新闻事业是党的喉舌。这不但是站得住脚的，而且是不能动摇的。

……

新闻工作的性质，决定了新闻工作的任务。党的新闻工作最主要的任务是什么？也可以用一句话来表达，就是要用大量的、生动的事实和言论，把党和政府的主张，把人民的各方面的意见和活动，及时地、准确地传播到全国和全世界。这里说的是大量的，不是小量的；是生动的，不是枯燥的；是及时的、准确的，而不是不及时的和不准确的。看一个新闻单位的工作好不好，就看它的这个主要任务完成得好不好。完成得好，工作是正确的；没有完成或完成得不大好，工作就肯定是发生了偏差。

……

一个真实性，一个时间性，一个知识性和趣味性，这些就是对于新闻工作的要求。但是我们党对新闻界的最重要的要求是什么呢？我认为就是要有鲜明的正确立场，要有鲜明的阶级性和党性，要有实事求是的科学态度。毛泽东同志说过："我们是站在无产阶级的和人民大众的立场。对于共产党员来说，也就是要站在党的立场，站在党性和党的政策的立场。"毛泽东同志在这里用了"也就是"三个字，表明"党的立场"同"人民大众的立场"是完全一致的。为了在一切新闻工作中坚持我们的正确立场，为了使我们的一切言论和报道能够真正符合国家和人民的根本利益，符合全世界人民的根本利益，就需要坚持实事求是的科学态度。这种科学态度不但同党性和党的立场没有矛盾，而且正是党性的要求。没有科学的态度，就叫作没有党性，或者党性不完全。因此，在我们的新闻报道中，有把握的事情才说，一时没有弄清的，弄清之后再来说。有时世界上发生了一件什么大事，我们一下子搞不清，不了解内幕，而别的国家又说话了，怎么办呢？可以先客观报道，随着真相判明的程度，再逐渐增加倾向性，这也应当算是有鲜明的立场。总之，坚持鲜明的正确立场，坚持马克思主义的基本观点和党中央的正确主张，坚持实事求是的科学态度，这就是最根本的要求。

六、电视技术发展

4月10日，上海电视台的广播电视光纤传输试验第一期工程架设完成，全长1.21公里。

8月1日，我国为传送电视节目租用的国际卫星转发器开始启用，至此过去16个省、自治区中看不到中央电视台节目的某些地区，已可看到卫星传送的电视节目。

---

① 胡耀邦.关于党的新闻工作(1985年2月在中央书记处会议上的发言)[N].人民日报,1985-04-14.

七、电视人物

（一）黄一鹤

黄一鹤是中央电视台的导演，他创作了1 000多部不同规模、不同形式和不同体裁的电视片，他也是我国大型综合性春节联欢晚会的开创者和先行者。他与邓在军联手执导了1983年中央电视台春节联欢晚会，开启了全国电视春节联欢晚会的传统。在执导了1983年第一届春晚后，黄一鹤又执导了第二届（1984年）、第三届（1985年）、第四届（1986年）、第八届（1990年）春晚；邓在军执导了1987年、1988年两届春晚。

很多中国观众至今难忘最初的那几届春晚。对此，黄一鹤曾这样回忆："广大观众对1983年、1984年两次春节联欢晚会产生了浓厚的兴趣。从这之后人们就把过春节的老习俗变了。千百年来都是用吃饺子、放鞭炮来庆祝春节，现在则变成吃饺子、看电视、放鞭炮三大活动了。"

1983年春晚彩排期间主创人员合影，右一为黄一鹤

（二）陈燕华

上海电视台儿童节目主持人。她主持的儿童节目《燕子姐姐讲故事》在当时具有很大的影响力。1985年3月，她获得《上海电视》月刊举办的"最佳电视播音员观众推荐奖"。此外，陈燕华也出演过多部电视剧。

陈燕华

八、电视出版

（一）北京广播学院出版社

5月24日，经文化部同意，北京广播学院出版社成立。该社出版图书主要涉及广播、电影、电视等传媒类领域。

北京广播学院出版社出版的图书

（二）《江西广播电视报》

《江西广播电视报》的前身为1955年5月1日创刊的《每周广播》报，次年更名为《江西广播报》。1980年8月1日，江西省电台和省电视台联合申办《江西广播电视节目报》。1985年7月，该报压缩一般性稿件，开始注重知识性、趣味性、文艺性稿件，设《滕王阁》副刊。之后，该报更名为《江西广播电视报》。

1985年《江西广播电视报》举办创刊35周年座谈会

（三）《电视连环画》

《电视连环画》于1985年1月创刊，中央电视台主办，《电视连环画》编辑部编辑，中央电视台出版。它采用连环画的形式，对中央电视台即将播出的节目进行详细介绍。

（四）《电视剧艺术》

《电视剧艺术》1985年1月创刊，上海电视台主办，它主要发表优秀的电视连续剧、单本剧、短剧、小品以及国外优秀电视剧评稿，强调真实性、文学性、可读性与新颖性。

（左右图）《电视剧艺术》创刊号封面、封底

（左右图）《电视连环画》创刊号封面、封底

（五）《中国电视剧》

《中国电视剧》于1985年创刊，是中国电视剧制作中心主办的电视文学双月刊，阮若琳担任主编。该刊主要刊载中外电影电视剧剧本，为电视文学新人特设了"新人新作"栏目，此外，还开辟了"怎样写电视剧""导演心目中的剧本"等知识性栏目以及"电视信息"等资讯类栏目。

《中国电视剧》创刊号内容提要页

《中国电视剧》创刊号封面

（六）《中外电视》

《中外电视》于1985年1月创刊，1988年1月改称《中外电视月刊》，由福州海峡文艺出版社编辑并出版，曾一度与香港文化事业出版社合编。该刊以提供电视界最新信息，繁荣电视事业为宗旨。主要刊登中外影视剧本，报道电视动态，兼发小品、评论、演员生活报道等。

《中外电视》创刊号封面

九、电视教育

广播电视中专教育

广播电视中专教育事业起步于20世纪50年代末，湖南、福建等省市建立了10多所广播中专，但"文革"期间多数停办。党的十一届三中全会以后，广播电视中专恢复并迅速发展。到1985年年底，全国共有19个省、直辖市和自治区建立了广播电视中专学校。广播电视部在山西太原和河南郑州分别建立了华北广播电视学校和郑州广播电视学校。20多所中专学校共有在校学生2 500多人。广播电视部于1985年12月在长沙召开了全国广播电视中专教育工作座谈会。

1985年9月，四川广播电视学校开学，首次招收两年制广播电视技术干部中专班学员56名。

1985年9月，上海新闻广播电视职业学校举行开学典礼，招生160名。它设有新闻编务、新闻管理、音响录音和电视摄像广播电视技术4个专业。

湖南广播电视学校新闻专业831班毕业典礼现场

1986年

一、大事记

1月20日至25日，第十四届国际农业电影电视节目比赛在西柏林举行。中央电视台农业科技知识节目《笼养苍蝇》获"铜穗奖"。

《笼养苍蝇》片头画面

1月20日，广播电视部更名为广播电影电视部。

广播电影电视部标志

5月29日至6月13日，中央电视台少儿节目《野葡萄》在慕尼黑举办的第十二届国际青少年电视节上获动画节目比赛二等奖。

6月10日，中央电视台首次利用通信卫星现场直播在新疆举行的第三届全国少数民族传统体育运动会开幕式。

7月1日，卫星电视教育频道正式开始试播，台标为"中国教育电视"，英文缩写为"CETV"。10月1日，中国教育电视正式开播，后发展为中国教育电视台。

中国教育电视台外景

自7月1日起，新疆电视台利用每晚中央电视台卫星转播结束的空隙，通过卫星地面站上行站传送维吾尔语、汉语新疆新闻，重要专题节目，和每周一次的哈萨克语电视节目，成为我国第一个使用国际卫星传送节目的省（区）级电视台。

8月14日至19日，全国省级电视台节目交流会在兰州举行，会议通过了《全国电视台交流节目稿酬支付实施办法》，达成了开展交流节目评奖活动的协议，并确定了各台共同开办春节节目联播和《神州大地》《戏曲园地》两个栏目。

10月1日，中央电视台举办1986年全国电视喜剧展播。

10月1日，上海电视台新辟《英语新闻》栏目，这是我国内地第一次用英语播出电视新闻。12月30日，中央电视台在第八频道试播英语节目。

11月，电子工业部、广播电影电视部、商业部、农牧渔业部联合发出通知，要求在全国农村开展普及电视工作，以实现中央提出的到20世纪末户户、人人都能看到电视的奋斗目标。

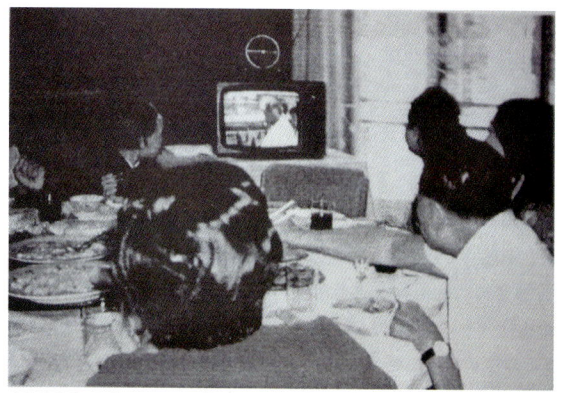

1986年8月21日，邓小平观看天津电视台当天拍摄播出的《天津新闻》，新闻标题为《邓小平同志在天津视察》

二、政策法规

广播电影电视部发布《关于改进文艺节目录像带供应并加强录像放映管理的通知》《中国电影发行放映公司出版的电影录像带发行管理暂行办法的通知》《关于禁止购买录像带用于无线电视播出的通知》。

广播电影电视部、商业部、国家工商行政管理局发出《关于整顿录音录像制品市场、制止违章翻录销售活动的通知》。

广播电影电视部发布《录音录像出版权保护暂行条例》《录音录像出版工作暂行条例》和《关于实行电视剧制作许可证制度的暂行规定》。

四川省人民政府发布《四川省保护广播电视网设备设施安全暂行条例》。

三、电视栏目和节目

（一）新闻类

天津电视台的《天津新闻》为天津电视台重点新闻栏目，初创于1959年10月，最初以新闻照片配解说词的形式播出，20世纪70年代主要以新闻影片的形式播出，1980年增加了口播新闻，1983年以后，录像新闻、影片新闻和口播新闻兼而有之。

（二）专题类和杂志类

1. 浙江电视台：《环球大观》

浙江电视台于1986年5月开辟了每周播1次、每次25分钟左右的国际专栏《环球大观》。该栏目融新闻性、知识性和趣味性于一体，以"杂志化"的拼盘组合为形式。

2. 江西电视台：《长征之路》

《长征之路》大联播节目是为了隆重纪念中国工农红军长征胜利50周年，由江西电视台倡议，由当年红军长征所经过的福建、广东、湖南、湖北、广西、云南、贵州、四川、甘肃、宁夏、陕西、重庆、江西13个省、自治区的13家电视台参与，于1986年共同开办的一个大联播节目。

江西电视台记者在拍摄红军渡过的第一条河——于都河

3. 贵州电视台：《历史上的今天》

该栏目于1986年1月1日开办，宗旨是充分利用电视这一传播媒介，向广大电视观众提供形象化的历史资料，帮助观众了解世界近代史及中国近代史上的重大事件，使他们增长历史知识、开阔眼界，从而更好地为观众服务。

（三）教育类

1. 黑龙江电视台：《一日一字》

1986年1月1日开办，它每天讲1个字，每次5分钟。内容包括：汉字的笔画顺序及古今演变、汉字的正确发音及多音字的特殊读音、汉字的结构和容易用错用误的字、汉字在古今汉语中的使用及区别。

2. 山东电视台：《青春红绿灯》

山东电视台的法制教育系列片。该片融知识性、系统性和形象性、故事性于一体，每集一个完整的故事，这些故事多是观众身边发生的事。

（四）纪录片类

北京电视台：《时间与人生》

系列片《时间与人生》是由北京电视台徐志编导的一部哲理性很强的纪实专题片。就题材而言，它为电视文化种类又开辟了一种有益的表现形式。《时间与人生》分为10集，分别论述了时间与人、时间与社会、时间与未来的关系，在时间上的容量非常长、非常广。它主题鲜明，思想性强，旨在唤醒人们珍惜时间的意识。

（五）综艺类和艺术类

1. 广东电视台：《万花筒》

于1986年开播。它承继了广东电视台首创短剧的制作理念和表现手法，保持主要人物的故事延续性，强化时空和场景等剧的概念。节目共分"万花筒""农家故事""人生百态"三个系列，主题定位为"针砭时弊，倡导文明"，剧情贴近生活，略带新闻性。采用室内多机拍摄，并引入少量外景、同期声等制作方法。每周播出一集，一集一个故事，每集21分钟，共播出300多集。

《万花筒》是国内首个真正把系列短剧作为一个独立的电视剧艺术样式来经营、大批量生产、有全国性影响力的短剧栏目。《万花筒》推出后名噪一时，成为雅俗共赏的名牌栏目。

《万花筒》拍摄现场

《万花筒》之《按章办事》剧照

《万花筒》之《胜在参与》剧照

2. 福建电视台：《文艺与观众》

1986年3月开播。栏目宗旨是密切联系电视文艺观众，丰富电视屏幕，满足不同层次观众的欣赏需要，提高观众的审美情趣，更好地发挥文艺在社会主义精神文明建设中的作用。

3. 云南电视台：《观众之友》

开办于1986年11月，每月两期，每期20—25分钟，其宗旨是通过解答观众提出的问题，点播观众喜爱的歌曲、舞蹈、相声等短小精悍的节目，加强观众与电视台之间的联系。

（六）电视剧类

中央电视台：《西游记》

25集大型电视连续剧《西游记》，改编自中国四大古典名著之一，是中国人耳熟能详的经典神话故事。电视剧几乎包括了百回小说《西游记》里所有的精彩篇章，塑造了众多色彩绚丽的屏幕形象，如唐玄奘稳重端庄，孙悟空机敏诙谐，猪八戒愚直滑稽，沙和尚憨厚忠勇，角色刻画活灵活现，惟妙惟肖。除了师徒四人以外，还有各路神仙佛道以及四海妖魔鬼怪。

《西游记》由杨洁导演，戴英禄、杨洁、邹忆青编剧，六小龄童等主演。

1986年春节在中央电视台首播。

（上下图）《西游记》剧照

导演杨洁在说戏

美工布景

四、电视评奖

（一）新闻类

1986年（第七届）"全国好新闻评选"

本年度入选的电视新闻共有30件，其中特等奖1件、一等奖7件、二等奖8件、三等奖14件。

特等奖（1件）

◎专题报道：《来自柬埔寨丛林的报告》，中央电视台

一等奖（7件）

◎消息：《上海民警奋力扑灭造漆厂一起大火》，上海电视台

◎消息：《沈阳部队抗洪救灾立新功》，中央电视台

◎连续报道：《广州市近两万名学生入学难问题亟待解决》，广东电视台

◎述评：《菜篮子里看改革》，中央电视台、武汉电视台

◎专题报道：《红旗插上乔治王岛》，中央电视台

◎消息：《运城地区违反农村信贷政策造成重大经济损失》，山西电视台

◎消息：《广州东山酒家坚持薄利多销顶住乱涨价歪风》，广东电视台

（二）文艺类

第六届（1985年度）全国电视剧"飞天奖"

共评出20个作品奖、11个单项奖。

◎电视连续剧特别奖：《四世同堂》，北京电视制片厂

◎电视连续剧一等奖：《寻找回来的世界》，中国电视剧制作中心

◎电视单本剧一等奖：《巴桑和她的弟妹们》，重庆电视台

◎儿童电视剧一等奖：《窗台上的脚印》，上海电视台

◎短剧小品一等奖：《编剧的困惑》，四川电视台；《弟弟在等我》，中国电视剧制作中心、宋庆龄基金会

◎戏曲电视剧奖：《喜脉案》，湖南电视台；《秦淮梦》，江苏电视台

◎优秀导演：许雷，电视剧《寻找回来的世界》

◎优秀男主角：李法曾，电视剧《诸葛亮》

第六届全国电视剧"飞天奖"艺术研讨会现场

宋丹丹（左）在电视剧《寻找回来的世界》中因饰演宋小丽获得优秀女配角奖

《巴桑和她的弟妹们》剧照

《巴桑和她的弟妹们》编剧张鲁

《窗台上的脚印》剧照

导演许雷

新编历史剧《喜脉案》剧照

李法曾扮演的诸葛亮

《秦淮梦》剧照

五、电视史料

广播电影电视部党组《关于贯彻六中全会决议和当前广播电视工作的几个问题》摘录（1986年10月）：

……

5. 广播、电视既要善于运用具体生动的事实教育人、鼓舞人，又要善于运用言论来提高人、引导人。要既当鼓舞者，又当引导者。为此，广播电视都要加强评论工作，提高评论水平。广播电视评论，应当有自己的特点，努力做到针对性强，简明扼要，短小精悍。要注意培养有影响的专职评论员，同时要注意邀请在社会上有影响、有权威的专家、学者、实际工作者、领导干部做广播电视评论员。

6. 要进一步发挥广播电视的优势。要继续坚持自己走路的方针，扬独家之优势，汇天下之精华。要注意发挥广播电视口语宣传的特点，多做现场报道。要更多地让工人、农民、知识分子、各方面的实际工作者直接参加广播电视。实践证明，这些是搞好广播电视宣传、增加节目吸引力的重要经验。

六、电视技术

2月1日，我国成功发射一颗实用通信广播卫星。20日，卫星进入同步轨道，准确定点于东经103道上空。

4月16日，广东电视台在十四频道进行电视双伴音/立体声试验。

5月8日，山东电视台在全国首次运用远程传播系统向中央电视台传送节目获得成功。

1986年6月，中国第一座电视塔——湖北龟山广播电视塔竣工并投入使用。龟山电视塔是我国自行设计、施工的集发射传输、观光旅游等多功能于一体的钢筋混凝土广播电视发射塔。该塔于1981年12月16日破土动工，塔高221.2米，有"亚洲桅杆"之称。

至今还在使用的龟山电视塔

七、电视人物

林汝为

影视导演。电视剧《四世同堂》《便衣警察》的编剧和总导演,其中《四世同堂》获得第四届大众电视"金鹰奖",优秀电视连续剧奖,同时获得第六届电视"飞天奖"特别奖;《便衣警察》获得第六届大众电视"金鹰奖"优秀连续剧奖。

林汝为

八、电视出版

《中国广播电视年鉴》

1986年,我国第一部广播电视专业百科全书——《中国广播电视年鉴》首卷的书稿和图片编审完毕。《中国广播电视年鉴》是反映我国广播电视事业基本情况和发展变化的资料性工具书,内容主要反映上一年全国广播电视系统的重大事件以及各方面工作的新情况、新资料。

《中国广播电视年鉴》首卷封面

1987年

一、大事记

1月28日，中央电视台首次在彩电中心最大的演播室向全国现场直播"春节联欢晚会"，并与中国国际广播电台合作，用英语现场直播这场晚会。

1987年春节联欢晚会上的中国台湾歌手费翔

自2月1日起，中央电视台原对北京地区播出的第二套节目通过国际通信卫星向全国传送。这套节目以经济报道为特色。

4月20日，中央电视台的第一个外景基地——无锡外景基地落成，主要为电视台拍摄、译制电视剧服务。

中央电视台无锡外景基地

5月6日至31日，我国东北大兴安岭地区发生特大火灾，中央电视台在短时间内连续播出多条新闻和评论，创中央电视台《新闻联播》连续报道之最。

中央电视台报道大兴安岭火灾画面

6月10日，法国电视台四台到上海电视台选购《上海监狱》等8部专题片，这是我国首次向法国出口电视节目。

7月1日，中央电视台《新闻联播》由以往一名播音员单播改为男女播音员共同主持、串联节目，并增加了画面上的图像和字幕。

7月1日，湖南电视文艺台正式播出，这是全国第三家电视文艺台。

11月17日，上海电视台二台制作的《学点聋哑人手语》节目在日本举行的第十六届国际广播电视教育节目评比中获得第二名，这是国内唯一的获奖节目。

二、政策法规

国务院发布《广播电视设施保护条例》。

广播电影电视部、新闻出版总署发出《关于整顿音像出版工作的通知》。

三、电视栏目和节目

（一）新闻类

1. 福建电视台：《福建新闻》

福建电视台《福建新闻》栏目探索新闻改革，创办专栏新闻。1987年先后开办了"来自扶贫一线的报告""子弟兵在前进"等专栏，每周播出1次，每次约10分钟。这种为一个时期的报道中心设置的专栏，把同一类型的新闻配上评论作为整体播出，有图像新闻、口播新闻，有连续报道，有批评报道，有新闻述评，并采用主持人形式播出，在当时是具有创新意义的举措。

2. 上海电视台：《新闻透视》

1987年7月5日上海电视台推出的新闻杂志型栏目。该栏目以新闻性、知识性、服务性、社会性为宗旨，对新闻事件和热点新闻进行跟踪、深化、解释、评述；传播与新闻内容有关的方针、政策及最新知识；直接反映观众的意见、呼声和要求；帮助观众排忧解难；及时剖析群众普遍关注的社会变化和社会现象。

《新闻透视》播出画面

（二）专题类和杂志类

1. 中央电视台：《综合经济信息》

该栏目由中央电视台二套播出，节目宗旨是加强经济方面的宣传和报道；介绍国内外经济领域中新近发生的重要事件；交流市场信息、农贸市场行情、金融动态、外汇比价及外汇、股票行情；介绍地方经济资源，名、土、特、优、新产品以及就经济领域中的相关问题做出专题报道。

《综合经济信息》播出画面

2. 广东电视台：《公民与法制》

《公民与法制》是一个以普及法律知识、进行法制教育为宗旨的教育专题栏目。它于1986年7月开播，每周一期新节目，用普通话和广州话分别在广东省一台、二台播出，每期节目约13分钟。1987年，《公民与法制》在内容及形式上有所改进。这些改进包括：加强与社会各界和观众的联系，共同搞好普法宣传；在节目形式上大量采用事例再现、案例再现、以例说法等类似于小品的表现手法；更多地参与社会生活，干预社会生活。

（三）教育类

1. 中央电视台：《第二课堂》

《第二课堂》为1987年新开办栏目，旨在为中学生介绍生动有趣、富有启发性的各种基础知识，如物理、化学、生物等方面的小实验，使同学们的课外活动和课外实践更加丰富，帮助巩固同学们所学的课程。

2. 广东电视台：《摇钱树》

《摇钱树》于1987年8月10日正式开播，以介绍农、林、牧、副、渔等方面的实用性科技知识为主要内容，同时兼顾介绍外省和外国先进的农业科学技术，根据时令季节和因地制宜的需要，向农民提供新信息，推广新品种和新方法，内容力求做到科学性、知识性、实用性、趣味性相结合，做到寓宣传教育于服务之中。节目以主持人形式为主，多用对话，辅以现场实物或图片介绍，以广州话为播出语言。

《摇钱树》节目录制现场

（四）综艺类和艺术类

1. 河北电视台：《观众之声》

《观众之声》于1987年开办，每两周播出一次，每次40分钟。这个栏目以欣赏、娱乐为主，是综合性文艺栏目。《观众之声》在内容上力求雅俗共赏，向观众推荐健康、优美的节目，以提高观众的审美情趣。在节目编排上采取"锦线串珠"的方法，加入主持人的评介及专家的讲解，使节目成为有机的整体。

《观众之声》纪念卡

2. 山西电视台：《五彩缤纷》

山西电视台的《五彩缤纷》注重艺术性、趣味性、知识性，采取版块结构，汇集音乐、舞蹈、文学、戏剧和美术的精粹，力求内容丰富多彩，形式生动活泼，雅俗共赏。《五彩缤纷》栏目的特色之一是采取直播形式。

《五彩缤纷》主持人李平（左）和金鉴

（五）纪录片类

1. 中央电视台：《让历史告诉未来》

《让历史告诉未来》为12集电视系列片，7月27至8月6日在中央电视台播出，得到了全国电视观众的高度评价。该片记录了中国军事艰苦卓绝的发展历程。有同期采访，突破了画面加解说词的传统纪录片表现方式，采用平和的叙事视角。

《话说运河》片头画面

《让历史告诉未来》宣传图片

2. 中央电视台：《话说运河》

这是一部介绍运河的历史文化、风土人情的纪录片。1986年3月至1987年1月在中央电视台播出。片中，历史与现实交融、人物与社会互动，一路民俗风情、秀丽风光、人文历史娓娓道来，其画面、音乐、解说词都能让人感受到一种深厚的、强烈的感情。

《话说运河》航拍现场

《话说运河》谏壁拍摄场景

（六）电视剧类

1. 北京电视台：《便衣警察》

北京电视艺术中心出品的12集电视连续剧《便衣警察》，讲述了年轻警察周志明的成长故事，也是一曲美好爱情的颂歌。

2. 中央电视台：《红楼梦》

这是根据我国古典文学名著《红楼梦》摄制的一部古装连续剧，于1987年播出。中央电视台中国电视剧制作中心制作。该剧播出后，得到了大众的普遍好评，至今该剧已重播千余次。

《便衣警察》海报

《红楼梦》剧照

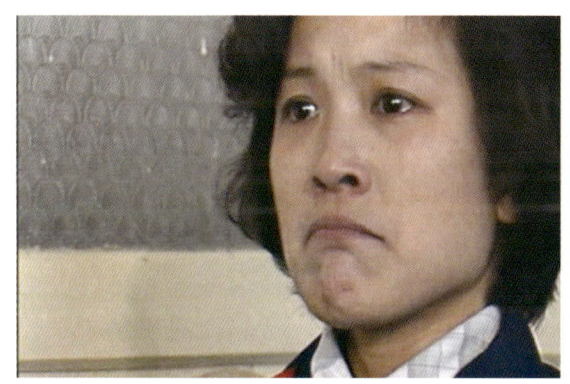

《便衣警察》剧照

《红楼梦》剧照

3. 北京电视台：《凯旋在子夜》

该电视剧以越南自卫反击战为背景展开故事，讲述了童川和江曼的爱情故事。该剧第一次在中国电视上出现大场面、大氛围战争戏，表现出一种恢宏的气势。

《凯旋在子夜》剧组合影

（上下图）《凯旋在子夜》剧照

四、电视评奖

（一）新闻类

1987年（第八届）"全国好新闻评选"

本届全国好新闻评选电视部分共有35件作品入选，其中特等奖2件、一等奖10件、二等奖11件、三等奖12件。

特等奖2件

◎《长江科学考察漂流纪实》，黎明福、秦军等人，四川电视台

◎《一个盲姑娘的追求》，王卓、梁建增，河北电视台

一等奖10件

◎消息：《我国实用通讯广播卫星定点成功》，刘效礼、韩金度等，中央台电视台

◎消息：《贵州省清镇县改革干部制度》，李讯，贵州台电视台

◎消息：《南岭隧道地质复杂　施工异常艰苦》，李绥生、刘少博等，中央电视台、韶关电视台

◎消息：《山西太原地区出现一些"钓鱼工程"》，南晓明、高绍曾，山西电视台

◎消息：《中国体育代表团获第十届亚运会金牌总数第一》，杨伟光、岑传理等，中央电视台

◎连续报道：《王锡爵驾机飞回祖国大陆定居》，仇绍强、殷秋新等，广东电视台、中央电视台

◎述评：《大家一起来扫除"文字垃圾"》，孙伟、孙泽敏等，上海电视台

◎述评：《温州之路》，刘申、徐联富，中央电视台、温州电视台

◎专题报道：《从一个傻子屯谈起》，李士英，黑龙江电视台

◎《挑战者号航天飞机失事》，李三伟（编译），中央电视台

(二) 文艺类

第七届（1986年度）全国电视剧"飞天奖"

本届评出作品奖23个，单项奖12个。

◎连续剧特别奖：《红楼梦》，中央电视台中国电视剧制作中心

◎连续剧一等奖：《努尔哈赤》，中央电视台中国电视剧制作中心、沈阳市文联等；《雪野》，辽宁电视台、辽宁电视剧制作中心

◎单本剧一等奖：《希波克拉底誓言》，中央电视台、上海戏剧学院等

◎短剧小品一等奖：《满票》，江苏电视台

◎优秀导演：陈家林，《努尔哈赤》

◎优秀男主角：侯永生，《努尔哈赤》中饰演努尔哈赤

◎优秀女主角：方青卓，《雪野》中饰演吴秋香

导演陈家林工作照

侯永生在《努尔哈赤》中饰演努尔哈赤

方青卓在《雪野》中饰演吴秋香

五、电视史料

1986年、1987年电视有关统计数据表

	单位	1986年	1987年
电视台	座	292	366
节目套数	套	325	405
平均每周播出时间	小时	12 525	16 294
平均每周自办节目时间	小时	4 161	5 268
新闻节目	小时	365	523
专题节目	小时	348	496
教育节目	小时	823	571
文艺节目	小时	2 421	3 385
服务性节目	小时	204	293
全年制作电视节目	小时	52 863	59 448
新闻节目	小时	10 890	16 378
专题节目	小时	7 211	9 478
教育节目	小时	20 589	9 884
文艺节目	小时	8 651	13 937
服务性节目	小时	5 522	9 771
全年观众来信	封	262 233	441 044

六、电视技术

图文电视广播试播

1987年，陕西电视台试播图形制图文电视。1987年10月图形制图文电视播出系统通过了部级鉴定。

1985—1987年，天津大学、电子工业部三所、上海无线电十八厂、西安交通大学等单位进行的图形制图文电视研制成果也先后通过了鉴定。

七、电视人物

（一）王枫

王枫，1931年生，1973年进入北京电视台（今中央电视台）主管技术工作，1976年担任副台长，1982年担任台长，1983年担任彩电中心工程总工艺师，1987年担任广播电影电视部副部长并兼任中央电视台台长，1988年辞去台长职务。他在主持和主管中央电视台期间，曾参与了许多大型电视节目的策划和创作。

王枫

（二）王扶林

王扶林，我国第一代电视艺术家，中国电视剧制作中心制片人、导演，执导的电影、电视剧有《红楼梦》《三国演义》《没赶上火车的小伙子》《庄妃轶事》等。

拍摄《红楼梦》时王扶林给演员邓婕说戏

八、电视出版

（一）《中国广播电视学刊》

中国广播电视学会于1987年创办的广播电视学术刊物。该刊力求反映我国广播电视领域的最新研究成果，全面开展业务研究，深入探讨广播电视业的改革和发展问题，及时介绍高新技术在广播电视领域中的运用情况，在广播电视学术界具有较大影响。

（二）《当代电视》

《当代电视》于1987年创刊，由中国电视艺术家协会主办，是国内第一本有关电视艺术的理论、评论刊物。该刊主要介绍电视艺术发展概况，发表有关分析、评论文章，设有"专稿特稿""新作品评""编导演之窗""观察与思考"等栏目。读者对象为电视艺术工作者、高校相关专业师生及广大电视艺术爱好者。

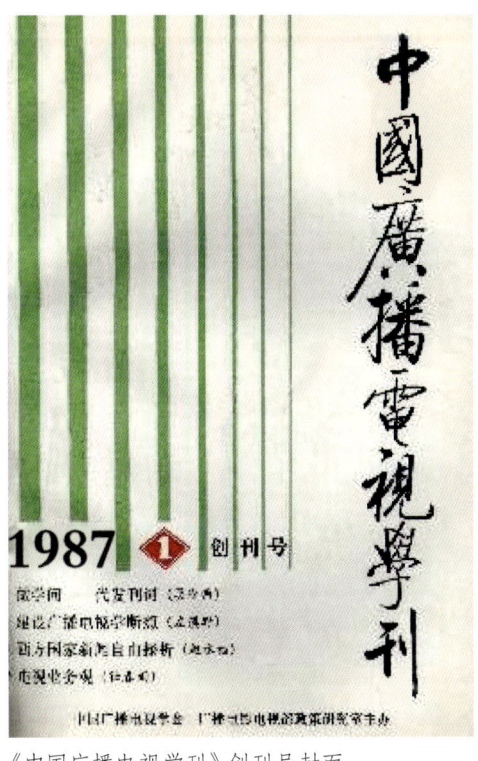

《中国广播电视学刊》创刊号封面

《当代电视》创刊号封面和封底

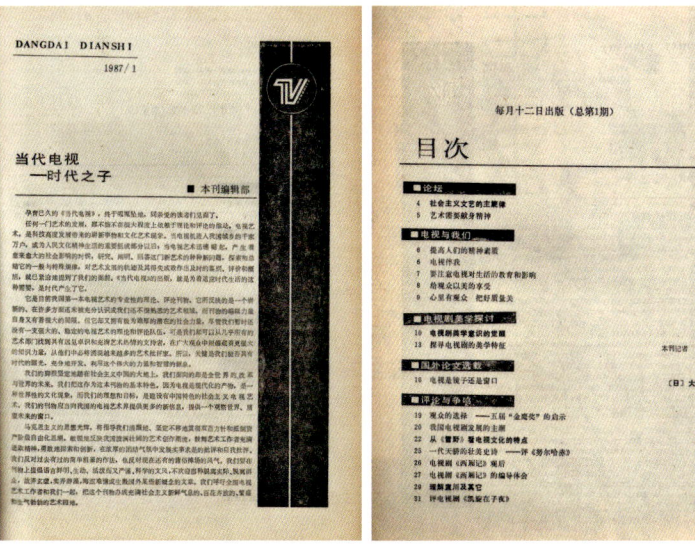

《当代电视》创刊号发刊词和目录

（三）《电视剧》

《电视剧》于1987年4月创刊，由陕西电视台主办，1989年3月起主办单位增加了陕西电视艺术家协会。该刊以电视文学爱好者和广大电视观众为主要读者对象，以促进电视剧创作及理论研究工作繁荣发展为宗旨。

《电视剧》创刊号封面

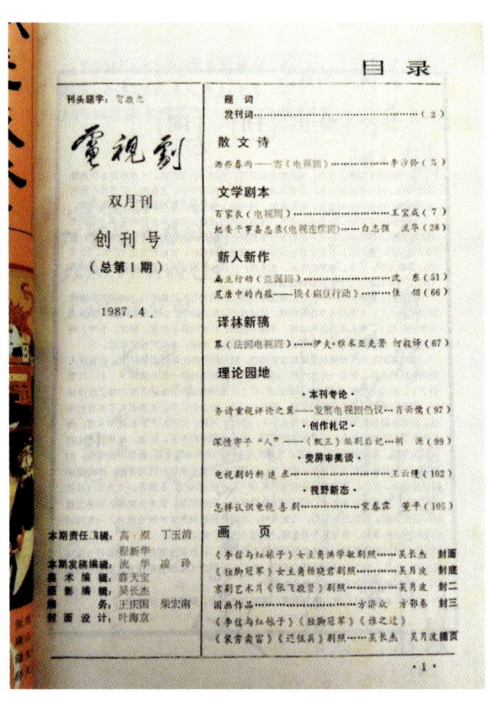

《电视剧》创刊号目录

（四）《世界广播电视》

《世界广播电视》是1987年5月创刊的一本介绍海外广播电视技术的刊物。由香港国际资讯交流服务公司（科讯交流有限公司前身）主办，中国广播电视学会、中国电子学会广播电视学会和深圳广大信息实业有限公司支持创办。该刊以译文、评述、会议报道、展销通讯、市场分析、商品介绍等多种形式向读者介绍适合中国广播电视事业发展和市场需求的最新海外信息。

《世界广播电视》创刊号封面

（五）《电视文学》

《电视文学》于1987年创刊，由河北电视台主办。该刊主要登载中外电视剧剧本、演员专访、影视信息、电视拍摄花絮等。

（六）《吉林电视》

《吉林电视》于1987年创刊，由吉林省广播电视厅主办。该刊主要登载电视信息、导演演员专访、电视拍摄现场花絮、电视史料等。

《电视文学》创刊号封面和封底

《吉林电视》创刊号封面

九、电视教育

北京广播学院新闻系受国家教委的委托，主持召开了广播新闻与电视新闻自学考试大纲修订会议。

1987年，国家教委批准在北京广播学院开设录音艺术专业，培养目标是"为广播、电影、电视各部门培养能从事录音工作（包括导演、录音师）的德才兼备的高级人才"。

《电视文学》创刊号目录

1988年

一、大事记

2月13日至28日,中央电视台利用通信卫星报道了在加拿大卡尔加里举行的第十五届冬季奥运会。

4月6日至13日,第七届全国人民代表大会第一次会议、中国人民政治协商会议第七届全国委员会第一次会议期间,中央电视台首次采取现场直播的方式播出领导人举行中外记者招待会的实况。

4月15日,中央电视台彩电中心播出系统正式启用,中央电视台三套节目即日起全部在这里播出,它标志着中国电视发展进入了一个新的阶段。

7月4日,江西电视台依次推出了《电视桥》《科学时代》《社会大观》《公民与法》《祝您家庭幸福》《观众点播》《下周荧屏预告》7个新版电视栏目,它们大部分设置了主持人。《电视桥》采取主持人直播形式,每晚播出。

8月2日,北京电视台开始实行从6:00至23:00的全天播出,增加了《北京早新闻》和《北京晚间新闻》。

20世纪80年代的中央电视台彩电中心

9月，《长江第一漂——一个导演的回溯》在美国芝加哥举行的1988年度电影电视大奖赛中获历史传记类优秀创作奖。

《长江第一漂——一个导演的回溯》工作人员在长江源头

二、政策法规

在1988年出台的和电视有关的政策法规主要有：

广播电影电视部《广播电视无线电管理办法》。

广播电影电视部《科学技术进步奖励办法》。

广播电影电视部《合理化建议和技术改进奖励办法》。

广播电影电视部《关于继续加强音像管理工作的通知》。

广播电影电视部《关于进一步加强音像事业管理，坚决取缔违章违法录像放映活动的通知》。

广播电影电视部、国家工商行政管理局《关于进一步加强电视广告宣传管理的通知》。

广播电影电视部、司法部《关于禁止录制、出版正在服刑的罪犯表演的音像出版物的通知》。

三、电视栏目和节目

（一）新闻类

1. 中央电视台：《观察思考》

《观察思考》是一档新闻性、社会性、述评性的专栏节目，创办于1988年11月13日。这是一个随时代脉搏一起跳动的专栏，旨在忠实地记录社会改革的历史进程。《观察思考》是后来许多新闻评论性栏目，如《焦点访谈》《焦点时刻》的先驱。

《观察思考》演播场景

2. 福建电视台：《新闻半小时》

《新闻半小时》是福建电视台于1988年开办的实验性新闻栏目，主要对社会热门话题进行深度和广度报道，充分发挥舆论监督作用，揭露现实生活中的腐败现象，探讨改革开放中的普遍问题。节目采用版块式结构，并设立主持人。

《新闻半小时》主持人徐晖、赵艳红在回答观众提问

3. 云南电视台：《西南窗口》

《西南窗口》是云南电视台1988年7月16日开办的新闻栏目，每周播出两次，每次8—10分钟。《西南窗口》主要播出云南、贵州、四川、西藏、重庆5家电视台新闻部相互交流的电视新闻，内容主要为西南各省（区）市具有地方特点的要闻、趣闻、社会新闻、文化科学新闻等。这个栏目打破了省、区、市的界限，扩大了新闻信息的传播范围。

（二）专题类和杂志类

1. 广州电视台：《社会立交桥》

《社会立交桥》于1988年5月开办，旨在为广州党政领导、各机关干部和各界市民提供一个新型的对话场所，以增进相互理解，增强人民群众参政议政的意识。节目围绕群众关心的教育、物价、治安等问题给予深入广泛的反映。

2. 北京电视台：《七色光》

1988年，北京电视台推出每天50分钟的少儿杂志性栏目《七色光》，栏目主题歌被选入中小学音乐教材。2000年，《七色光》栏目获得团中央、中央文明办等单位授予的"青少年维权岗"称号。

（三）纪录片类

1. 山东电视台：《农家春节》

《农家春节》为大型纪实性电视艺术片，分《忆年》《过年》《闹年》3集。其创作手法新颖，生动真实地反映了胶东农村的民风民俗和实行承包责任制后，人们在一年一度的民族传统节日中展现出的喜庆气氛和精神面貌。

2. 青海电视台：《西藏的诱惑》

该节目为青海电视台编导刘郎于1988年完成的纪录片。该片以3代僧侣虔诚朝圣为意象，以4位艺术家在西藏潜心探寻为主线，表现了一种因环境而形成的特殊境界，讴歌了一种由朝圣而引申的崇高精神。片子注重审美价值，强调意境营造。由于该片画面优美、文辞奔放，在电视片创作中较早地运用了大写意的手法，并大胆地进行了主观情感的抒发，因此在中国纪录片创作界被视为写意派的代表。

《七色光》周末版

《西藏的诱惑》画面

（四）综艺类和艺术类

1. 北京电视台：《五彩缤纷》

《五彩缤纷》是北京电视台于1988年1月1日创办的一个综合性文艺栏目，它集音乐、歌舞、杂技、魔术、曲艺、小品于一炉，五彩纷呈地展现在首都观众面前。

2. 上海电视台：《诗·歌·画》

《诗·歌·画》是上海电视台1988年7月1日新辟的知识性和欣赏性栏目，每集10分钟，由名诗介绍、名画介绍、歌曲欣赏三部分组成。名诗介绍部分旨在向广大观众介绍唐宋以来的古诗和中外各个流派的现代诗。名画介绍部分主要向观众介绍自意大利文艺复兴时代以来的西洋油画以及中国画、现代画派的佳作。歌曲欣赏部分旨在向广大观众介绍中外歌星的艺术风格。

3. 天津电视台：《曲艺大观园》

《曲艺大观园》创办于1988年9月，以相声、鼓曲为主，以其他说唱艺术为辅，穿插评论、介绍、轶闻、掌故等，马三立担任嘉宾主持，表现形式多为剧场实况加演播室解说。1994年更名为《鱼龙百戏》。

（五）电视剧类

1. 中央电视台：《末代皇帝》

该剧为中国电视剧制作中心制作的28集电视连续剧，1988年播出。这是一部符合大多数观众心理期待和历史常识的历史传记剧，是对历史的极大尊重。剧中的溥仪是一个最接近生活原型的溥仪。该剧集历史性、知识性于一体，对历史场景、宫廷生活礼俗等还原较为准确。

电视剧《末代皇帝》片头，溥杰题写剧名

电视剧《末代皇帝》剧照

2. 湖南电视台：《乌龙山剿匪记》

《乌龙山剿匪记》是根据湘西剿匪真实历史事件改编，在湘西实地拍摄的18集电视连续剧。该剧描述了以中国人民解放军剿匪小分队队长刘玉堂为代表的剿匪小分队依靠当地人民群众与匪首田大榜、钻山豹、国民党女特务四丫头等展开的一场殊死斗争，以及一场跌宕起伏的爱恨情仇的故事。

《乌龙山剿匪记》剧照

3. 中央电视台：《神探亨特》

这是中国引进的第一部美国大型侦探系列连续剧。主人公警探亨特和搭档侦破了一起起扑朔迷离的案件，剧集跌宕起伏、险象环生，非常吸引人。剧中名句"你可以保持沉默，但你所说的每一句话都可能作为呈堂证供"，因此剧而为国人所熟知。

《神探亨特》剧照

四、电视评奖

（一）新闻类

1988年（第九届）"全国好新闻评选"

本届全国好新闻获奖电视作品共有40件，其中特等奖1件、一等奖11件、二等奖12件、三等奖16件。

特等奖

◎专题报道：《赵紫阳等五位常委答中外记者问》，沈纪、王健生等，中央电视台

一等奖

◎消息：《大瑶山隧道胜利贯通》，刘少博、徐文华等，广东电视台、中央电视台

◎连续报道：《大兴安岭特大森林火灾》，王伟等，中央电视台

◎系列报道：《空运到京进口货物积压严重》，袁明久、王少华等，中央电视台

◎消息：《党中央邀请科技专家到北戴河休息，赵紫阳等同志同他们亲切见面》，周建国等，中央电视台

◎系列片：《让历史告诉未来》，军事部，中央电视台

◎消息：《一条马路隔断了两个企业的产需联系》，孙玉胜、赵国春，辽宁电视台、中央电视台

◎消息：《广东三十万退休工人没有专门活动场所》，张惠建、李俊贤，广东电视台

◎系列片：《改革在你身边》，惠军等，山西电视台、上海电视台等

◎消息：《太原市流动个体工商户超计划生育严重》，南小明、王小英，山西电视台

◎连续报道：《复旦大学对话形成制度》，朱咏雷、耿燕南，上海电视台

◎评论：《制止用公款大吃大喝》，何锡君、朱树德，江苏电视台

（二）文艺类

第八届（1987年度）全国电视剧"飞天奖"

本届共评出18个作品奖、12个单项奖。

◎连续剧特别奖：《西游记》，中央电视台中国电视剧制作中心

◎连续剧一等奖：《严凤英》，南京电影制片厂、江苏音像出版社

◎单本剧一等奖：《秋白之死》，江苏电视台

◎儿童电视剧一等奖：《跑跑的天地》，四川电视台

◎戏曲电视剧一等奖：《九斤姑娘》

◎优秀编剧：《秋白之死》编剧果子、昌炘

◎优秀导演：《秋白之死》导演虞志敏

◎优秀男主角：《葛掌柜》中葛掌柜的扮演者李保田

◎优秀女主角：《严凤英》中严凤英的扮演者马兰

《严凤英》剧照

电视剧《严凤英》剧组在安徽亳州外景地

《秋白之死》剧照

李保田饰演葛掌柜

马兰饰演严凤英

《跑跑的天地》剧照

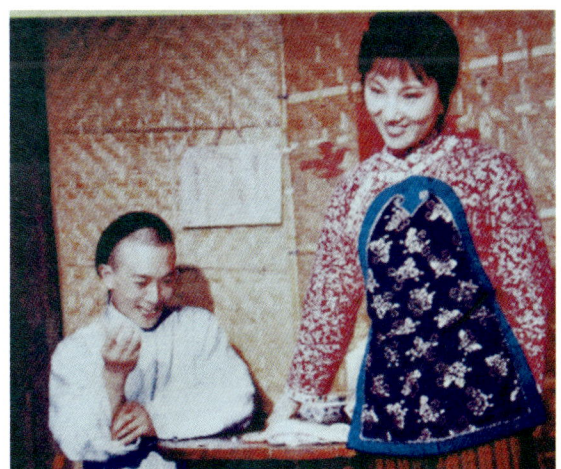

《九斤姑娘》剧照

五、电视史料

1988年全国广播电视厅（局）长会议文件之一《广播电视要发挥好引导社会舆论的作用》摘录：

我们反复强调广播电视必须坚持社会主义的政治方向，坚持为"实现四化，振兴中华"的伟大目标服务，为维护安定团结的政治局面、形成良好的改革环境服务。我们把经济宣传放到重要的位置上，增加了经济宣传的分量；把改革的宣传作为突出的任务来抓，积极宣传有关改革的方针、政策、法规、法令、措施，传播了大量有关改革的信息，报道了一些比较成功的做法和开拓致富的经营管理经验，介绍了在改革中，在从产品经济向商品经济转变过程中出现的新事物、新典型、新观念、新变化，开展了一些有关改革问题的讨论，组织了一些有关改革问题的协商对话，起了帮助人们提高认识、增强信心、促进思想解放、增进相互理解的作用，适应了人民群众求知求富的需要。

六、电视人物

（一）黄惠群

浙江杭州人，历任中央广播事业局翻译、北京广播学院外语系副系主任、中国驻阿尔巴尼亚大使馆翻译、中央广播事业局干部司副司长等职。1985年7月调入中央电视台，历任副台长、台长（1988—1991）。

黄惠群

（二）邓在军

中央电视台导演。1959年调入北京电视台（今中央电视台）任导演，创作了数以千计的电视艺术作品。20世纪60年代和70年代初，先后编导播出了《东方红》《白毛女》《天鹅湖》《茶花女》《长征组歌》等大型文艺节目。80年代以来，主要担任电视文艺专题、大型晚会的导演，是中国电视文艺和春节联欢晚会的主要开拓者，担任1979年、1980年、1983年、1987年、1988年等中央电视台春节联欢晚会的导演，以及统筹第十一届亚洲运动会开幕式、闭幕式现场转播工作等。

邓在军（左）在剪辑台前

（三）赵丽蓉

著名评剧、小品演员。她最初登上央视春节联欢晚会舞台表演小品是在1988年（60岁）。她是歌舞小品的创始人，享有"小品太后"之美誉。

赵丽蓉（左）在表演小品《急诊》

七、电视技术

微波线路和卫星地面收转站建设

1988年，微波线路和卫星地面收转站建设加快。截至1988年年底，广播电视系统自建微波线路40 955公里、微波站889个、卫星地面接收站8 233座。

江西省资溪县马头山乡昌坪村1988年兴建的卫星收转站

八、电视出版

（一）《梅益谈广播电视》

该书由中国广播电视出版社1987年出版，共计30万字。梅益是我国广播电视战线上的老战士，是一位开拓者和领导者。在他主持工作期间，他对发展我国广播电视事业的许多问题进行了研究和探索，积累了丰富的经验，留下了大量的文稿，该书就是这些文稿汇编而成的。

『梅益谈广播电视』封面

（二）《声屏世界》

原名《江西广播电视》，1988年1月改为现名，是一本由江西省广播电视学会主办的融业务研究、学术研究和工作指导为一体的广播电视学术期刊。

1987年11月4日《声屏世界》在北京召开创刊座谈会

《声屏世界》创刊号（1988年第1期）封面

（三）《海南声屏报》

1988年8月创刊。《海南声屏报》以引导读者听广播、看电视为办报宗旨，融思想性、知识性、趣味性、娱乐性、服务性为一体，除了介绍广播电视节目、热心为听众和观众服务外，对大特区经济建设也做适当报道。2011年改版推出《海周刊》。

九、电视教育

中国人民大学新闻学院成立

中国人民大学新闻系成立于1955年，是新中国成立后党和政府领导创办的第一家新闻教育机构。1958年，北京大学新闻专业并入中国人民大学新闻系，此前，创办于1924年的燕京大学新闻系在1952年并入北京大学新闻专业。中国人民大学新闻系1978年开始招收硕士研究生，1981年设立硕士点，1984年设立博士点。1988年，新闻系改名为新闻学院。

《海南声屏报》报头

1989年

一、大事记

1月1日，中央电视台《体育新闻》开播，每晚21:55—22:00播出。

2月17日，由西藏电视台拍摄的大型历史故事片《松赞干布》在拉萨举行首映式。这是西藏电视台拍摄的第一部大型历史故事片。

4月10日，中央电视台记者庞一农、汪保国参加（1988年11月20日出发）我国第五次赴南极考察队胜利归来，分别荣立二等功。

5月16日至20日，山东电视台与美国56频道电视台合作，圆满完成从济南通过国际卫星向美国实况转播《山东——中国新开放的门户》电视节目的任务。这是我国首次进入美国公用电视台的节目。

5月27日，中央电视台现场直播"今夜在北京——第一届中日著名歌星演唱会"，这是中央电视台和日本广播协会（NHK）在文艺节目方面的首次合作。

11月1日，西藏自治区拉萨卫星上行站正式开通，西藏电视台的藏语节目被首次送上卫星，实现了向全区传送藏语电视的目标，结束了西藏多年来用汽车向各地、市传送录像带的历史。

二、政策法规

3月8日，广播电影电视部发布《广播电影电视立法程序规定》。

10月31日，广播电影电视部发布《关于实行电视剧制作许可证制度的规定》。

12月8日，广播电影电视部、国家保密局印发《广播电影电视工作国家秘密范围的规定》。

三、电视栏目和节目

（一）新闻类

1. 中央电视台：《弹指一挥间》

《弹指一挥间》1989年9月10日至11月7日间在《新闻联播》中播出，每次约5分钟，共播出180条。该专栏主要反映社会主义祖国40年来各条战线上取得的成就和先进模范人物的事迹，以简练的解说词、新旧对比的生动画面、现场采访、电视特技等充分发挥电视的优势。

2. 北京电视台：《哑语一周新闻综述》

该节目是专为首都残疾人开办的，它由哑语新闻节目主持人用手势播讲，同时播放新闻图像。

3. 湖南电视台：《焦点89》

《焦点89》为湖南电视台推出的新闻专栏节目，旨在对1989年各种公众关注的事件和问题加以报道、披露和评析。

（二）专题类和杂志类

1. 中央电视台：《神州风采》

《神州风采》于1989年3月18日开播，每次5分钟。该专栏采用现代化的电视手段展现中华大地的建设成就、古今名人、文物古迹、民族风貌、物产资源、中国之最、华夏奇观等。

《神州风采》片头

《神州风采》节目录制现场

2. 广东电视台：《社会聚焦》

《社会聚集》是1989年9月17日开播的分析性、述评性新闻专栏，主要对新闻事件进行深度报道，对重要新闻进行剖析。记者担任栏目主持人，采访、述评都由记者完成，并注意让当事人或目击者现身，注重双向交流。

3. 新疆电视台：《社会瞭望》

《社会瞭望》是于1989年12月4日开办的集教育性、思想性、新闻性于一体的政论性专栏节目，内容涉及政治、经济等诸多领域，选题主要围绕观众关心的普遍问题。

4. 中央电视台：《经济半小时》

《经济半小时》是中央电视台进行经济报道的栏目，1989年12月18日开播，每天30分钟。该栏目最初由10个小栏目构成，分别是"经济信息""桥""看市场""七十二行""新书架""开眼界""消费者之友""世界经济窗口""经济博览""经济透视"，后来又陆续增加了"祝您致富""钟""环球经济""经济与法""市场观察""今日视点""一丹话题"等小栏目。栏目以宣传党和政府的经济政策，报道改革新经验，探讨分析经济领域热点问题为宗旨，参与市场经济的培育和完善，强化为企业和消费者服务的意识，追求自然、清新、朴实的风格。

《经济半小时》主持人敬一丹（左）、赵赫

经济部节目主持人在主持1993年《经济半小时》特别节目《架金桥觅知音》

（三）纪录片类

1. 中央电视台：《地方台50分钟》

《地方台50分钟》开办于1989年1月9日，长度50分钟，是中央电视台为各地方台专门开设的纪录片窗口。它云集了全国各地方台优秀的纪录片创作人员精心摄制的思想积极、内容健康、地域特色鲜明、风格多样的各种题材的纪录片。不久，节目更名为《地方台30分钟》，节目时间压缩到30分钟。

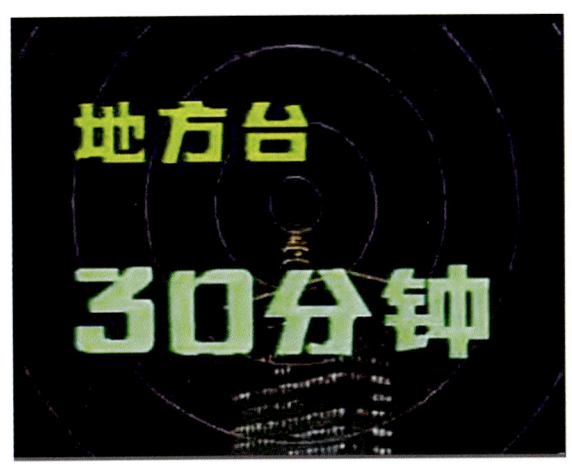

中央电视台专栏《地方台30分钟》片头

2. 湖南电视台：《湘西，昨天的回响》

《湘西，昨天的回响》是1989年湖南电视台拍摄反映湘西民俗、民情、民风的电视纪录片。片子生活气息浓郁，地方色彩鲜明。包括"飘白云的河""那晒楼、那码头"和"牛市"3个主题，画面生动、解说散文化，充满魅力。

（四）电视剧类

1. 大连电视台：《篱笆·女人和狗》

该剧是由大连电视台等制作的12集电视连续剧。该剧以茂源老汉和他的四个儿媳——枣花、巧姑、马莲、喜鹊以及枣花娘五个女人的命运为线索，描写了这个"三世同堂"大家庭的分裂过程。其中穿插了茂源老汉和枣花娘的爱情悲剧以及家庭中姑嫂、妯娌和夫妻之间的矛盾纠葛，反映了文明与愚昧的冲突，揭示了农村经济变革给农民思想观念、家庭观念和生活、思维方式带来的冲击，昭示了中国在由农业文明走向工业文明的过程中，农民的生存状态和文化心理。该剧具有浓郁的生活气息和强烈的乡土特色。

《篱笆·女人和狗》剧照

《篱笆·女人和狗》海报

2. 上海电视台：《上海的早晨》

《上海的早晨》是上海电视台拍摄的18集电视连续剧。全剧以20世纪50年代的上海为背景，描述了社会主义改造的艰难历程，讴歌了党在这一历史时期的伟大功绩，并折射出新中国成立之初上海的时代风貌。剧中围绕棉纺企业家徐义德及其一家人彼此间的矛盾、纠葛和他们的情感变化这条主线，揭示了中国民族资产阶级的两面性，刻画了各种类型的工商业者，多侧面地展示了当时资本家的不同心态，同时再现了新中国成立之初纺织工人的生活，塑造了众多的干部和群众形象。

《上海的早晨》片头

《上海的早晨》剧照

3. 中央电视台、上海电视台：《十六岁的花季》

这是中央电视台、上海电视台联合拍摄的12集电视连续剧，是一部在社会上反响很大的校园青春剧。该剧讲述了白雪、陈非儿、欧阳严严和韩小乐等几个十六岁的少男少女在高中校园里的一段生活。该剧因为真实地反映了中学生活，准确地把握了青少年心理而深受中学生的喜爱，又因触及现实、反映改革开放后人们的心态以及两代人之间的"代沟"而受人关注。

《十六岁的花季》剧照

四、电视评奖

（一）新闻类

1989年（第十届）"全国好新闻评选"

本届全国好新闻电视获奖作品一等奖9件、二等奖和三等奖共26件。

一等奖

◎新闻：《浙江盐业生产面临危机》，施泉明、周冬梅，浙江电视台

◎新闻：《中央领导祝贺北京正负电子对撞机对撞成功》，赵立凡、马赤后、居椿华，中央电视台

◎新闻：《我国结束蒸汽机车生产历史》，赵有田、张建等，山西电视台

◎新闻：《振兴开封座谈会开成了催眠会》，河南电视台

◎新闻：《乱开发票成为干扰物价改革的一大社会公害》，韦世林，贵州电视台

◎专题新闻：《祖国不会忘记》，朱乐民、骆嘉玺等，中央电视台

◎新闻专题：《房子会有的——广州市住房改革千家谈》，马晓燕、何日丹等，广东电视台

◎新闻评论：《从一家工厂停产所想到的》，康平、庄建民等，中央电视台

◎连续（系列）报道：《七号台风袭击浙江》，浙江电视台新闻部

（二）文艺类

第九届（1988年度）全国电视剧"飞天奖"

本届"飞天奖"评出22个作品奖、11个单项奖。

◎连续剧特别奖：《末代皇帝》，中国电视剧制作中心

◎连续剧一等奖：《师魂》，中央电视台、黑龙江电影厂、中国儿童艺术剧院

◎儿童连续剧一等奖：《好爸爸、坏爸爸》

◎儿童单本剧一等奖：《病毒·金牌·星期天》

◎优秀导演：冯小宁，《病毒·金牌·星期天》导演

◎优秀编剧：王树元，《末代皇帝》编剧；诸葛怡，《师魂》《好爸爸、坏爸爸》编剧

◎优秀男主角：陈道明，《末代皇帝》中饰演青年溥仪

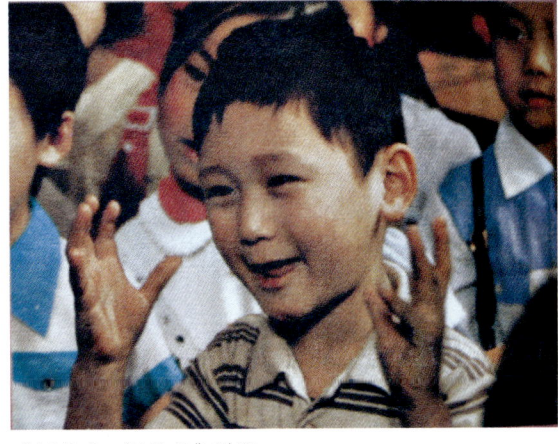

《好爸爸、坏爸爸》剧照

《病毒·金牌·星期天》剧照

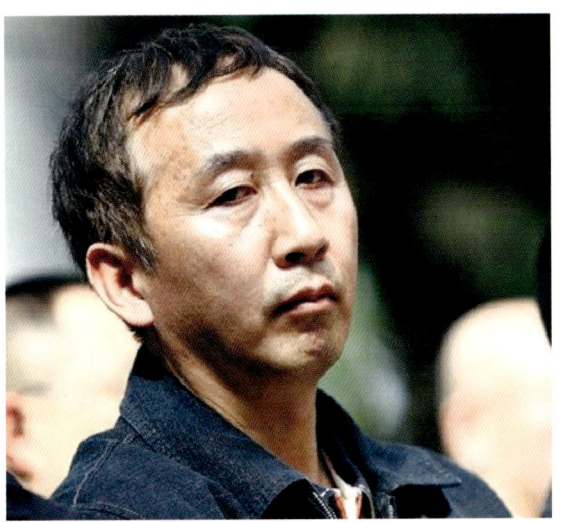

导演冯小宁

《师魂》剧照

五、电视史料

李瑞环《坚持正面宣传为主的方针——在新闻工作研讨班上的讲话》（1989年11月25日）节选：

当前，改进新闻工作需要研究和解决的问题很多。无论是从新闻工作的一般意义上讲，还是从当前各方面的实际情况来讲，或是从稳定压倒一切这个大局来讲，关键的问题是新闻报道必须坚持以正面宣传为主的方针，这是社会主义新闻事业必须遵循的一条极其重要的指导方针。坚持这个方针，就是要准确、及时地宣传党的路线、方针、政策，实事求是地反映社会现实生活的主流，让人民群众用创造新生活的业绩教育自己，形成鼓舞人们前进的巨大精神力量，在当前就是要造成一个有利于稳定局面的舆论环境。

我们所说的"正面"，所说的"为主"，就是要着力去宣传报道鼓舞和启迪人们发展社会生产力的东西，鼓舞和启迪人们坚持四项基本原则、坚持改革开放的东西，鼓舞和启迪人们加强社会主义民主和法制建设的东西，鼓舞和启迪人们推进社会主义精神文明建设的东西，鼓舞和启迪人们热爱伟大祖国和弘扬民族文化的东西，鼓舞和启迪人们维护国家统一和民族团结的东西，鼓舞和启迪人们为推动世界和平与发展而斗争的东西。总之，一切鼓舞和启迪人们为国家的富强、人民的幸福和社会的进步而奋斗的新闻舆论，都是我们所说的正面，都应当努力加以报道。

六、电视人物

章之俭

广播电视技术专家，中国电视广播科学技术的开拓者和奠基人之一，在创建中国黑白电视广播、彩色电视广播、卫星广播电视、有线电视网以及中国数字电视标准的制定工作中发挥了重要作用，为发展中国广播电视事业作出了贡献。鉴于章之俭在国产第一套黑白电视中心设备、彩色电视中心设备研制中的重大贡献，他获得了1978年全国科技大会先进个人奖。1988年，章之俭被广播电影电视部首批授予教授级高级工程师职称。

章之俭

七、电视技术

1989年，计算机辅助动画制作系统、电视录像磁带节目编辑管理系统等系列技术成果通过鉴定，中文图文电视系统开路实验取得成功。

八、电视出版

（一）《广东电视》

该刊由广东电视台主办，1988年9月试刊，1989年1月正式创刊，以介绍、评价电视节目为主，是一本兼有服务性、生活性、知识性、趣味性的综合性娱乐刊物。

《广东电视》（1988试刊号第1期）

《广东电视》创刊号封面

（二）《视听界》

江苏省广播电视厅和广播电视学会主办的《视听界》杂志（双月刊）自1989年2月起向全国公开发行。期刊的定位是"致力于对策研究"。

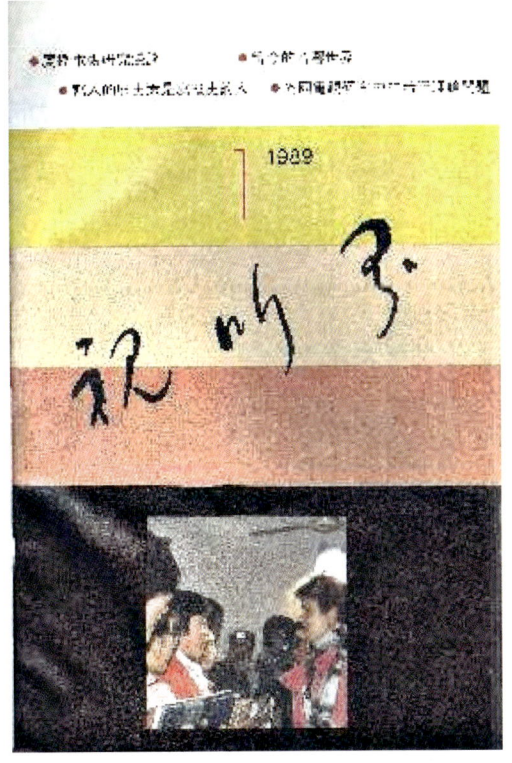

《视听界》1989年第1期封面

（三）《湖北广播电视技术》等

20世纪80年代，一批电视科技刊物先后问世。这些刊物主要及时报道国内外电视领域的新技术、新系统、新设备，介绍电视事业的新发展及其政策、规划、标准等。

1980年，《四川广播电视技术》创刊；1982年，《吉林广播电视技术》（吉林省广播电视研究所主办）创刊；1984年，《湖北广播电视技术》《黑龙江广播电视技术》（黑龙江省广播科研所主办）创刊；1986年，《福建广播电视技术》《辽宁广播电视技术》创刊；1987年，《国际广播电视技术》创刊；1988年，《哲里木广播电视技术》《湖北广播电视研究·技术版》《广播电视业务·技术版》《中国广播电视设备工业》和《电视工程》创刊；1989年，《电视技术论谈》创刊。

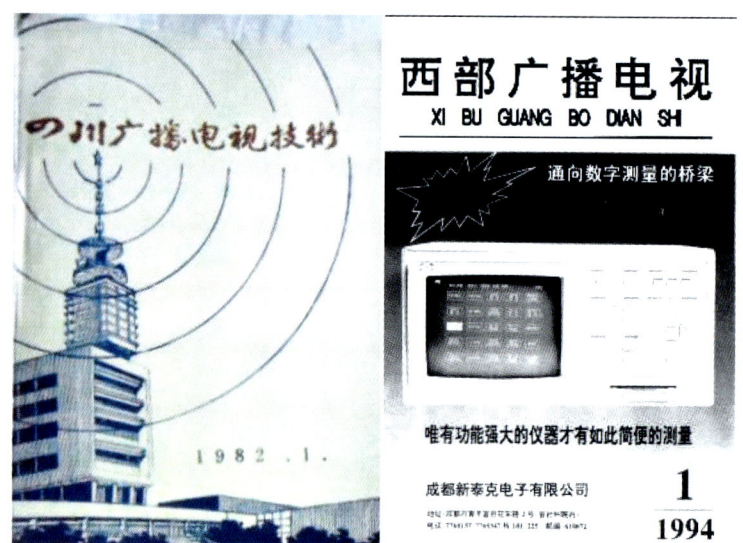

《四川广播电视技术》(四川省广播电影电视厅、中国西部地区电视技术协会主办),1994年更名为《西部广播电视》

《福建广播电视技术》创刊号封面

《湖北广播电视技术》(湖北省广播电视厅技术处主办)创刊号封面

《辽宁广播电视技术》(辽宁省广播电视厅主办)创刊号封面

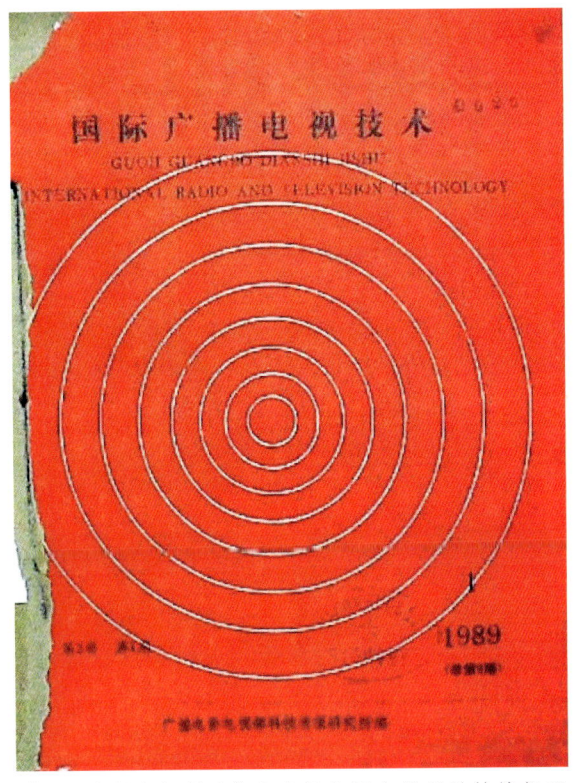

《国际广播电视技术》由广播电影电视部科技情报研究所（科技信息研究所前身）主办

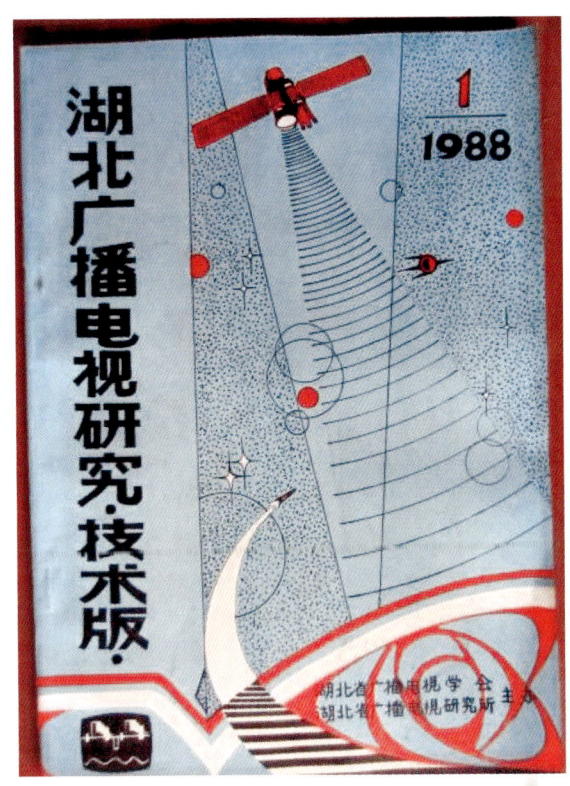

《湖北广播电视研究·技术版》（湖北省广播电视协会和湖北省广播电视研究所主办）创刊号封面

《哲里木广播电视技术》（哲里木盟广播电视学会主办）创刊号封面

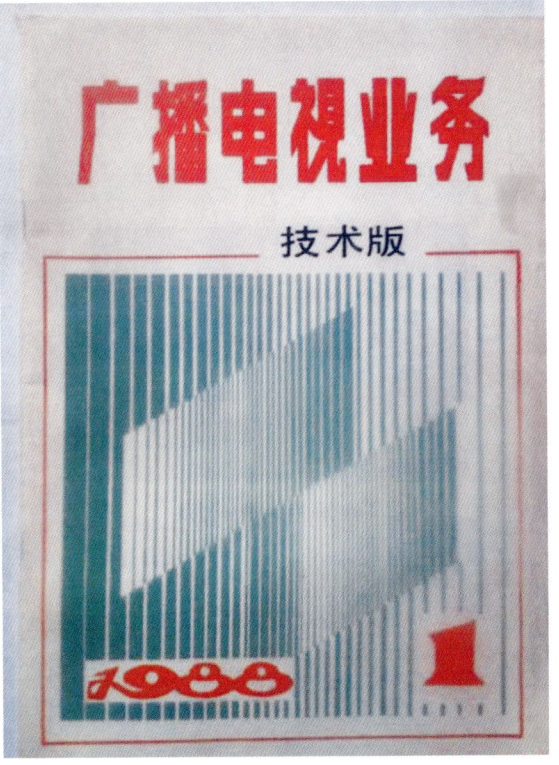

《广播电视业务·技术版》（山西省广播电视厅主办）创刊号封面

《中国广播电视设备工业》(中国广播电视设备工业协会主办)创刊号封面

《电视技术论谈》(中央电视台主办)1994年第1期封面

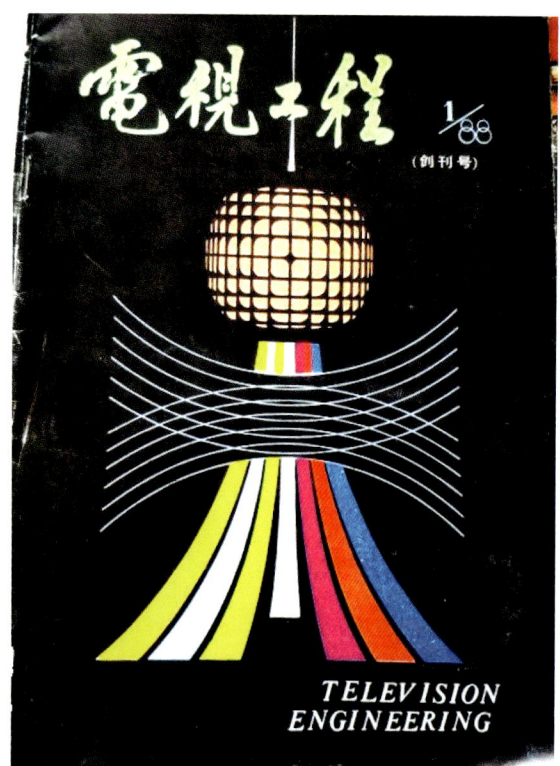

《电视工程》(上海电视台等多家电视台合办,现由上海文广新闻传媒集团技术运营中心主办)创刊号封面

《现代电视技术》2001年第2期封面(从这期开始,《电视技术论谈》更名为《现代电视技术》)

（四）《屏幕之友》

1989年5月创刊的《屏幕之友》是由广州电视台主办的电视文化娱乐周刊，原为《广州电视报》。办刊宗旨为"屏内为主、屏外为辅"，刊登内容主要是市台、省台及中央电视台的电视节目以及国内外热点影视文化动态。

九、电视教育

（一）江苏广播电视学校筹建

1989年，江苏省人民政府批准筹建江苏广播电视学校，该校由江苏省广播电视厅主管，为全日制普通中专，附设职工中专班，在校生规模为1 000人。普通中专设广播电视技术、新闻编采、新闻管理3个专业，招收初中毕业生，学制4年。

（二）上海广播电视业务进修学院成立

这是一所由中国电视艺术家协会上海分会主办、上海新闻广播电视职业学校承办的成人学校，1989年1月经上海市教育局批准备案成立。

江苏广播电视学校校门

1990年

一、大事记

4月7日,中央电视台和四川电视台联手,成功地现场直播了中国"长征"三号火箭发射"亚洲一号"卫星的实况。

4月18日,湖南省广播电视厅在长沙举行新闻发布会,宣布经广播电影电视部、湖南省人民政府批准,建立湖南省有线电视台。这是我国首家省级有线电视台。

5月20日,海峡两岸首次直通卫星传送电视信号,中央电视台的电视节目信号通过国际直播电话传送给中国台北TTV。

7月27日,中央电视台外事处与日本NHK联合现场直播《你早北京》节目,通过卫星向日本介绍北京亚运会的情况及北京早晨的市容。

9月20日,中央电视台现场直播了"亚运之光"火炬终交仪式,长度35分钟。9月22日,第十一届亚洲运动会正式开幕。中央电视台从15:15—18:29成功直播了开幕式现场实况。据抽样调查结果,我国约有7亿人观看了开幕式转播或重播。10月7日19:25—21:20中央电视台在北京工人体育馆现场直播亚运会闭幕式实况,至此,第十一届亚运会电视转播工作落下帷幕。

10月7日,中央电视台在北京工人体育馆现场直播亚运会闭幕式实况

10月23日,台湾电视制作单位——鑫凯传播与中央电视台第一次联合制作的综艺节目《远山含笑》正式播出。台湾方面也播出了该节目的修改版,基本完整地播出了大陆演员表演的节目,这在台湾也属首次。

二、政策法规

4月9日,广播电影电视部、公安部、国家安全部联合发布关于《卫星地面接收设施接收外国卫星传送电视节目管理办法》。

11月16日,广播电影电视部发布《有线电视管理暂行办法》。

三、电视栏目和节目

(一)新闻类

1. 北京电视台:《今日京华》

北京电视台的《今日京华》遵循"以小见大""以一当十""一滴水映出整个太阳"的艺术手法,选取新颖、别致、独特的生活视点,通过生活的一个侧面、一个片段深刻反映和表现现代首都的社会生活。

2. 黑龙江电视台：《本周话题》

这是黑龙江电视台1990年1月开办的新闻专题栏目，每周日播出一次。《本周话题》的宗旨是围绕党的方针、政策和政府的中心工作以及人民群众共同关心的社会问题，展开深入的透视和分析，力求把思想性、指导性、教育性、趣味性、新闻性融为一体，努力开拓新闻视野，力图使之成为与观众交流的窗口、与民众沟通的渠道，成为党和政府的喉舌。

3. 福建电视台：《午间节目》

该节目由福建电视台于1990年10月1日开办。节目宗旨是努力办好《午间新闻》，把发生在八闽大地的新闻以最快的速度向本省观众传播，同时，使观众能从这个节目中领略到祖国无限美好的山水风光，在欢笑中得到生活的启迪，在轻松愉快中获得各种生活知识。

（二）专题类和杂志类

1. 中央电视台：《气象信息》

《气象信息》节目于1990年7月1日开播，每天5分钟，是中央电视台与中央气象局联合开办的。通过这个节目，观众可以从屏幕上收看各类气象卫星捕捉到的各式各样的云图，并获知重要的天气现象和趋势。

2. 北京电视台：《今晚我们相识》

北京电视台《今晚我们相识》节目创办于1990年9月14日，每半月播出1集，每集介绍4—6名征婚者。节目采用形象化手段，在荧屏上展示征婚者的风姿、工作情况、生活情趣以及择偶条件。它不仅为征婚者寻求伴侣提供服务，而且通过宣传正确的人生观、恋爱观，成为社会主义精神文明建设的窗口。

3. 广东电视台：《亚运之光》

《亚运之光》是广东电视台体育部为宣传1990年北京亚运会而开设的大型体育杂志型节目，从1990年5月至1990年10月7日亚运会闭幕，每周播出1次至2次，共播出46集，每集50分钟，融知识性、趣味性、新闻性于一体。

（三）纪录片类

云南电视台和四川电视台：《南方丝绸之路》

云南和四川两省电视台自1987年起开始联合策划拍摄，行程10万里，至1990年年底推出的33集电视系列片《南方丝绸之路》。这部电视纪录片以时空大跨度、大交叉的纪实手法，揭示了南方丝绸之路在我国古代交通史、经济史、政治史、民族史、文化史以及国际交往史等方面的重要地位和作用，讴歌了西南各族先民修凿古道走向外部世界的伟大开拓精神和卓越智慧。在1990年度全国优秀电视社教节目评选中，该片荣获一等奖。

（四）综艺类和艺术类

1. 中央电视台：《正大综艺》

《正大综艺》由中央电视台和泰国正大剧团联合制作，1990年4月21日在中央电视台二套首播。《正大综艺》包括"世界真奇妙""五花八门""名歌金曲"等部分，通过猜谜的形式向观众介绍世界各地的风光、名胜、习俗以及妙趣横生的事情。

《正大综艺》宣传画

杨澜、姜昆主持的《正大综艺》节目现场

2. 中央电视台：《综艺大观》

中央电视台的《综艺大观》是以综合文艺为主的栏目，由原《文艺天地》栏目演变而来，1990年3月14日开播，栏目内设立了"艺海春秋""东方奇观""艺术彩虹""开心一刻""天南地北""请您参加"等不固定的小栏目。

中央电视台《综艺大观》节目画面

3. 河北电视台：《万花丛》

河北电视台于1990年6月2日开办了《万花丛》栏目。每周六播出1次，每次40分钟。《万花丛》栏目融欣赏性、趣味性、知识性、娱乐性于一体，包括"观众点播""艺海拾贝""试试看""文化宫"等固定栏目，另外还有不定期的小栏目，如"新歌星""新朋友"等。

（五）电视剧类

1. 北京电视台：《渴望》

《渴望》是1990年播出的50集电视连续剧，是我国第一部长篇室内电视剧。该剧通过描绘北京刘、王、宋三家十余口人在"文革"前后人际关系的纠葛，展现了动乱年代和变革年代普通民众生活的历程，揭示了劳动人民和知识分子命运的交叉，表达了对真诚生活的渴望，以此弘扬中华民族的传统美德、社会主义的伦理道德观念。它以曲折动人的故事情节、清新健康的格调和对人生价值的孜孜探求，牵动了无数观众的心，引起了人们强烈的感情共鸣。

《渴望》剧照

《围城》剧照

《渴望》剧照

《围城》导演黄蜀芹向钱钟书讨教

《渴望》拍摄现场

2. 上海电影制片厂影视艺术部、中央电视台等：《围城》

上海电影制片厂影视艺术部、中央电视台等出品的10集电视连续剧《围城》根据钱钟书的同名长篇小说改编。电视剧忠实于小说，传达了原作的韵味，通过方鸿渐在欧洲留学回国后的人生经历，道出了"围在城里的人想逃出来，城外的人想冲进去。对婚姻也罢，职业也罢，人生的愿望大都如此"这一内涵，同时塑造了一批抗战时期中国旧知识分子生动的艺术形象。

3. 中央电视台：《唐明皇》

《唐明皇》是中国电视剧制作中心1990年出品的40集电视连续剧。全剧以武则天登基称帝为引子，至唐玄宗去世完结，讲述了唐玄宗李隆基的人生历程，展现了开元之治时期的盛唐风貌，其中包含"唐隆之变""先天之变""安史之乱"等众多历史事件。

电视剧《唐明皇》剧照

四、电视评奖

（一）新闻类

1990年第一届全国"现场短新闻"评选

1989年"全国好新闻"评选停办。1989年11月至1990年6月，由中华全国新闻工作者协会举办第一届全国"现场短新闻"评选（评选三届以后，并入"中国新闻奖"）。获得首届"现场短新闻奖"的电视类作品共有8件，其中，一等奖1件，二等奖2件，三等奖5件。

◎一等奖：《省长解决农民卖蘑菇难》，中央电视台

◎二等奖：《辞烧土旧业，开煤气新篇》，中央电视台；《江泽民节日慰问在岗职工》，中央电视台

（二）文艺类

第十届（1989年度）全国电视剧"飞天奖"

从第十届起，将电视剧分为长篇、中篇和短篇分别评选。本届共评出38个作品奖、15个单项奖。

◎长篇电视剧二等奖：《上海的早晨》，上海电视剧制作中心、上海氯碱总厂

◎中篇连续剧特别奖：《长城向南延伸》，国家南极考察委员会、四川电视台

◎中篇电视剧一等奖：《铁人》，中国电视剧制作中心、大庆石油管理局、长春电影制片厂

◎短篇电视剧一等奖：《有这样一个民警》，大同市公安局、山西电视台

◎戏曲电视剧一等奖：《膏药章》，湖北电视台、湖北省京剧团

◎优秀编剧：《铁人》编剧李国昌、蔡霈霖

◎优秀导演：《有这样一个民警》导演张绍林

◎优秀男主角：《上海的早晨》中徐义德的扮演者严翔

◎优秀女主角：《汉正街》中彩云的扮演者吴冕

《长城向南延伸》工作照

《铁人》剧照

《有这样一个民警》剧照

五、电视史料

第十一届亚运会组委会广播电视委员会:《第十一届亚运会广播电视工作总结》（节选）[①]

本届亚运会为外来转播者提供了14路卫星信道。借助空中的卫星通道，亚洲17个国家和地区的39个广播电视机构传送了亚运会开、闭幕式和各项比赛的实况。除实况外，还有14个国家接收了每日50分钟的综合节目。另外，还有许多国家和地区的广播电视机构传送了新闻，寄送了节目和实况，对外卫星传送的时间高达2 045小时。亚洲约有20亿电视观众收看了开、闭幕式和比赛实况。可以说，亚运会的影响遍及整个亚洲和世界其他地区。

亚运会期间，中央电视台还向12个国家的30个电视机构及160个我国驻外机构发送了100个亚运会节目，发出录像带2 200盘，计2 600小时。上述节目都是连夜赶制，并于次日凌晨由国际航班运送给海外各电视机构播出的。由于寄发及时，节目内容精彩，海外许多电视机构都竞相在黄金时间播放。

著名京剧表演艺术家朱世慧（右）在《膏药章》中饰演膏药章

严翔手持"飞天奖"奖杯

《汉正街》中吴冕扮演彩云

中央电视台报道第十一届亚运会的场景

---

① 《中国广播电视年鉴》编辑委员会.中国广播电视年鉴:1991［M］.北京:北京广播学院出版社，1992.

六、电视技术

高孚曾：《第十一届亚运会广播电视分系统的任务和总体方案》（节选）[1]

1990年9月22日至10月7日，第十一届亚运会在北京举行。亚洲30多个国家和地区的80多个广播电视机构也派人来京进行广播和电视报道及转播。

中央电视台（CCTV）经过努力，实现如下规模的电视转播：

1. 电视实况转播和录像：中央电视台对17个主要比赛项目的复赛、半决赛和决赛进行实况直播，拟在19个场馆、场地进行。其余项目进行有选择的实况录像或新闻采访录像。经过编辑向国内传送3套电视节目，向国外传送14路由外国记者配音的电视节目。在北郊新闻中心提供3面各具有11个画面的电视墙。

2. 在第十一届亚运会期间由广播科学研究所和中央电视台合作，试播图文电视；在北郊新闻中心建设有线电视系统，提供各国新闻记者租用的具有12套现场比赛实况节目的电视接收机，以利于各国文字记者及时报道。

3. 由中央新闻纪录电影制片厂摄制一部本届亚运会大型纪录片向国内外发行。

七、电视人物

李雪健

影视演员，曾主演众多影视作品。1990年，在电视剧《渴望》中出演宋大成，夺得第十一届中国电视剧"飞天奖"最佳男配角奖和第九届中国电视"金鹰奖"最佳男主角奖。1998年，参演电视剧《水浒传》，饰演宋江。

---

[1] 《中国广播电视年鉴》编辑委员会.中国广播电视年鉴：1991［M］.北京：北京广播学院出版社，1992.

李雪健在《渴望》中饰演宋大成

八、电视出版

（一）《中国广播电视学》

阎玉主编，中国广播电视出版社1990年出版，由26位专家集体撰写，是对过去特别是20世纪80年代广播电视实践与改革的理论总结，是我国第一部全面、系统论述广播电视学的专著。

《中国广播电视学》封面

（二）《电视新闻学》

黄匡宇著，华东师范大学出版社1990年出版。本书是一本系统研究中国电视新闻节目的学术专著，包括电视本体与电视传播，电视新闻概况，世界八国的电视新闻，中国的电视新闻事业，电视新闻节目的结构，电视新闻的画面、采访等内容。

（三）《电视文化学》

田本相著，文化艺术出版社1990年出版。作者力图把电视事业纳入文化发展的历史、文化艺术的系统以及社会的系统中加以考察，对电视文化的历史成因、电视文化的特性、电视文化的功能等进行探讨，以揭示电视在文化系统中的地位和作用，研究社会系统中的电视现象，对中国电视文化发展的实际作了大量定性分析和理论思考。

九、电视教育

福建省广播电视干部学校

1990年2月9日，福建省广播电视轮训班改称福建省广播电视干部学校。该校下设办公室、教务科，并设北京广播学院福建函授站。学校属成人干部中等专业学校性质，除办有在职干部中专班外，还举办各类业务、技术培训班。

《电视文化学》封面

1991年

一、大事记

2月15日,广西电视台二套正式开播,用普通话、白话播音。

3月17日,中央电视台与日本东海电视台首次合作的1991年北京长城国际马拉松接力赛的电视录播工作圆满结束。

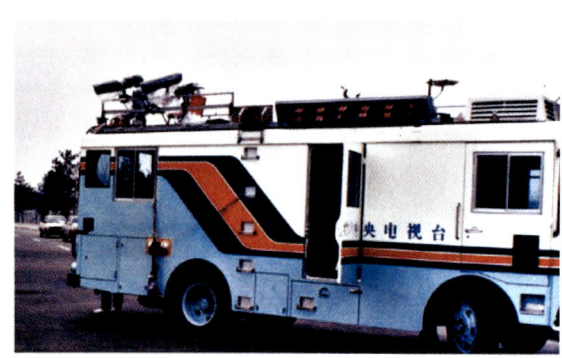

中央电视台马拉松电视转播车

7月5日,中央电视台一套9:00—9:10 开始直播《早间新闻》。

8月,山西成立向美国斯科拉电视台提供节目、报道中国的专业电视台——中国黄河电视台。

黄河电视台台标

黄河电视台早期电视节目画面

9月1日,经国务院总理李鹏批准,中央电视台通过亚洲一号卫星用NTSC制式全天转播第一套节目,覆盖包括台湾在内的我国31个省、自治区、直辖市以及港澳地区。

9月1日,《新闻联播》通过国际卫星频道走向世界,覆盖全球。

11月18日,湖南电视台二套开播,该台以经济、科技报道为主。

12月21日,杨伟光任中央电视台台长。

二、政策法规

4月20日,《有线电视管理暂行办法》实施细则发布。

三、电视栏目和节目

(一)新闻类

1. 北京电视台:《北京您早》

《北京您早》为北京电视台的早间综合性新闻栏目。1991年7月16日,《北京您早》开播,其前身是1988年8月1日开播的《北京早新闻》。新鲜活泼的内容、紧凑明快的编排节奏开创了早间电视新闻栏目的先河。节目设有"北京早新闻""国内外大事""古都新事"等16个小栏目。

《北京您早》播出画面

2. 甘肃电视台:《新闻纵横》

《新闻纵横》是甘肃电视台于1991年7月20日开播的不定期的新闻专题栏目。它强调新闻性,设专题讨论《甘肃新闻》中没有展开的问题,以便深入追踪社会热点,探讨社会问题。

3. 天津电视台:《天津新闻》

1991年,为配合全国和天津市的中心工作,突出主题,深化报道,《天津新闻》曾陆续设置了"奉献之歌""重点技改""金秋回顾"和"在光辉的党旗下"等新闻性专栏。

4. 广东电视台:《全省新闻联播》

《全省新闻联播》于1991年7月1日开办,分别在广东电视珠江台和岭南台播出。这是一个以地方性新闻为主、有岭南特色的综合性新闻节目。

(二)专题类和杂志类

1. 江西电视台:《纪念建党七十周年专题节目展播》

江西电视台自1991年6月20日至7月10日开办了《纪念建党七十周年专题节目展播》栏目,播出内容有电视系列片《红土地的脊梁》《党在我心中》《日出东方》等。

2. 陕西电视台:《三秦经纬》

《三秦经纬》由陕西电视台于1991年开办,是从宏观上展示三秦大地政治、经济、文化、教育等方面形势的一个栏目,设有"社会面面观""恳谈几分钟""风采录""金钥匙"等小栏目,每周播出1次,每次约20分钟,设有主持人。

3. 中央电视台:《军事天地》

《军事天地》是中央电视台于1991年12月26日正式开播的栏目。该栏目以普及军事知识、加强国防教育为宗旨,先后推出了"兵器趣谈""外军掠影""国防与社会""军事点滴""三十六计古今谈""军旅春秋""士兵风采录"等多个新颖别致的小栏目,受到了军内外观众,特别是青少年学生的好评。

《军事天地》片头

《军事天地》节目现场

（三）教育类

1. 内蒙古电视台：《科技园地》

内蒙古电视台于1991年6月8日在蒙古语电视中创办了《科技园地》专题栏目。

《科技园地》专题栏目两周播出1期，每期20分钟。《科技园地》专题栏目主要面向农村、牧区和半农半牧区的蒙古族观众，适当照顾其他层次的观众。

2. 大连电视台：《科技纵横》

《科技纵横》由大连电视台于1991年10月开办，栏目宗旨是增强全社会的科技意识，传播科技信息，推广科学技术，普及科学知识，主要介绍国内外科技信息、科技人才、科技致富的典型和高新技术等，设有"星火科技""科技简讯""国外科技""应用技术"和"身边知识"等小栏目。

（四）纪录片类

1. 宁夏电视台、辽宁电视台：《沙与海》

这是宁夏电视台、辽宁电视台联合摄制的一部纪录片。主创人员为康建宁、高国栋，主要讲述一户牧民和一户渔民的生活，展示的是普通人的生存状态，但又是与一般人完全不一样的生活。它注重对人性的把握，展现了在人与自然的对抗中人对自然的敬畏，和人顽强的生存意志，体现了人类坚韧不拔之美。

纪录片《沙与海》画面

2. 中央电视台：《望长城》

这是中央电视台、日本东京广播公司联合制作的一部纪录片，主创为刘效礼。该片采取了主持人串联的形式，镜头始终跟随着主持人，考察长城修建、变迁的历程，全面介绍长城在中国历史上的作用、长城对人的物质和精神生活的影响、长城与当今自然生态及人口迁徙变化的关系等。全片不仅展示了长城本身，更表现了长城遗址沿途人民的生活状态。

《望长城》片头画面

《望长城》拍摄现场。主创刘效礼（右一）

3. 四川电视台、西藏电视台：《藏北人家》

《藏北人家》是四川电视台和西藏电视台合作拍摄的纪录片，主创王海兵。该片透过藏北的生活揭示了恬静淡远、和谐安宁的人与大自然的关系，记录了藏北牧民始终与自然环境保持和谐一致的劳动与生活。

助人的编辑之间的交流与碰撞，描写了他们与社会发生联系后产生的形形色色的人生故事。这是我国第一部电视系列喜剧，剧中调侃、幽默、讽刺、戏谑的语言风格开了电视戏剧之先河。

《藏北人家》剧照

《编辑部的故事》剧照

（五）综艺类和艺术类

1. 上海电视台：《星光灿烂》

上海电视台于1991年7月推出《星光灿烂》栏目。隔周日晚上黄金时间播出，每次1小时左右。该栏目为晚会样式，采用版块结构，主题明确，综合性强且强调观众的参与性。

2. 湖南电视台：《红绿蓝》

1991年11月20日，湖南电视台二套推出编辑性文艺节目《红绿蓝》，主要播出相声、小品、戏曲、歌舞、杂技等节目。

（六）电视剧类

1. 北京电视艺术中心：《编辑部的故事》

北京电视艺术中心1991年拍摄了25集电视连续剧《编辑部的故事》，导演赵宝刚、金炎。该剧描写了在《人间指南》杂志的一个编辑部里，6个性格各异却都善解人意、乐于

2. 广州电视台：《外来妹》

广州电视台推出了10集电视连续剧《外来妹》，这是我国最早反映广东地区外来打工者生活的电视剧。《外来妹》主要描述了6个从穷山沟赵家坳到广东打工的女性的命运。电视剧涉及3个地域文化层面的描述，即内地、广东沿海、香港。剧中的女主人公赵小云从一个普通的打工妹成长为一个乡镇企业的负责人，实现了自己人生的飞跃。

《外来妹》剧照

3. 山东电视台、济南电视台:《孔子》

《孔子》是山东电视台、济南电视台联合制作的16集电视连续剧,该剧艺术地表现了孔子坎坷的一生和博大的思想,人物众多,场面宏大。

《孔子》剧照

4. 上海电视剧制作中心、中央电视台:《上海一家人》

《上海一家人》是上海电视剧制作中心、中央电视台联合制作的26集电视连续剧,讲述了在20世纪20年代末至上海解放前夕,上海滩棚户区里"一家人"的故事。贫苦农民沈川儿带着女儿若男来到上海,女儿一心想为父亲分担生活的重担,竭尽全力地支撑着全家。她得到棚户区一起长大的小伙伴们和好心人的热心帮助,创建了自己的事业,并组成了自己的家庭。由于时局的动荡,若男的事业几起几落,最终艰难地向成功迈进。

《上海一家人》剧照

四、电视评奖

(一)新闻类

1. 1991年"第二届全国现场短新闻"评选

"第二届全国现场短新闻"评选电视类获奖作品共有26件,其中一等奖3件,二等奖7件,三等奖16件。获得一等奖的电视作品篇目有:

◎《亚运圣火火种采集仪式在西藏举行》,中央电视台,曹玉春

◎《一个值得国营大中型企业重视的问题——江总书记与煤矿工人一席谈》,宁夏电视台,徐赛、田宝贵

◎《大汗村村民的过年观变了》,山西电视台,郝延伟、高丽萍

2. 第一届(1990年度)"中国新闻奖"

第一届"中国新闻奖"定评会现场

1991年,中央批准设立"中国新闻奖"。这是常设的全国优秀新闻作品最高奖,由中华全国新闻工作者协会组织评选,每年评选一次。每届设奖数额不超过300个,其中,一等奖不超过53个(包括10个新闻名专栏),二等奖91个,三等奖156个。

第一届共评出获奖作品153件。其中电视类一等奖作品4件,二等奖11件,三等奖17件。获得一等奖的电视作品有:

◎电视消息:《亚运圣火火种在西藏采集》,中央电视台、西藏电视台,曹玉春

◎电视评论:《粪桶畅销的启示》,浙江电视台,许东良、王永显、李慧萍

◎电视专题:《彩虹在浦江升起》,上海电视台,孙泽敏、王一敏、颜迪明等

◎电视专题:《金融卫士》,湖北宜昌地区电视台,黄贺、王新红

第十一届全国电视剧"飞天奖"评选现场

3. 首届"范长江新闻奖"

"范长江新闻奖"于1991年设立,是由中国记协组织的全国中青年记者评选的最高奖。最初每三年评选一次。首届"范长江新闻奖"获奖者共有9人,来自电视系统的获奖者1人,为中央电视台的刘效礼。

(二)文艺类

第十一届(1990年度)全国电视剧"飞天奖"

本届共评出作品奖41个,单项奖17个。

《焦裕禄》剧照

◎长篇连续剧一等奖:《渴望》,北京电视台、北京电视艺术中心

◎中篇连续剧一等奖:《焦裕禄》,开封市委宣传部、河南电视台

◎儿童连续剧一等奖:《少年毛泽东》,中央电视台影视部、河北电影制片厂

◎儿童单本剧一等奖:《一个真实的童话》,四川电视台

◎戏曲电视剧一等奖:《原野上的马车》,辽宁电视剧制作中心、辽宁电视台

◎优秀编剧:《辘轳·女人和井》的编剧韩志君、韩志晨

◎优秀导演:《围城》的导演黄蜀芹,《宋庆龄和她的姊妹们》的导演潘霞

◎优秀男主角:《围城》中方鸿渐的扮演者陈道明

◎优秀女主角:《宋庆龄和她的姊妹们》中宋庆龄的扮演者李羚

《宋庆龄和她的姊妹们》剧照,李羚扮演宋庆龄

《少年毛泽东》剧照

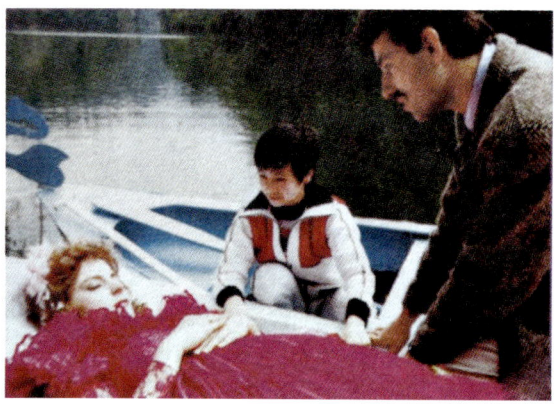

《一个真实的童话》剧照

《原野上的马车》剧照

《围城》的导演黄蜀芹（右三）现场说戏

导演潘霞在拍摄现场

五、电视史料

部分电视台建台日期一览表

电视台	试播日期	正式播出日期	备注
中央电视台	1958.5.1	1968.9.2	
北京电视台		1979.5.16	
天津电视台	1959.7.1	1960.3.20	
山西电视台	1960.5.25	1965.6.5	
中国黄河电视台		1991.8.5	
辽宁电视台	1959.10.1	1960.4.23	
沈阳电视台	1979.12.1	1985.1.10	
吉林电视台	1959.10.1	1960.5.1	
长春电视台	1985.8.1	1986.8.1	
黑龙江电视台	1958.12.20	1959.12.20	
哈尔滨电视台	1981.8.23	1982.8.23	
上海电视台	1958.10.1	1959.10.1	
上海东方电视台		1992.10.28	
江苏电视台		1960.5.1	
浙江电视台		1960.10.1	
宁波电视台		1984.7.27	
广西电视台		1970.10.1	1970年9月15日，广西电视台成立
青海电视台	1970.7.1	1971.1.1	1980年5月26日前称"西宁电视台"
新疆电视台	1970.10.1	1972.9.1	1972年9月1日前称"新疆实验电视台"

六、电视人物

刘效礼

刘效礼，高级编辑。历任中央电视台新闻部编辑，中央电视台军事部副主任、主任，解放军电视宣传中心主任。1991年获首届"范长江新闻奖"。刘效礼共拍摄了400余部纪录片，包括《说凤阳》《望长城》《孙中山》《毛泽东》《邓小平》《中华之剑》《让历史告诉未来》《解放战争著名战役》《孙子兵法》等代表性作品。

七、电视出版

《武汉广播电视研究》等

20世纪80年代，一批广播电视专业刊物先后问世。这些期刊主要是以交流电视理论研究成果为主，兼顾业务探讨。

1984年，《视听研究》创刊；
1985年，《广播电视业务》创刊；
1986年，《湖北广播电视研究》《武汉广播电视研究》创刊；
1987年，《视听纵横》创刊；
1988年，《北京广播电视研究》《贵州广播电视》《黑龙江广播电视研究》创刊；
1989年，《楚天视听》《电视艺术研究》创刊；
1991年，《中原声屏》创刊。

《视听研究》（四川省广播电视学会、四川省广播电视新闻与传播研究所主办）1988年更名为《广播电视天地》，2012年更名为《西部广播影视学刊》并沿用至今

《广播电视业务》(山西省广播电视厅主办)创刊号封面

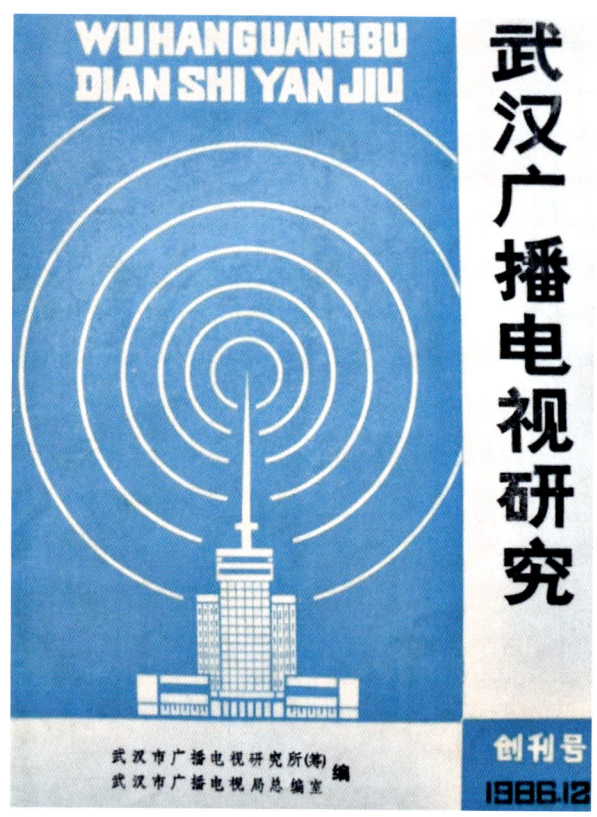
《武汉广播电视研究》(武汉市广播电视研究所和武汉市广播电视局总编室合办)创刊号封面

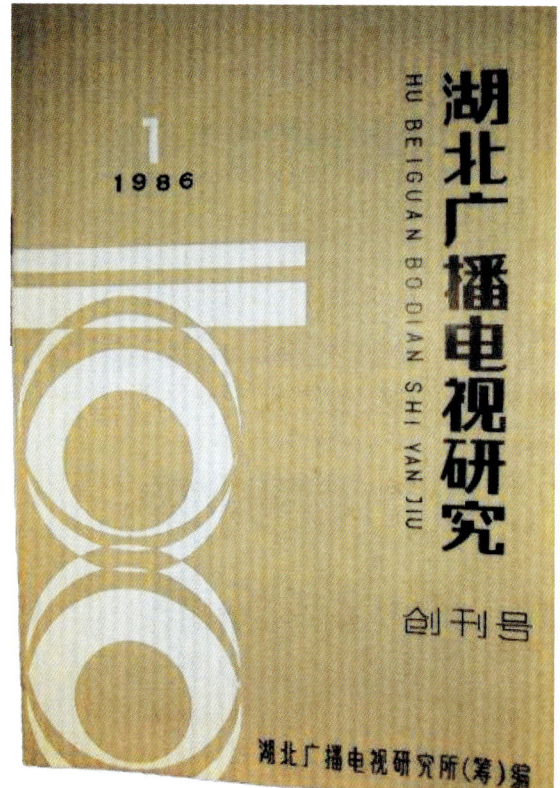
《湖北广播电视研究》(湖北广播电视研究所主办)创刊号封面

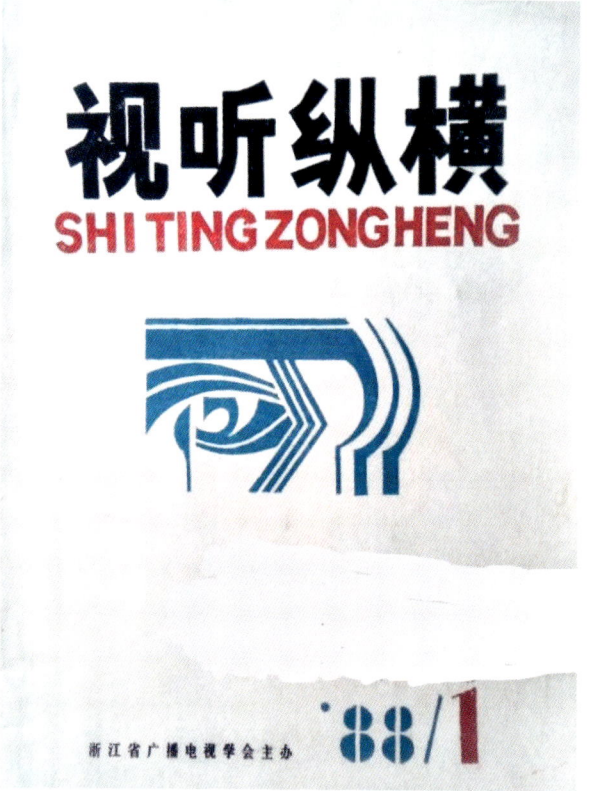
《视听纵横》(浙江省广播电视学会主办)1988年第1期封面

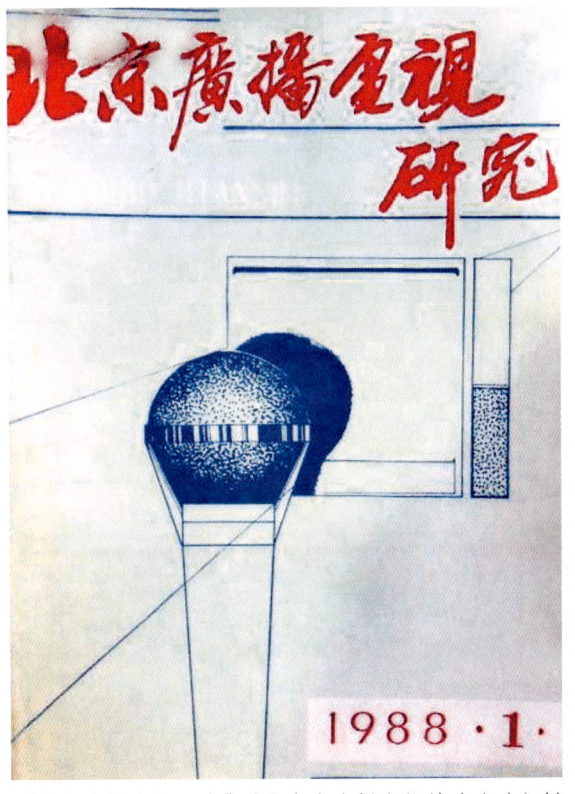

《北京广播电视研究》（北京市广播电视协会主办）创刊号封面

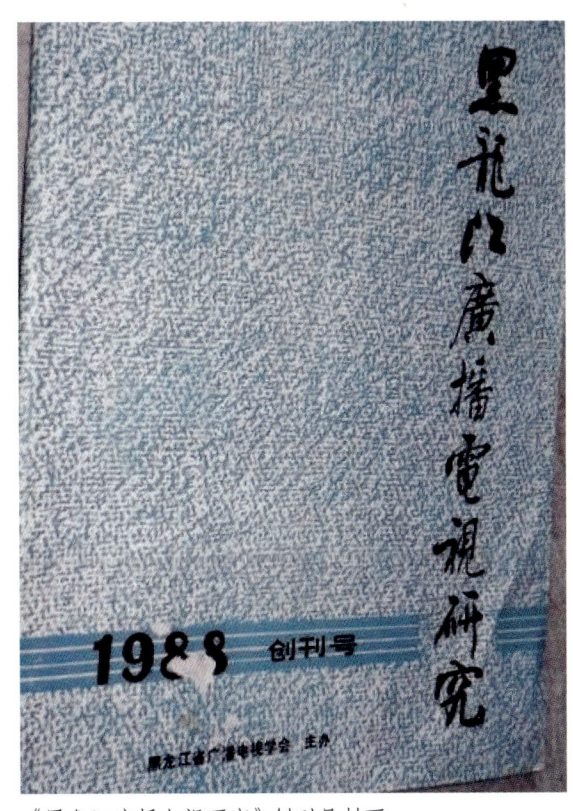

《黑龙江广播电视研究》创刊号封面

《贵州广播电视》（贵州省广播电视学会、贵州省广播电视厅研究室主办）创刊号封面

《楚天视听》（湖北省广播电视厅主办）创刊号封面

《电视艺术研究》(中国电视艺术家协会湖北分会主办) 创刊号封面

《中原声屏》(河南省广播电视学会、河南省广播电视厅主办) 创刊号封面

八、电视教育

广播电影电视部管理干部学院

广播电影电视部管理干部学院是在广播电视部直属华北广播电视学校的基础上，于1990年建立的部直属成人高等学校。主要任务是对广播电视系统县、处级以上管理干部和各级各类专业技术干部进行岗位培训；对中级以上专业技术职务的干部进行继续教育；根据广播电视事业发展需要开展大专层次的高等学历教育和专业证书教育；并有针对性地举办各类短期培训班。开设有大专层次的"电视摄像""录音艺术"两个专业。

第二部分
台湾 多元化时期（1985—1999）

概　述

此一时期是台湾电视的多元化发展时期。多元发展的主要表现有：

1. 有线电视时代的来临，"第四台"合法化

台湾在20世纪90年代之前，仅有所谓的"老三台"，即台视、中视、华视三家无线电视台。台湾的卫星电视事业，在90年代以后陆续开放，无线台也用卫星传送，用户可自行利用大型碟型天线或"小耳朵"（台湾民间对体积较细的碟型天线的称呼）接收信号，"第四台"经营单位开始改为中继卫星电视频道。原本多属非法的"第四台"经营单位陆续合法化，进入有线电视系统，有线电视遂在台湾拥有极高的市场占有率。

2. 频道开放数量大增

ESPN抢先登陆后，CNN、Discovery Channel、迪士尼频道等纷纷取得落地权，而各民间企业纷纷成立卫星电视公司，为有线电视频道经营单位提供节目，使得台湾的有线电视频道数量直线上升。这一时期，台湾本土与外来电视频道合计超过100个。

3. 产业发生剧烈变革，私营电视与公共电视同时出现

1997年5月5日，民视的新闻频道"民视新闻台"开播；同年6月10日，民视取得播出执照；民视无线台正式开播，民视这个"台湾第一家民营无线电视台"成立。

1998年7月1日，财团法人公共电视文化事业基金会（简称"公视基金会"）正式成立，并于同日开播，定频在有线电视第53频道。至此，公视完成长达18年的建台历程。

1985—1999

一、大事记

1985年11月，中视推出古装连续剧《一代女皇》，获得极佳的收视率和口碑。

1986年1月，华视推出首部由琼瑶小说改编的电视剧《几度夕阳红》，此后，"琼瑶"剧成为台湾电视剧市场的主流。

1986年8月24日，台视卖出闽南语连续剧《阿匹婆嫁女儿》马来西亚公开播映权，成为台湾第一部在台湾以外的地区播出的闽南语电视剧。

1987年3月1日，台视全面实施电脑字幕。

1986年10月13日，中视总部功能完全转移至中国电视大厦。1987年2月2日，中国电视大厦落成启用。

1989年1月1日上午，台视开播台湾第一个客家语栏目《乡亲乡情》，由陈裕美主持。

1989年11月3日，中视首次与公视制播组合作制播的公共电视栏目、第一个综艺栏目《第一现场》开播。

1990年，台湾电视开始针对华人歌曲推出"金曲奖"。该奖项成为日后华人歌唱市场的最高奖项。

台湾第一届"金曲奖"年度歌曲奖——潘美辰演唱的《我想有个家》

1990年4月28日，台视正式启用企业识别系统，并同时推出第一代吉祥物"台视宝宝"。

台视转播车上的第一代"台视宝宝"

1990年10月31日，《收卫星看中视》开播，播出号称"介绍台湾风貌，以及报道社会经济进步实况"的各类中视节目，节目讯号涵盖日本、韩国、中国内地及香港地区。《收卫星看中视》全部节目均以中日双语播出，其中的知性节目《台湾风貌》是专为《收卫星看中视》制作的节目。

1992年1月1日，台视、中视、华视同步启用立体声双语电视系统。

1993年，台湾无线卫星电视台（英文简称TVBS）是台湾本土第一个卫星电视台，于1993年9月28日首播。它由香港电视广播有限公司（TVB）及台湾的年代集团合资创立。

台湾无线卫星电视台台标

1993年9月，台湾三立电视台开播。三立电视台的第一个电视频道名为"三立频道"，频道定位为有线综艺娱乐台。

三立电视台台标

三立电视台大楼

1993年8月11日,台湾新闻主管部门发布关于有线电视的相关规定,并于同年11月开放登记,准许地下有线台(第四台)登记为过渡性质的有线电视节目播送系统经营单位。当时共有610家单位取得临时登记证。之后新闻主管部门将有线电视经营区域划分为51区,每区至多存在5家经营单位,迫使第四台系统经营单位进行整合淘汰。1994年10月1日,台湾行政当局正式受理有线电视系统申设登记时,只剩209件申请案。几经审核,2001年年底,共计有66家有线电视经营单位正式营运。

1994年1月10日,台视首度在黄金时段播出杨丽花的歌仔戏《洛神》。

1994年11月底,传讯电视透过卫星开播全天候华语新闻频道"中天频道",后发展为中天电视。

1995年,台湾超级电视台开播,简称"超视"。当时超视投资数十亿,挖遍老三台人才,号称"一台可以抵三台"。

超级电视台第一至第五代台标

中天电视台台标

中天电视总部外景

超视第一代总部所在地——醒吾大楼

1996年10月，中视开始试播电视资讯。1998年7月31日，中视电视资讯开播，成为全球第一个播出"节目通""生活通""字幕通"的电视频道。

1997年6月11日，台湾"民视"（民视新闻台）开播，英文简称"FTV"。民间全民电视公司，是继台湾电视公司、中国电视公司及中华电视公司之后台湾的第四家无线电视台，也是台湾第一家民营无线电视台。民视与台视、中视、华视、公视并列为台湾五个无线电视台，简称无线五台。

民视台标

台湾民视节目截图

1997年1月1日起，中视制定电视节目分级制度，标榜"与美国电视业者同步实施电视节目分级制度"。1999年1月1日起，中视废止该分级制度，并实行台湾行政当局新闻主管部门制定的《电视节目分级处理办法》。

1997年4月4日，中视二台开播，中视成为老三台中唯一成功开辟第二频道的电视台。

1997年9月1日，中视网站上线。

1997年9月，台湾"力霸友联"正式更名为"东森电视台"，其前身是1991年成立的胡友联全线公司。东森电视台是台湾的有线电视媒体，是台湾频道最多的电视台。

东森电视台台标

1997年，台湾"八大电视台"成立，英文简称GTV。取名"八大电视台"是因为当初电视台由八位台湾制作人共同创建。它有两个有线电视频道，即"八大综艺台"与"八大综合台"的前身。1999年8月3日，台湾当局给八大电视台核发《卫星广播电视事业执照》。

八大电视台台标

八大电视台内湖瑞光路总部大楼

1998年3月25日,台视网站上线。

1998年7月1日,财团法人公共电视文化事业基金会(简称公视基金会公共电视台、公共电视、公视、PTS)正式成立,并于同日开播电视频道,定频在有线电视第53频道。至此,公视完成长达18年的建台历程。台湾的无线电视台从老三台增加至五台,象征台湾电视媒体日趋多元化。

1999年,台湾发生"9·21"大地震,全台电视停播所有正常节目。

公视台标

公视A栋大楼

公视A栋大楼大门

公视A栋大楼标示牌,上端保留有公视试播时期的标准字

二、电视栏目和节目

（一）新闻类

1. 中视：《中视早安新闻》

这是中视于1994年9月至2002年10月每日早晨6:30—8:30所播放的晨间新闻栏目。开播时首创以国语、英语、闽南语、客家语四种语言播报，四种语言的平日主播依序为黄晴雯、王芃之、王美惠、钟惠文，这是当时的创举。节目画面背景中央为缓慢自转的地球仪。《中视早安新闻》共分两大时段：6:30—7:00标题为《中视早安新闻》，主要报道前一天的时事；7:00—8:30标题为《中视早安新闻 国内外新闻》，主要报道当天的时事与国际时事。

2. 中视：《中视夜线新闻》

这是中视制播的夜间新闻栏目，1990年10月15日开播，2011年8月26日停播并改为《中视晚安遛新闻》，2012年12月3日复播。

3. 台视：《台视新闻世界报道》

这是台视1987年4月6日播放的夜间新闻栏目，2014年7月13日停播。《台视新闻世界报道》的前身为1986年1月1日开播的现场直播夜间新闻节目《台视新闻夜线》，播出时间为每周一至周五23:00—23:25。1989年2月22日，《台视新闻世界报道》增开5分钟的体育新闻，台视成为台湾第一家以固定时段播出体育新闻的电视台。1989年8月10日，台视新闻部与《中时晚报》编辑部开始共同策划《台视新闻世界报道》的深度报道单元，这是台湾第一个电视与报纸跨媒体合作的电视节目。

4. 台视：《早安您好 台视新闻》

《早安您好 台视新闻》简称《早安您好》，为台视于1988年10月10日起播放的晨间新闻栏目，开播时播出时间为6:30—8:30。当时台视会在《早安您好 台视新闻》之前的每日6:20—6:30播一段"迷你卡通"，然后《早安您好 台视新闻》在每日6:30、7:00、8:00各播一节新闻，《早安您好 台视新闻》内其余时段各播三节气象与两节路况报道。此外，当时的《早安您好 台视新闻》在每日6:30—6:40播出10分钟的CNN"国际新闻"，但台视只作标题而不翻译。

（二）专题类与杂志类

1. 台视：《八千里路云和月》

《八千里路云和月》简称《八千》，是由凌峰制作并主持的电视节目，是台湾第一个介绍祖国大陆风土民情的电视节目。从1989年6月2日起在台视播出，一共播出了6年。

《八千里路云和月》片头

《八千里路云和月》片头

凌峰（右二）带领《八千里路云和月》摄制组在吐鲁番交河故城取景

凌峰（左一）带领《八千里路云和月》摄制组在大陆取景

1991年4月9日，《八千里路云和月》在香港亚洲电视以粤语播出，是第一个在香港播出的台湾社教节目。图为在香港举行的《八千里路云和月》说明会现场

2. 中视：《大陆寻奇》

《大陆寻奇》是中视十分著名且最长寿的栏目之一。1990年8月11日开播，记录祖国大陆各地自然美景、历史古迹、民众生活等人文景观，至今仍在播映中，总集数已超过1 600多集。曾创下周日晚间收视率第一名的纪录。

《大陆寻奇》的制作人是周志敏（2008年时已转任该节目顾问）与其夫刘建良，主持人是熊旅扬。该节目走深度人文、风土民情路线，以奇人异事为节目重心，例如介绍特异功能者、各地特殊生活习惯等。

《大陆寻奇》片头一

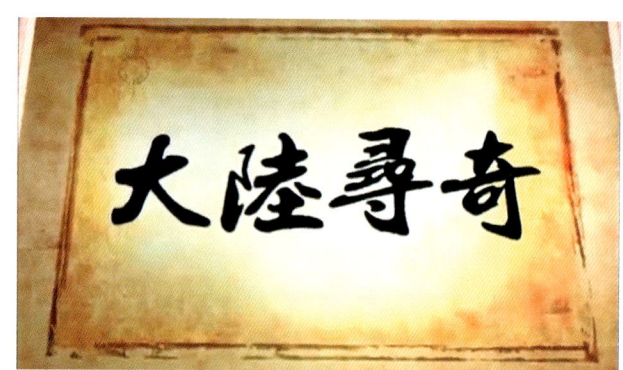
《大陆寻奇》片头二

《大陆寻奇》节目画面，主持人熊旅扬

制作团队横越宁夏腾格里大沙漠

3. 中视：《60分钟》

《60分钟》为中视制播的一个新闻杂志栏目，以美国哥伦比亚广播公司（CBS）新闻杂志栏目《60分钟》为蓝本，1978年8月25日20:00开播，1992年10月9日停播，第一集主持人为李钟桂，历届主持人有王晓祥、熊旅扬、翟翚、汤健明等。播出时间为每周五20:00—21:00。1980年9月22日，《纽约时报》以巨幅专文介绍中视播出两周年的《60分钟》，《60分钟》成为第一个被欧美报纸杂志专文介绍的台湾电视栏目。《60分钟》后曾改名为《中视新闻周刊》《90分钟》等。

中视《60分钟》1980年版的标识，右方为当时的主持人熊旅扬

《中视新闻周刊》1984年节目截图，图中人物为主持人熊旅扬

4. 台视：《热线追踪》

台视的新闻杂志节目，可分为两代版本。《热线追踪》第一代版本于1983年8月9日开播，1995年7月31日停播，共511集，期间混用《热线追踪》与《台视新闻热线追踪》两个名称。《台视新闻热线追踪》第一代主持人以盛竹如为主，另一位主持人为记者身份，不固定人选，轮流与盛竹如搭档。1989年4月20日，《热线追踪》播出台湾电视史上第一个由台湾记者前往祖国大陆拍摄且经台湾当局审查通过的新闻影片《北平故都面面观》，长度为14分钟。1995年8月7日至2002年4月29日，《热线追踪》改名为《热线新闻网》。

《热线追踪》片头

5. TVBS：《2100全民开讲》

《2100全民开讲》是台湾的TVBS从1993年起制播的带状谈话性政论栏目，栏目名称源于栏目从晚上9点（21:00）开播。主持人先后有李涛、董智森和邱显辰。

该栏目的主要内容为邀请评论家（名嘴）针砭时事、评论政策与政治人物的言行。第一任主持人李涛认为，该栏目主持人的态度是"当个永远的反对派"，但舆论评述大多认为该栏目的政治立场倾向于泛蓝。

《2100全民开讲》开播后引发了全台现场call in类节目的大流行。

《2100全民开讲》栏目标识

《2100全民开讲》录制现场

《2100全民开讲》主持人李涛

(右起)庚澄庆、张小燕、小莉(动物主持人)1989年7月录制《顽皮家族》节目现场

(三)教育类

1. 中视:《电视法庭》

《电视法庭》是中视的法治教育栏目。自1994年5月1日开播,至2001年1月6日止,共播出305集。以短剧的形式来宣传法律常识,具有警示大众的作用。主持人为熊旅扬。

2. 华视:《顽皮家族》

《顽皮家族》是华视的经典电视栏目,主要介绍分布在世界各地的动物,通过影片介绍动物的外表特征、习性等,可说是一本活的"动物教科书"。每集邀请6位来宾参与益智问答,将各类动物的外表特征、习性等知识融入益智问答中,并倡导保护动物之观念。《顽皮家族》从1987年10月12日起至1995年4月8日止,包括新春特别节目《顽皮家族过春节》在内,一共播出359集。

3. 台视:《天天都是读书天》

《天天都是读书天》是由台湾教育主管部门委托台湾光启文教视听节目服务社(光启社)为台湾许多没有接受过教育的年长者设立的电视栏目,主要教导老年人如何写汉字、如何用注音符号拼音。该栏目于1992年12月4日起首播,直至2000年9月17日为止,共播出553集;之后,其版权交由宏观电视播出(目前已停播)。在宏观电视的官方网站上,也可以线上收看重播的《天天都是读书天》(第1集至第40集)。

《天天都是读书天》开场动画截图

（四）综艺类和艺术类

1. 台视：《强棒出击》

它是台湾电视公司20世纪80年代至90年代最具代表性的综艺栏目，兼具教育性、益智性与趣味性于一体。1985年1月1日首播，1995年9月15日停播，共2 946集。

第一任主持人沈春华与盛竹如共同主持《强棒出击》期间，《强棒出击》由台视新闻部与节目部联合制作。沈春华是节目部推派的主持人，盛竹如是新闻部推派的主持人。台视退休导播李旼说，《强棒出击》是"无心插柳，柳成荫"之作：当时盛竹如是台视新闻部副理（类似副经理的职位），新闻部有一些趣味性短片急需找时段来消化；适逢当时台视节目部也要开辟一个趣味性的节目，新闻部与节目部遂合作推出《强棒出击》。

第一任主持沈春华（右）、盛竹如（左）

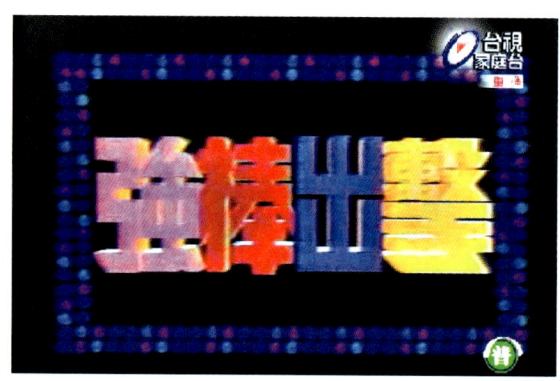

《强棒出击》第二季开场片头（右上角为台视家庭台第二代标识，右下角为《电视节目分级处理办法》制定的"普遍级"标识）

《强棒出击》巴戈（左二）、王瑞玲（左一）主持时期的布景

2. 华视：《周末派》

1985年，华视在周末晚上推出大型综艺栏目《周末派》，由张小燕主持，这是很多艺人首次上的综艺栏目，包括刘德华、周润发等。后来栏目改名为《欢乐周末派》，是一个结合新闻与资讯的综艺栏目，最大特色是"不唱歌"。

张小燕在台湾娱乐界与张菲、胡瓜、吴宗宪被合称为"三王一后"

《钻石舞台》片头

3. 华视：《钻石舞台》

《钻石舞台》是华视1986年推出的星期日晚间大型综艺栏目，播出集数400多集，该栏目为华视缔造出"综艺王国"的美誉，也是当时华视的"镇台之宝"。当时不管多大牌的艺人都需在这个节目里排排站，可以说是"综艺之王"，胡瓜更在该节目中奠定了主持界"超级天王"的地位。

综艺栏目《钻石舞台》早期主持人郑进一（前排左）与胡瓜（前排右）

其招牌单元有"世纪催眠秀"，邀请催眠大师马丁·圣詹姆斯来为所有明星催眠，让明星各自做出无厘头的动作与声音。当时有些观众觉得"是真是假，当事人最清楚"，收视率反而因此特别高。

4. 台视："天天开心"系列

《天天开心》《开心舞台》《金舞台》是台视于1986年至2000年间播出的三个午间综艺栏目，皆由曹景德制作。虽号称三个栏目，实则三位一体，内容大同小异，主要的差别是播出时间和主持人。《天天开心》的闽南语版同名主题曲由黄西田作词、作曲兼主唱，放置在节目片头中使用；后来节目播出800多集后（大约在1991年初），制作单位将片头部分开放给闽南语歌手打歌，由各唱片公司提供旗下闽南语歌手当时最新主打歌（只播第一段），搭配片头一起播出。

《天天开心》停播多年后，台视于2011年5月找回原创作班底推出续作《天天又开心》，希望再创"开心"热潮，但由于收视不佳，仅播出一季便停播了。

《天天开心》第100期特别节目

5. 华视：《连环泡》

《连环泡》是华视在20世纪80年代后期至90年代中期一个红极一时的综艺栏目，于1986年3月24日开播，1994年4月14日停播。

栏目内容以短剧为主，反映现实，寓教于乐，主要制作人是葛福鸿、王伟忠、薛圣棻、侯文燕。王伟忠做了六年半后离开，先后由澎恰恰、柴智屏、许效舜和陈为民接手制作人。

该栏目是台湾电视史上少数连换数任主持人却依然维持收视率不衰的节目。各主持人主持风格和内容都有很大不同。主持人先后有张小燕、胡瓜、蔡琴、澎恰恰、方芳、许效舜、邰智源、白冰冰、蔡头、巴戈、曹启泰、董至成、胡惠玲、陈为民等。

《连环泡》主持人的开场白在播出当天15:00或16:00录影，因此可将当天发生的突发事件做到节目中。《连环泡》中期以后推出的短剧单元"每字一说""中国小姐""中国电视史""七点新闻"等，都以黑色幽默短剧的方式讽刺社会现象，形成了综艺节目讽刺时事的风格，带动了后来的综艺短剧风潮。

《连环泡》获得1991年"金钟奖"最佳综艺节目奖。1991年12月31日，《连环泡》获得日本放送协会（NHK）推荐的"世界十大最佳节目"之一。

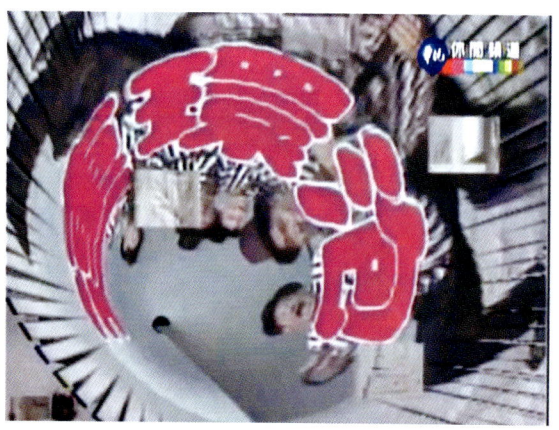

《连环泡》1989年片头截屏

1989年郭子乾（左）、庾澄庆（中）、澎恰恰（右）在《连环泡》节目现场

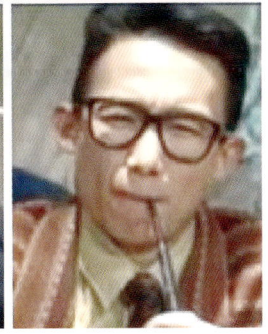

《连环泡》宣传画

6. 中视：《欢乐一百点》

《欢乐一百点》是中视在1988年9月至1996年8月播出的综艺栏目。该栏目标榜为第一个将台湾秀场文化正式搬上电视屏幕的综艺栏目，在台湾观众中有一定的影响力。制作单位是百是传播企业有限公司，制作人是黄义雄。主持人先后有张菲、李茂山、江蕙、叶瑷菱、阳帆等。

《欢乐一百点》全盛时期是在张菲主持期间，其招牌单元为"春娇与志明"。

《欢乐一百点》录影现场照片，最前排左五为第一任主持人张菲

《欢乐一百点》第一代布景里的中视大乐队

7. 台视：《女丑剧场》

1988年10月8日15:30—16:30播出一集后，于1990年7月2日至1992年2月27日每周一至周四21:30—22:00播出。该栏目内容以短剧单元为主，参演短剧的大多是女艺人，故名《女丑剧场》。其招牌动作为以右手在脸上画一圈后比出"赞"的手势（握拳后竖起拇指），同时搭配着说"女丑剧场"。

第一代主持人是巴戈、方芳芳，1991年10月起改由方芳芳、孙兴主持。

1992年，刘德华（左一）、猪哥亮（右二）亮相《女丑剧场》做赌神

8. 华视：《百战百胜》

《百战百胜》是胡瓜、小亮哥、徐乃麟在华视主持的大型户外竞赛栏目。1988年10月16日至1998年3月1日播出。《百战百胜》源自日本TBS电视台的大型户外竞赛栏目，借着栏目中各单元的设计，带动起户外活动之风。《百战百胜》成为台湾户外游戏栏目的始祖。

栏目改变以往只在室内录影的方式，将栏目带到户外进行，并建立大型游戏机具，开放给社会各界观众报名参加。每次有5支参赛队争夺冠军，每支参赛队皆有奖品奖励，若参赛者进行才艺表演或赠送特别礼物（如名产），该队可享加分优惠。

1992年，Bon Jovi参与《金曲龙虎榜》节目，胡瓜（右一）主持

《百战百胜》节目现场

9. 华视：《金曲龙虎榜》

1989年9月30日至1998年2月28日，每周六17:30—19:00播出的综艺栏目，由胡瓜主持，并与《民生报》合作。1998年3月13日，改名为《欢乐龙虎榜》，由张菲主持，2000年3月10日停播。由于当时台湾唱片市场发展蓬勃，因此歌手或演员凡有新专辑或作品推出，必定到《金曲龙虎榜》做宣传。

10. 华视：《综艺万花筒》

《综艺万花筒》是华视20世纪90年代最著名的"六点半档"综艺栏目，1991年7月1日开播，1996年12月13日停播，播出时间为每周一至周五18:30—19:00，共播出1 414集。节目口号是："《综艺万花筒》，喔—耶！"

主持人先后有张小燕、阳帆、方芳芳、徐乃麟、曹兰、黄子佼、许效舜、董至成等。节目单元有"打破砂锅问到底""历史综合征"等。

1991年《综艺万花筒》截图，左为主持人张小燕

1982年，无线电视第一次主办"新秀歌唱大赛"，以发掘乐坛中有潜质的新生代。历届获奖者有梅艳芳、黎明、郑秀文等，他们后来在乐坛均有辉煌成就。

1982年第一届"新秀歌唱大赛"，梅艳芳（中）夺得冠军

1984年1月，香港电视有限公司（HKO-TVB Limited）成为上市公司（电视广播有限公司为其附属公司之一），其股票于1月5日在香港股票市场上市交易。

1984年，无线电视首次举办"十大劲歌金曲颁奖典礼"，对香港乐坛的发展有很大的促进作用。

"十大劲歌金曲颁奖典礼"海报

1987年9月1日，香港广播事务管理局成立。广播事务管理局成立后，即接替电视监督和电视咨询委员会的工作。广播事务管理局的主要职能是执行电视条例的规定，以确保电视广播节目内容与技术水平达到适当标准。

1987年1月29日（农历正月初一）开始，亚洲电视正式把中文频道和英文频道分别命名为"黄金台"和"钻石台"。香港另一家电视台——无线电视的中文频道和英文频道分别叫"翡翠台"和"明珠台"。

1968—2007年亚洲电视的总部

1988年，商人林百欣家族的丽新集团及地产商郑裕彤家族的新世界集团联手购入亚洲电视三分之二的股权。亚洲电视工程部在5月改革信号发射系统，并与无线电视共用发射天线。

1988年10月，香港政府硬性规定两家无线免费电视台需要拨出部分黄金时段播放香港电台电视部的节目。

第三部分
香港 两强争霸期(1979—1993)

概 述

在佳艺电视倒闭后,无线电视与丽的电视的竞争日渐白热化。针对对方的动作,两台各自推出相应的应对策略。

丽的制作百集长篇剧《鳄鱼泪》,狙击无线长寿综艺节目《欢乐今宵》。其后,丽的继续以剧集抢夺《欢乐今宵》时段不爱看综艺节目的观众,迫使《欢乐今宵》不得不推出灵异单元剧《幻海奇情》及其后一些神怪剧来留住观众。

无线电视在20世纪70年代推出单元剧,丽的电视自制武侠剧《天蚕变》,成功重击无线单元剧,使无线不得不从片场拉回拍电影的郑少秋,开拍《楚留香》应对。

1980年,丽的电视动员全台力量拍摄萧若元的乡土剧《大地恩情》系列。该系列以清末农村为背景,由农村社会瓦解、清朝倒台、袁世凯称帝、"五四"运动至直皖战争为止。当时无线电视则推出由该台柱"一王(郑少秋)五后(李司棋、郑裕玲等)"主演的长剧《轮流传》予以反击,把强调悲情的《大地恩情》打得七零八落。后来无线电视推出《上海滩续集》,之后再推出《千王之王》,由谢贤、汪明荃当主角才得以收复失地。儿童节目方面,无线电视于1982年引入日本动画片《哆啦A梦》。

丽的电视在20世纪80年代数度易主。1982年9月24日正式易名为亚洲电视(简称"亚视"),亚视于1983年引入《福星小子》。亚视在邱德根主政期间,实行紧缩政策,且大量开拍剧集外销。其间还开拍了大型历史剧《秦始皇》。亚视后来推出《亚洲小姐选举》,这类歌舞升平的选美节目大受欢迎。邱德根后来把亚视的股权出让给林百欣的丽新集团和郑裕彤的新世界发展有限公司。

1979—1993

一、大事记

1979年,丽的电视开创了全港第一个以成年观众为对象的深夜节目,名为《哈啰夜归人》。节目播出5集之后,便遭遇禁播,成为香港电视史上第一个被禁播的电视节目。

1981年3月,丽的电视的英国母公司将其持有的丽的电视61.2%的股权以1.2亿港元全部出售给澳大利亚财团。这是香港电视史上第一次电视股权大转让。

1982年6月,商人邱德根透过旗下的远东集团注资1亿港元,得到澳大利亚财团持有的丽的电视50%的股权。丽的电视同年更名为"亚洲电视",名称沿用至停播。

更名之初亚洲电视的台标

（六）胡瓜

台湾著名主持人，被誉为台湾综艺主持人"三王一后"之一。

曾在台视、华视、中视等多家电视台主持《钻石舞台》《连环泡》《百战百胜》《金曲龙虎榜》《世界非常奇妙》《欢笑碰碰胡》等节目，其凭借收放自如、夸张搞笑的主持风格顺利登上主持事业的顶峰。

胡瓜

（三）许效舜

台湾著名男艺人、演员、搞笑谐星、节目主持人。许效舜借与澎恰恰在《铁狮玉玲珑》节目内角色受欢迎之势，于2001年与马世莉合作，成立"石头家族"艺人经纪公司，主打搞笑综艺表演节目。

许效舜

（四）凌峰

1985年获得台湾第20届"金钟奖"最佳男歌手奖。后趁走红之机，于1987年转行拍摄电视系列片《八千里路云和月》，历尽磨难，最终于1987年11月11日开拍此电视系列片，并亲自担任主持人，成为第一位到大陆拍片的台湾艺人，撞开了海峡两岸近40年的封冻，成为两岸文化交流的摆渡者。1990年凌峰在中央电视台春节联欢晚会中演唱《小丑》。

凌峰

（五）张菲

台湾著名综艺节目主持人，外号"菲哥"，小名"阿牛"。在台湾电视综艺界跟吴宗宪、胡瓜、张小燕被合称为"三王一后"。在20世纪70年代的台湾，张菲、猪哥亮、邢峰、高凌风与倪敏然曾有"南猪北张中邢峰，高凌风草上飞，倪敏然总管"之合称。

1995年，张菲与费玉清合作主持的台视综艺节目《龙兄虎弟》荣获第30届"金钟奖"综艺节目主持人奖。2004年张菲与黄品源搭档主持的中视综艺节目《综艺大哥大》荣获第39届"金钟奖"综艺节目主持人奖。

张菲

第十一条 赴大陆地区拍摄之电影片或制作之节目于送审时,应检附受雇人员资料表。

第十二条 大众传播事业拍摄之电影片或制作之节目,有未依第六条至第九条规定办理之情事者,相关主管部门得依相关法令责令修改、径予删剪、禁演、禁播或禁止发行。其有引用、剽窃、侧录或购买大陆地区电影片节目辑入其拍摄之电影片或制作之节目者,亦同。相关主管部门事后发现电影片或节目有前项情形者,得撤销原核准。

(三) 公视开播当天(1998年7月1日)的节目表(选自PTS节目表)

播出时间	节目名称
19:00—20:00	世界公共电视节目大展
22:00—22:30	大世纪
00:30	节目预报

四、电视人物

(一) 沈春华

台湾地区新闻界人物,曾效力于台视、中视等多家媒体。沈春华是《中视晚间新闻》《中视新闻全球报导》的主播。她的播报新闻风格随和,受到许多观众的喜爱。沈春华担任《快乐小天使》《我爱红娘》《大家乐》《强棒出击》等多个节目的主持人。沈春华得奖众多,如"金钟奖"最佳儿童节目主持人、"金钟奖"最佳电视新闻节目主持人、"金钟奖"最佳综艺节目主持人;"最具知名度、最具专业形象、最具亲和力、口齿最清晰与观众偏好度最高之新闻主播"(1999年10月,联广公司"收视质调查")奖项;"最受欢迎女主播"(1999年广电基金"电视新闻收视调查")奖项等。

沈春华

(二) 吴宗宪

台湾综艺节目主持人,其王牌栏目《我猜我猜我猜猜猜》令其红遍华人世界。他20世纪80年代后期进军综艺节目,凭借独特的主持风格迅速蹿红,有台湾"本土天王""综艺天王"的称号。

吴宗宪

三、电视史料

（一）台湾相关有线电视管理规定节选（1993年发布）

第十九条　有线电视之经营，应申请主管机关许可。

第二十条　经营有线电视者，应具备台湾公民身份，并以股份有限公司或财团法人为限，且外国人不得为有线电视系统之股东。

新闻纸、无线电视或无线广播事业或该事业之董事、监察人、经理人，不得为有线电视之申请人、董事、监察人、经理人。

有线电视之股权应予分散。同一股东拥有之股权不得超过百分之十；股东与其相关企业或其配偶、直系血亲、直系姻亲、二亲等以内血亲持有者合计持有之股份，不得超过百分之二十。

第二十一条　申请有线电视之经营，应填具申请书连同营运计划，向主管机关提出。

营运计划应载明下列事项：

一、有线电视经营地区。
二、系统设置时程序及预定开播时间。
三、财务结构。
四、人事组织。
五、频道数目。
六、频道使用方式。
七、经营方式。
八、收费标准及计算方式。
九、每日播送时间。
十、节目内容。
十一、工程技术及设备说明。
十二、推展业务之计划。
十三、人才培训计划。
十四、技术发展计划。

（二）《台湾地区大众传播事业赴大陆地区采访拍片制作节目管理办法》节选（1996年2月7日发布）

第七条　大众传播事业赴大陆地区采访、拍片或制作节目，得与大陆地区人民、法人、团体或其他机关共同为之。其涉及出资行为者，应依相关规定办理。

第八条　电影事业赴大陆地区拍片，雇用台湾地区及第五条第一项所称会员之电影从业人员无线广播电视事业、有线电视系统经营者、有线电视节目播送系统经营者、广播电视节目供应事业赴大陆地区制作戏剧节目，雇用大陆地区人民担任编剧及导播（演）者，不得逾该节目编剧及导播（演）人数1/3；雇用台湾地区及大陆地区以外之人民担任编剧及导播（演）者，亦同。其余编剧及导播（演）应雇用台湾地区人民担任。

前项事业赴大陆地区制作戏剧节目，雇用大陆地区人民担任主角及配角者，各不得逾该节目主角及配角人数1/3；雇用台湾地区及大陆地区以外之人民担任主角及配角者，亦同。其余主角及配角，应雇用台湾地区人民担任。

第九条　前条事业于大陆地区及台湾地区以外之地区拍片或制作节目，雇用大陆地区人民担任编剧及导播（演）、主角及配角者，准用前条规定。

第十条　赴大陆地区拍摄之电影片及制作之非新闻性节目进入台湾地区时，应由主管机关核验其内容。

12. 台视：《四千金》

《四千金》是台视于1997年播映的"八点档"连续剧，由归亚蕾、贾静雯、郑家榆、明金城、倪婉萍等人主演，是以都会爱情、家庭关系为主题的连续剧。该剧的题材取自于1957年拍摄的电影《四千金》，电影版本中穆虹、叶枫、林翠、苏凤担纲演出性情各异的四姊妹。

《台湾变色龙》片头

《四千金》剧照

13. 台视：《台湾变色龙》

台湾电视史上较早的类戏剧，节目1997年4月15日于台视首播，至1999年11月10日为止，共播出112集。制作人为刘梦萍、刘承栗及吴健强，主持人为盛竹如。

因其内容为台湾战后重大或离奇刑案之演出，且多为命案，对犯罪经过、手法叙述较详细，但亦有一定程度的警世意味，故自首播以来毁誉参半。

片中以模拟画面呈现犯罪动机、经过及其后检警（有时只有警方，有时则还会有调查局）侦办的流程，并穿插盛竹如及高凡庄的旁白，有时也会穿插资料画面及案件关系人的访谈。结尾多有高哲翰的评论，内容多以台湾俗谚劝人为善，有时亦对当前警政及法律提出建言。以新闻案件取材的《台湾变色龙》，引发了日后"类戏剧"的流行。

14. 中视：《董月花》

1998年，由中视综艺栏目《红白胜利》推出、由董至成主演的《董月花》系列电视剧，使董月花成为当年最火的短剧人物，其带有客家方言的话语流行甚广。

《董月花》剧照。左一为董至成

10. 台视:《倚天屠龙记》

该剧是根据金庸所著的武侠小说《倚天屠龙记》改编而拍摄制作的古装武侠剧集,由杨佩佩制作,全剧共64集,1994年于台视首播。马景涛饰演张无忌和张翠山,叶童饰演赵敏和殷素素,周海媚饰演周芷若。

1994年连续剧《倚天屠龙记》截图

11. 华视:《包青天》

1993年,华视推出由金超群出演的《包青天》,再度造成"八点档"热潮。金超群饰演包拯,范鸿轩饰演公孙策,何家劲饰演展昭。

华视1993年"八点档"连续剧《包青天》主题曲MV截图,金超群饰演包拯

7. 华视：《家有仙妻》

该剧于1991年4月23日至1991年6月17日在华视首播，是华视1991年"八点档"连续剧之一，共40集。它是台湾电视史上第一部大量运用Ampex影像特效机（Ampex Digital Optics）制作电脑动画特效的时装喜剧。

《家有仙妻》剧照

8. 中视：《大唐风云录》

《大唐风云录》是由台湾歌仔戏天王黄香莲等人合演的电视歌仔戏，1992年8月26日至1992年10月28日每周一至周五18:00—18:30在中视播出，总共45集。《大唐风云录》因演出流畅而颇受欢迎，是受观众高度好评的歌仔戏作品之一，剧中几位演员在台湾歌仔戏界具有一线地位。

《大唐风云录》剧照。黄香莲饰演李世民

9. 台视：《新白娘子传奇》

《新白娘子传奇》是1992年11月5日至1993年1月13日首播的台视"八点档"连续剧，全剧共50集，堪称史上与《白蛇传》相关的电视剧中最经典、最受好评的版本。剧中三位主角均由香港明星出演：许仙由叶童反串饰演，白娘子、青儿分别由赵雅芝、陈美琪饰演。

《新白娘子传奇》剧照

4. 台视:《碧海情天》

《碧海情天》是台视1991年12月30日至1992年3月16日播出的"八点档"连续剧,由杨佩佩制作,是以"小姐与流氓"为主题的爱情古装剧,共53集,主演为叶童、刘松仁、李立群、沈孟生、林秀玲等。整部剧主要描写亲情、友情和爱情的可贵。剧情曲折,扣人心弦,角色刻画生动活泼,配乐节奏轻快,对白诙谐逗趣。

5. 华视:《爱》

《爱》于1990年12月11日首播,1991年3月19日播映完毕,共68集。演员有刘德凯、金素梅等。该剧主要场景是1951年的牛埔镇。镇内的本省人与外省人因语言隔阂而产生猜忌、争执与冲突,最后,人们以人性之爱化解所有仇恨,成为一家人。

《碧海情天》剧照。主演叶童、刘松仁

《爱》剧照。刘德凯(左)饰唐建国

6. 华视:《京城四少》

《京城四少》于1991年9月23日首播,共53集。 该剧描述了清末一个官僚家庭失散的四个儿子各自的人生遭遇。该剧获得了同年"金钟奖"最佳戏剧奖。

《碧海情天》海报剧照

《京城四少》剧照。刘德凯、王玉玲、俞小凡、张晨光(从左至右)等主演

2. 中视:《情义无价》

《情义无价》是由中视拍摄的时装爱情类的"八点档"电视剧,于1988年5月4日至1988年6月22日首播。该剧集合了当时台湾优秀的编、导、演团队,以跌宕起伏的剧情和出色的演绎,赢得了众多观众的认可,是20世纪80年代台湾电视剧的代表作之一,被誉为台湾电视史的传奇。虽然该剧为台湾电视剧,但剧集设定的发生地以及电视剧的外景都在香港。由于内地同时期电视作品匮乏,作为为数不多的引进版电视剧,《情义无价》在内地取得了轰动效应,剧中的四位主角寇世勋、张晨光、邱于庭、戚美珍借由此剧为内地观众所熟知。

3. 华视、中视: 琼瑶系列剧

1986年琼瑶剧转战电视,其首部电视剧《几度夕阳红》在华视推出,此后琼瑶剧成为电视剧市场的主流。

《青青河边草》是1991年琼瑶率领吉人传播亲自翻拍的42集电视剧,为中视1992年"八点档"连续剧之一,同名主题曲由高胜美演唱。《梅花三弄》包括"梅花烙""鬼丈夫""水云间"三个故事,时代背景分别是清朝及清末民初,因剧情打动人心(歌颂含蓄却坚贞的永恒爱情)而反响强烈,琼瑶也因为初次尝试以清朝为故事背景的连续剧而获得成功,日后又以清宫为背景写出了《新月格格》《还珠格格》等小说,带动了台湾言情小说界的清宫故事热潮。

《几度夕阳红》剧照,图中为主演刘雪华(左)、秦汉

18. 台视：《台湾红不让》

《台湾红不让》是台湾电视公司的综艺栏目。1997年7月18日开播，首播时间为每周五21:30。栏目口号是："《台湾红不让》，赞啦！"《台湾红不让》以整人单元著名，是沈玉琳的代表作品。1999年7月28日，《台湾红不让》因遭新闻主管部门惩罚满4次而被勒令停播。该栏目因多次遭到负面报道，间接重创了台视的形象，台视形象至此日渐转趋负面，被视为最严重的媒体乱源频道之一，直到其民营化后状况才逐步有所改善。

（五）电视剧类

1. 中视："一代"系列电视剧

"一代"系列是一系列以"一代"为名的"八点档"连续剧，共有4部，都由潘迎紫主演，包括：《一代女皇》（1985年11月18日至1986年1月10日播出，共40集）、《一代公主》（1986年4月8日至6月6日，共40集）、《一代歌后》（1987年3月3日至5月22日，共40集）、《一代皇后大玉儿》（1992年5月14日至7月14日，共44集）。其中，《一代女皇》的收视率创下51.4%的超高收视纪录。

《台湾红不让》片头截图

《一代女皇》片头截图。右上方是当时中视报时字幕字体

19. 台视：《世界非常奇妙》

1997年，台视于每周一晚间推出《世界非常奇妙》，为内地《正大综艺》之前身。

《世界非常奇妙》录制现场，胡瓜（右三）任主持人

16. 中视：《我猜我猜我猜猜猜》

《我猜我猜我猜猜猜》是1996年7月4日起播出的台湾最长寿的代表性大型综艺栏目，广受年轻观众的喜爱。

《我猜我猜我猜猜猜》历经三代主持人的接棒。主持人吴宗宪、阿雅因主持该节目而获得第43届"金钟奖"最佳节目主持人奖。《我猜我猜我猜猜猜》最大的特色就是"年轻"。布景、内容、主持人都走年轻路线，大受新新人类的欢迎。尤其是"脑内大革命""猜不常见的成语"这几个单元，立意甚佳，有趣又富有教育性，屡创收视高峰。

吴宗宪凭借此节目成为台湾主持界天王。

《我猜我猜我猜猜猜》海报，主持人吴宗宪（左）和阿雅（右）

17. 中视：《非常男女》

《非常男女》自1996年8月8日至2003年9月25日于每周四21:00—22:30在中视播出。前期为交友类节目，后期转型为谈话类节目。

前期（交友类节目）官方英文译名为 About Romance，主持人为胡瓜、高怡平，主持期为1996年8月8日至2002年11月28日，每集开场口号为"非常男女，有缘千里"；后期（谈话类节目）因台湾乐金电器挂名赞助而改名《非常男女 Love Game》，主持人为胡瓜、况明洁，主持期为2002年12月5日至2003年9月25日。

1996年，凤凰卫视购得《非常男女》内地播映权，引发内地日后男女交友节目风潮。湖南卫视的《玫瑰之约》、海南电视台的《男女当婚》、陕西电视台的《好男好女》等多个节目皆模仿《非常男女》。

《非常男女》节目现场

14. 台视、华视:《超级星期天》

《超级星期天》是台视与华视周日晚间综艺栏目。1994年9月18日至1996年2月11日在台视播出，1996年3月3日，栏目成员集体跳槽至华视，伴奏乐团为顶尖拍档，栏目广告主题曲为庾澄庆所唱的 *How Do You Feel Tonight*。2003年4月6日，原主持人张小燕重返主持，节目改组为《快乐星期天》。

《超级星期天》开了第一个大型综艺栏目跳槽电视台的先例。

15. 华视、中视:《红白胜利》

大型综艺栏目《红白胜利》之前于华视播出，而后于中视播出，栏目内容主要以游戏为主。《红白胜利》的口号为："红白胜利，有够犀利！"栏目在1996年4月20日至1997年8月2日于华视播出，在1997年8月9日至2000年11月14日于中视播出。历届主持人有胡瓜、许效舜、董至成、徐乃麟、曾国城等。

《超级星期天》节目照片

1997年10月胡瓜在中视主持《红白胜利》

黄子佼（左）、庾澄庆（中）、卜学亮凭借《超级星期天》获得"金钟奖"综艺节目主持人奖

12. 中视：《娱乐星闻 小燕有约》

《娱乐星闻 小燕有约》简称《小燕有约》，是中视周六晚间现场直播的大型综艺栏目，主持人为张小燕。1992年12月26日20:00—21:30开播，1994年3月26日20:00—21:00播出最后一集。

《娱乐星闻 小燕有约》是20世纪90年代台湾电视史上第二个周六晚间现场直播大型综艺栏目，也是张小燕主持的第一个中视栏目。

《娱乐星闻 小燕有约》第1集截图。上：第1集开场。下：第1集收播前，主持人张小燕唱："轻轻一声再见，愿你欢笑永远。"《娱乐星闻 小燕有约》第1集获得收视率第一名

13. 台视：《龙兄虎弟》

《龙兄虎弟》是台视20世纪90年代播出的著名综艺栏目，1993年3月27日开播，2000年4月13日停播，共播出334集。

1993年3月27日至1998年3月21日，每周六19:30—21:40播出（其中有三集播出时间为19:30—21:30）。开播时由彭达、赖勋彪制作，张菲、费玉清主持。1997年11月，因张菲、费玉清跳槽到华视的《龙虎综艺王》，栏目遂改由徐乃麟、黄安主持，张富、张志鹏制作。

栏目内容以张菲、费玉清拿手的说唱与短剧为主，挑战张小燕主持的中视每周六晚间现场直播综艺栏目《娱乐星闻 小燕有约》，这是张小燕与张菲的栏目首度正面对决。张菲、费玉清主持的《龙兄虎弟》掀起了周六晚间另一波收视狂潮，也造就了张菲主持天王的地位。

《龙兄虎弟》在张菲、费玉清时期第二代开场动画截图（此版本动画用于1994年1月1日至1995年6月24日）。右上角为台视国际台第二代标识，右下角为电视节目分级标识中的"普遍级"标识

《龙兄虎弟》的两位主持人：张菲（左）、费玉清（右）

11. 台视:《玫瑰之夜》

《玫瑰之夜》是台视20世纪90年代红极一时的星期六晚间"十点档"综艺栏目,总集数为336集,于1991年10月19日至1998年8月22日播出,播出时间为每周六晚间22:00—23:30(每集时长不一)。

《玫瑰之夜》不断求新求变,是台湾电视史上最先开设灵异单元的栏目。"鬼话连篇"作为台湾电视史上第一个灵异单元,具有非常高的收视率,也是现在灵异节目的始祖,在澎恰恰、曾庆瑜主持时期推出,以"灵异照片"与"灵异故事"为两大主轴。该单元会邀请一些号称是"灵学大师"及"通天堂"或"通地狱"的老师、艺人来讲鬼故事,鼓励观众将"灵异照片""灵异V8"寄送节目组,由"灵学老师"邱先生与"暗房摄影专家"郑先生从不同角度一一解说。

《鸡蛋碰石头》是中视的晚间综艺栏目,制作人是郭建宏、薛圣棻,主持人是巴戈、蓝心湄。播出时间为1991年12月23日至1995年4月7日的每周一至周五18:30—19:00。

《鸡蛋碰石头》曾经推出的单元有:短剧单元"时髦爷爷与鸡蛋妹""蜗牛一族""三口组""说文解字""高笑生",游戏单元"震撼教育""小鱼吃大鱼""猎鼠大行动"等。很多短剧都以喜剧为主,表现得很无厘头。蓝心湄扮演的"鸡蛋妹"和巴戈扮演的"时髦爷"深受观众喜爱。

《鸡蛋碰石头》第一代布景照片,左二为蓝心湄,左三为巴戈

张惠妹(右二)和张雨生(左二)参加《玫瑰之夜》。主持人为澎恰恰(左一)和曾庆瑜

1988年11月，香港电视有限公司改组，电视广播有限公司成为独立上市公司。无线电视总部从九龙塘广播道（五台山）迁入新界清水湾，总部命名为清水湾电视城。

清水湾电视城

清水湾录影厂启用典礼

　　1989年，林百欣再以2.37亿港币收购邱德根手上的全部股权，并向澳门赌王何鸿燊配售5%的股权。林百欣在1月更改台徽为蓝、绿、红三色丝带，将中文及英文频道由"黄金台"和"钻石台"易名为"本港台"和"国际台"。

1989年1月亚洲电视使用的台标

1991年起亚洲电视使用的台标

　　1989年香港政府公布《电视广告修订条例》，撤销在电视新闻节目中加插广告的限制，电视台获准在电视新闻节目中插播广告，时间以3分半钟为限。修订后的新条例仍然限制新闻节目接受赞助。

　　20世纪90年代初期，亚洲电视大股东郑裕彤宣布减持股份，亚洲电视改由林百欣出任主席，并集中降低成本。

　　1991年7月，香港无线电视与亚洲电视两家电视台同时分别采用立体声多声道广播系统。

　　香港卫星广播有限公司获香港政府发牌，批准其通过亚洲卫星一号经营泛亚洲卫星广播服务。卫星电视1991年4月开始启播，电波发射范围覆盖整个亚洲。

　　1993年，电视城扩建计划完成，无线电视在台湾推出通过卫星传送的"国语"节目TVBS。"TVBS无线卫星综合台"是台湾"本土"第一个卫星电视台，于1993年9月28日首播，由TVB及台湾的年代集团合资创立。

二、电视栏目和节目

（一）新闻类

1. 无线电视：《新闻透视》

《新闻透视》是无线电视的一档品牌新闻时事栏目，创办于1981年。该栏目以分析社会热门话题为主旨。其探讨议题的手法，时常以批判性的角度，使观众对某项议题的固有想法作反思，例如通过街头访问、科学测试等，使专家意见与坊间传言形成鲜明的对比。2012年5月21日，《学术造假》及《冤案》两期节目获得2011年度"美国国际皮博迪奖"。

《星期日档案》片头

《新闻透视》播出画面

2. 无线电视：《星期二档案》

《星期二档案》是无线电视播出的一档粤语类新闻栏目，创办于1987年3月10日。栏目以软性专题形式探讨不同的内容。开播以来，其名称会因播放日期处在"星期几"而变化为《星期×档案》。由于开播时为星期二，所以初始命名为《星期二档案》。现时播放时段为星期日，所以命名为《星期日档案》。

3. 亚洲电视：《时事追击》

《时事追击》是亚洲电视1988年起播出至今的新闻栏目，为亚视最长寿的公共事务栏目。其英文名称与无线电视的《新闻透视》相同，内容以深入探讨现今时事为主，曾夺得多个国际大奖。

《时事追击》画面

4. 香港电台电视部：《头条新闻》

《头条新闻》是香港电台电视部制作的政治时事栏目，于1989年4月4日开播，延续至今，通常于星期五或星期六晚上19:00播出。栏目以轻松幽默、嬉笑怒骂方式讨论时事，设有多个环节。如将时事片段配上歌曲以讽刺时弊，或主持人扮演各种时事人物，对白当中充满讽刺意味。

《头条新闻》片头（上、下图）

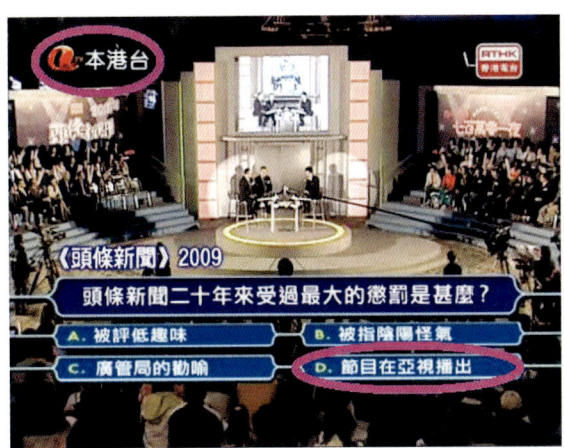

《头条新闻》节目截屏

2004年3月12日晚，香港文化中心举行香港电台长寿节目《头条新闻》15周年庆典

5. 亚洲电视：《龙门阵》

《龙门阵》是1993年亚洲电视推出的时事新闻清谈栏目。主持人黄毓民词锋锐利，敢于责难权贵。在节目中，三位主持的话语多次令应邀出席的议员、高官、富豪于镜头前或哑口无言，或洋相尽出，节目深受香港市民欢迎。

邓丽君参加《龙门阵》节目的场景

（二）专题类与杂志类

1. 亚洲电视：《历史也疯狂》

《历史也疯狂》是亚洲电视1991年制作的电视栏目，由刘志荣、卢海鹏、李丽蕊、安德尊等主持，以搞笑形式细诉中外典故、名人故事、古代冷知识等。《历史也疯狂》在当时颇受欢迎，并得到香港教育家的推荐。有不少艺人参加过该节目，如姜皓文、李菁、袁洁仪、欧锦棠、黄素欢、戴耀明等。

《历史也疯狂》画面

2. 亚洲电视：《今夜不设防》

《今夜不设防》是亚洲电视于1989年至1990年间制作的一档成人清谈栏目，由黄霑、倪匡及蔡澜主持，于星期五晚上深夜时段播出。每集皆会邀请不同的嘉宾接受访问，有艺人、演员及歌手等，节目内容在当时的香港社会而言较为大胆，主持人曾在节目中讨论性与爱等相关话题，但并无发出违反香港法例的言论；三位主持人亦不时地在节目中吸烟、饮酒及说粗话。

《今夜不设防》画面

3. 无线电视：《都市闲情》

《都市闲情》是无线电视1992年开始制作的一档清谈资讯栏目，内容主要围绕时事、健康、烹饪、生活享受、艺术表演等展开，每集均会邀请不同的嘉宾讲解有关专题，或对名人、艺人或歌手进行访谈等。星期一至星期五13:25至14:10在翡翠台播出。

《都市闲情》节目画面

4. 无线电视：《妇女新姿》

《妇女新姿》是无线电视1981年9月7日至1992年2月1日播出的电视栏目，星期一至星期五下午于无线电视翡翠台《午间新闻》后播出。主要对象为下午在家的家庭主妇。节目内容包罗万象，包括资讯、健康、生活、饮食、休闲、日剧等多个方面，其中"今晚食乜食送"环节最受欢迎。

《妇女新姿》节目画面

《妇女新姿》节目画面

（三）教育类

1. 无线电视：《每日一字》

《每日一字》是无线电视于1983年至1987年播放的一档教育节目，由林佐瀚主持，于每天18:26播放（每集约3分钟）。《每日一字》每天都会介绍一个汉字，包括它的正确读音、用法，纠正人们对该字的误解，深受观众欢迎。主持人幽默风趣，讲解深入浅出，他的招牌金句是"咁係啱喫（这是对的）"，几乎每次节目结束前他都会说出这个金句，林佐瀚也因这个节目成为市民心中的"大众老师"。

2. 无线电视：《香港倒后镜》

《香港倒后镜》是一档资讯教育栏目，共有两辑，于1988年至1990年播出。栏目采用轻松的手法回顾香港开埠以来的历史与掌故。第一辑以香港旧事物为主题，第二辑以香港十八区的历史典故为主题。

《香港倒后镜》节目画面

《每日一字》宣传片

《香港倒后镜》节目画面

（四）综艺类与艺术类

1. 亚洲电视："亚洲小姐竞选"

1985年，亚洲电视举办首届"亚洲小姐竞选"，打破无线电视垄断选美活动十多年的局面。无线电视在"亚姐"节目举行时段播出"健美小姐竞选"。首届"亚洲小姐"冠军为黎燕珊。

首届"亚洲小姐"黎燕珊杂志封面照片

2. 亚洲电视：《开心主流派》

《开心主流派》是1990年初由亚洲电视制作，曾志伟与林敏骢合作主持的娱乐搞笑栏目，共14集。《开心主流派》成功推出了一批创作人及喜剧演员，包括林超荣、苑琼丹、安德尊等。

《开心主流派》节目画面

3. 亚洲电视：《开台》

《开台》于1989年4月10日首播，是以"香港麻雀"为主题的游戏栏目，参加者从现场观众中产生，以不同的麻雀游戏竞赛，累积最高分数者可获得奖金。同时，最高分数获得者与被选中的家庭观众可以参与抽奖环节，夺取累积的"雀多宝"奖金。累积奖金曾高达91万港元。

4. 无线电视：《笑星救地球》

《笑星救地球》是无线电视于1990年至1991年制作的一档搞笑栏目，第一辑于1990年1月6日起逢周六20:35在无线电视翡翠台播映，总共13集。当时的"扮嘢全能"廖伟雄与胡大为任主持人，其他演员包括黄一飞及貌似儿童但实际已成年的黄一山（细龟）等，节目内容以搞笑及讽刺时弊为主，播出后曾大受欢迎。

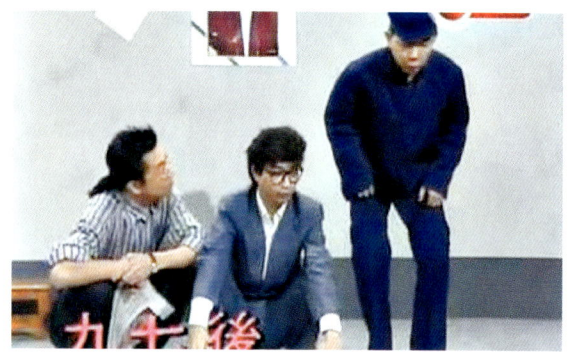

《笑星救地球》节目画面

（五）电视剧类

1. 无线电视：《楚留香》

1979年无线电视集合全台精英，筹拍连续剧《楚留香》。郑少秋饰演盗帅楚留香，其他主要演员有汪明荃、赵雅芝、黄杏秀、陈玉莲、夏雨、关聪等。这是古龙影视史上的经典之作，无论是在香港首播还是在台湾转播，皆引起了极大的反响。

郑少秋主演的1979年版《楚留香》被奉为屏幕经典

2. 无线电视:《上海滩》

《上海滩》是香港无线电视台出品的一部黑帮题材的电视剧。周润发、赵雅芝、吕良伟领衔主演。该剧以民国年间的上海为背景,描述了上海帮会内的斗争以及许文强与冯程程之间的爱情故事。该剧于1980年在香港无线电视首播,1985年被引进内地。1990年,香港无线电视举办"八十年代十大电视剧集"评选,《上海滩》名列第一位。

《上海滩》剧照

『上海滩』剧照

3. 丽的电视：《大地恩情》

《大地恩情》是丽的电视1980年9月播出的力作，创造了当年的收视高峰，导致无线电视的《轮流传》的播出被腰斩。《大地恩情》共分三部——《家在珠江》《古都惊雷》《金山梦》，讲述了一段平凡农家悲欢离合的生存故事。该剧乡土气息浓厚，剧情扣人心弦。演员包括当时的知名小生刘志荣、潘志文，花旦余安安、蔡琼辉及老戏骨张瑛、董骠等。无线电视与之对阵的则是《轮流传》，《轮流传》虽然是在无线历史悠久、多年来人人追看的"七点档"翡翠剧场时段播出，但《大地恩情》首周收视即过四成，其后更是一路攀高，把《轮流传》打得落花流水。

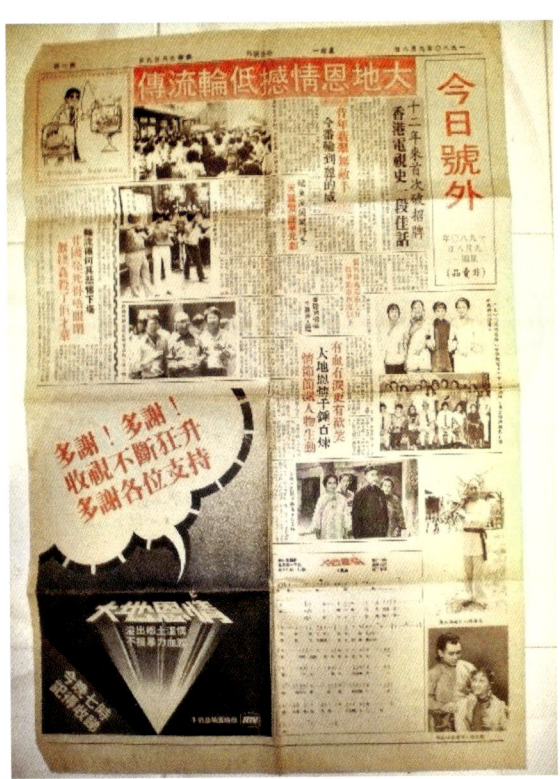

《大地恩情》连环画

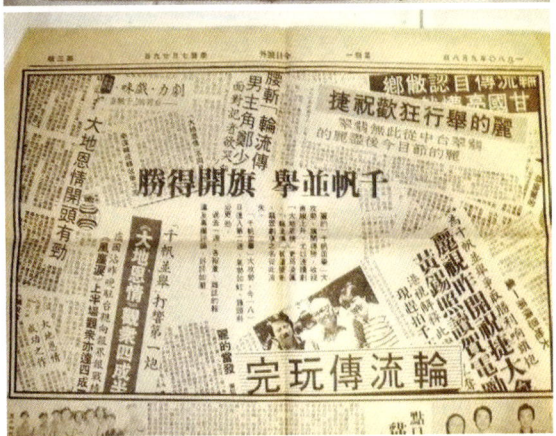

1980年9月8日丽的电视出版《今日号外》，宣传《大地恩情》

《大地恩情》剧照

4. 亚洲电视：《大侠霍元甲》

《大侠霍元甲》是亚洲电视1981年出品的电视连续剧。民国初年，霍元甲在国家内忧外患之际，决心练武强身救国，开办"精武馆"并创出一套精妙的拳术"迷踪拳"，让外国武者闻风丧胆。最后，一代宗师霍元甲竟被民族败类下毒身亡。该剧1983年在中央电视台播放时，引起了巨大的轰动。

《大侠霍元甲》剧照

5. 无线电视：《万水千山总是情》

《万水千山总是情》是无线电视1982年拍摄制作的以清末民初为背景的电视剧，由汪明荃、谢贤、吕良伟领衔主演。故事围绕庄梦蝶、阮庭深、庄天涯之间一段错综复杂的三角关系，讲述了三家两代的恩怨情仇。

《万水千山总是情》剧照

6. 无线电视：《射雕英雄传》

《射雕英雄传》是香港无线电视出品的武侠剧，改编自金庸同名小说，由王天林执导，黄日华、翁美玲、苗侨伟、杨盼盼、曾江、刘丹等主演。该剧以宋、金、蒙古三国对峙为背景，围绕郭靖、黄蓉、杨康、穆念慈四人的故事展开，讲述了郭靖在经历各种磨难后成为一代大侠的故事以及他与黄蓉之间的爱情故事。

1983年2月28日，该剧在无线电视剧台首播。1985年，中国内地引进了这部电视剧。《射雕英雄传》之《华山论剑》第三集曾获得纽约国际电视节金牌。

憨厚老实的郭靖和古灵精怪的黄蓉这两个人物形象深入人心

7. 无线电视：《流氓大亨》

《流氓大亨》是无线电视1986年拍摄的一部经典电视剧，由万梓良、郑裕玲主演，讲述了一对各自在天壤云泥的环境中长大的亲生兄弟变幻莫测的人生命运。男主演万梓良凭借精湛的演技轰动华人世界，当年在内地播出时也引起了不小的轰动。

《流氓大亨》剧照

8. 亚洲电视：《法网柔情》

《法网柔情》是亚洲电视1988年出品的时装爱情片，由米雪、刘松仁、汤镇宗等主演，讲述的是女警官舒敏好不容易抓了一名"杀人凶手"，却被大律师倪博文出庭辩护使其无罪获释的故事。从此，舒敏处处为难倪博文，弄得他很是难堪。后来真正的凶手被警方抓获，舒内疚地向倪认错道歉。由此，冤家变成了情侣，最后结为夫妻。

《法网柔情》海报

9. 无线电视：《义不容情》

《义不容情》是无线电视1989年出品的一部时装剧。该剧由黄日华、温兆伦、刘嘉玲等主演，讲述了丁有健和丁有康这对亲兄弟之间的恩怨情仇以及丁有健和倪楚君之间的爱情故事。该剧承接了《流氓大亨》的成熟模式，同时也启发了更多的同类型经典剧集。

《义不容情》剧照

10. 无线电视：《我本善良》

《我本善良》是无线电视1990年播出的时装电视连续剧，由温兆伦、邵美琪等领衔主演。该剧讲述了20世纪70年代，蒋定邦因沉迷工作而忽略太太慧心，从而导致两人离婚，儿子蒋子聪则交由慧心抚养。在一场火灾中，定邦误以为慧心母子已葬身火海，遂远赴英国加入警界。20年后，定邦由英国返港，再次加入警队服务，在对付黑道枭雄齐乔正时发现齐浩南是自己失散多年的儿子。齐乔正和蒋定邦因为身份关系注定是死敌，而齐浩南夹在两位父亲之间，一直在正义与邪恶之间摇摆。

《我本善良》剧照

11. 亚洲电视：《我来自潮州》

《我来自潮州》是亚洲电视推出的以亚洲电视主席林百欣家乡潮州为主题的电视剧。该剧讲述三个年轻人郑琛、李乃强及朱润为摆脱农村艰苦生活，从潮州来到香港，在经济不景气的社会中挣扎求生。他们经历了人生高低潮、爱情、事业的大考验，仍不气馁，经过努力，排除万难，终于在社会上获得巨大成就，更将自己的努力所得回报故乡。

《我来自潮州》海报

12. 无线电视：《大时代》

《大时代》是无线电视1992年出品的时装商战电视剧，由郑少秋、刘青云、刘松仁、郭蔼明、周慧敏等主演。该剧以香港20世纪60年代至90年代的金融市场为背景，透过两个家庭、两代情仇，展现名利与人性的纠缠。

《大时代》海报

三、电视史料

1993年无线电视翡翠台星期一至星期五19:30—20:30播出的主要剧集表

播放日期	电视剧名称	集数
1992年12月7日至1993年1月1日	我爱牙擦苏（Wong Fei Hung Returns）	20
1993年1月4日至1993年1月29日	老衬喜相逢（Happy Return）	20
1993年2月1日至1993年2月26日	飞星寻龙（The Predictor's Game）	20
1993年3月1日至1993年3月26日	原振侠（The Legendary Ranger）	20
1993年3月29日至1993年5月21日	天伦（The Link）	40
1993年5月24日至1993年6月18日	雌雄大老千（Being Honest）	20
1993年6月21日至1993年7月16日	金牙大状（Man of Wisdom）	20
1993年7月19日至1993年8月13日	赌霸天下（Gambling on Life）	20
1993年8月16日至1993年9月10日	武尊少林（Heroes From Shaolin）	20
1993年9月13日至1993年10月8日	超能干探（Super Cop）	20
1993年10月11日至1993年12月3日	马场大亨（Racing Peak）	40
1993年12月6日至1994年1月14日	龙兄鼠弟（The Edge of Righteousness）	30

四、电视人物

（一）周润发

演员，香港一代影视巨星，在华人影坛上具有极高的地位与影响力，创造了许文强、小马哥、赌神等多个脍炙人口的经典角色。

周润发在电视剧《上海滩》中饰演的许文强

（二）林百欣

早年经营服装业，1987年购入亚洲电视10%的股权，1988年又增购亚视三分之一的股份。曾任亚洲电视有限公司董事局主席。

（三）方逸华

1934年出生于上海，是香港资深的电视工作者和行政人员，曾任邵氏兄弟电影公司副主席和电视广播有限公司副主席兼董事总经理、香港无线电视台TVB行政主席。

方逸华（右）与邵逸夫

第四编

第一部分
内地 快速壮大(1992—2008)

概 述

1992年,邓小平视察南方,发表重要讲话。中国电视迎来了快速发展的大好机会,各个方面都获得快速发展。

截止到2008年年底,我国共批准设立播出机构2 648座,其中电视台277座,教育电视台45座,广播电视台2 069座;电视发射台18 490座,微波传输线路10万公里,有线广播电视传输网和用户接入网线路总长320万公里。有线电视网络用户数量从1998年的2 803.46万户(1998年起有统计数据)发展到2008年年底的1.64亿户,用户年均增长率达17.1%,用户总量居世界第一。有线网络的收视费收入从2002年的86.89亿元(2002年起有统计数据)增加到2008年年底的250.06亿元,年平均增长率达11%。共开办电视节目1 356套、数字付费频道179套。电视人口覆盖率达96.95%。

新闻资讯节目不断发展。自1992年开始,新闻类节目逐步成为中央电视台和各级地方电视台的"台柱子"。自1993年开始,中央电视台新闻变革的第一个重大举措就是开发时段,综合性新闻节目、栏目全面布局。以湖南卫视的《晚间新闻》、北京卫视的《晚间新闻报道》为代表,各地方台也创办了一批具有全新的新闻观念、风格特点鲜明的晚间新闻栏目,如江苏电视台的《南京零距离》引领了电视民生新闻的风潮。这一时期,电视新闻评论开始崛起。中央电视台创办了《东方时空》《焦点访谈》,辽宁电视台开办了《新闻观察》,南京电视台开办了《社会大广角》,四川电视台推出了《今晚十分钟》,黑龙江电视台则开办了《今日话题》,江苏有线电视台开办了《公众视线》,云南电视台开办了《今日话题》,上海电视台开办了《新闻透视》,江苏电视台开办了《大写真》等。2008年,电视台共播出新闻资讯类节目181万小时。

电视剧与电视娱乐节目更为兴盛。1993年之后,中国电视剧的产量已经达到每年8 000集以上。全国共有广播电视节目经营制作机构3 343家,其中持有电视剧制作经营许可证甲种的机构132家。电视剧产量达1.4万集。每年播出影视剧类节目663万小时。影视动画产量超过13万分钟,跃居世界前列。电视剧质量上也有重大提升,出现了《水浒传》《亮剑》《雍正王朝》等一批精品电视剧。电视文艺节目出现了娱乐化的新动向。

除了中央电视台和一些地方电视台还在努力举办节日晚会和周末综艺节目外,一些电视台开始以娱乐节目替代综艺晚会,如湖南电视台推出的《快乐大本营》《玫瑰之约》《超级女声》,北京电视台的《欢乐总动员》,上海电视台的《相约星期六》《好男儿,加油》,中央电视台的《幸运52》《非常6+1》,浙江电视台的《假日总动员》等收视率都很高,尤其是在青年人中培养了一大批"粉丝"。同时,电视谈话类节目呈愈演愈烈之势,代表性节目如中央电视台的《实话实说》《艺术人生》《对话》,湖南电视台的《背后的故事》,南京电视台的《有请当事人》等。

电视数字化进程明显加快,电视台内数字化、有线和地面数字电视以及新媒体初具成效。50多个城市完成有线电视数字整体转换,截至2008年年底,有线数字电视用户数已达到4 502万户。2008年1月1日,地面数字电视在北京开播,转播中央电视台的高清综合频道和中央电视台、北京电视台的6套标清频道,这标志着我国地面无线广播电视数字化正式启动。网络广播、网络电视、IP电视、手机电视等新媒体发展迅速。央视网、中国广播网、国际在线等网站的点击率不断提高,影响力不断扩大。

1992年

一、大事记

6月16日,《中共中央、国务院关于加快发展第三产业的决定》正式把广播电视、报刊经营列入第三产业。

7月12日,由中央电视台对外中心制作的《今日中国》英文版节目正式在纽约WNYC-31台播出。

7月25日至8月9日,福建电视台在第25届奥运会(巴塞罗那奥运会)期间推出奥运系列节目《'92奥运午夜直播室》。该节目开创了我国省级电视台开办午夜直播节目的先河。

8月15日,北京电视台与全国28家省、市电视台为欢迎我国体育健儿从巴塞罗那奥运会凯旋,在京联合举办《圣火'92》大型文艺晚会,开创了地方电视台晚会向全国现场直播的首例。

9月19日,中央电视台首次与NHK全面合作,在北京劳动人民文化宫举行《中日友好歌会》,电视现场直播通过卫星传送至日本。

10月1日,中央电视台第一个国际卫星频道,即第四套节目开播,《中国中央电视台新闻》播出第一期。同日,北京电视台首创的全国第一家图文电视台开始试播。

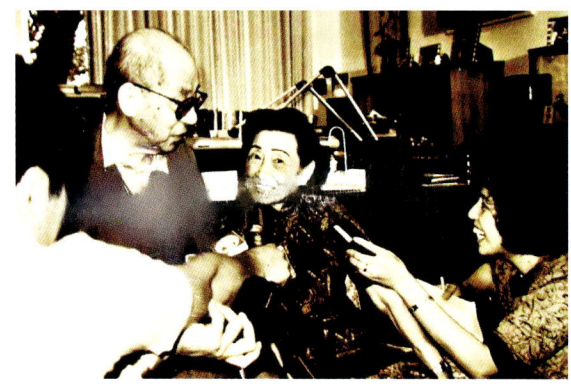

中央电视台第四套节目记者1992年9月在台湾采访张学良先生

《中国中央电视台新闻》播音员徐俐正在播音

11月26日,辽宁电视台与日本富山电视台合拍的纪录片《辽河》,在日本冈山市举行的第一届亚洲映像节上,获得"亚洲未来奖"优秀奖。

12月19日,中央电视台新闻中心两名记者赴美国开展建记者站工作。这是中央电视台第一次在国外正式设立记者站。

二、政策法规

2月19日，广播电影电视部发布《关于有线电视台、站电视节目管理的暂行规定》。

5月6日，广播电影电视部发布《录音录像资料管理暂行规定》。

6月17日，广播电影电视部发布《有线电视系统技术维护运行管理暂行规定》。

三、电视栏目和节目

（一）新闻类

1. 福建电视台：《福建新闻联播》

《福建新闻联播》于1992年7月1日开始播出，是在原《福建新闻》的基础上办起来的。新播出的《福建新闻联播》从内容到形式都作出了较大的调整，建立了全省新闻联播制度。《福建新闻联播》设置了"时政要闻""经济与科技""热门话题""电视评论"和"简讯"5个固定栏目，并根据宣传需要，开辟临时性专栏。

《福建新闻联播》画面

2. 江西电视台：《新闻纵横》

《新闻纵横》是江西电视台1992年开办的新闻栏目。该栏目旨在对社会政治、经济形势、党的政策以及群众呼声进行深入报道。每周三晚上21:45播出，每期10分钟。

（二）专题类和杂志类

1. 中央电视台：《经济信息联播》

《经济信息联播》是中央电视台1992年8月31日正式开播的新栏目，旨在形成全国电视经济信息传播网络，为繁荣经济牵线搭桥。《经济信息联播》每晚18:30至19:00在第二套节目首播。《经济信息联播》开播后受到邓小平的表扬。

《经济信息联播》录播现场

2. 北京电视台：《电视商场》

《电视商场》是北京电视台于1992年11月5日创办的综合性服务栏目。在栏目中，主持人走进商场介绍商品，缩短商业与消费者之间的距离。节目中间还穿插有"市场漫谈""热线办公""给你一分钟""市场趣闻"等趣味性的小栏目。

北京电视台《电视商场》画面

（三）教育类

1. 四川电视台：《知识长廊》

《知识长廊》是四川电视台1992年8月11日推出的新栏目。该栏目集天文、地理、历史、科技、医药、影视、文化于一体，如一本大型的综合型电视杂志。它包含"谈天说地""科学与人""科技与生产""万事由来""新说文解字""中药趣谈""手到病除""银屏探秘""爱的学问"等小栏目。

2. 云南电视台：《科技天地》

《科技天地》是云南电视台于1992年3月13日推出的科普栏目。每两周一期，每次20分钟。该栏目的主要内容是宣传科技方面的方针、政策，以及国内外科技发展情况，也介绍新科技、新产品和普及科技知识。

（四）纪录片类

1. 中央电视台：《最后的山神》

《最后的山神》是1992年中央电视台编导孙曾田主创的电视纪录片。该片记述了一位鄂伦春族老猎人孟金福及他的家人的真实生活和精神信仰。主人公孟金福到定居点居住后仍眷恋着山林，他每到一片山林，都要雕刻一尊神像。本片描写了鄂伦春人的山林生活和心灵世界，展示了鄂伦春族古老的山林狩猎文化和纯美的精神世界。

《最后的山神》画面

2. 上海电视台：《十五岁的中学生》

《十五岁的中学生》是上海电视台1992年出品的一部反映当年参加中考的特殊群体的纪录片，主创人员为余永锦。该片记录了上海市上海中学初中部三年级二班徐虹、鲁毅、范毓华等初中生最后阶段的学习和生活，展示了他们的理想、追求、拼搏与压力。

《十五岁的中学生》画面

（五）综艺类和艺术类

1. 山西电视台：《戏曲舞台》

《戏曲舞台》是山西电视台于1992年8月17日开办的戏曲栏目。该栏目融知识性、欣赏性和参与性于一体，设有"名家唱腔""选段荟萃""特技奇功""各抒己见""票友之窗""剧坛人物""戏曲信息""点戏台""戏曲幽默"等小栏目。

2. 山东电视台：《五彩剧坛》

《五彩剧坛》是山东电视台于1992年8月3日创办的戏剧栏目。该栏目兼容欣赏性、知识性、趣味性、群众性，满足不同层次电视观众对各种传统戏剧的了解、学习和欣赏的需要。它包含"戏迷乐""戏曲入门""戏曲一绝""新人新戏新曲""新笑林""名家名唱"等小栏目。

(六)电视剧类

1. 中央电视台等：《小龙人》

《小龙人》是中央电视台影视部、北京儿童电视艺术中心联合拍摄的52集儿童电视剧。它讲述了北京的一个四合院里三个孩子来到故宫，将在故宫里沉睡多年的小玉龙吵醒，小玉龙闪着光芒变成了一只头上长着犄角、身后长着尾巴的小龙人。三个孩子和小龙人一起开始了寻找小龙人妈妈的奇异旅程。

《小龙人》剧照

2. 北京文化艺术音像出版社：《过把瘾》

1992年播出的《过把瘾》由赵宝刚导演，王志文、江珊等主演，北京文化艺术音像出版社出品。故事综合了王朔的三部小说《过把瘾就死》《无人喝彩》和《永失我爱》，讲述了主人公方言和杜梅从相识、相爱、相离到相信，到最后再次相聚的故事。

《过把瘾》剧照

四、电视评奖

(一)新闻类

1. 1992年第三届"现场短新闻"评选

获一等奖的电视作品篇目有：

◎《政通人和迎九二》，中央电视台，张宁、汪保国、马赤后

◎《同一条生产线上的公平竞争》，浙江电视台，周伟成、杨富冲、章伟秋

◎《通运闸抢险纪实》，江苏电视台，濮存昕、传铮、蒋胜民、马俊、贺笑

2. 第二届(1991年度)"中国新闻奖"

第二届"中国新闻奖"共有152件作品获奖。获奖作品中，特别奖1件，一等奖17件，二等奖51件，三等奖83件。其中，获特别奖和一等奖的电视作品有：

特别奖

◎电视系列报道：《祖国大家庭》，中央电视台、国家民委等，中央电视台

一等奖

◎电视消息：《南浦大桥成为上海人民心中的丰碑》，邬志豪、劳有林等，上海电视台

◎电视评论：《刑场上的枪声留下的警示》，李少连、朱建义，广东电视台

◎电视新闻性专题：《1991年中国抗洪曲之二——百万雄师》，陆晓丹、许易生等，中央电视台

（二）文艺类

第十二届（1991年度）全国电视剧"飞天奖"共评出作品奖46件，单项奖18件。

◎长篇电视剧特别奖：《孔子》，山东电视台、济南电视台

◎长篇电视剧一等奖：《中国神火》，中央电视台、浙江电视剧制作中心；《外来妹》，广州电视台

◎中篇电视剧一等奖：《南行记》，四川电视台、中央电视台

◎短篇电视剧一等奖：《硝烟散后》，黑龙江省委组织部、黑龙江影视制作中心

◎少儿连续剧一等奖：《棒棒真棒》，南京电视台

◎少儿短篇电视剧一等奖：《墨海新蕾》，中国电视剧制作中心、中共长沙市委

◎戏曲电视剧一等奖：《侯门之女》，深圳影业公司、香港柏成洋行、南京市越剧团

◎优秀编剧奖：《中国神火》的编剧程蔚东

◎优秀导演奖：《南行记》的导演潘小杨，《赵尚志》的导演李文歧

◎优秀男主角奖：《赵尚志》中赵尚志的扮演者高强

◎优秀女主角奖：《编辑部的故事》中葛玲的扮演者吕丽萍

《南行记》剧照

《棒棒真棒》剧照

《墨海新蕾》剧照

《中国神火》剧照

五、电视史料

（一）新闻广播电视受众调查研究十年[1]（节选）

1987年6月至1988年1月，中央电视台和全国27个省、直辖市、自治区级电视台（宁夏和陕西没有参加）联合进行了全国电视观众调查，共调查24 893人。这是迄今我国受众调查规模最大的一次。调查证实，我国电视观众总数为5.9亿，中央电视台是世界上拥有观众最多的电视台。1988年在全国29个省、区、市抽样调查表明，中央人民广播电台是世界上拥有听众最多的广播电台。中央人民广播电台第一、二套节目拥有听众6.23亿。在51个节目中有19个节目收听率达到60%以上，其中《新闻和报纸摘要》节目和《全国各地新闻联播》节目的收听率均在75%以上，显示了广播在新闻传播中的位置既重要又突出。

中共中央宣传部和广播电影电视部也跨入了受众调查研究的行列。由两部联合组成的联合调查组，从1987年6月至1988年5月，对我国不发达地区农村的广播电视事业进行了综合考察。这次调查通过对事业建设、宣传规模和内容、传播效果（农民现代思想观念）等方面的对比研究，发现农村不发达地区同发达地区存有很大的差距。造成差距的主要原因是决策思想上存在着"三重三轻"的偏误，即重电视、轻广播，重无线、轻有线，重城市、轻农村。调查报告认为应"转变指导思想，积极调整政策，促进不发达地区广播电视事业的发展"。

《侯门之女》剧照

高强在《赵尚志》中扮演赵尚志

---

[1] 陈崇山.新闻广播电视受众调查研究[J].中国广播电视学刊,1992(6):13.

天津广播电视局于1986年8月进行的天津市居民对广播电视节目需求的调查，样本总数达10 028人，是我国广播电视界首次万人大调查。1990年的《亚运会广播电视宣传效果调查》，既有对小学生和家长的调查，又有对大学生的调查、对在京外籍人和香港受众的调查，以及对新闻从业人员的调查，围绕一次重大的国际体育比赛进行如此多层次、多角度、多侧面的系统调查，在我国也还是第一次。

（二）心灵的真实记录
——《最后的山神》创作谈[①]

今年10月在新西兰，奥克兰亚广联第30届年会上，评委会主席罗伯特·保尔德对于中国中央电视台制作的纪录片《最后的山神》宣读了如下评语：

评委会主席高度赞赏《最后的山神》自始至终形象地表现了一个游猎民族的内心世界，这个民族传统的生活方式伴随着一代又一代的更迭而改变着，本节目选取这个常见的主题，描绘了新的生活。

倾心的劳动

《最后的山神》在亚广联获大奖，引起了人们的注意。接着就有一些朋友问创作经验，这个倒让我有些为难了。说实话，在创作过程中，我基本上是凭着感觉和理解在进行，几乎没想过创作上的理论问题。作品完成之后，最深的感觉就是：纪录片创作是一种劳动，是一种倾注了心力的劳动。真实是纪录片的生命，那就只有付出真实劳动才能收获真实，正如农人种瓜得瓜，种豆得豆。种瓜就有种瓜的经验，种豆就有种豆的体会，纪录片创作也无一定之规，所谓"无法至法，方为至法"。一切遵从生活和自己的心灵。

选题——遵从心灵

《最后的山神》是以鄂伦春人生活为题材的。说出来也许让人不相信，我最初报这个选题的时候，没见过一个鄂伦春人，仅仅知道这是中国东北部的一个少数民族，骑马狩猎，粗犷剽悍……

那是1992年4月，我刚调到对外中心专题部。毕业快十年了，才有了独立创作的机会。按说我应该前思后想，小心谨慎地利用这个得来不易的机会。可是我当时就一时冲动地报了这样一个选题：《北京渔猎民族》。因为毕竟心虚，所以所画的圈很大。

现在回想起来，报这一选题也不是没有根据，根据就是遵从心中的感情。我是在东北出生长大的，看惯了冰天雪地，茫茫草原，审美感情更多地倾向于雄伟、粗犷的阳刚之美。这些年跑遍大江南北，每到北方即便是荒山大漠，也能让我眼潮心跳；而南方的小桥流水，我只能欣赏，很少感动。这实在是没有办法的事。我选择这一题材可能是要通过它来表达自己心灵中那北方情结吧！

如果按过去我们一贯遵从的文艺理论和电视片创作手法，《最后的山神》以这样的构思开始却能成功，未免有些歪打正着。我承认艺术创作有很多的偶然性，但取得成功总有它的合理成分。我由此体会到的是创作要遵从自己的心灵，去表达你倾心所爱的东西。纪录片的生命是真实，那么创作者心中的真实不应该排在第一位吗！以往我们常常是忽略或轻视这一创作者主观的真实，习惯性地去表现并不是自己真心所爱的题材和主题。

[①] 孙曾田.心灵的真实记录——《最后的山神》创作谈[J].北京广播学院学报，1994(1)：43-46.

采访——寻找心灵的具象

1992年夏季，我去了鄂伦春族的一个定居地——黑龙江省塔河县十八站鄂伦春族乡采访，这里已在准备1993年的定居40年大庆了。我看到40年的定居，从根本上改变了鄂伦春人的传统生活方式。从山林中走出的老一辈鄂伦春人，留恋着过去的传统的狩猎生活，精神上同山林的联系无法割断。定居后成长起来的新一代，读书、工作，已与中国大多数人没有多大区别了。在他们身上，民族文化传统几无踪影。"定居像一道线，划开了鄂伦春人的过去和现在。"（片中解说词）这就是鄂伦春民族今天所经历的真实——传统文化已是落日，在中华民族文化大背景上，闪射着独特的光彩，有着特殊的人文价值；绝不是简单的能歌善舞、粗犷豪放所能概括的。我要探索和表现这新旧更替之际，民族文化面临的冲击和民族心灵的颤动。

电视需要形象，需要典型具体的人物活动和事件。我在采访中认识了片中的主人公，他的思想、经历、形象都有老一辈鄂伦春人的典型特征。他是一位老猎人，仍从事着这个民族传统的狩猎生产，他又是全族的最后一位萨满。萨满是自然宗教——萨满教的代表人物，代表着这个民族传统的世界观。

可他一个人能代表整个民族的传统精神吗？我思考着鄂伦春民族的内核是什么。这个山林民族从远古走来，心灵还保持着人类童年时期的那份纯真与多情。他们认为日月水火、山林鸟兽皆有魂灵，人能够与之沟通心灵。灵魂与大自然的和谐，是这个民族传统精神中的内核。传达这种精神恰恰又可启示现代人的思想题材与主题还必须有它的现实意义和社会价值。

说到一个民族的心灵世界，既博大而又抽象，得找到一个具体可视的形象，作为象征，成为意象……当我看鄂伦春人雕刻在树上的山神像时，眼前一亮，几天来纷乱的感受、想法……一下子变得条理清晰起来，山神像和这个民族在我心中叠印在了一起——山神就是鄂伦春人精神世界的象征。山神就是鄂伦春人，鄂伦春人就是山神。我知道，我找到了生活之网中的纲！在回程的列车上，我想好了现在的片名《最后的山神》。

拍摄——记录心灵的真实

拍摄过程最能体现纪录片作为劳动的特征。《最后的山神》这个题材本身决定了拍摄的艰难辛苦。拍摄工作从1992年冬季开始。依据鄂伦春人山林生活的特点，同时考虑到严寒下的摄像机和摄制人员能（伴）随的限度，冬季的拍摄选在头一年的初冬和次年的冬末。即使这样，大部分时间也是工作在零下20摄氏度—40摄氏度严寒之中。夏季的拍摄是在五月末六月中一次完成的。鄂伦春是山林民族，要真实地表现他们的生活和心灵，只能跟随他们走进兴安岭。

鄂伦春族是山林民族，要真实地表现他们的生活和心灵，只能跟随他们走进兴安岭的林海雪原、高山河谷，观察他们的生活，体味他们的感情，选取典型的细节把它们真实地拍摄记录下来，我们成了真诚的朋友。在我们面前，他们无拘无束地劳作，直率地袒露心怀，几乎忘记了摄像镜头的存在。这是纪录片拍摄需要的最佳工作状态。一切都在生活常态之中，无须摆布，没有虚饰，生活本身真实地闪现着它动人的光彩。片中很多精彩之处，都是在这种状态之中拍到的：女主人公为丈夫治腰痛所表现出的相濡以沫的感情；父与子在山神面前那不同的神态；夏天里老夫妇对小鸭子的爱怜之情……都是真实生活中的自然发生的情节，自然流露的感情。生活不会辜负真诚的人。

拍摄中我们面对生活，生活之河每天在身边流淌，无限丰富又平淡无奇。要紧的是保持住一种新鲜感，这样才能发现和拍摄到生活中有特征的情节和细节。另外，还得小心别陷进琐碎之中，忘记了把握到的总体感觉，丢掉了已经找到的生活意象。我曾不厌其烦地拍摄砍山神和敬山神的情节，使它不但在纪录片中，同时在我心中，始终是贯穿着的意念。

既然已经确定要展现鄂伦春民族的心灵，那么生活中哪些情节和场面最能反映其心灵世界，哪些不能甚至相反呢？我作了很多思考，不断进行比较和选择，也花了很多冤枉力气。

拍摄前一阶段，迷恋于狩猎的奇异色彩，极力想拍到狩猎场面，后来细细一想，狩猎不过是一种生产方式，如同农民种地一样寻常，表象的新奇并不意味着表现的价值，这本是两种矛盾的感情，怎样理解呢？如果把这放在其民族文化的大背景上来体味，就十分合理而生动了——他们是融汇在山林中生命链条中的一个环。猎杀动物与爱惜动物是他们生活和感情的正负两面，都具有真实性。对于我们来说，是要看哪一面更有其表面价值，也就是说哪一面更能表现心灵的真实。

鄂伦春民族以其与自然和谐为心灵特征，那爱惜生命的一面就更能表现这一特征。在以后的拍摄中，我们大量地抓拍了这方面的一些情节和细节。相反，考虑到电视的特点，猎杀场面在屏幕上的刺激性会影响人们对本片主题的接受，就把狩猎情节减到了最少，我想，选择具有表现价值的人物活动情节和细节，该是纪录片拍摄中最难也是最重要的课题。

剪辑——从故事中展开心灵

《最后的山神》后期编辑阶段，干得很苦，曾三易其稿。主要难在摆脱传统纪录片的叙事方式，尝试把真实性和故事性有机地融合起来，讲述一个真实的故事。

这部片子创作之初就立足要展示人物的心灵。在编辑上，要完成这个任务，光是用过去报道式的纪录片的手法就无法实现，应该使情节具有故事性，以吸引观众关心片子中人物的命运。他们的命运折射着这个民族正处在新旧交替的过渡时期。让观众随着情节的发展而与片中人物共命运，分享他们的喜怒哀乐。当然，这一切的前提必须是真实——真实的生活和真实的感情。

在时空安排上，力求简单明了，以免分散观众的注意力。时间上，冬——夏——冬；空间上，山林——定居地，以山林为主，这为人物活动提供了天地。在此基础上，开门见山讲述一个真实的故事。全片以感情为线推动情节发展。山神作为一个象征形象反复出现，起着不断深化主题的作用；山神砍伐，成为全片的转折点，象征着古老的山林狩猎传统将最后消失。最后的萨满跳神使情绪达到高潮。老母亲一句寓意深长的叹息，如终场锣鼓声，全片故事戛然而止。

纪录片的叙述方式多种多样，只是看哪样叙述能更好地表达内容和思想。无论怎样不能削弱真实性，而全片的真实性应该是生活逻辑的真实。《最后的山神》结尾处主人茫然地走回暮色的山林，孤独而凄凉。无论我们怎样同情主人公的命运，怎样赞美山林文化中那些美好的成分，但这一切必然随着社会的发展走向消亡，这是历史的必然规律。纪录片只能按这个逻辑真实地进行表现。我们能做的就是真诚地唱一首挽歌。

合成——三股合一地表现心灵

合成，在纪录片制作上是最后一道工序，而在创作者心中，应是贯穿创作的全过程。画面、声音、解说如同提在创作者手中的三条线，你需从头到尾把它们合成一股绳，使它们齐头并进。创作之始就要有一个整体的考虑，并在创作中不断地互相补充，绝不能手剪完了画面再考虑贴声音，然后再想解说词，那就会形成"三不粘"。画面、声音、解说的合成，不是1+1+1=3而是1+1+1>3。《最后的山神》剪辑的过程，是在剪辑画面，也是在剪辑同期声的同时考虑哪里出音乐。剪完之后，解说词的写作只用了两天，因为整个创作过程都算是打腹稿，这时只需落在纸上，推敲一下文字的功夫了。那种先写好解说词，再按解说词去剪辑画面的方式，会束缚画面和声音上的创造性，甚至会造成用画面去图解文字。电视纪录片，以声画为主，以解说为辅，这个关系应该明确。

《最后的山神》全片解说词很少，其中大部分是对白的叙述，有几句是意味深长的点题。

我在音乐处理上也很小心。当片中的感情已积累到让人要发出感叹时，才用音乐。当需要概括、议论时，声画情节的铺垫已到火候，这样说出来才合情入理，不强加于人。如制作桦皮船的大段情节之后，解说词说："大自然在赐予人类衣食之源的同时，也把智慧赐给了我们……"

我在音乐处理上也很小心。纪录片纪录生活，生活中本无音乐，不能为音乐而加音乐，破坏了纪录片的真实感。音乐是心之声。当片中的感情已积累到让人要发出感叹时，才用音乐。

我以为纪录片的最高境界应该是：当人们看完全片之后，留在心中的只是事实和感动，不再想到镜头、音乐、解说；纪录片没有导演，没有摄像，没有作曲……纪录片没有艺术——这就是纪录片的艺术！距离这个标准，《最后的山神》还差得远呢！我今后唯有更真诚地劳动。

六、电视人物

（一）葛优

影视演员。1992年，其凭借在电视剧《编辑部的故事》中饰演的李冬宝一角而成名。获得1992年第十届中国电视"金鹰奖"最佳男主角奖。他出演的电视剧还有《围城》《我爱我家》《北洋水师》《北京深秋故事》等。

葛优在《编辑部的故事》中饰演的李冬宝

（二）赵宝刚

电视剧导演。导演了《渴望》《编辑部的故事》《神泉杯》《过把瘾》《永不瞑目》等引起轰动的电视剧，其中多部作品获"大众金鹰奖"和"五个一工程奖"。

赵宝刚

（三）徐俐

中央电视台新闻节目播音员、主持人。1992年10月1日，央视国际频道开播，徐俐作为首档节目《中国新闻》的首位主播在央视亮相，随后便一直在《中国新闻》节目担任主播。徐俐新闻播报风格简洁干练、磅礴大气，这也使她成为央视四套和《中国新闻》的标志性人物。

徐俐

七、电视出版

（一）《中国电视报》（外语节目版）

1992年1月27日，《中国电视报》（外语节目版）试刊，同年7月6日在北京正式创刊。该报四开四版，每周一出版，读者对象主要是国内的外语工作者和外语自学人员，以及在华的外国人。该报预告和介绍中央电视台的外语新闻、文艺、专题等节目，刊登中央电视台英、日、德、法等外语教学节目的教材和辅导材料。

《中国电视报》（外语节目版）试刊号

（二）《荧屏内外》

《荧屏内外》是1992年创办的电视学术刊物，由安徽电视台主办。该刊主要针对电视理论和业务问题进行研究探讨。

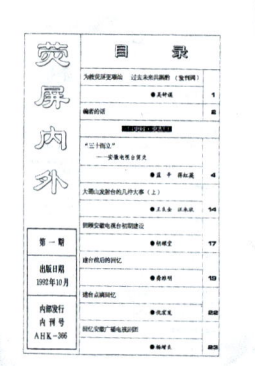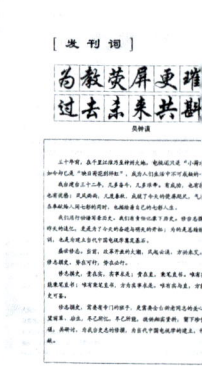

《荧屏内外》创刊号封面、目录和发刊词页

1993年

一、大事记

1月1日，中央电视台通过太平洋国际中转卫星开始向北美传送中国电视节目，每天传送1小时新闻、经济和文体节目，由美国芝加哥3C集团在美国KVBAND首次正式向北美播放。

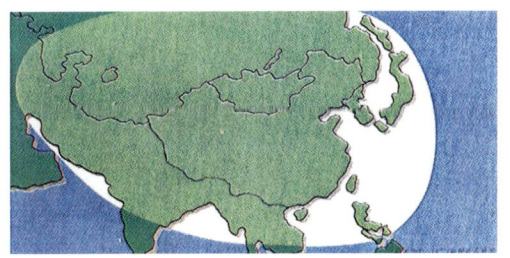

中央电视台中星五号卫星覆盖示意图

1月18日，上海东方电视台直播了其开播特别节目，标志着"东视"的诞生。

3月17日至18日，北京、广东、上海3家电视台合作现场直播'93世界体操单项锦标赛，开创了地方台联手直播世界重大赛事的方式。

4月8日，由陕西、四川、内蒙古、重庆等12家电视台组成的中国西部电视集团与美国3C集团企业有限公司签约，约定从8月1日起，3C集团的"美洲东方卫星电视"每天用1小时以中国西部CWTV的台名，播出西部集团摄制的电视节目。

5月1日，中央电视台第一套节目新开辟的杂志型版块栏目《东方时空》于每日7:00播出。

5月24日，江泽民为中央电视台成立35周年台庆题词："努力办好电视，促进社会主义物质文明和精神文明建设。"

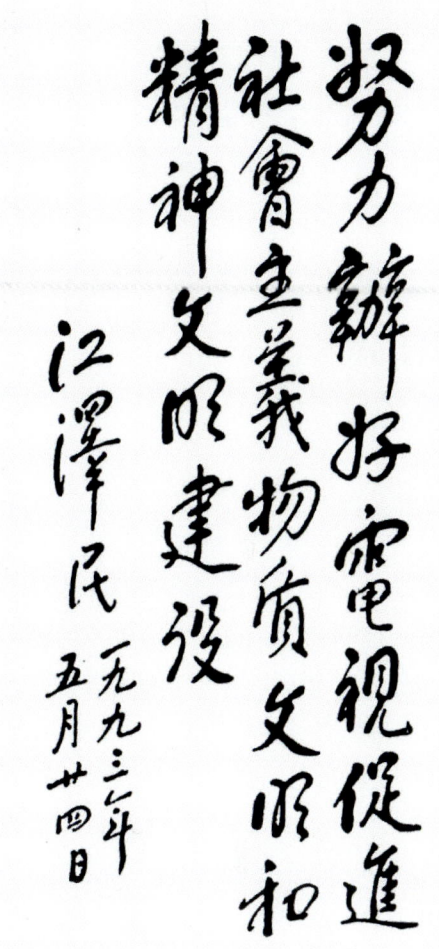

江泽民为中央电视台成立35周年题词

9月1日，北京电视台第六频道从零时起，在全国率先实行24小时播出。

二、政策法规

3月8日，广播电影电视部发布《有线电视入网设备器材认定管理暂行规定》。

10月5日，国务院发布《卫星电视广播地面接收设施管理规定》。

12月8日，中共中央宣传部、广播电影电视部联合发布《关于地方广播电台、电视台必须完整转播中央人民广播电台、中央电视台节目的通知》。

三、电视栏目和节目

（一）新闻类

1. 中央电视台："新闻滚动播出"

3月1日，中央电视台第一套节目开启新闻改革，实行新闻节目整点滚动播出，改变了原来《早间新闻》《午间新闻》《新闻联播》及《晚间新闻》的格局，每天新闻的播出次数由4次增至12次（含《体育新闻》），新闻报道的力度和深度也得到了加强。其中，除《新闻联播》和《体育新闻》为录播外，其余均为直播新闻。

1993年中央电视台直播新闻工作场景

2. 中央电视台：《东方时空》

《东方时空》是中央电视台1993年5月1日正式开播的一个栏目。该栏目是一个融新闻性、社会性、知识性、服务性、娱乐性于一体的大型杂志型栏目。《东方时空》清晨7:00—8:00播出。每天平均播出4次，每周累计播出29次。设有"新闻""东方之子""焦点时刻""生活空间""东方时空金曲榜"等小栏目。《东方时空》播出伊始就产生了广泛影响，改变了我国观众早间不收看电视节目的习惯，被誉为是"开创了中国电视改革的先河"。

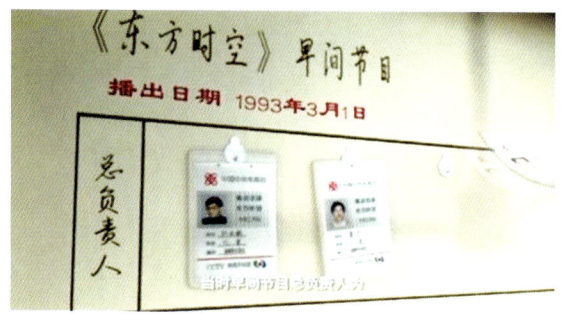
《东方时空》值班表，虽然原计划写着1993年3月1日开播，却因故推迟

《东方时空》之"东方之子"栏目组20世纪90年代采访潘虹（右三）时的留影，右二为白岩松

《东方时空》录制现场

（二）专题类和杂志类

1. 中央电视台：《夕阳红》

《夕阳红》是中央电视台全方位为老年人服务的杂志型栏目，于1993年10月22日开播。其宗旨是热诚为老年人服务，做老年人的知心朋友；以老有所学、老有所为、老有所乐、老有所养、老有所医为服务目的。

《夕阳红》设有"再回首""心里话""桑榆赞""老人与社会""不倒翁""老来俏""学着做""怡情园"和"娱乐宫"等小栏目。

《夕阳红》之"娱乐宫"游戏节目现场

2. 中央电视台：《图文电视》

《图文电视》于1993年12月18日正式开播，于中央电视台第一套节目每天10：00—24：00播出，每期播出各类经济信息约100条。《图文电视》设有"经济政策摘编""标题新闻""信息总汇""名品名牌""新展柜""供求信息""金融信息""期货贸易""黄金市场价格""全国农副产品价格""厂长名片""治厂铭言""产品广告""市场指南"和"金色田园"等栏目。它的栏目设置和内容编排突出服务性、权威性，力求全面性和普及性。

《图文电视》播出工作情景

3. 中央电视台：《环球45′》

1993年5月5日，中央电视台推出的《环球45′》是一个新型的、版块式的杂志型栏目。主要内容有：各国概况、神奇世界、异国风情、音乐舞蹈、科技新知、影视欣赏等。该栏目设置了"地球探秘""人海萍踪""好望角""音乐厅""金唱盘""我怎么没想到""影视快讯""信不信由你""红舞鞋"和"家庭滑稽录像"等小栏目，涉及世界各地的政治、经济、文化等方方面面。

《环球45′》的编导和演员

（三）教育类

1. 中央电视台：《电视讲座》

该栏目于1977年年底开办。内容为：成人继续教育、各种专业的在职培训；配合改革，宣传各种政策法规；对中小学生业余辅导，进行第二课堂内容的教育；对各种年龄段的观众进行文化、科学知识普及教育。

《电视讲座》节目画面

2. 中央电视台：《和爸爸妈妈一起看》

《和爸爸妈妈一起看》是中央电视台于1993年5月推出的家教栏目。该栏目以少年儿童在成长中出现的某些问题为内容，涉及少年儿童的品德修养、智力开发、生存能力、卫生健康等诸多方面，以讨论、谈心、咨询、家庭游戏等形式，为家长和孩子提供指导和帮助，使栏目成为沟通少年儿童和家长的心灵桥梁。该栏目设有"星期二话题""周周快乐"等小栏目。

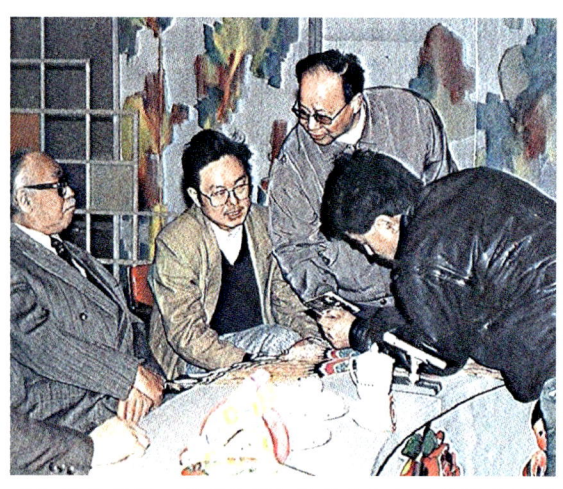

《和爸爸妈妈一起看》栏目的编导与知名导演凌子风（左一）

（四）纪录片类

1. 中央电视台：《百姓故事》

《百姓故事》是中央电视台第一套的故事类栏目。《百姓故事》前身是《东方时空》栏目的《生活空间》，是中央电视台倾力打造的一档以反映本土百姓生活为主要内容的讲述类栏目。该栏目旨在把触角伸入社会的方方面面、各行各业，努力揭示并剖析当下社会的真实性与复杂性，展示一幅幅中国社会变革的生动画卷，打造"行进中的影像中国"。

《百姓故事》节目画面

2. 上海电视台：《纪录片编辑室》

上海电视台纪实频道于1993年创办的《纪录片编辑室》栏目，是全国第一个以纪录片命名的电视纪录片栏目。该栏目关注社会大背景下普通人物的情感和命运，形成了独特的风格，深受观众喜爱，已经成为市民生活内容的一部分。代表作有《德兴坊》《十字街头》《壮行罗布泊》《大动迁》《回到祖先的土地》《婆婆妈妈》和《房东蒋先生》等。《纪录片编辑室》与《东方时空》中的《生活空间》成为中国纪录片栏目化的开端。

《纪录片编辑室》片头

《纪录片编辑室》节目画面

3. 中共中央文献研究室和中央电视台等：《毛泽东》

《毛泽东》是由中共中央文献研究室和中央电视台等多家单位联合制作的12集电视文献纪录片。编导刘效礼。本片采取纪实与政论相结合的方式，在现实与历史、人物与事件、情感与理性、知识与评价相联系的层面上，用典型的侧面来塑造一个真实可信、血肉丰满的领袖形象，来反映中国革命与建设历程中的毛泽东。全片运用过去时与现在时相结合的结构方式，一方面运用大量的图片、影像资料，另一方面在当下的日子里寻找毛泽东留下的痕迹，通过大量采访，复活了很多历史事件的细节，以及毛泽东性格中最生动的部分。

《毛泽东》摄制组拍摄现场

4. 中央电视台、安徽电视台：《远在北京的家》

《远在北京的家》拍摄于1992年至1993年间，编导陈晓卿。该片记录了五位从安徽省无为县到北京打工的小保姆的生活历程与生活状态。在五位农村姑娘的生存状态之外，本片还广泛记录了20世纪90年代初的"民工潮"现象，对它发生的背景、面临的问题和发展方向进行了多方面展现。

《远在北京的家》摄制组在北京街头拍摄

《远在北京的家》获1993年四川国际电视节纪录片大奖

（五）综艺类和艺术类

1. 中央电视台：《东西南北中》

中央电视台发挥电视系统的整体优势，汇集各地方电视台节目的精华，于1993年3月推出《东西南北中》。该栏目是地方台和社会上文艺节目的窗口，其前身是《百花园》栏目。《东西南北中》追求新观念、新手法、快节奏和大信息量的风格；强调后期制作上的精选、精录、精编，编录结合，内外景结合；内容上突出民族特点、地方特色和时代气息，注重思想性和娱乐性；形式上采取板块结构，设有"地方风采大擂台""歌迷天地""请跟我来"和"点歌台"等小栏目。

喜欢中国国粹的外国友人在《同一片蓝天》节目现场表演武术

《东西南北中》节目录制现场

《同一片蓝天》节目现场

2. 中央电视台：《同一片蓝天》

《同一片蓝天》是中央电视台为各地方电视台的少儿节目提供的一个展示、交流、竞争的窗口，于1993年5月推出。该栏目的制作依据统一的选题规划，对提高我国少年儿童电视节目的整体水平起着重要的作用。

《同一片蓝天》节目现场

来自墨西哥的安东尼奥（右一）在《同一片蓝天》节目现场表演武术。他从北京体育大学的武术专业本科毕业后，留在北京的一所国际学校向外国学生传授中国武术

《同一片蓝天》节目主持人王晓清（右）和嘉宾主持董漠涵

3. 中央电视台：《人间万象》

《人间万象》栏目是中央电视台1992年创办的。其前身是《短剧与小品》，创办于1985年。

《人间万象》继承了《短剧与小品》栏目的主要艺术形式，以电视短剧为主。其宗旨是反映丰富多彩的现实社会生活，歌颂真善美，讽刺、揭露和批评腐朽落后的思想行为，同时也注重给人以轻松愉快的审美享受。

该栏目于1993年10月进行改革，设置了"人物素描""黑白写真""欢乐写真""短剧30分钟"等几个小栏目，内容包括主持人组织的观众娱乐活动、讽刺幽默小品、电视短剧等，注重加大信息量，增强观众的参与感。

《人间万象》节目摄制

（六）电视剧类

1. 北京电视艺术中心、中国电视剧制作中心：《北京人在纽约》

《北京人在纽约》是由郑晓龙、冯小刚执导，北京电视艺术中心、中国电视剧制作中心联合制作，姜文和王姬主演的第一部境外拍摄剧。该剧讲述了一批北京人在纽约奋斗与挣扎的生存故事，全景式地展现了北京人在纽约的生存状态，折射出东西文化的差异，在当时引起轰动，成为描写第一批赴美淘金的中国人事业与情感历程的经典之作。

《北京人在纽约》剧照

2. 中国电视剧制作中心、长春电视台：《女人不是月亮》

《女人不是月亮》是中国电视剧制作中心、长春电视台联合制作的农村题材电视剧，由赵明明、纪原主演。该剧通过山村孤女"扣"的坎坷命运，揭示了自我解放的人生价值。

赵明明在电视剧《女人不是月亮》中饰演追求新生活的山村姑娘"扣儿"

潘霞导演的电视剧《女人不是月亮》在1993年播出后引发了社会各界对女性价值的大讨论

四、电视评奖

（一）新闻类

1. 第三届（1992年度）"中国新闻奖"

第三届"中国新闻奖"共有154件作品获奖，获得一等奖的电视作品有：

◎电视消息：《邓小平与中央领导同志一起同十四大代表亲切见面》，王晶等，中央电视台

◎电视专题：《邓小平同志在广东》，李少连等，广东电视台

◎电视专题：《来自病床上的报道》，周军等，山西电视台

◎电视编排：1992年2月3日的《新闻联播》，邱桂萍等，中央电视台

2. 首届"韬奋新闻奖"

由中华全国新闻工作者协会和中国韬奋基金会联合主办的"韬奋新闻奖"，奖励的主要对象是从事新闻编辑、通联、新闻评论、新闻研究和新闻教育的现职专业新闻工作者。首届评选对象是编辑和通联工作者。获奖的电视工作者有两位：

◎额尔德尼，内蒙古电视台副台长、主任编辑；

◎孙玉胜，中央电视台采访部主任、编辑。

（二）文艺类

1. 第一届（1993年）"金话筒奖"

"金话筒奖"是1993年设立的广播电视节目主持人的最高荣誉，由中国广播电视协会主办，2006年升级为国家级奖项。获奖作品有播音作品10件（广播5件，电视5件），主持作品10件（广播5件，电视5件），广播播音员主持人10名，电视播音员主持人10名。

其中，电视播音员主持人获奖者是：

◎特殊荣誉奖：赵忠祥，中央电视台

◎金奖：

倪萍、杨澜、敬一丹、鞠萍、高丽萍，中央电视台

丛薇，北京电视台

叶惠贤，上海电视台

刘冰，天津电视台

小叶（叶榛南），大连电视台

芳芳（陈雅芳），广东电视台

叶惠贤（左）在金牌综艺栏目《今夜星辰》中肩负采、编、播等多重任务

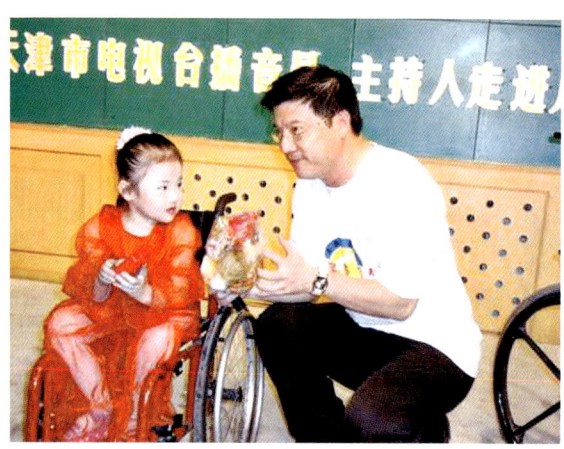
刘冰（右）与福利院儿童一起表演节目

中央电视台共有五位获奖者,从左至右分别是鞠萍、杨澜、倪萍、敬一丹和高丽萍

鞠萍

2. 第十三届（1992年度）全国电视剧"飞天奖"

本届共评出53个作品奖，16个单项奖。

◎长篇电视连续剧特别奖：《唐明皇》，中央电视台、中国电视剧制作中心

◎长篇电视剧一等奖：《半边楼》，陕西电视台、中共陕西省委宣传部

◎中篇电视连续剧一等奖：《天梦》，上海电视剧制作中心、中央电视台影视部等

◎短篇电视剧一等奖：《神算子》，北京电影学院电视剧部、山西省平陆县政府

◎短剧小品一等奖：《清名桥的故事》，江苏电视台、中央电视台影视部、中央电视台无锡外景地

◎少儿连续剧特别奖：《小龙人》，中央电视台影视部、北京儿童电视艺术中心

◎少儿连续剧一等奖：《少年特工》，中央电视台影视部、济南军区前卫艺术中心

◎少儿短篇一等奖：《金色轮船》，北京电视艺术中心、北京出版社《父母必读》编辑部、北京少儿出版社

◎戏曲连续剧：《大义夫人》，浙江电视台、浙江越剧团影视部

◎优秀编剧：《半边楼》的编剧延艺云

◎优秀导演：《擎天柱》的导演阎建刚，《看不懂啦，女人们》的导演武珍年

◎优秀男主角：《擎天柱》中周天的扮演者高明

◎优秀女主角奖：《风雨丽人》中叶秀清的扮演者宋春丽

《半边楼》剧照

《天梦》剧照

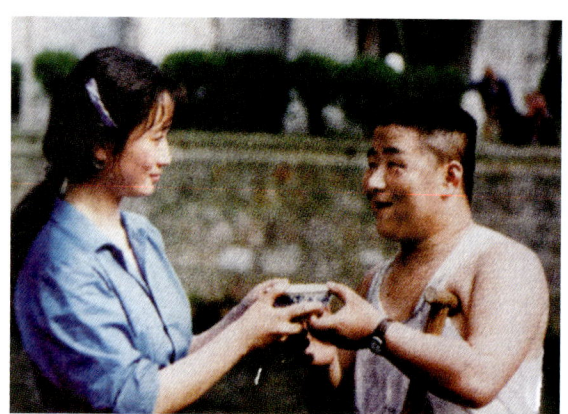

《清名桥的故事》剧照

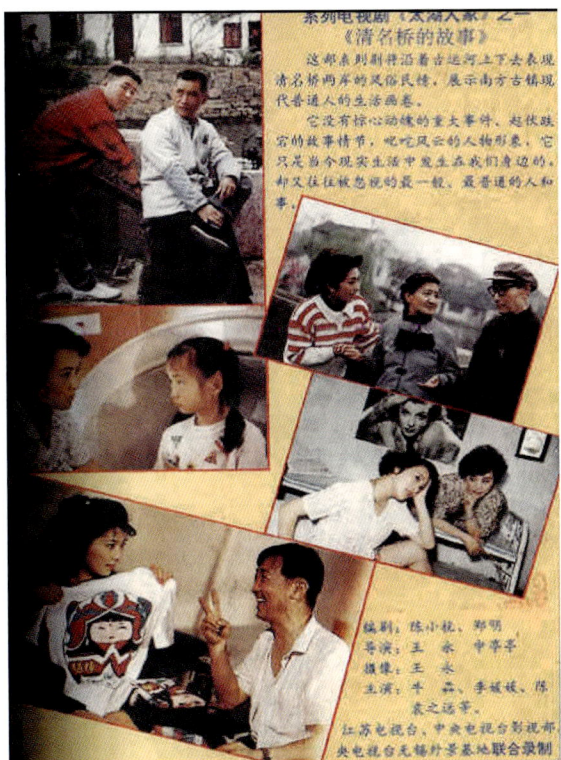

《清名桥的故事》在《中国电视》1993年第4期上刊登了介绍资料

戏曲电视剧《大义夫人》获得"飞天奖"后曾被制作成DVD公开发行

《金色轮船》剧照

《擎天柱》中高明扮演周天

《风雨丽人》中宋春丽扮演叶秀清（左）

五、电视史料

（一）争取电视文艺节目有一个较大的改观①

还有一个问题，我们的屏幕究竟要宣扬什么人，"飞天奖"评选中获奖作品不少表现的就是英雄人物，像《天梦》在国外的反响都很强烈，有的华侨说，看了《天梦》，心中出了一口气。我觉得我们的广播电视应当多歌颂、宣传那些人民不大了解的，在各行各业做出了卓越贡献的无名英雄，获奖的电视剧和中央台的《东方时空》中的《东方之子》和《焦点时刻》等栏目中介绍了一些先进人物和社会各界专家、学者，我认为特别好，这方面要大大加强，中央领导同志给中央电视台提了要求，希望中央电视台每个星期介绍一位中青年优秀教师。最近又说，能不能每天拿出3分钟来介绍优秀的中青年科学家。连李政道、杨振宁都向我们提出，希望我们多宣传介绍中青年科学家。

我讲的中心意思就是希望电视文艺，不要热衷于自我表现，不要赶时髦，本来观众最熟悉的就是歌星、演员，我们还在那里来回猛炒，有什么必要。我们应该把那些为人民做出贡献而又不为人民所了解的优秀科学家介绍给观众，多让他们上屏幕，让他们的业绩为群众所了解。这样也有利于社会各方的平衡。我们的屏幕应该用来表现谁，值得考虑。

（二）《中国电视报》兴衰三部曲的启示②（节选）

正当《中国电视报》发行量连年增长，人们都刮目相看的时候，严峻的挑战摆在了《中国电视报》面前：报界的"扩版热""增版热""星期刊热"席卷全国，纵观这些报纸的扩版和增版部分，绝大多数都少不了有关电视的内容，有些报纸甚至还开辟了电视专版，这给《中国电视报》的生存和发展造成了严重的威胁。

经过深思熟虑和集思广益，一个事关《中国电视报》发展与命运的重大举措提出来了：扩版不提价，让利于广大读者！即1993年由八版扩为十六版，报价一分不涨，亏损部分用报纸广告补。这样做，经济上的风险是相当大的，它逼着我们要提高报纸质量，否则，报纸发行量就得不到保证，靠广告收入贴补报纸亏损也就成了一句空话。

请看扩版后的几组数字：1993年第一季度，平均发行量为292万份；第二季度，平均发行量为330万份。以后几个季度的发行量基本上与前两个季度相同，最高时达到350万份，比1992年增加112万份，增长幅度为47%。

全年广告收入2 500多万元，贴补报价亏损2 200多万元，净盈利300多万元。

---

① 此文节选自时任广播电影电视部部长艾知生在第七届"星光奖"颁奖暨全国电视文艺座谈会上的讲话，刊于《中国电视》1993年第9期，第4页。

② 吴继尧.《中国电视报》兴衰三部曲的启示[J].中国广播电视学刊，1994(6).

1993年《中国电视报》扩版不提价是非常成功的：第一，国外报纸能办几十甚至上百个版，靠广告支撑报纸的所有费用，我们中国人也能办到。第二，扩版不提价不但要有勇气、胆略和开拓精神，还要靠对国内外报纸、广告市场和读者市场的科学分析，否则，胆子越大，造成的损失也越大。第三，要有适合读者心理要求的具体措施和办法。第四，长期以来，国内办报的经济来源主要依靠报价本身，在如今已经实行市场经济的情况下，对这种陈旧的观念必须来一个彻底的转变。否则，在来势汹涌的市场经济大潮中就很难站稳脚跟，更谈不上如何发展自己了。第五，经济来源改为主要依靠广告，这有利于提高报纸的质量，当然也就有利于扩大报纸的发行量。有了发行量，广告也不用发愁了。这种良性循环一旦形成，在报界的激烈竞争中就能稳操胜券。

《中国电视报》发行量所经历的创历史最高纪录——跌入低谷——再创历史最高纪录三部曲，说明报纸的竞争随时存在，但决定报纸发行量和命运的还是人。不管竞争多么激烈。只要抓住机遇，决策正确，措施到位，尊重读者，勇于开拓，就能掌握报纸发展的主动权。

六、电视技术

中央电视台《图文电视》开播

1993年12月18日，中央电视台《图文电视》正式开播。电视观众只要拥有电视接收机或在计算机上添加一块PC卡，就可以收看中央电视台播出的《图文电视》节目。

七、电视人物

（一）孙玉胜

中央电视台高级编辑，副台长。1993年获首届"韬奋新闻奖"。1993年、1994年和1996年分别参与策划并创办了《东方时空》《焦点访谈》《新闻调查》和《实话实说》等栏目。1997年参与策划实施了72小时大型直播节目《香港回归特别报道》；1999年，参与策划《国庆50年庆典》《澳门回归》《相逢2000》等特别节目。

孙玉胜

（二）王志文

影视演员。1991年，王志文因在电视剧《南行记》中饰演青年艾芜而崭露头角。1993年出演电视剧《过把瘾》，他所饰演的方言成了一代人的偶像。随后他出演了《东边日出西边雨》《无悔追踪》《刑警本色》《黑冰》《天道》等多部经典影视剧。1994年他因饰演《过把瘾》中的方言获得"飞天奖"最佳男主角奖。

王志文

八、电视出版

（一）《中国电视报》扩版

1月1日，经新闻出版总署批准，《中国电视报》由4开8版扩为4开16版，发行量突破300万份。

（二）《中国广播电视史文集》

赵玉明著，1993年10月由中国广播电视出版社出版，全书31.8万字。作者长期从事中国广播电视史的教学研究，该书是作者相关文章的结集。入选文章约60篇，从一个侧面反映出中国广播电视史研究的曲折历程。

《中国电视报》编辑记者在研究工作

（三）"电视丛书"

"电视丛书"由中央电视台编委会编辑，人民出版社1993年出版。丛书涉及电视门类的各个方面，共12种，其中论集8种，史学集3种，资料集1种，即《电视新闻论集》《电视专题论集》《电视文艺论集》《电视剧论集》《电视声画论集》《电视宣传管理论集》《电视制作论集》《电视技术论集》《中央电视台简史》《中央电视台大事记》《荧屏岁月记》《荧屏金杯录》。

《电视研究》1993年第1期封面

"电视丛书"首发式

（四）《电视研究》

《电视研究》由中央电视台主办，1985年创刊，原名为《电视业务》，创刊初期为不定期的内部出版物。1987年改为定期出版，为双月刊；1989年更名为《电视研究》，目的在于加强理论色彩；1993年公开发行，成为全国第一份公开发行的电视理论刊物；1994年改为月刊。

《电视业务》1985年第1–3期封面

《电视研究》1994年第1期封面

（五）《有线电视》

1993年10月创刊的《有线电视》是中国创办得最早的国家级有线电视、数字有线电视专业期刊。主办单位为西安交通大学，主管单位是中华人民共和国教育部。《有线电视》1997年更名为《中国有线电视》并沿用至今。

《有线电视》创刊号封面

《中国有线电视》1999年第1期封面

九、电视教育

广播电影电视部培训中心成立

1993年5月，该中心是广播电影电视部开展高层次继续教育和岗位培训的基地之一。

1994年

一、大事记

1月1日，福建东南电视台开播。

2月18日，国务院总理李鹏应中央电视台新闻中心请求，为《东方时空·金曲榜·中国民族歌曲经典》题词："高歌民族曲，激荡中国魂"。李鹏说，这也是给中央电视台题的词。

《东方时空》开播一周年联欢会

3月16日，中央电视台选送参加第二届亚洲电视节的纪录片《姊妹溪》在日本大阪获"优秀纪录片奖"。

4月1日，中央电视台新闻中心在央视第一套推出新栏目《焦点访谈》。

4月1日，中共中央总书记、国家主席江泽民为北京广播学院40周年校庆题词："发扬艰苦奋斗的优良传统，为我国广播电视事业培养更多人才。"

4月1日，广播电影电视部正式批复同意广东省筹建有线电视台。6月2日，广东省政府批复同意成立"广东有线电视台"。

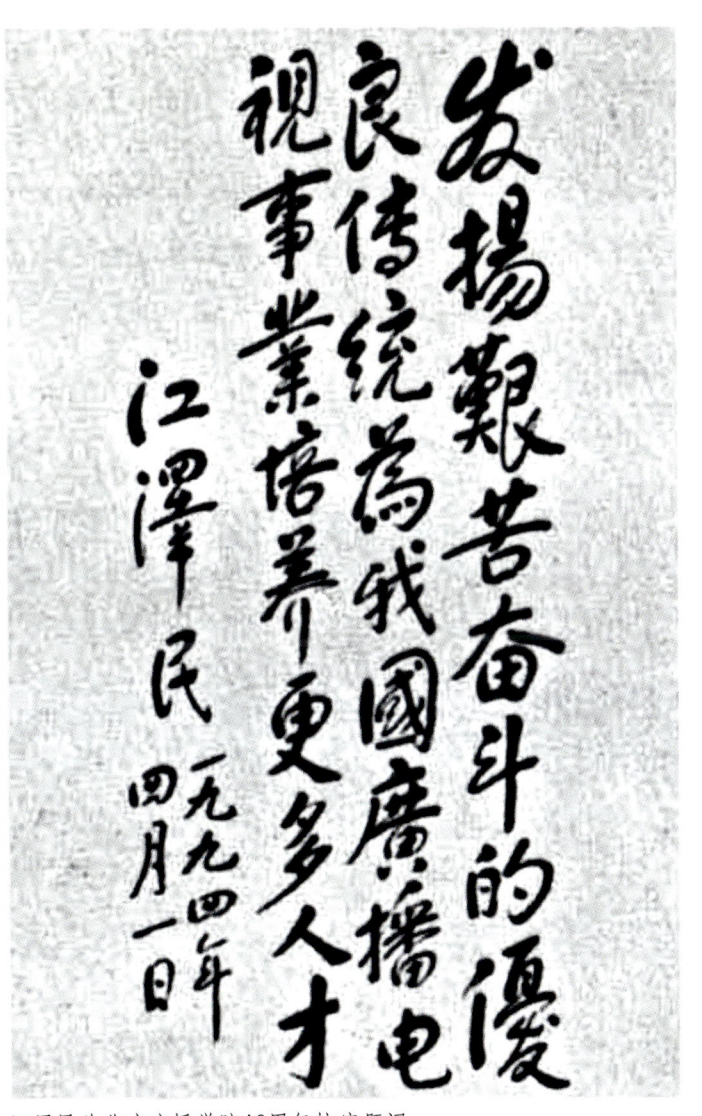

江泽民为北京广播学院40周年校庆题词

4月12日，国家工商行政管理局商标局正式受理中央电视台新闻中心的《焦点访谈》《东方时空》等电视栏目及其专用图形的注册申请。电视栏目注册服务性商标寻求法律保护，在全国尚属首次。

9月19日，亚洲第一、世界第三高塔——上海东方明珠广播电视塔试灯。

上海东方明珠广播电视塔

12月下旬，经广播电影电视部批准，甘肃电视台第二套节目正式更名为"甘肃飞天经济电视台"，隶属甘肃电视台。

二、政策法规

2月3日，广播电影电视部发布《广播电影电视部关于引进、播出境外电视节目的管理规定》。

9月15日，广播电影电视部发布《中华人民共和国广播电视频率执照管理暂行规定》。

10月1日，国务院批准原广播电影电视部发布《音像制品管理条例》。

10月27日，中华人民共和国主席令第三十四号《中华人民共和国广告法》，由中华人民共和国第八届全国人民代表大会常务委员会第十次会议通过并公布，自1995年2月1日起施行。

三、电视栏目和节目

（一）新闻类

1. 中央电视台：《世界报道》

《世界报道》是中央电视台1994年4月1日开播的新闻栏目。该栏目以报道国际新闻为主，增加了重要新闻的背景资料介绍、新闻综述和分析述评，以求最大限度加大新闻容量。该栏目逐渐形成了"聚焦今天、突出重点、内容翔实、可视性强"的风格。

《世界报道》片头

2. 中央电视台：《焦点访谈》

《焦点访谈》是1994年4月1日开播的新闻评论栏目。该栏目关注热点话题和人物、社会事件和问题、重大政策及其背景、社会中新现象与新问题、国际问题等。《焦点访谈》一般采用演播室主持和现场采访相结合的结构方式，先以演播室主持人引出当天节目的主题或话题，再通过现场采访的形式完成对事实主体的叙述，接着回到演播室对事件本身进行评论。栏目定位是：时事追踪报道，新闻背景分析，社会热点透视，大众话题评说。它以深度报道为主，以舆论监督见长，是中央电视台收视率最高的栏目之一。

《焦点访谈》节目画面

1995年2月《焦点访谈》记者在苗寨采访

（二）专题类和杂志类

1. 中央电视台：《人与自然》

《人与自然》1994年5月开播，是以宣传保护人类生存环境为宗旨的大型版块栏目。该栏目的宗旨是让观众关注环境，关注人类自身，提高人类环境意识，保护生态平衡。该栏目设有"生物圈""我和我的朋友""奥秘百科"和"绿色视野"四个小栏目。

《人与自然》节目录制中

2. 中央电视台：《半边天》

《半边天》于1994年12月1日试播，是中央电视台服务于女性的电视版块栏目，旨在向国内外展示中国女性的风采，维护妇女、儿童的合法权益，传播有关妇女方面的科学、生活知识。该栏目设有"'95 话题""我是女人""休闲时光"和"女性·社会"等小栏目，专设有《半边天·星期版》。

1994年12月1日，《半边天》试播后工作人员合影

3. 中央电视台：《乡音》

《乡音》是中央电视台于1994年10月17日开播的融新闻性、知识性、趣味性、服务性及信息性为一体的版块式栏目，整个栏目全部配粤语解说，打出中文字幕（包括同期声和配画外音）。该栏目设有"八面来风""炎黄子孙""情系万家""上下五千年""百味纵横""九州综艺"等小栏目。

《乡音》开播时的片头

（三）教育类

1. 中央电视台《与你同行》

《与你同行》1994年5月开播，这是社教专题栏目改革的一次尝试。栏目以社会文化题材的节目为主要内容，设有"社会纵横""文化广场"和"生活之路"等小栏目，力图涵盖原有的"为您服务""文化园林""社会经纬""科技时代""民族之林""卫生与健康"和"银手杖"7个栏目的内容，办成一个大型综合性的版块栏目。1995年12月，《与你同行》栏目进行了较大调整，分为社会文化版和生活科技版两部分。

《与你同行》系列节目《新疆行——新疆民族巡礼》的节目主持人李娟在新疆采访

2. 中央电视台：《第二起跑线》

《第二起跑线》是中央电视台1994年4月9日推出的一档面向中学生的专栏栏目。该栏目以贴近中学生、引导中学生、娱乐中学生、塑造中学生为宗旨，栏目内容着意展示中学生的智力、能力、体力和毅力，培养中学生的完美人格和高尚的审美情趣。

《第二起跑线》演播现场

（四）纪录片类

1. 四川电视台：《写真世界》

《写真世界》是四川电视台国际部于1994年11月开办的纪录片栏目。该栏目先后播出了反映残疾人自强不息精神的纪录片《空间——严华的自述》《攀登——一个残疾人的路》《背个媳妇下山》等，还有反映彝族山区女孩失学的纪录片《古堡的故事》等，产生了较大的反响。

《空间——严华的自述》画面

2. 上海电视台：《大动迁》

《大动迁》由上海电视台于1994年出品，主创章焜华。该片记录了上海成都路高架桥建设前搬迁户的生活状态，全篇自始至终都围绕着搬迁户在搬迁中的矛盾心理——服从建设需要——安置新生活来拍摄。制作者以6户人家在这次搬迁中的实际状况作为主线，大量运用同期声，客观地记录了上海历史上最大一次动迁的全过程。

《大动迁》画面

（五）综艺类和艺术类

1. 天津电视台：《鱼龙百戏》

《鱼龙百戏》是天津电视台在原有栏目《曲艺大观园》《周末相声》基础上经过改进与提高，于1994年1月推出的新栏目。

该栏目以曲艺为主，加入了杂技、魔术、民间花会等内容，追求短、快、火、爆、脆的风格。在保留原有曲艺韵味及传统技艺的基础上，更多地展示了曲艺、杂技界的改革成果，介绍新人佳作，推出新活、绝活。该栏目共设十余个子栏目。

2. 河南电视台：《艺术空间》

《艺术空间》由河南电视台于1994年11月开办，分为"MTV欣赏""电视文学""音乐赏析"和"艺术长廊"四个小栏目。该栏目以欣赏性内容为主，制作精良，艺术品位较高。

《鱼龙百戏》节目现场

(六)电视剧类

1. 中国电视剧制作中心:《三国演义》

该电视连续剧根据中国古典文学四大名著之一《三国演义》改编,共84集,由中国电视剧制作中心制作,王扶林担任总导演,鲍国安、唐国强等主演。该剧讲述的是三国时代魏、蜀、吴的兴亡史,着重表现的是乱世中多个政治集团间错综复杂、紧张尖锐的斗争;这种斗争发展成为连接不断地对政治权力的争夺和军事冲突,造就了从东汉末年到西晋初年将近一个世纪的风云变幻。

桃园三结义

周瑜演练水军

空城计

横槊赋诗

陆树铭（右）扮演关羽

《三国演义》剧照

《三国演义》剧照

何晴扮演小乔、洪宇宙扮演周瑜

鲍国安（中）扮演曹操

唐国强扮演诸葛亮

导演张绍林现场工作照

导演沈好放（中）现场工作照

2. 北京电视台、黑龙江电视台：《年轮》

该剧根据梁晓声的同名小说《年轮》改编拍摄，由北京电视台、黑龙江电视台等联合制作，展现的是哈尔滨几个知青聚散离合的故事，时间跨度是20世纪60年代末到80年代末。电视剧播出后，在当时的青年特别是知青中引起了强烈的反响，不少知青成群结队前往原先下放的农村或生产建设兵团，重温自己成长的旧梦。

《年轮》剧照

四、电视评奖

（一）新闻类

1. 第四届（1993年度）"中国新闻奖"

第四届"中国新闻奖"共有160件作品获奖，其中一等奖16件、二等奖49件、三等奖95件。获一等奖的电视作品有：

◎电视消息：《牡丹集团厂庆新办》，张长江等，中央电视台

◎电视消息：《邓小平同志和上海各界人士共度新春佳节》，东升等，上海电视台

◎电视评论：《农民要减轻自身负担》，段荣鑫等，山西电视台

2. 第二届"范长江新闻奖""韬奋新闻奖"

◎第二届"范长江新闻奖"电视业获奖者：

魏斌，中央电视台
邬志豪，上海电视台

魏斌

邬志豪

◎第二届"韬奋新闻奖"电视业获奖者：

李东生，中央电视台

中华全国新闻工作者协会官网于2015年3月27日发布撤销李东生获奖资格的公告

（二）文艺类

第十四届（1993年度）全国电视剧"飞天奖"共评出51个作品奖，14个单项奖。

◎长篇电视剧一等奖：《大潮汐》，上海文化发展总公司、上海市总工会、中央电视台影视部、上海电影制片厂；《情满珠江》，珠江电影制片厂、中央电视台、广东电视台

◎中篇电视剧一等奖：《豫东之战》，江苏电视台、南京军区电视艺术中心

◎短篇电视剧一等奖：《一个医生的故事》，山西电视台、山西省卫生厅等

◎优秀导演：《情满珠江》的导演王进、李舒、袁世纪

◎优秀编剧：《潮起潮落》的编剧周振天、崔京生

◎优秀男主角：《过把瘾》中方言的扮演者王志文

◎优秀女主角：《情满珠江》中梁淑贞的扮演者左翎

《一个医生的故事》剧照

左翎饰演的梁淑贞（右）

《情满珠江》剧照

《豫东之战》剧照

五、电视史料

（一）《我国广播电视事业的巨大成就——为迎接建国45周年而作》[①]摘录

随着我国广播电视事业的迅速发展和我国人民生活水平的不断提高，广播电视接收工具的社会拥有量迅速增长。现在，我国电视机的社会拥有量已超过2.3亿台，居世界第一位；收音机和收录机的社会拥有量已超过3.6亿架。广播电视的听众观众有8亿多人。

---

① 朱砚.我国广播事业的巨大成就——为迎接建国45周年而作[M]//《中国广播电视年鉴》编辑委员会.中国广播电视年鉴(1995).北京：北京广播学院出版社，1995.

现在，全国各电视台播出的节目总计超过600套。电视已成为影响最大的宣传工具。例如，中央电视台每天播出4套节目，共计50多个小时，已成为人们及时了解国内外大事的重要渠道；它的各种对象性、服务性、教学性节目以不同的风格、特色吸引了大批观众；各种文艺节目百花齐放、丰富多彩。全国电视剧的年产量，90年代以来已超过5 000集。

（二）中央电视台1994年业务建设情况和队伍构成情况[①]（节选）

1. 1994年中央电视台各类节目播出时间统计

节目名称	播出时间(时:分)
新闻节目	4 405:16
专题节目	7 383:08
教育节目	1 832:08
文艺节目	9 193:36
服务性节目	570:16
（合计）	23 384:24

2. 1994年中央电视台每周各类节目播出时间构成比例

节目名称	所占比例(%)
新闻节目	18.84
专题节目	31.57
教育节目	7.83
文艺节目	39.31
服务性节目	2.45

3. 1994年中央电视台经费收支情况（单位：万元）

财政拨款	8 266.8
抵支收入	110 810.6
经费支出	102 831.3

4. 1994年中央电视台各系统人数统计（单位：人）

行政系统	330
技术系统	607
编播系统	1 103
经营系统	53
公司系统	126
中国电视剧制作中心	350
中央新闻纪录电影制片厂	643
合计	3 212

六、电视技术

中央电视台节目播出实现全自动化

1994年12月1日，中央电视台第五套节目体育频道开播，这套节目采用的机械手自动播出系统为当时国际上的一流技术。

七、电视人物

（一）杨伟光

广东梅州人。1961年毕业于中国人民大学新闻系，同年分配到中央人民广播电台从事采编工作。1975年起历任中央人民广播电台新闻部副主任、工商部副主任、副台长等职。1985年起历任中央电视台副台长、台长，广播电影电视部副部长。著有《怎样办好广播》《广播宣传入门》《电视新闻论集》等。2014年因病去世。

[①] 中央电视台研究室.中央电视台年鉴(1995)[M].北京：人民出版社，1995：246-251.

杨伟光

八、电视出版

（一）《中外广播电视百科全书》

赵玉明、王福顺主编，共172万字，由中国广播电视出版社于1994年10月出版。这是我国第一部广播电视专业百科全书，是一部为具有大专水平以上的广播电视工作人员和高等院校有关专业的师生提供专业学习内容的参考书，同时也是一部各级广播电视部门的领导干部案头必备的工具书。该书共收入广播电视专业条目及相关条目近4 000条，分4大部分、44个门类加以编排。第一部分为广播电视基本概念，第二部分为中国广播电视事业，第三部分为外国广播电视事业，第四部分为广播电视技术和管理。

（二）郑晓龙

先后担任北京电视艺术中心副主任、主任，在任期间曾策划组织了多部在国内引起强烈轰动效应的电视剧，如《四世同堂》《渴望》《编辑部的故事》《一年又一年》《无悔追踪》《一场风花雪月的事》《蓝色三环》《贫嘴张大民的幸福生活》《罪证》等一批优秀电视剧作品，其中多部作品获"大众金鹰奖"和"五个一工程奖"。他还导演了《北京人在纽约》《金婚》等系列电视剧。

郑晓龙

《中外广播电视百科全书》封面

（二）《西宁广播电视报》

《西宁广播电视报》创办于1994年5月3日，原为《益友报》，1994年11月改为现名，1994年12月公开发行。该报由西宁市广播电视局主办，以宣传广播电视事业，引导视听，丰富群众精神文化生活为宗旨。

（三）《广播电视信息》

《广播电视信息》创办于1994年1月，开办之初由广播电影电视部信息资料中心主办，现统一归口由国家广电总局主管，国家广电总局无线电台管理局、中国有线电视网络有限公司主办。其办刊宗旨为发挥专业媒体作用，推动广电行业发展，促进广播电视的"网络化、数字化、产业化、信息化"。杂志的内容涵盖广电影视科技发展的各个领域，以报道国内外广播电视行业最新技术、产品、市场、运营信息为主。

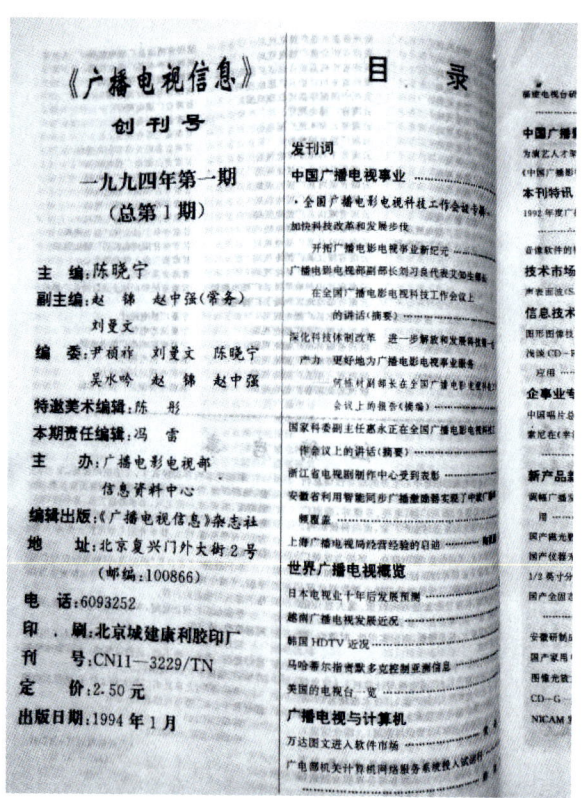

《广播电视信息》创刊号封面和版权目录页

(四)《电视字幕·特技与动画》

1994年创刊的《电视字幕·特技与动画》是中国最早的电视节目制作专业期刊,由广播电影电视部科技委电视专业委员会和科技信息研究所联合主办。2009年第8期更名为《影视制作》并沿用至今。该刊旨在推动计算机与多媒体技术在广播电视领域的应用,普及计算机节目制作知识,提高计算机节目制作设备的档次和水平。

《电视字幕·特技与动画》1994年第1期封面

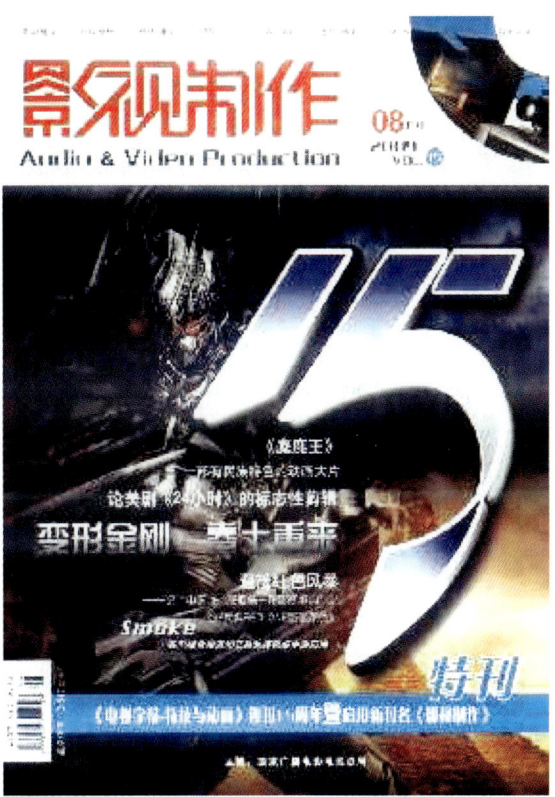

《电视字幕·特技与动画》更名为《影视制作》后第1期(2009年第8期)封面

（五）《有线电视技术》等

1994年，《有线电视技术》《中广有线电视》《世界有线电视信息》等一批有线电视类科技期刊问世。这批期刊主要介绍有线电视技术，卫星接收技术，光缆、电缆传输技术，电视摄、录、编、播技术，电视台中心技术和有线电视管理技术等。

《世界有线电视信息》（科讯交流有限公司主办，2001年6月更名为《世界宽带网络》）创刊号封面

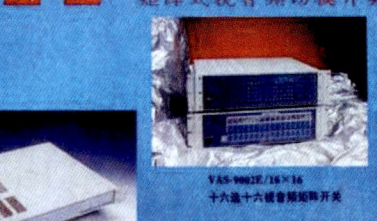

《有线电视技术》（中央电视台主办）创刊号封面

《中广有线电视》（中国广播电视学会主办）创刊号封面

（六）《电视文学》

《电视文学》于1994年创刊，由广西广播电视厅编辑委员会、电视剧艺术指导委员会主办，主要刊登电视文学剧本、电视小品、影视故事、电视剧评论、电视剧拍摄动员、电视剧知识等内容。

九、电视教育

1994年2月8日，江西广播电视学校成立。该校属于普通中等专科学校，为县（处）级建制，由江西省广播电视厅领导。1994年开始招生，开设了广播电视发送技术专业和电视节目制作专业。

《电视文学》创刊号封面

1995年

一、大事记

1月1日,中央电视台第五套节目(体育频道)正式播出。中央电视台以港澳台观众和海外观众为主要对象的第四套节目实行全天24小时播出。

1995年元旦,中央电视台第五套(体育频道)正式播出

5月1日上午9:30,上海东方明珠广播电视塔发射开播,这标志着雄踞亚洲第一、高468米的东方明珠广播电视塔正式投入使用。

上海东方明珠广播电视塔

8月12日，中央电视台首次通过卫星与上海东方电视台双向直播第110期《综艺大观》，纪念1937年"8·13"淞沪会战。首次尝试两地卫星双向直播节目取得成功。

9月27日，海峡两岸卫星传送电视、新闻连线直播获得成功。19:20至19:25，海峡对岸TVBS演播室的主持人蒋雅琪与在北京中央电视台演播室的主持人徐俐，通过卫星线路同时出现在台湾观众面前，由此开始了海峡两岸的新闻连线直播。这是《中国新闻》首次在拥有数百万观众的台湾无线台直播，也是两岸电视界的一次成功合作。

《中国新闻》节目

11月28日，'95北京数字电视技术研讨会开幕式暨中央电视台数字压缩设备、数字演播室、数字转播车启用仪式在中央电视台新建的800平方米数字演播室隆重举行。

11月30日，中央电视台文艺频道（第八套）、电影频道（第六套）、少儿·军事·科技·农业综合频道（第七套）开播。

中央电视台电影频道办公地点

二、政策法规

5月11日，广播电影电视部发布《关于纠正行业不正之风禁止"有偿新闻"的若干规定》。

9月1日，广播电影电视部发布《中外合作制作电视剧（录像片）管理规定》。

9月1日，广播电影电视部发布《影视制作经营机构管理暂行规定》。

10月18日，广播电影电视部发布《电视剧制作许可证管理规定》。

三、电视栏目和节目

（一）新闻类

1. 中央电视台：《新闻30分》

《新闻30分》是中央电视台于1995年4月3日推出的新闻栏目。栏目内容以"传达中央精神，正确引导舆论，反映普通人生活和命运，兼顾信息量和观众兴趣"为原则。

中央电视台负责人审看《新闻30分》

2. 贵州电视台：《今晚十点半》

《今晚十点半》由贵州电视台于1995年3月1日推出，每次10分钟。该栏目以社会新闻为主，注重都市生活报道，注意捕捉社会热点。它设有"今日要闻""热线采访""动态消息"等小栏目。

3. 西藏电视台：《新闻视点》

《新闻视点》是1994年9月开播的新闻评论性栏目，其前身名为《每周报道》，1995年起改用现名。栏目每周用藏、汉两种语言播出两期，每次播出时间为10分钟。2003年7月1日开始，汉语版节目在每周三、周六晚《天气预报》后播出，藏语版节目在每周一、周四晚《天气预报》后播出。该栏目把对党的政策的阐释和"三贴近"题材作为报道内容，以深度报道和现场评述的方式相结合，用事实说话。栏目在西藏农牧区基层群众中拥有众多观众，社会反响良好。

《新闻视点》节目片头

《新闻视点》节目画面

《新闻视点》节目画面

《新闻视点》节目画面

2. 中央电视台：《大风车》

《大风车》是1995年6月1日开播的大型儿童电视板块栏目。该栏目集原《七巧板》《天地之间》等六个少儿栏目为一体，化零为整，突出时效性和整体性，增加了信息量和播出量。每天一期，每期40分钟。它以3—12岁的儿童为主要对象，采用杂志的编排手法，将内容分为动画节目、系列短剧、学前节目、专题与游戏节目4个版块；它融知识性、娱乐性、教育性为一体，"营养配餐"，多角色串联。

《大风车》节目现场

（二）专题类和杂志类

1. 中央电视台：《体育沙龙》

《体育沙龙》是中央电视台体育频道的一个评论性栏目。该栏目采用现场直播的方式，对发生在国内外体育界的重要新闻事件和现象进行新闻评论。主持人、专家、球迷或事件相关人物围坐在一起，采用拉家常的谈话方式，就各种体育事件发表各自的看法。

《大风车》开播座谈会

《体育沙龙》节目

（三）教育类

1. 中央电视台：《科技之光》

为贯彻落实党中央科教兴国的战略方针，中央电视台在加扰卫星电视第七套节目中推出大型杂志化科学栏目《科技之光》。该栏目1995年推出，每天晚上播出1小时，下设若干子栏目。

《科技之光》后来进驻中央电视台科教频道

《科技之光》节目画面

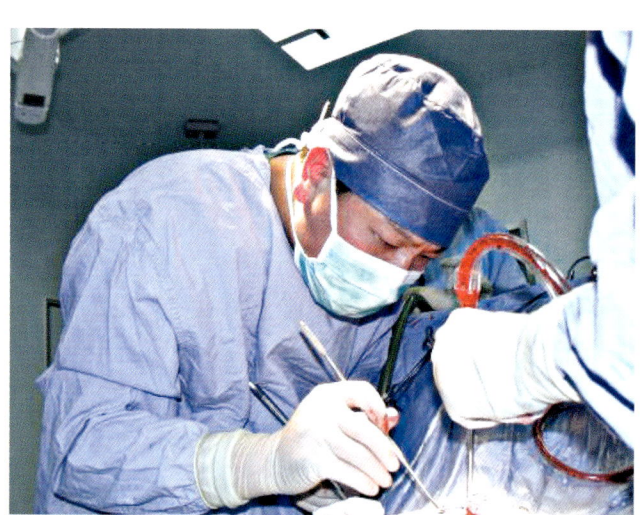
《科技之光》节目画面

2. 中央电视台：《农业教育》

中央电视台《农业教育》的目标是普及农业科学知识，推广农业先进技术，传递农业经济和科技信息，进行农业知识的教育和培训。主要内容有两类：一是根据中央农业广播电视学校的教学大纲和教学进度安排课程；二是根据农村实际情况，针对广大农民或基层干部的需要，随时安排基础文化培训或专业技术培训。

（四）纪录片类

1. 安徽电视台：《中国纪录片》

《中国纪录片》是1995年6月19日安徽电视台新开办的纪录片栏目。该栏目集纳了从全国范围内挑选的纪录片精品，真实客观地记录我国改革开放的形势，多角度、多方位地挖掘华夏文明的精粹和底蕴，展现了各地人们的工作、生活状况。

2. 陕西电视台：《电视写真》

《电视写真》于1995年4月开办。该栏目主要播出陕西电视台拍摄的纪录片，同时插播其他台的优秀纪录片；其宗旨是运用电视手段真实地记录人生、记录社会。

（五）综艺类和艺术类

1. 中央电视台文艺频道

文艺频道的主干节目由6个方面组成：（1）国产电视剧，（2）译制片（含国外电影或电视剧），（3）中外音乐电视，（4）综艺性节目，（5）经过精编的首播节目，（6）动画节目。文艺频道每天播出16.5小时。

1999年5月3日，CCTV-8由"中央电视台文艺频道"更名为"中央电视台电视剧频道"。同时，频道更换新版形象包装：使用由电影胶片组成的"8"字二级标识并搭配双线美术字CCTV标识，用黑体标注频道名称

中央电视台文艺频道（CCTV-8）1995年11月30日开播，最初只覆盖北京地区，全名为"中国中央电视台文艺频道"，频道采用的标志为"蝴蝶标+8"（标志内的"8"为空心）。1996年1月17日，频道开始面向全国各地播出

中央电视台电视剧频道早期电视屏幕左上角频道标志使用文字式透明版"CCTV-8"标识

1998年6月1日至1999年5月2日期间使用的频道标志为文字式透明版"CCTV-8"标识

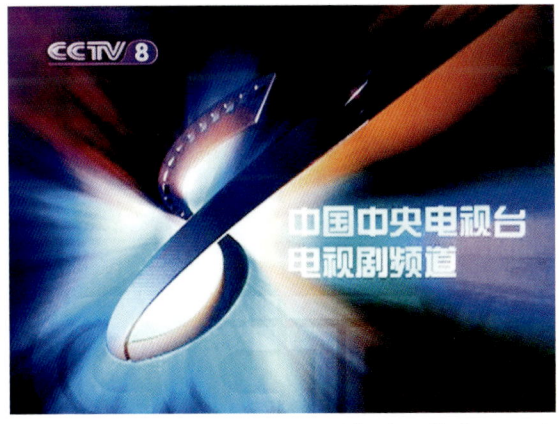

2001年7月，中央电视台电视剧频道开始使用双线"CCTV"+勺标"8"的台标。初期，勺标为实心，序号"8"为空心；后期，勺标透明化，序号"8"为实心。频道宣传片使用央视频道统一的、黑色背景的勺标宣传画面。2003年5月，中央电视台电视剧频道再次更换形象包装（如上图所示）

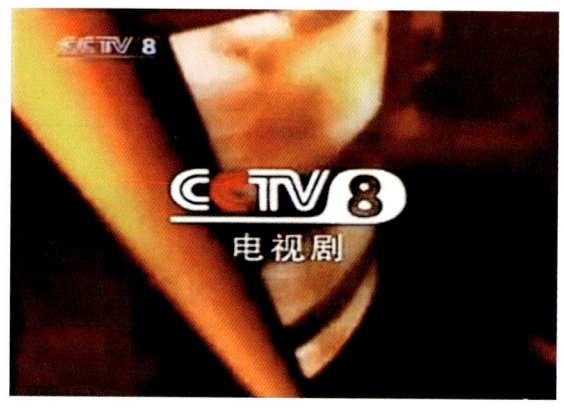

2005年5月,中央电视台电视剧频道更换形象包装,原有的勺标及频道名称字体缩小,背景为棕红色胶片及电视剧画面

2011年开始,中央电视台对所有频道进行统一调整并更换频道标志,中央电视台电视剧频道的频道标志下方加上"电视剧"字样,并出现在屏幕的左上角

2011年1月1日,中央电视台电视剧频道更换形象包装,宣传片背景为天蓝色画面(上图),并启用新口号:"CCTV-8,好剧到您家"。2012年1月1日,频道再次更换新口号:"中国第一电视剧频道,CCTV-8"

2013年1月1日,中央电视台电视剧频道更换形象包装,并启用新口号:"天下好故事,尽在8频道"

2016年4月1日,中央电视台电视剧频道再次更换形象包装,并启用新口号:"为我停留,为你守候"

2. 中央电视台电影频道

电影频道于1995年11月30日开播。每天播出不同时代、不同风格的中外优秀故事影片及国内外各类优秀短片和美术片。在播出电影的同时，电影频道还开辟了一批围绕电影文化开展的栏目，使观众可以通过这些栏目了解各种电影信息，获取各方面的电影知识，提高对电影艺术的鉴赏能力。

中央电视台电影频道海报

3. 辽宁电视台：《三原色》

《三原色》是辽宁电视台1995年开办的电视文学栏目。栏目内容有电视小品、电视散文、电视纪实散文、电视报告文学、电视漫画、电视诗歌等。在艺术手法上充分利用造型、画面及画面运动节奏，以声、光、色来展示作品的内涵，营造氛围。在思想内容上力求贴近生活，发掘真、善、美，揭露假、丑、恶。

（六）电视剧类

1. 上海电视台：《孽债》

《孽债》是上海电视台拍摄的20集电视连续剧，根据作家叶辛的同名小说改编。该剧描述了五个孩子从西双版纳到上海寻找自己亲生父母（多年前返回上海的知青）的经历。1995年在上海播出后引起巨大反响。

2. 中央电视台等：《西部警察》

《西部警察》是由巴特尔导演，何伟、王奎荣主演的17集电视连续剧。该剧讲述了沙州市刑警队敢打敢拼、无私奉献，守住大西北一方平安的故事。

《西部警察》剧照

《孽债》海报

《西部警察》海报

四、电视评奖

（一）新闻类

第五届（1994年度）"中国新闻奖"

共评出150件获奖作品，其中，1件特别奖，18件一等奖，54件二等奖和77件三等奖。获得特别奖和一等奖的电视作品有：

特别奖

◎电视专题：《公仆、旗帜、丰碑》，杨晔等，锦州有线电视台

一等奖

◎电视消息：《当农资价格飙升的时候》，杨剑峰，辽宁电视台

◎电视消息：《外滩：悄然崛起的上海金融街》，温天，上海东方电视台

◎电视评论：《和平，使沙漠变绿洲》，盖晨光等，中央电视台

◎电视专题：《粤海情融天山雪——一个新疆流浪儿童的故事》，李威沙，广州电视台

◎电视专题：《壁画后面的故事》，祝丽华等，山东电视台

《和平，使沙漠变绿洲》节目画面

（二）文艺类

1. 第二届（1995年）"金话筒奖"

◎特殊荣誉奖：沈力（沈立环）、宋世雄，中央电视台

◎金奖：

倪萍、敬一丹、鞠萍、水均益，中央电视台

叶惠贤，上海电视台

袁鸣，上海东方电视台

任志宏，山西电视台

温旭琴，太原电视台

王艳萍，黑龙江电视台

汤聪，广东电视台

水均益、敬一丹、鞠萍、倪萍（从左至右）等获得第二届"金话筒奖"

袁鸣（左）和曹可凡搭档主持节目

任志宏20世纪八九十年代担任山西电视台《山西新闻》的主播

2. 第十五届（1994年度）全国电视剧"飞天奖"

本届共评出45个作品奖，12个单项奖。

◎长篇电视连续剧一等奖：《三国演义》，中国电视剧制作中心、中央电视台

◎中篇电视连续剧一等奖：《沟里人》，中央电视台、山西电视台等

◎戏曲连续剧一等奖：《鸳鸯绣》，武汉电视台、中央电视台影视部等

◎优秀导演：《沟里人》的导演张绍林

◎优秀编剧：《东方商人》的编剧冉平

◎优秀男主角：《三国演义》中曹操的饰演者鲍国安

《沟里人》海报

鲍国安饰演的曹操

五、电视史料

（一）《江泽民在全国宣传部长会议上强调必须切实加强对宣传思想工作的领导，为经济建设和社会进步提供有力保证》[①]（节选）

江泽民总书记与出席全国宣传部长会议的同志座谈时指出，各级党委要充分看到在新的历史时期宣传思想工作的重要性，要以邓小平建设有中国特色社会主义理论为指针，切实加强对宣传思想工作的领导，把精神文明建设放到更加突出的地位，进一步把"以科学理论武装人，以正确舆论引导人，以高尚精神塑造人，以优秀作品鼓舞人"贯彻落实到宣传思想战线的各项工作中去，为经济建设和社会进步提供有力保证。

……

江泽民强调，各级党委要高度重视宣传思想工作。讲政治、讲大局，就包括重视宣传思想工作和精神文明建设。中央多次强调，不能以牺牲精神文明换取经济的一时发展。现在，全党以经济建设为中心的思想比较牢固，我们还要继续努力，把经济工作搞得更好。需要提醒的是，领导干部特别是一二把手，务必牢固树立两手抓、两手都要硬的思想。要把是不是坚持两手抓、两手都要硬，作为衡量一个党委、一个领导干部领导水平和工作政绩的重要标准。

江泽民要求各级党委和政府切实加强对宣传思想工作的领导，把精神文明建设放到更加突出的地位。要深入研究思想文化领域里的情况，掌握这一领域的特点和工作规律。要采取有力措施加大对宣传文化事业的投入，保障宣传文化事业不断发展。要下点大的决心，给点大的支持，切实解决宣传文化事业必需的经费。

---

① 人民日报，1996-01-25.

(二) 1995年中央电视台节目栏目表[①]

第一套节目栏目表

节目名称 时间 星期	一	二	三	四	五	六	日
06:52	五分钟健美	五分钟健美	五分钟健美	五分钟健美	五分钟健美	五分钟健美	五分钟健美
07:00	早间新闻	早间新闻	早间新闻	早间新闻	早间新闻	早间新闻	早间新闻
07:20	东方时空	东方时空	东方时空	东方时空	东方时空	东方时空	东方时空
08:00	新闻	新闻	新闻	新闻	新闻	新闻	新闻
08:21	焦点访谈	焦点访谈	焦点访谈	焦点访谈	焦点访谈	焦点访谈	焦点访谈
08:35	夕阳红	夕阳红	夕阳红	夕阳红	夕阳红	夕阳红	夕阳红周日版
09:00	12演播室	与你同行	人间万象	艺苑风景线	与您同行	'95环球	少儿节目
09:30	纪录片之窗						
09:45	科教片	人口与计划生育	人民子弟兵	人与自然	人民子弟兵	人民子弟兵	神州风采
09:54							
10:00	新闻	新闻	新闻	新闻	新闻	新闻	
10:06	经济半小时	经济半小时	经济半小时	经济半小时	经济半小时	经济半小时	经济半小时
10:36	半边天	东方时空	半边天	体育节目	半边天	半边天	综艺大观
11:16		神州风采					
11:21		请您欣赏					
11:25	夕阳红	夕阳红	夕阳红	夕阳红	夕阳红	夕阳红	夕阳红周日版
11:50	神州风采	每周一歌	神州风采	神州风采	神州风采	神州风采	神州风采
12:00	新闻30'	新闻30'	新闻30'	新闻30'	新闻30'	新闻30'	新闻30'
12:30	广告	请您欣赏	广告	广告	广告	广告	广告
12:35	评书	评书	评书	评书	评书	评书	评书
12:55	每周一歌	天气预报		每周一歌	每周一歌	每周一歌	每周一歌
13:00	东方时空		东方时空	东方时空	东方时空	外语教学	时事纵横
13:10							
13:30						电视讲座	第二起跑线
13:40	专题片		专题片	专题片	专题片	外语教学	
14:45							
14:00	新闻		新闻	新闻	新闻	新闻	新闻
14:06	电视讲座		电视讲座	外语教学	电视讲座	故事片	人口与计划生育
14:20							旅行家
14:36	外语教学		十分钟		十分钟		电视讲座
14:56							
15:06	电视剧		电视剧	电视剧	电视剧	请您欣赏	东方时空
15:44							
15:55	天气预报		天气预报	天气预报	天气预报	天气预报	天气预报
16:00	新闻		新闻	新闻	新闻	新闻	新闻
16:05							
16:11	电视剧		电视剧	电视剧			
16:50							
17:00	华夏掠影	动画片	动画片				
17:05							
17:15		每周一歌	每周一歌				

[①] 中央电视台研究室.中央电视台年鉴(1995)[M].北京:人民出版社,1995:附录.

续表

时间 \ 星期 节目名称	一	二	三	四	五	六	日
17:20	少儿节目	少儿节目	少儿节目	少儿节目	少儿节目	少儿节目	
18:00	新闻	新闻	新闻	新闻	新闻	新闻	新闻
18:08	少儿节目	少儿节目	少儿节目	少儿节目	少儿节目	少儿节目	少儿节目
18:56	历史上的今天	历史上的今天	历史上的今天	历史上的今天	历史上的今天	历史上的今天	历史上的今天
19:00	新闻联播	新闻联播	新闻联播	新闻联播	新闻联播	新闻联播	新闻联播
19:38	焦点访谈	焦点访谈	焦点访谈	焦点访谈	焦点访谈	焦点访谈	焦点访谈
19:55	专题片	专题片	专题片	专题片	专题片	专题片	专题片
20:08	电视剧	电视剧	电视剧	电视剧	电视剧	特别节目	电视剧
21:00	新闻	新闻	新闻	新闻	新闻		新闻
21:10	与你同行	九州戏苑	人民子弟兵	电视剧场	环球45'		电视你我他
21:25			人与自然				12演播室
22:00	世界报道	世界报道	世界报道	世界报道	世界报道	世界报道	世界报道
22:10	晚间新闻	晚间新闻	晚间新闻	晚间新闻	晚间新闻	晚间新闻	晚间新闻
22:20	体育新闻	体育新闻	体育新闻	体育新闻	体育新闻	体育新闻	体育新闻
22:36	专题片	专题片	专题片	专题片	专题片	专题片	专题片
22:50	中国报道	专题片	专题片	与你同行	中国音乐节	体育大世界	艺苑风景线
23:00		地方台30分钟					
23:20	专题片	专题片	电视剧场	天涯共此时	体育节目	国际影院	专题片
23:30							
23:36							
23:39							
23:44	连续剧						旋转舞台
23:57		连续剧					
00:00				新闻			新闻
00:16	新闻		新闻		新闻		
00:19		新闻					
00:21				连续剧			连续剧
00:42	结束		连续剧				
00:55		结束					
01:01				结束			
01:04						新闻	
01:07			结束				结束
01:20						结束	

第二套节目栏目表

时间＼星期节目名称	一	二	三	四	五	六	日
08:30	电大课程	电大教程	电大课程	电大课程	电大课程	人与自然	第二起跑线
09:11							电视你我他
09:20							
09:35							
10:00							
10:09	体育节目	体育节目				体育节目	故事片
10:23	电视剧	世界各地	电视剧	电视剧	电视剧		
10:25							
10:45		经济半小时					
11:15		经济信息联播					
11:45							经济信息联播
12:00	经济信息联播	半边天	经济信息联播	经济信息联播	经济信息联播	经济信息联播	
12:15							半边天
12:30	农业教育与科技	农业教育与科技	火星科技	农业教育与科技	农业教育与科技	星火科技	
13:00	经济半小时		经济半小时	经济半小时	经济半小时	经济半小时	经济半小时
13:30	经济新闻联播		经济信息联播	经济信息联播	经济信息联播	经济信息联播	经济信息联播
14:00	东方时空		东方时空	东方时空	东方时空	东方时空	东方时空
14:40	夕阳红		夕阳红	夕阳红	夕阳红	夕阳红	夕阳红
15:05	新闻		新闻	新闻	新闻	新闻	新闻
15:40	电视剧		环球45′	电视剧	电视剧	专题片	对外节目
16:25			体育大世界				
16:30	电视讲座			半边天		半边天	
16:38					世界各地		
17:00							
17:10	电视讲座	经济半小时	电视讲座		电视讲座	电视讲座	体育节目
17:15						外语教学	
17:25				外语教学			
17:30					电视讲座	电视讲座	
18:00	祖国各地	外语教学	祖国各地		特别节目	对外节目	
18:10							
18:15				人民子弟兵			
18:30	经济新闻联播	经济新闻联播	经济新闻联播	经济新闻联播	经济新闻联播	经济新闻联播	经济新闻联播
19:00	外语教学	夕阳红	外语教学	电视讲座	外语教学	电视讲座	神州风采
19:10							世界各地
19:25		五分钟学烹饪					
19:30			神州风采	神州风采	体育节目	电视你我他	正大综艺

续表

时间\星期	一	二	三	四	五	六	日
19:32							
19:35	军事天地	神州风采	神州风采	每周一歌			
19:43							
19:45							
19:48		电视剧场	国际影院	电视剧		东方时空	
19:55	体育节目						
20:36						电视剧	
21:30	经济半小时	经济半小时	经济半小时	经济半小时	经济半小时	经济半小时	经济半小时
22:00	新闻	新闻	新闻	新闻	新闻	新闻	新闻
22:30	新闻联播	新闻联播	新闻联播	新闻联播	新闻联播	新闻联播	新闻联播
23:00	英语新闻	英语新闻	英语新闻	英语新闻	英语新闻	英语新闻	英语新闻
23:25	对外节目	对外节目	对外节目	对外节目	对外节目	对外节目	对外节目
23:55							
00:05							
00:10				经济半小时	经济半小时		经济半小时
00:23	经济半小时	经济半小时	经济半小时				
00:25						经济半小时	
00:35							
00:40				经济信息联播	经济信息联播		经济信息联播
00:53	经济信息联播	经济信息联播	经济信息联播				
00:55					结束		
01:05				结束		经济信息联播	结束
01:10	结束	结束	结束				
01:23						结束	

第三套节目栏目表

时间 \ 星期	一	二	三	四	五	六	日
08:35	动画城	动画城	动画城	动画城	动画城	动画城	动画城
09:07	文化简讯	文化简讯	文化简讯	文化简讯	文化简讯	文化简讯	文化简讯
09:14	外国文艺	综艺走廊	综艺走廊	中国音乐电视	艺苑风景线	动物世界	旋转舞台
09:34						知识与欣赏	
09:45	音乐桥	音乐桥	音乐桥	音乐桥	音乐桥	音乐桥	
10:15	电大课程				电大课程	连续剧	连续剧
11:51						知识与欣赏	知识与欣赏
11:55	每周一歌	每周一歌	每周一歌	每周一歌	每周一歌	每周一歌	每周一歌
12:00	电视书场	电视书场	电视书场	电视书场	电视书场	电视书场	电视书场
12:25	中国音乐电视	中国音乐电视	中国音乐电视	中国音乐电视	中国音乐电视	中国音乐电视	中国音乐电视
12:57	周末大放送		黄金分割线	世界文化广场	正大综艺	京华舞台	书坛画苑
13:27							世界各地
13:50	每周一歌		每周一歌	每周一歌	每周一歌	每周一歌	每周一歌
13:55	文艺广角		连续剧	连续剧	连续剧	连续剧	世界影视城
15:30							知识与欣赏
15:35	戏曲节目						地方文艺
16:17			知识与欣赏	知识与欣赏	知识与欣赏	知识与欣赏	
16:30	每周一歌		每周一歌	每周一歌	每周一歌	每周一歌	
16:35	旋转舞台		九州戏苑	人与自然	'95环球	连续剧	综艺大观
17:00							
17:05	动物世界	外国文艺		动物世界			
17:20			知识与欣赏		知识与欣赏	知识与欣赏	
17:30	动画城	动画城	动画城	动画城	动画城	动画城	动画城
18:01	每周一歌	每周一歌	每周一歌	每周一歌	每周一歌	每周一歌	每周一歌
18:08	电视书场	电视书场	电视书场	电视书场	电视书场	电视书场	电视书场
18:29	书坛画苑	综艺走廊	综艺走廊	中国音乐电视	中国音乐电视	中国音乐电视	中国音乐电视
19:00	音乐桥	音乐桥	音乐桥	音乐桥	音乐桥	音乐桥	音乐桥
19:35	文化简讯	文化简讯	文化简讯	文化简讯	文化简讯	文化简讯	文化简讯
19:40	中国音乐电视	中国音乐电视	中国音乐电视	中国音乐电视	中国音乐电视	中国音乐电视	中国音乐电视
20:15	连续剧	连续剧	连续剧	连续剧	连续剧	周末大回旋	文艺广角
21:07	京华舞台	地方文艺	每周一歌	世界文化广场	黄金分割线		
21:12			世界影视城			世界影视城	
21:55							下周荧幕
22:02	连续剧	连续剧		连续剧	连续剧		连续剧
22:42			知识与欣赏				
22:50	知识与欣赏	知识与欣赏		知识与欣赏	知识与欣赏	知识与欣赏	知识与欣赏
22:55	每周一歌	每周一歌	每周一歌	每周一歌	每周一歌	每周一歌	
23:00	午夜剧场	午夜剧场	午夜剧场	午夜剧场	午夜剧场	午夜剧场	
00:47	结束	结束	结束	结束	结束	结束	结束

第四套节目栏目表

时间 \ 星期	一	二	三	四	五	六	日
04:20	夕阳红	夕阳红	夕阳红	夕阳红	夕阳红	夕阳红	夕阳红
04:45	中国风	对外节目	龙之乡	书坛画苑	中国报道	天涯共此时	下周荧幕
04:55							旅行家
05:10							
06:00	'95中国体育	第二起跑线	连续剧	连续剧	电视剧	电视剧	电视剧场
06:05							电题片
06:35		音乐桥	九州戏苑	半边天	半边天	半边天	半边天
06:45		人民子弟兵					
06:45	每周一歌						
06:50	音乐桥	中华大地	专题片	变化中的中国	中华大地	中国音乐电视	地方台30分钟
06:55							
07:15			12演播室	每周一歌			
07:20	专题片	每周一歌		神州风采	每周一歌	每周一歌	神州风采
07:25	神州风采	专题片	每周一歌	专题片	专题片	专题片	专题片
07:30	电视书场	电视书场	电视书场	电视书场	电视书场	电视书场	电视书场
07:50	五分钟健美	五分钟健美	五分钟健美	五分钟健美	五分钟健美	五分钟健美	五分钟健美
08:00							早间新闻
08:20	东方时空	东方时空	东方时空	东方时空	东方时空	东方时空	东方时空
09:00	英语新闻	英语新闻	英语新闻	英语新闻	英语新闻	英语新闻	英语新闻
09:20	对外节目	对外节目	对外节目	对外节目	对外节目	对外节目	对外节目
10:20	电视剧场	连续剧	连续剧	连续剧	电视剧	电视剧	欢聚一堂
11:05					每周一歌		
11:10	对外节目	龙之乡	书坛画苑	中国报道	天涯共此时	下周荧幕	中国风
11:20						旅行家	
11:35						神州风采	
11:40	电视书场	电视书场	电视书场	电视书场	电视书场	电视书场	电视书场
12:00	中国新闻	中国新闻	中国新闻	中国新闻	中国新闻	中国新闻	中国新闻
12:30	乡音	乡音	乡音	乡音	乡音	乡音	乡音
13:00	粤语新闻	粤语新闻	粤语新闻	粤语新闻	粤语新闻	粤语新闻	粤语新闻
13:20	夕阳红	夕阳红	夕阳红	夕阳红	夕阳红	夕阳红	夕阳红
13:45	专题片	每周一歌	神州风采	每周一歌	神州风采	每周一歌	每周一歌
13:50	神州风采	12演播室	变化中的中国	中华大地	中国音乐电视	地方台30分钟	欢聚一堂
13:55	每周一歌						
14:10							下周荧幕
14:15			每周一歌				

续表

时间 \ 星期 \ 节目名称	一	二	三	四	五	六	日
14:20		连续剧	半边天	电视剧	半边天	半边天	'95中国体育
15:05			连续剧		电视剧	电视剧场	
15:10		九州戏苑		半边天			
15:50					每周一歌		专题片
15:55		神州风采	专题片	神州风采		专题片	神州风采
16:00		英语新闻	英语新闻	英语新闻	英语新闻	英语新闻	英语新闻
16:20		对外节目	对外节目	对外节目	对外节目	对外节目	对外节目
17:20		东方时空	东方时空	东方时空	东方时空	东方时空	东方时空
18:00	夕阳红	夕阳红	夕阳红	夕阳红	夕阳红	夕阳红	夕阳红
18:25	乡音	乡音	乡音	乡音	乡音	乡音	乡音
19:00			新闻联播				新闻联播
19:35	对外节目	龙之乡	书坛画苑	中国报道	下周荧幕	中国风	
19:45					旅行家		
20:00					每周一歌		
20:05	电视剧场	连续剧	连续剧	连续剧	电视剧	电视剧	欢聚一堂
20:55	专题片	专题片	专题片	专题片	专题片	专题片	专题片
21:00	中国新闻	中国新闻	中国新闻	中国新闻	中国新闻	中国新闻	中国新闻
21:30	中华大地	中国财经特辑	变化中的中国	中华大地	中国音乐电视	地方台30分钟	电视信箱
21:50							下周荧幕
21:55			每周一歌				每周一歌
22:00	粤语新闻	粤语新闻	粤语新闻	粤语新闻	粤语新闻	粤语新闻	粤语新闻
22:20	第二起跑线	连续剧	连续剧	电视剧	电视剧	电视剧场	电视剧场
23:10	专题片	九州戏苑	半边天	半边天	半边天	半边天	
23:40	人民子弟兵						
23:55	每周一歌	每周一歌	神采飞扬	每周一歌	每周一歌	每周一歌	每周一歌
00:00	英语新闻	英语新闻	英语新闻	英语新闻	英语新闻	英语新闻	英语新闻
00:20	对外节目	对外节目	对外节目	对外节目	对外节目	对外节目	对外节目
01:20	东方时空	东方时空	东方时空	东方时空	东方时空	东方时空	东方时空
02:00	电视剧场	连续剧	连续剧	连续剧	电视剧	电视剧	东西南北中
02:45					每周一歌		
02:50	神州风采	每周一歌	每周一歌	神州风采	专题片	每周一歌	每周一歌
02:55	每周一歌	神州风采	专题片	每周一歌	神州风采	神州风采	专题片
03:00							中国新闻
03:30							粤语新闻
03:50	乡音	乡音	乡音	乡音	乡音	乡音	乡音

第五套节目栏目表

时间\星期	一	二	三	四	五	六	日
08:35	健康城	运动旋律	健康城	体育大百科	健康城	电视教练	健康城
09:05	体育广场	体育精华	足球俱乐部	国内竞技场	足球俱乐部	国内竞技场	'95中国体育
10:40	体育沙龙	拳击台	网球世界	卫星赛场	乒乓球	体育沙龙	田径场
11:40	象棋世界	体育大世界	网球世界	卫星赛场	乒乓球	象棋世界	足球俱乐部
12:10	象棋世界	体育大世界	网球世界	卫星赛场	话说羽坛	象棋世界	足球俱乐部
12:30	象棋世界	电视教练	网球世界	卫星赛场	话说羽坛	象棋世界	足球俱乐部
12:40	减肥健身操		减肥健身操	减肥健身操	减肥健身操	减肥健身操	减肥健身操
13:15	足球俱乐部		足球俱乐部	台球城	足球俱乐部	车网世界	拳击台
14:15	实况录像		卫星赛场	网球世界	卫星赛场	乒乓球	体育广场
15:45	实况录像		卫星赛场	网球世界	卫星赛场	话说羽坛	运动休闲
16:20	台球城		足球俱乐部	台球城	足球俱乐部	车网世界	运动休闲
17:05	台球城	健康城	足球俱乐部	台球城	足球俱乐部	车网世界	运动休闲
17:15	体育商城	健康城	电视教练	棋牌迷宫	减肥健身操	体育大世界	体育大世界
17:35	体育商城	体育大百科	电视教练	棋牌迷宫	减肥健身操	体育大世界	体育大世界
17:40	减肥健康操	体育大百科	减肥健身操	减肥健身操	减肥健身操	减肥健身操	体育大世界
18:15	拳击台	田径场	台球城	足球俱乐部	车网世界	足球俱乐部	体坛光环
19:10	减肥健康操	减肥健康操	减肥健康操	减肥健康操	减肥健康操	减肥健康操	减肥健康操
19:30	电视教练	棋牌迷宫	体育商城	健康城	体育大百科	现场直播	体育商城
20:00	电视教练	棋牌迷宫	现场直播	健康城	现场直播	现场直播	体育商城
20:15	实况录像	网球世界	现场直播	乒乓球	现场直播	现场直播	国内竞技场
21:30	实况录像	网球世界	现场直播	乒乓球	现场直播	现场直播	国内竞技场
21:50	实况录像	网球世界	卫星赛场	话说羽坛	直播体育沙龙	现场直播	国内竞技场
22:00	实况录像	网球世界	卫星赛场	话说羽坛	直播体育沙龙	现场直播	国内竞技场
22:40	体坛精华	足球俱乐部	卫星赛场	足球俱乐部	象棋世界	现场直播	卫星赛事
23:43	体坛精华	足球俱乐部	足球俱乐部	足球俱乐部	象棋世界	结束	卫星赛事
23:53	体坛精华	足球俱乐部	结束	结束	结束		卫星赛事
00:03	结束	结束		结束			卫星赛事
00:17							结束

第六套节目栏目表

时间 \ 星期	一	二	三	四	五	六	日
09:30	故事片	故事片	故事片	故事片	故事片	故事片	故事片
11:05	美术片	故事片	美术片	美术片	美术片、科教片	美术片	美术片
11:35	故事片	美术片	故事片	故事片	故事片	故事片	故事片
12:24							
13:06	科教片		科教片	科教片		科教片	
13:25	故事片		译制片	故事片	译制片	故事片	译制片
14:48						科教片	
15:10	故事片		译制片	故事片	故事片	故事片	故事片
16:38	科教片					科教片	
16:55	故事片	故事片	故事片	故事片	故事片	故事片	故事片
17:00							
18:12							科教片
18:30	美术片	美术片	美术片	美术片	美术片	美术片	美术片
18:44				科教片	科教片		
19:00	纪录片	纪录片	纪录片	纪录片	纪录片	纪录片	纪录片
19:40	故事片	故事片	故事片	故事片	故事片	故事片	故事片
21:11		科教片	科教片		科教片	科教片	科教片
21:30	译制片	译制片	故事片	译制片	译制片	译制片	译制片
23:13	故事片	故事片	故事片	科教片	故事片	故事片	故事片
00:43	结束	结束		结束		结束	结束
00:57			结束		故事片	结束	
01:04							

第七套节目栏目表

时间 \ 星期	一	二	三	四	五	六	日
08:30	小灵通	小灵通	小灵通	小灵通	小灵通	小灵通	小灵通
08:32	动画片	动画片	动画片	动画片	动画片	动画片	动画片
08:42	每日一歌	每日一歌	每日一歌	每日一歌	每日一歌	每日一歌	每日一歌
08:45	学前节目	学前节目	学前节目	学前节目	学前节目	学前节目	学前节目
09:10	影视窗	影视窗	影视窗	影视窗	影视窗	影视窗	影视窗
10:00	军事新闻	军事新闻	军事新闻	军事新闻	军事新闻	军事新闻	军事新闻
10:09	军事天地	军事天地	军事天地	军事天地	军事天地	军事天地	军事天地
10:30	军事节目回顾	军事节目回顾	军事节目回顾	军事节目回顾	军事节目回顾	军事节目回顾	军事节目回顾
11:30	科技之光	科技之光	科技之光	科技之光	科技之光	科技之光	科技之光
12:30	农村各地	科技苑	农村各地	农村各地	农村各地	农村各地	农村各地
12:55	科技苑		科技苑	科技苑	科技苑	科技苑	科技苑
13:25	农村经济		农村经济	农村经济	农村经济	农村经济	农村经济
13:40	致富经		致富经	致富经	致富经	致富经	致富经
14:00	农业教育		农业教育	农业教育	农业教育	武警专辑	神州军旅
14:30						军营文化广场	军营文化广场
15:00	知识类		知识类	知识类	知识类	知识类	知识类
15:05	学前节目		学前节目	学前节目	学前节目	学前节目	学前节目
15:30	影视窗		影视窗	影视窗	影视窗	影视窗	影视窗
16:20	少儿节目		少儿节目	少儿节目	少儿节目	少儿节目	少儿节目
17:00	军事节目回顾	军事节目回顾	军事节目回顾	军事节目回顾	军事节目回顾	军事节目回顾	军事节目回顾
18:00						农村节目预告	
18:03	农村各地	农村各地	农村各地	农村各地	农村各地	农村各地	农村各地
18:28	科技苑	科技苑	科技苑	科技苑	科技苑	科技苑	科技苑
19:00	农业教育	农业教育	农业教育	农业教育	农业教育	农业教育	农业教育
19:30	军事新闻	军事新闻	军事新闻	军事新闻	军事新闻	军事新闻	军事新闻
19:39	军事天地	军事天地	军事天地	军事天地	军事天地	军事天地	军事天地
20:00	小灵通	小灵通	小灵通	小灵通	小灵通	小灵通	小灵通
20:02	动画片	动画片	动画片	动画片	动画片	动画片	动画片
20:12	每日一歌	每日一歌	每日一歌	每日一歌	每日一歌	每日一歌	每日一歌
20:15	动画大观	动画大观	动画大观	动画大观	动画大观	动画大观	动画大观
20:25	儿童短剧	儿童短剧	儿童短剧	儿童短剧	儿童短剧	儿童短剧	儿童短剧
20:40	游戏节目	游戏节目	游戏节目	游戏节目	游戏节目	游戏节目	游戏节目
20:50	文艺节目	文艺节目	文艺节目	文艺节目	文艺节目	文艺节目	文艺节目
21:00	农村经济	农村经济	农村经济	农村经济	农村经济	农村经济	农村经济
21:20	致富经	致富经	致富经	致富经	致富经	致富经	致富经
21:40	科技之光	科技之光	科技之光	科技之光	科技之光	科技之光	科技之光
22:40	农业教育	农业教育	农业教育	农业教育	农业教育	农业教育	农业教育
23:10	连续剧	连续剧	连续剧	连续剧	连续剧	连续剧	连续剧
23:58				结束			结束
00:00	结束	结束	结束		结束	结束	

六、电视技术

中央电视台电视技术装备持续改进

1995年年初,中央电视台启用了全自动播出系统,并在不中断供电的条件下进行了供电系统的改造,完成了播出机房新增8套播出系统的供电设备的安装、调试和正式供电任务,保证了体育频道开播和国际频道实现24小时播出。还新建四套全自动数字播出系统。

采用数字压缩技术,实现文艺、体育、电影和综合频道共用一个卫星转发器进行传送和播出,从而形成了综合频道与专业频道同时播出、模拟技术与数字压缩技术并用的节目播出系统。

1995年,中央电视台引进了部分数字电视设备,新建了800平方米的全数字演播室系统、8讯道和6讯道数字电视转播车系统、8套ENG系统、6套自编系统、4套全功能编辑合成系统,4套数字播出系统和数字压缩系统,形成了一个具有国际先进水平的全数字化的节目制作和播出体系。多媒体技术的应用也有所突破。

七、电视人物

(一)水均益

中央电视台记者、主持人,任《东方时空》《焦点访谈》《环球视线》《国际观察》《高端访问》等栏目的记者、编导、主持人,多次获得"金话筒奖"等专业荣誉。

水均益

(二)敬一丹

中央电视台主持人。《焦点访谈》《东方时空》的主持人,曾经主持香港回归、澳门回归、迎接新世纪、建党80周年等一批大型直播节目,多次荣获"金话筒奖"等专业荣誉。

敬一丹

八、电视出版

（一）《当代中国广播电视回忆录》（1—3）

阎玉主编，中国广播电视出版社1995年1月出版，全书110万字。该书主要收入中华人民共和国成立以来广播电视战线40多年来的发展过程和重大历史事件的回忆文章。

全书共分三集：第一集主要记述从中华人民共和国成立以来到"文化大革命"结束，中国广播电视发展的过程；第二集重点记述"文化大革命"以后广播电视事业蓬勃发展的历史事实；第三集为"周恩来与广播电视"专集。

（二）《新视听》

《新视听》是由广东省广播电视厅主办的月刊，1993年10月试刊，于1995年8月正式创刊。该刊以传播影音制品和视听器材的生产、销售、消费信息为主，兼顾相关娱乐内容；融服务性、技术性、实用性和资料性为一体，面向工薪阶层、普通家庭，兼顾"发烧友"、专业人士。

九、电视教育

全国广播电视系统成人教育委员会成立

该会为全国广播电视学会下属的专业委员会。《广播电视教育》为该会的业务刊物。

《当代中国广播电视回忆录》封面

1996年

一、大事记

1月1日，《新闻联播》自即日起由录像播出改为直播，结束了长达18年的中国电视新闻全国联播的录像播出。

《新闻联播》直播后的合影

1月1日，中央电视台戏曲·音乐频道在第三套节目中开播，原来第三套播出的文艺节目改在新开办的第八套节目中播出。

2月4日至12日，中央电视台在第一套节目中现场直播在哈尔滨举行的第三届亚洲冬季运动会及开幕式盛况。

6月1日，中央电视台第一、第四套节目并机现场直播中华人民共和国成立以来首次举办的洲际儿童歌唱比赛盛会。

7月2日，由江泽民题写片名的《香港沧桑》大型专题片在中央电视台第一套节目黄金时段播出。

《香港沧桑》节目组采访香港水饺皇后臧健和

8月1日，贵州电视台卫视频道正式开播。

10月15日，中央电视台海外新闻部拍摄的大型连续报道《边疆行》开始在《中国新闻》中播出。这一连续报道计划完成100集，以辽宁丹东为起点，至广西防城终结，全程共2.1万多公里。

1996年，中央电视台"国际因特网站"建立。

二、政策法规

2月1日，广播电影电视部、文化部发布《音像制品内容审查办法》。

5月24日，广播电影电视部发布《广播电台电视台设立审批管理办法》。

12月1日，国务院台湾事务办公室发布《关于台湾记者来祖国大陆采访的规定》。

三、电视栏目和节目

（一）新闻类

1. 中央电视台：《新闻调查》

《新闻调查》是中央电视台于1996年5月17日开播的大型新闻栏目。该栏目以记者的调查采访为主要形式，力求保持平实、冷静、客观、科学的态度，对社会普遍关注的事件或现象进行多侧面、多角度、深层次的电视调查，融社会性、故事性、调查性为一体，记录、剖析社会新闻事件或现象发生、发展的过程。

中央电视台《新闻调查》节目画面

2. 河北电视台：《今晚报道》

《今晚报道》是河北电视台于1996年6月24日开办的新闻栏目，每期时长为15分钟。《今晚报道》以囊括天下大事、总揽当日要闻为宗旨；编排上分为国内要闻、省内要闻和国际要闻三大版块，力求通过密集的信息量和综合的包容性，使观众在一刻钟之内博览天下大事。

3. 青海电视台：《西海潮》

《西海潮》由青海电视台于1996年6月开办，每周播出一期，每期30分钟。设有"新闻看台""人在旅途""这方水土""高原军旅"和"九州方圆"等小栏目。其中"新闻看台"是该栏目的主体，它以新闻事件和生活焦点为重点报道内容，推出了一批社会影响好、深受欢迎的新闻专题，如《广告垃圾何时了》《一块纱布的背后》《下岗女工走市场》《把宁静还给校园》等。

4. 中央电视台：《世界体育报道》

《世界体育报道》是中央电视台于1996年1月2日推出的体育栏目。它由"视点"和"海外专递"等小栏目构成。"视点"筛选前一周世界体坛动态信息，由记者加以评论和分析，具有深度报道的风格；"海外专递"是栏目的主体部分，其内容全部由中国记者赴世界各地拍摄制作而成。它报道国际重大赛事，也顾及赛场内外的趣闻花絮、运动员的风采，使电视观众有身临其境的亲切感。

《世界体育报道》采访贝肯鲍尔

（二）专题类和杂志类

1. 中央电视台：《生活》

《生活》是中央电视台于1996年7月1日开播的经济专题类栏目。其宗旨是以经济生活为报道主体，面向广大观众，贴近、服务、介入和引导经济生活，加强经济政策咨询和消费服务，融服务性、实用性、新闻性、知识性和趣味性为一体。

《生活》节目画面

2. 中央电视台：《万家灯火》

《万家灯火》是中央电视台于1996年5月9日开播的社会及家庭生活栏目。该栏目以现代的视点去观察生活，以正确的人生观去诠释社会，以真实的情感去沟通人与人的心灵，以科学的生活知识去充实家庭。其宗旨是表现生活、反映时代、指导人生、服务家庭。

《万家灯火》在德国采访

3. 中央电视台：《实话实说》

《实话实说》是中央电视台于1996年春季推出的一档谈话栏目。栏目采用群体现场交谈的形式，通过主持人、嘉宾、观众的共同参与和直接对话，在生动活泼的气氛中，展开关于社会生活或人生体验的某一话题，经过叙述、讨论或辩论，达到各抒己见、增进参与者之间交流和理解的目的。

1996年3月16日，《实话实说》试播

（三）教育类

1. 中央电视台：《社会经纬》

《社会经纬》是中央电视台于1996年5月16日开播的法律栏目。其宗旨是向观众普及法律知识，增强防范意识，提高人民群众以法律为武器维护自身权益的能力，注重知识性、思想性、参与性和服务性。设有"举案说法""法在身边""是非公断"和"经纬专递"四个小栏目，以形式多样、喜闻乐见的内容介绍法律常识，发布法制信息、动态，为观众排忧解难。

《社会经纬》主持人陈铎（右）、黄薇

《社会经纬》主持人陈铎在哈尔滨市指挥中心采访

《社会经纬》节目画面

2. 吉林电视台：《科技银河》

《科技银河》是吉林电视台于1996年5月推出的栏目。该栏目的宗旨是更好地宣传党和政府的科技兴国方针，报道科技领域中的人物、事件、成果，普及科学知识，以提高广大观众的科技文化素质。栏目为功能型版块结构，设有"科技动态""金钥匙""科技人""电脑平台""万家窥览""有求必应""书报刊介绍"等版块。

（四）纪录片类

1. 北京电视台：《京华长廊》

《京华长廊》是北京电视台于1996年4月开办的纪录片、专题片栏目。栏目宗旨以宣传社会主义精神文明为本，鲜明突出地表现振兴民族、富强国家的主题，努力展现当代生活和时代新人，密切配合党的宣传任务。其表现手法力求多样化，追求创新，具有较高的艺术性。其中影响较大的片子有《公仆的足迹》（18集）、《中国母亲》（20集）、《咱们北京人》（15集）、《名牌兴衰话国企》（10集）以及《北京有个李素丽》《京城大缉毒》《难忘的冬日》等。

2. 中央电视台：《长征·英雄的诗》

《长征·英雄的诗》是中央电视台拍摄的10集纪录片。该片通过中国工农红军远征的史实告诉人们：长征是信仰、是追求、是文化、是道德、是文明、是生命……长征的意义在于它不仅属于中国，还属于世界；长征的功勋不仅在于昨天，还在于未来……长征并未结束，中国人民还在继续长征。正因为这样，长征是生命的歌，是英雄的诗。

《长征·英雄的诗》工作照

（五）综艺类和艺术类

1. 中央电视台：《中国文艺》

《中国文艺》是中央电视台1996年5月1日开播的对外综艺栏目。它基本涵盖了中华民族各个具有代表性的艺术门类，包括音乐、舞蹈、戏曲、戏剧、曲艺、杂技、武术等。设有"舞坛流韵""黄钟大吕""歌海拾贝""梨园采风""谈笑风生""武术与杂技"等小栏目。

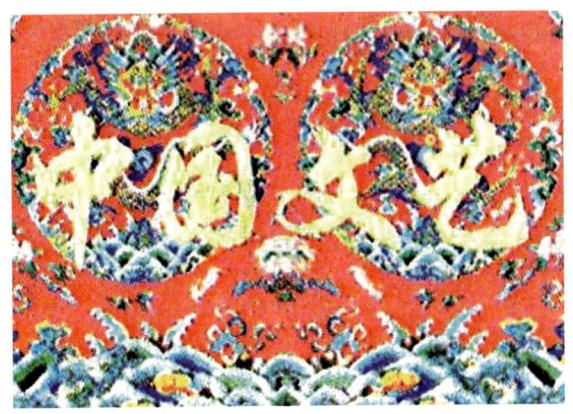

1996年5月1日，《中国文艺》开播

2. 长沙电视台：《凤凰台》

1996年4月，长沙电视台将《天心阁艺苑》与《家家乐》珠联璧合改版为综合性的杂志型栏目——《凤凰台》。其下设六个栏目："文化长廊"主要播出音乐、诗歌、MTV等；"艺海之星"介绍演艺界名人成长之路及其艺术特色；"省会舞台"播放各种演出盛况及精彩节目；"小擂台"旨在增加观众的参与度，主要播放观众表演的舞蹈、器乐、小品、相声、杂技及一些游艺比赛等；"企业文化"荟萃各企事业单位自组的节目、晚会等；"快乐套餐"组编全国各地短小精悍的文艺节目。

（六）电视剧类

1. 中央电视台：《党员二楞妈》

该剧以朴朴素素的写实风格、平平淡淡的演员表演、原汁原味的方言对白，讲述了一个普通的基层党员为农民办实事的故事。该剧被誉为具有中国气派和中国性格的农民叙事诗。

斯琴高娃饰演二楞妈。1996年出品的该剧后来获得第十六届中国电视金鹰奖最佳中篇连续剧、优秀编剧等奖项

《党员二楞妈》拍摄现场

2. 广东电视台等：《英雄无悔》

该剧塑造了以高天为代表的一批性格鲜明、有血有肉、感情丰富的公安干警形象。他们执着追求与热爱公安事业，对人民公安事业无限忠诚，并具有克己奉公、廉洁自律、忠于职守、鞠躬尽瘁的高尚品质。此外，该剧也对公安战线上的一些败类进行了无情的揭露。

《英雄无悔》剧照

四、电视评奖

（一）新闻类

第六届（1995年度）"中国新闻奖"

本届共评出157件获奖作品。其中，特别奖1件，一等奖18件，二等奖53件，三等奖85件。获特别奖和一等奖的电视作品如下：

特别奖

◎电视专题：《领导干部的楷模——孔繁森（一）》，王闽京等，山东电视台、西藏电视台

一等奖

◎电视消息：《农机千里走中原》，杨华等，河南电视台、中央电视台

◎电视消息：《广东农民成了现代农业投资的主体》，徐惠如等，广东电视台

◎电视专题：《中华之剑》（第三集）《剑之威》，李荃等，中央电视台

◎电视专题：《板车精神文明花》，丁颖安等，许昌有线电视台

◎电视专题：《田沛发》，谢英等，贵州电视台

《农机千里走中原》节目画面

（二）文艺类

第十六届（1995年度）全国电视剧"飞天奖"

本届共评选出58个作品奖，11个单项奖。

◎长篇电视剧一等奖：《英雄无悔》，广东电视台等

◎中篇电视剧一等奖：《孔繁森》，山东电影电视剧制作中心等

◎短篇电视剧一等奖：《牛玉琴的树》，中国电视剧制作中心等

◎优秀编剧：《英雄无悔》的编剧邓原、贺梦凡、章晓龙

◎优秀导演：《西部警察》的导演巴特尔

◎优秀男主角：《天网》中赵天祥的扮演者陶泽如

◎优秀女主角：《邓颖超和她的妈妈》中妈妈的扮演者吕中

《孔繁森》剧照

《牛玉琴的树》剧照

《邓颖超和她的妈妈》中妈妈的扮演者吕中

《天网》中赵天祥的扮演者陶泽如

五、电视史料

《江泽民在视察人民日报社时强调要坚持正确的舆论导向》[①]

历史经验反复证明，舆论导向正确与否，对于我们党的成长、壮大，对于人民政权的建立、巩固，对于人民的团结和国家的繁荣富强，具有重要作用。舆论导向正确，是党和人民之福；舆论导向错误，是党和人民之祸。党的新闻事业与党休戚与共，是党的生命的一部分。可以说，舆论工作就是思想政治工作，是党和国家的前途和命运所系的工作。因此，我们党一贯强调，要把新闻舆论的领导权牢牢掌握在忠于马克思主义、忠于党、忠于人民的人手里；新闻舆论单位一定要把坚定正确的政治方向放在一切工作的首位，坚持正确的舆论导向；新闻舆论工作要紧紧围绕经济建设这个中心，服从、服务于全党全国工作的大局。这在任何时候都不能模糊，不能动摇。

六、电视技术

1. 卫星加扰电视扩大联网，增加有效覆盖

中央卫星加扰电视自1995年12月1日试播，1996年1月1日正式开播，采用数字压缩技术，利用一个卫星转发器传送4套节目，后又增加到5套节目。进入卫星电视联网的有线电视台不断增加，由最初的200多个台、收视用户600多万人，发展到1996年年底的30个省、区、市的1 500个有线电视网（台）、收费用户1 500万，实际收视用户超过3 000万人。

---

① 人民日报，1996-10-21.

2. 中央电视台应用数字技术

1996年，中央电视台广泛推广应用了数字技术，相继建成了数字化移动式卫星上行系统（DSNG）、数字化移动式电视制作系统（EFP）、数字化电视转播车系统、数字播出系统、数字演播室系统、数字后期制作系统、数字化音频工作站和数字化小型摄录设备等，数字系统已占全台生产能力的20%以上，运行状况良好。这些系统和设备的投入使用，明显提高了节目制作的技术质量，全面革新了工艺结构。技术部门还重点推进数字技术与电视工艺的结合和吸收，探索技术系统数字化的更好途径，如开发研制了数字字幕机、制定出数字电视技术制作的标准和规范等，为抓质量、出精品进一步创造条件。

陆天明

中央电视台的数字化技术与设备

七、电视人物

（一）陆天明

国家一级编剧，长期供职于中央电视台电视剧制作中心。他创作的电视剧剧本有《华罗庚》《上将许世友》《阎宝航》《冻土带》等，其与小说同期创作的同名长篇电视连续剧《苍天在上》《大雪无痕》《省委书记》播出后，均在国内外引起强烈反响。

（二）孟欣

中央电视台高级编辑、戏曲音乐部主任。1985年开始从事电视文艺工作，曾执导数百台各类电视文艺节目，获得众多的专业奖励。

孟欣

八、电视出版

《南方电视学刊》

问世于1996年9月的《南方电视学刊》，是面向全国电视行业及相关专业院校、研究单位的学术性刊物，由广东电视台主办，海南电视台、深圳电视台等协办。《南方电视学刊》的定位词为"电视业者的学者化"。

九、电视教育

北京广播学院成立多个二级学院

在总结组建工学院经验的基础上，1996年，北京广播学院又先后成立了新闻传播学院、播音主持艺术学院、电视学院三个二级学院，理顺了管理体制，促进了各学科的交叉渗透。

《南方电视学刊》创刊号

1997年

一、大事记

1月1日零点,河南、青海、福建、江西、辽宁、内蒙古(蒙语、汉语各一套)、广东、湖南、湖北、广西10个省(区)的11套电视节目,以及各省(区)同时传送的本省(区)广播节目,采用数字压缩技术上星播出获得成功,并开始试播。

2月20日,中央三台分别播放了中共中央关于邓小平同志逝世的《告全党、全军、全国各族人民书》,全面揭开了邓小平同志治丧活动及对其毕生丰功伟绩的宣传活动的序幕。中央电视台总编室和新闻中心密切协作圆满完成了《邓小平伟大光辉的一生》的制作任务。该片长达67分钟,作为《新闻联播》头条新闻播出,创下单条新闻时间最长的纪录。

中央电视台领导布置关于报道邓小平逝世新闻的相关工作

中央电视台与香港凤凰卫视中文台联合直播《飞越黄河》

3月5日,广西有线广播电视台经广播电影电视部批准正式建台开播,呼号是广西有线广播电视台。该台是全国第一家通过广播电影电视部验收并批准正式成立的省级有线广播电视台。

3月31日,由中央电视台与西藏文化传播公司联合摄制的系列纪录片《我们西藏》之一《八廓南街16号》获法国第19届"真实电影"国际纪录片电影节大奖——"真实电影奖"。这是当时中国纪录片在国际上获得的最高奖项。

《八廓南街16号》中的重要场景之一:八廓街居委会

《八廓南街16号》中的重要场景之二:八廓街居委会就是西藏一个普普通通的居委会,创作者力图通过旁观者的视角,关注西藏普通老百姓的日常生存状态

《八廓南街16号》片中场景:居委会开会

6月1日,中央电视台与香港凤凰卫视中文台合作完成的庆祝香港回归系列报道之一——《飞越黄河》大型节目现场直播圆满结束。

6月30日至7月3日,中央电视台连续72小时播出香港回归特别报道节目,取得圆满成功。

9月11日21:00,中央电视台英语频道正式播出。

11月8日,中央电视台长江三峡大江截流特别报道团与湖北电视台通力合作,圆满完成了三峡大江截流特别报道任务。

香港回归特别报道节目现场

香港回归直播现场

三峡大江截流报道现场

二、政策法规

1月2日，广播电影电视部发布《有线广播电视设备器材入网认定管理规定》。

8月1日，国务院发布《广播电视管理条例》，自1997年9月1日起施行。

9月23日，广播电影电视部发布《卫星传输广播电视节目管理办法》。

三、电视栏目和节目

（一）新闻类

1. 中央电视台：《早间新闻》

《早间新闻》是中央电视台于1997年5月1日开播的综合新闻栏目。每天6:00播出，使中央电视台全天新闻播出的最早时间提前了一个小时，并与改版后的7:00、8:00《早间新闻》互相呼应，形成以新消息为主的完整新闻时段，新消息比重占60%以上。在新闻编排上，《早间新闻》打破了国内与国际分列的旧模式，按新闻重要性对国内、国际新闻进行混编。

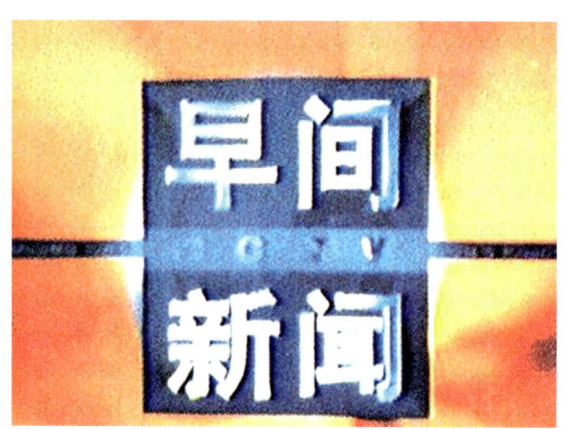

1997年5月1日，《早间新闻》开播

2. 中央电视台：《世界经济报道》

《世界经济报道》是中央电视台于1997年5月5日开播的介绍世界经济的新闻杂志型栏目。该栏目着重报道世界经济热点和影响世界经济发展的重大事件，并分析事件背后的经济原因，同时对世界市场的重要行情和走势进行分析评论。设有"世纪热点""环球市场""人物专访""世纪梦寻""海外传真"等小栏目。

（二）专题类和杂志类

1. 中央电视台：《12演播室》

《12演播室》是中央电视台于1991年12月开播的以18—25岁青年观众为主要收视对象的栏目。1997年8月6日改版，在强化栏目整体性、导向性、服务性、参与性、前卫性方面进行了调整，不再设固定小栏目。每期节目围绕一个主题结构全篇，将服务类、人物类、文化类、创新类节目贯穿其中，以主持人与节目相关人物在演播室访谈的形式来推动主题的深入和拓展。

2. 东南电视台：《城市碰撞》

《城市碰撞》是东南电视台开办的以台湾观众为主要对象的社会文化栏目，主要选取大陆和台湾两地的城市作同题采访，通过两地风俗、民情、文化、人文等方面的异同比较来阐述不同地域文化发展的脉向，揭示"中华同宗，根在大陆"的宗旨，从而激发海峡两岸人民对民族、对故土的认同感，达到加强两岸了解的目的。

（三）教育类

1. 中央电视台：《科技博览》

《科技博览》是中央电视台于1997年5月5日开播的科技栏目。该栏目以传播科技知识、提高全民素质为宗旨，旨在激发人们渴求科学知识、热衷科学技术，强化科教意识和科教兴国的观念。内容主要涉及科技探索与创新、科技与人物、科技与生活、科技与环境、科技与经济、科技与文化等。

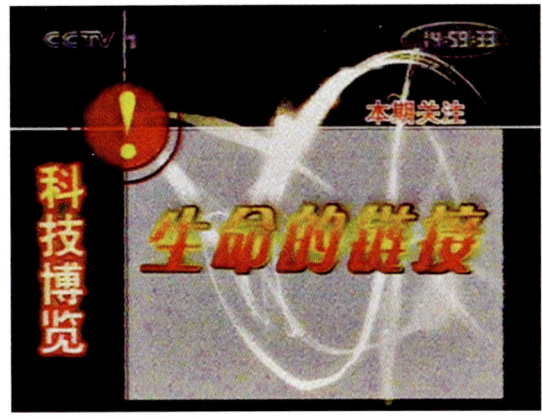

《科技博览》节目画面

2. 辽宁电视台：《黑土地》

辽宁电视台将原《知识天地（农村版）》改版，于1998年1月1日起更名为《黑土地》，以面向全省农村观众传播农业知识、提供致富信息为宗旨，突出朴实平和、通俗易懂，贴近农民实际，融知识性、实用性和服务性为一体等特点。栏目设有7个子栏目："金钥匙""带头人""农业气象""农村百科""供求信息""农经话题""农家纪事"。

（四）纪录片类

1. 河南电视台：《纪录片之窗》

《纪录片之窗》是河南电视台开办的一档专门播放纪录片的栏目。在这个栏目里，观众可以看到一流的纪录片——国内外兄弟台获大奖的纪录片和河南电视台自己拍摄的纪录片，题材广泛，内容丰满。还有来源于生活、还原生活的纪录片——电视报告文学，使人领略到生活的真谛，感受到灵魂的升华。

2. 中央电视台：《邓小平》

《邓小平》这部电视文献纪录片反映了邓小平同志光辉的革命历程，表现了他在中国革命和建设的长期历史进程中所建立的丰功伟绩。这部电视文献纪录片，是集党史教育、革命传统教育和建设中国特色社会主义理论教育于一体的重要教材。

电视文献纪录片《邓小平》

3. 中央电视台：《香港沧桑》（下部）

《香港沧桑》是一部回顾香港百年历史、记录现实、展望未来的大型电视系列片。它分为上、下两部，下部共6集，每集50分钟。它重点介绍了中华人民共和国成立以来香港经济出现的奇迹及其成因，介绍了祖国内地给予香港的强有力的支持以及香港同内地在经济上唇齿相依的关系，展示了中国政府在对香港恢复行使主权、保持香港长期繁荣稳定等方面作出的正确决策，阐述了邓小平同志"一国两制"的伟大构想及其在香港问题上的实践。

《香港沧桑》（下部）首映会

4. 中央电视台:《神鹿啊神鹿》

《神鹿啊神鹿》讲述了大兴安岭鄂温克族这个中国唯一一个饲养驯鹿的部族的生活,展示了鄂温克族的游牧驯鹿文明。

《神鹿啊神鹿》画面

5. 湖北电视台:《舟舟的世界》

舟舟是一个患先天愚型症,也就是智障的孩子。他是武汉交响乐团一名乐手的孩子,特殊的环境使他对音乐有着一种超常的敏感。《舟舟的世界》历时10个月,跟踪记录了舟舟的生活轨迹,展示了他与音乐的故事。导演为张以庆。

《舟舟的世界》画面

(五)综艺类和艺术类

1. 中央电视台:《戏剧天地》

《戏剧天地》由《人间万象》改版而来,1997年10月3日开播。它设有4个小栏目:"梦想剧场""戏剧人""戏剧潮""戏剧史"。

1997年10月3日开播的《戏剧天地》小栏目"梦想剧场"

2. 湖南电视台:《快乐大本营》

《快乐大本营》是湖南电视台于1997年7月11日开办的一档综艺性娱乐栏目,每周五晚黄金时间播出。栏目定位以娱乐、休闲为主导,融知识性、趣味性于其中。以积极、健康的娱乐性节目(包括游戏、智力题和知识题)和群众喜闻乐见的文艺节目组成整个栏目的主体。

《快乐大本营》早期的主持人李湘和海波

（六）电视剧类

1. 中央电视台等:《红十字方队》

《红十字方队》是中央电视台影视部、解放军总后勤部电视艺术中心合拍的14集电视剧。该剧成功地塑造了一批在性格上从单纯转变为成熟的大学生。该剧的主人公是来自五湖四海、身份家境各不相同的十几个少男少女。司琪艰辛生活的经历，江男大公无私的奉献，丁惠在压抑环境中精神上受到的一次次创伤，以及肖红直率待人却又自以为是的性格都被刻画得淋漓尽致，展现了新时代人才的生活世界。

《红十字方队》剧照

2. 中央电视台:《水浒传》

《水浒传》是中央电视台与中国电视剧制作中心联合出品的43集电视连续剧，由张绍林执导，李雪健、周野芒等领衔主演。该剧讲述的是宋朝徽宗时皇帝昏庸、奸臣当道，108条好汉聚义梁山泊，替天行道，最后被朝廷招安的故事。

电视剧《水浒传》宣传海报

臧金生扮演花和尚鲁智深

丁海峰扮演武松

李雪健在《水浒传》中饰演宋江

周野芒扮演林冲

李强扮演西门庆

王思懿扮演潘金莲

李明启扮演王婆

赵小锐扮演黑旋风李逵

王光辉扮演浪子燕青

王卫国扮演玉麒麟卢俊义

杨宝光扮演混江龙李俊

贾石头扮演双鞭呼延灼

翟乃社扮演青面兽杨志

牛莉扮演潘巧云

何晴扮演李师师

张春燕扮演庞秋霞

修革扮演青年高俅

郑爽扮演一丈青扈三娘，许敬义扮演矮脚虎王英

魏宗万扮演高俅

鲁智深大闹五台山

导演张绍林(前)在片场

袁和平在指导武打动作

《水浒传》剧照

《水浒传》剧照

演员在片场合照，从左至右分别为吴用的扮演者宁晓志、花荣的扮演者修庆、李逵的扮演者赵小锐

《水浒传》剧照

电视剧《水浒传》拍摄地之———无锡水浒城

3. 广东巨星影业有限公司：《康熙微服私访记》

《康熙微服私访记》讲述了清朝时期康熙皇帝到民间微服私访的系列故事。情节曲折迷离、惊心动魄，人物丰富生动，戏剧结构明快，风格诙谐幽默。

《康熙微服私访记》剧照

四、电视评奖

（一）新闻类

第七届（1996年度）"中国新闻奖"

共有170件新闻作品榜上有名，其中，特别奖2件，一等奖19件，二等奖56件，三等奖93件。获得一等奖的电视作品如下：

◎电视消息：《国庆节，中英街国旗高悬》，韩建勇等，深圳电视台

◎电视评论：《巨额粮款化为水》，杨明泽等，中央电视台

◎电视专题：《人情猛于虎》，崔彬等，黑龙江电视台

◎电视系列：《燕赵儿女抗洪歌》，何振虎等，河北电视台

◎电视编排：1996年8月8日的《晚间新闻》，李勇等，中央电视台

《巨额粮款化为水》节目画面

（二）文艺类

1. 第十七届（1996年度）全国电视剧"飞天奖"

本届"飞天奖"共评选出69个作品奖，13个单项奖。其中：

◎长篇电视剧一等奖：《和平年代》，广州军区政治部等；《车间主任》，中央电视台影视部

◎中篇电视剧一等奖：《党员二楞妈》，中央电视台影视部等；《大漠丰碑》，中央电视台影视部等

◎短篇电视剧一等奖：《午夜有轨电车》，中国电视剧制作中心等

◎少儿连续剧一等奖：《校园先锋》，中央电视台影视部等

◎少儿短篇电视剧一等奖：《太阳小队》，中央电视台影视部等

◎戏曲连续剧一等奖：《春》，中国电视剧制作中心等

◎戏曲短篇一等奖：《布衣毛润之》，中央电视台影视部等

◎优秀短剧奖：《你说好不好》，上海电视台求索电视制作社等

◎合拍片奖：《情丝万缕》，江苏电视台，新加坡电视机构

◎优秀编剧：《车间主任》的编剧张宏森

◎优秀导演：《和平年代》的导演李舒、张前

◎优秀男主角：《和平年代》中饰演秦子雄的张丰毅

◎优秀女主角：《校园先锋》中饰演南方的陈瑾

《和平年代》剧照，右为张丰毅饰演的秦子雄

《车间主任》片头

《车间主任》剧照。王奎荣扮演车间主任段启明，李幼斌扮演张一平

《大漠丰碑》的片名由江泽民题写

《校园先锋》宣传海报

陈瑾和李亚鹏在《校园先锋》中扮演姐姐南方和弟弟南潮

陈瑾在《校园先锋》中扮演老师南方

2. 第三届（1997年）"金话筒奖"

◎特殊荣誉奖：叶惠贤，上海电视台

◎电视播音主持人金奖：

倪萍、敬一丹、汪文华、白岩松，中央电视台

王蔚，上海电视台

曹可凡，上海东方电视台

李艺华，吉林电视台

亚妮（何亚妮），浙江电视台

刘忠虎，杭州西湖明珠电视台

王娟，云南电视台

叶惠贤（左）主持《今夜星辰》节目

倪萍连续三届蝉联"金话筒奖"

曹可凡（右一）

五、电视史料

（一）《李鹏要求切实加强电视经济宣传力度》[①]

国务院总理李鹏4月25日接受中央电视台经济部《跨世纪的转变》节目组采访时说，现在经济建设是党和国家的工作中心。作为企业，要获得经济信息；作为个人，现在要更多地参与经济生活；国家也需要通过电视宣传把方针政策以生动、活泼的方式传达给观众。因此，要切实加强电视经济宣传的力度。

李鹏说，我国现在正向社会主义市场经济体制转变，生活中有进步的一面，也存在不良的现象，电视作为重要传媒，应对好的东西加以表扬，对不良现象进行曝光，以利于实行舆论监督，促进我国社会主义市场经济更加健康发展。

（二）中国主要电视台开播时间一览表

台名	所在城市	开播时间	备注
中央电视台	北京市	1958年5月1日试播，9月2日正式播出	原名北京电视台，1978年5月1日改称现名
中国教育电视台	北京市	1986年7月试播，1986年10月1日正式播出	原名教育卫视，1987年改称现名
北京电视台	北京市	1979年5月16日开播	
天津电视台	天津市	1958年7月1日试播，1960年3月20日正式播出	
河北电视台	石家庄市	1960年2月16日试播，1965年7月1日正式播出	原名石家庄电视台，1971年2月1日改称现名
山西电视台	太原市	1960年5月25日试播，1965年7月1日正式播出	原名太原实验电视台，后改称太原电视台，1978年8月1日改称现名
内蒙古电视台	呼和浩特市	1969年10月1日试播，1970年5月1日正式播出	原名呼和浩特电视台，1973年7月1日改称现名
辽宁电视台	沈阳市	1959年9月27日试播，1960年4月23日正式播出	原名沈阳电视台，1979年7月1日改称现名
吉林电视台	长春市	1959年10月1日试播，"文革"初期停播，1969年10月1日恢复播出	原名长春实验电视台，后改称长春电视台，1978年10月1日改称现名
黑龙江电视台	哈尔滨市	1958年12月10日试播，1959年12月20日正式播出	原名哈尔滨电视台，1978年7月1日改称现名
上海电视台	上海市	1958年10月1日试播，1959年9月27日正式播出	
上海东方电视台	上海市	1993年1月1日开播	
江苏电视台	南京市	1960年5月11日试播，后一度停播，1968年10月1日恢复播出	原名南京电视实验台，1979年6月30日改称现名

[①] 李鹏要求切实加强电视经济宣传力度[J]. 视听界, 1997(4): 61.

续表

台名	所在城市	开播时间	备注
浙江电视台	杭州市	1960年10月1日开播	原名浙江人民广播电台电视台，1970年11月脱离省广播电台，12月26日改称现名
安徽电视台	合肥市	1960年9月3日试播后停办，1969年3月恢复播出	
福建电视台	福州市	1960年7月1日试播，后停办，1970年12月26日恢复播出	原名福州电视台，1976年10月改称现名
江西电视台	南昌市	1960年试播后中断，1970年6月20日恢复试播，10月1日正式播出	
山东电视台	济南市	1960年10月1日试播，后停播，1969年5月1日恢复播出	原名济南电视实验台，后称济南电视台，1971年9月15日改称现名
河南电视台	郑州市	1969年9月15日试播，10月1日正式播出	
湖北电视台	武汉市	1961年11月试播，后两度停播，1968年恢复播出	原名武汉电视台，1978年9月2日改称现名
湖南电视台	长沙市	1960年10月1日试播，后停播，1969年9月29日恢复播出	原名长沙电视台
广东电视台	广州市	1959年9月30日试播，1960年7月1日正式播出	原名广州电视台，1979年1月1日改称现名
广西电视台	南宁市	1970年9月试播，10月1日正式播出	
海南电视台	海口市	1979年9月23日试播，10月1日正式播出	当时为广东省海南行政区广播电视台，1989年改为省级台
重庆电视台	重庆市	1981年10月1日开播	1997年3月成为省级电视台
四川电视台	成都市	1960年5月1日试播，后停播，1969年10月恢复播出	原名成都电视台，1978年10月1日改称现名
贵州电视台	贵阳市	1968年7月1日开播	原名贵阳实验电视台，1978年10月1日改称现名
云南电视台	昆明市	1961年12月31日试播，后停播，1969年10月1日恢复播出	原名昆明电视实验台，后改称昆明电视台，1979年10月4日改称现名
西藏电视台	拉萨市	1978年5月1日试播，1982年1月正式播出	
陕西电视台	西安市	1960年7月1日试播	原名西安电视实验台，后改名西安电视台，1978年5月5日改称现名
甘肃电视台	兰州市	1960年9月7日试播，后停播，1970年10月1日再次试播，1972年6月1日正式播出	
青海电视台	西宁市	1970年7月试播，1971年1月1日正式播出	原名西宁电视台，1978年10月1日改称现名
宁夏电视台	银川市	1970年10月1日试播，1971年1月1日正式播出	
新疆电视台	乌鲁木齐市	1970年10月1日试播，1972年7月正式播出	

六、电视技术

中央电视台多领域推进数字技术使用

在节目制作方面，中央电视台建立了数字演播室、数字后期制作系统；在播出线上建立了数字录像机播出系统和数字压缩系统，为在野外转播建立了数字EFP和数字转播系统；在电视传输方面建立了数字移动地面站和移动数字卫星新闻采集转播系统，使节目制作、播出、传送的工艺流程发生了革命性的变化。移动数字卫星新闻采集转播系统和移动数字卫星地面站这两项新技术的采用，使新闻采集和电视实况转播扩大了空间，缩短了时间，使过去不能进行的电视实况转播变成可能。这标志着我国电视开始进入数字化时代。

截止到1997年年底，中央电视台已拥有9个数字演播室、22套数字后期制作系统、3辆数字转播车、4套数字移动地面站、1辆数字卫星新闻收集转播车、2套数字压缩系统、30套数字非线性编辑系统、8套数字播出系统、1套大型计算机三维动画制作系统、1套高画质影视后期制作系统、2套计算机二维动画制作系统、3个数字译配音机房、2个数字录音棚和1辆数字录音车。

七、电视人物

（一）倪萍

电视节目主持人、影视演员，主持过十多次中央电视台春节联欢晚会，参演多部电视剧，获得过播音主持的"金话筒奖"、中国电视"金鹰奖"最佳女配角奖等专业荣誉。

倪萍和赵忠祥搭档主持

倪萍和程前搭档主持

倪萍和张小燕同台主持

（二）冷冶夫

高级编辑。从事军事题材纪录片创作30年，曾任中央电视台驻武警记者站站长，中国人民武警部队电视部主任。制作和播出了包括《毛泽东》《中华之门》《让历史告诉未来》《跨世纪的报告》《科学发展之路》等军事题材纪录片、专题片上千部（集）。

冷冶夫在工作中

八、电视出版

（一）《中国教育广播电视报》

《中国教育广播电视报》是一份由教育部主管、中国教育电视台主办的面向全国发行的服务类专业广播电视报，其前身为1992年1月10日正式创刊的《中国教育电视》，后改为现名。该报于2015年4月1日休刊。该报主要刊登中国教育电视台的节目播出时间和节目内容介绍，还选登优秀教育节目文字稿本，传递教育节目制作、出版信息。

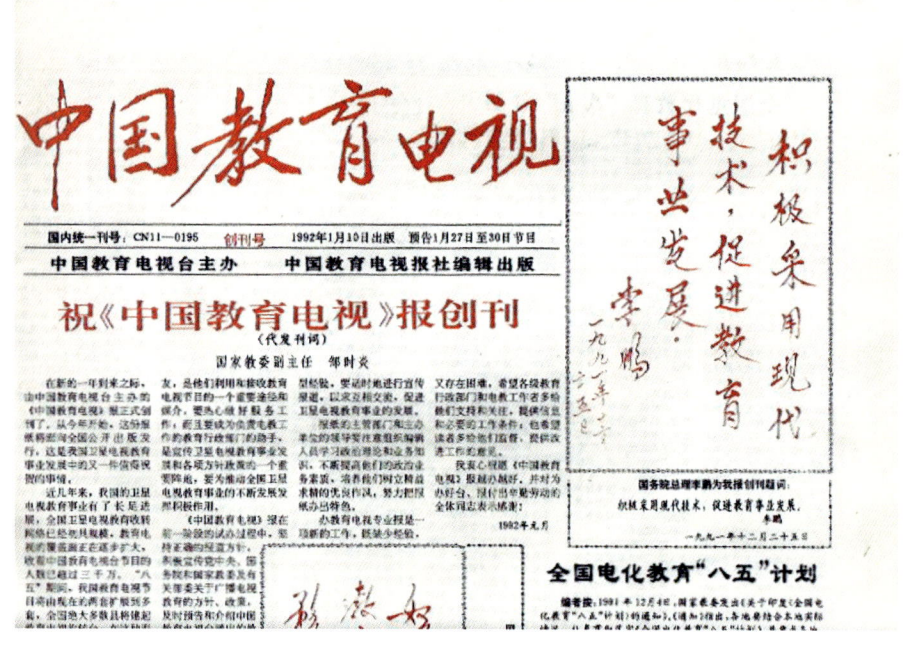

《中国教育电视》创刊号

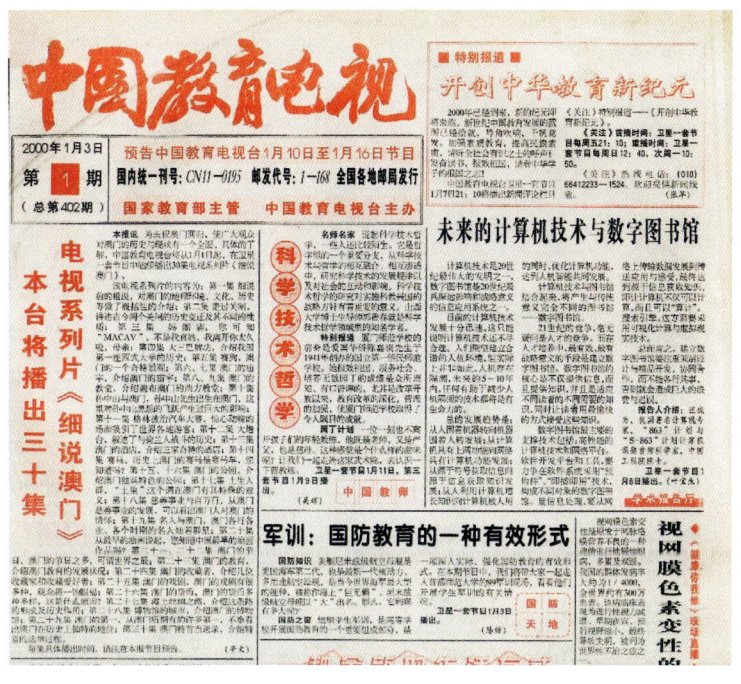

《中国教育电视》2000年第1期

《中国教育广播电视报》停刊号上发布的《休刊启事》

《中国教育广播电视报》2004年版面

（二）《电视新闻学》

叶子著，北京广播学院出版社1997年出版。本书立足于有中国特色的电视理论，探讨了电视新闻的性质、任务、职能、传播规律、个性特征及电视新闻的改革、发展历程，理论与实践相结合，观点新颖，材料翔实，既具有较高的理论、学术价值，又具有较强的应用价值。

1998年

一、大事记

1月1日,中央三台首批播音员、主持人持证上岗。

2月12日和18日,中央电视台海外专题部《中国报道》栏目成功地同步跟踪报道了在南极大陆科学考察的中国南极第14次科学考察队的活动。这标志着中央电视台具备了在地球最南端进行同步报道的能力。

2月11日至3月1日,中央电视台派出8人报道小组,赴伊拉克报道武器核查问题。这是中央电视台第一次在国际热点地区派出自己的摄制组做现场直播报道,改变了中央电视台重大国际事件采用外来信号的历史。

中央电视台派出8人报道小组赴伊拉克

3月10日,广播电影电视部改组为国家广播电影电视总局。

国家广播电影电视总局的标识

4月8日,国家广播电影电视总局举行了简短的挂牌仪式

3月28日,以"团聚、亲情、友谊"为主题的"跨越大洋庆虎年——'98广东电视台大型春节文艺晚会"在美国洛杉矶举行,广东电视卫星台通过卫星传送直播晚会实况。这是我国电视媒体首次在国外举办并直播文艺晚会。

10月7日,中共中央政治局常委、国务院总理朱镕基来到中央电视台视察,并与《焦点访谈》栏目组人员座谈,为《焦点访谈》栏目题词:"舆论监督、群众喉舌、政府镜鉴、改革尖兵"。

11月6日,中央电视台新闻编辑部成功实现了14:00、16:00、18:00、21:00滚动新闻栏目的改版播出。改版后的各档滚动新闻,不仅对重大新闻进行滚动播出,随着时间的变化在最近的一档新闻节目里增添新的内容,而且加大了信息量,改变了节目播出形态。

12月17日，北京时间凌晨，美国突然对伊拉克发动空袭。中央电视台第一套节目7:00新闻中首播了美军对伊拉克进行军事打击的口播消息，并在随后多次插播报道。随后，中央电视台派出4人报道组赶赴巴格达进行跟踪报道。

中央电视台《环球瞭望》节目

朱镕基总理为《焦点访谈》题词

二、政策法规

5月7日，国家广播电影电视总局发布《关于加强广播电影电视管理若干问题的通知》。

10月23日，国家广播电影电视总局发布《关于核发<广播电视节目制作经营许可证>和<电视剧制作许可证>的通知》。

三、电视栏目和节目

（一）新闻类

1. 中央电视台：《环球瞭望》

《环球瞭望》是中央电视台于1998年8月31日开播的英语国际新闻栏目。该栏目旨在以中国人的视角对国际热点问题进行跟踪和深入报道。该栏目关注经济报道，专门设有股市行情和汇市动态。每周一至周六为常态报道，每周日为周末版。

2. 山西电视台：《山西卫视新闻》

《山西卫视新闻》是山西电视台于1998年5月23日推出的全新卫视栏目。它作为全省要闻总汇，采用混合式编排，报道全省各地及各行各业的新成绩、新进展、新情况、新问题。上情下达，下情上达，正确把握导向，引导社会舆论，发挥监督作用。它的特点是：加大了经济新闻与社会新闻的报道力度，加大了新闻的信息量，压缩改进了会议新闻，加强了现场报道、深度报道、系列报道和编辑部言论，增强了可视性。

（二）专题类和杂志类

1. 中央电视台：《新任总理朱镕基答记者问》

电视新闻专题《新任总理朱镕基答记者问》1998年3月19日在中央电视台第一套节目播出，长度40分钟。该节目借助电视传媒优势，展现了中国政府新任总理的风采。

此外，在答记者问现场，关于政府使命、国企改革、下岗分流等一系列尖锐问题的提出，体现了中外记者对中国新时期的政治和经济体制改革现状显示出前所未有的热情和关注。

2. 湖南经济电视台：《爱心30分》

《爱心30分》于1998年4月18日开播，是国内首个慈善类电视栏目。该栏目采用现场直播的形式，由湖南经济电视台、湖南省慈善总会、湖南省社会福利有奖募捐委员会、湖南省福利彩票发行中心联合主办。栏目秉持"关注社会、关切民生、关怀弱者"的视角，重点突出"扶贫助困"的主题。

3. 云南电视台：《走遍云南》

《走遍云南》是云南电视台于1996年8月5日开播的一个全方位介绍云南旅游资源的栏目。栏目视点始终盯住云南社会经济发展的脚步，向国内外细致地介绍云南最典型、最有特点、最有吸引力的自然景观（山川、河流）、历史遗迹、人文名胜、民族文化（建筑、服饰、歌舞、习俗、风情）、资源等，让国内外的观众通过《走遍云南》这个窗口了解云南、认识云南，领略云南的风情美景，感受云南与时代同步跳动的脉搏，让更多的人爱上云南这块美丽的土地。

《走遍云南》片头

（三）教育类

1. 中央电视台：《走进科学》

《走进科学》是中央电视台于1998年6月1日开播的科技栏目，旨在弘扬科学精神，宣传科学思想，提倡科学方法，传播科学知识。该栏目以提高全民族科学文化素质，树立学科学、爱科学、讲科学、用科学的社会风尚为目的，具有信息量大、知识性强、贴近生活、可视性强的特点。设有"科学·生活""科学·关注""科学·人物"和"科技信息"4个小栏目。

《走进科学》节目画面

《走进科学》节目画面

2. 甘肃电视台：《方圆天地》

甘肃电视台的《方圆天地》栏目宗旨为普及法律知识，抨击违法行为，剖析典型案例，提供法律服务。设有"案件透视"专栏——剖析典型案例，揭示事件本质，引发深层思考；"给个说法"专栏——用一个带有普遍性的案例或事件，以法律的观点明辨是非，证明一个道理；"警事传真"专栏——警方的特快专递，警事的追踪特写。《方圆天地》每周播出一期，每期20分钟。

3. 天津电视台：《中国人》

《中国人》是天津电视台于1998年12月28日开办的社教类栏目。该栏目旨在为记录在不同时期为祖国各项事业作出贡献的典型人物，展示人物风采，探索人生真谛，总结人生经验。

（四）纪录片类

1. 中央电视台：《军事纪录片》

《军事纪录片》是1998年1月1日由中央电视台驻全军16个记者站联袂推出的军事栏目。它全方位、多层面地向观众展示人民解放军火热的军营生活，是战争与人、和平与兵、血与情的写真，苦与乐的记录。

央视记者在军营采访

2. 中央电视台：《纪录中国》

《纪录中国》是中央电视台于1998年6月1日开播的面向海外的纪录片栏目。该栏目宗旨是"以真实记录中国现实生活中发生的典型故事去展示中国时代变革的大潮"。栏目本着每个人都是一个故事，每个故事都记录着一段正在发生的历史的主题，在时代变革的矛盾冲突中开掘时代前进的原动力。

该栏目在选题上注重寻找现实生活中能够深刻、生动地表现中国主流社会的题材；在体裁上采用纪录片方式，客观描述事件的发生、发展和结果，同时引发观众去理解、思考和评论。

3. 中央电视台：《澳门岁月》

《澳门岁月》是一部由中央电视台社教中心纪录片部拍摄的大型电视纪录片，编导为李凯、胡铮。江泽民题写片名。全片共6篇，12集，全面讲述了澳门的历史渊源、回归历程、经济发展、传统文化和过渡期各项工作的进展，表达了澳门同胞期盼早日回归的民族真情，洋溢着澳门人民的爱国情感和内地与澳门密不可分的血肉关系，阐述了关于澳门的历史沿革，记述了"一国两制"方针在过渡期取得的巨大成果和良好前景。

《澳门岁月》宣传海报

《澳门岁月》片头

4. 北京电视台等：《百年恩来》

《百年恩来》是为纪念周恩来100周年诞辰（1998年3月5日）而拍摄的大型电视专题艺术片。该片由北京电视台、中国国际文化交流中心、青岛双星集团、金蔷薇文化传播公司联合摄制。全片共12集，每集50分钟。《百年恩来》采取纪实与艺术形式相结合的方法，突出表现周恩来崇高的思想品德、高尚的风范情操、巨大的人格魅力和他对祖国、对人民深沉的爱。

《百年恩来》节目画面

《百年恩来》片头

《百年恩来》节目画面

《百年恩来》节目画面

（五）综艺类和艺术类

1. 中央电视台：《幸运52》

《幸运52》是中央电视台于1998年11月22日开播的互动式电视竞猜栏目。该栏目源于英国。由现场选手竞猜和场外家庭观众参与两部分组成，融入服务经济、贴近生活的特点，不仅具有扣人心弦、层层递进的精彩比赛，而且还开辟了电话竞猜热线等多种渠道，使场内外观众都有公平均等的参与节目、赢得幸运大奖的机会。

《幸运52》节目主持人李咏（左）

《幸运52》节目现场

2. 浙江电视台：《文学工作室》

《文学工作室》是浙江电视台于1998年1月22日开办的文学电视栏目。其栏目特色是既有高质量、高品位的"电视散文"，又有学术性、权威性均较高的"话语空间"；既有文学与音乐契合的"宋词新韵"，又有视角独到，以文稿见长的"百年回眸"，还有精美且富有哲理的电视诗、电视随笔等。

3. 湖南电视台：《玫瑰之约》

《玫瑰之约》是湖南电视台于1998年7月16日开办的一档集谈话、娱乐于一体的大型综合性栏目。该栏目定位于"爱情沙龙"，旨在倡导健康向上的交友观、爱情观、婚恋观，糅合趣味性、娱乐性、哲理性于节目之中，每周日20:02播出。《玫瑰之约》在全国产生了轰动效应，成为湖南电视台的名牌栏目。

4. 湖南经济电视台：《真情对对碰》

《真情对对碰》是湖南经济电视台于1998年7月17日推出的一档以展示平凡人情感世界和家庭欢乐为主的综艺栏目。每期节目主要有三个环节：第一环节为"家有明星"，面向大中学生，举办了"全省美丽中学生大赛"和"全能记忆通挑战赛"等多项赛事，得到全省大中学生的广泛参与，掀起了一次又一次的高潮；第二环节为"真情大复活"，从情感深处打动观众；第三环节为"家庭甜蜜蜜"，始终使观众沿浸在欢笑与愉悦中。该节目还在北京、四川、安徽、山东等省级电视台播出。2000年2月12日，《真情对对碰》的"真情大复活"版块改名《真情》，进入中央电视台国际频道黄金时段播出。

《玫瑰之约》节目现场

《真情对对碰》早期节目主持人汪涵（左）、仇晓

《真情对对碰》节目现场

《真情对对碰》节目现场

曹颖（左二）担任过《真情对对碰》的主持人

（六）电视剧类

1. 湖南经济电视台：《还珠格格》（第一部）

《还珠格格》（第一部）由湖南经济电视台和台湾怡人传播有限公司联合制作，琼瑶编剧，赵薇、林心如等主演。该剧于1998年4月28日在台湾中视首播，10月28日引进大陆播出。该剧重播率很高。当年的赵薇、林心如等更是因该剧一举成名，开创了中国大陆流行文化偶像巨星时代。

《还珠格格》（第一部）主演合影

《还珠格格》（第一部）开镜仪式

《还珠格格》（第一部）剧照

《还珠格格》（第一部）宣传海报。赵薇因此剧获得第17届中国电视金鹰奖最佳女演员奖

赵薇扮演小燕子，林心如扮演紫薇，范冰冰扮演金锁

李明启扮演容嬷嬷

2. 中国国际电视总公司：《牵手》

《牵手》以现代都市生活为背景，以一对夫妇的婚姻危机为主线，描写了当今众多人物的生存状态及他们的情感经历。该剧温情而不滥情，深刻而不故弄玄虚，真诚地探索了当代中国的婚恋问题。由吴若甫、蒋雯丽主演。

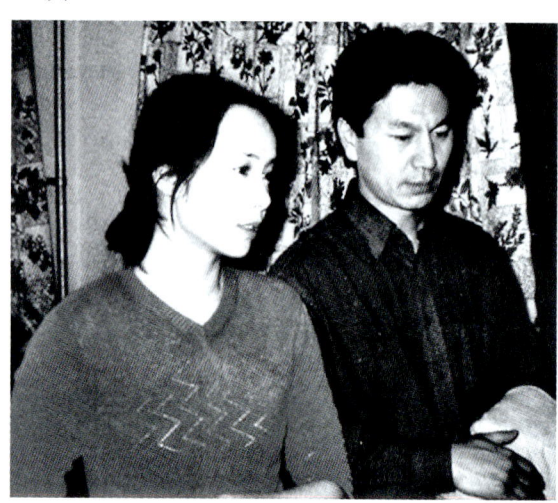

《牵手》剧照

3. 中央电视台：《将爱情进行到底》

《将爱情进行到底》是由张一白执导，李亚鹏、徐静蕾等主演的青春偶像剧，1998年在中央电视台首播。该剧描绘出一幅20世纪90年代都市青年爱情、立志的长卷。剧中有爱情、有梦想、有流行、有浪漫，而同时也有现实中的无奈与困惑。该剧通过感人剧情反映出真实的人生。

《将爱情进行到底》剧照

《将爱情进行到底》剧照

四、电视评奖

（一）新闻类

1. 第八届（1997年度）"中国新闻奖"

特别奖

◎《'97香港回归特别报道》，中央电视台等

《"罚"要依法》截屏

《'97香港回归特别报道》节目画面

2. 第三届"范长江新闻奖""韬奋新闻奖"

◎第三届"范长江新闻奖"电视业获奖者：高丽萍，中央电视台

◎第三届"韬奋新闻奖"电视业获奖者：张晓爱，北京电视台

一等奖

◎电视消息：《百万群众大转移》，浙江电视台

◎电视消息：《邯钢跨地区兼并部属企业舞钢》，河北电视台

◎电视评论：《"罚"要依法》，中央电视台

◎电视专题：《"麦德龙"冲击波》，无锡有线电视台

◎电视系列：《投资不增，成本不升，效益提高缘何而来？》，辽宁电视台

高丽萍

张晓爱

(二) 文艺类

第十八届（1997年度）全国电视剧"飞天奖"

本届共评出73个作品奖，11个单项奖。主要有：

◎长篇电视剧特别奖：《水浒传》，中国电视剧制作中心

◎长篇电视剧一等奖：《人间正道》，中国电视剧制作中心等；《难忘岁月——红旗渠的故事》，中央电视台影视部等

◎中篇电视剧一等奖：《驱逐舰舰长》，中央电视台影视部等；《马寅初》，浙江省嵊州市人民政府等

◎短篇电视剧一等奖，《情感的守望》，中国电视剧制作中心等

◎少儿连续剧一等奖：《17岁不哭》，中国电视剧制作中心

◎少儿短篇电视剧一等奖：《妈妈今晚去远航》，广州军区空军等

◎戏曲连续剧一等奖：《司马相如》，中央电视台等

◎合拍片奖：《香港的故事》，中国电视剧制作中心，香港银都机构

◎优秀男演员：《马寅初》中饰演马寅初的魏启明；《人间正道》中饰演陈忠阳的姜华

◎优秀女演员：《情感的守望》中饰演瑛子的萨日娜；《儿女情长》中饰演母亲的王玉梅

◎优秀编剧：《红十字方队》的编剧马继红、高军

◎优秀导演：《人间正道》的导演潘小扬

电视剧《水浒传》首映式

《人间正道》剧照

《难忘岁月——红旗渠的故事》剧照

王玉梅（左）在《儿女情长》中饰演母亲

《17岁不哭》剧照

萨日娜在《情感的守望》中扮演瑛子

《马寅初》宣传册封面

《香港的故事》剧照

五、电视史料

（一）全国电视事业发展概况[①]

公元(年)	无线电视台(座)	节目套数(套)	人口覆盖率(%)	电视机社会拥有量(万台)	平均每百人拥有电视机(台)	卫星电视地球接收站(座)
1980	38	40	—	902	0.9	—
1981	42	48	49.5	1 562	1.6	—
1982	47	54	57.3	2 761	2.7	—
1983	52	60	59.9	3 611	3.5	—
1984	93	104	64.7	4 763	4.6	—
1985	202	219	68.4	6 965	6.6	—
1986	292	325	71.4	9 214	8.7	1 598
1987	366	405	73.0	11 601	10.7	4 609
1988	422	465	75.4	14 344	13.2	8 233
1989	469	512	77.9	16 593	14.7	12 658
1990	509	554	79.4	18 546	16.2	19 505
1991	543	596	80.5	20 671	17.8	28 271
1992	586	644	81.3	22 843	19.5	39 627
1993	684	755	82.3	—	—	54 084
1994	766	848	83.3	27 500	23.0	73 337
1995	837	932	84.5	28 600	24.0	96 528
1996	880	983	86.2	—	—	133 000
1997	923	1 032	87.68	—	—	149 962
1998	347	1 065	89.01	—	—	188 798

说明：1998年全国无线电视台系重新登记数。

（二）中央电视台1998年业务建设概况[②]

1. 1998年中央电视台各类节目播出时数及构成比例一览表

节目名称	播出时数(时、分)	所占比例(%)
新闻节目	9 213小时27分	17.34
专题节目	16 535小时30分	31.12
教育节目	1 495小时41分	2.81
文艺节目	21 827小时56分	41.07
服务性节目	4 069小时21分	7.66
合计	53 142小时51分	100

2. 1998年中央电视台各套节目播出时数一览表

节目名称	播出时数(时、分)
第一套	7 217小时38分
第二套	7 201小时46分
第三套	6 194小时15分
第四套	8 683小时53分
第五套	6 045小时52分
第六套	6 123小时14分
第七套	5 715小时45分
第八套	5 959小时31分
合计	53 141小时54分

---

① 中央电视台研究室.中央电视台年鉴(1999)[M].北京：人民出版社,1999：250.
② 中央电视台研究室.中央电视台年鉴(1999)[M].北京：人民出版社,1999：252-275.

3. 1996—1998年中央电视台节目录制情况对照表

公元 时分 名称	1996年	1997年	1998年	增长率（%）
直播	394	521	530	2%
录像	16 411	18 752	25 737	37%
排练	4 194	3 304	3 484	5%
搭景	3 388	3 416	3 848	13%
布光	3 182	3 360	3 537	5%
ENG采录	106 712	160 882	326 716	103%
电编	85 378	124 709	165 407	33%
自编	91 357	136 290	233 805	72%
电影	463	975	1 173	20%
转带	2 612	2 572	2 539	-2%
字幕	1 313	2 803	3 702	32%
录音	4 556	5 402	6 040	12%
音响	45 530	51 526	75 237	46%
译配	8 996	11 732	22 527	92%
灯光	38 692	51 397	53 837	5%
三维动画	0.6	1.9	2.6	36%
合计	413 178.6	577 642.9	928 121.6	60%

4. 1998年中央电视台第一套节目全国收视率排行榜

说明：

（1）《新闻联播》收视率含地方电视台转播该节目的收视率。

（2）相同栏目或连续节目，本表只取收视率最高的一个。（下同）

1997年12月14日—1998年1月10日

排名	节目名称	人数（万）	所占比例（%）
1	新闻联播	40 479	47.51
2	水浒传(7)	28 499	33.45
3	焦点访谈	26 599	31.22
4	科技博览：电子地图	23 379	27.44
5	东西南北中(60)	19 034	22.34
6	综艺大观(157)	13 487	15.83
7	特别节目：相聚水浒城	12 320	14.46
8	军事天地(193)	10 531	12.36
9	电视剧：潘汉年(25)	9 534	11.19
10	电视剧：驱逐舰舰长(2)	8 989	10.55

1998年1月11日—2月14日

排名	节目名称	人数（万）	所占比例（%）
1	'98春节联欢晚会	52 671	61.82
2	新闻联播	41 961	49.25
3	科技博览：虎虎生威(下)	36 483	42.82
4	焦点访谈	36 261	42.56
5	新春携手向未来	21 930	25.74
6	特别节目：千家万户把门开	21 700	25.47
7	晚间新闻	20 448	24.00
8	军事天地	12 814	15.04
9	世界报道	10 639	12.55
10	电视你我他(278)	9 994	11.73

1998年2月15日—3月14日

排名	节目名称	人生（万）	所占比例（%）
1	新闻联播	41 484	48.69
2	焦点访谈	26 736	31.38
3	专题报道：两会专题报道	22 757	26.71
4	科技博览：苹果套袋着色	22 569	26.49
5	特别节目：群芳吐艳	13 811	16.21
6	特别节目：百色情思	13 658	16.03
7	电视剧：有这么一群兵(4)	13 368	15.69
8	电视剧：周恩来在上海(9)	11 451	13.44
9	特别节目：百年丰碑	9 529	11.18
10	晚间新闻	6 330	7.43

1998年3月15日—4月11日

排名	节目名称	人生（万）	所占比例（%）
1	新闻联播	40 359	47.37
2	焦点访谈	26 438	31.03
3	科技博览：中国的轻型直升机	23 498	27.58
4	两会专题报道	23 047	27.05
5	相约'98	18 872	22.15
6	综艺大观(159)	13 342	15.66
7	曲苑杂坛(74)	12 184	14.30
8	电视剧：周恩来在上海(15)	10 931	12.83
9	电视剧：岁月长长路长长(11)	10 446	12.26
10	晚间新闻	7 114	8.35

1998年4月12日—5月9日

排名	节目名称	人生(万)	所占比例(%)
1	新闻联播	38 971	45.74
2	焦点访谈	25 373	29.78
3	科技博览：科技高筑小浪底	22 254	26.12
4	特别节目：五月礼赞	15 566	18.27
5	综艺大观(161)	13 445	15.78
6	曲苑杂坛(75)	12 618	14.81
7	电视剧：黑脸(6)	11 059	12.98
8	电视剧：四保临江(1)	9 312	10.93
9	晚间新闻	7 072	8.03
10	老干部局长(上)	7 012	8.23

1998年5月10日—6月13日

排名	节目名称	人数(万)	所占比例(%)
1	新闻联播	38 553	45.25
2	焦点访谈	25 066	29.42
3	科技博览：汽油无铅化(上)	21 172	24.85
4	曲苑杂坛(76)	12 047	14.14
5	综艺大观(162)	11 988	14.07
6	直播：以电视的名义——电视艺术工作者颁奖晚会	11 144	13.08
7	电视剧：黑脸(7)	11 143	13.08
8	电视剧：人间正道(1)	9 483	11.13
9	电视剧：阿里山女儿(上)	8 239	9.67
10	电视你我他(297)	4 626	5.43

1998年6月14日—7月11日

排名	节目名称	人数(万)	所占比例(%)
1	新闻联播	36 142	42.42
2	香港特别行政区成立一周年	24 299	28.52
3	特别节目：相约一九九八	24 180	28.38
4	焦点访谈	23 541	27.63
5	情系热土爱满天山	21 411	25.13
6	综艺大观(164)	12 064	14.16
7	晚间新闻	11 706	13.74
8	曲苑杂坛(77)	10 718	12.58
9	电视剧：警方110(5)	9 875	11.59
10	电视剧：绿卡族(1)	9 389	11.02

1998年7月12日—8月15日

排名	节目名称	人数(万)	所占比例(%)
1	新闻联播	36 346	42.66
2	焦点访谈	23 098	27.10
3	科技博览：舰机协同反潜	19 903	23.36
4	东西南北兵：纪念中国人民解放军建军71周年文艺演出	15 694	18.42
5	综艺大观(165)	10 020	11.76
6	曲苑杂坛(78)	9 781	11.48
7	电视剧：朱德上井冈(8)	8 767	10.29
8	专题片：铁的新四军(6)	8 290	9.73
9	电视剧：绿卡族(7)	7 992	9.38
10	晚间新闻	7 685	9.02

1998年8月16日—9月19日

排名	节目名称	人数(万)	所占比例(%)
1	新闻联播	40 939	48.05
2	焦点访谈	26 446	31.04
3	直播：我们万众一心	21 496	25.23
4	健康之路：抗洪灾·防疫情	20 226	23.74
5	直播：携手筑长城	18 446	21.65
6	科技博览：数字卫星接收机	15 123	17.75
7	曲苑杂坛(79)	11 093	13.02
8	晚间新闻	7 114	8.35
9	阳光地带(7)	6 773	7.95
10	军事天地(222)	5 964	7.00

1998年9月20日—10月17日

排名	节目名称	人数(万)	所占比例(%)
1	新闻联播	50 061	45.76
2	焦点访谈	32 897	30.07
3	健康之路：抗洪灾·防疫情	28 783	26.31
4	时政专题：杨尚昆光辉的一生	26 551	24.27
5	文艺节目：'98国庆文艺晚会	19 134	17.49
6	抗洪精神颂	13 959	12.76
7	综艺大观(168)	11 946	10.92
8	电视剧：难忘岁月(3)	11 093	10.14
9	晚间新闻	9 715	8.88
10	电视剧：阳光地带(14)	8 894	8.13

1998年10月18日—11月14日

排名	节目名称	人数(万)	所占比例(%)
1	新闻联播	49 733	45.46
2	焦点访谈	30 873	28.22
3	健康之路:抗洪灾·防疫情	25 425	23.24
4	综艺大观(169)	11 618	10.62
5	曲苑杂坛(82)	11 399	10.42
6	专题片:彭德怀(1)	7 975	7.29
7	东西南北中(67)	7 866	7.19
8	风生水起——股市篇	7 023	6.42
9	新闻调查	4 299	3.93
10	电视剧场:众志成城	4 124	3.77

1998年11月15日—12月19日

排名	节目名称	人数(万)	所占比例(%)
1	新闻联播	49 810	45.53
2	焦点访谈	31 004	28.34
3	健康之路:科学防疫重建家园	26 059	23.82
4	刘少奇100周年诞辰纪念	21 727	19.86
5	综艺大观(173)	12 876	11.77
6	曲苑杂坛(83)	9 113	9.33
7	东西南北中(68)	8 993	8.22
8	电视剧:少奇同志(1)	8 172	7.47
9	直播第十三届亚运会专题	5 525	5.05
10	晚间新闻	4 551	4.16

1998年12月20日—1999年1月16日

排名	节目名称	人数(万)	所占比例(%)
1	新闻联播	50 663	46.31
2	焦点访谈	31 179	28.50
3	科技博览:科学防疫(7)	26 934	24.62
4	健康之路:科学防疫重建家园	23 280	21.28
5	文艺节目:走进新时代	20 742	18.96
6	电视(连续)剧:雍正王朝(15)	15 196	13.89
7	东西南北中(69)	9 715	8.88
8	直播:春潮颂	9 551	8.73
9	晚间新闻	7 942	7.26
10	新闻调查	5 754	5.26

5. 1998年中央电视台经费收支概况一览表(单位:元)

财政补助收入	29 870 000
事业收入	4 415 015 000
支出合计	4 139 102 000

(三)中央电视台1998年队伍构成概况①

1998年中央电视台各系统在职人员人数一览表(单位:人)

名称	人数	占全台总人数的百分比(%)
党政系统	374	9.0
采编播系统	1 580	38.0
技术系统	637	15.3
经营系统	134	3.2
中国电视剧制作中心	343	8.2
中央新闻纪录电影制片厂	595	14.3
北京科学教育制片厂	500	12.0
合计	4 163	100

六、电视技术

中央电视台电视技术应用创新

1998年,中央电视台直播卫星技术试播成功,标志着我国电视技术上了一个新的台阶。虚拟技术在中央电视台开始使用,在专题节目、世界杯足球赛和春节晚会等节目中发挥了作用。同时,国内第一个DVB-T电视地面广播试验系统试验成功。1998年,中央电视台播出系统全面备份,形成了八套数字、八套模拟的机械手自动播出系统。

数字地面卫星直播系统

① 中央电视台研究室.中央电视台年鉴(1999)[M].北京:人民出版社,1999:275.

七、电视人物

（一）李瑞英

中央电视台《新闻联播》节目主播，播音指导。李瑞英的主持风格端庄、大方、得体，语言规范，吐字清晰、圆润，服饰简洁、庄重、典雅，播音自然流畅。2014年退居幕后。

（二）赵薇

影视演员、导演。1998年主演电视剧《还珠格格》成名，后主演的《情深深雨濛濛》《京华烟云》也获得成功。

李瑞英

赵薇在《还珠格格》中饰演小燕子

八、电视出版

（一）《中国电视论纲》

杨伟光主编，中国广播电视出版社出版。该书从中国电视实际出发，分析了中国社会主义电视的基本特色，是一部全面系统论述中国特色社会主义电视理论的著作，具有较高的理论指导价值。

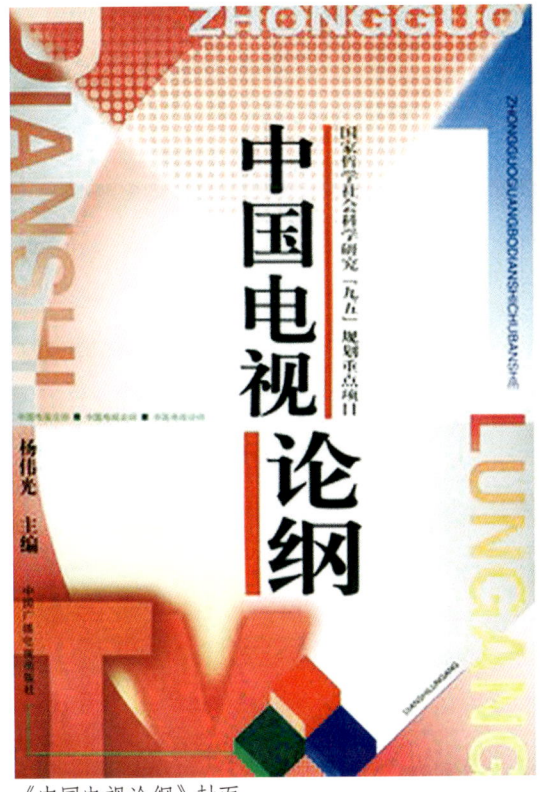

《中国电视论纲》封面

（二）《北京广播电视报》（郊区版）

《北京广播电视报》于1998年4月7日创刊，由北京广播电视报社主办，面向北京市远郊区县和近郊区农村地区发行。该报是为了配合1998年1月1日北京广播电视节目上星而创办的。其主旨是：全面介绍、评介广播电视节目，帮助和引导郊区农民听好广播、看好电视，促进农村文化生活进一步活跃。

《北京广播电视报》（郊区版）

1999年

一、大事记

1月26日，赵化勇任中央电视台台长。

1999年5月9日中央领导听取赵化勇汇报

3月25日，凌晨3点，以美国为首的北约部队对南斯拉夫联盟共和国发动大规模空中打击。中央电视台第一套节目从早上6点开始，对正在进行的空袭进行了长达1小时20分钟的直播报道。

4月下旬，中央电视台记者在南斯拉夫联盟共和国瓦列沃被炸居民区进行现场报道

6月9日，全国首家广电集团——无锡广播电视集团正式成立。

无锡广播电视集团揭牌仪式

9月27日至29日，上海电视台与中央电视台联手，在中央电视台二套和上海电视台二套每天推出长达90分钟的《'99〈财富〉全球论坛》特别报道，以直播的形式将每天的新闻与访谈融为一体，开创了大型活动的演播形态。

10月1日，中央电视台圆满完成了首都各界人民庆祝国庆50周年纪念大会和群众联欢晚会的转播工作。第一至第九套节目并机播出了庆祝大会的盛况，第一、第四套节目同步播出了精彩的联欢晚会。高清晰度电视试验系统也对两场活动进行了现场直播。

国庆50周年纪念大会直播报道现场

1999年，央视首次以高清晰度电视试验系统直播国庆阅兵

12月19日9:00至21日9:00,中央电视台一套节目成功进行了48小时澳门回归特别直播报道。

中央电视台一套节目成功进行48小时澳门回归特别直播报道

1999年12月31日17:00至2000年1月1日17:00,中央电视台圆满完成了连续24小时的《相逢2000年》特别节目直播活动。

二、政策法规

4月7日,国家广播电影电视总局发布《电视剧审查暂行规定》。

5月21日,国家广播电影电视总局发布《外国人参加广播影视节目制作活动管理规定》。

10月,国家广播电影电视总局发布《关于加强通过信息网络向公众传播广播电影电视类节目管理的通告》。

中央电视台圆满完成了连续24小时的《相逢2000年》特别节目直播

三、电视栏目和节目

（一）新闻类

1. 中央电视台：《现在播报》

《现在播报》是中央电视台于1999年7月5日创办的综合性新闻栏目。该栏目以国内新闻为主，兼顾国际新闻，追求大信息量，以首发新闻、时效性较强的事件性报道为主，并注意播发一些有深度、有力度的批评报道。

《第七日》节目画面

《现在播报》主播海霞

2. 北京电视台：《第七日》

《第七日》是北京电视台于1999年4月4日开播的栏目。该栏目是大型新闻评论性栏目，它围绕一周七天重要的、有趣的和值得关注的新闻进行集纳评点。其中，主要栏目"独家报道"秉承了原同类栏目"元元说话"关注社情民意、快速及时反映社会热点的优势，加大了报道空间和对新闻事件的调查力度。

3. 黑龙江电视台：《新闻夜航》

本栏目是一档于1999年6月开办的新闻栏目，多报道老百姓的苦辣酸甜、人情冷暖。它坚持"以人为本"的报道理念和"三贴近"原则，运用百姓的语言，报道百姓的故事，形式以消息为主，内容丰富多彩，包罗万象，讲求品位，通俗但不低俗。

《新闻夜航》节目画面

（二）专题类和杂志类

1. 中央电视台：《今日说法》

《今日说法》是中央电视台于1999年1月2日开播的法制栏目。其宗旨为"重在普法，监督执法，促进立法，服务百姓"。栏目的基本样式为以案说法，大众参与，专家评说。外拍部分由社会现象、案件及对有关人士的调查、访问构成；内景部分由演播室内的议论、评点构成；内外呼应，剖析发生在我们生活中的法律事件，普及法律知识，增强大众的法律意识。

《今日说法》演播现场

《今日说法》节目画面

2. 中央电视台：《天天饮食》

《天天饮食》是中央电视台于1999年2月22日开播的厨艺栏目，集知识性、服务性、趣味性、娱乐性于一体。栏目第一任主持人兼大厨刘仪伟采用轻松幽默的"脱口秀"形式，依照"男人下厨房"的栏目设定，与观众一起切磋厨艺，让栏目收获了不俗的收视率。

刘仪伟主持的《天天饮食》节目后来以光盘的形式结集出版

2006年2月27日下午，中央电视台《天天饮食》栏目全新改版，林依轮担当主持

3. 陕西电视台：《八里村夜话》

《八里村夜话》是陕西电视台社会部于1999年4月19日开办的一档栏目。它是通过全台竞标的形式诞生的。栏目实行制片人制。"八里村"是陕西电视台的所在地，"夜话"取自《燕山夜话》，栏目定位于电视节目的"杂文版"。在夜深人静之时，主持人和几位嘉宾促膝闲聊。

4. 北京电视台：《法治进行时》

本栏目是一档法治专题栏目，于1999年12月27日开播。栏目重视内容的可视性，注重对案件的追踪与展现，具有节奏紧张、表现深刻的特点。主要小栏目包括"现场目击""法治热线""现场交锋""法治纪事""现场提示""法网追踪"等。

（三）纪录片类

1. 北京电视台：《纪录》

《纪录》创立于1999年4月，是全国最有影响力的纪录片栏目，也是全国卫星频道当中唯一占据黄金时间的强档纪录片栏目。其中，由栏目组独立创作或与他人合作并首家播出的强档纪录片包括：《我的留学生活》《一个艾滋病病毒感染者》《报复的代价——北京少女拐卖真相》《飞跃黄河——朱朝辉摩托车跨越壶口》《高空生存——阿迪力北京挑战吉尼斯》《老山汉墓》等。

《法治进行时》主持人徐滔

《纪录》节目画面

2. 浙江电视台：《生活》

浙江电视台的《生活》栏目的前身是生活服务类栏目《只要你过得好》，由浙江电视台社教部创办。1996年2月4日，《只要你过得好》改版为以纪录片的形式反映人与人生的人物类栏目《生活》。每周日播出，每期30分钟。《生活》受人的一生中须经历老、中、青三个阶段的启发，分为三个小栏目，完成人生的写照的意义。

3. 中央电视台等:《最后的马帮》

《最后的马帮》由中央电视台等联合拍摄,主创郝跃骏。该片通过对云南大地上最后一支国营马帮队在高黎贡山驿道上艰苦的生活环境、恶劣的生存状态的具象性描写,追述了改革开放时期,云南红土地上正在发生的一场巨变,以及这场巨变中一群高原赶马人的心路历程。

《最后的马帮》节目画面

（四）综艺类和艺术类

1. 中央电视台：《影视同期声》

《影视同期声》是中央电视台于1999年5月3日开播的综合性栏目。该栏目以宣传、介绍、评述电视剧、电影及相关话题为主，集娱乐、知识为一体，全方位、多角度地立体报道最新影视资讯，有深度地讨论近期影视圈内外关注的话题。

2. 湖北电视台：《幸运千万家》

《幸运千万家》是湖北电视台于1999年2月5日推出的一档大型复合式游戏栏目。该栏目以家庭为参与对象，拍摄时内外景结合，现场融趣味性、参与性、竞技性于一体，具有较强的可看性。每周一期，每期100分钟。设有"幸运魔方""天真大放送""有话好好说""家有传家宝""新闻'麻辣烫'""幸福家庭烦恼事""非常家庭日志""幸运从天降""幸运ABC"和"嘉宾综艺节目"10个子栏目。编导的意图是出其不意，让观众目睹事件发展的过程，从中悟出生活的道理。

《影视同期声》节目画面

（五）电视剧类

湖北经济电视台等：《来来往往》

《来来往往》是由濮存昕、吕丽萍等主演的电视剧，讲述的是一个成功男人和三个女人之间的情感经历。它描述了变革的年代下不同的价值观与人生观互相冲突的状况，以及人们在这个转型期的社会变迁中所发生的情感生活故事。这部电视剧在一定层次上反映了当前正发生在许多家庭中的故事，展现了经济力量对家庭和情感结构的渗入，以及现实生活中男人面临的困境等问题。

《来来往往》宣传海报

《来来往往》剧照

李小冉（右）扮演戴晓蕾

濮存昕扮演康伟业，许晴扮演林珠

四、电视评奖

（一）新闻类

第九届（1998年度）"中国新闻奖"

本届共有186件作品获奖，其中包括特别奖6件，一等奖23件，二等奖58件，三等奖99件。获得特别奖和一等奖的电视作品有：

特别奖

◎《1998年抗洪系列报道》，中央电视台、湖北电视台、江西电视台、湖南电视台、黑龙江电视台、吉林电视台等

一等奖

◎电视消息：《巴格达遭空袭纪实》，冀惠彦等，中央电视台

◎电视消息：《农机下乡了》，邢哲等，黑龙江电视台

◎电视专题：《拨通148 法律服务到你家》，辛余兵等，山东电视台

◎电视系列：《劳动力市场有个戚大姐》，丛晶等，大连电视台

◎电视系列：《山西假酒案》，欧阳平等，山西电视台

◎电视编排：《中国新闻》，海外中心新闻部，中央电视台

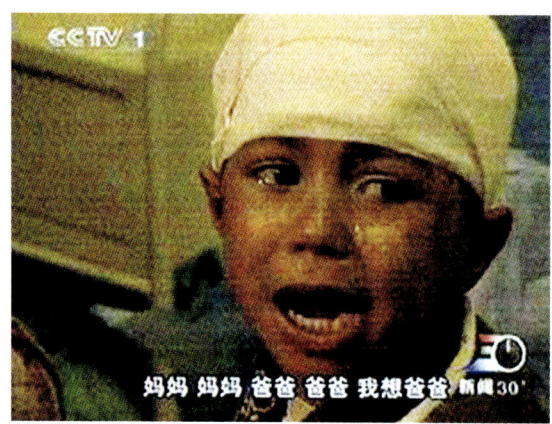

《巴格达遭空袭纪实》画面

（二）文艺类

1. 第十九届（1998年度）中国电视剧"飞天奖"评选

本届中国电视剧"飞天奖"与往届不同的是，评委会首次规定，未在中央电视台播出的电视剧亦可参加评选，本届共有43部此类作品参加了评选。

◎长篇电视剧一等奖：《走过柳源》，中央电视台影视部等

◎《雍正王朝》，中央电视台影视部等

◎中篇电视剧一等奖：《铁血英才刘伯坚》，天津电视台等；《大学女孩》，中央电视台影视部等

◎短篇电视剧一等奖：《官井》，中国电视剧制作中心

◎少儿连续剧一等奖：《我要做好孩子》，中国电视剧制作中心

◎少儿短篇电视剧一等奖：《晴朗地带》，成都电视台等

◎戏曲连续剧一等奖：《贤母宝璧记》，中央电视台影视部等

◎戏曲短篇电视剧一等奖：《变脸》，中央电视台影视部等

◎短剧奖：《下岗之后》，宁波电视台电视剧制作中心等

◎合拍片奖：《尊严》，辽宁电视台、美国JK集团影业公司等；《真命小和尚》，宁波电视台电视剧制作中心、新加坡电视机构

◎优秀编剧：《雍正王朝》的编剧刘和平、罗强烈

◎优秀导演：《牵手》的导演杨阳

◎优秀男演员：《雍正王朝》中饰演康熙皇帝的焦晃；《牵手》中饰演钟锐的吴若甫

◎优秀女演员：《牵手》中饰演夏晓雪的蒋雯丽；《无言的爱》中饰演哑母的丁嘉丽

《走过柳源》剧照

《雍正王朝》剧照

《铁血英才刘伯坚》剧照

《大学女孩》剧照

《官井》剧照

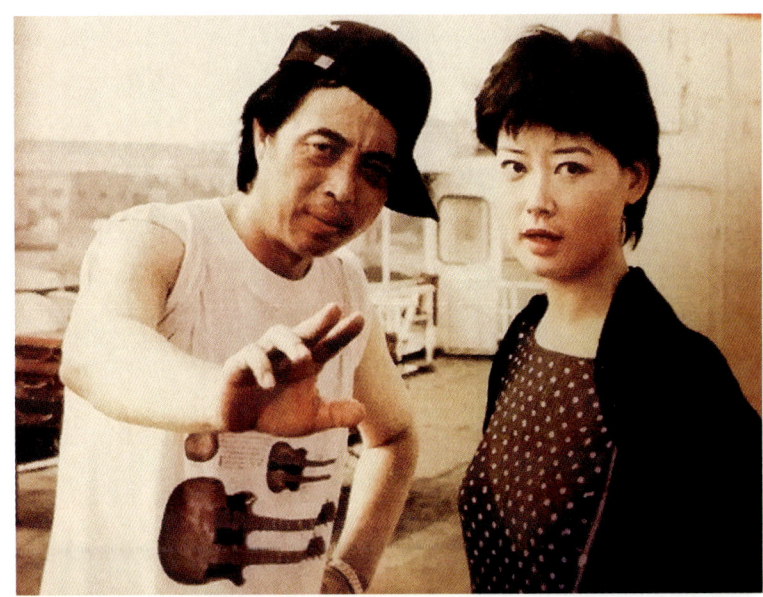

《我要做好孩子》的导演刘艳臣在现场给演员说戏

曹骏（左）和陈天文联合主演《真命小和尚》

曹骏在《真命小和尚》中扮演小和尚开心

《真命小和尚》片头

焦晃在《雍正王朝》中扮演康熙皇帝

《牵手》的导演杨阳

2. 第四届(1999年)"金话筒奖"

◎特别金奖

王刚,北京电视台

◎电视播音员主持人金奖

崔永元、张悦、王雪纯、周涛,中央电视台

李桂琴,山西电视台

李敏,山东电视台

李兵,湖南电视台

浩然(徐浩然),广东电视台

沈璐,深圳电视台

白延琴,陕西电视台

周涛

李敏

五、电视史料

（一）中央电视台1990—1999年电视节目播出时间比较[1]

序号	年份	播出时长	平均每天播出时长
1	1990	12 003	33
2	1991	12 371	34
3	1992	18 837	52
4	1993	22 242	61
5	1994	24 129	66
6	1995	33 341	91
7	1996	51 624	141
8	1997	54 660	150
9	1998	60 045	165
10	1999	60 562.5	166

说明：节目播出时间中包括英语传送频道播出时间

（二）中央电视台1990—1999年播出事故率比较[2]

（单位：秒/百小时）

序号	年份	总事故率
1	1990	97
2	1991	154
3	1992	50
4	1993	58
5	1994	105
6	1995	209
7	1996	172
8	1997	92
9	1998	31.6
10	1999	22.17

---

[1] 中央电视台研究室.中央电视台年鉴(2000)[M].北京：人民出版社，2000：322.
[2] 中央电视台研究室.中央电视台年鉴(2000)[M].北京：人民出版社，2000：323.

六、电视技术

（一）中央电视台实现高清试验播出

高清晰度电视开路试验播出，并完成对重大事件的转播报道，是中央电视台取得的重大技术成果。1999年，经过努力，高清晰度电视试验小组高质量、高效率地完成了高清晰度电视系统设计、设备选型工作，使用高清晰度电视技术转播录制了新中国成立50周年庆典、澳门回归、跨越2000年等重大活动，同时进行了澳门至北京长距离、高清晰度的电视光纤传输和卫星试验工作。

这一系列工作证实了中央电视台已具备通过光纤和卫星手段长距离传输高清晰度电视的能力。中央电视台设计完成的数字高清晰度电视系统，已开始每天播出1—2小时的高清晰度电视节目，为我国发展高清晰度电视积累了宝贵的经验。

（二）北京电视台采用虚拟演播室技术

北京电视台制片部从1998年8月开始，为7个栏目制作了12个虚拟演播室，即在演播室中用一个蓝幕，利用超级图形计算机提供虚拟场景代替真实布景，再与现场频率信号通过色键抠像无缝合在一起，取得理想的画面效果。

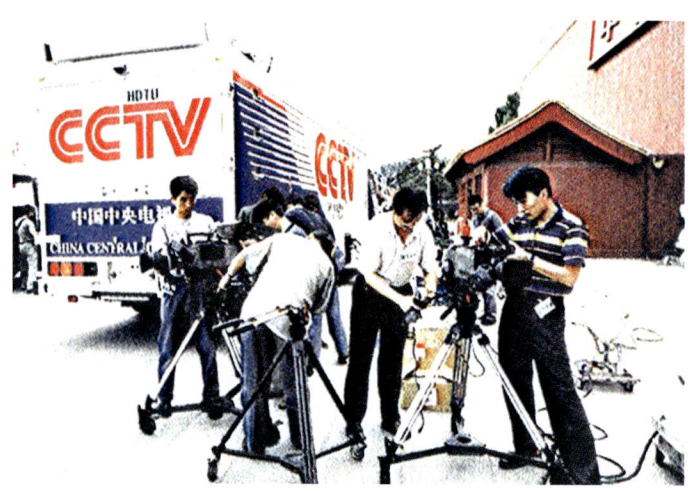

高清晰度转播工作场景

七、电视人物

（一）王刚

播音指导，电视节目主持人，影视演员。多年来为中央及地方电视台主持《春节联欢会》《综艺大观》《东芝动物乐园》《生命在你手中》等大型综艺晚会及各类专题节目。他还主演了《宰相刘罗锅》《铁齿铜牙纪晓岚》《梦断紫禁城》等众多电视剧。

（二）顾玉龙

中央电视台制片人。1999年作为战地记者，赴南斯拉夫报道了科索沃战争。其报道获当年度"中国新闻奖"一等奖，个人荣获中宣部和国家人事部颁发的"优秀新闻工作者"称号。

王刚

顾玉龙

八、电视出版

(一)《广播电视辞典》

1989年,赵玉明主持编纂了我国第一部广播电视专业辞典——《广播电视简明辞典》,由中国广播电视出版社出版。1999年,赵玉明、王福顺对《广播电视简明辞典》进行增订,更名为《广播电视辞典》,全书共计96万字,由北京广播学院出版社出版。《广播电视辞典》是北京广播学院和中央电视台、中央人民广播电台、中国国际广播电台众多教授、专家、学者通力合作的结晶。全书共收入18个部类的2 800余条广播电视专业条目及相关条目。

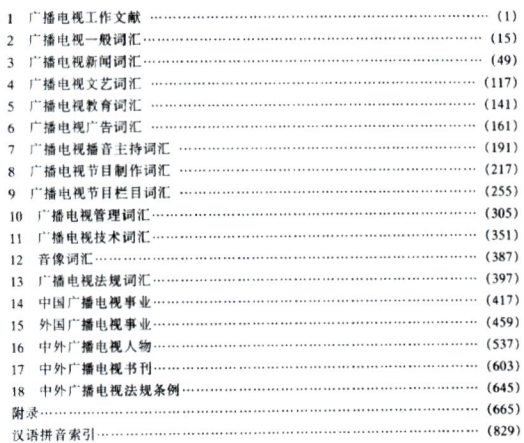

《广播电视辞典》目录页

《广播电视简明辞典》封面

《广播电视辞典》封面

（二）《镜头里的"第四势力"——美国电视新闻节目》

王纬主编，28万字。该书回答了被美国人称为"第四势力"的电视媒介究竟是一种什么样的生存状态这一问题。该书在勾勒美国电视新闻发展的历史脉络以及全面介绍美国各大媒介机构的基础上，通过栏目研究和个案分析对此作了回答。该书是全面了解美国广播电视媒介的参考书，也是广播电视研究方向的大学生、研究生的专业教材，对英语学习、阅读也有一定的帮助。

（三）《南方声屏报》

《南方声屏报》由广州的《屏幕之友》更名而来，于1999年1月正式出版，并与《佛山广播电视报》等9家广电报联合组建为全国首家广电报业集团军。该报由广州电视台主管，广州、深圳等9个市级电视台联合主办。该报以宣传广东广播电视事业、广播电视节目和娱乐资讯为主。

《镜头里的"第四势力"——美国电视新闻节目》封面

《南方声屏报》版面

九、电视教育

1999年,北京广播学院首次招收博士生。招生博士点有两个:新闻学和广播电视艺术学。这是广播电视高等教育办学层次的重大突破。

1999年2月3日,《光明日报》刊登北京广播学院招收新闻学和广播电视艺术学博士研究生的信息

2000年

一、大事记

1月13日，山东电视台推出《山东电视台节目质量综合评价试行办法》，这是全国第一个比较系统地评价节目质量的办法。

4月22日，湖北电视台与中华环保基金会在北京人民大会堂联合举办"地球幸运村"环保座谈会及电视栏目《幸运地球村》揭牌开机仪式。《幸运地球村》的开播，标志着我国第一个环保公益性电视栏目的诞生。

11月16日，以"大地飞歌"为主题的南宁国际民歌艺术节在广西南宁拉开帷幕，中央电视台网站和中央人民广播电台网站联合进行全程跟踪报道。这次合作是广播、电视、网络三大媒介深层次合作的有益尝试。

"大地飞歌"活动现场

12月20日，中央电视台"国际因特网站"正式命名为"央视国际"网站。

"央视国际"网络标识

"央视国际"网络挂牌

12月27日，全国第一家省级广播影视集团——湖南广播影视集团正式成立。

湖南广播影视集团挂牌仪式

湖南广播影视集团大楼

12月，南宁有线电视网络公司开通了有线数字电视。这套系统是国内第一家有线数字电视系统。

二、政策法规

4月7日，国家广播电影电视总局发布《信息网络传播广播电影电视类节目监督管理暂行办法》。

6月15日，国家广播电影电视总局发布《电视剧管理规定》。

9月20日，国务院常务会议通过《互联网信息服务管理办法》。

11月5日，国务院发布《广播电视设施保护条例》。

12月12日，国家广播电影电视总局发布《有线电视视频点播管理暂行办法》。

三、电视栏目和节目

（一）新闻类

1. 中央电视台：《本周》

《本周》是中央电视台唯一一个服务于残疾人的双语栏目，于2000年12月3日开播。《本周》的前身是《时事纵横》。它报道的是过去一周发生的事件，而其独到的报道角度让过去的事件变得新鲜。每期节目在一个主题下将若干的新闻事件联系起来，精心的串联使整个节目浑然一体。《本周》最突出的特征就是个性化。它的个性就是它浓厚的人文色彩，关心人、关怀人，不仅说事，而且讲情。《本周》的报道风格和主持人的播报方式相较于《时事纵横》也发生了很大的改变，如话家常、娓娓道来，让观众备感亲切。

贺红梅主持的《本周》

2. 上海电视台：《新闻追击》

《新闻追击》是上海电视台于2000年12月18日开播的一档栏目，其主要小栏目有"现场""人物""话题"。该栏目的宗旨是：作为新闻评论类栏目，对新闻事件现场进行展示和追踪，对新闻当事人和热点新闻进行深度发掘与思辨，展示栏目的人文特色和求新求深的探索精神。每期节目以一个真实个案为主，强调记者的快速介入和现场观察力，在把握政策的前提下，充分进行现场展示和即兴采访。如遇较为复杂的纠纷事件或场景，则作连续追踪报道。

3. 湖南卫视：《今日谈》

《今日谈》是湖南卫视于2000年1月3日推出的一档新闻评论性谈话栏目。该栏目定位于对重大新闻事件的综述与评论。新闻性、时效性以及事件性是它的特征。话题主要集中在政治、经济、军事和文化领域。每期节目时长为15分钟。

《新闻追击》节目画面

(二)专题类和杂志类

1. 中央电视台:《健康之路》

《健康之路》是中央电视台于2000年7月推出的一档直播栏目。每期节目一个主题,直接回答观众在防病治病中遇到的问题,为观众提供优质的咨询服务。《健康之路》直播版和《健康之路》周末版相互呼应,互相配合。

2. 上海电视台:《小鬼当家》

《小鬼当家》是上海电视台于2000年1月8日开播的一档专题服务性栏目,以6—12岁的小学生为拍摄对象,意在培养孩子们的自理、应变、防范、创造性等多方面的能力,激发孩子的勇敢、诚实、负责等多方面的个性人格,引发观众对社会教育体系的思考与探讨。每周一期,节目长度为30分钟。

《健康之路》节目画面

(三)教育类

1. 中国教育电视台:《青春防线》

《青春防线》是北京市海淀区人民检察院与中国教育电视台联合创办的全国第一个关于未成年人保护和预防未成年人犯罪的电视专题系列栏目。栏目通过青少年喜闻乐见的个案追踪报道方式,以案释法,及时劝诫,生动直观地宣传《未成年人保护法》和《预防未成年人犯罪法》。

2. 上海东方电视台:《目击科学》

《目击科学》是上海东方电视台于2000年10月14日推出的一档新闻型科普栏目。该栏目最大的特点是以重大的新闻事件或在群众中有较大影响力的新闻话题作为挖掘对象,开拓"科普节目新闻化"的节目风格。每期节目邀请几位专家走进演播室,围绕一个新闻话题,从科学的角度切入,与观众做深入的探讨,同时运用多媒体手段,穿插具体、形象、有趣味性的科技资料和镜头,揭示科学的内涵。《目击科学》开拓了科技节目新闻化的风格。

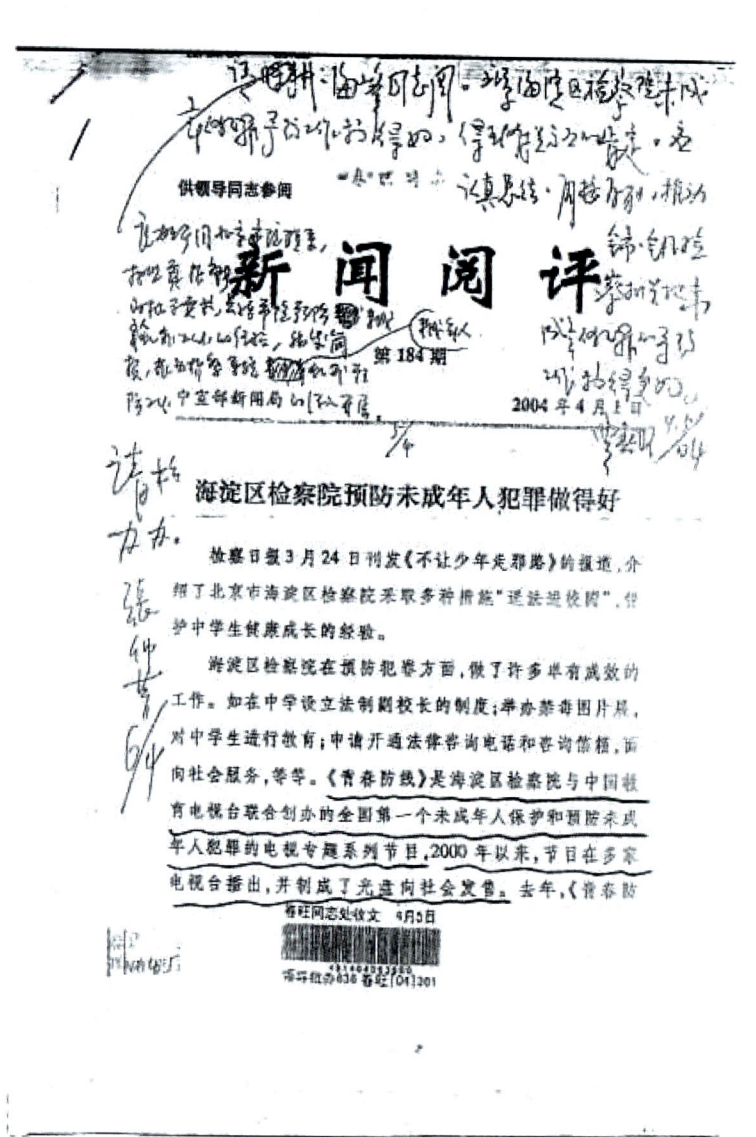

2004年4月1日,中宣部《新闻阅评》刊登了《海淀区检察院预防未成年人犯罪做得好》的文章。时任最高人民检察院检察长贾春旺在此文旁加注批示,肯定了《青春防线》良好的社会效果

（四）综艺类和艺术类

1. 中央电视台《中国音乐电视》

《中国音乐电视》以播放优秀的音乐电视作品为主要内容，包括优秀的民族唱法、流行唱法、美声唱法的音乐电视作品和国外的一些经典的音乐电视作品。

《中国音乐电视》早年在CCTV-3播出时的节目片头

《中国音乐电视》后期在CCTV-15播出时的节目片头

《中国音乐电视》早期主持人管彤和梁璐

2. 中央电视台、重庆电视台:《走进重庆》特别节目

《走进重庆》是2000年2月底由重庆电视台和中央电视台共同策划,于2000年3月联合拍摄制作的电视艺术片。作为中央电视台《东西南北中》节目"走进西部"系列之一,双方都投入了强大的编导和拍摄力量,通过拍摄重庆成为直辖市后的新面貌,展现了重庆地方的民俗民风和人文风貌。该节目采用了多种独特的艺术表现手法,内容丰富多彩,包括"少儿武术""飞吧重庆""烈士墓—红梅赞"等。

3. 中央电视台:《同一首歌》

《同一首歌》栏目由中央电视台于2000年推出,以制作独具特色的系列演唱会和编播国内外音乐机构、电视台提供的高水准演唱会为主。《同一首歌》荟萃国内外歌坛的明星、新秀和一流的艺术家,重新演绎脍炙人口的优秀歌曲,内容涵盖中外经典、名人名曲,既有老歌翻唱,又有原人原唱,贯穿传统与现代,引领怀旧与时尚。它的另一大特点,是在演唱会中穿插名人嘉宾的访谈。政治、经济、文艺、体育等社会各界名流纷纷登上《同一首歌》这个舞台,表达对音乐、对人生独到的见解和感悟。

《同一首歌》节目画面

（五）电视剧类

1. 海润国际广告有限公司、北京电视台：《永不瞑目》

《永不瞑目》改编自海岩同名小说，由赵宝刚执导，陆毅等主演。该剧围绕女刑警欧庆春的故事展开。欧庆春牺牲的未婚夫的眼角膜被捐给了阳光帅气的小伙子肖童。肖童与欧庆春结识后爱上了欧庆春。富家女欧阳兰兰在被肖童救了一命后疯狂地爱上了肖童，但被肖童拒绝。肖童为了欧庆春，主动要求充当警方内线，打入贩毒集团。历经曲折和磨难，最终配合警方将欧阳天贩毒团伙一网打尽。

《永不瞑目》剧照

袁立因扮演《永不瞑目》中的欧阳兰兰一角于2000年获得第十八届中国电视"金鹰奖"最佳女配角奖

2. 北京电视艺术中心等:《贫嘴张大民的幸福生活》

该剧改编自刘恒的同名小说,由沈好放执导,梁冠华主演,以轻松幽默的形式反映了北京大杂院里平民老百姓的普通生活。该剧于2000年获得第十八届中国电视"金鹰奖"优秀奖。

陆毅因扮演《永不瞑目》中的肖童获得第十八届中国电视"金鹰奖"最佳男主角奖,苏瑾因扮演欧庆春获得第十八届中国电视"金鹰奖"最佳女主角奖

《贫嘴张大民的幸福生活》剧照

四、电视评奖

（一）新闻类

1. 第十届（1999年度）"中国新闻奖"

共有190件新闻作品获奖，其中，特别奖7件，一等奖24件，二等奖57件，三等奖102件。获特别奖和一等奖的电视作品分别是：

特别奖

◎《国庆50周年现场直播》，中央电视台

《国庆50周年现场直播》节目现场

《国庆50周年现场直播》节目画面

《北约空袭南联盟》节目画面

一等奖

◎电视消息：《村官不为民办事，村民依法免村官》，蔡志豪等，浙江电视台

◎电视评论：《"吉烟"现象》，王文雁等，中央电视台

◎电视专题：《青岛名牌战略》，任志杰等，青岛电视台

◎电视系列：《北约空袭南联盟》，顾玉龙等，中央电视台

◎电视系列：《消失的哈拉海》，胡鑫等，黑龙江电视台

◎电视编排：1999年9月29日的《阳光直播室》，浙江电视台等

2. 第四届（2000年度）"范长江新闻奖""韬奋新闻奖"

◎第四届"范长江新闻奖"电视业获奖者
米玛（藏族），西藏电视台
李兵，湖南电视台

◎第四届"韬奋新闻奖"电视业获奖者
李挺，中央电视台

李兵

李挺

（二）文艺类

第二十届（1999年度）全国电视剧"飞天奖"共有79部作品获奖，单项奖有14个。

◎长篇电视剧特别奖：《钢铁是怎样炼成的》，深圳市委宣传部等；《西藏风云》，中央电视台影视部等；《中国命运的决战》，中国电视剧制作中心

◎长篇电视剧一等奖：《开国领袖毛泽东》，中央电视台影视部等；《突出重围》，中央电视台影视部等

◎中篇电视剧一等奖：《嫂娘》，中央电视台影视部；《裂缝》，中国电视剧制作中心

◎短篇电视剧一等奖：《有这样一个支部书记》，中央电视台影视部

◎少儿连续剧一等奖：《小鬼鲁智胜》，中国电视剧制作中心

◎系列剧奖：《农家十二月》，中央电视台影视部等；《田教授家的二十八个保姆》，上海安氏影视传播有限公司等

◎优秀编剧奖：《开国领袖毛泽东》的编剧王朝柱

◎优秀导演奖：《钢铁是怎样炼成的》的导演韩刚、嘉娜·萨哈提

◎优秀男演员：《开国领袖毛泽东》中饰演毛泽东的唐国强；《突出重围》中饰演方英达（军长）的杜雨露

◎优秀女演员：《儿科医生》中饰演周小蕙的张小磊

◎《嫂娘》中饰演嫂娘的宋佳

《钢铁是怎样炼成的》剧照

《西藏风云》剧照

《嫂娘》中饰演嫂娘的宋佳

《儿科医生》中饰演周小蕙的张小磊

《突出重围》中饰演方英达的杜雨露

《田教授家的二十八个保姆》剧照

《田教授家的二十八个保姆》剧照

《农家十二月》片头

《农家十二月》剧照

五、电视史料

《生活空间》的拍摄理念[①]

1993年7月改版后的中央电视台《生活空间》栏目是国内第一个专门反映普通百姓生活经历的电视栏目。它的栏目标语是："讲述老百姓自己的故事……"节目形式是短纪录片，每天播出8分钟。截至1999年年底，《生活空间》共拍摄短纪录片近2 000部，拍摄普通百姓2 000多人。对《生活空间》近7年所拍摄的几千部纪实短片进行整体分析，可以从中发现创作以小人物为拍摄主体的短纪录片的若干规律。这些规律存在于短纪录片创作的全部过程之中。

（一）选题的确立

选题的确定不可能随心所欲，它必然首先受到栏目性质和栏目定位的制约。当《生活空间》定位于"讲述老百姓自己的故事"之后，它就不能像改版之前那样向观众教授如何洗衣做饭、养鱼种花。

目前，《生活空间》的栏目目标发生过两次变动。每次变动都引起了选题范畴的改变。

第一次变动发生在1993年的大改版。改版前《生活空间》的栏目目标是泛泛概念上的"为您服务"，其结果是拍摄的题材既平凡又平庸。改版后《生活空间》提出的栏目目标是"人文教化"，即通过长期播出一个又一个以"真善美"为核心思想的短纪录片，"润物细无声"地使受众的人文素质得以提高。之所以产生这样的栏目目标，是由于制片人认为，在大变革所带来的信仰危机、文化断层的年代里，为人的精神生活提供服务比为人的物质生活提供服务更为重要、更为迫切。在此"人文教化"目标的作用下，改版后的《生活空间》开始接连不断地讲述平凡而不平庸的百姓故事，成为当年令人耳目一新的电视节目。

第二次变动发生在改版将近3年之后。1996年年初，《生活空间》的传者感到他们的短片过于关注和接近孤立的个人，缺乏社会的纵深感和历史的投射力，其后果是出现了主题的重复。以"真善美"为核心的"人文教化"目标的基本实现使得《生活空间》的创作之路似乎走到了尽头。如果《生活空间》在不改变"讲述老百姓自己的故事"前提下还要继续存在下去，有两条改革思路可以选择：一是完全改变栏目目标，二是调整"人文教化"的内涵和外延。事实上，《生活空间》的传者所做的抉择是走中间路线。他们提出的新栏目目标是"为未来留下一部由小人物构成的历史"。初看，新目标的词句与旧目标完全不同，其实它也是建立于旧目标的基础之上的，依然以"人文教化"为目的，改变的不过是实现人文教化的手段。即不再仅仅通过真善美的昭示，而是更侧重通过"真"的展示，让那些不是纯粹意义上的善与美冲击观众的感官与头脑，从而达到"人文教化"的目的。

栏目目标的演进使《生活空间》的选题空间豁然开朗，新的选题层出不穷。新目标在创作实践上的具体化就是"关注社会变革"，"关注变革影响下的小人物的命运"。在这个理念的指导下，编导将目光落到国家的重大事件、重大变革上。他们从各种媒体的报道中分析哪些人正在经历哪些变化，由此确定出需要拍摄的主流人群与典型人物。如1996年，《生活空间》的传者意识到职工下岗是我国经济体制改革过程中出现的涉及几千万人口生活变化的重大社会问题，因此在下半年及时推出了反映下岗职工再就业的短片《许

[①] 陈虹.《生活空间》的拍摄理念[J].电视研究，2000(9)：52-54.

姐的夏天》。1998年6月播出的4集短片《泰福祥日记》是对我国经济体制改革带给老百姓巨大生活变化的又一个记录。通过摄像机的镜头，观众看到了张家口一家老字号国营商场从计划经济体制向市场经济体制转制过程中，一个吃惯了大锅饭的普通公民如何迅速地变成了掌管百万资产的经理，也看到了改革前后员工心态的变化以及某种人性的暴露。全片发人深省的历史喜剧色彩真实地折射出中国改革的大背景、大过程、大发展。可以断言，只要我国的经济体制改革和政治体制改革继续推进，《生活空间》的题材总能推陈出新。

从《生活空间》栏目新目标的产生及其结果中，还可以得出涉及"选题的执行"的两条命题——

揭示纪录片中的主体人物与社会某一人群之间存在的复杂关系，是使纪录片立意深刻、耐人寻味的有效途径。

对纪录片的人物所活动的时代背景加以体现、加以强调，是赋予纪录片历史感，增强纪录片生命力的一种非常奏效的方法。

（二）选题的执行

传者对受者的人文态度决定纪录片主客体的位置。传者如何看待自己与受者的关系将直接影响传者的思维方式和所采取的传播策略与技法。传者与受者的关系主要有三种：一是传者认为受者只是被动的信息接收者，自己处于主导地位；二是传者认为与受者处于平等的地位，双方可以进行平等的交流和反馈；三是受者认为自己处于主动的地位，对于传者传播的信息可以自由选择，既可以接受也可以排斥。

传统的中国传者需要承担义不容辞的政治宣传任务，由于从事的是教育群众、武装群众思想、大造舆论的工作，所以必然赞同第一种类型的授受关系，"理所当然"地把"俯视"的镜头对准受者。《生活空间》的传者认同的则是第二种类型的互动关系，并且从人文精神的角度加以升华，再付诸实践。人是否生来平等？从人性角度看，人生而平等，换言之，天赋人权是人文主义者的主张。因此，在以弘扬人文精神为己任的《生活空间》的传者眼中，所有的老百姓都不是低人一等的人，更不是"下贱人"，为此，传者不应自视为高高在上的施教者，居高临下俯视"小民"，而是应当平视受者、"平视生活"，以平等的思想、真诚的心胸、深切的关怀去表达对每一位被拍摄的小人物的尊重。

"平视生活"的理念使纪录片的创作发生了根本变化，过去拥有主动发言权的记者在片中淡出甚至完全隐退，由主体变为客体，而一向充当配角的小人物从传统的客体变为纪录片的主体。具体的表现是：

第一，《生活空间》的传者摆脱了"主题先行"的误区。记者不再去"导演"生活，而被拍摄对象也不必在"被拍摄状态下"进行刻意表演。《生活空间》的记者在出发拍摄之前，并不预先设定片子的主题，而是"一切拍了再说"，所以他们不必为了一个预设的论点去寻找论据乃至编造论据，从而使被拍摄对象完全活动于真实的生活环境中，按照生活自身的逻辑去结构纪录片。如此一来，摄像机就可以变成无形、无色、无味的"空气"，在不影响、不改变生活本来面目的状态下，原汁原味地实录老百姓的喜怒哀乐，同时透视生活真谛。

第二，《生活空间》的传者突破常规的拍摄技法。按常规，电视片应该有构图，镜头摇得要稳，要有推拉……但是从《一个家庭与一个孩子》开始，《生活空间》的传者将一种原始、质朴、粗糙如毛坯般的、没有经过加工的片子呈现给观众。这部纪录片记述的是北京一个家庭资助张北一个穷孩子上学的过程。该片拍摄时没有布光，播出时没有解说词和记者的提问，镜头中也没有出现记者采访的身影。可是，昏暗的画面、晃晃悠悠的镜头丝毫没有减弱片子触发观众情感的力量，它引起的是更强烈的共鸣。

第三，传者放弃了"说教"，既不对被拍摄对象的行为作任何立场鲜明的评论，也不对"故事"本身作任何结论，思考留给受者，结论由受者得出。《生活空间》使采编人员重新成为"生活的目击者"，他们所做的只是切开蛋糕，什么味道请观众自行品尝，而不是把咀嚼过的蛋糕吐给观众。《生活空间》的传者相信教育学的一个原理：自我教育所取得的效果胜于他人枯燥乏味的说教。

从以上叙述中还可以归纳出——

"三段思维模式"是"平视生活"理念在创作活动中的方法论，即开拍前决定关注的方面，剪辑时发现主题，观众收看时产生自己的结论。

如果传者如实地记录生活的原生态，则事实本身所负载的内涵可以超越传者个人认识上的局限性。

对于选题的执行，《生活空间》的传者还提供出另一条规律——

传者的新闻敏感影响选题的执行质量。

《生活空间》的一名记者曾经到一个边远山村拍摄通电的故事，适逢当地电视台的记者也去拍片。后者不仅买鞭炮让村民燃放，还要求村民做出这样那样的动作。村民被摆布得非常做作，动作生硬、不自然。这种局面使得《生活空间》的记者无法"原生态"地反映真实的生活，被迫放弃了报道。但是，如果这名记者具有高度的新闻敏感，他当时完全可以后退三步，把其他记者人为制造新闻镜头的过程拍摄下来，抓住这一在生活中偶然发生的有价值的新闻。观众在看罢这个"摆拍"新闻的片子后，可能会体会到远比看山村通电更深刻的意义。所以，对于一名具有"360度视角"的传者来说，生活中所发生的任何一件事情都不会成为拍摄的障碍，而只是提供了一种机会。

六、电视技术

中央电视台数字化改造成果显著

中央电视台9套电视节目的卫星传输全部改为数字压缩的方式;新闻制播系统进行了全面的数字化改造;600平方米演播室系统也进行了全数字化的技术改造,改造后的系统在技术质量上得到大幅度的提高,同时,运行的可靠性也大大提高;配合第九套节目的正式开播,中央电视台建成了无磁带化的英语新闻编辑、制作、播出系统;从整体上看,中央电视台的技术系统能力和水平得到加强和提高。

七、电视人物

(一)李挺

李挺历任中央电视台新闻编辑部第一副主任、主任,新闻节目中心副主任、主任,中央电视台副总编辑。2000年破格评聘为高级记者。多个参与组织领导的作品,如《'97香港回归特别报道》《'98抗洪报道》《首都各界庆祝国庆50周年盛大阅兵和群众游行》等获中国新闻奖、中国广播电视新闻奖等各种奖项。2000年获第四届"韬奋新闻奖";2001年荣获中国青年"五四"奖章。

(二)丁文华

2000年任中央电视台总工程师,2013年当选中国工程院院士。丁文华于1982年到中央电视台工作。1984年,他负责中央电视台彩电中心播出系统的设计与建设,并研发了我国首套彩色电视自动播出控制系统。经过20余年的探索与努力,他成功建立了可靠的网络化大规模电视台播出系统,使我国在广播电视播出系统的总体技术方面进入国际领先行列。从20世纪90年代中期开始,他负责组织完成了中央电视台所有大型电视转播的技术实现,开创了我国电视直播重大事件的全新时代。2000年以后,他主持研发并创建了具有我国自主知识产权的新一代电视台网络化制播系统,创造性地建立了电视节目网络化制作播出流程,使我国广播电视的总体技术达到国际领先水平。

丁文华

八、电视出版

（一）《收视率透视》

《收视率透视》由刘建鸣、胡运芳主编，中国广播电视出版社2000年11月出版，全书共计21万字。该书是关于电视收视率的重要资料，全书包括方法篇、应用篇、探讨篇、附录四部分。

（二）《重庆广播电视报》

从2000年新年第一期开始，《重庆广播电视报》正式改扩版，由黑白16版改为彩印24版。这次改扩版在保留原有栏目的基础上，新增了"声屏论苑""综艺大世界""旅游""体育看台""来来往往""精彩回放"等栏目和版面。同时启用了新的报头，电视节目预告表由分散刊登调整为集中预告，并增设"今日提示"专栏，方便读者查阅。这一系列改版措施，充分体现了"丰富内容，精办栏目，突出特色，提高质量"的改版思路。

《重庆广播电视报》改扩版后丰富了报纸内容

《重庆广播电视报》改扩版后注重加强与读者的联系

九、电视教育

（一）北京广播学院增列新闻传播学一级学科博士学位授权点

2000年，北京广播学院增列新闻传播学一级学科博士学位授权点。至此，北京广播学院拥有1个一级学科博士授权点、6个博士点、13个硕士点，覆盖了广播电视高等教育的主要学科领域，广播电视研究型高层次人才培养体系趋于完善。

（二）湖南大众传媒职业技术学院成立

湖南大众传媒职业技术学院，简称湖南大众传媒学院，于2000年7月成立。由湖南银行学校、湖南教育电视台和湖南省广播电视学校合并而成，形成"湖南省教育厅、湖南省广播电视局、湖南广播影视集团共建，湖南省教育厅主管"的办学体制。

湖南大众传媒职业技术学院校徽

（三）武汉大学新闻与传播学院成立

武汉大学新闻与传播教育始于1983年的新闻系，2000年12月，武汉大学新闻与传播学院成立。学院现设新闻学、广播电视、广告学、网络传播4个系，6个本科专业和专业方向：新闻学、传播学、广播电视新闻学、广告学、播音与主持艺术、广告设计方向。

武汉大学新闻与传播学院大门

2001年

一、大事记

1月4日至2月8日,北京歌华有线电视网络公司股票在上海证券交易所正式挂牌上市。

4月19日,上海文化广播影视新闻传媒集团(简称"上海文广新闻传媒集团")成立。

上海文广新闻传媒集团标识

5月28日,北京广播影视集团成立。

10月19日,国家广电总局正式批准新闻集团持股38%的凤凰卫视中文台进入广东珠江三角洲地区有线网络。

10月,中央电视台试播数字电视节目。

12月6日,中国广播电影电视集团正式挂牌成立。

中国广播电影电视集团挂牌

12月19日，默多克旗下的STAR集团宣布，其全新的一个综艺频道已获得中国政府批准在广东地区落地。这是中国首次将有线电视网落地授权予一个境外全新频道。该频道后来被命名为"星空卫视"。

星空卫视节目《星空8爪娱》画面

二、政策法规

4月18日，国家广播电影电视总局发布《有线电视视频点播管理暂行办法》。

12月11日，国家广播电影电视总局发布《境外卫星电视频道落地审批管理暂行办法》。

12月26日，国家广播电影电视总局发布《城市社区有线电视系统管理暂行办法》。

12月，国家广播电影电视总局发布《关于加快有线广播电视网络有效整合的实施细则（试行）》。

三、电视栏目和节目

（一）新闻类

1. 中央电视台：《中国入世特别报道》

该节目于2001年11月12日21:00至13日凌晨1:00在中央电视台第一套播出。节目以冷静、客观的态度，探讨中国加入世界贸易组织带给中国的机遇、挑战和我们的应对策略，以科学性与趣味性结合的手法，向观众普及有关世界贸易组织的知识。整个节目以前方记者的现场直播报道为结构线索和拉动线索，以记录中国加入世界贸易组织的程序和采访中国政府代表团领导为直播重点。在4小时的直播过程中，前方共发出7节现场报道和现场采访，在第一时间及时报道了会议有关中国加入世界贸易组织议程的新闻。同时，特别节目还用60分钟的篇幅直播大会启动中国加入世界贸易组织程序的全过程，忠实记录了这一历史性的时刻。

中国加入世界贸易组织签字仪式

2. 上海东方电视台：《21世纪看东方》

《21世纪看东方》全新风格的大型直播节目，从2000年12月31日18:00拉开帷幕，至2001年1月1日24:00止。《21世纪看东方》通过丰富多彩的新闻、专题、晚会和谈话节目，全面营造了跨世纪的氛围，直播时间总长为30小时。

3. 河南电视台：《都市调查》

《都市调查》是河南电视台都市频道于2001年7月1日推出的新闻专题类栏目，每周一期，时长30分钟。栏目关注普通市民一个时期普遍关心的热点、难点问题，采取"你出题，我回答"的形式，就观众来信来电提出的问题进行采访，并在栏目中给出结论。

（二）专题类和杂志类

1. 中央电视台：《读书时间》

《读书时间》栏目创办于1996年，2001年7月14日改版，从原来的30分钟增加到了45分钟，分为"本期专访""私人阅读""旋转书架""作家自述"等小版块。《读书时间》的定位为"为读者寻好书，为好书找读者"。栏目宗旨是"让我们一起分享阅读的乐趣"。

《读书时间》栏目现场

2. 四川电视台：《西部大开发》

《西部大开发》是由中国西部12家省级电视台联合制作的一档综合性栏目，每天在西部12家省级电视台播出。该栏目从2001年1月15日开播，每期15分钟，每日播出。栏目的宗旨是"关注西部热土，宣传西部优势，推动西部发展，为祖国的西部大开发献计献策"。同时，栏目的开播也体现了西部电视人在电视运作管理体制上的一次跨越式的改革——走联合的道路，通过12家省级电视台卫星节目的交叉覆盖，大力提升传播效益。

（三）教育类

1. 中国教育电视台：《空中外语学校》

《空中外语学校》是一档电视教学类栏目，于2001年4月16日开播，提供多种层次的外语知识。该栏目分3个时段播出：中午时段为"外语加油站"，以面向成年人的外语学习为主；下午时段为"同步课堂"，主要播出中小学外语教学节目；晚间时段为"轻轻松松学外语"，主要为有一定外语基础的各界人士提供外语教学。

2. 安徽电视台：《田野风》

这是一档针对农民观众的栏目，每周一期，每期15分钟。栏目的宗旨是"面向农村、报道农业、服务农民"。栏目下设科普类、经济类、报道类、信息类、人物类等版块。

《田野风》节目片头

《田野风》专题《猴年·猴坑·猴魁》节目画面

《田野风》节目摄制现场

（四）纪录片类

1. 青海电视台：《远去的驼铃》

此片讲述一个关于骆驼和西部牧驼人生活的故事。主人公铁木尔·巴根加入了政府的"生态移民"计划，他决定举办最后一次骆驼那达慕，向塔木素草原世代为邻的牧民们告别。影片以此为线索，真实记录了阿拉善牧民和他们的驼群在日益逼近的现代化和日趋恶化的草原生态面前的挣扎和困惑。

骑着骆驼赶路的铁木尔·巴根

2. 浙江电视台：《飞越浙江》

《飞越浙江》是浙江电视台经济生活频道在2001年为纪念建党80周年拍摄、制作的一部大型航拍纪录片，内容侧重中华人民共和国成立50年来以及改革开放20年来浙江省各个方面所取得的成就。该片是浙江省电视航拍史上一次拍摄范围最广、时间跨度最长、内容最丰富的电视航拍系列专题片。

《飞越浙江》片头

3. 成都电视台：《平衡》

作者彭辉用了3年时间来记录，将内容浓缩在70分钟内播出，全片没有一句解说词，却使大家感受到了时间、空间和事件的震撼力。《平衡》选取"可可西里"无人区拍摄地，这里有奔跑着的藏羚羊，滑翔着的斑头雁；这里是野生动物的天堂，更是藏羚羊的家园。

《平衡》片头

（五）综艺类和艺术类

1. 中央电视台：《你是一面旗帜》

这是一档庆祝建党的"18小时特别节目"。这台100分钟的晚会沿用"心连心"演出形式，在规模和重量级上，创下了一连串"之最"：在所有"心连心"演出中，这是规模和场面最大的一次；是参加人数最多的一次，到场人数多达5万人；是动用机器最多的一次，采用三个机位同时拍摄，还动用了云梯车；演员阵容空前强大。

《你是一面旗帜》演出现场

2. 武汉电视台：《都市茶座》

这是一档曲艺类品牌栏目，每周一期，每期40分钟，用武汉人喜闻乐见、原汁原味的"汉货精品"——湖北评书和方言独角戏，演绎武汉的风土人情、历史掌故、市井百态和趣闻逸事。

（六）电视剧类

1. 中国国际电视总公司：《康熙王朝》

该剧是一部大型历史题材电视连续剧，由陈家林、刘大印导演，陈道明、斯琴高娃等主演，中国国际电视总公司出品，2001年在中央电视台首播。它是在二月河的小说《康熙大帝》的基础上改编而来的，第一次从正剧的角度浓墨重彩地刻画了清朝初期康熙皇帝充满传奇的一生。

《康熙王朝》宣传海报

2. 深圳万科影视有限公司等：《空镜子》

这是一部20集电视连续剧，根据作家万方的同名小说改编而来。它由杨亚洲导演，万方编剧，陶虹、牛莉等主演。该剧讲述的是北京普通家庭里一对姐妹的情感和人生轨迹。

《空镜子》宣传海报

四、电视评奖

（一）新闻类

第十一届（2000年度）"中国新闻奖"

本届共有209件新闻作品获奖，其中，一等奖32件，二等奖70件，三等奖107件。获得一等奖的电视作品有：

一等奖

◎电视评论：《铲苗种烟 违法伤农》，黄洁等，中央电视台

◎电视评论：《莫把"脱困"当"脱险"》，黄有等，辽宁电视台

◎电视消息：《长沙袁隆平等十多位院士成为科技知本家》，谢鸿鹤等，长沙电视台

◎电视消息：《长江源头楚玛尔河断流》，陈国望等，天津有线电视台

◎电视系列：《守望家园——"三北"生态纪行》，周泳等，北京电视台

◎电视系列：《"书记大姐"李淑敏》，杨璐等，山东电视台

◎电视编排：2000年8月24日的《世界报道》，集体，中央电视台

◎现场直播：《攀登珠峰》，集体，黑龙江电视台

◎现场直播：《2000年钱塘江潮》，集体，中央电视台、浙江电视台

（二）文艺类

1. 第二十一届（2000年度）全国电视剧"飞天奖"

本届共评出79个作品奖、10个单项奖。

◎长篇电视剧一等奖：《大雪无痕》，中国电视剧制作中心等；《女子特警队》，中国电视剧制作中心等

◎中篇电视剧一等奖：《公家人》，中共宁夏区党委宣传部等；《帕米尔医生》，中国电视剧制作中心等

◎短篇电视剧一等奖：《山羊坡》，中共临汾市委宣传部等；《相依年年》，中央电视台影视部等

◎优秀编剧：《贫嘴张大民的幸福生活》的编剧刘恒

◎优秀导演：《女子特警队》的导演陈胜利

◎优秀男演员：梁冠华，在《贫嘴张大民的幸福生活》中饰演张大民；杨树林在《公家人》中饰演金占林

◎优秀女演员：陈瑾，在《嫂子》中饰演嫂子，在《非常代价》中饰演宫玉卓，在《相依年华》中饰演艾文静；奚美娟，在《红色康乃馨》中饰演蓝思红

◎少儿连续剧一等奖：《水浒少年》，中央电视台影视部等

◎少儿短篇电视剧一等奖：《远山少年》，中央电视台影视部等

◎戏曲连续剧一等奖：《新乔老爷奇遇》，中国电视剧制作中心等；《红楼梦》，绍兴电视台等

◎短剧奖：《咱老百姓——人情》，北京电视台；《咱老百姓——血沁》，北京电视台；《咱老百姓——分房》，北京电视台；《咱老百姓——乡村警察》，北京电视台；《家里比较烦》，中国国际电视总公司等；《闲人马大姐》，全国有线电视台协作体等；《雄起酒家》，中央电视台影视部等

◎合拍片奖：《汪洋中的一条船》，北京文化艺术音像出版社、台湾介龙电影事业有限公司等；《世纪之战》，北京亚环影音制作有限公司、北京广播学院电视制作中心、浩讯（香港）有限公司

《大雪无痕》剧照

《大雪无痕》剧照

《大雪无痕》剧照

《女子特警队》海报

《女子特警队》剧照

杨树林在《公家人》中扮演金占林

《帕米尔医生》剧照

张嘉译在《帕米尔医生》中扮演支边医生吴天云，王茜华扮演支边教师史华

《帕米尔医生》剧照

《贫嘴张大民的幸福生活》剧照

《帕米尔医生》剧照

《贫嘴张大民的幸福生活》中张大民扮演者梁冠华获得优秀男演员奖

《帕米尔医生》剧照

《非常代价》宣传海报

陈瑾在《非常代价》中扮演宫玉卓

陈瑾在《嫂子》中扮演嫂子

《闲人马大姐》剧照

《闲人马大姐》讲述百姓身边的凡人小事

《闲人马大姐》最大的特色是贴近生活、植根百姓

蔡明扮演"闲人马大姐"

2. 第五届（2001年）"金话筒奖"

◎特别金奖：肖晓琳，中央电视台

◎电视播音员主持人金奖：

水均益、董倩、陈志峰、白燕升，中央电视台

元元（刘元元），北京电视台

董卿，上海电视台

侯丰，辽宁电视台

村长（尹兴军），吉林电视台

张小琴，山东电视台

李怡蓉，云南电视台

董倩

刘元元

五、电视史料

2001年中央电视台第一套节目最高收视率排名

排名	节目名称	日期	开始时间（时：分）	结束时间（时：分）	收视率（%）	占有率（%）
1	直播2001年春节联欢晚会	1月23日（星期二）	20:00	24:18	45.0919	70.2
2	新闻联播	2月11日（星期日）	19:00	19:35	40.5057	64.5
3	焦点访谈	1月23日（星期二）	19:38	19:43	32.7211	57.3
4	科技博览	1月23日（星期二）	19:48	19:51	31.2887	52.8
5	国家科学技术奖励大会	2月19日（星期一）	19:38	20:13	19.3192	31.2
6	电视剧《大宅门》（33）	5月22日（星期二）	20:09	20:56	17.7397	29.4
7	2001年元宵晚会	2月7日（星期三）	20:11	21:50	17.4025	28.0
8	政协九届四次会议特别报道	3月4日（星期日）	19:53	20:06	17.0289	27.3

六、电视技术

中央电视台试播交互电视

2001年，中央电视台完成了交互电视技术试验系统建设，在第九届全运会开幕式上正式投入使用，试验开播了CCTV-5第一套交互电视节目。

中央电视台记者在第九届全运会现场进行采访

七、电视人物

（一）陈虻

曾任中央电视台新闻中心评论部副主任。20世纪90年代初，曾在《人物丛林》《观察与思考》等栏目组做记者。1993年7月加盟《东方时空》，出任《生活空间》制片人，提出"讲述老百姓自己的故事"的广告语。2001年，担任新闻评论部副主任，主管《实话实说》《新闻调查》及《东方时空》。2008年12月因病去世。

陈虻

（二）肖晓琳

她是中央电视台节目主持人，主持过《思考与观察》《焦点访谈》《半边天》《社会经纬》等栏目。她参与筹办了法制栏目《今日说法》。

肖晓琳

（三）徐滔

徐滔于1991年从北京广播学院电视系毕业后进入北京电视台工作，先后在《北京您早》《北京新闻》《法治进行时》栏目从事记者、编辑和主持工作。

徐滔

八、电视出版

（一）《电视传播理论研究》

本书由叶家铮著，北京师范大学出版社出版，共计27万字。本书以电视媒介本体特性为逻辑起点，围绕着电视传播特点与传播艺术的理念与运作，分章阐述了电视传播符号、电视传播优势与局限、电视表达方式、对电视栏目的基本要求、电视观众的收视心理和参与传播、电视宣传管理等内容。

（二）《电视朋友》

《电视朋友》于2001年创刊，由辽宁广播电视报主办。该刊定位为青春时尚影视类杂志，奉行"做年轻人的朋友，提供最新、刺激的娱乐信息"的办刊宗旨。

九、电视教育

北京广播学院成立动画学院

2001年4月28日，北京广播学院成立动画学院。动画学院下设"两系一所一中心"，即动画艺术系、动画技术系、动画研究所、动画实验与制作中心，以"大动画"的全局视角将各专业有机串联。它们既互相独立，又互为补充，形成了一个科学、有序、有机的"大动画"教学生态环境。

《电视朋友》创刊号和试刊号封面（左右图）

2002年

一、大事记

1月1日，新华社电视报道开始播出。它以各地的电视媒体为服务对象，滚动播放。

1月28日，海南电视台改版为旅游卫视正式开播。

旅游卫视节目画面

5月1日，新疆电视台维吾尔语经济生活频道正式开播，每天播出12小时，办有《经济与生活》《经济与法律》《经营艺术》《市场与消费》等栏目。

5月12日，中央电视台西部频道正式开播，2004年更名为社会与法频道。

中央电视台西部频道《西部新闻》栏目宣传图片

7月，全国省级电视台公共频道全部开播。部分市、县已开始实施公共时段的节目插播工作。根据国家广电总局批准的方案，已确定压缩的频道总数为1 389套；调整后28省区、市保留的自办节目频道为294套。此外，县级教育电视台全部取消；地级教育电视台力争合并；特大型企事业单位广播电视站被纳入公共频道的运作和管理。

9月末，我国有线电视用户数达到9 500多万户，并且还在以每年近500万户的速度增长，成为全世界第一有线电视大国。

12月，中视冠华同松下建立了中国第一个高清制作中心。

上半年，广东、四川、河北、湖南、上海、无锡、南京等省市的数字电视陆续开播或运营。下半年，近20个城市纷纷开始数字电视运营，中国数字电视开始启动。

二、政策法规

3月7日，国家广播电影电视总局、公安部、信息产业部、外经贸部、海关总署、国家工商行政管理总局联合发布《关于进一步加强卫星电视广播地面接收设施管理的意见》。

4月2日，国家广播电影电视总局发布《有线广播电视传输覆盖网安全管理办法》。

5月21日，国家广播电影电视总局发布《关于加强公共频道管理工作的通知》。

三、电视栏目和节目

（一）新闻类

1. 中央电视台："整顿市场经济秩序"系列报道

2002年4月1日开始，中央电视台开始制作系列报道节目并在《新闻联播》《新闻30分》《现在播报》《晚间新闻》四个栏目中相继播出。此系列报道前期宣传主要集中在严打整治等方面，其中产生重大影响的节目有《北京非法服装市场转为地下经营》等；后期宣传主要侧重于报道各地整治集贸市场的力度及其经验，主要制作了《山东微山：煤炭市场掺杂使假，以次充好暴利惊人》等。进入9月份，中央电视台主要新闻栏目相继制作、播出了"整顿市场经济秩序"系列报道。

《潇湘纪行》节目组整装待发

《潇湘纪行》出发仪式现场

"整顿市场经济秩序"系列报道画面

《潇湘纪行》节目组出发仪式现场

2. 湖南电视台：《潇湘纪行》

《潇湘纪行》是由湖南电视台卫星频道、红网、湖南电台交通频道、长沙晚报多家媒体在2002年10月18日至11月18日间联合推出的迎接十六大特别报道。报道集合电视、网络、电台、报纸四种媒体优势，以一艘直播船为载体，沿湘江顺流而下，构筑了一个流动的新闻采集现场。

《潇湘纪行》节目摄制现场

3. 江苏广播电视总台：《南京零距离》

《南京零距离》是江苏广播电视总台城市频道制作的一档60分钟新闻资讯类直播栏目，于2002年1月1日开播。栏目由"时政要闻""社会新闻""生活资讯""孟非读报""现场访谈""小璐说天气""今日头条""现场电话连线""现场电话调查""现场热线电话投诉""数字南京""曝光台滚动字幕新闻"等10余种形式有机组成，每晚播出25至35条新闻，其中超过80%的新闻为24小时内发生的。该栏目开发了民生新闻这一新的报道领域。

《南京零距离》开播后，孟非（左）担任主持人，其主持的评论专栏"孟非读报"成为《南京零距离》中收视率最高的子栏目

2002年元旦，栏目租用飞艇现场直播"空中看南京"

《南京零距离》栏目举办了"记者进社区"活动

《南京零距离》的节目口号为"南京零距离，就在你身边"

《南京零距离》的节目片头

（二）专题类和杂志类

1. 中央电视台：《走进新时代》

《走进新时代》是中央电视台为迎接十六大而制作的电视专题片。该片从理论创新、深化改革、扩大开放、兴国战略、民主法制、精神文明、和平外交、现代国防、祖国统一和党的建设10个方面集中展现党的十三届四中全会以来，特别是十五大以来以江泽民为核心的党中央领导全国各族人民，高举邓小平理论的伟大旗帜，按照"三个代表"的要求，弘扬与时俱进的精神，全面推进改革开放和社会主义现代化建设，全面推进新时期党的建设所取得的辉煌业绩。该片鼓舞了中国人民的爱国热情，同时也证明了中国正在进入一个政治、经济、文化全面高速发展的新时代。

《走进新时代》片头

2. 北京电视台：《十年》

《十年》是一部反映从十四大到十六大10年间中国改革开放取得的成就和百姓经济、生活变化的系列专题片。该片共14集，每集20分钟，集思想性、历史感和生活性于一体，是一部浓缩版的经济改革史和百姓生活的变化史。

3. 山西电视台：《黄河颂》

《黄河颂》包括"序篇""壶口·心脏""河与鼓""尾声"四个部分。作品以磅礴的气势、宏大的视野和浓郁的诗意，展现黄河的神韵和中华民族自强不息、永远向前的风貌。

4. 中央电视台：《古文明·新发现——埃及金字塔考古行动》

胡夫金字塔考古发掘进程在全球142个国家和地区进行了实况转播。中央电视台与美国国家地理频道达成协议，于2002年9月17日在中国进行独家转播。在考古过程中对高科技手段的运用，以及在直播过程中对近年来金字塔的最新考古成果的披露，开阔了人们的视野。这次直播无论在内容设计上还是在技术衔接上都十分成功，特别是直播本身就是一次很好的古文明知识的普及与提高。

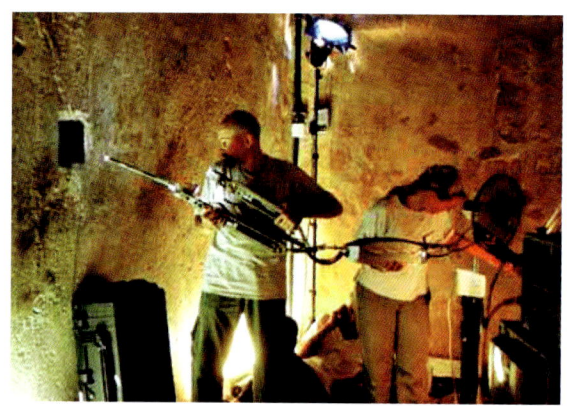

节目现场图片。由美国科学家研制的机器人代替人类进入胡夫金字塔进行探秘活动

（三）教育类

1. 中国教育电视台：《中国考生》

《中国考生》是考试辅导咨询类栏目，于2002年3月开播，以高考辅导为主线，兼顾成人高考、中考及各类考试内容。它包括"考试难点突破""考试咨询"等小版块。该栏目采取主题访谈的形式，每期设置一个主题。

2. 吉林电视台：《乡村四季》

《乡村四季》是一档以传播现代农业资讯、更新农民思想观念、倡导农业科学技术的栏目，旨在解答农民疑难、展示当代农民风采、帮助农民发家致富，于2002年8月6日开播，由"致富能手""边走边看""乡村信息""八面来风""农民信箱"等小版块组成。

2. 上海电视台：《经典重访》

《经典重访》由上海电视台纪实频道于2002年1月5日开播。该栏目每期播放一部国内外获奖的优秀纪录片，并邀请该片的编导或摄制组人员、片中人物亲临现场，就纪录片的创作过程、艺术探索、特殊体验等方面与现场观众对话。栏目不仅将众多国内知名纪录片编导、制作人请进演播室，还邀请美国、澳大利亚等国外大师级纪录片导演接受访谈。本栏目一时成为纪录片名作、名师的汇聚之地，也使上海在全国纪录片领域再次形成一块高地。

《经典重访》节目画面

（四）纪录片类

1. 上海电视台：《干妈》

纪录片《干妈》讲述一个民间艺术家的辛酸故事。62岁的王桂英是江苏徐州一个村子的农民，老人自7岁开始剪纸。她在国家级的展览中多次获奖，还被联合国授予"民间艺术美术家"称号，但老人过着贫困的生活，一家六口人靠着一亩多薄地勉强糊口。

编导在拍摄王桂英

3. 中央电视台：《中华文明》

《中华文明》是一部大型历史纪录片，共10集，每集46分钟，各集分别展现每个时代不同的人文主题。此片全部画面素材采用35毫米电影胶片拍摄，按照时间的纵向顺序，起始于五千年前的新石器时代，结束在鸦片战争之前，以考古依据、遗址和文物为有力佐证，真实、清晰地展示了中华民族文明演进的伟大历程，映射出炎黄子孙自强不息与厚德载物的民族精神。

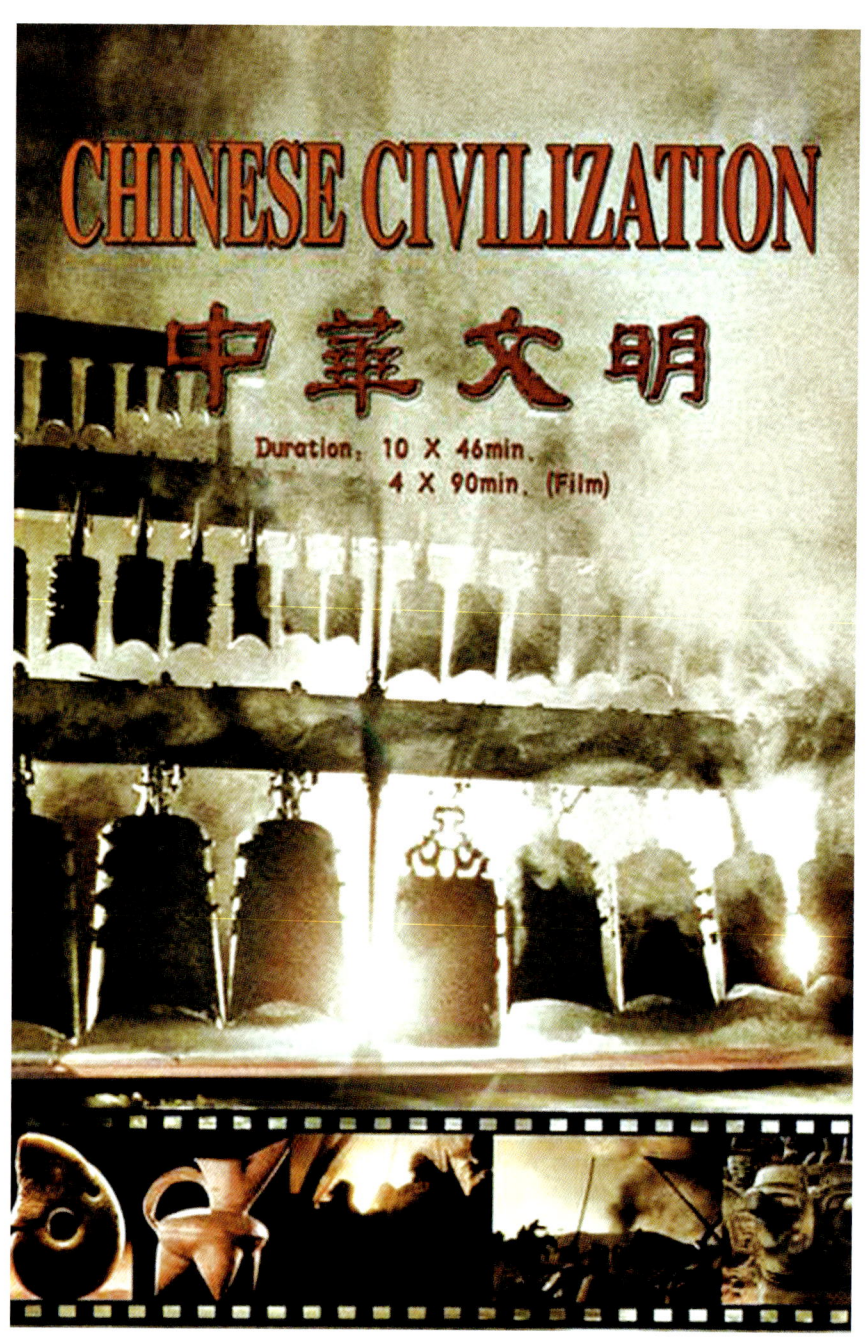

《中华文明》海报

（五）综艺类和艺术类

湖南经济电视台：《越策越开心》

《越策越开心》是湖南经济电视台2002年推出的一档娱乐性脱口秀栏目，是一档轻松诙谐的，集知识性、趣味性于一体的谈话栏目。栏目名称的"策"字取自长沙方言的谐音，意思接近于以善意和幽默的嘲讽来解说某人或某事。

《越策越开心》主持人

《越策越开心》节目标识

《越策越开心》早期片头

（六）电视剧类

1. 中央电视台等：《DA师》

《DA师》是一部当代军人题材的22集电视剧，由王志文、许晴等主演。该剧紧扣军事斗争准备这个话题，凸显南京战区的战略地位和"打头阵"的历史责任，努力聚焦、描摹、讴歌当代优秀军人为国防建设所付出的努力和展现的丰采，正面回答如何"打得赢"这一中国人民普遍关注的热门话题。

2. 上海文广新闻传媒集团等：《青衣》

《青衣》是一部20集电视剧，改编自毕飞宇的同名小说。该剧围绕着20世纪80年代当红京剧演员筱燕秋的戏梦人生展开。该剧由康洪雷、陈枰执导，徐帆、傅彪等主演。

《DA师》宣传海报

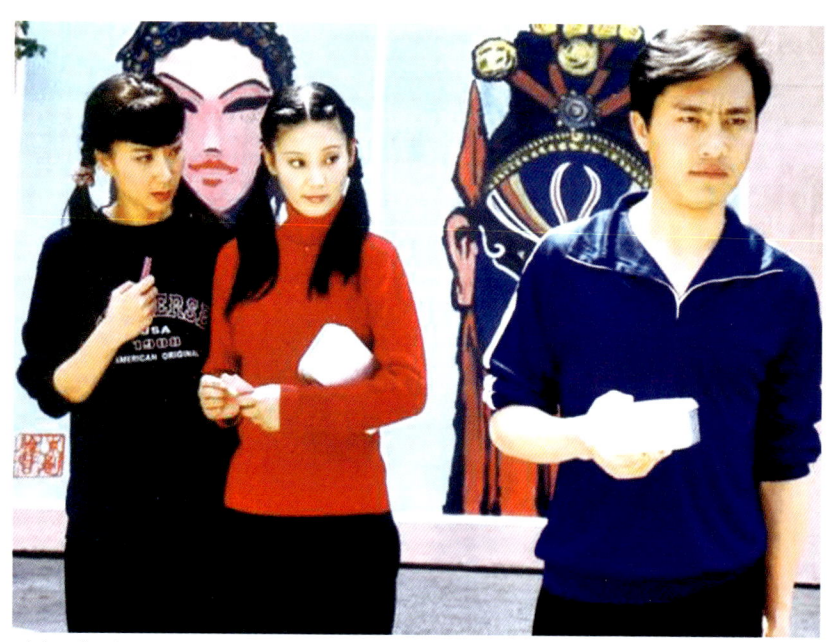

《青衣》剧照

四、电视评奖

(一)新闻类

1. 第十二届(2001年度)"中国新闻奖"

共有210件新闻作品获奖,其中,一等奖33件,二等奖69件,三等奖108件。获得一等奖的电视作品篇目如下:

◎电视消息:《7·13——申奥成功日万众欢腾时》,金鹏等,北京电视台

◎电视消息:《从后排到前排15米走了15年》,黄铮等,上海电视台

◎电视评论:《干部图政绩普九变儿戏》,王滨生等,黑龙江电视台

◎电视评论:《河道里建起商品楼》,法展等,中央电视台

◎电视专题:《南丹"7·17"事故初探》,万亿等,广西电视台

◎电视专题:《党的恩情永难忘》,孙晓青等,新疆电视台

◎电视系列:《海尔阔步走向世界》,任志杰等,中央电视台等

◎电视编排:2001年7月1日的《吉林新闻联播》,孙宝国等,吉林电视台

◎电视直播:《中国入世特别节目》,李挺等,中央电视台

2. 第五届(2002年度)"范长江新闻奖"

◎电视行业获奖者:

徐滔,北京电视台

马国力,中央电视台

陈小钢,黑龙江电视台

张以庆,湖北电视台

第五届(2002年度)"范长江新闻奖"获奖者合影

（二）文艺类

第22届（2001年度）全国电视剧"飞天奖"

本届共评出63个作品奖和11个单项奖。

◎长篇电视剧一等奖：《长征》，中央电视台影视部；《激情燃烧的岁月》，总政话剧团等

◎中篇电视剧一等奖：《生死之恋》，中央电视台影视部

◎优秀编剧：《长征》的编剧王朝柱

◎优秀导演：《长征》的导演金韬、唐国强

◎优秀男演员：《长征》中毛泽东的扮演者唐国强；《激情燃烧的岁月》中石光荣的扮演者孙海英

◎优秀女演员：《空镜子》中孙燕的扮演者陶虹；《永不放弃》中杜小青的扮演者江珊

◎少儿连续剧一等奖：《乘着歌声的翅膀》，中央电视台影视部等

◎戏曲连续剧一等奖：《契丹英后》，中央电视台影视部等

◎戏曲短篇电视剧一等奖：《大年三十》，中央电视台影视部等

◎优秀短剧奖：《天生我才必有用·新官上任》，中央电视台影视部等；《中华美德·牵手》，中央电视台影视部等；《咱老百姓·替身女婿》，北京电视台；《中华美德·车站》，中央电视台影视部等；《美丽梦工厂·今夜无人入睡》，重庆电视台电视节目制作有限公司；《今天是个好日子》，辽宁三星影视公司等

《长征》剧照

《激情燃烧的岁月》海报

《激情燃烧的岁月》剧照

《激情燃烧的岁月》中孙海英扮演石光荣

《空镜子》中陶虹扮演妹妹孙燕

《生死之恋》宣传海报

江珊（右）在《永不放弃》中扮演杜小青

五、电视史料

（一）江泽民同志指出要抓好西部广播电视覆盖工程（摘自新华社，2002年2月1日电）

江泽民指出，国家广电总局和全国广电系统的同志们，认真贯彻落实中央部署，在有关部门和地方党委、政府的支持下，周密部署，精心施工，克服种种困难，在西藏、新疆等边远地区成功实施了大规模的广播覆盖工程。经过一年多的努力，这些地方广播覆盖的局面发生了根本改变，实现了把党和国家的声音传入千家万户的目标。他代表党中央、国务院向全国广电系统的同志们表示亲切的问候和衷心的感谢。

江泽民指出，西藏、新疆等边远地区广播电视覆盖工程，是顺民心、得民心、暖民心、稳民心的工程，深受这些地区广大群众特别是少数民族群众的欢迎。这项工程的胜利实施，充分说明社会主义具有集中力量办大事的优势，也充分说明只要我们讲政治、抓落实，一切从人民的利益出发，我们的工作就能做出成绩，就能得到人民的拥护。

江泽民强调，在新的形势下，要高度重视广播影视工作，充分利用广播影视等现代传媒手段进行思想政治工作和宣传教育工作。要适应形势发展的要求，深化改革，积极创新，努力从思想内容、表现形式、宣传方法等方面增强广播影视的影响力，用更多更好的广播影视作品，凝聚人心，鼓舞干劲，促进改革开放和现代化建设。

（二）2002年中央电视台年度收视分析报告[①]

1. 观众投入时间排名前十位的国内新闻栏目

排名	套别	节目名称	人均投入时间(分钟)
1	中央电视台	新闻联播	2440
2	地方台	(转播中央电视台)新闻联播	612
3	中央电视台	新闻30分	440
4	中央电视台	体育新闻	192
5	中央电视台	现在播报	149
6	中央电视台	新闻早8点	144
7	中央电视台	晚间新闻	129
8	中央电视台	世界报道	110
9	地方台	STV新闻	108
10	中央电视台	背景新闻	99

2. 观众投入时间排名前十位的专题类节目

排名	套别	节目名称	人均投入时间(分钟)
1	中央电视台第一套	焦点访谈	636
2	中央电视台第一套	东方时空	421
3	中央电视台第一套	今日说法	244
4	中央电视台第一套	科技博览	201
5	中央电视台第三套	艺术人生	75
6	中央电视台第一套	实话实说	56
7	中央电视台第一套	夕阳红	52
8	地方台	法治进行时	47
9	中央电视台第一套	国际时讯	44
10	中央电视台第二套	经济半小时	41

[①] 观众调查[M]//赵化勇.中国中央电视台年鉴(2003).北京：中国广播电视出版社，2003：190-192.

3. 观众投入时间排名前十位的国内娱乐节目

排名	套别	节目名称	人均投入时间（分钟）
1	中央电视台第三套	同一首歌	256
2	中央电视台第二套	幸运52	98
3	中央电视台第二套	开心辞典	92
4	东方电视台新闻娱乐频道	财富大考场	70
5	河南电视台卫星频道（一套）	梨园春	64
6	中央电视台第三套	音画时尚	61
7	中央电视台第一套	综艺大观	56
8	湖南电视台卫星频道	快乐大本营	47
9	中央电视台第三套	神州大舞台	46
10	中央电视台第八套	影视同期声	43

4. 观众投入时间排名前十位的国内电视剧

排名	套别	节目名称	人均投入时间（分钟）
1	中央电视台首播	天下粮仓	168
2	中央电视台首播	刘老根	126
3	地方台	情深深雨濛濛	107
4	中央电视台首播	橘子红了	97
5	地方台	不要和陌生人说话	90
6	地方台	康熙王朝	85
7	地方台	铁齿铜牙纪晓岚	81
8	中央电视台首播	盖世太保枪口下的中国女人	75
9	中央电视台首播	省委书记	71
10	中央电视台首播	誓言无声	66

六、电视技术

（一）新闻共享系统率先在国内建成

新闻共享系统一期项目完成开发和设备安装，并已投入试运行。该系统为新闻业务部门提供了实现新闻素材共享和节目制作、播出的集成化技术平台。从组织约传、主控收录、一次编目到桌面编辑、实时播出全流程实现无磁带运转，这一系统的应用规模、设备功能、技术指标均属世界一流。

（二）总控系统数字化工程完成

总控系统数字化改造作为全面实现数字化的标志性工程，在2002年全面完成。新总控矩阵采用宽带理念，不仅标清信号可以运用，也可切换运行高清技术，在国内5年技术领先、10年安全运行。

（三）数字电视广播交互式试验平台搭建完毕

交互电视完成了不同交互电视系统共用同一视音频流的试验，成功地将两个系统集成在一起，为交互电视的普及和发展打下了基础。

（四）高清电视演播室建成

高清电视演播室在当时是国内第一个也是唯一一个，表明中央电视台从前期采录到后期制作、播出的台内全流程的高清电视节目制播系统已经建成，为进一步推进数字化电视的应用创造了条件。

中央电视台播出控制机房

七、电视人物

（一）张以庆

张以庆是湖北电视台纪录片独立制片人、高级记者。代表作有纪录片《舟舟的世界》《红地毯上的日记》《英和白》《幼儿园》等。

张以庆

（二）马国力

马国力历任中央电视台体育新闻组组长、体育部副主任、体育部主任、体育中心主任等职务。他于1989年首创《体育新闻》栏目；1990年在亚运会上首次建立演播室直播"包装"节目的模式并沿用至今；1991年创立中国第一个常规性体育栏目《体育大世界》；1992年在巴塞罗那奥运会上主持中央电视台第一个直播的谈话类节目《奥运沙龙》；1994年领导策划了广岛亚运会的报道，将全部制作中心首次设在海外，使中央电视台的体育报道进一步走向世界。

马国力

八、电视出版

（一）《政治、市场与电视制度》

该书由钱蔚主编，由河南人民出版社于2002年出版，共计180万字。该书通过对中国电视传媒制度变迁的起源、过程及动力机制进行实证考察，力图揭示当代中国政治变迁的内在逻辑及未来发展的可能途径。

（二）《青海广播电视报》

该报2002年改版为4开24版。报刊宗旨是传播广播电视文化，提供收听收视广播电视信息，促进休闲娱乐等。报刊内容突出浓郁的地方特色，立足青海，为读者提供全方位的文化服务。

《青海广播电视报》版面

（三）《视周刊》

《视周刊》由山东广播电视报社主办，创刊于2002年1月3日。《视周刊》主要目标为及时传递海内外最新娱乐信息，扫描透析影视创作及其社会文化现象，追踪报道屏前幕后独家新闻及逸闻趣事。

《视周刊》创刊号封面和封底

九、电视教育

（一）北京广播学院学科建设成效显著

2002年，北京广播学院成立了文学院、理学院、社科学院、广告学院、媒体管理学院、影视艺术学院等多个二级学院，形成了以文、工两大学科门类为主，文、工、管理、经、法、教多学科协调发展的学科体系，初步构建起具有鲜明信息传播特色的综合性教学科研型大学框架。2002年，新闻学、广播电视艺术学两个学科被批准为国家重点学科，传播学、语言学与应用语言学被批准为北京市重点学科。

（二）安徽广播影视职业技术学院成立

2002年7月26日，安徽省政府同意设置安徽广播影视职业技术学院。安徽广播影视职业技术学院系专科层次的高等职业学校。

安徽广播影视职业技术学院校园

2003年

一、大事记

1月1日,陕西电视台举行硬盘播出开播仪式。该系统的建成标志着陕西电视台向数字化进程迈出了重要一步。

1月31日,中央人民广播电台联合中央电视台、央视国际网站成功推出除夕大型直播节目《一年又一年·回家》。这是电台、电视台及网络首次在同一时间对同一主题和内容进行直播,开创了国内传媒跨媒体联动的先河。

3月1日,广州正式试播数字电视;天津电视台体育频道开播,该频道是天津电视台第一个专业化频道。

5月1日,中央电视台新闻频道开始试播,7月1日正式播出。该频道实行全天24小时播出,每逢整点有新闻,全天24档。它以最快的速度向观众提供第一手的国内、国际新闻资讯,实现滚动、递进、更新式报道。

中央电视台新闻频道主持人合影

天津电视台体育频道演播室

7月2日，全国第一个电视媒体流动舞台在吉林电视台投入使用。

7月10日，国内电视传媒行业第一家博士后工作站湖南电广传媒博士后科研工作站正式挂牌。

9月1日，中央电视台数字付费电视频道开始试播。试播的付费节目有中央电视台的足球、电视剧场、音乐时尚、京剧经典、城市体育等频道以及中影集团的家庭影院频道。同一天，北京地区有线数字电视开始试播。

11月1日，北京北广传媒数字电视公司的车迷、考试在线，辽宁电视台的游戏竞技，江苏电视台的靓妆，天津电视台的天视家居和山东电视台的收藏天下等付费电视频道正式试播。

12月28日，中央电视台少儿频道正式开播，每天播出18小时。至此，中央电视台已有14套开播的电视节目。

12月28日清晨6点，中央电视台少儿频道开播。青少节目中心主任余培侠在开播仪式上

中央电视台数字频道台标

中央电视台少儿频道部分主持人合影

10月21日，青岛有线数字电视全面启动，在全国率先由模拟技术向数字技术整体转换。

中央电视台少儿频道动员大会

中央电视台少儿频道目标受众座谈会现场

中央电视台少儿节目主持人"金龟子"(左)

12月31日,甘肃电视台文化、经济、卫星3个频道全数字网络化硬盘播出系统投入运行。系统内部全部采用数字视频并连通了大楼所有的演播室。

2003年,江西、深圳、广州、重庆、湖南、吉林、北京等各地的数字电视相继正式开播。12月22日,全国广播影视工作会议在长沙召开,确定2004年为"数字发展年"和"产业发展年"。

二、政策法规

1月7日,国家广播电影电视总局发布《互联网等信息网络传播视听节目管理办法》。

1月22日,国家广播电影电视总局发布《广播电视设备器材入网认定管理办法》。

9月15日,国家广播电影电视总局发布《广播电视广告播放管理暂行办法》。

11月14日,国家广播电影电视总局发布《广播电视有线数字付费频道业务管理暂行办法(试行)》。

12月4日,国家广播电影电视总局发布《境外卫星电视频道落地管理办法》。

三、电视栏目和节目

（一）新闻类

1.中央电视台："首次载人航天飞行"直播

2003年10月15日，中国首次载人航天飞行——"神舟五号"的发射取得圆满成功。中央电视台全程直播。直播以"神舟五号"载人飞船发射升空的动态为主线，以相关重要新闻的记者专访、主持人的双视窗连线等为支撑，将飞船运行的最新进展，通过与在前方发射现场记者的连线报道、飞字幕、口播录像、新闻精彩回放、手机互动短信、答疑、字幕、标版等形式在第一时间向全球传播，时效性强，发稿密度大。同时，直播还充分运用驻外记者站的力量，通过连线报道采访全球的宇航员、航天机构，并将美国宇航局、俄罗斯太空站的祝贺以及我国香港、台湾等地区的反应性报道以最快的速度播出。

中央电视台记者对航天员进行跟踪拍摄

中央电视台节目演播现场

首次载人航天飞行直播工作场景

航天员在中央电视台演播现场

时任中央电视台赵化勇欢迎杨利伟到中央电视台接受采访

中央电视台采访部进行了精密的统筹安排

2. 黑龙江电视台：《点击7日》

《点击7日》是一档新闻综合类栏目。该栏目立足于一周以来国内外最重要的新闻回顾，也侧重文化、影视、娱乐方面的消息。每期节目会将一周来的新闻事件进行归纳、浓缩、总结。口播加手语的两位主持人用娓娓道来的语言和实时的手语方式，像观众的老朋友一样为大家讲述过去7天里在我们视野之中以及视野之外的世界发生过的新鲜事，以不同于其他新闻节目的播讲方式向观众传递新闻信息，并服务残疾观众。

《点击7日》节目画面

3. 江苏电视台：《1860新闻眼》

《1860新闻眼》是一档面向普通市民的大型综合性新闻栏目，时长1小时，主要由"现场直击""民情直通""法眼无边"三大版块构成。

《1860新闻眼》节目画面

4. 安徽电视台：《第一时间》

《第一时间》是安徽电视台经济生活频道的一档新闻类节目，开办于2003年7月1日。节目以"三贴近"为原则，关注民生，提供新闻资讯服务。

（二）专题类和杂志类

1. 中央电视台：《2003，站在第三极》

中央电视台大型综合直播节目《2003，站在第三极》从2003年5月11日至21日前后11天里，每天上午10时至12时在第一套、第五套和新闻频道并机播出，当晚在是第十套重播，对中国登山队纪念人类成功登顶珠峰50周年的登顶珠穆朗玛峰活动进行连续直播报道。历时11天的《2003，站在第三极》直播节目，共计并机直播26个小时，节目前方报道组分别在海拔5 200米珠峰大本营、6 500米前进营地和7 028米北坳营地设立了微波信号转播点，与北京的中央电视台演播室合成为版块式播出，并与央视网站观众互动。

这次声势浩大的电视直播节目创下了人类电视转播史上的多项纪录：登山直播最长（11天）、最高海拔直播（8 848米）、最高海拔位置架设微波站和光缆线路等。

节目报道组工作人员在珠峰拍摄

节目组工作人员现场架设和调试转播设备。从2003年2月底开始,报道组工作人员对需要到珠峰高海拔环境下使用的摄像设备、电池、微波转发设备等,都预先进行了低压氧舱测试,模拟了低温、低气压环境工作情况进行实战演练

参加高山报道的工作人员

直播节目的前方报道组

前方报道组工作照

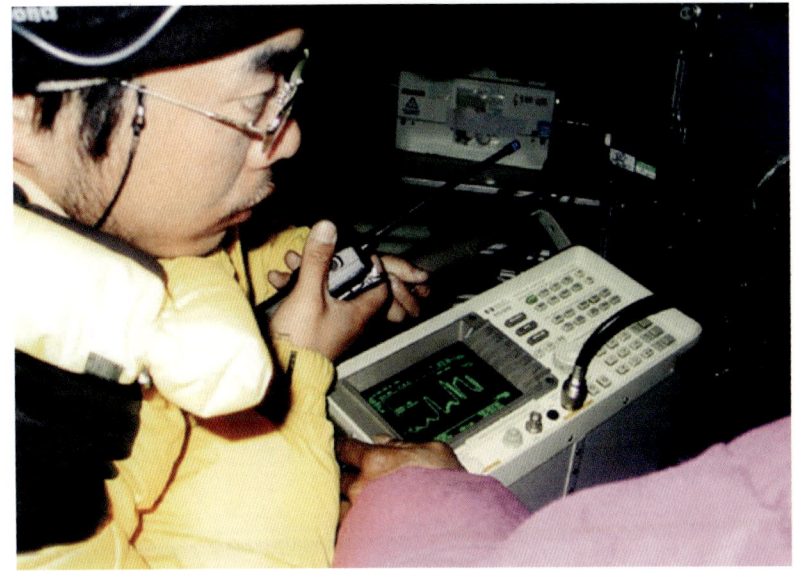
前方报道组工作照

直播节目在央视国际网站浏览量达400多万人次

中央电视台主办的《中国电视报》的红旗飘扬在珠峰

2. 中央电视台：《非常时刻》

电视片《非常时刻》真实反映了"非典"时期的北京，2003年11月17日起在中央电视台《见证·影像志》栏目播出。该片由《地坛医院60天》《头二三条居委会》《非典应急小分队》三部纪录片组成。

第一部《地坛医院60天》以发生在"非典"定点医院——北京地坛医院的故事为内容。记者张洪峰和张海强自4月24日进驻地坛医院，6月24日撤离，共封闭拍摄了整整两个月。

第二部《头二三条居委会》讲述了一个普通的北京居委会在"非典"时期的故事。

第三部《非典应急小分队》描述的是身着防护服的警察，介入"非典"紧急事件处理的故事。

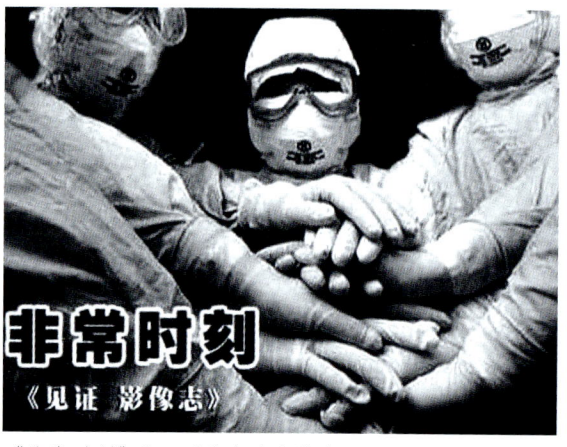

《非常时刻》见证了北京这个城市60天生与死的搏斗

《头二三条居委会》呈现了一个普通的北京居委会在"非典"时期的非常经历

《非典应急小分队》以"非典"病房里的警察为描述对象

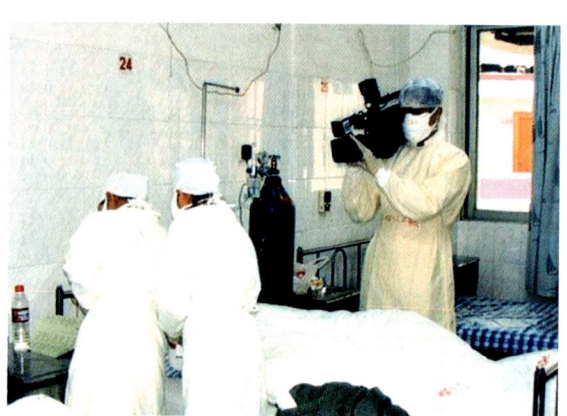

央视记者在"非典"一线采访

3. 湖南电视台:《背后的故事》

《背后的故事》是湖南电视台卫星频道于2003年4月推出的一档故事型情感栏目，每周日播出，时长50分钟。每期节目讲述一个人们熟悉的人物或事件背后的故事，具有新闻调查和深度谈话的特点。

（三）教育类

1. 中国教育电视台:《伴随成长》

该栏目旨在让父母从容应对宝宝成长中出现的问题。该栏目自2003年1月开播，每天播出，按星期一版（0—1岁篇）、星期二版（1—2岁篇）、星期三版（2—3岁篇）、星期四版（3—4岁篇）、星期五版（4—5岁篇）、星期六版（5—6岁篇）、星期日版（孕妇篇）的顺序播出，力求抓住不同年龄段儿童最显著的特点，让不同家庭的孩子及父母都有所收获。

《背后的故事》节目画面

《伴随成长》宣传画

2. 贵州电视台:《光影再现》

《光影再现》是一档大众化的专业摄影摄像栏目,宗旨为"凝固精彩瞬间、记录寻常生活",于2003年7月5日在贵州卫视正式推出。栏目由"技术技法""器材报告""光影纪事""光影点评"四个版块构成。

《光影再线》片头

(四)纪录片类

1. 中央电视台:《达巴在歌唱》

该纪录片讲述的是生活在泸沽湖的摩梭人在现代文明的包围中如何生存以及其生活中的种种矛盾。"达巴"是摩梭人祭司的职务名称,负责将祖传的《达巴经》通过传男不传女的习俗代代相传下去。对于没有文字的摩梭人而言,这项工作是神圣而又繁重的。老达巴今年已经70多岁,可是儿子在外打工,不愿回来继承此项工作,矛盾由此展开。

该片坚持用历史的眼光对照现代社会,站在文明进步的高度来看摩梭人,而不像以往很多片子从猎奇的角度来关注异域风情。

2. 四川电视台:《抉择》

《抉择》获得2003年第7届四川电视节之"最佳短纪录片奖"。评委认为该片"一波三折的恋情,独辟蹊径的视角,将一对普通城市年轻恋人的情感生活投射到了当代文化的天幕之上,重新定位了人们的审美情趣以及当代青年题材的意义"。

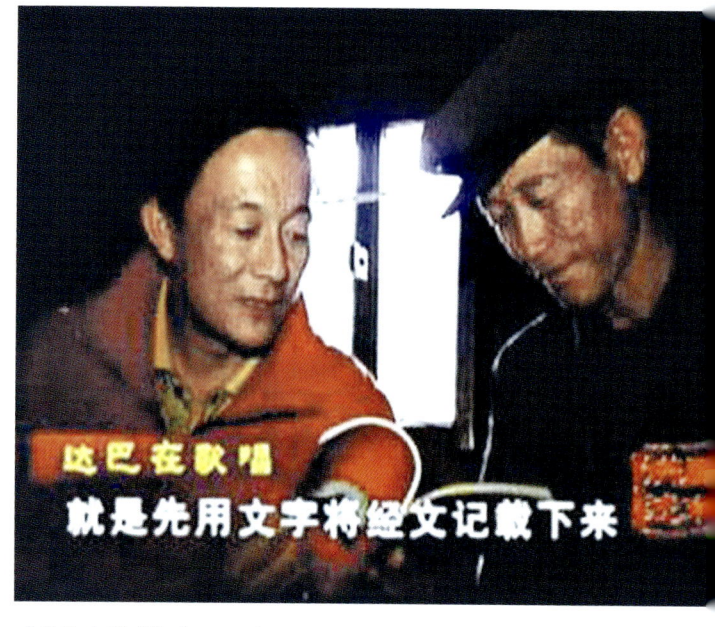

《达巴在歌唱》节目画面

3. 云南电视台:《落幕》

该片记录了云南省腾冲县固东镇刘家寨一个以刘永周老人为首的最后一个皮影戏班的故事。皮影戏这种古老的艺术现在孤独地留在这班老艺人手中,无传人、无资金、无观众,而老艺人也不愿与现代的商业化运作合流。该片呼吁社会重视没落的文化。

(五)综艺类和艺术类

1. 浙江电视台:《四季西湖》

电视散文《四季西湖》不仅用最敏锐的眼光捕捉到西湖美不胜收的画面,而且将西湖悠久的历史长卷打开,透露出浓厚的历史人文气息。

2. 江苏电视台:《娱人码头》

《娱人码头》是江苏电视台于2003年7月推出的一档青春爆笑短剧栏目。栏目内容取材于年轻人生活中的点滴趣事,风格时尚前卫,演员表演夸张搞笑。每期节目轻松活泼,是情景剧的又一创新形式。

《落幕》拍摄现场

《娱人码头》节目画面

（六）电视剧类

1. 山东电影电视剧制作中心：《大染坊》

该剧由山东电影电视剧制作中心出品，讲述了清末民初山东周村一个名叫陈寿亭的讨饭少年的故事。陈寿亭胸怀大志，被染坊周掌柜收为义子后苦学染布手艺，十年苦心经营与人共同创办大华染厂并踏上了工业印染之路，终使大华染厂发展成青岛第二大印染厂。《大染坊》由王文杰导演，陈杰编剧，侯勇、孙俪等人主演。

《大染坊》宣传海报

2. 天津电视台电视剧制作中心:《结婚十年》

《结婚十年》讲述了一对都市男女婚后十年所发生的情感困惑及其在摔打磨砺中逐渐成长的故事。该剧由高希希导演,陈建斌、徐帆等主演。

《结婚十年》剧照

《结婚十年》宣传海报

四、电视评奖

（一）新闻类

第十三届（2002年度）"中国新闻奖"

本届共有248件新闻作品获奖，其中，特别奖1件，一等奖33件，二等奖85件，三等奖129件。获得一等奖的电视作品篇目如下：

◎电视消息：《大杨扬为中国夺得首枚冬奥会金牌》，张伟等，中央电视台；《温副总理带灾区孩子上课》，黄寿先等，陕西电视台

◎电视直播：《三峡工程导流明渠截流特别报道》，集体，中央电视台

◎电视编排：2002年2月17日的《新闻联播》，集体，黑龙江电视台

◎电视系列：《一个活在人民心中的共产党人——记湖南省委原副书记郑培民》，肖振生等，湖南电视台

◎电视评论：《冲破贸易壁垒，浙江别无选择》，王水明等，浙江广电集团电视新闻综合频道等

◎电视专题：《"百姓书记"梁雨润》，朱海虎等，山西电视台；《热血铸警魂——人民的好警察赵新民》，候朴等，新疆电视台

（二）文艺类

1. 第二十三届（2002年度）全国电视剧"飞天奖"

本届共有电视剧176部、1975集参评，其中有69部（747集）作品获奖。

◎长篇电视剧一等奖：《誓言无声》，中央电视台影视部等；《省委书记》，中国电视剧制作中心

◎中篇电视剧一等奖：《远山远水》，中央电视台影视部等

◎短篇电视剧一等奖：《军中最后一个马帮》，中国电视剧制作中心等

◎少儿连续剧一等奖：《五彩戏娃》，中央电视台影视部等

◎少儿短篇电视剧一等奖：《轻松一点》，中国电视剧制作中心等

◎戏曲连续剧一等奖：《小白玉霜》，中央电视台影视部等；《潘张玉良》，中国电视剧制作中心等

◎优秀短剧奖：《老娘舅和儿孙们之"健身男女"》，上海东方电视台；《身边的故事之"节水龙头"》，首都精神文明建设委员会等；《为民医院之"铁牛乡长"》，重庆电视台等；《炊事班的故事》，中央电视台影视部等

◎优秀编剧：《誓言无声》的编剧钱滨、易丹

◎优秀导演：《希望的田野》的导演孙沙

◎优秀男演员：《希望的田野》中徐大地的扮演者程煜；《神医喜来乐》中喜来乐的扮演者李保田

◎优秀女演员：《青衣》中筱燕秋的扮演者徐帆；《誓言无声》中蓝美琴的扮演者王海燕

《大杨扬为中国夺得首枚冬奥会金牌》报道画面

《誓言无声》剧照

《省委书记》剧照

《远山远水》剧照

《军中最后一个马帮》剧照

《神医喜来乐》中喜来乐的扮演者李保田

《神医喜来乐》剧照

《希望的田野》片头

《希望的田野》海报

《希望的田野》剧照

《希望的田野》中徐大地的扮演者程煜

《潘张玉良》首映式暨研讨会现场

《潘张玉良》剧照

2. 第六届（2003年）"金话筒奖"

◎特殊荣誉奖：

倪萍，中央电视台

◎电视播音员主持人金奖：

王志、朱军、张越、王小丫、刘建宏，中央电视台

周晓丽，河北电视台

韩立新，吉林市电视台

肖东坡，山东电视台

霍小语，淄博电视台

张齐，云南电视台

王志

霍小语

五、电视史料

(一)"网络发展年"工作综述(节选)[①]

截至2003年年底,我国已基本建成了有线、无线、卫星多技术、多层次混合覆盖的全国广播电视网。广播电视人口综合覆盖率已分别达到93.34%和94.61%,其中有线电视网已近400万公里,有线电视用户达1.05亿。

从广播影视节目的生产制作量、整体技术水平和规模以及实际覆盖人口来看,我国已经成为广播影视大国。同时与广播影视事业发展相伴随,广播影视的产业经营也进行了积极的探索,取得显著成效。1982年全国广电系统总收入9.83亿元,基本属于财政拨款;到了2002年,全国广电系统总收入已达514亿元,其中广告收入超过280亿元,财政拨款75.84亿元,财政拨款仅占总收入的14.75%;2003年我国广电系统总体收入达到了560亿元。

广播影视已经从主要依靠财政拨款转为以经营创收为主、财政拨款为辅,广播影视的产业功能和良好的开发前景正日益显露出来。

(二)央视直播珠峰登顶是怎样实现的[②]

为纪念人类成功登上珠穆朗玛峰50周年,中国登山协会再次组织登山队向地球的第三极发起挑战。中央电视台在中国珠峰登山队登山的同时对该活动进行了全程现场直播,从2003年5月11日到5月21日,连续11天的珠峰全程直播工作取得了圆满成功,在中国电视发展史上翻开了崭新的一页。

珠峰全程直播是按照登山活动的进程,将珠峰北侧攀登路线上的几个关键点:5 200米珠峰大本营、6 500米前进营地、7 028米北坳冰壁、7 790米大风口、8 300米突击营地、8 600米第二台阶(中国梯)和8 848米顶峰依次展现在电视观众面前。每天直播2小时,最后一天长达6小时,进行了连续11天的直播。珠峰全程直播是在登山计划不断调整、节目方案不断变化的情况下完成的。

为了保障直播信号畅通,技术部门在5 200米大本营建立了固定的前方转播中心,在6 500米前进营地建立了转播中继基地,在7 790米以下用移动微波将信号经7 028米北坳营地传送到6 500米前进营地,8 300米突击营地以上和顶峰信号用移动微波直传5 200米大本营,经5 200米大本营前方转播中心制作合成后再传送到北京演播室。为使节目连贯顺畅,在5 200米大本营和6 500米前进营地建立了相应的通信系统。

1. 5 200米大本营前方转播中心

在5 200米的珠穆朗玛峰登山大本营建立前方电视转播中心,电视直播中心系统包括EFP系统、微波接收系统、音频系统、卫星上下行系统、通信系统、供电系统。

EFP系统是前方转播中心的核心,它由4台摄像机(包括70倍望远拍摄像机)和4路外来信号(两路接收顶峰信号,一路接收6 500米前进营地卫星信号,一路大本营移动摄像机微波信号)组成,配有录像机和编辑机。其中两台摄像机对准主持人和现场嘉宾;一台提供大本营全景信号;70倍摄像机随时拍摄攀登顶峰的登山队员。

微波接收系统是接收来自珠峰峰顶的移动微波信号的,并将信号送到EFP系统,按原设计,它是接收珠峰峰顶信号的备份通路。

---

① 2003网络发展年[M]//中国广播电视年鉴编辑部.中国广播电视年鉴(2004).北京:中国广播电视年鉴社,2004:35.
② 专辑[M]//赵化勇.中国中央电视台年鉴(2004).北京:中国广播电视出版社,2004.

在5月20日的直播过程中，通过大本营的70倍摄像机发现珠峰峰顶信号是传送不到7 028米北坳营地微波接收系统的，故在5月21日直播登顶时，果断采取了将顶峰信号直传大本营微波接收系统的办法，保证了登顶信号回传的成功。

音频系统是5 200米大本营前方转播中心的重要环节。音频系统负责处理主持人、嘉宾、大本营、来自6 500米前进营地卫星站和来自顶峰的声音信号，并将合成后的声音信号通过卫星传送到北京演播室。同时，将北京演播室的节目声和大本营的节目声，通过通信系统传送到大本营及登山沿途中并直至顶峰，使得在大本营现场的主持人、嘉宾以及登山队员能够清晰地监听到节目声，以便随时参与节目制作。

大本营的卫星地面站在向北京传送信号的同时可以接收来自6 500米前进营地的信号。由于长时间在高原工作，两台高功放先后都出现了问题，无法使用，只好启用备份高功放才保障了信号的传送。

为保证节目的顺利进行，我们在大本营建立了相应通信系统，它是由一套VSAT卫星站和能使大本营与6 500米前进营地、7 028米北坳营地及登山全程进行联系沟通的无线对讲系统构成，对讲机声音作为节目声进入调音台。VSAT卫星站建立了大本营和北京之间的联络，提供6部电话和64k网络。电话为中央电视台台内小号，64k网络直接接进中央电视台局域网，为中央电视台网站和《中国电视报》传送稿件。6部电话中有4部是普通电话机，另两部是电话耦合器，可以拨通北京总演播室电话耦合器，用来传送通话和节目返送声。

无线对讲指挥系统是5 200米大本营前方转播中心的关键环节，同时也是登山队员通讯的唯一手段。它主要由两套机站台构成，一套设在5 200米大本营，而另一套设在6 500米的前进营地，通过6 500米前进营地通讯机站再次转换覆盖整个登山路线。

节目返送声系统是保障节目直播的重要手段，在大本营有一套发送节目返送声加导演声音设备，它可以覆盖整个珠峰大本营，另一套架设在大本营通讯机站，它将节目返送声加导演声音发送到6 500米前进营地，通过前进营地通讯机站再次转换覆盖整个登山路线，通过变换对讲机的频道可以完成通话和监听节目返送两项功能。

为了监听、监看播出信号，我们架设了一套"村村通"（DTH）接收机系统，另外，利用"村村通"的广播通道联通北京演播室和大本营，作为VSAT卫星站的备份系统。5月1日中央电视台新闻频道开播，大本营和北京演播室直播连线。但开播前，VSAT卫星站发生故障，北京演播室的声音则通过"村村通"的广播通道传回大本营，保障了节目的正常进行。

一部120千瓦发电车向大本营提供设备和生活用电，再由两部5 000瓦发电机作为备份保证。

2. 6 500米前进营地转播中继基地

此次大型直播节目的技术核心点，就是设置在海拔6 500米前进营地的卫星地面站。然而，在如此高海拔地区实施电视信号的传送，此前没有先例，无论是电视传送设备还是工程技术人员都面临着一次前所未有的严峻挑战。

6 500米前进营地的地理位置非常重要,它位于章子峰南山脚与珠峰北侧之间。从5 200米大本营出发,经过蜿蜒曲折的东绒布冰川,至少需要走两天的路程才能到达6 500米前进营地。在6 500米前进营地可以清楚地看到约高300米左右的北坳陡峭冰壁。从7 028米北坳营地向南,就进入珠峰的主山体了,从7 028米北坳营地可以清楚地看到8 300米以下的登山路线。而7 543米的章子峰像一道天然屏障屹立在珠峰的北侧,挡在珠峰主山体和5 200米大本营之间。在珠峰5 200米大本营根本无法看到6 500米前进营地,只能看到8 100米以上的登山路线。这对在8 100米以下的登山线路上,用微波将电视信号传回到大本营造成巨大障碍。另外,在登山时,6 500米前进营地又是各国登山队的集散地。它的主要作用是储存、集散高山用的登山物资,也是登山队员调整状态、等待登顶时机的前沿阵地,更是各国登山队之间信息汇总、协调行动的指挥中心。6 500米前进营地在地理位置上起着举足轻重的作用,向下可以兼顾接收6 000米、6 300米线路上的信号,向上可以相对容易地接收从7 028米中继下来的电视信号。6 500米这个高度对于从没有登山经历的电视台工作人员来说,还是能够坚持的。6 500米前进营地又是牦牛运输队可以到达的最高营地,这就为运输电视设备提供了强有力的保障。为了珠峰全程直播,我们经过反复科学论证和比较分析,确定在6 500米前进营地建立卫星地面站为最佳方案,为了实施此方案,必须将6 500米前进营地的直播信号传送到5 200米大本营前方直播中心。这是通过电视反映中国登山队攀登过程的唯一传输枢纽。如果这个技术方案不能顺利实施,那整个电视直播将大打折扣,因此其重要性不言自明。

6 500米前进营地建立转播中继基地,所需系统及设备包括:ENG单机、移动拍摄系统、移动微波接收系统、备份微波接收机、微型16选2开关、四路小型调音台3个、光缆接收系统、卫星上下行站、通讯基站台、供电发电机。

ENG单机负责拍摄6 500米前进营地登山队和队员的各种活动,将登山队员攀登北坳冰壁的英姿,作为一路信号传送给大本营。

6 500米前进营地的移动拍摄系统是这次珠峰直播的一个亮点,登山队员从6 300米到达6 500米前进营地、6 500米各国登山队营地及攀登北坳冰壁都是由移动拍摄系统拍摄完成的,信号通过移动微波接收系统传送给大本营。

在6 500米前进营地架设Mini卫星上下行站是世界电视史上的首创。它是否能正常工作是这次直播的关键所在,它的作用是将信号传送到大本营,同时接收大本营传回北京演播室的信号。海拔高、气压低、气温低是6 500米前进营地卫星站工作的最大障碍,尤其是低气压对高功放影响最为明显,普通高功放在如此高海拔地区根本无法正常工作,因此技术部门专门定制了能在高海拔地区正常工作的高功放,确保6 500米前进营地卫星站的正常运行。11天的连续直播不仅对设备也是对技术人员的最大考验,技术人员克服了高山反应、环境恶劣等重重困难,保证了11天的连续直播。

保障6 500米前进营地的供电是非常艰难的,电视转播设备的供电是必须解决的问题,否则一切无从谈起,而且由于地处高原,发电机的输出功率只有平原的50%左右。技术部门采用了新型变频发电机、太阳能电池板,并定制了可在摄氏零下40摄氏度下工作的电池来解决这些问题。这些设备通过了低温冷冻实验室、低压氧舱的严格检验，证明能保证正常供电，为珠峰正常工作打下了坚实的基础。

3. 顶峰信号

登顶信号拍摄传送由两套DVCAM摄像机和Z4微波构成，并相应配有防风话筒。珠峰峰顶距大本营的直线距离约20公里，为了能将顶峰信号传回大本营，技术人员在北京做了Z4微波传输试验，通过试验发现Z4微波传输距离在28公里左右，但是能否在珠峰峰顶传送仍然没有把握，况且珠峰峰顶温度在摄氏零下30摄氏度，这给DVCAM和Z4微波的电池造成很大麻烦，为此我们定制了专门耐低温的高山电池和设备保温套。当鲜艳的五星红旗在珠峰峰顶飘扬的画面展现在大本营的监视器上时，当顶峰的画面持续传送了1个多小时，我们内心的喜悦之情难以言表，因为那种喜悦是只有身临其境者才能感受到的，因为信号的传输成功寄托着技术人员的全部追求。

第一次人类用11天时间全程直播攀登珠峰；

第一次在6 500米前进营地架设卫星地面站；

第一次从第二台阶传送出直播信号；

第一次从珠峰峰顶连续直播1小时信号；

第一次架设无线对讲系统覆盖整个攀登路线。

中央电视台这一次完成攀登珠峰直播标志着中央电视台的技术水平达到世界一流水平。我们本着一种科学务实的态度、团结向上的精神、克服困难的勇气，挑战自我，挑战极限，实现了不断攀登新的高峰的梦想，出色地完成了直播任务，创造了世界电视史上的奇迹。

（三）央视记者目击航天英雄出征[①]

我们中央电视台第二批赴酒泉采访组一行15人于2003年10月11日抵达酒泉，这也是80多名国内媒体记者前往酒泉卫星发射中心采访"神舟"五号载人飞船发射的最后一批记者。

走进5.1平方公里的东风航天城，已是中午时分，临近发射前的紧张气氛十分强烈，平时行人不多的大街上多了许多陌生的面孔，所有宾馆、招待所爆满。来自国内各大媒体的80多名记者被安排在一个小招待所里，条件虽然简陋，但记者们无暇顾及，放下行李马上准备采访计划，新闻大战即将拉开序幕。我们中央电视台可谓是阵容强大，人数最多，设备最重，工种最杂，涉及面最广，协调最难。

首发梯队3位航天员与记者的见面会，是我们面临的第一项任务，由于3位航天员是第一次亮相，所以吸引了所有记者的目光，大家都在打听、猜测谁将是首发梯队航天员的人选。为了全场记录见面会的情况，我们提前两个多小时来到会场，只见一扇半圆形的玻璃墙将会场分为两半，工作人员告诉我们，航天员上天前的身体状况非常重要，不能有任何病毒侵入，否则，一旦航天员上天后所携带的病毒产生变异，后果将不堪设想。工作人员还告诉我们，如果航天员穿宇航服与我们见面，是不能站着回答问题的，希望我们谅解。因为受宇航服设计所限，航天员不能站直，要么腿部弯曲，要么腰部向前倾斜，所以只有穿着训练服与记者见面。当3名航天员身着蓝色作训服出现时，记者们激动不已，毕竟我们是利用工作之便第一批见到航天英雄的人。当3位航天员要离开会场时，我利用自己担负游动机位拍摄任务的便利，第一个冲到他们跟前，隔着玻

[①] 专辑[M]//赵化勇.中国中央电视台年鉴(2004).北京：中国广播电视出版社，2004.

璃拍下了首发梯队3位航天员第一次一起挥手致意的镜头。

10月15日凌晨5点30分，我国首次载人航天飞行航天员出征仪式在航天员公寓问天阁的广场举行，这是我们到酒泉后执行的第二次任务。为了记录下这一历史时刻，前方报道组制定了周密计划。我们在问天阁广场架设了4台单机，发射塔下航天员上飞船的防爆电梯口安排了1台单机，并对每名摄像拍摄的主体、内容、景别等都作了具体规定，要求大家在完成规定动作的基础上，尽可能发挥主观能动性，不要漏掉任何镜头，不要留下任何遗憾。为了确保现场秩序，组织者将几十名记者拦在记者席上不得随意走动，几经协调，我这台单机破例被安排在记者席对面欢送群众中拍摄出征仪式带国旗的全景，但前提是不能随意移动机位。就在我拍摄记者张正梅出镜时，突然从寻像器里看到首飞航天员杨利伟在两位同伴的陪同下已走出航天员专用通道，我来不及和背朝着通道的张正梅说明情况，拔掉话筒连接线，迅速进入拍摄地点。这时，杨利伟已开始向载人航天飞行工程总指挥李继耐报告，情急之下，我来不及将摄像机上架，肩扛拍下了报告的全景画面。随后我马上意识到，杨利伟上车前可能要和群众告别，而那个位置又没有安排摄像机，拍不到这个镜头，就会让历史的瞬间从自己身边划过。我马上扛起摄像机跑步跟上杨利伟，不间断地记录了他向群众挥手告别和上车的全过程，并及时拍下了各族人民群众满怀激情欢送杨利伟的热切场景。

就在我们"激战"出征仪式的同时，其他几位记者王亚林、李东江等已在发射场对面几十米高的厂房顶上等候了两个小时，他们的任务是拍摄火箭升空的镜头。10月的西北戈壁滩，温度已降到摄氏零下10摄氏度左右，无处躲藏的厂房楼顶更是寒风刺骨。5个小时后，当两位记者拍摄完火箭升空的镜头时，手脚已冻得失去知觉。

随着火箭升空，发射现场的大地在颤抖，我们的心情也激动起来，大家情不自禁地欢呼、跳跃，目送"神舟"五号逐渐远去。有人提醒赶快去发稿，我们9点20分赶到了卫星上行站，早已等候在那里的导演何昊迅速将1分40秒的火箭升空画面插入放像机。随着台里直播导演的指令，9点28分，中央电视台在第一时间播出了"我国首次载人飞船发射成功"的消息，世界为之瞩目。

六、电视技术

（一）北京地面移动电视试验

2003年，北京广播影视集团所属北广传媒移动电视有限公司承办的北京地面移动数字电视进入试验阶段，并取得成功。

（二）中央电视台数字电视付费频道播出系统

数字电视付费频道播出系统实现了控制上的网络化，真正意义上共享了设备，具有灵活的系统结构，保证整个系统的可操作性。整个系统分为硬盘服务器系统、视频系统、控制系统、同步系统、时钟系统等。

中央电视台控制播出机房

中央电视台转播车

2003年10月,中央电视台在北京市丰台区长辛店转播"现代五项锦标赛"。现场报道组把这次转播活动的现场视作2004年奥运会的高强度演练现场

七、电视人物

（一）柴静

曾任中央电视台《东方时空》《新闻调查》《看见》的主持人、出镜记者。在"非典"期间，她曾成功报道"非典"，因《北京"非典"阻击战》等专题节目，成为著名的"'非典'前线"女记者。

柴静在采访

（二）尤勇

尤勇是影视演员，主演《大法官》等众多电视剧，在电视荧幕上多扮演正气凛然的警察、军人等。

尤勇剧照

八、电视出版

（一）《中国广播电视通史》

《中国广播电视通史》由北京广播学院赵玉明教授主编，北京广播学院出版社出版。它是我国第一部通史式的广播电视史专著，全书约62万字。从1923年中国境内出现第一座广播电台到2000年，该书对20世纪我国广播电视事业从无到有、从小到大近80年的历程首次作了全景式的描述和评析。

（二）《中国广播影视报》

《中国广播影视报》于2003年1月8日由《中国广播报》改版而来，每周两刊，周二出版《中国广播影视报·产业周刊》，周五出版《中国广播影视报·明星周刊》。

《中国广播影视报》创刊号

《中国广播影视报·明星周刊》版面

（三）《中国电视收视年鉴》

CSM媒介研究从2003年起每年编一部《中国电视收视年鉴》，内容包括综述、专题研究、收视数据和附录四部分。

九、电视教育

北京广播学院获准设立博士后流动站

2003年10月，北京广播学院获准设立博士后科研流动站，成为办学层次最为齐全的传媒类大学。

《中国电视收视年鉴（2003）》封面

2004年

一、大事记

1月18日,南方广播影视传媒集团正式成立。该集团是广东省委宣传部领导下的事业性集团。

3月29日,中央电视台第15个频道——音乐频道正式开播。

3月,国家广电总局在青岛举办全国数字电视试点工作现场会,大力推广青岛的数字电视整体转换经验,即所谓的"青岛模式"。

5月31日,央视网络电视正式开播。此举标志着央视正式大规模进军网络媒体业务。

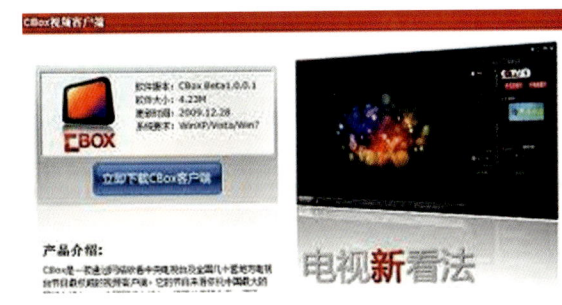

央视网络电视客户端下载页面

青岛数字电视宣传现场

2004年5月31日,央视网络电视正式在北京地区开播,8月8日在上海电信网内落地,9月24日在江苏电信网内落地

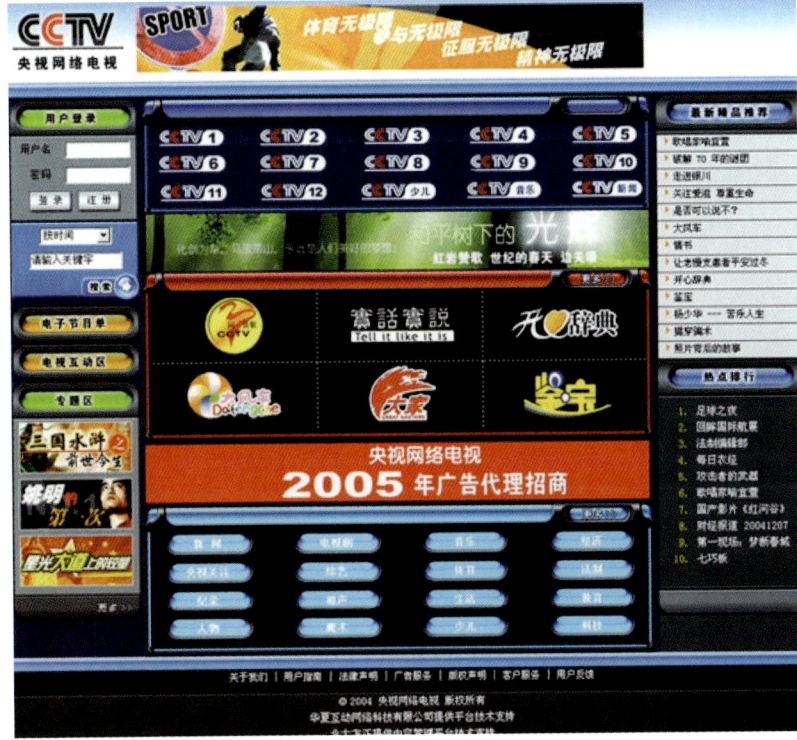

8月，国家广电总局新批准中广影视传输网络公司、上海文广新闻传媒集团、北京广电集团及中影集团作为付费频道集成运营机构。

8月15日，国家广电总局对各级广播电视播出机构自办频率、频道的公益广告播出量作出要求：各级电视台、电台每天播出不少于其广告播出总量3%的公益广告。

9月1日，中央电视台综合频道改版，一改延续了9年的新闻、综合频道的节目定位和编排模式，代之以全新的"综合+精品"面貌。

10月8日，辽宁电视台隆重举行了"辽宁电视台新版节目启动仪式"。辽宁电视台所属7个频道，以全新的面孔出现在荧屏之上。这是辽宁电视台建台45年来规模最大、策划最久、涉及面最广的一次全面改版。

11月1日，广东电视台移动频道正式开播。节目覆盖广州、佛山、珠海等市以及附近的东莞市、中山市，还包括这些城市间的公路、铁路交通干线。

12月28日，由上海文广新闻传媒集团创办的上海东方网络电视在上视大厦举行开播仪式。这是继报刊、广播、电视、网络之后的又一个全新媒体，是电视与互联网联姻的产物。

二、政策法规

6月18日，国家广电局发布《广播电视设备器材入网认定管理办法》。

6月18日，国家广电总局发布《境外卫星电视频道落地管理办法》。

7月6日，国家广电总局发布《广播电视视频点播业务管理办法》。

7月6日，国家广电总局发布《互联网等信息网络传播视听节目管理办法》。

9月20日，国家广电总局发布《电视剧审查管理规定》。

9月21日，国家广电总局发布《中外合作制作电视剧管理规定》。

11月28日，国家广电总局发布《中外合资、合作广播电视节目制作经营企业管理暂行规定》。

三、电视栏目和节目

（一）新闻类

1. 浙江电视台：《1818黄金眼》

这是一档24小时开通新闻热线的民生新闻栏目。《1818黄金眼》融新闻、专题、服务、活动、互动为一体，追求新闻性与服务性的和谐、专业性与社会化的和谐、普遍性与本土化的和谐。该栏目以"关注民生，服务百姓"为宗旨，以百姓的眼睛看百姓，和老百姓零距离接触，为老百姓全身心服务，与百姓心贴心，在观众中影响较大。

2. 福建电视台：《东南新闻眼》

该栏目是一档立足福建、面向全国的新闻深度报道栏目。该栏目创办于2004年5月1日，着眼于省内外有一定影响力的新闻故事，并着力挖掘故事的深刻内涵和核心价值。

《东南新闻眼》片头

《1818黄金眼》宣传画

（二）专题类和杂志类

1. 北京北广传媒移动电视：《话说北京》

这是一档2004年5月28日开播的专题类栏目。老北京历史的厚重韵味借助画面得以一一展现。该栏目以北京昨天的古都旧貌、新中国成立以来北京的发展变化以及未来北京的发展规划为线索，讲述北京的历史和现实。

2. 河北电视台：《真情旋律》

该栏目的特色是讲述真实的故事，倾诉情感的衷肠，展示美好的心灵，从而实现"弘扬人间真情、沟通大众心灵、陶冶美好情操"的宗旨，通过心灵的沟通、真情的互动和爱心的奉献，体现出一种深切的社会人文关怀。栏目定位是以真情故事为主要内容，以故事讲述为基本形式，以普通人为故事的主人公和受众的主体。

3. 福建电视台：《发现档案》

《发现档案》是一档揭示我们身边正在不断出现与被破解的历史、自然、科学之谜的栏目。它以其独特的当代视角和文化品位，创造了福建电视台资讯类节目收视率新纪录。

《发现档案》节目画面

《真情旋律》节目现场

（三）教育类

1. 中国教育电视台：《与安全同行》

该栏目以幼儿、小学生、中学生为收视对象，寓教于乐，以全新的视角和孩子们易于接受的方式，重新诠释使未成年人避免意外伤害、提高自我保护意识、增强自我保护能力的方法。

《与安全同行》节目现场

2. 辽宁电视台：《黑土地》

这是一档面对农民朋友的服务性栏目。该栏目以宣传农业科技知识入手，为农民送去最新的科技知识、最新的品种，提倡科学种田，强调实用性；帮助农民认识市场、了解市场，具有前瞻性；借助农村、农民的典型致富事例带动农民，启发农民的思维，具有趣味性。

（四）纪录片类

1. 上海电视台：《婆婆妈妈》

2004年3月24日至4月3日，上海电视台纪实频道播出12集纪录片《婆婆妈妈》。导演吴海鹰前期花了整整一年时间进行拍摄，后期又耗费了一年半时间进行精心剪辑；最终，拍了100多个小时的素材，播出时间只有6小时。纪录片以2002年春天上海市杨浦区凤城一村的6位被称为"婆婆妈妈"的居委会干部为主角，真实反映她们和身边的居民动迁生活，记录上海市民在城市改革发展中的真实心态和精神变化。该片获得2004年第一届中国纪录片学术奖。

《婆婆妈妈》拍摄现场：上海凤城一村居民委员会

《婆婆妈妈》工作照

2. 湖北电视台：《幼儿园》

《幼儿园》是湖北电视台拍摄并播出的一部以反映幼儿园幼儿生活为主要内容的纪录片，由张以庆执导。《幼儿园》中孩子们有欢乐，也有无奈、孤独与沉重。该片获得2004中国横店杯纪录片大奖金奖、2004年第十届上海电视节"白玉兰"国际电视纪录片最佳创意奖等多种奖项。

《幼儿园》画面

（五）综艺类和艺术类

1. 中央电视台：《非常6+1》

《非常6+1》是中央电视台"真人秀"栏目。栏目宗旨是为普通平民打造一个展示才艺、实现艺术梦想的平台。栏目定位为"梦想在你心中，机会在你手中"，帮助实现普通人的梦想，希望搭建一个为普通人圆梦的平台，将他们心中蕴藏已久的梦想变为现实。通过这样一个"圆梦"的过程，栏目表现普通人在短短7天时间（6天培训，1天展示）中明显的变化，展示出每个选手的职业特点、生活状态，挖掘普通人的潜能，鼓励挑战自我的精神和改变自我的勇气。

《非常6+1》宣传海报

2. 贵州电视台：《星期四大挑战》

该栏目是贵州卫视知名品牌栏目。栏目的定位是"打造中国经典真人秀"，以拍摄大型野外"真人秀"节目为主，相继推出了《水上训练营》《丛林竞技营》《城市别动营》《峡谷生存营》《丹霞战士》等"真人秀"节目。

（六）电视剧类

1. 中央电视台等：《汉武大帝》

该剧是由胡玫等执导，陈宝国、焦晃等主演的历史题材电视剧。故事改编自《史记》《汉书》。该剧以汉武帝刘彻的幼年开篇，以景帝的政治保护下刘彻的成长为主线展开，通过刘彻的风险继位、掌握大权、用贤变法、尊王攘夷、大战匈奴、出使西域、巫蛊为乱、罪己示民等重大事件，围绕和与战、治与乱、忠与叛、生与死、得与失、情与恨的矛盾，向观众全景式地展示了汉武帝刘彻纵横跌宕的一生和那个风云变幻、英雄辈出的时代。

《汉武大帝》剧照

2. 中央电视台等：《香樟树》

《香樟树》是由胡玫、朱德承等导演，梅婷、潘虹等主演的长篇电视剧。该剧通过"校园三结义"的三个同窗好友走向社会的不同经历，表现了"三个经历曲折的女人、两个背景迥异的家庭、一段终生难忘的友情"。

《香樟树》剧照

四、电视评奖

（一）新闻类

1. 第十四届（2003年度）"中国新闻奖"

本届评选共248件新闻作品获奖。从本届开始，中国国际新闻作品纳入评选。获得一等奖电视作品篇目如下：

◎电视消息：《北京有个总理也是你的亲人》，王成等，新疆电视台
◎电视评论：《用生命撞响的警钟》，朱海虎等，山西电视台
◎电视专题：《钟南山：直面"非典"》，王志等，中央电视台
◎电视系列：《非凡抗击》，张亮等，北京电视台
◎国际电视系列：《伊拉克战争连续报道》，集体，中央电视台

2. 第六届（2004年）"范长江新闻奖""韬奋新闻奖"

◎"范长江新闻奖"电视业获奖者
肖亚光，山西电视台

◎"韬奋新闻奖"电视业获奖者
张宁，中央电视台
毕力格，内蒙古电视台

肖亚光

《钟南山：直面"非典"》节目画面

张宁（左）

（二）文艺类

第二十四届（2003年度）中国电视剧"飞天奖"

本届共评出作品奖42部、605集，单项奖11个。

◎长篇电视剧一等奖：《延安颂》，中央电视台；《亲情树》，中央电视台影视部等

◎中篇电视剧一等奖：《共产党员——张小民》，山西省委宣传部等

◎优秀男演员奖：陈建斌，在《结婚十年》中扮演成长；侯勇，在《大染坊》中扮演陈寿亭

◎优秀女演员奖：剧雪，在《亲情树》中扮演孙雨欣；王茜华，在《当家的女人》中扮演张菊香

◎优秀导演奖：杨亚洲，《浪漫的事》的导演

◎少儿电视剧一等奖：《双筒望远镜》，中国电视剧制作中心

◎戏曲电视剧一等奖：《孔乙己》，中国电视剧制作中心等

◎优秀系列剧奖：《炊事班的故事》（第二部），空军电视艺术中心等；《为您服务》，中央电视台等；《健康快车》，中央电视台影视部等

《延安颂》剧照

侯勇（右）在《大染坊》中扮演陈寿亭

《亲情树》剧照,剧雪因饰演孙雨欣获优秀女演员奖

王茜华在《当家的女人》中扮演张菊香

《亲情树》海报

《浪漫的事》剧照

《炊事班的故事》(第二部)海报

《炊事班的故事》剧照

五、电视史料

2004年中国电视台广告收入前十强排序表

序号	台别	2004年广告收入（亿元）	2003年广告收入（亿元）	年增长率（%）
1	中央电视台	80.03	75.30	6.28
2	上海文广新闻传媒集团	24.45	21.26	15.00
3	北京电视台	15.40	14.28	7.84
4	广东南方广播影视传媒集团	12.00	10.00	10.00
5	湖南广播影视集团	8.64	6.60	30.91
6	浙江电视台	8.20	6.86	19.53
7	山东电视台	7.68	7.60	1.05
8	广东深圳电视台	7.10	5.58	27.24
9	江苏广播电视总台	6.60	5.61	17.65
10	安徽电视台	6.60	5.20	26.92

六、电视技术

（一）中央电视台雅典奥运会远程节目网络制作系统

雅典奥运会远程节目网络制作系统以媒体资产管理为基础，以远程网络传输技术为核心，充分利用电视、通讯、网络制播及专业光盘等技术的最新成果，采取前方收录采集、后方编辑制作的全新模式，实现前后方资源共享与远程网络节目制作，并与CCTV原有新闻共享系统实现了互联互通、无缝连接。该系统引入索尼专业光盘技术，将上载、编辑与编目环节前移，打破了传统流程无法逾越的瓶颈，以顺畅、高效的工作流程实现了采、编、播、存各环节的非线性操作，第一次在实战中演绎了"全程非线性"的崭新理念。

中央电视台运到雅典奥运会前方的核心系统：收录存储与传输编码设备

由频道集成、技术平台、节目业务营销三位一体构成的中央数字电视节目平台正在运行工作

中央电视台记者在射击现场采访雅典残奥会的获奖运动员

（二）上海文广新闻传媒集团宽带无线图像传输系统的初步应用

本系统是在国家高清晰度电视总体组多年来相关技术积累基础上，由多个单位的科技人员为主共同开发形成的。方案以"满足需求、技术先进、自主产权、便于生产和使用"为设计原则，承载了单载波体系的大量技术优势，突破了目前国际上普遍认为无法实现移动接收的技术瓶颈，性能达到世界一流水平。

（三）中央电视台采用高清晰数字信号及5.1环绕声

为庆祝中法两国建交40周年，2004年10月10日晚，中央电视台成功转播了"中法文化交流——法国文化年开幕式暨雅尔激光音乐会"。此次转播中央电视台首次采用高清晰数字信号及5.1环绕声。

雅典奥运火炬传递队伍和电视直播移动车通过长安街

"中法文化交流——法国文化年开幕式暨雅尔激光音乐会"转播现场位于古老的故宫门前

七、电视人物

（一）高峰

高峰1983年进入中央电视台，1992年先后担任专题部副主任、纪录片室主任、国际部副主任、青年部主任、中央电视台社教节目中心主任、中央电视台副台长，曾任中央新影集团董事长。主要作品有电视系列专题片《川藏纪行》《万里海疆》《解放》《胜利》《独领风骚——诗人毛泽东》《金秋时节》《西南古桥拾零》《闯江湖》《山海经》《蒋兆和的流民图和丹尼亚的日记》等。

高峰

（二）孟非

1992年至1996年，孟非在江苏电视台文艺部体育组担任摄像，后来开始从事新闻工作；2002年因主持《南京零距离》而成名；2007年至2009年主持江苏卫视《绝对唱响》《名师高徒》；2010年1月15日起主持《非诚勿扰》。

孟非主持《南京零距离》

八、电视出版

（一）"北广学者文库"丛书

本系列丛书由北京广播学院出版社出版，共收入了北京广播学院24名学者的自选文集。这些学者均为北京广播学院的知名教授、博士生导师，他们所从事的教学与研究领域包括广播电视、语言学、美学等。学者中不乏广播学院一些特色学科与专业的开拓者和学术带头人。

（二）《卫星电视与宽带多媒体》

《卫星电视与宽带多媒体》前身是创刊于1998年的《卫视周刊》（后更名为《卫视传媒》，2004年18期起改用现名），由河北广播电视科学技术研究所主办。该刊围绕卫星电视、有线电视主题，刊登内容涵盖产业政策、市场经营、技术研发、产品设计制造及品牌推广和渠道建设等。目前其平面杂志已经停刊而转向网络媒体平台。

《卫星电视与宽带多媒体》2004年18期封面

九、电视教育

（一）北京广播学院和浙江广播电视高等专科学校更名

北京广播学院更名为中国传媒大学，浙江广播电视高等专科学校更名为浙江传媒学院。

2004年9月，教育部部长周济和国家广电总局局长徐光春共同为"中国传媒大学"揭牌

浙江传媒学院校门

（二）中国传媒大学南广学院成立

中国传媒大学南广学院是经教育部批准设立的本科层次的独立学院，2004年9月开始招生。

2005年

一、大事记

1月1日，中央电视台西班牙语节目正式播出。西班牙语节目以英语频道制作的节目为依托，日播出时长为4小时。

1月1日，中国教育电视台第一套节目实施较大规模的改版，新台标正式启用。

中国教育电视台新图标

3月1日，全新改版后的《晚间新闻》以崭新的面貌与观众见面，这是中央电视台2005年改进新闻报道的一项重要举措。

3月29日，中央电视台音乐频道正式开播，每天播出18个小时。西法语频道10月1日正式开播。12月28日，西部频道置换为社会与法频道。

3月，北京广播影视集团正式转制为北京北广传媒集团。3月29日，北京市委办公厅、市政府办公厅发出《关于调整广播电视管理体制有关事项的通知》。

5月1日，河北电视台农民频道开播。

5月，上海文广新闻传媒集团下属上海电视台正式获批开办以电视机、手持设备为接收终端的视听节目传播业务，即IPTV牌照。

7月20日，国家广电总局召开会议，宣布中国有线网络有限公司、广播影视信息网络中心整建制划转中央电视台管理。

李长春出席中央电视台音乐频道开播庆典

8月8日，中央电视台以央视国际网络为基础，正式启播CCTV网络电视新闻频道、娱乐频道。

9月，中央电视台高清影视频道开始试播，并于2006年元旦正式播出。

中视传媒股份有限公司总经理高小平主持新闻发布会并讲话

2005年8月8日，央视国际网络电视新闻频道、娱乐频道开播现场

中央电视台网络电视页面

中央电视台网络电视新闻频道页面

中央电视台网络娱乐新闻频道页面

中央电视台网络在线工作人员工作现场

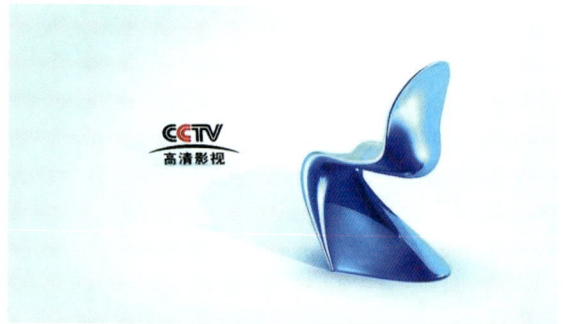
中央电视台高清频道界面

10月1日，由中央电视台牵头与地方台、境外中文媒体联合推出"中国卫星电视长城平台"，传送包括中央电视台6个频道、7个省级地方频道以及境外中文媒体共17套节目。这标志着中国电视对外宣传跃上了一个新台阶。

"中国卫星电视长城平台"启动仪式

10月15日，国家广电总局在青岛举行了青岛有线电视数字化整体转换工程竣工仪式。经过两年多的建设，青岛成为全国首个完成有线电视数字化整体转换的城市。

12月6日，我国规模最大的新闻传媒集团——中国广播电影电视集团在北京正式成立。集团主要成员有中央电视台、中央人民广播电台、中国国际广播电台、中国电影集团公司、中国广播电视传输网和中国广播电视互联网等。

中国广播电影电视集团挂牌仪式

2005年年底，国家广电总局共批准32个电视台开办一套少儿类频道（含中央电视台、21个省级电视台、9个副省级城市电视台和福州电视台），其中29套已经开播。

截止到2005年年底，国家广电总局共批准开办付费电视频道120套。

二、政策法规

1月7日，国家广电总局发布《关于实行国产电视动画片发行许可制度的通知》。

2月25日，国家广电总局下发了《关于实施〈中外合资、合作广播电视节目制作经营企业管理暂行规定〉有关事宜的通知》。

3月1日，《全国性文艺新闻出版评奖管理办法》出台，该办法将国家广电总局原13个全国性文艺评奖奖项合并为一个"中国广播影视大奖"。

4月1日，国家广电总局发布《广播影视新闻采编人员从业管理的实施方案（试行）》。

7月4日，国家广电总局发出《广电总局关于加强广播电视有线数字付费频道业务申办及开播管理工作的通知》。

三、电视栏目和节目

（一）新闻类

1. 中央电视台：《连战、宋楚瑜大陆行》

本栏目是直播特别报道。2005年4月26日至5月13日，中国国民党主席连战和亲民党主席宋楚瑜先后率团访问大陆。中央电视台（CCTV-4）进行了全程跟踪报道，海外新闻部推出了历时18天的"连战大陆行"和"宋楚瑜大陆行"特别报道,除全天新闻滚动播出跟踪事件最新进展外,还现场直播24场次,新闻、专题、直播等多种节目形态联动并进,现场报道与深度解读相得益彰。

2005年4月29日,胡锦涛总书记与连战举行正式会谈。这是60年来国共两党最高领导人首次正式会谈,中央电视台对会谈全程进行现场直播

2005年4月29日,胡锦涛总书记与连战举行正式会谈

2005年5月2日,中央电视台记者专访到大陆访问的中国国民党主席连战

2. 中央电视台：《每周质量报告》

这是中央电视台唯一一档以消费者为收视人群的新闻专题栏目。栏目贯彻"质疑、求证、警示"的主旨，秉承客观、公正、科学的理念，追求独家内容、独特视角、独立立场的特色品质。

《大家》节目现场

2. 山东电视台：《乡胞祭》

任世淦是一位乡村教师，他用8年的时间，走遍1 500个村庄，调查出鲁南地区共有5 484位老百姓被日军杀害。《乡胞祭》就是对这一感人故事的真实记录。

《每周质量报告》特别节目

（二）专题类和杂志类

1. 中央电视台：《大家》

《大家》是一档大容量人物访谈栏目，时长45分钟，访谈对象是我国科学、教育、文化、卫生等领域的杰出人物。《大家》在介绍这些顶尖人物的学术贡献及成长经历的同时，还着力铺叙他们所亲历的时代风云，以期借助他们的慧眼看世界、看历史。每期节目在演播室访谈中间穿插大量珍贵的历史资料和鲜为人知的故事，力图在真实的时代背景下，展现当代知识巨擘们独特的生命历程与人格魅力；以一个个典范式的例证，反省个人与时代、科学与人文的重大主题，并在不经意的讲述中，让大家感受到他们的风范。

《乡胞祭》节目画面

（三）教育类

1. 中央电视台：《世界著名大学》

《世界著名大学》是由中央电视台和教育部联合制作的百集电视专题片，挑选和介绍国内外一百所世界著名大学。这是国内电视媒体首次通过现代视听技术向国人集中展现世界一流名校的风采。《世界著名大学》系列片力求将故事性、文化性、特殊性和知识性统一，全面、客观地介绍名校的历史、现状和特色。栏目从学校独特的文化、历史入手,彰显各学校的特点和新世纪的新发展,让广大观众从一个崭新的视角认识和了解这些大学,同时为计划出国留学的观众提供留学信息。

《世界著名大学》节目画面

2. 中国教育电视台:《双色球现在开奖》

该栏目是中国教育电视台播出的现场直播节目,主要目的是让广大观众尤其是青少年学生正确认识、理解我国发行福利彩票的意义。它本着"淡化博彩,强调公益"的精神,着重宣传福利彩票"扶老、助残、救孤、济困"的宗旨,详细介绍彩票资金的使用、管理和分配办法,尤其是公益金的使用情况,真情讲述利用公益金进行扶贫济困活动的典型事例。

《双色球现在开奖》节目画面

（四）纪录片类

1. 中央电视台：《故宫》

该片利用当今世界最先进的摄影手段，拍摄故宫同一景点四季的变化以及故宫一日内的光影变化和在同一空间内不同历史时间的再现。在中国纪录片创作当中，该片是第一次全面采用动画再现的手段。

《故宫》片头

《故宫》第二集《盛世的屋脊》获国家广电总局"金帆奖"录制技术质量奖专题类一等奖

2005年5月10日，摄制组在故宫钟表馆拍摄纪录片《故宫》

2. 江苏省广播电视总台等:《1405——郑和下西洋》

该片是由江苏省广播电视总台、中央电视台联合摄制的大型纪录片。摄制组的足迹遍布欧亚大陆的南方海岸线,使用了大规模的航拍、真实再现、高科技三维动画等技术,特别投资、特别制作。

纪录片《1405——郑和下西洋》获得文化部颁发的国产音像制品优秀出口节目奖一等奖

3. 中央电视台等：《抗战》

为纪念抗战胜利和世界反法西斯战争胜利60周年，由中央电视台、黑龙江省委宣传部、哈药集团制药总厂、中视股份有限公司联合推出的文献纪录片《抗战》，共12集。分别是：不愿做奴隶的人们；筑起新的长城；共赴国难；持久战略；游击战争；铜墙铁壁；文化血脉；突破囚笼；得道多助；不屈的战魂；最后的较量；民族的记忆。《抗战》以反思战争，还原历史真相为宗旨，按照时间进程和内在的主题逻辑，完整地反映了抗战的全貌。

《抗战》宣传海报

（五）综艺类和艺术类

1. 中央电视台：《"金鸡报晓"——2005年春节联欢晚会》

从2005年春晚开始，中央电视台进行革新，实行"开门办春晚"，通过众多渠道、面向全国以及海外征集节目。2005年春晚涌现出了许多优秀节目，其中最让人难忘的节目是《千手观音》，这段由中国残疾人艺术团21位聋哑人共同演出的舞蹈，以巧妙的构思，整齐划一的动作，成为2005年春晚最受欢迎的节目。

在2005年春节联欢晚会上，中国残疾人艺术团表演的舞蹈《千手观音》感动了无数的中国人

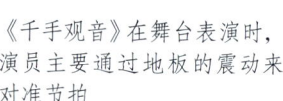

《千手观音》在舞台表演时，演员主要通过地板的震动来对准节拍

在《千手观音》中,站在第一位的舞蹈演员邰丽华神态圣洁高雅,舞姿优美

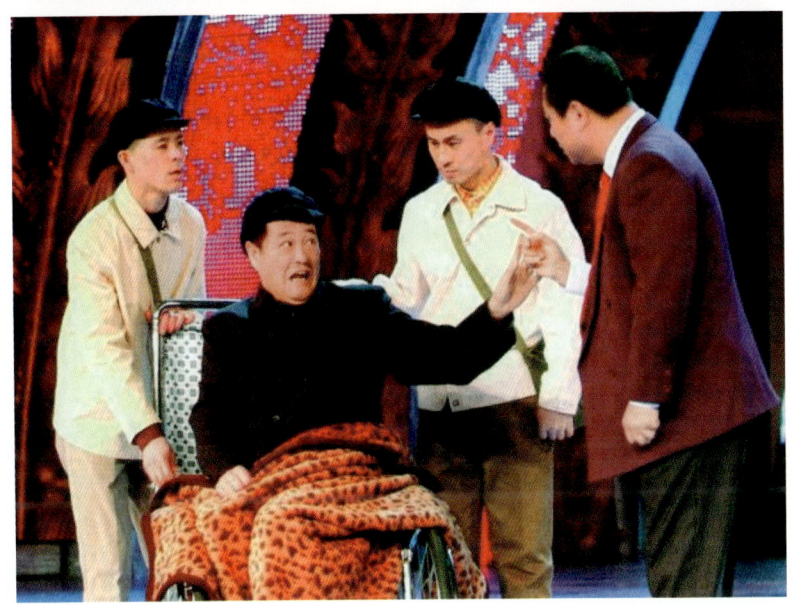

小品《功夫》

舞蹈《年年有余》

宋祖英演唱歌曲《飞》

开场歌舞《盛世大联欢》

2. 湖南电视台：《超级女声》

2004年，湖南卫视举办了针对女性的大众歌手选秀赛《超级女声》。此项赛事接受任何喜欢唱歌的女性个人或组合的报名，一些规则颠覆传统，2005年在全国掀起收视热潮。

2005年度《超级女声》选手合影

3. 江苏省广播电视总台:《江南》

大型文化纪录片《江南》用大文化的视野,将抒情、叙述、思辨融为一体,全方位、多视点解读中国传统文化里一个包含魅力的意象,以"人文天下,人文江苏"为文化内核,实行项目化操作、系列化生产、栏目化播出。《江南》以专业性、规模性、文化性为特征,以全新的视点开掘江苏深厚的文化积淀,以独特的审美倾向解读时代风尚,打造"苏派"文化。

《江南》宣传海报

(六) 电视剧类

1. 中央电视台:《任长霞》

该剧由沈好放执导,刘佳、白凡等主演,根据任长霞先进事迹改编,真实再现了任长霞为民、亲民、以民为本、公正执法的光辉形象和崇高品质。该剧在真实性和艺术性方面实现了较好的统一。

《任长霞》剧照

2. 大连电视台等：《守望幸福》

该剧是一部22集电视连续剧，由鲁园、茹萍、刘之冰等主演，是我国第一部展现阿尔茨海默症（老年痴呆症）病人家庭生活的电视剧。

《守望幸福》剧照

3. 陕西电视台等：《梅花档案》

《梅花档案》是一部谍战、反特类型的电视连续剧，由张宝瑞的长篇小说《梅花党》改编而成。它讲述了新中国成立初期，一特务组织秘密隐藏在重庆，公安战士潜入该组织当卧底，经过斗智斗勇的较量，终于一举破获这一反革命特务组织的故事。

《梅花档案》剧照

四、电视评奖

（一）新闻类

第十五届（2004年度）"中国新闻奖"

本届共有258件新闻作品获奖，其中一等奖28件、二等奖89件、三等奖131件、中国新闻名专栏10个。获得一等奖电视作品篇目如下：

◎电视消息：《胡锦涛在河北考察工作》，徐少兵等，中央电视台

◎电视评论：《欠债咋就不还钱》，孙锐等，黑龙江电视台

◎电视专题：《维吾尔乡村有所汉语小学》，高峰等，新疆电视台

◎电视专题：《惊心动魄22小时》，徐滔等，北京电视台

◎电视系列：《党员领导干部的楷模——牛玉儒》，顾永生等，内蒙古电视台

◎电视直播：《2004黄河调水调沙直播》，集体，中央电视台等

◎新闻名专栏：《新闻联播》，中央电视台；《记者档案》，安徽电视台

《惊心动魄22小时》节目画面

（二）文艺类

中国广播影视大奖·第二十五届电视剧"飞天奖"

全国电视剧"飞天奖"自2005年起并入中国广播影视大奖。作为中国广播影视大奖的一个子项，"飞天奖"由国家广播电影电视总局主办，中国电视艺术委员会承办。本届参评电视剧共156部（2 385集），评出作品奖30部（693集）、单项奖9个。

◎长篇电视剧一等奖：《无愧苍生》，中央电视台影视部等；《记忆的证明》，中国电视剧制作中心等；《历史的天空》，北京小马奔腾影视文化发展有限公司等

◎优秀中、短篇电视剧奖：《当家人》，中央电视台影视部等；《侦察兵的荣誉》，中国电视剧制作中心等；《独奏》，中国电视剧制作中心；《鸣沙湾》，内蒙古党委宣传部等

◎优秀编剧奖：《记忆的证明》的编剧徐广顺、杨梓鹤、范昕、刘淑杰、黄仁轲；《五月槐花香》的编剧邹静之；《当家人》的编剧墨白；《历史的天空》的编剧蒋晓勤、姚远、邓海南

◎优秀导演奖：《记忆的证明》的导演杨阳；《汉武大帝》的导演胡玫

◎优秀男演员奖：陈宝国，在《汉武大帝》中扮演汉武帝；张丰毅，在《历史的天空》中扮演姜必达

◎优秀女演员奖：鲁园，在《守望幸福》中扮演母亲、在《婆婆》中扮演太奶奶

《无愧苍生》宣传海报

《历史的天空》剧照，张丰毅（左）获优秀男演员奖

《记忆的证明》宣传海报

《记忆的证明》剧照

在《当家人》中马少骅扮演李天明

《侦察兵的荣誉》宣传海报

《独奏》剧照

鲁园在《婆婆》中扮演太奶奶

《记忆的证明》拍摄现场

电视剧《独奏》获2005年亚广联电视评奖入围奖

五、电视史料

"真人秀"节目成为最富活力的综艺节目形态[①]

2005年,国内"真人秀"节目成为最富活力的电视综艺节目形态,其中以"海选""全民娱乐""民间造星"为主要特征的选秀类节目最为火爆,较有代表性的有中央电视台的《梦想中国》、湖南卫视的《超级女声》、东方卫视的《莱卡我型我秀》等。同时,一批职场"真人秀"节目,如中央电视台的《绝对挑战》、东方卫视的《创智赢家》也发展起来。这些节目大多取得了较好的收视业绩,使真人秀节目从单纯的节目样态发展成为一种成熟的电视产业,其影响力已经渗透到媒体品牌提升、企业品牌整合传播、大众生活娱乐等多个层面。

在形形色色的"真人秀"节目中,湖南卫视的《超级女声》是最不可忽视的重磅炸弹。这场热闹的草根造星运动从诞生开始,就颠覆了电视观众的观看习惯,其零门槛的海选方式先声夺人,单纯的电视节目一步步演变成媒介事件、文化事件、社会事件,节目的影响力超越了人们的预期,不经意间形成了一场平民大狂欢。

《超级女声》在节目形态上取得突破和超越,使"真人秀"节目成功本土化。从综艺娱乐潮流的角度和电视节目大的趋势分析,"超女"牵连了电视几乎所有的功能和元素,它使"参与性"成为衡量电视节目的又一不可或缺的标准,从而有效地刺激了观众的参与和社会舆论的传播。《超级女声》在市场操作模式上有所创新,如选择手机短信业和互联网作为合作伙伴,引发"蒙牛"品牌深度介入,这些经验对推动国内娱乐业的发展来说都有一定的积极意义。

[①] 胡智锋,顾亚奇.电视文艺概况[M]//中国广播电视年鉴编辑部.中国广播电视年鉴(2006).北京:中国广播电视年鉴社,2006:59-60.

六、电视技术

(一)青岛有线电视网络中心面向数字服务的数字电视运营支撑系统

本系统利用先进的计算机网络技术、数据库技术和中间件技术构建了新一代电信级的数字电视业务运营支持系统。系统基于工作流的业务流转,实现了客户关系管理和提供数字服务的设计目标,系统功能涵盖了有线电视运营和管理的各个方面;体现了"面向数字服务"的设计理念,同时也充分考虑了原有模拟电视用户的需求,支持模拟、数字和宽带用户并存;通过自主研发的中间件平台,实现了与银行系统、CALL CENTER、短信平台、CA 等系统的无缝集成。无论从技术角度还是从业务管理水平,该系统都达到了同期国内领先水平。

(二)上海文广新闻传媒集团的流媒体发布平台系统

2005年,上海文广新闻传媒集团的建设完成了统一的流媒体发布平台。本系统由信源、编码发布、网络传输三部分组成。信源系统包括本地模拟频道、央视频道、数字电视频道、各地卫视、中超及卫星频道、广播等节目。编码发布系统分别采用wmv 格式、wma 格式、3gpp 格式和H.264 格式。所有编码器和发布服务器通过交换机连接到路由器,与移动、联通、电信专线相连。

七、电视人物

(一)袁正明

袁正明是高级编辑,曾任中央电视台《观察与思考》组记者、组长,新闻中心新闻评论部副主任、主任,广告经济信息中心主任,社教中心主任,中央电视台副总编辑,副台长;参与创办并负责《焦点访谈》《新闻调查》栏目,策划并领导多个重大项目——《走马上任新部长》《在路上》《中国之路》《活力中国》《青春中国》《梦想中国》《平安中国》《托起明天的太阳——关注未来行动》《挺进南极最高点》等。

袁正明

《走马上任新部长》节目画面

《走马上任新部长》节目画面

（二）何炅

何炅是著名电视节目主持人。自1998年起，他主持湖南卫视的《快乐大本营》栏目至今。他还曾先后主持《快乐男声》《超级女声》《背后的故事》《勇往直前》《百变大咖秀》等栏目。

何炅（左）

八、电视出版

《中国数字电视报告（2005）》是教育部人文社会科学研究重大项目的后期成果。该书由黄升民、王兰柱和周艳主编，内容包括中国数字电视发展脉络、现状、趋势，中国数字电视试点进展综述，中国数字电视发展模式分析，佛山市数字电视运营个案，付费频道基本情况综述，等等。

《中国数字电视报告（2005）》封面

九、电视教育

中国传媒大学进行院系调整

中国传媒大学进行院系调整，中国传媒大学合并电视学院和新闻传播学院，成立电视与新闻学院；合并影视艺术学院和录音艺术学院，成立新的影视艺术学院；合并动画学院和信息工程学院的科学艺术系，成立新的动画学院；合并继续教育学院、现代远程教育中心和成人教育学院，成立远程与继续教育学院。

中国传媒大学影视艺术学院

2006年

一、大事记

1月1日，全球最早的两个华语高清数字电视频道——中央电视台的"高清影视"和上海文广的"新视觉"正式开播。

4月27日，经国家广电总局批准，中央电视台获得以计算机、电视机、手机为终端开办信息网络传播视听节目业务的许可，全面进军网络电视、IP电视、手机电视等新视听媒体领域。12月1日，中央电视台手机电视开始试播。

2006年4月28日，中央电视台网络传播中心成立，央视国际网络有限公司挂牌，央视国际（CCTV.com）全新改版

2006年12月11日，中央电视台和中国联通就CCTV手机电视合作签约

7月，卫星直播电视正式开播。

8月，中国国家标准管理委员会出台了地面数字电视标准，于2007年8月起正式实施。

10月12日，中央电视台综合频道、新闻频道、中文国际频道、英语国际频道、西法语频道直播"神舟六号"载人飞船发射过程。新闻频道推出的直播报道总长达到了74小时10分钟，播出的相关新闻和专题超过11小时，创造了中央电视台同一事件报道的规模最大、直播时间最长的纪录。

"神舟六号"载人飞船直播画面

12月6日，基于AVS的数字视频广播编码播出与接收系统在北京通过专家鉴定，这标志着中国有了完整的自主数字视频广播系统。

截至2006年年底，已有153家机构获准在互联网上开办信息网络传播视听节目业务，通过互联网站向公众提供视听节目点播或广播电视频道转播服务。

二、政策法规

2月15日,国家广播电影电视总局发布《关于进一步加强动画片审查和播出管理的通知》。

4月6日,国家广播电影电视总局发布《关于印发〈电视剧拍摄制作备案公示管理暂行办法〉的通知》。

5月29日,国家广播电影电视总局发布《关于印发〈电视剧内容审查暂行规定〉的通知》。

三、电视栏目和节目

(一)新闻类

1. 中央电视台:《背道而驰的节能降耗》

该节目由新闻节目中心制作,于2006年12月23日在《新闻联播》中播出。当时正值我国"十一五"开局之年的尾声,已经确定了节能降耗的年度目标无法完成。这条调查也是《新闻联播》中不多见的、从负面反映当时环保及节能降耗问题的深度报道。

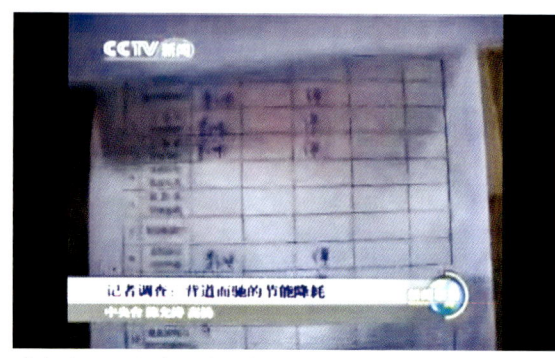

《背道而驰的节能降耗》节目画面

2. 中央电视台:《海峡两岸》

该栏目是中央电视台每天播出的涉台时事新闻评论栏目,时长为30分钟。栏目宗旨是"跟踪海峡热点、反映两岸民意"。栏目分两个版块:"热点扫描",报道台湾热点新闻;"热点透视",深入分析和评论涉台焦点话题。

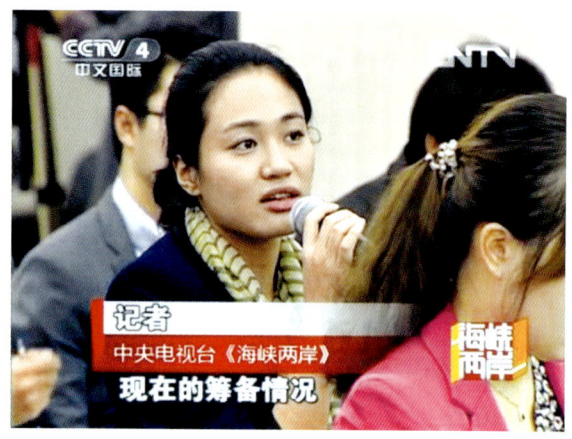

《海峡两岸》节目画面

(二)专题类和杂志类

1. 长沙电视台:《X档案》

《X档案》是于2006年5月17日开办的专题类栏目。栏目分为"历史考古""奇异民俗""最后的传人""现代医学""科考探险""悬疑案件""奇人异事""灵异传说""神奇动物""抢险救灾"十大系列,以纪录片的表现手法展现古代文明的辉煌。

2. 北京电视台:《透明度》

《透明度》是北京电视台2006年1月1日开播的生活服务类栏目。每周一期,每次节目时长20分钟左右。栏目采用展示记者调查行为为主的新闻报道方式,对消费和市场行为进行深度报道,调查造假过程、探寻造假真相、揭露造假黑幕、昭示造假危害。该栏目于2007年7月8日播出的《纸做的包子》被证实为假新闻,在国内外引起了轩然大波。

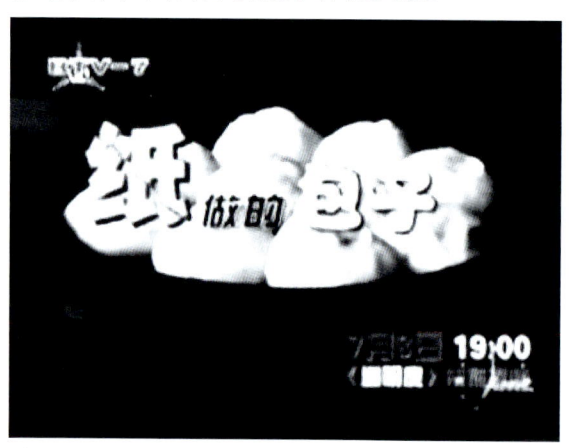

《纸做的包子》节目画面

（三）教育类

1. 中央电视台：《百家讲坛》

本栏目是于2001年7月开播的讲座栏目。栏目坚持"让专家、学者为百姓服务"的宗旨，在专家、学者和百姓之间架起一座桥梁，达到普及优秀中国传统文化的目的。2006年推出的"易中天品三国"和"于丹《论语》心得"系列，引发全民重读经典的热潮。

2. 中央电视台：《回到恐龙时代》

2006年8月26日15：00，中央电视台科教频道《科学世界》栏目推出历时3小时的恐龙化石挖掘直播节目，这是中国电视史上第一次有关恐龙发掘的电视直播。节目由中央电视台社教节目中心和中科院古脊椎动物与古人类研究所共同主办。节目外景现场定位于新疆昌吉和宁夏灵武两个直播现场，信号回传到主演播室。该节目获2006年"全国科教节目专家奖"一等奖、"中国广播电视协会特别节目"一等奖。

《百家讲坛·易中天品三国》节目画面

易中天与《百家讲坛》制片人等商讨讲座选题

《回到恐龙时代》节目现场

《回到恐龙时代》的恐龙化石挖掘现场

(四)纪录片类

1. 中央电视台:《再说长江》

《再说长江》是一部33集大型电视纪录片,在中央电视台2006年7月16日首播。该片以母亲河长江为载体,融合了长江沿岸的历史、人文、现实、自然等各个方面的内容。最新的高清影像成为《再说长江》最主要的视觉呈现方式,达到了专业品质,是中国电视史上规模最大的一次记录长江的行动。该片全景式地展现了长江波澜壮阔的壮丽景象、多姿多彩的人文景观以及完整、立体、多层次的影像体系,以震撼的视听冲击力凸显出充满魅力并拥有巨大活力的长江形象,充分体现出20年来中国在人与自然、人与经济、人与文化等多元发展中的巨大变化。

《再说长江》片头

《再说长江》宣传海报

2. 辽宁电视台：《爱新觉罗·溥仪》

该片是辽宁电视台历时3年精心制作的10集大型系列纪录片。该片讲述了中国封建王朝最后一位皇帝爱新觉罗·溥仪，在最后一个风雨飘摇的王朝岁月里，年仅3岁就登上大清帝国的权力宝座。在随后50年的狂飙突变中，这块土地上发生的一系列重大事件似乎都与溥仪的命运紧紧相连。该纪录片通过溥仪传奇而又极富悲剧色彩的命运，展示出中国近现代历史的磅礴画卷。

3. 湖南电视台：《洞穴之光》

纪录片《洞穴之光》于2006年12月25日在湖南卫视晚间黄金时段播出，时长45分25秒。在节目中，电视台举办了旨在"以孩子影响孩子"、改造独生子女的"洞穴之光"活动，由大都市中走出来的"问题"少年与贵州山洞村落里的穷娃结伴度过了为期6天同吃同住同学习的生活。短短6天，耳濡目染、潜移默化，其间有痛苦和欢乐、有碰撞和和谐、有悲伤和感动。该片获中国广播影视大奖、广播电视节目奖（第20届"星光奖"）优秀少儿节目。

《洞穴之光》节目画面

4. 中央电视台：《又见梅兰芳》

《又见梅兰芳》是中央电视台旗下中央新闻纪录电影制片厂历时3年投资300万元独资打造的一部文献纪录片。该片摄制组调动了中央新闻纪录电影制片厂资料库中所有关于梅兰芳的影片素材，汇集梅兰芳生前留在世界各地的记录他生活和舞台艺术的影像资料。纪录片追随他生前的足迹，用35mm彩色胶片及先进的摄影手段进行拍摄。该片还着力关注梅派艺术在21世纪的传承和发展，特邀梅派弟子重新演绎梅派的经典剧目片段穿插在影片中，以展现梅派京剧艺术的独特魅力。

《又见梅兰芳》宣传海报

《又见梅兰芳》工作照

《又见梅兰芳》工作照

《又见梅兰芳》拍摄现场

《又见梅兰芳》拍摄现场

《又见梅兰芳》特邀梅派弟子重新演绎梅派经典剧目片段穿插在影片中

《又见梅兰芳》记录了梅兰芳的儿子、梅派艺术传人梅葆玖先生对父亲的深情回忆

《又见梅兰芳》2006年在中央电视台《人物》栏目中播出

《又见梅兰芳》在中央电视台《人物》栏目中播出

（五）综艺类和艺术类

1. 上海东方卫视：《加油！好男儿》

该栏目是一档由东方卫视推出的真人秀栏目。栏目通过32场递进式大型直播，为敢于面对挑战的全国青年男儿提供了展示自我的舞台，也忠实记录了一群懵懂少年成长为青春偶像的蜕变过程，在全国观众中引起了广泛关注。此栏目根据参赛选手的全面素养来确定名次，包括唱功、演技、现场反应、人气（通过短信投票）等。

《加油！好男儿》节目现场

2. 江苏卫视：《绝对唱响》

《绝对唱响》是江苏卫视于2006年推出的主打歌唱的选秀栏目，在音乐选秀节目中首推"玩音乐、听我的"主题概念，通过南京、昆明、武汉、西安、哈尔滨5个分赛区辐射全国。同时，栏目还实行网络报名、网络赛区这一新的活动形式。

《绝对唱响》节目现场

（六）电视剧类

1. 中央电视台、山西广播电视总台等：
《乔家大院》

2006年2月，《乔家大院》在中央电视台首播。该剧以乔家大院为背景，讲述了一代传奇晋商乔致庸弃文从商，怀抱以商救民、以商富国的梦想，历经千难万险终于实现了货通天下、汇通天下的故事。该剧由胡玫导演，陈建斌、马伊琍、蒋勤勤主演。

《乔家大院》首播新闻发布会

《乔家大院》海报

2. 南京广播影视集团等：《半路夫妻》

《半路夫妻》讲述了管军因为偷税帮哥们扛罪而锒铛入狱，出狱后靠着女片警胡小玲的支持，重整旗鼓并收获爱情的故事。该剧由孙红雷、陈小艺主演。

《半路夫妻》宣传海报

四、电视评奖

（一）新闻类

1. 第十六届（2006年度）"中国新闻奖"

第十六届中国新闻奖共有270件新闻作品获奖，其中特别奖2件、一等奖31件、二等奖88件、三等奖139件、中国新闻名专栏10个。获一等奖电视作品和电视新闻名专栏的篇目如下：

◎电视消息：《地震灾区第一夜》，张龙等，江西电视台

◎电视评论：《70亿维修基金的困惑》，陈大立等，北京电视台

◎电视专题：《"党义"悄然离去 党义精神永存》，王欣慰等，吉林电视台；《乡胞祭》，范维坚等，山东电视台

◎电视系列：《"落实科学发展观"系列报道》，集体，中央电视台

◎电视直播：《连战大陆行直播特别报道》，集体，中央电视台等

◎新闻名专栏：《新闻夜航》，黑龙江电视台；《传奇故事》，江西电视台

第十六届"中国新闻奖"、第七届"长江韬奋奖"颁奖报告会

《传奇故事》节目画面

2. 第七届（2006年）"长江韬奋奖"

2005年3月，"范长江新闻奖""韬奋新闻奖"合并为"长江韬奋奖"。"长江韬奋奖"是中国新闻界的最高奖项，从2006年起每年评选一次，每届评选获奖者20名，其中"长江"系列10名、"韬奋"系列10名。第七届"长江韬奋奖"电视获奖者如下：

◎"长江"系列
郑鸣，哈尔滨电视台
郑忠杰，江西电视台
冀惠彦，中央电视台

郑鸣

郑忠杰

冀惠彦

◎"韬奋"系列

冯晨，吉林电视台

叶蓉，上海文广新闻传媒集团
李强，天津电视台
薛倩，吉林电视台
陈星，广东南方电视台
韩学卿，内蒙古电视台
徐春妮，北京电视台

冯晨

（二）文艺类

第七届"金话筒奖"（2006年度）获奖情况如下：

◎电视播音员主持人金奖

邢质斌、董卿，中央电视台
刘文蓉，山东电视台
张丹丹，湖南电视台

徐春妮

刘文蓉（左）

五、电视史料

胡锦涛：文艺工作者要担当起时代赋予的神圣使命[①]

2006年11月10日，胡锦涛在中国文联第八次全国代表大会、中国作协第七次全国代表大会上发表重要讲话。下文为讲话部分内容：

一切有理想有抱负的文艺工作者，都要担当起时代赋予的神圣使命，积极投身讴歌时代的文艺创造活动。进步文艺，刻写着一个民族的希望，昭示着一个国家的未来，深深影响着一个民族的精神和一个时代的风尚。这是古往今来人们赞扬进步文艺、呼唤进步文艺的根本原因。一切有成就的文艺家，都注重在时代进步的伟大实践中汲取创作灵感，都注重反映和引导人民创造历史的壮阔活动。只有与时代同步伐，踏准时代前进的鼓点，回应时代风云的激荡，领会时代精神的本质，文艺才能具有蓬勃的生命力，才能产生巨大的感召力。积极投身先进文化的创造活动，是时代和人民对文艺工作者的殷切期望，也是文艺工作者真正能够施展才华、作出无愧于时代的业绩的必然要求。

我国广大文艺工作者一定要正确认识和牢牢把握我国社会发展的正确方向，深刻体验人民前进的准确信号，敏锐发现时代变革的风气之先，自觉响应社会发展的客观要求，坚持把个人的艺术追求融入国家发展的洪流之中，把文艺的生动创造寓于时代进步的运动之中，以充沛的激情、生动的笔触、优美的旋律、感人的形象，升起更加昂扬的理想风帆，描绘更加美好的生活蓝图，激励更加坚定的奋进信心，满腔热情地讴歌时代主旋律，努力为发展社会主义先进文化建功立业。

[①] 人民日报，2006-11-11(01).

六、电视技术

（一）电视数字化进程提速

2006年是全国有线数字电视整体转换、全面推进的一年。深圳、大连、绵阳、南阳、佛山、太原、南京、淄博等22个城市完成了整体转换。全国53个试点单位都建立了有线数字电视技术平台。地面电视数字化启动的同时，全国已有80%的省级电视台开展了台内数字化、网络化的规划和改造工作。

（二）电视科技创新显著

卫星直播技术研究与应用工作取得重大突破。国家广播电影电视总局广播科学研究院等科研机构完成了卫星直播系统传输技术标准的研究，组织了卫星直播系统关键技术芯片和接收机的开发、技术测试和产业化工作。这项技术创新的成功为建立安全、可控的直播卫星系统奠定了基础。

（三）北京电视台网络电视开播

北京宽频于8月20日正式开播，它立足于北京电视台，面向全国乃至全球宽带网络受众，提供包括电视节目直播、轮播、点播等多项服务。

北京电视台网络电视节目

七、电视人物

（一）易中天

易中天自2005年起开始在中央电视台《百家讲坛》栏目里讲解历史，品评汉代风云人物，因其白话式的幽默分析，受到追捧。2006年开始因《百家讲坛·易中天品三国》一举成名。

易中天在《百家讲坛》开讲

（二）汪涵

汪涵是湖南卫视节目主持人，主持了《超级英雄》《超级女声》《快乐男声》《天天向上》《越策越开心》等栏目。

汪涵

八、电视出版

（一）《数字电视与制度变迁》

本书作者是美国的赫南·加尔伯瑞，译者是罗晓军、刘岩、张俊，由人民邮电出版社2006年出版，共计30万字。本书通过比较美国和英国从模拟电视向数字电视的转换之路，对形成未来无线电视广播图景的经济、政治与技术因素进行了分析。通过对上述两个国家数字电视转换的深度分析，本书揭示了数字电视数字化进程与广播电视生产编程、节目形态、服务方式、管理方式、体制机制、政策法规之间的关系。

（二）《电视指南》

《电视指南》创刊于2006年，由国家广播电视总局主管、中国广播影视出版社主办。刊登内容涵盖国内外影视产业的新闻报道、总局领导采访、广电政策解读、电视节目深度推荐和解读、影视剧评论等。

《电视指南》封面

2007年

一、大事记

1月，为贯彻落实中央关于"村村通"工程的文件精神，财政部、国家税务总局印发了《财政部、国家税务总局关于广播电视村村通税收政策的通知》（财税[2007]17号）。

2月16日，被列为北京重大工程项目之一的北京电视中心工程全面亮相。

4月4日，北京电视台正式发布其新媒体战略，宣布将分阶段全面进入网络电视、手机电视（流媒体手机电视与广播式手机电视）、SP等新媒体领域。

4月中旬，江西省景德镇市昌江区竟成镇文化站站长周元强，在江西省广电局领取了国家广电总局颁发的广播电视节目制作经营许可证，这标志着中国首个得到官方认可的农民影视剧制作中心正式诞生。

北京电视中心

5月12日，福建泉州电视台闽南语频道正式开播，这是经国家广电总局批准开办的大陆首个闽南语频道。

5月17日，上海文广联合上海电信开通国内首个高清IPTV频道。至此上海IPTV用户已突破15万大关，成为中国内地IPTV用户规模最大的城市。

8月1日，数字电视地面传输国家标准正式实施。北京、上海、天津、秦皇岛、青岛、沈阳6个奥运城市以及深圳、广州两地，成为国家首批试播地面数字电视的城市。

8月15日，重庆电视台选秀节目《第一次心动》被国家广电总局叫停，并予以全国通报批评，国家广电总局认为其"评委言行举止失态""内容格调低下"。这是内地第一档被停播的选秀节目。

《第一次心动》宣传海报

9月17日，湖北广电手机电视公司揭牌成立。这是继湖北移动电视、城市电视之后湖北新媒体产业的又一支生力军。

12月4日，上海文广互动电视有限公司宣布，至11月底，SiTV全国数字付费频道集成运营平台已签约170多个城市的有线网络公司，用户数超过900万户。

12月18日，央视国际举行"CCTV移动传媒开播仪式"，央视国际移动传媒有限公司同时宣告成立，这标志着央视新媒体布局迈出了重要的一步。

CCTV移动传媒开播仪式现场主持人

12月18日，中央电视台在北京正式与国际奥委会签约，宣布中央电视台的新媒体平台CCTV.com成为北京奥运会官方互联网/手机转播机构。CCTV.com成为唯一一家拥有中国内地和澳门地区奥运新媒体转播权益的机构。

二、政策法规

2月1日，国家广播电影电视总局下发《关于清理和规范地面数字电视技术试验的通知》。

7月30日，国家广播电影电视总局发出《广电总局关于进一步加强广播电视广告播放管理工作的通知》。

12月28日，国家广播电影电视总局发出《关于加强互联网传播影视剧管理的通知》。

12月29日，国家广播电影电视总局、信息产业部发布《互联网视听节目服务管理规定》。

三、电视栏目和节目

（一）新闻类

1. 中央电视台：《小记者"十七大"特别报道》

该栏目于10月15日至10月22日在中央电视台CCTV-少儿频道播出，每天15分钟，分为《傍晚新闻资讯》和《午间新闻专题》两个版块。它以儿童的独特视角，宣传"十七大"盛况，传播"十七大"精神，弘扬党代表事迹，普及党史知识，激发少年儿童关心国家大事的热情，从小培养少年儿童对党和祖国的热爱，培养他们的公民意识和参与意识。

《小记者"十七大"特别报道》节目画面

2. 重庆电视台：《重庆发现》

这是一档于2006年12月1日开播的新闻栏目，每天晚上直播，时长1小时。第一版块是讲述一个内容曲折、有悬念并且贴近老百姓的新闻故事；第二版块是主持人"说新闻"。新闻来源除记者自采外，还包括网络及平面媒体。栏目的观众定位在20—50岁，他们可通过短信和热线电话直接对节目进行评论，并鼓励主持人树立独特的主持风格。

（二）专题类和杂志类

1. 中央电视台：《脚踏着祖国大地》

《脚踏着祖国大地》是为纪念中国人民解放军建军80周年制作的献礼片。此片打破一贯的编年体叙述手法，采用6个分主题来展现建军80年的风雨历程，镜头更多地对准基层战士，每天播出一个主题，每集时长45分钟。

《脚踏着祖国大地》节目画面

2. 北京电视台：《奥运故事365》

本栏目是由北京奥组委新闻宣传部与北京电视台联合制作，于3月27日开播，每天播出15分钟奥运经典故事，系统梳理全部奥运历史。它旨在通过对奥运会上经典历史人物及其故事的讲述，在北京奥运会到来之前，面向全民特别是青少年普及奥林匹克的历史知识，弘扬奥运精神，传播奥运文化，为成功举办北京奥运会进行前期的普及教育。

《奥运故事365》节目画面

3. 江苏广播电视总台:《人间》

江苏广电总台新闻综合频道于2007年3月5日开办《人间》栏目,它是国内第一档情感类谈话节目,节目宗旨为"正在发生的事件,共同经历的情感"。

《人间》节目现场

4. 贵州电视台:《论道》

《论道》是贵州卫视打造的一档以龙永图为核心的演播室高端对话栏目。博鳌亚洲论坛秘书长龙永图作为节目嘉宾主持,围绕"高度、深度、关注度",关注热点事件、焦点人物和国际风云,邀请政界名人、商界明星、学界名家共同论道,致力于用普适的、主流的价值观去进行思想启蒙和价值引导。

《论道》节目现场

(三)教育类

1. 中央电视台:《废弃农药危害严重》

本栏目由中央电视台社教中心制作,时长15分钟。栏目针对废弃农药可能带来的严重危害进行讲述,并在湖北、江苏、吉林等地进行实地采访。

2. 山东电视台:《第一亩秸秆藕》

本栏目是由山东电视台制作的科普节目,时长10分20秒。作品以在一位农民科技人员指导下利用作物秸秆种出的第一亩秸秆藕为拍摄对象,抓住专家测产验收这一内容丰富的现场,将实景、采访、动画等组合在一起,巧妙地利用现场的快板说唱加以串联,风趣幽默、通俗易懂地向人们揭示了秸秆种藕这项极富创新性和推广价值的农业新技术的重要意义和科学道理。

3. 天津电视台:《荒野上的足球梦》

《荒野上的足球梦》由天津电视台体育频道于2007年12月12日播出,时长14分15秒。栏目讲述一名基层足球教练在培养青少年运动员过程中先后遇到的场地与人员上的"荒野",揭示出中国足球后备人才匮乏的深层原因。该栏目获中国广播电视协会优秀体育电视专题一等奖。

（四）纪录片类

1. 中央电视台：《大唐西游记》

3月6日至11日，中央电视台科教频道《探索·发现》栏目推出首部手绘纪录片《大唐西游记》。该片共6集，首次将最先进的电脑特技与古老的手绘艺术完美融合，被称为纪录片的全新片种——手绘纪录片的第一部作品。

《大唐西游记》节目画面

《大唐西游记》使用三维贴图结合唐卡画的创新表现形式

2. 中央电视台：《大国崛起》

《大国崛起》是一部12集电视纪录片，记录了葡萄牙、西班牙、荷兰、英国、法国、德国、俄国、日本、美国9个世界级大国相继崛起的过程，并总结了大国崛起的规律。

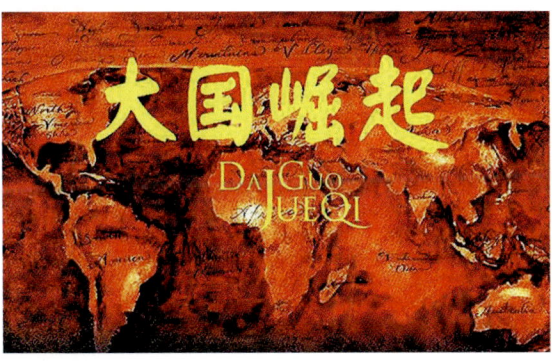

《大国崛起》节目画面

《大国崛起》获得文化部颁发的国产音像制品优秀出口节目奖一等奖

3. 上海电视台：《马戏学校》

《马戏学校》通过镜头重构出的一系列故事，在呈现令人惊叹的演出的同时，也记录了光荣背后不为人知的辛酸。导演从旁观者的角度，表达出对杂技行业的认识，展示出传统的传承与现代人文理念的两难选择。在《马戏学校》里，中国传统的杂技艺术呈现了优美的舞台表演之外的另一个极端：残酷的练习过程被一一呈现。

《马戏学校》节目画面

4. 山东电视台：《牵手》

《牵手》讲述了两个在生活中遭受突变打击的伤残青年奋进的故事，讲述了他们战胜身体和心理的种种障碍，最终以残缺的身体演绎出完美舞蹈的动人故事，揭示了心灵沟通、共建和谐这一深刻主题。作品撼人心魄、艺术性强，令许多观众和评委流下了热泪，被中外评委全票通过评为社会类纪录片大奖。

《牵手》节目画面

5. 中央电视台：《森林之歌》

《森林之歌》是由中央电视台、林业局、财政部联合出品的大型生态纪录片，由中央电视台社教中心文化专题部承制。《森林之歌》共11集，每集50分钟。中央电视台2007年12月1日至12月11日，每晚播出1集。

该片拍摄制作历时4年，从2003年开始，摄制组历经艰辛与危险，赴西藏、新疆、东北、海南、福建和华北、秦岭、云贵高原等典型林区，拍摄大量的第一手素材。这部纪录片填补了我国生态纪录片领域的空白，也是第一部系统记录中国森林版图的自然类纪录片。该片试图探讨森林与人类文明、中华文明的关系，阐述了人、动物、森林和谐共生的关系。

《森林之歌》镜头下的大漠胡杨

《森林之歌》的拍摄现场

《森林之歌》的拍摄画面

《森林之歌》镜头里呈现出来的雪域

《森林之歌》工作人员在拍摄鹿群

《森林之歌》的导演和摄影师们在现场拍摄

《森林之歌》的导演和摄影师们在沙漠里拍摄

（五）综艺类和艺术类

1. 中央电视台：《丽江印象》

《丽江印象》共5集，每集30分钟，选取了丽江春雪的美丽景色、神奇的纳西象形文字、古城日夜的情调变幻和黑龙潭春秋交替的旖旎风光。优美时尚的画面、心灵咏叹式的散文以及穿梭于诗画中的音乐和古城的流水，加之摄影作品的纷呈闪回、各种艺术元素交叉递进，呈现了古城800多年的岁月沧桑。

《非常有戏》节目画面

2. 中央电视台：《电视诗歌散文》

《电视诗歌散文》栏目的宗旨是在众多的综艺晚会和娱乐节目中打造一个诗意化的空间，弘扬真善美，满足广大电视观众日益增长的对高品位文化的需求，以给观众心灵的净化、精神的启迪和审美的愉悦。

4. 天津电视台：《我们》

《我们》由天津卫视频道、天津电视台文化娱乐频道2007年12月21日播出，时长30分钟。该栏目利用上下两集的人物专访形式，将视角对准第五代导演李少红。栏目铺排了工作和生活两条线索，呈现了普通观众熟悉的导演这一社会公众角色中叱咤风云的一面，还突出表现了李少红不为人知的生活侧面。

《电视诗歌散文》节目画面

《我们》采访导演李少红现场

3. 上海电视台：《非常有戏》

《非常有戏》是明星竞赛类栏目，它提出了"戏剧载体、综艺模式"及"全国视野"两大主张，由影视演员及歌手出身的明星们参赛，横跨京剧、越剧、粤剧、昆曲等各大戏种及各大流派。这档栏目本着尊重传统、传承经典的理念，以"弘扬中国传统文化、向大师致敬"为主题。

（六）电视剧类

1. 北京电视艺术中心：《金婚》

北京电视台2007年9月播出的《金婚》是由郑晓龙执导，王宛平编剧，蒋雯丽、张国立主演的一部家庭伦理剧。该剧讲述了年轻漂亮的小学语文老师文丽和重型机械厂技术员佟志的婚姻历程。青年时，他们是一对欢喜冤家，两人从性格到生活习惯格格不入、处处矛盾；中年时，他们进入了婚姻疲怠期；老年时，他们进入了婚姻牢固期。彼此关爱、相互扶助支撑他们度过了人生最黑暗的岁月，最终牵手走进金婚。

《金婚》宣传海报

《金婚》宣传海报

《金婚》剧照

2. 湖南华夏影视传播有限公司：《恰同学少年》

《恰同学少年》是由谷智鑫、钱枫等主演的电视剧，该剧以毛泽东在湖南第一师范的读书生活为背景，讲述了以毛泽东、蔡和森、向警予、杨开慧、陶斯咏等为代表的一批优秀青年的学习生活和他们之间的爱情故事。该剧于2007年3月在中央电视台播出。

3. 天津电视台电视剧制作中心等：《双面胶》

该剧是由滕华涛导演执导的22集电视连续剧，由海清、涂松岩等主演。该剧讲述了上海姑娘丽娟嫁给了大学毕业后留在上海工作的小伙子亚平，夫妻恩爱无比，但婆婆到来后，婆媳矛盾与日俱增，小家庭生活开始发生质变。该剧于2007年6月在北京电视台首播。

《恰同学少年》剧照

《双面胶》剧照

四、电视评奖

（一）新闻类

1. 第十七届（2006年度）"中国新闻奖"

本届共有287件作品获奖，其中特别奖2件、一等奖44件（含新闻名专栏）、二等奖89件、三等奖152件。获得一等奖的电视作品如下：

◎电视消息：《胡锦涛同延安老区人民共迎新春》，徐少兵等，中央电视台；《综合能耗仅为同行业一半　上海化工区循环经济结硕果》，黄铮等，上海文广新闻传媒集团

◎电视评论：《谁在造假》，李力等，广西电视台

◎电视专题：《大漠胡杨》，潘智等，新疆电视台

◎电视系列：《新长征路上的浙江人》，黄小裕等，浙江电视台

◎电视访谈：《小崔会客·会见甘肃省省长陆浩》，杨铭军等，中央电视台

◎电视直播：《中非合作论坛北京峰会》，集体，中央电视台

◎电视编排：8月11日《东方新闻》，集体，上海文广新闻传媒集团

◎新闻名专栏：《永远的丰碑》，中央及地方150家新闻媒体；《焦点访谈》，中央电视台；《新闻夜航》，黑龙江电视台

《胡锦涛同延安老区人民共迎新春》节目画面

《小崔会客·会见甘肃省省长陆浩》节目画面

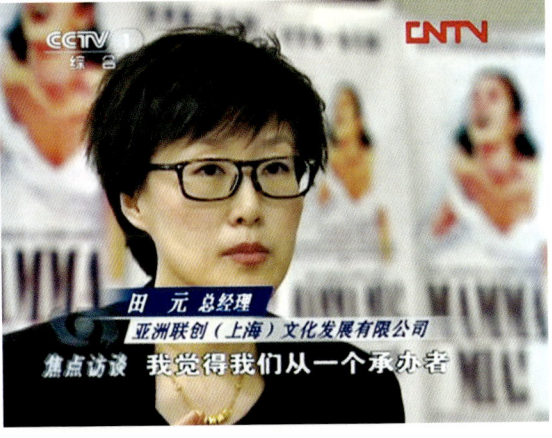

《焦点访谈》节目画面

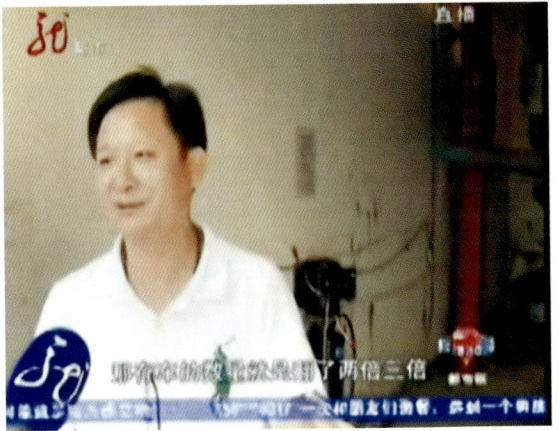

《新闻夜航》节目画面

2. 第八届（2007年）"长江韬奋奖"

◎"长江"系列电视业获奖者
张亮，北京电视台

◎"韬奋"系列电视业获奖者
冯存礼，中央电视台
黄著诚，广西电视台
魏文彬，湖南广播影视集团

（二）文艺类

1. 第八届（2007年度）"金话筒奖"

◎电视播音员主持人金奖
崔永元、郏捷（小鹿姐姐），中央电视台
于洋，大连电视台
李燕，青岛电视台
德央（张福东），西藏电视台
邓辉，黑龙江电视台
李琳，内蒙古电视台
徐滔，北京电视台
王鹏，广东电视台
陈蓉，上海文广新闻传媒集团

张亮

李燕

黄著诚

王鹏

2. 中国广播影视大奖·第二十六届电视剧"飞天奖"

本届"飞天奖"共设置50个奖项,有151个参评剧目,突出特点是主旋律作品唱主角,现实题材剧目占绝大多数,军事题材剧进步大,长篇电视剧制作水平稳步提高。

◎长篇电视剧一等奖:《亮剑》;《恰同学少年》;《乔家大院》;《八路军》;《任长霞》;《插树岭》;《西圣地》;《诺尔曼·白求恩》

◎中短篇电视剧一等奖:《走进石锁沟》

◎优秀编剧奖:《恰同学少年》编剧盛和煜、黄晖;《亮剑》编剧都梁、江奇涛

◎优秀导演奖:《任长霞》导演沈好放;《乔家大院》导演胡玫

◎优秀男演员奖:李幼斌,在《亮剑》中饰演李云龙;王伍福,在《八路军》中饰演朱德

◎优秀女演员奖:刘佳,在《任长霞》中饰演任长霞;蒋勤勤,在《乔家大院》中饰演陆玉菡

《亮剑》剧照

《恰同学少年》宣传海报

《乔家大院》导演胡玫(前)在开拍仪式现场

《乔家大院》拍摄现场,右二为蒋勤勤

《八路军》拍摄现场

王伍福在《八路军》中饰演的朱德

《任长霞》宣传海报

电视剧《任长霞》拍摄现场

在《任长霞》中扮演任长霞的刘佳获优秀女演员奖

《插树岭》剧照

五、电视史料

中央电视台各频道开播时间表

频道	频道名称	开播时间	备注
CCTV-1	综合频道（以新闻为主的综合频道）	1958年5月1日试播，同年9月2日正式播出。	通过亚太1A、鑫诺1号卫星覆盖全国
CCTV-2	财经频道	1973年5月1日正式开播，当时为彩色电视试播。1987年2月1日以综合经济为主的CCTV-2开办。	通过亚太1A、鑫诺2号卫星覆盖全国
CCTV-3	综艺频道（以播出音乐歌舞为主的频道）	1986年1月1日开办，当时为北京的文艺体育混播频道。1995年11月30日改为文艺频道正式播出。1996年1月1日改称戏曲、音乐频道。1999年8月30日改称现名。	通过亚洲2号卫星覆盖全国
CCTV-4	分为亚洲、欧洲、美洲等	1992年10月1日开播，以海外华人华侨和港澳台同胞为主要对象的卫星电视频道。	通过泛美2号、3号、4号、9号、银河3R、亚洲2号、3S以及热鸟3号8颗卫星基本覆盖全国
CCTV-5	体育频道	1995年1月1日开播。	通过亚洲1A卫星覆盖全国
CCTV-6	电影频道	1996年1月1日正式开播。	通过亚洲1A卫星覆盖全国
CCTV-7	军事农业频道	1995年11月30日开播。	通过亚太1A卫星覆盖全国
CCTV-8	电视剧频道	在1986年1月1日开播的文艺频道的基础上创办，于1999年5月3日正式播出。	通过亚洲2号卫星覆盖全国
CCTV-9	纪录频道（分中英文）	原为英语国际频道，2000年9月25日正式播出。2011年1月1日更名为纪录频道。	
CCTV-10	科教频道（普及科学知识，传播教育理念，介绍中外文化遗产）	2001年7月9日开播。	
CCTV-11	戏曲频道（弘扬我国优秀戏曲艺术）	2001年7月9日开播。	
CCTV-12	社会与法频道	2002年5月12日开播，原为西部频道。2004年改为社会与法频道。	
CCTV-13	新闻频道	2003年5月1日开播。	通过中星6B和CCTV-新闻频道鑫诺3号卫星覆盖全国
CCTV-14	少儿频道	2003年12月28日开播，脱胎于原来的CCTV-7频道（少儿 军事 农业频道）。	
CCTV-15	音乐频道	2004年3月29日开播，以播出中外古典音乐和世界各民族音乐为主要内容。	
CCTV-News	英语新闻频道	2010年4月26日19:00开播，由中央电视台原第九套节目英语国际频道（CCTV-9）更名改版而来。	
CCTV-Français	法语国际频道	2007年10月1日开播。	
CCTV-Español	西班牙语国际频道	2007年10月1日开播。	

六、电视技术

（一）厦门广电集团、中央电视台"动中通"移动卫星直播系统

"动中通"作为移动式的发射站，首次使用了移动卫星通信技术，使新闻工作者到达新闻现场后将现场采集的信号通过卫星实时传回电视台直接播出，真正实现了载体天线移动状态下的不间断多媒体卫星通信。2007年厦门国际马拉松比赛直播中使用了"动中通"移动卫星直播系统，效果良好。

（二）中央电视台大型B系列高清转播车

该车是中央电视台在国家颁布高清晰度标准后购置的第一辆大型转播车，是2008年北京奥运前夕高清外场转播系统的试点工程，于2007年10月投入中央电视台重大外场转播的直播工作中，为中央电视台及国内高清转播车系统及车体设计提供了很好的范例，也为转播车制造及使用提供了很好的经验。

七、电视人物

（一）林旭乔

林旭乔是高级记者，历任广西电视台记者、采访科科长、新闻部副主任和主任、广西电视台副台长等职务，曾获得第二届"全国百佳新闻工作者奖"等新闻专业奖项和荣誉。

林旭乔

（二）任志宏

任志宏是中央电视台中文国际频道《国宝档案》《到西部去》等栏目主持人、解说员，1982年至1998年任职于山西电视台，1999年进入中央电视台工作。他曾录制演播短、中、长篇小说，诗歌散文，电视专题片，译制片，等等。

任志宏

八、电视出版

（一）《金鹰报》创刊

7月7日，湖南广播影视集团旗下的《金鹰报》正式创刊，该报是在原《湖南广播电视报》的基础上，由湖南经济电视台重新创办而成，是湖南广电集团实施跨媒体战略的一个组成部分。

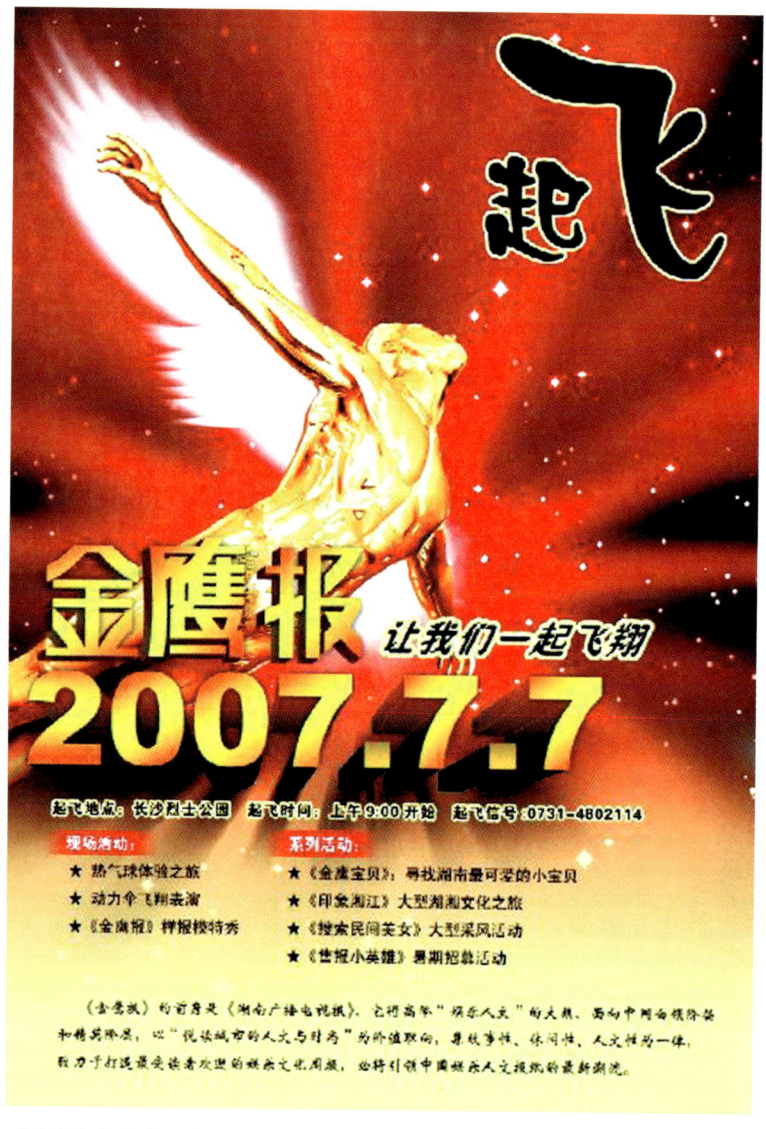

《金鹰报》宣传海报

（二）《广播影视数字化普及读本》

《广播影视数字化普及读本》由中国国际广播出版社2007年出版，它介绍了系统的理论知识、实用的推广方式和手段，面向广播影视系统、全社会普及数字化技术。

九、电视教育

中国传媒大学新增博士点

中国传媒大学艺术学新增动画学、数字媒体艺术、艺术与科学三个博士学位二级学科授权点，以及动画学、数字媒体艺术、游戏、艺术与科学四个硕士学位二级学科授权点。

2008年

一、大事记

1月1日,地面数字电视在北京开播,转播中央电视台的高清综合频道和中央电视台、北京电视台的六套标清频道,这标志着我国地面数字电视广播的正式启动。

1月1日,中央电视台体育频道更名为奥运频道,台标增加奥运五环标志,标志着中央电视台奥运报道的全面展开。

中央电视台奥运频道启动仪式

中央电视台奥运频道标识

5月1日，北京电视台奥运高清频道开播。

5月1日，中央电视台高清综合频道（CCTV-22）正式开播。中央电视台高清综合频道是中央电视台第一个开路播出的高清电视频道。

中央电视台高清频道勺标

中央电视台高清频道宣传界面。2013年8月18日，中央电视台高清综合频道停播

中央电视台高清频道播放的节目画面

中央电视台高清频道播放的节目画面

6月9日,"中星9号"直播卫星升空,成为中国直播卫星的里程碑事件。

"中星9号"直播卫星发射场景

6月20日,湖南电广传媒控股的湖南有线电视网络集团与国家开发银行、中国建设银行、中国银行签订贷款合同,贷款33亿元,贷款期限15年,主要用于湖南有线电视的数字化改造和建设。

贷款签约仪式

8月8日,中央电视台第一、二、三、五、七和新闻、高清综合7个频道对北京奥运会开幕式盛况进行了现场直播。46个地方卫视频道、3个付费频道、31个省级广播电台对开幕式进行了并机转播,完成了开幕式的安全播出和传输任务。

奥运频道《荣誉殿堂》栏目主持人刘建宏

12月,北京、天津、青岛、济南、上海、沈阳6个奥运城市以及广州和深圳两地开播了地面数字电视,转播CCTV高清频道。

二、政策法规

1月1日，国务院办公厅转发了由发改委、科技部、财政部、信息产业部、税务总局和广电总局联合制定的《关于鼓励数字电视产业发展的若干政策》。

1月14日，国家广播电影电视总局发布《〈中外合作制作电视剧管理规定〉的补充规定》。

7月11日，国家广播电影电视总局发出《关于严禁有线电视网络机构在节目转播中插播广告的通知》，纠正违规插播广告和游动字幕广告的问题。

三、电视栏目和节目

（一）新闻类

1. 中央电视台：《汶川地震特别报道》

2008年5月12—20日，中央电视台各频道推出直播特别节目。5月12日14时28分，四川省汶川县发生8级地震，当天下午，中央电视台记者迅速赶赴汶川灾区进行采访报道。12日15:20开始，中央电视台新闻频道开始直播特别节目《关注汶川地震》。当晚《新闻联播》及时播出了一组地震报道。截至5月20日，中央电视台各频道推出的直播特别节目总时长达676小时，创中国电视直播史纪录。

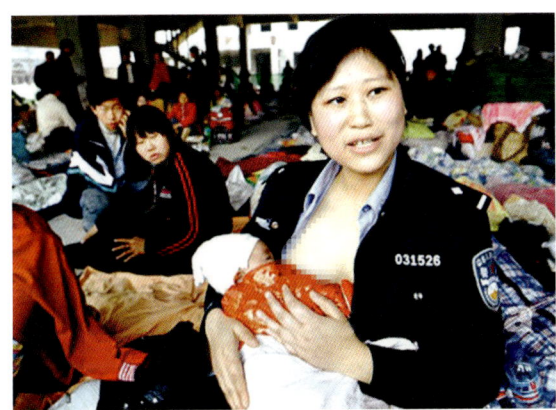
《汶川地震特别报道》节目画面

2. 中央电视台：《圣火耀珠峰》

2008年5月8日，CCTV-1、CCTV-4、CCTV-5、CCTV-9于6:30至12:00播出，时长330分钟，现场直播中国火炬手登上珠峰成功点燃圣火的经过。此次转播创造了中国电视史上的很多纪录：第一次拍摄顶峰的全程、第一次使用高清技术、第一次用三维动画全面细致反映珠峰不同高度的地形地貌特征、形象直观地展现攀登进程等。

奥运频道播出的《圣火耀珠峰》节目片头

高清频道播出的《圣火耀珠峰》节目画面

3. 北京北广传媒移动电视公司：《移动直通车》

这是北京移动电视与北京交管局联合推出的一档以交通、新闻资讯、服务信息为主的大型直播栏目。栏目以公交受众关注的内容为出发点，新闻资讯、服务信息、大众娱乐构成栏目的三大主要内容。新闻资讯以民生为主，将早、晚高峰的路况播报和公交信息有机地结合起来，突出"新闻性、资讯性、服务性、娱乐性"，内容包括新闻、路况、资讯、生活信息、MTV，风格轻松、格调高雅、适宜公交乘客观看。

乘客在收看《移动直通车》

（二）专题类和杂志类

1. 中央电视台：《震撼》

《震撼》中央电视台新闻频道（CCTV-13）于2008年5月25日至30日21:30播出，共6集，每集45分钟。栏目从不同的角度，以全景式扫描为经线，以感人的故事为纬线，全方位勾勒抗震救灾的图景。它着力表达了党中央、国务院领导全国人民应对灾难创造的"中国奇迹"，突出表现了人民解放军在抗震救灾中的主力军和突击队作用，重点展示了基层组织和党员干部的战斗堡垒作用，热情颂扬了青少年不畏艰险、乐观向上的精神，理性分析了志愿者在抗震救灾中的表现。

2. 江西电视台：《传奇故事》

此栏目是江西电视台卫星频道于2005年1月1日推出的，每天21:25播出，时长30分钟。主播金飞每期讲述一个关于真善美、德义理的鲜活故事，罪错情仇、冷暖人生都融在这些故事中。主持人对故事进行的精妙的点评，提升了故事内涵，起到了很好的道德教化作用。

《传奇故事》主持人金飞

（三）教育类

1. 重庆卫视：《拍案说法》

《拍案说法》是由重庆卫视于2000年6月19日播出的一档本土普法栏目，由原《法制经纬》节目改版而成。该档栏目以案说法、以法断案，立足本市、放眼全国。栏目以纪实性叙述风格展示案发现场，知情人、现场目击者参与拍摄演绎精彩案例，法制专家在演播室讨论评说，主持人以说书人身份引领观众进入法制世界。

《拍案说法》节目画面

2. 湖北卫视：《有奖有法》

《有奖有法》是湖北卫视力推的一档全民参与的游戏互动栏目，栏目娱乐性、互动性强，以游戏的方式诠释枯燥的法律条文，让观众在欢笑中感知法律的意义，结合看案例、作选择等方式，让观众在轻松娱乐的氛围中学法。

《有奖有法》节目画面

（四）纪录片类

1. 上海电视台：《红跑道》

《红跑道》由上海电视台纪实频道于2008年6月1日播出，时长70分钟。该片讲述上海市卢湾区一群练体操的孩子及其他们家庭的故事。这些孩子在人们的期盼和教练的帮助下，经历着身体和心灵的成长，并试着用眼睛寻找甜蜜和光荣。全片没有采访、解说，仅仅用"场"来讲述故事和人物，用客观的方式描述孩子们的欢笑和泪水，容易引发观众的共鸣。

2. 中央电视台：《见证·影像志》

此栏目致力于提供当代中国现实社会的深度写真，通过纪录片的独特观察方式，描摹中国改革时代的历史画卷，客观、平实、深入地为转型期的中国留下一份珍贵的影像志。此栏目致力于纪录片的栏目化生存，是带摄影机的忠实记录者，为时代和观众见证那些不动声色而又惊心动魄的变化。

《红跑道》节目画面

《见证·影像志》片头

《见证·影像志》节目画面

（五）综艺类和艺术类

1. 浙江卫视：《我爱记歌词》

《我爱记歌词》是浙江卫视推出的一档综艺栏目，采取全民唱歌、不设门槛的方式，规则简单到只有一条："能唱对歌词。"只要你能唱对规定的歌词就算你赢。该栏目将卡拉OK和歌词记忆完美地结合了起来，创造了近年来浙江卫视自办栏目的收视率纪录，成功远销至东南亚、落地欧美。

2. 湖南电视台：《奥运向前冲》

本栏目是湖南经济电视台综合频道于2008年5月1日、湖南卫视于6月2日开播的一档大众参与、集娱乐性与竞技性于一身的栏目，发扬全民运动的精神，紧扣奥运主题。

《我爱记歌词》节目画面

《奥运向前冲》节目现场

3. 广西卫视：《金色舞台》

《金色舞台》是中国首个展示中老年人艺术才华的大型综艺栏目。广西电视台专门为全国中老年观众提供全新创意制作，展示普通中老年人业余生活和艺术才华，让普通中老年人有机会走进高雅的艺术殿堂。

《金色舞台》节目现场

（六）电视剧类

1. 中央电视台等：《李小龙传奇》

《李小龙传奇》由李文岐导演，钱林森、张建广联合编剧，陈国坤等人主演。该剧讲述了李小龙在青年时期学武，到美国后的成长以及最后进军好莱坞的人生历程。该片2008年10月在中央电视台播出后取得了巨大的收视成功。

《李小龙传奇》剧照

2. 广东南方电视台等：《潜伏》

《潜伏》是一部由孙红雷、姚晨等领衔主演，姜伟、付玮执导的谍战电视剧，2009年上海电视节白玉兰奖评奖评价该剧"把此类题材电视剧提到了一个新的高度"。该剧主要讲述1945年年初国民党军统总部情报处的余则成弃暗投明成为潜伏在军统的中共地下党员的故事。

3. 山东电视台等：《闯关东》

《闯关东》是一部由张新建、孔笙执导，高满堂、孙建业编剧，李幼斌、萨日娜等领衔主演的电视剧。该剧讲述了从清末到"九·一八"事变爆发前，一户山东人家为生活所迫而离乡背井闯关东的故事。故事以主人公朱开山复杂、坎坷的一生为线索，其中穿插了朱开山三个性格、命运不同的儿子在闯关东路上遇到的种种磨难和考验。该片2008年1月在中央电视台首播。

《闯关东》剧照

《潜伏》剧照

四、电视评奖

（一）新闻类

1. 第十八届（2007年度）"中国新闻奖"

本届"中国新闻奖"有261件作品获奖，其中一等奖39件、二等奖79件、三等奖143件；还有19个设奖名额空缺，其中一等奖空缺7个。获得一等奖的电视作品如下：

◎电视消息：《我们要什么样的世界第一》，王勇等，上海文广新闻传媒集团电视新闻中心

◎电视消息：《交警来开会 高速路堵车》，李立家等，黑龙江电视台

◎电视专题：《岩松看日本：多元交织的二战史观》，白岩松等，中央电视台

◎电视系列：《中国—东盟合作之旅》，集体，广西电视台

◎电视访谈：《沙祖康：我是中国派》，王志等，中央电视台

◎电视直播：《大雨袭杭州·抗击"罗莎"特别直播》，集体，杭州电视台

◎电视编排：8月8日《北京新闻》，集体，北京电视台

◎新闻名专栏：《劳动者之歌》，中央电视台等；《新闻调查》，中央电视台；《法治进行时》，北京电视台

《我们要什么样的世界第一》节目画面

《岩松看日本：多元交织的二战史观》节目画面

《法治进行时》节目画面

陆海鹰

周国梁

赵赫

流云（中）

2. 第九届（2008年度）"长江韬奋奖"

白岩松，中央电视台

成洋，福建广播影视集团

陆海鹰，海南广播电视台

周国梁，黑龙江电视台

格桑尼玛，西藏电视台

姜丽彬，黑龙江电视台（2015年被撤销）

（二）文艺类

2008年中国播音主持"金话筒"奖

◎电视播音员主持人金奖

孙正平、赵赫、康辉，中央电视台

马志海，广东南方电视台

庞晓戈，河南电视台

尹畅，天津电视台

金飞，江西电视台

贺笑，江苏省广播电视总台

流云，甘肃省广播电影电视总台

方琼，河北电视台

五、电视史料

中共中央总书记、国家主席、中央军委主席胡锦涛2008年1月22日上午在北京同全国宣传思想工作会议代表座谈。以下为讲话内容节选（据2008年1月23日《人民日报》）：

做好当前和今后一个时期的宣传思想工作，在新的历史起点上开创宣传思想工作新局面，要坚持高举旗帜、围绕大局、服务人民、改革创新。高举旗帜，就是要把深入学习宣传贯彻党的"十七大"精神作为首要政治任务，高举中国特色社会主义伟大旗帜，坚持以邓小平理论和"三个代表"重要思想为指导，深入贯彻落实科学发展观，把坚持马克思主义基本原理同推进马克思主义中国化结合起来，用党的理论创新成果武装头脑、指导实践、推动工作，巩固马克思主义在意识形态领域的指导地位。围绕大局，就是要认真贯彻中央的决策部署，紧紧围绕经济建设这个中心，坚持正确导向，把社会效益放在首位，一手抓繁荣、一手抓管理，大力倡导一切有利于国家富强、民族振兴、人民幸福、社会和谐的思想和精神，着力推动科学发展、促进社会和谐，为改革开放和社会主义现代化建设提供有力的思想保证、营造良好舆论氛围。服务人民，就是要坚持以人为本，贴近实际、贴近生活、贴近群众，充分发挥人民主体作用，把人民是否满意作为根本标准，尊重差异、包容多样，努力满足人民多层次、多方面、多样化的精神文化需要，让人民共享文化发展成果，促进人的全面发展。改革创新，就是要用时代要求审视宣传思想工作，以改革精神推动宣传思想工作，积极创新内容形式、方法手段、体制机制，增强吸引力和感染力，努力做到体现时代性、把握规律性、富于创造性。

六、电视技术

（一）中央电视台北京奥运会高清网络节目制播系统

中央电视台北京奥运会高清网络节目制播系统实现了大型体育赛事报道全流程的无磁带网络化的制播流程，实现了多址在同一平台上的协同工作、资源共享，达到了高效、及时、多频道、大节目量、低成本生产节目的效果。

中央电视台奥运转播场景

（二）移动多媒体广播电视（CMMB）的技术

此时，我国完成了具有自主知识产权的移动多媒体广播电视（CMMB）的技术研发、标准体系建立、设备产业化和规模技术试验等工作。2008年6月，全国37个主要城市开播CMMB信号，转播中央和当地的七八套电视节目和4套广播节目。2008年8月，此技术成功服务于北京奥运会，第一次用于转播奥运会。截至2008年12月，全国147个城市已建设了CMMB覆盖网。

七、电视人物

（一）白岩松

白岩松是中央电视台主持人、新闻评论员，任《焦点访谈》《新闻周刊》《感动中国2008》等栏目主持人。他主持节目的风格深刻而不呆板，活泼而不媚俗，摒弃简单播报与表演的形式，成为新一代电视人的代表之一。

白岩松

（二）蒋雯丽

蒋雯丽作为影视演员，获得众多专业奖项，主演过《牵手》《大宅门》《金婚》《中国式离婚》等多部有影响力的电视剧。

蒋雯丽（右）《金婚》剧照

八、电视出版

（一）《中国广播电视文艺大系（1977—2000）》

《中国广播电视文艺大系（1977—2000）》由中国广播电视出版社于2008年出版，共计8卷12本，约700万字。作为对现存广播电视资料进行发掘和抢救工作的重头作品，本书的出版填补了广播电视资料整理和保护领域的空白，对于我国正在建设和完善的广播电视学科具有重要的史学价值。

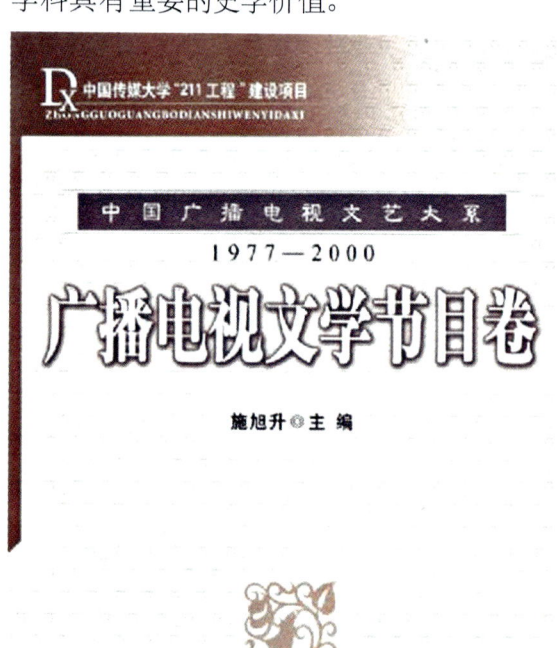

《中国广播电视文艺大系（1977—2000）·广播电视文学节目卷》封面

（二）《山西广播电视报》

《山西广播电视报》是山西广播电视台主管、主办的一份行业报纸，于1952年4月15日在山西省太原市创刊。报刊以"为广播电视宣传服务，为听众、观众、读者服务"为宗旨，以"背靠声屏、面向社会、立足山西、服务家庭"为编辑方针。

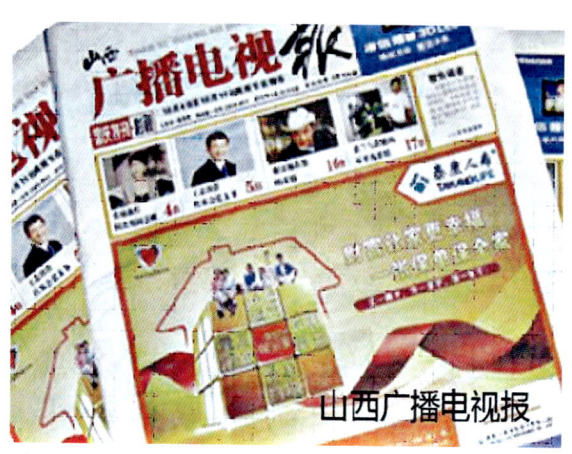

《山西广播电视报》

九、电视教育

中国传媒大学成立凤凰学院

中国传媒大学凤凰学院成立于2008年5月，是中国传媒大学与凤凰卫视有限公司联合创办的隶属于中国传媒大学的高级教育培训学院。

第二部分
台湾 开放转型期(2000—2015)

概 述

2000年,台湾实现首次政党轮替。传媒管理更为开放,电视业开始转型,转型的方向主要有:

第一,市场化、民营化。2003年,台湾修订了和无线广播电视、有线电视、卫星电视相关的法律,推动"党政军"股份退出广电媒体。

第二,公共化。台湾出台电视公共化系列法规,确立公共媒体制度,包括2000年的《传播政策白皮书》、2001年的《无线电视公共化政策》、2002年的《台视、华视"一公一民"评估及评估执行方案》、2004年的《电视公共化政策》和2006年的《无线电视事业公股处理条例》。2006年7月,中华电视台(简称"华视")与1998年成立的公共电视台(简称"公视")联合,成立公共广播电视集团(简称"公广集团")。2007年1月1日,客家电视台、台湾宏观电视等加入公广集团。

第三,数字化。2001年6月,台湾遵循"技术中立,市场导向"原则,由经营者根据需求决定使用的系统,再向主管部门报请核备,这掀开了无线电视台数字电视发展的新篇章。2008年5月15日,公视率先在台北、高雄两地正式播出台湾第一个高清电视频道HiHD,其他无线电视台也相继展开试播。2012年6月30日,台湾通讯传播委员会(NCC)关闭全台无线电视的模拟讯号。模拟电视讯号的关闭,标志着台湾电视产业迈入全面数字化的时代。

据台湾"通讯传播委员会"统计,截至2015年12月,台湾无线电视经营者有5家(台视、华视、中视、民视、公视),共20个频道;有线广播电视系统经营者共61家,订户504.3万户,普及率59.62%,其中数字机顶盒订户440.8万户,占有线订户的87.41%;有线电视播送系统3家;直播卫星广播电视服务经营者6家,其中境内2家,境外4家;卫星广播电视节目供应商115个、提供频道299个,其中境内93家、181个频道,境外30个、频道118个。

一、大事记

2000年1月17日,"中天频道"更名为"中天新闻台";"大地频道"更名为"大地电视台"。

2000年8月,台湾开始试播数字电视。

2000年8月,台视新闻部发起《新闻自由公约》。

2000年11月,21所大学院校,117位传播学界、实务界人士及学生共同发起的"无线电视民主化联盟"成立,该联盟主张反对彻底私有化,台视、华视公共化,中视、民视专业化及无线电视民主化,尤其强调台视、华视应交还公众手中。

2001年11月，台湾电视公司（简称"台视"）北京新闻中心成立，成为台湾第一家在北京成立新闻中心的无线电视台。

2001年11月，台湾电视公司在北京成立新闻中心

2002年10月21日，中国电视公司（简称"中视"）成立第一个数字电视频道——My Life Channel，即中视数字生活频道，这是为医院规划的专属频道。

2002年11月1日，台湾电视公司成立宏观电视项目中心。

2003年7月1日，客家电视台开播，简称客家台、客台、客视，英文简称为Hakka TV，是全球第一个也是目前唯一专属客家、全程使用台湾客家语发音的电视频道。

客家电视台标识

2003年7月4日，三立电视台向证交所申请上市，这是台湾第一家申请上市的有线电视台。

2003年10月7日，中华电视公司（简称"华视"）取得多媒体随选视讯服务（MOD）全区执照，进军数字电视市场。

2003年，东森媒体科技（EThome）正式推出付费数字电视服务，包括6个境外免费频道及东森女性学苑、东森医疗健康等5个付费频道。

2004年1月，"中天信息台"转型为综合频道，更名为"中天综合台"。

2004年4月16日，民间全民电视公司（简称"民视"）推出台湾交通台移动电视频道，并自创"飞来讯"机顶盒，主攻移动电视市场。

2004年4月28日，台湾电视博览馆开馆。

台湾电视博览馆入口

2004年5月15日，台视的自动播控系统由模拟自动播控系统转换成数字多频道自动播控系统。

2004年6月11日，民间全民电视公司数字频道台湾交通电视台开播。

台湾交通电视台标识

截至2004年12月31日，台湾共有75家卫星广播电视公司，其中60家属境内卫星广播电视公司，15家属境外卫星广播电视公司。

截至2004年12月31日，台湾取得营运许可证并开播跨经营有线电视的有63家（均以股份有限公司的方式组成），另外一家固网经营者"中华电信"也开始跨业经营有线电视。63家有线电视系统，形成了东森、中嘉、太平洋、台基网、卡莱尔五大集团，另外还有由地方人士所经营的独立系统。

2005年12月24日，国民党将华夏投资公司掌控的中视股权售予一个在香港注册成立的财团，"党政军"退出中视经营。

2005年8月18日，"中华电信"的"中华电信大电视"开播，强调交互电视与随选视频功能。2006年，"中华电信大电视"改名为"中华电信多媒体内容传输平台"，简称"中华电信MOD"。2006年10月，台湾通讯传播委员会核准"中华电信MOD"的经营。

2006年2月，台湾通讯传播委员会成立。它是台湾负责电信、通讯、传播等讯息流通事业的最高主管机构，是附属于台湾行政主管部门之下的独立机关。在此之前，通讯传播事业的管理由台湾行政主管部门下的新闻局、交通部门下的电信总局等多个机关负责。

2006年7月，华视与公视合并，组成台湾公共广播电视集团（简称"公广集团"）。

2007年9月18日，华视宣布与我视传媒（当时网址为im.tv）合作成立网络电视网站"我的华视"（当时网址为cts.im.tv）。华视成为台湾第一家涉足网络电视的电视台。

2007年9月，台视实现民营化，成为台湾最后一家实现官股（即政府持有的股份）完全退出的无线电视台，正式迈向全民营化。

2008年2月，公视率先测试台湾第一个高清电视频道HiHD。

2008年11月，旺旺集团入主中视，并于2009年与中时媒体集团整合为"旺旺中时媒体集团"。

2008年12月18日，私募基金安博凯（MBK）以购买股份的方式取得八大电视百分百的股权。2011年2月15日，瑞典私募基金EQT Partners股拓集团大中华基金Ⅱ与八大电视总经理林柏川全面收购八大电视的百分百股份，取得经营权。

2009年7月7日，壹传媒传讯网股份有限公司（壹传媒电视广播公司前身）获准设立。壹电视正式成立。

2009年9月，三立电视创立数字品牌iSET，在台湾电视产业首创泛娱乐数位平台入口网站，整合电视官方网站、创作互动平台与线上购物。在台湾电视产业中，它第一次将所有节目完全以博客平台经营节目的方式展示给观众群体，对台湾电视传统产业进行数字化经营，对行业产生了冲击效应，各电视台纷纷效仿。

2010年12月，三立电视台打造新闻台的数字环境，建构新闻无带化的制播流程，打造亚洲最先进的新闻数字摄影棚。

2011年5月3日，三立财经台开播，频道定位为24小时提供全球财经情势。

2012年6月30日，台湾通讯传播委员会关闭全台无线电视的模拟信号，这标志着台湾电视产业迈入全面数字化的时代。

2012年6月30日，原属有线电视频道的客家电视台成为台湾第六家无线电视台。

2012年7月25日，台湾通讯传播委员会有条件通过旺旺和中时媒体集团并购台湾最大有线电视系统商中嘉网络案。

2012年7月21日，中视HD台、台视HD台开播。7月25日，华视HD台开播，这标志着台湾正式进入高清电视时代。

二、电视栏目和节目

（一）新闻类

1. 中视：《中视新闻全球报导》

此栏目是中视晚间新闻栏目，播出时间是周一至周五18：28至20：00，周六、周日18：57至20：00。根据AC尼尔森收视率调查，《中视新闻全球报道》是台湾收视率最高的电视新闻节目。

1991年2月5日，《中视全球报导》与《中视晚间新闻》合并为《中视新闻全球报导》。1991年3月8日，中视新闻部重新调整主播方式为单主播制：1991年3月11日起，每周一至周五由沈春华主播，每周六至周日由姜玲和陈若华轮流主播。

《中视新闻全球报导》有三个特色：周一至周五固定报道至少一个需要社会关怀的弱势家庭或一个弱势人物努力上进的事迹，以及每天固定报道至少一则艺文消息；一年之中，仅有少数几天未报道前者或后者；前40分钟完全没有广告。2007年4月22日起的每周一至周五，前者有了一个固定的单元名称叫"台湾心闻"，排在"新闻扫描"单元之后播出；而后者则固定于首次广告之前播出。《中视新闻全球报导》在播放各段新闻影片之前，会随着新闻带给人们的心情选择不同的背景音乐。

《中视新闻全球报导》2014年上半年版片头

《中视新闻全球报导》2010年8月13日片头

《中视新闻全球报导》2010年8月13日片头，主播为沈春华

2. 公视:《公视新闻深度报导》

该栏目创办于2001年4月,由公视新闻栏目《大世纪》沿革而来,叶明兰主播,每周一至周五21:30播出。《公视新闻深度报导》坚持理性、公正、完整等原则,在教育、文化、环境生态、人权、劳动、社会福利等长期为商业媒体忽视的重要话题上不断深耕,为观众提供不同的思考方向。

3. 公视:《七点看世界》

它是2001年台湾唯一的带状国际新闻常态栏目,由东吴大学政治学系教授刘必荣担任主播兼评论员。主持人以丰富的学养分析国际形势与重大议题,深入浅出,帮助观众拓宽视野,与世界同步。

4. 公视:《全球现场》

《全球现场》是现今台湾少数全面播放国际新闻的信息栏目。2002年7月由《七点看世界》沿革而来,播出时间为每周一至周五19:30至20:00,以国际政经新闻及解析为主。第一任主播兼解析员为东吴大学政治学系教授刘必荣。

该栏目于2008年2月28日停播,2011年6月18日复播,首播时间定为每周六至周日20:30至21:00,每周六定名为《全球现场:深度周报》,每周日定名为《全球现场:漫游天下》。《全球现场:深度周报》以国际政经新闻及解析为主,《全球现场:漫游天下》则以软性国际新闻为主。

《全球现场:深度周报》片头

《全球现场:漫游天下》节目画面

5. JET综合台：《新闻挖挖哇》

本栏目前身为卫视中文台夜间谈话类栏目《新闻e点灵》，于2002年在超级电视台开播，2010年改在JET综合台播出。它是邀集各行各业知名人士探讨话题的谈话类栏目，讨论主题主要为新闻事件，包罗万象，包括台湾历史、宗教、族群、演艺、社会、法律等问题；它也常讨论基层的民生经济与政治问题。另外，该栏目虽也如同一般谈话栏目那样写有流程脚本，但是从不事先彩排，因此时常会随着话题走向而不按常理出牌。

《文茜的世界周报》片头

《新闻挖挖哇》片头

6. 中天：《文茜的世界周报》

中天新闻台制播的国际新闻节目，于2005年9月3日开播，由知名新闻工作者陈文茜主持，是台湾少数独立制播的国际新闻节目之一，同时也是中天新闻台老牌节目，开播至今近十年仍维持高收视率。《文茜的世界周报》每周制播不同主题的专题（例如长期关注的《气候变迁》等专题），也因此为它带来高收视率。2010年《文茜的世界周报》获得"电视金钟奖综合节目奖"。

《文茜的世界周报》早期是以全球新闻观点为主的新闻节目，2010年起重新改版，增加对大陆相关新闻的比例，每周固定制作至少一则、至多整集的中国大陆专题。

《文茜的世界周报》节目画面

7. 公视：《公民众意院》

《公民众意院》于2006年4月1日开播，于2008年3月1日停播，由谢震武主持。它以来自各地各行业的公民为主，学者、专家为辅，由制作方提供涵盖各领域的可阅读数据给予参会者事前阅读，设定提问方向。该栏目的讨论模式成为公视新闻的一大特色。

《公民众意院》录像实况

8. 中视:《中视新闻6一下》

中视数字台于2009年8月31日开播的一档晚间生活娱乐新闻栏目,简称《新闻6一下》。栏目选在卡通时段推出,是希望能带给全家大小欢乐、喜悦的心情。它偏重网络奇搜、最新发明与科技以及轻松的休闲娱乐讯息,但凡烧杀掳掠、政坛纷争等看了会导致人们心情不好的新闻均不在栏目选材范围之内。栏目主持人为洪怡惠。

9. 东森:《关键时刻》

东森新闻台制播的谈话类新闻栏目,其口号为"新闻万象、内幕追击"。栏目内容主要讨论近期的台湾或国际新闻、内幕、历史、奇闻、科技、政经、军事、外星人、太空科学、社会结构、秘史及都市传奇。每期节目通常为当天预录播出,但当天如遇突发重大事件则以现场直播的方式播出。栏目由刘宝杰主持。

《关键时刻》宣传海报

《中视新闻6一下》片头

10. 公视：《PeoPo公民新闻》

《PeoPo公民新闻》是公共电视台于2007年4月30日推出的公民新闻平台，为台湾第一个公民自主影音新闻平台，开台时口号为"你的小故事，我的大新闻"，意在扩大公民参与，传达本土声音。"PeoPo"是英文"People Post"的缩写，强调每个人都有发声权利；也取闽南语"撇步"的谐音，希望受众能够分享自己的专业领域知识，强化草根精神。PeoPo自我定位为一个跨越网络与电视的平台。

11. 台视：《从台北看天下》

该栏目于2008年到2009年播出，以台湾人的视角，分析世界古往今来的政治、军事、财经与文化等领域的大事。此栏目在台湾收视率颇高，因为它为台湾民众提供了有别于CNN、BBC和NHK的新闻观点。

《PeoPo公民新闻》第二代标识

《从台北看天下》宣传海报

12. 公视：《独立特派员》

自2007年开播以来，该栏目秉持"抗权势、说真话"的精神，深入最具争议性的新闻现场，挑战其他媒体回避的敏感议题，为观众挖掘新闻事件背后鲜为人知的真相，发挥公共媒体的力量。以"独立的、深度的、调查的"为宗旨，《独立特派员》除了持续关怀弱势群体、发掘事件真相、对抗体制不公外，也试图解决现阶段的社会困境，将"看趋势"的概念注入节目中。

《独立特派员》节目画面

《独立特派员》节目标识

（二）专题类和杂志类

1. 公视：《我们的岛》

《我们的岛》于1998年11月1日正式播出。该栏目是公共电视开播以来历史最久的新闻专题栏目，也是目前台湾媒体中少数以环境生态为主题的栏目。从开播以来，该栏目就一直以守护台湾环境、监督环境政策、彰显环境正义以及寻找环境出路为理念。该栏目忠实记录台湾的环境现况，尝试为受伤的大地找寻希望，将岛上最美的、最丑的、最令人感动的、最令人伤心的环境影像真实地呈现给观众。

2. 公视：《公视演讲厅》

《公视演讲厅》于2001年开播。每周录制播出重要的演讲，以"人物"为主轴，涵盖政治、社会、财经、教育、文化、边缘议题等各类领域，让"有智能的人"能够与公众分享其理念、经验与人生，并推广前瞻、宏观、创新的理念与视野。

《公视演讲厅》早期节目片头

《我们的岛》节目画面

《公视演讲厅》2014年3月节目片头

3. 台视：《台湾生态笔记》

《台湾生态笔记》于2001年2月开播，以人与自然之间的生态互动为主题，带领观众发掘台湾岛上目前所遭遇的环境问题，同时也让观众进一步了解台湾生态之美以及台湾独一无二的珍贵物种。该栏目制作严谨、生动，获各界好评，曾荣获"台湾媒体观察基金会优质节目奖"。

5. 公视：《客家新闻杂志》

《客家新闻杂志》是单元式新闻专题报道栏目，由公视客家电视于2001年9月推出，吴奕蓉主持。《客家新闻杂志》以维护客家文化、凝聚客家族群为共识，是公视新闻的代表性栏目。

《客家新闻杂志》节目画面

《台湾生态笔记》片头

6. 民视：《民视监察怨》

该栏目于2001年开播，抱着终结民怨、为民喉舌的使命，由具有律师身份的主持人谢震武在电视屏幕前升堂办案，真人真事、翻案大审判，传达法律相关常识。栏目内容公平陈述双方的说法与冤情，给观众留下了评论的空间。同时双方真实的冲突、对质，凸显人性、真情、公理、正义等，是吸引观众的主要因素。

4. 民视：《消费高手》

《消费高手》是台湾民视一档拥有超高收视率的电视栏目，由著名主播、著名主持人支艺桦主持。《消费高手》内容涵盖美容保养、健康养生、时尚潮流、美食家居、旅游出行、理财消费等，引导观众如何买到物超所值的东西，被称为"生活精算大师"。

《消费高手》片头

7. 民视:《民视异言堂》

《民视异言堂》是固定在民视新闻台周六播出的时事专题讨论栏目,分成三大部分,每一部分都会有记者专访的时事专题,结束后都会有广告。该栏目内容大多属于生活题材。

《民视异言堂》片头

《民视异言堂》节目画面

8. 台视:《企业名人堂》

《企业名人堂》是以邀访企业精英为主的财经访谈栏目,主要畅谈企业经营之道、企业名人的管理哲学与成功秘诀,让观众分享每位成功企业家背后感人的小故事和成功经验。林益如担任主持人。

《企业名人堂》节目画面

《企业名人堂》宣传海报

9. 台视：《宝岛乡土情》

《宝岛乡土情》是一档深度报道栏目，以农民的奋斗精神、打拼故事为报道主轴，呈现本土农民与环境之间的抗争故事以及农政单位协助努力的事迹，记录所有在这块土地上打拼的农民的点滴故事，唤起台湾人对这片土地的感情，表达台湾这块土地的美丽。

10. 台视：《发现新台币》

该栏目讲述企业家或小老板的奋斗故事，了解开店的成败关键、利润营收、个中甘苦，同时提供最新理财讯息、掌握业界脉动。2009年6月，《发现新台币》更名为《热线追踪》。

《宝岛乡土情》片头

《发现新台币》节目画面

《发现新台币》官网介绍页面

（三）教育类

1. 台视：《台湾空中文化艺术学苑》

本栏目是由"文建会"、财团法人台湾地区文化基金会和台中图书馆主导，以"台湾文化"为课程教材，以全民为对象的民众学习计划。此计划的全部课程包括"语言""历史""自然""地理""艺术"及其他内容，使身处台湾这块土地上的人们更深刻地认识它，体会并了解台湾本土文化。

2. 大爱电视：《发现台湾大地奥秘》系列片

本系列片共有5集，以台湾岛的形成、演化和现况为主轴，介绍台湾岛的生成与发展。5集系列片有共同的故事主轴，又互相独立，讲述台湾在地壳运动史上的特殊性和丰富的地质知识。

3. 中视：《MIT台湾志》

该栏目由中视数位台2002年4月7日首播，并播出至今，由麦觉明执导与制作。该栏目引领观众探访台湾，见证前人留下的历史足迹，为台湾这块土地留下一段完整记录，并结合数据照片与麦觉明口头解说，让观众可以拼凑出当年的历史。在栏目的每段广告之前会出现一则专题解说，这是该栏目的另一个特色。

《MIT台湾志》片头

4. 中视：《新世纪新愿景》

本栏目根据青少年的特质进行规划，设计与青少年成长相关的话题，邀请生活经验丰富的各界人士进行深入的讨论，协助青少年发现问题并解决问题。

《发现台湾大地奥秘》片头

（四）纪录片类

1. 公视：《纪录观点》

《纪录观点》是台湾电视史上第一个播放本土纪录片的常态栏目，反映社会各角落多元化的真实故事，鼓励创新、实验与批判的观点，提供边缘或弱势族群发声通道，实践公共电视长期发展纪录片的政策，并促进纪录片的多元化发展。

2. 公视：《山有多高》

该片在各种不经意的相处细节中，暗暗透露家人间的心理距离和内在状态，佐以主创汤湘竹自己的旁白，仿佛日记篇章般一页页地诉说自己身为儿子同时也为人父的心境。

《纪录观点》宣传海报

《山有多高》宣传海报

3. 公视：《台湾世纪回味》系列

此系列以开放的观点呈现普通人的生活，不主张批判社会，也没有挖掘边缘族群，只是以温馨感人的方式回味20世纪的变化，回顾台湾百年流金岁月。片中依不同时节实地采访，并透过相关的历史影片与档案数据，配合生动的摄影与剪辑，探索世纪人物的内心世界以及时代、土地的变化。

《台湾世纪回味》节目画面

4. 公视：《清文不在家》

《清文不在家》是《流离岛影》系列的作品之一，导演为郭珍弟。该片以兰屿为背景，描述一位总是不在家的雅美族人，反映了台湾少数民族长期以来面临的困境。

《清文不在家》节目画面

5. 公视：《台湾百年人物志》

《台湾百年人物志》是台湾公共广播电视集团于2000年筹划的一档栏目。该栏目内容以人物为经、事件为纬，回顾台湾百年历史。第一季节目以日本殖民统治时期的人物为主，包括林献堂、蒋渭水、马偕、莫那·鲁道、邓雨贤、陈澄波，第二季节目有雷震、殷海光、尹仲容等人。公共电视台广泛邀集台湾史学者，经过三次评选，挑选出28位对台湾具有影响力的人物。这些人物皆已辞世，领域涵盖政治、艺术、文学、学术、财经等各界。

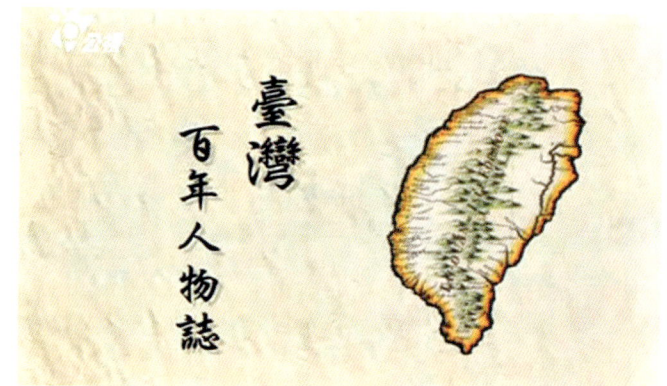

《台湾百年人物志》片头

《台湾百年人物志》节目画面

《台湾百年人物志》节目画面

6. 公视：《阿祖的儿子》

本片是由《商业周刊》委托摄制、探讨隔代教育问题个案的影片，导演为吴念真，2004年拍摄后在公视播出。故事情节围绕一位70多岁的老阿祖和他6岁的曾孙阿宏展开。母亲在17岁时生下阿宏后，就把他交给外曾祖母抚养。小小年纪的阿宏跟着阿祖，仿佛是"阿祖的儿子"。家中老的老、小的小、残疾的残疾，因此，家人根本没有太多力气关注阿宏的成长。

7. 台视：《大象男孩与机器女孩》

该片于2006年在公视播出。该片记录的是祥祥和珊珊这两个勇敢的残障孩子的故事。故事富有震撼力，引发观众对台湾各社会族群生活变动与家庭问题的关注。

8. 公视：《寻找蒋经国》

该片于2007年在公视开播，完整呈现了蒋经国的少年时期，大胆描述蒋经国因为社会主义信仰与父亲决裂的过程，以及身为蒋介石的儿子如何展开他的从政生涯。该片寻根探访，可说是中国近代史的一个缩影。

《寻找蒋经国》片头

《大象男孩与机器女孩》节目画面

《大象男孩与机器女孩》片头

9. 公视:《部落之音》

地下电台主持人巴亚斯以犀利而戏谑的旁白,引领我们见证一段在"9·21"地震后一个少数民族部落重建的经历。巴亚斯在其中穿针引线,希望部落人能安静听听不同的部落之音,带来不同的思考空间。

《部落之音》宣传海报

10. 公视:《无米乐》

《无米乐》描写的是一群台湾农民的故事,其拍摄手法贴近现实。该片以平实手法,描绘台湾农民在外部环境不允许的情况下,如何延续稻作农业。虽然导演颜兰权与庄益增人文的底子与着重真实影像的业余坚持让此纪录片缺乏剧情张力,不过也正是这种平实,让该片更具说服力。

《无米乐》宣传海报

11. 公视：《乘着光影旅行》

它将镜头对准台湾摄影师李屏宾，娓娓道出他在台湾成长、在香港受到历练、在国际影坛备受肯定这一路以来坚定不移的生存信念与创作轨迹，展现了他惯于活用身边现成资源，配合现场细致光影、风物和人的脉动，营造出深具东方哲学的视觉惊喜。

《乘着光影旅行》宣传海报

12. 公视:《野性兰屿》

公视2008年聘请了英国资深生态纪录片导演尼克·艾普顿作为该片编导。本片透过生活特写及访谈,记录达悟族人传承至今的古老传统与禁忌,以及他们与大自然共荣共存的关系。《野性兰屿》探索达悟族人打鱼、造船、建屋的文化,与观众一起见证达族人掌握的关于大自然的丰富知识以及其历史悠久的生活技能。

《野性兰屿》节目画面

《野性兰屿》光盘封面

（五）综艺类和艺术类

1. 中视：《综艺大哥大》

《综艺大哥大》是2002年台湾中视为张菲量身打造的王牌综艺栏目。该栏目内容雅俗共赏，在台湾一直创造着收视神话，在亚洲华人地区家喻户晓。2007年制作的魔术单元"大魔竞"更是创造了电视综艺节目史上的收视奇迹。

2. 中天：《全民最大党》

《全民最大党》是一档王牌综艺政论栏目，形式上恶搞诸多政坛人物、企业老板、演艺圈明星以及其他各行业能引起社会关注的人物。该栏目首创以轻松逗趣的方式笑看新闻事件并针砭时事，全程现场直播。栏目口号为"全民做老板"。该栏目前身为《全民大闷锅》，每期有两至三个主题形式作为讨论，同时沿用《全民大闷锅》较受欢迎的单元，如"阿洪之声""芒果乱报"等。

《综艺大哥大》片头

《全民最大党》片头

《综艺大哥大》节目现场

《全民最大党》节目画面

3. 三立：《黄金夜总会》

1995年开播的《黄金夜总会》是三立台湾台餐厅秀形式的综艺栏目。该栏目前身为《三立五虎将金牌点唱秀》，制作不断求新求变，曾获得两次"金钟奖"的肯定，更曾是三立台湾台的镇台之宝。本栏目包括"黄金九点档""铁狮玉玲珑""妈妈的加菜金"等经典单元。

4. 三立：《国光帮帮忙》

《国光帮帮忙》是三立都会台综艺谈话类栏目。2005年起主持人为屈中恒、孙鹏与庹宗康。节目以轻松诙谐的方式访问来宾，还有三位主持人主演情境短剧。因三位主持人为20世纪60年代出生的男性，访谈内容通常以该阶层喜欢的话题为主。"国光帮"一词，是由三位主持人均毕业于国光艺校（现为台湾戏曲学院）而来。

《黄金夜总会》片头

《国光帮帮忙》片头

《黄金夜总会》节目画面，主持人澎恰恰

5. Channel V：《模范棒棒堂》和《我爱黑涩会》

《模范棒棒堂》和《我爱黑涩会》皆为明星培养综艺栏目，它们形式相似，并列为Channel V收视率最高的栏目，于2006年开始播出。这两档栏目分别由范玮琪和陈建州主持，邀请台湾各地的男孩和女孩，在节目中尽情展现各自的才能。这两档栏目标志着台湾至此开始走进综艺化的"少男少女偶像"时代。

《我爱黑涩会》节目画面

《模范棒棒堂》片头

6. 三立、台视：《超级偶像》

《超级偶像》是三立电视与台视联合监制及首播的台湾电视歌唱选秀栏目，于2007年10月在台视、三立都会台播出。栏目强调无年龄及职业门槛的限制，号召全民参与、有实力者皆可一圆明星梦。栏目首任主持人为利菁。

第九届《超级偶像》节目片头

《超级偶像》首任主持人利菁

《超级星光大道》片头

7. 中视：《超级星光大道》

《超级星光大道》是一档电视歌唱选秀栏目，由陶晶莹主持，于2007年推出。该栏目将选秀、剧情与"真人秀"节目特点融为一体，打造出"星光、传奇、真人秀"的特点，因富有戏剧张力及具有媒体炒作话题，在台湾造成极大轰动。该栏目打造了萧敬腾、林宥嘉等新一代歌手。

《大学生了没》第三代片头

8. 中天：《大学生了没》

《大学生了没》于2007年7月30日在中天综合台首播。该栏目专为大学生族群量身定做，每集邀请16位来自不同大学、不同专业的学生上台接受不同问题的考验，谈及的话题不受限制，如"拜金女""搞笑王""两性"等。栏目主持人为陶晶莹、林郁智与林昕恒。

《大学生了没》节目画面

9. 台视：《百万大歌星》

《百万大歌星》是自2008年5月10日起开始播出的综艺栏目，由庾澄庆主持。该栏目考验参赛者对歌词的记忆能力。《百万大歌星》分为"歌唱接龙"与"奖金挑战赛"两部分，参赛者取得"歌唱接龙"资格后，即可进行"奖金挑战赛"。

《百万大歌星》第一季开场动画

《百万大歌星》第二季开场动画

《百万大歌星》第三季开场动画

《百万大歌星》节目画面

10. 中天：《康熙来了》

《康熙来了》是台湾最具代表性且播出历史较长的综艺谈话类栏目，于2004年1月5日在中天综合台开播，2016年1月14日播放最后一集后停播。栏目制作人是王伟忠、詹仁雄、李国强。该栏目命名初衷源于王伟忠想找蔡康永担任新节目的主持人，蔡康永答应后并建议邀请徐熙娣为主持搭档。他认为加上徐熙娣活泼风趣兼无厘头的风格，他们两人一个知性一个搞笑风趣，正好为这个主持组合带来一庄一谐的效果。栏目最初名为《奇怪十点钟》，后来改为《康熙来了》，"康熙"二字分别取自两位主持人姓名的第二个字：蔡康永的"康"和徐熙娣的"熙"。由于栏目名字是"康熙皇帝"的双关语，故曾以中国古代藏宝盒的动画为每集节目的开场画面。

《康熙来了》2009年2月16日至2012年6月29日的片头

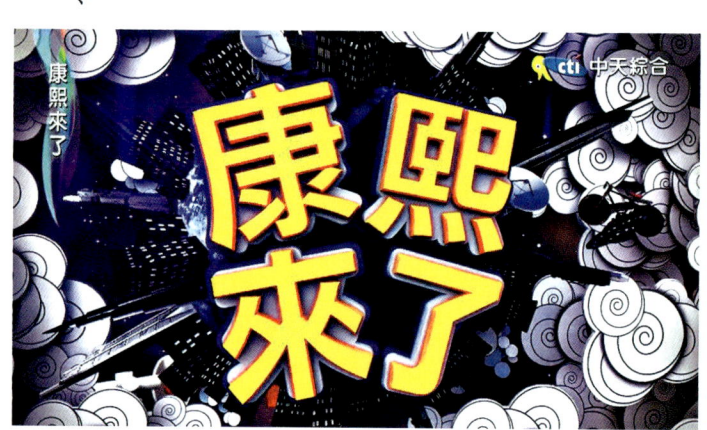

《康熙来了》2012年7月2日停播之前使用的片头

2004年1月《康熙来了》第一期节目录制现场，从左至右为徐熙娣、李敖、蔡康永

11. 台视：《王子的约会》

《王子的约会》是一档综艺栏目，由庾澄庆担任主持人，于2012年8月18日起每周六20:00播出。内容取材自英国独立电视台的两性联谊栏目Take Me Out，帮助未婚男女寻找理想的另一半。该栏目的口号为"王子的约会，在一起吧宝贝"。

《王子的约会》片头

12. 三立：《超级夜总会》

三立电视台独立制作的一档综艺娱乐栏目，主持人为澎恰恰、许效舜。该栏目于2011年11月12日起每周六晚间18:30在三立台湾台与"中华电信MOD"三立戏剧台首播。栏目以歌曲演唱、幽默情景剧、户外与观众近距离互动为主要元素，是台湾第一个电视台出动大型舞台车到各地著名观光景点、夜市、庙宇录制的栏目。

《超级夜总会》节目画面

13. 中视：《超级模王大道》

《超级模王大道》是于2012年2月推出的以模仿艺人及偶像为主的选秀栏目，主持人为欧汉声、莎莎。制作单位到全台各地网罗选手在栏目中一决高下，角逐唯一的冠军宝座。该栏目不仅注重现场模仿才艺，还深入挖掘选手的经历、参赛动机等幕后故事。

《超级模王大道》片头

《超级模王大道》节目画面

（六）电视剧类

1. 华视：《麻辣鲜师》

该剧于2000年7月在华视播出，是台湾第一部以及播出时间最长和集数最多的偶像剧，后来成为台湾当地重播率最高的电视剧。该剧由谢祖武、叶民志等主演。剧情融合日本畅销漫画戏剧《麻辣教师GTO》与当时台湾社会光怪陆离的青少年问题。本剧颠覆了传统校园剧中"老师"与"学生"的互动模式。

《麻辣鲜师》剧照

2. 台视：《流氓教授》

该剧是台视2001年播出的励志乡土电视剧。王识贤、方文琳担任主演，讲述一个矿工的儿子，如何从一个天真的小孩变成了被管训的流氓，进而在狱中洗心革面、发愤念书，最后出国留学的历程。他学成归国后，成为母校的一名教授，还圆了小时候的梦想，成为一位能文擅咏的诗人。

《流氓教授》宣传海报

3. 华视:《流星花园》

该剧于2001年4月21日在台湾首播,上映后,在亚洲卷起狂潮。《流星花园》改编于日本漫画家神尾叶子的漫画原著《花样男子》,由男子团体F4、徐熙媛等主演。该剧讲述了平民女孩杉菜与四位贵族公子之间的爱恨情仇。该剧开创了台湾拍摄偶像剧以及台湾连续剧售往海外的先河。

《流星花园》宣传海报

4. 民视：《飞龙在天》

该剧是民视无线台于2000—2001年播出的248集长篇电视连续剧，由江宏恩、贾静雯等主演。该剧讲述了在清朝咸丰年末动乱的时代背景下，发生在台湾的一段恩怨纠葛的爱恨情仇，融合了保家卫国的壮烈情怀。

《飞龙在天》剧照

5. 三立：《台湾阿诚》

该剧于2001年2月起在三立台湾台播出，共121集，是一部励志乡土剧，故事取材于真人真事，讲述的是阿诚这个小人物作为大老婆所生的苦命孩子，在父亲死后寄居富有的小妈家里，饱受欺凌，一路刻苦学习，最后终于跻身成为台湾企业巨子的故事。

《台湾阿诚》宣传海报

《台湾阿诚》剧照

6. 三立：《MVP情人》

该剧于2002年7月起在三立都会台播出。这是台湾第一部以篮球为主题的偶像剧，此剧的故事情节主要围绕篮球比赛展开，因此在播放期间掀起了当时台湾的"篮球热"。该剧由颜行书、孙协志和张韶涵领衔主演。

《MVP情人》宣传海报

7. 三立：《台湾霹雳火》

该剧是于2002年6月至2003年7月在三立台湾台播出的乡土剧，共285集。该剧讲述了政商大亨与警察之间的恩怨情仇故事，获得了当时台剧有史以来15.5%的高收视率。

《台湾霹雳火》宣传海报

8. 八大：《斗鱼》

该剧由八大综合台于2004年1月28日起首播，是由郭品超、安以轩等主演的青春偶像剧。故事改编自网络爱情小说《小雏菊》，播出后收视率极高。该剧被观众誉为"台湾版《古惑仔》"。

《斗鱼》宣传海报

9. 民视：《亲戚不计较》

该剧改编自廖风德原著小说《隔壁亲家》，于1999年12月15日开播、2006年5月12日停播，此期间共播出2248集，时间长达7年之久，是台湾播出集数排名第二的电视剧。故事展示了20世纪60年代台湾农业社会的甘草人物与敦亲睦邻的精神生活。该剧拍摄的主要场景是屏东县枋寮乡。

《亲戚不计较》宣传海报

10. 三立：《命中注定我爱你》

该剧又名《爱上琉璃苣女孩》《便利贴女孩》，是台湾三立电视台制作的偶像剧，由陈乔恩、阮经天、陈楚河、白歆惠主演，于2008年3月播出。该剧讲述了"便利贴"女孩陈欣怡与魔法灵总经理纪存希上错床后展开的一段爱情故事。此剧屡创偶像剧收视最高纪录，打败长居收视率冠军宝座的乡土剧，并获得2008年第43届金钟奖"节目行销奖""戏剧节目奖"等奖项。

11. 华视：《花样少年少女》

该剧是华视自2006年11月起首播的偶像剧，改编自日本漫画家中条比纱也的日本漫画《偷偷爱着你》（又译《花样少年少女》）。该剧由陈嘉桦、吴尊和汪东城主演。

《花样少年少女》宣传海报

《命中注定我爱你》（上下图）电视剧宣传海报

12. 民视：《意难忘》

该剧是526集长篇商战题材电视连续剧，于2004年在民视首播，取得了巨大收视成功。该剧主要讲述男主角王胜天在台湾成家立业的经历，表现了人们在商场竞争中的社会价值，如亲情、友情、爱情和人性的真善丑恶。

《意难忘》剧照

13. 台视、三立：《王子变青蛙》

该剧是于2005年6月5日在台湾播出的偶像剧，由明道、陈乔恩等主演。该剧剧情是：一家酒店集团的总经理单均昊与范芸熙即将步入礼堂，然而在一场意外中，均昊不幸丧失记忆，并被在瓦斯公司工作的叶天瑜救起，从此"王子"变成了"青蛙"，而酒店的大小事情由徐子骞暂时接管，没想到，四人却衍生出复杂的爱情纠葛。该剧播出后打破了当时台剧的收视纪录。

《王子变青蛙》宣传海报

14. 中视:《恶作剧之吻》

该剧是于2005年9月在中视播出的偶像剧,改编自日本漫画家多田薰的人气漫画《淘气小亲亲》,由郑元畅、林依晨主演。该剧讲述的是迷迷糊糊、单纯可爱的湘琴与天才美少年江直树之间温馨浪漫的爱情故事。

《恶作剧之吻》宣传海报

15. 台视：《下一站，幸福》

该剧是2009年由三立电视台制作，于台视和有线台三立都会台共同播出的偶像剧，由吴建豪、安以轩等主演。该剧第18集单集平均收视率达到8.23%，播出时为台湾偶像剧史上最高平均收视的第二位。

《下一站，幸福》宣传海报

16. 公视：《别再叫我外籍新娘》

2007年公视播出的《别再叫我外籍新娘》，叙述了四位越南媳妇在四个台湾家庭的故事，直接触及近年台湾社会很重要的外籍配偶及其下一代的话题。四位来自越南的台湾新移民女性勇敢地嫁到台湾，展开了不同的人生际遇：有的苦尽甘来，有的离婚收场，有的染上艾滋病，她们以血泪、汗水演绎出台湾新移民女性的动人故事。该剧对来自东南亚的新移民表达了深切的多元文化关怀。

《别再叫我外籍新娘》宣传海报

《别再叫我外籍新娘》（上下图）剧照

17. 公视、TVBS:《痞子英雄》

该剧于2009年在公共电视台和TVBS欢乐台联合开播。该剧是由蔡岳勋执导,周渝民、赵又廷等主演的偶像警匪动作剧,讲述了痞子与英雄两个不断与黑暗对抗而带来光明的警察,凭借心中唯一的正义,保护着海港城这座临海城市美好而光亮的清晨。全剧主要以高雄市为取景地点。

《痞子英雄》宣传海报

《痞子英雄》剧照

18. 台视、三立：《犀利人妻》

该剧是于2010年播出的台湾偶像剧。该剧由台湾电视公司、三立电视联合出品，由隋棠、温升豪、王宥胜、朱芯仪等人主演。该剧讲述的是温瑞凡与谢安真这对幸福的夫妻，遭遇"第三者"黎薇恩的插足后，开展犀利回击的故事。该剧在2011年创造高收视率，"小三"形容"第三者"一词也成为时下流行用语，更引发"人妻"热潮，剧中出现的商品也热销海内外。

《犀利人妻》宣传海报

19. 八大电视：《我可能不会爱你》

该剧是八大电视自制的台湾偶像剧，由林依晨、陈柏霖主演，于2011年9月播出。该剧讲述了"一个关于'特别的朋友'的故事"。该剧在第47届"金钟奖"中光荣入围八项大奖，并抱回七项大奖。

《我可能不会爱你》宣传海报

20. 公视:《含苞欲坠的每一天》

该剧是公视于2012年播出的偶像剧,由刘品言、周幼婷等主演。该剧对于女性应具有的自主性作了大胆的呈现,讲述了单身剩女追求幸福的故事。

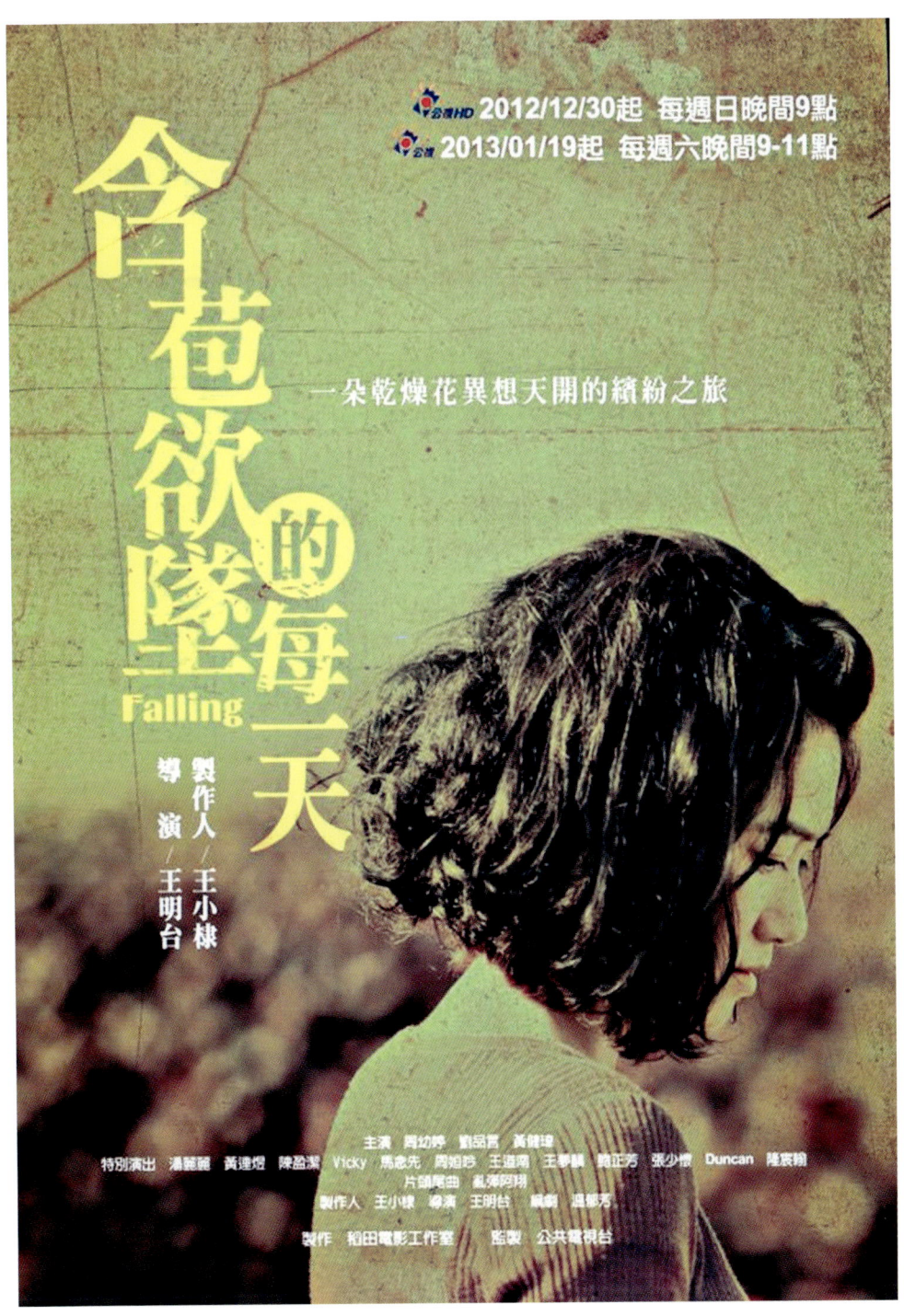

《含苞欲坠的每一天》宣传海报

21. 公视:《刺蝟(猬)男孩》

该剧是由何以奇、李佳颖等主演的20集偶像剧,于2013年8月在公共电视台播出。该剧描述了几个来自失亲或失能家庭的少年,从触犯法律到反躬自省的故事。"实践自我"的力量,融合了青春、爱情及成长等人生话题。

《刺蝟(猬)男孩》宣传海报

22. 三立：《败犬女王》

该剧是由三立电视台制作、台视与三立都会台2009年共同播出的偶像剧。该剧由阮经天、杨谨华、温升豪、杨雅筑、张怀秋领衔主演，讲述33岁的"败犬女王"单无双追求幸福的故事。

23. 台视：《我的完美男人》

该剧是台湾电视公司的第一部自制偶像剧，于2011年播出，由吴天心、杨一展等主演。该剧讲述了在整形诊所上班的美女医生沈若薇，为惨遭未婚妻抛弃的初恋言铁男重新塑形找回自我的故事。

《败犬女王》宣传海报

《我的完美男人》宣传海报

24. 三立：《小资女孩向前冲》

该剧是台湾三立电视公司于2011年制作的偶像剧。该剧讲述了富家子弟与穷女孩的爱情故事。故事主角沈杏仁是京师百货营业部的一名小职员，秦子奇是京师百货董事长唯一的儿子。秦子奇要从基层做起，才能接管京师百货。两人经过长期的相处，子奇发觉自己竟然爱上了杏仁。

25. 公视：《我在垦丁 天气晴》

该剧是导演钮承泽引领众多演员拍摄的一部偶像剧，主演阮经天因此剧一炮而红。2007年在公视播出。该剧主要叙述三个从小在屏东长大的年轻人，守护垦丁这个自然环境的故事。该剧环保意识浓厚，同时也充分表现出财团重视利益、漠视环保的丑恶面目，发人深省。

《小资女孩向前冲》宣传海报

《我在垦丁 天气晴》宣传海报

三、电视史料

（一）台视历届对外精神标语

1990年4月28日起："台视与您共创未来。"

2001年："2001，台视起飞。"

2004年1月1日起："台湾第一台，一路陪您走来。"

2005年年底左右："台湾第一台，陪您走向未来。"

（二）台湾关于公共电视的相关规定（2004年修订）节选

第十条 公视基金会之业务

公视基金会之业务如下：

1. 电台之设立及营运。
2. 电视节目之播送。
3. 电视节目、录像节目带及相关出版品之制作、发行。
4. 电台工作人员之养成。
5. 电视学术、技术及节目之研究、推广。
6. 其他有助于达成第一条所定目的之业务。

第十一条 公共电视应遵守之原则

公共电视经营应独立自主，不受干涉，并遵守下列之原则：

1. 完整提供信息，公平服务公众，不以营利为目的。
2. 提供公众适当用电台之机会，尤应保障弱势团体之权益。
3. 提供或赞助各种类别之民俗、艺文创作及发表机会，以维护文化之均衡发展。
4. 介绍新知及观念。
5. 节目之制播，应维护人性尊严；符合自由、民主、法治之宪法基本精神；保持多元性、客观性、公平性及兼顾族群之均衡性。

四、电视人物

（一）李艳秋

李艳秋是台湾著名记者、主播、电视节目主持人，早年任职于华视。在任职期间，她曾担任华视新闻部记者及主播，曾主持《莒光园地》《每日一字》《每日一辞》《生活论语》《今日特写》《大橱窗》等华视节目，也曾担任华视益智猜谜节目《智商180》制作人，且担任《华视新闻杂志》旁白。近年来她在TVBS与飞碟电台主持政治谈话类节目。2006年10月31日，在华视35周年台庆之际，她被评为华视"十五大经典人物"之一。

李艳秋

(二)盛竹如

盛竹如是台湾著名新闻主播、电视节目制作人及节目主持人。20世纪60年代他就入职台湾电视公司当记者,先后出任台湾电视公司及民间全民电视公司的新闻主播。盛竹如的语调缓慢而沉稳,务求咬字清楚。后来他由新闻主播转型至综艺节目主持人,主持《强棒出击》等在20世纪80年代深受欢迎的电视节目,又曾为体育节目担任旁白。他开创了"类戏剧"的先河,主持了《台湾变色龙》《蓝色蜘蛛网》《玫瑰瞳铃眼》等类戏剧栏目。

2001年3月1日他从台视退休,转到民间全民电视公司任职。自2001年4月13日起,他主持民视无线台类戏剧《人间剧场·大轮回》。2004年,在播完民视新闻台《民视拦截新闻》后,他从民视退休,担任民视顾问。

(三)戴立忍

戴立忍是台湾导演、演员,从事电影、剧场、电视和文学创作,长于导演、编剧、剪辑、表演。他曾两次获得台湾电视"金钟奖""最佳男主角",一次获得"最佳男配角"。

戴立忍

盛竹如

（四）陶晶莹

陶晶莹是台湾节目主持人，1993年因主持综艺节目《好彩头》而成名。1998年，她首次主持台湾"金曲奖"。1999年，凭借主持《恋爱讲义》，她获得第34届"金钟奖""最佳综艺节目主持人"奖。2007年，她凭借主持《超级星光大道》获第42届"金钟奖""最佳综艺节目主持人"奖。

（五）利菁

利菁是台湾节目主持人，她在东森媒体集团旗下东森购物台担任购物节目主持人时，以其出色的行销表现而被封为"购物天后"。2004年投入电视节目主持，其辛辣的主持风格和"双性"身份引发热门话题。2005年开始，她往演艺界发展，先后主持过《麻辣天后宫》《超级偶像》等综艺栏目。2008年，她获得电视"金钟奖""歌唱综艺节目主持人奖"。

陶晶莹

利菁

（六）文英

文英是台湾电视演员、主持人，1953年加入黑猫歌舞团，正式展开演艺生涯，表演功夫与高难度动作，诸如劈腿、拉筋等。因为该歌舞团为当时台湾一流的歌舞团，因此奠定了她在演艺界的地位。2009年，她在第44届电视"金钟奖"中获"终身成就奖"。

黄义雄

文英

（七）黄义雄

资深电视节目制作人，被誉为"台湾电视综艺教父"。他曾经制作过许多脍炙人口的好节目，如《综艺大集合》《天才冲冲冲》《非常男女》《世界非常奇妙》等。

（八）叶明勋

叶明勋推动成立了台湾第一家电视台——台视。他不但参与台视的开台，直到晚年还担任台视常驻的监察员。除了在电视领域的贡献，叶明勋对教育也十分重视。他成立了台湾第一所新闻职业专科学院，也就是现今的世新大学。

叶明勋

第三部分
香港 多元发展期(1994—2015)

概 述

1990年中期以来，随着科技的迅速发展，香港的电视业也进入多元化发展时期。

电视传送方式走向多元化，包括有线、互联网、宽带以及互动电视。

进入2000年以后，无线电视与亚洲电视竞争更趋激烈，在游戏节目、剧集等方面相互追赶，整体上，无线占据明显优势。

2000年收费电视开放，发放五张牌照，最终仅余无线电视旗下的银河卫视并没有退回牌照，该公司在2004年推出有关服务，即现在的"无线收费电视"。香港宽带网络有限公司及电讯盈科，在2003年先后推出收费电视服务。

无线电视与亚洲电视（以下简称"亚视"）开播数字电视，2007年年底推出原有四台的标准清晰度电视频道以及新增的标清与高清频道。

2015年4月1日，香港宣布决定亚洲电视的免费电视牌照不获续期。由于亚视的免费电视牌照原定于2015年11月30日期满，根据香港的《广播条例》，管理部门须于牌照到期前至少12个月书面通知其不获续期的决定，因此，亚视的牌照有效期延长至2016年4月1日。2016年4月1日深夜，亚视所有频道停止在香港的广播电视业务。

2013年3月5日，"无线收费电视"更名为"无线网络电视有限公司"。2017年12月18日，亚洲电视数码媒体正式成立，以OTT网络电视的形式重新开台。

根据香港通讯事务管理局官方网站信息，截至2017年年底，香港的电视节目服务牌照分为四类：本地免费电视节目服务、本地收费电视节目服务、非本地电视节目服务、其他须领牌电视节目服务。其中，本地免费电视节目服务的持牌机构包括三家：电视广播有限公司（无线电视）、香港电视娱乐有限公司（香港电视娱乐）、奇妙电视有限公司（奇妙电视）。

一、大事记

1994年10月，无线电视获广播事务管理局批准，开始提供区域卫星电视服务，设立面向亚洲观众的卫星频道。

1995年亚视创办十大电视广告颁奖典礼。

1996年3月31日，凤凰卫视开播。

凤凰卫视主持人吴小莉

1998年12月7日，为进军海外中文卫星电视市场，无线电视开播了普通话中文频道TVB-8。它是24小时普通话广播的娱乐频道，每天主要播放娱乐、资讯、音乐及戏剧节目。同日，无线电视还开通了TVB星河频道，24小时播放TVB制作的经典剧集及电视电影节目，以"国语"和粤语播放自制的经典电视剧，面向华人观众市场。

星河频道播出画面

1998年，吴征入主亚视后开始大刀阔斧进行改革，除了裁员外，还引入多个先进节目制作系统，如非线性后期制作，新闻部则于9月引入虚拟演播室技术，电视制作更具灵活性和创造性。

1999年，亚视新闻部大胆突破传统，起用艺人朱慧珊及何守信报道新闻，引起观众对新闻部公信力的质疑，最终此安排在一年后被迫放弃。

1999年10月，无线电视获广播事务管理局批准，成立TVB网络公司（TVB.COM有限公司）。

2000年4月，银河卫星广播有限公司获准为电视广播集团的频道提供上行服务及其他机构的电讯服务。12月，银河卫星广播有限公司获发本地收费电视牌照。

2000年，林百欣将亚视股权出售给长江制衣主席及凤凰卫视股东陈永棋，凤凰卫视另一股东刘长乐及内地商人封小平亦持有亚视股权。当时曾委任吴征出任行政总裁，其后改由封小平担任行政总裁。

2001年4月，无线电视凭借制作各类慈善节目及参与社区公益活动为社区作出的重大贡献，获得美国国家广播协会（National Association of Broadcasters，NAB）颁发的2001年"国际广播卓越大奖"，这使香港成为第一个获颁这个奖项的亚洲城市。

2003年10月，无线电视耗资22亿港币兴建的将军澳电视广播城正式落成。2003年10月12日在此举行开幕典礼暨三十六周年台庆亮灯仪式，以作纪念。

无线电视全景图

无线电视2003年以后的总部——将军澳电视广播城

2004年2月，银河卫星广播有限公司提供的exTV是电视广播有限公司及Intelsat的合资企业。2004年2月18日，exTV正式宣布开始在香港提供多频道数码电视服务。同年12月，银河卫星广播有限公司成为电视广播有限公司全资附属公司，其后于2005年5月改名以新电视品牌提供收费电视服务。

2004年2月14日，无线电视裁减制作部门综艺科约70个职位，引起香港职工会联盟协助无线电视员工成立第一个职工会。

2004年9月14日，有线电视获行政会议批准，推出人造卫星传送电视频道服务，提高覆盖范围。

2005年，有线电视成为香港首家利用数字广播的电视台。同年，有线电视成立覆盖整个亚洲及北美洲的华语卫星频道"新知台"。

2005年，无线电视举办首届"香港先生"大赛。

2005年，亚视首办"亚洲先生"大赛，这是首个以亚洲地区为主题的选美盛事，2011年重办。

亚视"亚洲先生"宣传海报

2005年8月，电视广播有限公司出售51%的银河卫星广播有限公司（银河）股权予瑞力控股有限公司全资拥有的Enjoy Profits Limited（49%）及陈国强（2%），并于8月12日获广管局（该局于2012年4月1日与电讯管理局合并为通讯事务管理局）批准。

2007年12月31日晚上7时，无线电视正式启动数码地面广播服务。无线电视率先推出香港首个24小时高清频道"高清翡翠台"。"高清翡翠台"是香港首个全天广播的免费高清电视频道。

首届"香港先生"大赛优胜者合影

慈云山的数码电视发射塔

2007年，亚视再次出现股权变动，变动后有四大股东，由名力集团主席查懋声及其弟查懋德持有10.75%的权益，电视广播前董事总经理费道宜（Louis Page）及荷兰银行香港分行共同持有的Alnery持有另外47.58%的权益，另一新股东为中信集团全资附属机构侨光集团拥有14.81%的股权，大股东陈永棋及凤凰卫视主席刘长乐持有的亚视股权减至26.85%。

2008年5月，香港推出数码电视广播5个月，渗透率已近10%（约21.8万个家庭），世界大部分推出数码电视的国家和地区首年渗透率均少于5%。

2008年7月，继2007年12月底慈云山数码地面发射站启用后，6个数码发射站正式投入服务，覆盖扩展至全港七成半住户。

2008年8月，无线电视获北京奥林匹克转播有限公司邀请，参与制作奥运马术比赛电视直播，为香港广播机构首次获国际奥委会辖下官方广播电视机构认定并参与全球奥运电视直播。无线电视挑选了27名员工，组成强大的专业团队，协助报道香港马术比赛。无线电视旗下的高清翡翠台在奥运比赛期间转化为奥运频道，成为香港首个24小时高清奥运频道。高清翡翠台的所有奥运直播赛事均以5.1杜比环回立体声报道，这成为免费电视的一个里程碑。此次无线电视在人力、物力及设施方面投下史无前例的资源支持奥运赛事直播，开启了香港体育运动广播史上规模最庞大的体育制作项目（逾8 000万港元），包括在北京国际广播中心设立占地逾7 000平方呎（约合650平方米）的录像厂（亚太广播中心成员中占地最大）。

2008年8月8日，无线电视率先在免费电视上提供互动电视数据服务，给观众提供天气、恒生指数、新闻提要及奥运奖牌榜信息。

2008年11月，亚视吉祥物名字揭晓，命名为"abot"。

亚视吉祥物

2008年11月8日，无线电视首次制作大型国际选美电视节目——第48届"国际小姐"选美大赛。

2009年1月29日，旺旺集团主席蔡衍明买入亚视股份。交易后，蔡衍明及前亚视行政总裁费道宜，共持有亚视47.58%的权益。蔡衍明持有亚视四成股权，成为最大的股东。

2009年3月23日，广播事务管理局批准亚视重组其数码频道，由6条数码频道减至3条。

2010年8月21日，无线电视首次以3D技术制作大型综艺节目，而首个3D节目就是2010"香港先生"大赛。

2010年9月11日，亚视股权再起变化。广播事务管理局宣布，批准王征远房亲戚黄炳均入股亚视52.4%的股份，黄炳均成为亚视第一大股东。

2011年8月2日，无线电视推出全球首个互动电视手机程序"TVB fun"，供家庭观众于指定节目时段内进行互动投票。

2011年12月31日，邵逸夫退任无线电视董事局主席、无线电视非执行董事及董事局辖下行政委员会成员职务。2012年1月1日，梁乃鹏获委任为董事局行政主席。

2013年3月5日，"无线收费电视"更名为"无线网络电视有限公司"。

2015年1月1日，梁乃鹏退任无线电视董事局行政主席，陈国强获委任为董事局主席。

2016年4月1日深夜，亚视所有频道停止在香港的广播电视业务。2016年4月18日，无线电视正式推出"myTV SUPER"OTT服务，提供超过30条地面电视频道、主题频道及国际品牌频道等，推出共11 000余小时的视频点播内容。

2017年7月23日，无线电视推出big big channel手机应用程序，开拓直播平台，让无线艺员直接接触观众，为全球观众带来全新的互动体验。

2017年8月15日，无线电视"互动新闻台"和"J5"分别更名为"无线新闻台"和"无线财经台"，为香港本地唯一的24小时免费新闻频道及财经资讯频道。

2017年12月18日，亚洲电视数码媒体正式成立，以OTT网络电视的形式重新开台。

二、电视栏目和节目

（一）新闻类

1. 亚洲电视：《今日睇真D》

《今日睇真D》是亚视制作的一档资讯娱乐栏目，于1994年3月21日至2000年12月15日播出，是香港首个此类型栏目。1小时节目以"《睇真D》精神"采访时事及娱乐消息，弥补正常时段新闻报道的不足，曾为亚视带来不错的收视。

《今日睇真D》宣传场景

2. 无线电视：《城市追击》

《城市追击》于1994年10月10日至1999年4月9日播出，是无线电视的一个资讯栏目。该栏目的出现，是因为亚视当时播放的同类栏目《今日睇真D》抢去大量观众，无线电视为求反击而制作。该栏目以探讨新闻时事及娱乐消息为主，亦有名人访问，并邀请著名人士担任嘉宾主持。

3. 香港电台电视部：《传媒春秋》

《传媒春秋》（Media Watch）是由香港电台电视部制作的半小时时事资讯栏目，于1990年至2008年期间制作并播出，是香港唯一一个探讨香港传媒现象及发展的时事栏目。

该栏目主要讨论香港传媒发展、行业之间的竞争、科技带来的转变、新闻界操守的争论以及言论自由的消长。每集节目会邀请嘉宾讨论一周时事或专访资深传媒人。

栏目还设有一周新闻探讨，其中包含不少访谈内容。《传媒春秋》还负责举办年度"十大传媒新闻选举"等传媒文化活动，向公众推广传媒文化及关心的重要时事要闻。

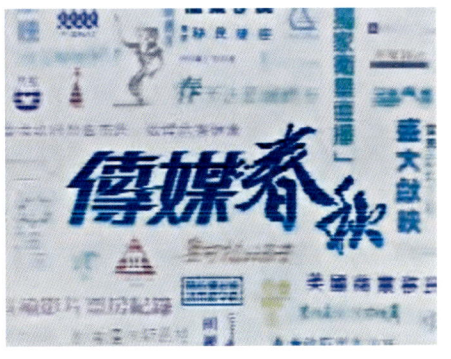

《传媒春秋》第一版片头

4. 香港电台电视部:《铿锵集》

《铿锵集》(Hong Kong Connection, 1996年前英文名称为The Common Sense)是香港电台电视部制作的每周新闻纪录片电视栏目,通常在无线电视翡翠台(粤语)、明珠台(英语)播出,内容围绕香港政治、经济、教育、社会民生、弱势社群、环保、内地现况、国际视野等,议题广泛。《铿锵集》的前身为《珠玑集》,于1978年3月5日首播,是香港集数最多和播出时间最长的新闻纪录片类电视栏目。《铿锵集》曾荣获多个国际奖项。

《铿锵集》节目画面

(二)专题类和杂志类

1. 无线电视:《向世界出发》

《向世界出发》是无线电视的一档人文旅游栏目,独树一帜,节目内容为明星在陌生国度游走,体验"苦旅人生",感性剖白生与死、情与爱。该栏目有别于一般以吃喝玩乐为主的旅游节目,嘉宾前往世界各地,为观众介绍当地人的生活,探讨人生意义,是近年来比较有深层意义的电视栏目。漂亮的画面、嘉宾的独白,是节目中最震撼人心之处。

周海媚参加《向世界出发》

2. 无线电视：《了解关怀一百万人的故事》

该栏目关注的是香港100多万贫穷人群，他们可以说是生活在这个世界的边缘地带，甚至被现在这个浮躁、快节奏的社会遗忘。他们大部分都是儿童、妇女、老人以及没有文化的青年人。该栏目就是访问这些在繁荣香港背后的穷人。

《了解关怀一百万人的故事》节目画面

3. 无线电视：《霎时感动》

《霎时感动》是无线电视制作的全新励志栏目，每期节目访问一位娱乐明星或者政商名人，以心灵独白的形式，讲述励志故事，以浅显的语言表达人间真情，以至深的情感述说多彩人生，打造温暖人心的"心灵鸡汤"，使观众能从一个又一个哲理故事中发现和领悟到爱、希望、信心和鼓励。

4. 无线电视：《香港筑迹》

《香港筑迹》是一档生活休闲栏目，以不同的主题，通过具有代表性的建筑物，反映当代历史、文化；以建筑学的角度，解构建筑物本身的建筑特色及独有特质；走访相关设计师、建筑师、时代变迁见证人等，细诉建筑背后的珍贵史实以及耐人寻味的人文情怀。

5. 无线电视：《香港演义》

《香港演义》是一档专题资讯栏目，共10集。主持人王喜、张秀文游走香港、九龙、新界，访寻一些行将消失的行业的状况，回顾昔日香港的珍贵片段。一个个历史悠久的古老行业、一段段传奇故事，交织成为《香港演义》。

6. 无线电视：《快乐地图》

《快乐地图》是于2012年播出的一档旅游栏目，共16集，由王祖蓝、郑伊健、黎耀祥、谭咏麟、草蜢五组嘉宾分别到访全球五个高快乐指数的国家，寻找快乐秘笈，为观众编写一幅"快乐地图"。

《快乐地图》拍摄场景

《霎时感动》片头

（三）教育类

1. 无线电视：《文化新领域》

《文化新领域》(Cultural Engine 4U)是无线电视为青少年和学生量身定做的文化资讯栏目，于2003年12月6日首播至今。栏目通过访问和现场即兴表演的方式，介绍适合目标观众群的文化艺术活动，增加他们对有关项目的兴趣。

《文化新领域》节目现场

2. 无线电视：《最紧要正字》

《最紧要正字》(More Than Words)是无线电视制作的文化栏目，由徐淑敏、沈卓盈、王贻兴主持，于2006年10月推出，共播出19集。栏目以轻松的手法介绍香港社会日常所见的中文错别字并予以改正，介绍简化字、中国文化，同时也有香港中文大学学者对粤语进行"正音"和对粤语本字的研究等环节。节目虽然多以轻松幽默的手法纠正香港社会常见错字，但每到解释该字为何错误时，主持人或学者都会严肃地引经据典来说明本字原意。当中引用较多的是《说文解字》《广韵》、诗词歌赋等古代文献，部分词意可能与现代社会脱节。

（四）纪录片类

1. 无线电视：《合晒合尺》

《合晒合尺》是一档全面介绍粤剧的发展、行当、流派、唱腔等的纪录片栏目。该栏目以深入浅出的手法推广粤剧，通过旁白资料及一众粤剧红伶访问作解说，加深观众对粤剧的认识。该纪录片共17集，前12集为粤剧专题介绍，包括六大台柱、唱念做打、红船、神功戏、出将入相、幕后功臣、培训、未来发展等；后5集为红伶专访，嘉宾有罗家宝、陈笑风、红线女、罗品超和苏少棠。此外，每集还加入《术语小讲》，介绍粤剧界的专用术语，并与日常生活结合，增加趣味性。

《合晒合尺》片头

《最紧要正字》主持人王贻兴

2. 无线电视:《水之源》

《水之源》摄制团队走访亚洲三条著名河流,包括中国的黄河、印度的恒河以及东南亚的湄公河,深入了解这三条"水之源"河流的上、中、下游现貌,感受当地人对母亲河的深厚感情,同时亦揭示全球变暖、严重污染和人为破坏如何影响河流的命运。

《水之源》宣传海报

3. 无线电视：《走过烽火大地》

《走过烽火大地》是10集纪录片，主持人洪永城带观众深入战火弥漫的中东地区，走遍5国25个城市及地区（伊拉克、黎巴嫩、伊朗、土耳其东部、车臣村及格鲁吉亚等），探访聚居在此的不同种族、不同宗教及文化背景的黎民百姓，发掘乱世之中普通人努力生活的动人故事。

4. 亚洲电视：《寻找他乡的故事》

该栏目是亚视于香港回归祖国后斥巨资拍摄制作的人文主义高水准之作，是一部反映当代中国人在世界各地拼搏奋斗经历的40集大型纪录片，在香港播出时好评如潮，曾获得当年最高欣赏指数电视栏目冠军。

《走过烽火大地》片头

《寻找他乡的故事》宣传海报

内地曾经引入《寻找他乡的故事》版权正式发行

《穷富翁大作战》第一季宣传海报

《穷富翁大作战》第三季宣传海报

《穷富翁大作战》第二季节目请来香港新民党副主席田北辰参与节目,在节目中他的身份是清洁工

5. 香港电台:《穷富翁大作战》

《穷富翁大作战》是香港电台(RTHK)制作的一档真人秀季播节目,2009年8月首播,现已制作播出3季。《穷富翁大作战》主要探讨香港日益严峻的贫富悬殊问题。节目邀请多位来自较富裕家庭、拥有高学历或成功经验的香港人士,在节目中体验约一星期的贫穷生活:住进贫民窟的板房或尝试露宿街头,参与低收入工作如清洁工等。

（五）综艺类与艺术类

1. 无线电视："奖门人"系列

"奖门人"系列是指香港无线电视1995年至2014年播出的一系列游戏节目，最初由"奖门人"曾志伟及两位"奖老"主持。"奖门人"和"奖老"分别是"掌门人"和"长老"的粤语谐音。节目的参与者主要为艺人，他们分队比赛参与游戏以赢取奖品。游戏内容大多被认为是复制台湾及日本的电视游戏节目，内容以搞笑性质居多，收视成绩不俗。通常每周播出一集，而每推出一集新的节目，名称都会稍有更改。

2. 无线电视：《残酷一叮》

《残酷一叮》（*Minutes to Fame*）是一档由香港电视广播有限公司制作、以《美国偶像》为蓝本改编的天才表演式歌唱季播节目。节目自播出以来，收视处于中上水平，2005年6月4日播出的第一季决赛"叮皇争霸战"更创下33点的一周收视冠军纪录。部分参赛者因节目而声名大噪，甚至投身娱乐圈，如关浩扬、莫凯谦和乔宝宝。因该节目取得成功，无线电视其他栏目和其他电视台争相仿效，推出类似的天才表演节目，例如无线电视的《有招出招》、亚视的《一举成名》等。

《残酷一叮》节目画面

3. 无线电视：《百法百众》

《百法百众》是无线电视制作的一个有关香港法律的季播节目。第一季于2005年4月25日开始至5月29日结束，第二季于2005年9月19日开始至10月28日结束，第三季于2006年5月20日开始至7月1日结束。这三季节目均由郑裕玲主持。

1995年"奖门人"节目现场

"奖门人"节目现场

《百法百众》节目现场

4. 无线电视：《15/16》

《15/16》为2006年无线电视制作的人气游戏栏目，由森美、小仪主持，于2006年3月5日至11月18日在TVB翡翠台播出，共102集，每集30分钟。之所以目取名《15/16》，是因为《15/16》是一个只提供两项选择的问答游戏。该栏目受到欢迎的主要原因是主持人很能制造气氛，与参赛嘉宾互动，轻松搞笑。

《15/16》节目现场

5. 无线电视：《美女厨房》和《味分高下》

《美女厨房》（Beautiful Cooking）是无线电视2006年推出的烹饪游戏电视栏目，每个星期日晚上9:00在无线电视翡翠台播出，口号为"美女厨房，食咗先讲"（美女厨房，吃了再说），由郑中基、方力申及梁汉文主持。栏目每集邀请三位美女艺人进行厨艺比赛，亦邀请两位男艺人及一位大厨作为评委。

《味分高下》是无线电视继《美女厨房》之后又一档游戏类美食综艺栏目，主持人为庾澄庆、邓健泓。节目于2007年8月至10月每晚22:35—23:05在无线电视翡翠台首播。这一栏目把美食节目变成了一个活色生香的综艺节目。八位"味之天使"现场热舞，并轮流介绍一个适合在家庭厨房里用的煮菜小贴士。现场嘉宾通过看、听、闻、摸、舔、尝，"用味道来分高下"。节目还借鉴了香港综艺的"看家本领"——整盅，让嘉宾蒙上双眼用鼻子去闻不同食物的味道，如"红烧臭袜""咖喱球鞋"等匪夷所思的"食品"。明星参与、歌舞助兴、恶作剧、游戏"一锅烩"、唱念做打、食色俱全，《味分高下》几乎具备综艺节目的所有"卖点"。

《美女厨房》节目画面

6. 无线电视：《星星同学会》

《星星同学会》是无线电视制作的一档娱乐清谈栏目，2009年1月4日至7月12日每星期日晚上22:30—23:30于无线电视翡翠台及高清翡翠台播放，由吴君如、钱嘉乐担任主持，共26集。

《星星同学会》工作人员合影

7. 无线电视：《超级巨声》

《超级巨声》是无线电视于2009年起倾力打造的综艺歌唱比赛"真人秀"季播节目，粤语"巨声"与"巨星"读音相近，体现了节目希望发掘"好声音"的宗旨。第一季于2009年7月19日起每周日晚22：00—23：30在无线电视翡翠台开播，反映良好。第二季节目于2010年5月9日开播，第三季节目于2011年8月14日开播。其中著名的参赛者包括林欣彤、许廷铿等。

8. 无线电视台：《劲歌金曲》

《劲歌金曲》（*Jade Solid Gold*，简称JSG）是无线电视流行音乐栏目，自1981年10月10日开播以来已成为全球播出时间最久的华语音乐电视栏目。栏目主持人先后由蔡枫华、胡枫、刘德华、森送美、郑丹端等担任。资深音乐节目主持人郑丹瑞以清谈形式，广邀音乐人、唱片公司高层、唱片业界不同岗位的专业人士等，畅谈音乐理念、工作体验，分享好音乐。此外，栏目还会邀请当红歌手献

《超级巨声》宣传海报

唱新歌，当然少不了公布每周"劲歌金榜"排名，冠军得主更会亲临现场演绎作品。

《劲歌金曲》节目现场

9. 无线电视：《华丽明星赛》

《华丽明星赛》是无线电视于2011年2月27日播出的全新游戏栏目，由草蜢组合担任主持。该栏目每集都会邀请不同的嘉宾参与，游戏设置也以"靓、华丽"呈现为主，如"明星Pose王"的镜头感测试、"华丽品味赛""蜢人饭局"的名贵华丽食材试吃等。

《华丽明星赛》节目画面

10. 亚洲电视：《百万富翁》

《百万富翁》是一档源自英国独立电视台的电视游戏栏目。2001年亚视制作的香港版《百万富翁》取得最高39点收视，成为当时香港收视率最高的栏目。参赛者需要正确回答连续15道四选一的多项选择题，如果能全部答对，将获得一笔100万港币的奖金。

《百万富翁》节目现场，右一为主持人陈启泰

《百万富翁》工作人员合影，前排为主持人陈启泰

11. 电讯盈科：《揿钱》

《揿钱》（Action to Money，简称ATM）为香港now宽频电视推出的互动知识问答游戏栏目。通过电视台自行开发的ipman系统，观众安坐家中就能参与比赛，每晚只要答中由15人组成的智囊团开出的8个问题，就能赢得10万港币奖金。由于问题内容不乏一些冷知识及常识，玩法简易、互动性强且奖金较高，栏目一推出就获热烈追捧。

《揿钱》节目画面

（六）电视剧类

1. 亚洲电视：《我和春天有个约会》

1996年亚视出品的时装怀旧电视剧，由邓萃雯、商天娥等领衔主演。该剧讲述了在20世纪70年代的香港，爱好唱歌的姚小蝶来到了丽花皇宫，在这里，小蝶结识了性格各异的众人，成为丽花皇宫的当家花旦，遇到了让她一生难忘的沈家豪，由此演绎了一段感人肺腑的爱情绝唱。

《我和春天有个约会》剧照

2. 无线电视：《难兄难弟》

《难兄难弟》是1997年无线电视制作播出的怀旧喜剧电视剧，全剧25集。该片讲述的是谢源和李奇两兄弟同时进入娱乐圈但际遇却大相径庭的故事，由罗嘉良、吴镇宇等主演。

《难兄难弟》剧照

3. 亚洲电视：《我和僵尸有个约会》系列

亚视的自制剧集，总共三季。该剧将传统的"僵尸"题材重新演绎，注入新颖的手法与情节，力求带给观众全新的感受，开拓出港剧未有的风格，大受观众欢迎。第一季于1998年年底播出，口碑不错，新鲜的题材深受年轻人喜爱。1999年播出第二季，再次掀起"僵尸"热潮，结局收视超越同时段无线电视的节目。亚视深夜重播此剧集时，仍吸引了不少观众。2004年，亚视推出该系列第三季（终结章），反响平平。

《我和僵尸有个约会》剧照

4. 无线电视：《创世纪》

《创世纪》是于1999年首播的创业商战电视剧，由罗嘉良、陈锦鸿等主演。《创世纪》分为两部：第一部主要讲述叶荣添、许文彪、马志强这三个好朋友白手起家的奋斗史，真实讲述了"资本家"创业手法，堪称现代商战版的"春秋战国"，深度分析叶荣添和许文彪的"人性转变"过程；第二部主要讲述了叶荣添决定建造"无烟城"这项浩大工程，而张自力以为是叶荣添害死了他同母异父的哥哥许文彪，所以张自力为了替哥哥报仇，使用多种计谋阻止叶荣添的"无烟城"计划。

《创世纪》剧照

5. 无线电视：《流金岁月》

《流金岁月》是无线电视于2002年制作的时装商战电视剧，由罗嘉良、温兆伦等主演，主要讲述了罗嘉良饰演的丁善本因养育之恩、手足之情等发生的故事。《流金岁月》剧情引人入胜、节奏变换瞬息万变，令人称赞。

《流金岁月》剧照

6. 无线电视:《金枝欲孽》

该剧是由无线电视出品的清装剧集,于2004年播出,由邓萃雯、陈豪、黎姿等领衔主演。该剧描述的是清嘉庆十五年皇帝的后宫中无休止的争斗光景,比诸于政坛上男人们的角逐,更见惊心动魄、血肉模糊。

《金枝欲孽》剧照

《金枝欲孽》剧照

《金枝欲孽》剧照

湖南卫视引进《金枝欲孽》版权后播放

7. 无线电视:《溏心风暴》《溏心风暴之家好月圆》《溏心风暴3》

该系列剧是无线电视推出的时装电视剧,分别于2007年、2008年和2017年播出。故事以海味店为背景,剧名的"溏心"就是指"溏心鲍鱼"。一间海味店、一个大家庭,因利益牵引出一场争产风暴。

《溏心风暴》剧照

《溏心风暴之家好月圆》宣传海报

《溏心风暴》宣传海报

《溏心风暴3》宣传海报

8. 无线电视:《宫心计》

《宫心计》是由无线电视于2009年制作的古装电视剧,以高清技术拍摄,由佘诗曼、杨怡、陈豪、郑嘉颖、米雪及关菊英领衔主演。剧情以唐朝宫廷为背景,讲述为王后准备服饰的尚宫四房内的明争暗斗。佘诗曼饰演的宫女刘三好,凭借"存好心、说好话、做好事"的"三好"精神,在复杂的后宫争斗中熬出头。

《宫心计》剧照

《宫心计》剧照

《宫心计》剧照

《宫心计》剧照

《宫心计》宣传海报

《宫心计》剧照

三、电视史料

（一）香港拥有广播牌照的电视机构[①]

牌照条件视乎服务种类而各有不同，以下是大部分持牌机构必须遵守的一些条件：

- 利用最新科技提高广播质素，并遵守有关广播覆盖范围的规定；
- 处理投诉，并开设训练课程，以确保员工熟悉广播标准；
- 本地免费电视节目服务持牌机构在指定的时段内播放不少于指定数量的详尽新闻报道、时事节目、记实节目、辅导性节目、艺术及文化节目等；
- 落实执行经通讯局批核的资本投资计划及节目发展计划；
- 妥善维修使用的仪器及发射站。

1. 本地免费电视节目服务

本地免费电视节目服务指拟供或可供超过5 000个住宅单位在香港免费接收的电视节目服务，并以香港为主要目标市场。由于此类电视节目服务最普及，对社会的影响力也最大，因此受到较严格的规管。持牌机构均须遵行下列规定：

提供娱乐、信息和教育，并确保节目内容均衡，能因应社会的多元需要和期望而提供全面的服务；

设有1个中文台及1个英文台；

于广告宣传时间方面，在每天下午5时至晚上11时的时段内，就每个时钟小时而言合计不得超逾10分钟，而在其他时间，广告宣传时间占在有关时段内提供的节目服务的总时间合计不得超逾18%；

播放不少于指定数量的各类节目，包括新闻报道、时事节目、纪录片、文化艺术节目、儿童节目、年青人节目和长者节目；为新闻报道、时事节目、天气报告及紧急通告等节目提供字幕。

现时的持牌机构包括：
（1）电视广播有限公司（无线）
（2）香港电视娱乐有限公司（香港电视娱乐）
（3）奇妙电视有限公司（奇妙电视）

2013年10月15日，香港商务及经济发展局局长苏锦梁（右二）就本地免费电视节目服务牌照申请召开记者会。会上宣布，行政长官会同行政会议已原则上批准奇妙电视有限公司（奇妙电视）及香港电视娱乐有限公司（香港电视娱乐）提出的本地免费电视节目服务牌照申请，而香港电视网络有限公司的申请则不获接纳

[①] 摘自香港通讯事务管理局官方网站，更新至2017年12月。

2015年4月1日,行政长官会同行政会议(行会)正式向电讯盈科有限公司旗下的香港电视娱乐批出免费电视牌照,有效期12年,直至2027年3月。香港电视娱乐于2016年4月6日正式开播,香港电视娱乐粤语数码频道ViuTV(99台)主打节目为"实况娱乐节目"

2017年3月31日,ViuTV的姊妹频道——ViuTV6(英文台)正式开播。ViuTV的"V"代表"View"和"Video",而"i"和"u"则为"我与你",象征"ViuTV"的核心就是人

有线宽频通讯有限公司旗下的奇妙电视于2016年5月31日获香港政府发出的本地免费电视节目服务牌照,牌照有效期为12年。经过一年筹备,奇妙电视于2017年5月14日正式开播,奇妙电视粤语频道(77台)24小时以高清数码以及模拟制式广播,主打合家欢娱乐。英语综合频道(76台)预计在2018年投入服务

2. 本地收费电视节目服务

指拟供或可供超过5 000个家庭住户或酒店住房经缴付费用后在香港接收的电视节目服务，并以香港为主要目标市场。与渗透率接近100%的本地免费电视节目服务相比，本地收费电视节目服务的普及程度和影响力均有所不及。由于是否成为订户完全出于个人选择，加上该等服务必须提供锁码装置，保障措施十分足够，因此这类服务所受的规管亦较为宽松。

现时的持牌机构包括：
香港有线电视有限公司
电讯盈科媒体有限公司

香港有线电视总公司所在地：有线电视大厦（荃湾海盛路9号）

3. 非本地电视节目服务

非本地电视节目服务并非以香港为主要目标市场。此类服务只须遵守最基本的标准。不过，持牌人必须确保其服务符合接收国家及地区的法例及标准。

现时的持牌机构包括：
福斯传媒有限公司（前称"福斯国际电视网有限公司""Starvision Hong Kong Limited"）
亚太卫视发展有限公司
Starbucks（HK）Ltd.
特纳国际亚太有限公司
GLOBECAST HONG KONG LIMITED（前称"GlobeCast Hong Kong Limited"）
阳光文化网络电视企业有限公司
Auspicious Colour Limited
凤凰卫视有限公司
时代卫视国际传媒集团有限公司
中华卫星电视集团股份有限公司
香港卫视国际传媒集团有限公司

香港有线电视有限公司标识

健康卫视有限公司

亚太第一卫视传媒集团有限公司

星空华文中国传媒有限公司

4. 其他须领牌电视节目服务

指目标观众少于5 000个家庭住户（甲类）或酒店住房（乙类）的电视节目服务。

（本书编者注：现时持有其他须领牌电视节目服务牌照的机构暂略）

（二）香港《电视通用业务守则——节目标准》[①]

第2章 节目编排

▶适用于所有服务的一般原则

1. 原则上，持牌人在编排节目时，应时刻顾及可能会收看节目的观众。持牌人应格外小心和审慎，以免令观众震惊或反感。

▶适用于不同类别服务的准则

*本地免费电视节目服务

● 合家欣赏时间的政策

2. 合家欣赏时间定为每日下午4时至晚上8时30分，在这段期间，任何不适宜儿童观看的材料，一律不准播映。合家欣赏时间的政策，是根据儿童观众数目会在晚间递减的假设而制定的，因此对播映儿童不宜情节的限制，只应在晚上8时30分后逐步放宽。晚上8时30分后，父母理应分担为子女挑选合适节目的责任。

3. 节目不适宜合家观看的原因，并不限于暴力。其他因素包括不良用语、隐喻、性与裸露、令人极度不安的镜头、无故加插的恐怖镜头、用以预示或模拟死亡或受伤情形而令人毛骨悚然的音响效果、以超自然事物或迷信使人产生焦虑或恐惧、虐待、残暴对待儿童或动物、任何可能令儿童产生歇斯底里反应、发恶梦、或其他困扰情绪的事物，以及使用粗俗用语。有关其中部分因素的详尽规定，另见守则其余章节。

4. 持牌人必须特别注意在晚上8时30分前播出，并延续至这个时限以后的节目，可能有家庭观众继续收看。

5. 划为"家长指引"或"成年观众"的节目，不可在合家欣赏时间播放。有关节目分类的指引，详见第8章《为观众提供的数据》。

● 合家欣赏时间以外的节目编排

6. 在通常播放以儿童或青少年为对象的节目的时段内，或在可能有大量儿童及青少年观众收看电视节目的情况下，尤其是学校假期期间，持牌人不得播放不适合儿童或青少年收看的材料。

7. 划为"成年观众"的节目，只可在晚上11时30分至早上6时间播出。有关节目分类的指引，详见第8章《为观众提供的数据》。

*本地收费电视节目服务及其他须领牌电视节目服务

8. 持牌人应确保所播出的节目适合可能会收看该等节目的观众。以儿童或青少年为对象的节目或频道，不得播出不适合儿童或青少年观众收看的材料。只适合成年观众收看的节目，应清楚标明，以资识别。

*非本地电视节目服务

9. 由于非本地电视节目服务或会传送至不同的社会及时区，因此没有特定的规则规管这类服务的节目编排。不过，只适合成年观众收看的节目，应清楚标明，以资识别，并且不得编排在电视节目服务内未设有防擅用装置的频道或任何部分播出。

[①] 摘自香港通讯事务管理局官方网站，2014年5月。

第3章 一般节目标准

▶适用于所有服务的一般原则

1. 持牌人应确保以负责任的手法播放节目,并应避免在没有需要的情况下,引起观众反感。

2. 在播映电视节目时,必须时刻遵守若干基本准则。持牌人不得在节目内加入:

（a）以有关节目播出的情况而言,观众一般不会接受的不雅、淫亵或低劣品位的材料；

（b）可能导致任何人士或群体基于民族、国籍、种族、性别、性取向、宗教、年龄、社会地位、身体或心智不健全等原因,而遭人憎恨或畏惧或受到污蔑或侮辱的材料；或

▶适用于不同类别服务的准则
★本地免费电视节目服务
●制作保持庄重严谨

3. 为了维持电视制作庄重严谨,以免使家庭观众尴尬或反感,表演者演出必须有分寸。对服装、舞蹈艺员及其他艺员的动作,以及选择摄影角度,都要特别小心。

●人伦关系

4. 凡提及家庭成员之间的关系或类似的重要人伦关系,以及带有性含意的题材,应该审慎从事,不应妄加利用,或以不负责的态度处理。

●罪行

5. 描写犯罪活动必须配合剧情及剧中人物发展的合理需要。不得以嘉许手法描绘罪行,也不得把犯罪描绘为可以接受的行为,又或把罪犯美化；并应避免把犯罪人物的生活方式英雄化。同时,应避免以教导或引人模仿的手法播映犯罪技巧或警方的防止罪案及侦察方法。节目内容不得就使用违禁药物、伤害性用品或武器作仔细及详尽描述。描写黑社会组织及活动时,更须遵守下列规定:

（a）避免出现黑社会仪式、礼仪、手势及用具,包括有特别含义的诗句及标记。

（b）避免使用黑社会术语,尤其是未为大众普遍接纳或正逐渐融入日常用语的黑社会术语。

（c）避免赞扬或认同黑社会势力及黑社会会员。

●含酒精饮品、烟草及药物

6. 除非为配合剧情的发展或角色的塑造,否则应避免加插饮用含酒精饮品、吸食烟草或香烟及使用药物的情节。此外,很可能有儿童和青少年观众收看的节目,更有需要特别小心处理。专为儿童制作的节目,不得出现与含酒精饮品、烟草或香烟及药物有关的情节,除非是为教育目的,或在非常特殊的情况下,剧情绝对需要,则属例外。

7. 只有在剧情发展或角色塑造方面有需要时,始可拍摄或提及酗酒、长期依赖药物或吸毒,而且不能将之描写为应有的习惯。

●赌博

8. 为配合剧情发展或剧中背景而使用赌具或加插赌博场面,是可以接受的。处理时要谨慎合度,不得鼓励人赌博或教导人如何赌博。

●宗教

9. 不得攻击任何已确立的宗教信仰或信念。

10. 任何有描写宗教仪式的节目,必须正确无误地报道该等仪式,并适当合度地介绍宗教领袖及各级神职人员。

●迷信

11. 不得鼓吹对观众有不良影响的迷信及超自然事物。以算命、风水、神秘学、占星术、骨相学、掌相学、占卦学、测心术、测字、招灵术等为主或与此有关的节目,不应鼓励别人把该等活动视为一种普遍被接受用以阐释生命的方法,也不应使人觉得该等活动为精密科学。持牌人亦应小心谨慎,以免节目引起

观众不必要的情绪困扰,例如令观众特别是儿童及青少年观众过度恐惧及忧虑。

● 催眠

12. 应小心处理催眠术的示范,以免可能对观众造成不良影响。催眠师不应面对镜头进行催眠示范。

* 本地收费电视节目服务

● 罪行

13. 除非下文另有所指,否则描绘犯罪活动的手法必须符合上文第5段的规定。描写黑社会组织及活动时,更须遵守下列规定:

（a）只可以在专为成年观众而设的节目中,出现黑社会仪式、礼仪、手势及用具,包括有特别含义的诗句及标记。

（b）只可以在专为成年观众而设的节目中,使用黑社会术语,尤其是未为大众普遍接纳或正逐渐融入日常用语的黑社会术语。

（c）避免赞扬或认同黑社会势力及黑社会会员。

● 含酒精饮品、烟草及药物

14. 避免对滥用含酒精饮品、烟草及药物作出正面的描绘。不得详细教导吸食违禁药物的方法。

● 赌博

15. 描绘赌博的手法不得有鼓励赌博的成分。

● 催眠

16. 持牌人必须遵守上文第12段的规定。

● 成人节目

17. 持牌人可以在其领牌服务内播放成人材料,但必须有足够的措施,防止儿童收看该等材料。持牌人必须提出一套令通讯局满意的方案,确保儿童不会看到成人材料。电视节目服务不得播放淫亵材料。淫亵一词同时包括暴力、腐败及可厌的意思。

● 电影检查监督列为第III级的电影

18. 拟于节目服务播放的电影版本若已获得电影检查监督发出证明书,持牌人可以利用证明书作为节目编排的指引。但是,确保电影可为观众接受的责任,始终落在持牌人身上。在符合本节规定及业务守则其他规定的情况下,持牌人可用成人节目的形式,播出经电影检查监督根据《电影检查条例》（第392章）评定为第III级的电影,但只限于影片获准公映的版本。被电影检查监督禁映的影片,绝对不得在节目服务内播出。

* 非本地电视节目服务

一般原则

● 罪行

19. 描写犯罪活动必须配合剧情及剧中人物发展的合理需要。不得以嘉许手法描绘罪行,也不得把犯罪描绘为可以接受的行为。

● 接收国家的敏感问题

20. 持牌人须尊重接收国家及地区的观众在文化、宗教及种族等敏感问题上的感受。

香港收费电视服务

● 成人节目

21. 持牌人必须遵守上文第17段的规定。

* 其他须领牌电视节目服务

为香港一般公众人士提供的服务

22. 持牌人必须遵守上文第13至18段的规定。

为酒店住客及其他特别群体提供的服务

● 罪行

23. 持牌人必须遵守上文第19段的规定。

四、电视人物

（一）汪明荃

汪明荃为香港著名艺人，1967年加入丽的电视（现亚洲电视），因主演《四千金》而成名。作为香港电视界的知名艺员，汪明荃涉及影视、歌唱、戏曲、主持、话剧、政界等多个领域。

汪明荃（右）

（二）罗嘉良

罗嘉良为香港艺人，1984年参加无线电视新秀歌唱大赛进入演艺界，1986年加入香港电视广播有限公司（TVB），2003年离开TVB前往内地发展。多年来，罗嘉良演出作品众多，其演技也令人津津乐道。他是TVB目前唯一一个连摘三届"视帝"桂冠的艺人。

罗嘉良

（三）陈志云

陈志云1992年获香港商业电台聘用从事行政工作，两年后任职于TVB，后升至电视广播业务总经理，2012年2月底宣布离开TVB，并于2012年3月4日重返香港商业电台，出任行政总裁一职。

陈志云曾为香港电台电视栏目《铿锵集》、无线电视栏目《向世界出发》担任旁白，也在无线收费电视生活台主持名人访谈栏目《志云饭局》。

陈志云

（四）陈启泰

陈启泰为电视节目主持人、演员、歌手，1998年加入亚洲电视；2001年因主持《百万富翁》被观众熟知；1998年至2004年出演《我和僵尸有个约会》系列剧而被中国内地观众所知；2009年离开亚视，同年加盟香港有线电视；2011年重返亚视；2013年加盟索吻时代有限公司，成为旗下歌手。

陈启泰

第五编

内地 积极转型期(2009—2015)

概　述

新一轮技术革命方兴未艾,特别是数字、网络等信息技术发展迅猛,深刻改变了电视发展的技术基础,极大地发展了电视生产力,给电视行业带来了全局性、根本性的变革。电视行业进入一个积极而深刻的转型期。转型的路径主要体现在:

全面推进数字化。全国电视台数字化、网络化、高清化快速发展。全国各级电视台基本实现数字化。截至2016年年底,全国有线电视实际用户达2.23亿户,其中有线数字电视实际用户达1.97亿户,数字电视用户占有线电视用户比重已达88.3%。省级以上电视台全部实现网络化制播。各级电视台高清制播能力大幅提高,中央电视台常规频道全部实现高清播出,70%以上省级电视台具备了高清制播能力。

截至2017年3月底,全国共开播108个高清电视频道。3D试验频道播出内容和技术质量有了极大的丰富和提高,带动了我国3D立体视觉产业的发展。

电视新媒体发展取得突破。互联网视听节目服务稳步发展。移动多媒体电视覆盖扩大、用户增加。网络电视、手机电视、移动电视等发展迅速。IPTV集成播控总平台、分平台建设加速。根据中国互联网络信息中心的统计报告,截至2016年12月,中国网络视频用户规模达5.45亿,较上年增加4064万人,增长率为8.1%;网络视频使用率为74.5%,较上年底增长1.3个百分点。2017年6月11日,艾瑞咨询发布的《2017年中国网络经济报告》显示,2016年全年,中国在线视频行业市场规模达622.4亿元,同比增长53.9%。

电视公共服务建设成效显著。直播卫星公共服务自2011年启动实施以来,全国各地采取整省推进与市场零售相结合的方式,建立健全贯穿中央、省、地市、县及乡镇的直播卫星公共服务运行机制,直播卫星"户户通"用户规模持续快速扩大。直播卫星"户户通"工程的顺利推进,实现由粗放式覆盖向精细化入户服务升级,由模拟信号覆盖向数字化清晰接收升级,由传统视听服务向多层次多方式多业态服务升级,极大提高了城乡电视公共服务均等化水平。截至2016年10月10日,我国直播卫星用户总数突破1亿户,是世界上用户规模最大的卫星直播平台。其中,"村村通"用户超过1 632万户,户户通用户超过8 376万户。直播卫星已经成为我国农村地区群众接收广播电视节目的主要方式。

电视技术自主创新能力明显加强。我国电视系统实现了过去单纯的跟踪研究向自主创新研究的转变。下一代广播电视网(NGB)关键技术攻关取得突破,10个省市完成省域骨干网、市骨干网建设和双向的NGB接入网络改造建设,基本实现点播、宽带和视频通信等三网融合业务的互联互通。

2009年

一、大事记

1月1日,中央电视台新闻节目中心主持创建的中国电视新闻协作网正式开通。该网站创新新闻频道与地方台进行新闻协作的方式,是中央电视台筹建全国视频发稿中心乃至全球视频发稿中心的基础性网络平台。

2月16日,由河南电视台和澳门澳亚卫视合作开办的中华功夫卫星频道在澳门正式开播。

中华功夫卫星频道开播仪式现场

3月2日,中国教育电视台空中课堂频道正式开播,这标志着空中课堂卫星电视频道从临时的教学频道转为国家的正式频道。

3月16日,"中国移动多媒体广播上海商业运营启动暨合作签约仪式"在上海举行,由国家广电总局自主研发的CMMB手机电视将正式转入商业运营。

5月1日,上海东方卫视、上海电视台新闻综合频道并机,从8:30至22:30推出《奔向世博——中国2010年上海世博会倒计时一周年全天大放送》,首度采用空中、地面、江上接力直播的方式,对世博会全区全貌等进行直播报道。

9月1日,中央电视台新闻频道《朝闻天下》栏目首次实现硬盘播出,标志着新闻频道开始步入网络化制播时代。

2009年9月1日《朝闻天下》节目画面

9月28日,广电总局启动了高、标清同播,同时向观众提供中央电视台、北京卫视、广东卫视等10个高清电视频道的节目。

广东卫视高清开播新闻发布会上的启动仪式

10月1日,新中国成立60周年庆祝大会和联欢晚会相继在天安门广场举行。中央电视台首次以6种联合国工作语言和高清电视信号全程转播国庆盛典。

中央电视台记者在国庆阅兵现场报道

12月28日，中国网络电视台正式开播。中国网络电视台（China Network Television CNTV）是中国国家网络电视播出机构，是以视听互动为核心、融网络特色与电视特色于一体的全球化、多语种、多终端的公共服务平台。

中国网络电视台正式开播仪式现场

二、政策法规

3月30日，广电总局发布《关于加强互联网视听节目内容管理的通知》。

5月31日，发改委发布《国家发展改革委办公厅关于组织实施2009年数字电视研究开发及产业化专项的通知》。

7月29日，广电总局关于印发《关于加快广播电视有线网络发展的若干意见》的通知。

8月6日，广电总局发布《关于促进高清电视发展的通知》。

8月11日，广电总局发布《关于加强以电视机为接收终端的互联网视听节目服务管理有关问题的通知》。

9月10日，广电总局发布《广播电视广告播出管理办法》。

三、电视栏目和节目

（一）新闻类

1. 东方卫视：《东方新闻》

《东方新闻》于2006年1月1日开办，周一至周日18:00播出。该栏目始终关注中国乃至全球每天最重大的新闻事件，逐渐成长为一档面向全国观众、代表海派特色的主流电视新闻栏目。2009年6月18日起，《东方新闻》时长从原来的30分钟扩至1个小时，在一系列国内外重大事件报道中表现突出，彰显主流媒体的社会责任感和使命感。

《东方新闻》节目画面

2. 天津电视台：《都市报道60分》

《都市报道60分》是天津电视台的一档直播电视新闻栏目，内容包括"都市资讯""都市热线""新闻直播""记者调查""百姓纪事"等。《都市报道60分》坚持"关注都市发展，关心都市民生"的栏目宗旨，关注市民的生存状态，关心市民的生活冷暖，满足市民的生活需要。

《都市报道60分》节目画面

（二）专题类和杂志类

1. 中央电视台：《辉煌六十年》

《辉煌六十年》共9集，每集约50分钟，紧紧围绕庆祝新中国成立60周年的主题，以全景式、大跨度、多领域的视角，全面反映中国共产党领导中国革命、建设和改革的光辉历程，充分展示了中国经济发展、政治稳定、文化繁荣、民族团结、社会进步和国际地位日益提升的大好形势，展示了中国人民蓬勃向上、开拓进取的精神风貌。

《辉煌六十年》开拍启动仪式

2. 福建电视台：《我从台湾来》

《我从台湾来》于2006年3月开办，是一档纪实性人物专题栏目，时长20分钟，用"欢乐"的主题贯穿、纪实的手法表达、综艺化的元素包装、轻松欢快的风格特点来呈现。栏目形态和风格鲜明，质量稳定，在台湾形成了一批较固定的观众收视群，成为福建东南卫视的一个品牌。

《我从台湾来》栏目片头

3. 北京电视台：《养生堂》

《养生堂》于2009年1月1日开办。该栏目以"传播养生之道，传授养生之术"为宗旨，以演播室访谈加专题片的形式，请专家介绍科学的中医养生知识。栏目秉承传统医学理论，根据中国传统养生学"天人合一"的思想，系统地介绍中国传统养生文化，有针对性地介绍实用养生方法。

《养生堂》节目画面

4. 北京电视台：《档案》

北京电视台2009年2月4日开播的纪实栏目。节目定位为演播室节目，由一个特定的、个性化的讲述者（主持人）现场讲述和展示为基本形态，节目形式以案件和事件现场实录回放为线索，披露国际国内大案要案、社会传奇、情感故事等。节目贴近百姓生活，紧跟时代脉搏，展现人生百态，透视社会万象。

《档案》播出画面

（三）教育类

1. 中国教育电视台：《中华诵》

《中华诵》于2007年开办，每场时长60分钟。该栏目利用语言文字与文化互为载体的特点，诵读展示和传播优美语言所承载的中华优秀文化，使二者相辅相成、相得益彰，激发全社会对祖国语言文字和中华优秀文化的热爱，使观众特别是广大青少年观众，进一步加深对民族精神和优秀传统文化的理解，在背诵中亲近中华经典，在亲近中热爱中国文化，在热爱中弘扬中华文明。

《中华诵》文艺晚会现场

2. 云南电视台：《自然密码》

《自然密码》是由云南电视台制作播出的倡导人与自然和谐共处的科教类栏目。该栏目生动介绍野生动物的生理结构、生活特性和生存状况以及动物与人类的相互关系。从独特视角与观众一起解析宇宙奇观，探寻自然奥秘。

《自然密码》节目画面

（四）纪录片类

1. 中央电视台：《探索·发现》

《探索·发现》于2001年7月9日开播，是一档大型人文历史与自然地理类的纪录片栏目，以纪录片的手法，讲述以中国为主的历史、地理、文化故事，探寻自然界的神奇奥秘，挖掘历史事件背后鲜为人知的细节和人物命运，展示中华文明的博大精深，是"中国的地理探索，中国的历史发现，中国的文化大观"。《探索·发现》倡导"娱乐化"纪录片的理念，采用讲述精彩故事、设置引人入胜的悬念、运用生动的电视声画等手段，向观众呈现出一部部既有较高文化品位、知识内涵，又有很强观赏性和娱乐性的电视片。

2. 安徽电视台：《淮军》

《淮军》是系列纪录片，10集，每集55分钟。该片集真实性、故事性、趣味性于一体，以独特的视角、平实的风格、个性化的语言、宏大的叙事，全面回顾和反思淮军的兴衰历程，具有深刻的历史感和现实感。

《淮军》节目画面

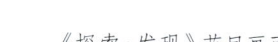

《探索·发现》节目画面

《探索·发现》栏目采访糖塑老艺人杨志甫

（五）综艺类和艺术类

1. 东方卫视：《欢聚世博·全家都来赛》

该栏目于2009年7月开办，是一档来源于百姓、体现"家庭"元素与个性才艺相结合的"真人秀"栏目，是官方授权的全球性世博宣传的重要公关活动。

3. 云南电视台：《谁最闪亮 音乐现场》

《谁最闪亮 音乐现场》是由云南电视台制作的大型音乐互动歌会栏目。该栏目意在"打造新娱乐、创意新视听"，重在推出新歌、新人、新舞台，突出节奏、活力、高起点，强调原创、流行、新时尚，倡导真唱、杜绝假唱。

《欢聚世博·全家都来赛》新闻发布会

《谁最闪亮 音乐现场》节目现场

2. 江西电视台：《中国红歌会》

《中国红歌会》于2006年创办。该活动以"唱响红色经典，弘扬先进文化，建设中华民族共有家园"为宗旨。截止到2009年，共有25万多人次报名参加。《中国红歌会》已成为弘扬社会主义先进文化的知名品牌栏目。

中央领导与《中国红歌会》歌手亲切握手

（六）电视剧类

1. 中央电视台：《走西口》

《走西口》于2009年1月在中央电视台首播，讲述的是清末民初山西祁县大户田家，因为家庭变故和生活所迫而背井离乡"走西口"的传奇故事。这是一部中华民族为了生存而顽强拼搏的雄浑激昂的赞美诗。该剧由李三林导演，俞智先、廉越编剧，杜淳、苗圃等领衔主演。

《走西口》剧照

2. 华谊兄弟娱乐投资有限公司：《我的团长我的团》

《我的团长我的团》是一部关于中国远征军的战争题材电视连续剧。该剧以独特的视角，讲述1942年期间中国各地军民联合抗击日本侵略者、承受战争苦难的历史。在一个离中缅边境不远叫作禅达的地方，一群来自五湖四海、出身不同、身份不同甚至政见不同的溃兵和百姓，因为种种命运际遇而相会于此。他们相互厌憎却又相依为命。在现实的困境中，他们认识到了民族存亡的大义，于是义无返顾共同投入到打击日本侵略者、保卫家园、捍卫尊严的战斗中去。

2009年3月，该剧在江苏、云南、东方三家卫视同步上播出。2009年6月，该剧在第15届上海电视节上获"最受关注电视剧奖"。

《我的团长我的团》剧照

四、电视评奖

（一）新闻类

1. 第十九届（2008年度）"中国新闻奖"

本届共有276件作品荣获"中国新闻奖"，其中特别奖2件，一等奖44件（含11个新闻名专栏），二等奖86件，三等奖144件。获得一等奖的电视作品有：

◎电视消息：《冲破六年封关 山东禽肉产品重返欧盟市场》，陈琛等，山东电视台

◎电视消息：《胡锦涛在四川地震灾区什邡市看望慰问受灾群众和救援人员》，徐少兵等，中央电视台

◎电视评论：《祸起三鹿奶粉》，甘肃省广播电影电视总台

◎电视专题：《陈光标：我是志愿者！》，陈迹等，江苏广播电视总台

◎电视系列：《决战"109"》，集体，陕西电视台

◎电视访谈：《走近"史上最牛的救援队"》，魏巍等，山东电视台

◎电视直播：《"抗震救灾 众志成城"》，集体，中央电视台

◎电视编排：《8月8日〈北京新闻〉》，集体，北京电视台

◎电视专栏：《经济半小时》，中央电视台

◎电视专栏：《新闻参考》，吉林电视台

◎电视专栏：《百姓关注》，贵州电视台

《冲破六年封关 山东禽肉产品重返欧盟市场》节目画面

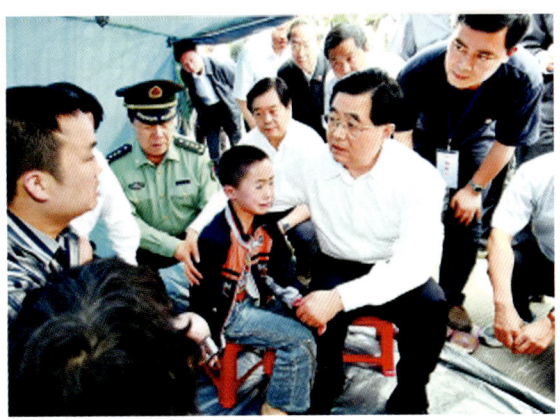

《胡锦涛在四川地震灾区什邡市看望慰问受灾群众和救援人员》节目画面

《陈光标：我是志愿者！》节目画面

《经济半小时》节目画面

《新闻参考》节目画面

《百姓关注》活动现场

（二）文艺类

1. 第十届（2009年度）"金话筒奖"

◎电视播音员主持人金奖

张泉灵、杨锐、董浩，中央电视台

刘文燕，北京电视台

王燕，湖南电视台

于辉，河北电视台

吴庆久，辽宁电视台

倪欣，青岛电视台

丁瑾，天津电视台

周巍，黑龙江电视台

2. 第十届（2009年）"长江韬奋奖"

◎"长江"系列电视获奖者

王水明，浙江电视台

田宝贵，宁夏广播电视总台

◎"韬奋"系列 电视获奖者

任学安，中央电视台

袁雷，上海文广新闻传媒集团

2009年"金话筒奖"部分获奖者

在典礼的压轴环节，已故中央电视台著名播音员罗京被追授2009中国播音主持"金话筒奖"终身成就荣誉称号

王水明（右）

任学安

2. 中国广播影视大奖·第二十七届"飞天奖"

本届评出等级奖及特级奖作品共43部,单项奖16个。

◎长篇电视剧一等奖:《闯关东》《士兵突击》《戈壁母亲》《金婚》《潜伏》《静静的白桦林》《周恩来在重庆》《十万人家》《喜耕田的故事》

◎优秀导演奖:《士兵突击》的导演康洪雷;《金婚》的导演郑晓龙

◎优秀编剧奖:《士兵突击》的编剧兰晓龙;《闯关东》的编剧高满堂、孙建业;《潜伏》的编剧姜伟

◎优秀男演员奖:《潜伏》中余则成的扮演者孙红雷;《金婚》中佟志的扮演者张国立

◎优秀女演员奖:《北风那个吹》中牛鲜花和《国家行动》中向云秀的扮演者闫妮;《闯关东》中文"他娘"的扮演者萨日娜

《士兵突击》剧照

《戈壁母亲》宣传海报

《戈壁母亲》拍摄现场,导演沈好放与摄像师交流

《戈壁母亲》拍摄现场

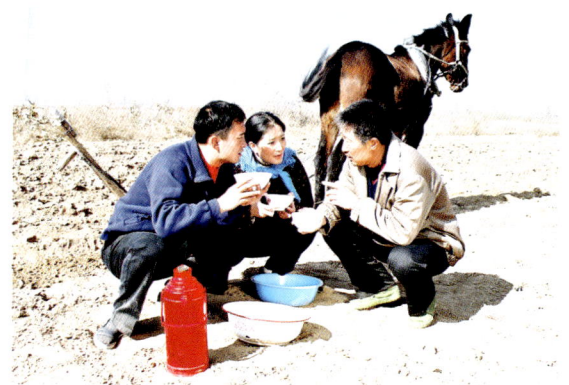
《喜耕田的故事》剧照

《闯关东》中"文他娘"的扮演者萨日娜

《闯关东》宣传海报

《潜伏》宣传海报

《静静的白桦林》宣传海报

《十万人家》宣传海报

《周恩来在重庆》宣传海报

闫妮在《北风那个吹》中扮演知青牛鲜花

闫妮在《国家行动》中扮演县委书记向云秀

五、电视史料

国家主席胡锦涛在世界媒体峰会开幕式上的致辞（2009年10月9日，据新华社北京10月9日电）

面对前所未有的机遇和挑战，世界各地媒体应该顺应时代发展潮流，携手并进，努力为建设持久和平、共同繁荣的和谐世界作出贡献。

第一，要充分运用自身特点和优势，广泛传播和平、发展、合作、共赢、包容理念。各类媒体应该致力于推动人类和平与发展的崇高事业，促进世界各国在政治上相互尊重、平等协商，经济上相互合作、优势互补，文化上相互借鉴、求同存异，安全上相互信任、加强合作，环保上相互帮助、协力推进，共同创造人类更加美好的未来。

第二，要坚持平等互信、互利共赢、共同发展，更好开展交流合作。世界各种形态媒体，不分文化异同、水平高低、规模大小，应该相互尊重、相互信任、平等相处，求同存异，交流互鉴；应该充分考虑各方实际，协商回应各方诉求，兼顾各方利益，既竞争又合作，努力实现互补互助、共同受益；应该分享成功经验，优化发展环境，合力应对挑战，谋求共同发展。

第三，要切实承担社会责任，促进新闻信息真实、准确、全面、客观传播。各类媒体要被公众广泛接受、受社会广泛尊重，不断提高公信力和影响力，就应该遵守新闻从业基本准则，客观报道世界多极化、经济全球化、文明多样性的现实，充分反映世界各国发展的主流和趋势，热情鼓励发展中国家发展进步。

胡锦涛在世界媒体峰会开幕式上致辞

六、电视技术

（一）高清电视迅速发展

2009年8月6日，国家广电总局下发了《国家广电总局关于促进高清电视发展的通知》，明确了在现阶段主要采取现有频道高、标清同播过渡的方式推进高清电视的发展，大力推动了电视台高清电视的发展。9月28日，中央电视台第一套节目和北京卫视、广东卫视等共9个频道开始高、标清同播。

央视高清频道直播第24届世界大学生冬季运动会开幕式

（二）有线电视数字化全面推进

2009年，全国有线数字电视用户已达6 000万户，超过了全国有线电视用户的三分之一，有线电视双向覆盖用户超过3 000万户。全国已有163个地市、459个县完成了数字化整体转换工作，102个地市和612个县启动了整体转换工作，其中北京、天津、山西、湖南、云南、甘肃、青海、新疆等省区整转率超过50%。

（三）移动多媒体广播电视（CMMB）顺利推进

截至2009年年底，全国已有260多个城市开通了CMMB信号，31个省（区、市）完成了CMMB业务运营支撑系统建设。全国签约的省级运营主体达30个，运营体系初步形成。睛彩电影和新媒体广播开始试播，并推出了实时金融行情、实时交通路况等信息服务，同时与中国移动通信集团开展合作，联手推动CMMB手机的推广和普及。

七、电视人物

（一）罗京

罗京，中央电视台新闻中心播音员、播音指导，中央电视台播音主持人队伍的领军人物，中央电视台《新闻联播》节目的主播之一。2009年6月5日因病去世。

（二）沈好放

沈好放是中国电视剧制作中心一级导演，主要作品有《三国演义》《小墩子》《小楼风景》《东周列国》《贫嘴张大民的幸福生活》《戈壁母亲》《任长霞》等，曾获导演方面众多专业奖项。他导演的《戈壁母亲》在2009年的第二十七届"飞天奖"上获长篇电视剧一等奖。

罗京早年播报《新闻联播》的画面

沈好放

罗京

八、电视出版

（一）《厦门广电手机报》

该报是由厦门广播电视集团与中国移动福建公司合力打造，面向25万移动手机用户推出的现代化媒体，采、编、发等工作由厦门广播电视报社负责。

（二）《西藏广播影视报》

《西藏广播影视报》创为于1989年12月，除全面刊登全国各主要卫视节目的时间安排，还是一份集影视文化、生活时尚、服务消费、娱乐信息等为一体的综合服务类报纸。它具有内容丰富、信息量大、形式活泼、风格迥异的特点，富有浓郁的地方特色。

九、电视教育

中国传媒大学发起传媒高等教育国际联盟

2009年9月18日，传媒高等教育国际论坛在北京开幕，会上来自13个国家和地区的36所世界知名传媒高校的代表签署了《传媒高等教育国际联盟宣言》，正式宣告传媒高等教育国际联盟的成立。2010年12月14日，传媒高等教育国际联盟秘书处在中国传媒大学成立。该联盟旨在整合各校优质的教育资源，构建多边合作平台，共同促进传媒高等教育的发展。

传媒高等教育国际论坛现场

2010年

一、大事记

2月4日,广电总局发放首批3G手机视听牌照,央视、上海文广、人民日报、新华社、中国国际广播电台、央广视讯、视讯中国、华夏视联8家企业入选。

央广视讯网站页面截图

3月24日,国家广电总局向央视国际下属的CNTV发放国内互联网电视牌照。

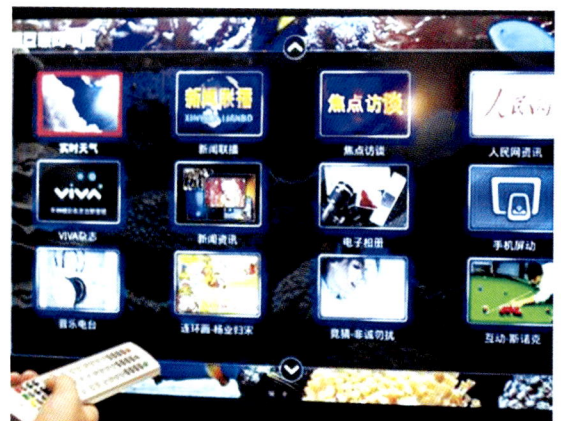
CNTV互联网电视菜单展示

4月初,广电总局联合工信部向国务院三网融合领导小组提交《三网融合试点工作方案(第一稿)》。

5月10日,国家广电总局正式公告,上海文广新闻传媒集团下属的上海电视台获得国内首张IPTV网络电视牌照,同时,上海电视台还获准经营手机电视业务。

2009年上海IPTV用户超过100万

7月中旬,广电总局下发了《关于加强三网融合试点地区IPTV集成播控平台建设有关问题的通知》。

8月18日,广电总局召开中国广播电视网络公司筹备组第一次会议,研究、讨论下一步工作任务和工作计划。会议文件显示,国家级有线电视网络公司的名称初步确定为"中国广播电视网络公司"。

9月2日,广电总局发出《关于进一步促进和规范高清电视发展的通知》,明确了高清电视发展的原则、措施和要求,批准中央电视台新闻综合频道和北京卫视等8个卫视频道高、标清同播。

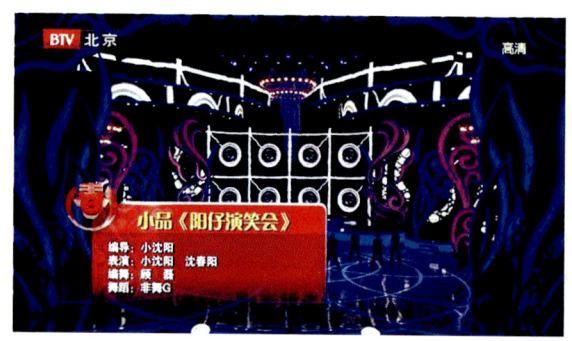
北京卫视高清频道节目

二、政策法规

1月13日，温家宝总理主持国务院常务会议，决定加快推进电信网、广播电视网、互联网三网融合，并审议通过了推进三网融合的总体方案。

4月7日，国家广电总局发布了《卫星电视广播地面接收设施安装服务暂行办法》，对"卫星锅"的管理作出严格规定，旨在依法维护广播影视事业建设和节目传播的正常秩序，打击非法生产、销售、安装卫星地面接收设施行为。

"山寨锅"泛滥成灾，据称用户多达4 000万户

6月9日，国务院办公厅印发的"三网融合"试点方案，明确了组建国家级有线电视网络公司的方针，以统筹规则加快网络建设改造和资源共享。

7月8日，广电总局科技司向各有关单位发出《广电总局科技司关于成立中国下一代广播电视网（NGB）工作组的通知》。

三、电视栏目和节目

（一）新闻类

1. 中央电视台：《我的这五年》

《我的这五年》是中央电视台新闻频道在《回眸"十一五" 展望"十二五"》主题报道中推出的系列报道。该系列报道紧扣"辉煌十一五"主题，用客观、真实的镜头和文字全景展现"十一五"期间中国社会的发展，用故事化叙事手法讲述普通百姓生活中发生的巨大变化和对"十二五"的愿景，开创了成就报道的新模式。

《我的这五年》节目画面

2. 陕西电视台：《都市快报》

《都市快报》是陕西电视台都市青春频道推出的一档民生新闻栏目。该栏目关注民众生活和民众意愿，注重社会新闻的报道，强化新闻深度和评论，积极引导社会舆论。《都市快报》精心打造"快报头条"，注意解读刚刚出台的政策措施和民生信息，客观、公正地发表评论，还开通手机报，尝试地方电视与移动媒体的跨媒体整合。

《都市快报》节目画面

3. 浙江卫视：《新闻直通车》

《新闻直通车》于2010年6月21日创办，以"关注大时代，关心小日子"为宗旨，聚焦热点，关注民生；在内容上以"突发事件+热点关注+舆论监督"为主；在形态上以卫星、光缆、全球眼、3G等直播手段为主，同时辅以权威评论。

2. 中央电视台：《对手》

《对手》是中央电视台财经频道一档财经辩论栏目，由现场嘉宾、媒体观察团和现场观众就热点财经话题展开讨论。栏目以活跃的气氛和开放的形式剖析重大经济事件，使观众对复杂经济问题有所了解、受到启发、得到教益。

《新闻直通车》节目画面

《对手》节目现场

（二）专题类和杂志类

1. 东方卫视：《东方直播室》

《东方直播室》是东方卫视推出的一档时事辩论民意调查类栏目。该栏目聚焦新闻热点，邀请新闻人物走进现场，通过主持人、嘉宾、专家、观众现场讨论，真实展示当事人的个性和命运。栏目通过电视、网络、短信等传播手段，全方位反映各方意见，为观众提供一个畅所欲言的平台，给出解决问题的建设性意见，具有一定的引导作用和教育意义。

3. 四川卫视：《汇说天下》

《汇说天下》于2010年创办，以"聚焦热点、关注民生"为主旨，以"开放视角、多元言论"为追求，以新闻视角评说天下大事、热事、趣事、感人事，对"大事"进行民生化表述，用多样而轻松的方式，深入关注各类新闻，解读方式立体多元，言论独树一帜。

《东方直播室》现场

《汇说天下》节目画面

（三）教育类

1. 江苏广播电视台：《万家灯火》

《万家灯火》是江苏广播电视台城市频道与中国健康教育中心合作创办的一档健康教育栏目。该栏目以"传播先进文化科学知识，为百姓支招，解疑释惑，引领健康生活"为宗旨，为观众提供全方位的健康咨询，帮助观众走出家庭、生活、工作中的误区，引领健康生活。

《万家灯火》社区公益活动

2. 中国教育电视台：《成长不烦恼》

《成长不烦恼》是中国教育电视台推出的一档旨在反映家庭教育与代际沟通问题的大型互动情感栏目。该栏目以疏导亲子情感问题为核心，以普通家庭中的典型故事为案例，以两代人直接交流的方式，消除家长和子女的烦恼，使他们一起"成长"。栏目关注全社会普遍关心的中学生"早恋""网瘾"安全防卫意识等问题，传播家庭教育新理念。

《成长不烦恼》录制现场

（四）纪录片类

中央电视台：《国宝档案》

《国宝档案》是中央电视台中文国际频道播出的一档文物历史纪录片栏目。该栏目秉承"传承中华文明，服务全球华人"的宗旨，集权威性、故事性、观赏性为一体，以代表中华民族悠久历史和灿烂文明的国宝级文物精品为主线，挖掘国宝背后的故事。

《国宝档案》节目画面

（五）综艺类和艺术类

1. 中央电视台：《星光大道》

《星光大道》是中央电视台综艺频道的一档面向平民百姓的大型综艺栏目。在这里，来自国内外身怀绝技的普通百姓登上舞台挑战自我、展现风采、实现梦想。他们在聚光灯下展示才艺，共同演绎尊重、幸福和快乐的主题。《星光大道》是百姓的舞台、观众的舞台，在保持健康高雅的艺术品质、稳中求变的同时，积极倡导公益事业，增强选手的社会责任感，传播爱心。

《星光大道》节目现场

2. 浙江卫视：《江南》

《江南》是浙江卫视一档以浙江浓厚文化底蕴、丰富文化资源为依托的人文类讲座栏目。该栏目陆续推出了"江南·人物传奇""江南·国宝传奇"和"江南·家族传奇"等系列节目，以专家学者深度解读作引导，结合外景视频短片、三维动画、资料实物等多种手段，传播历史文化知识，介绍地域文化瑰宝，展现博大精深的中华文化，弘扬民族精神和时代精神。

《江南·人物传奇》片头

3. 江苏卫视：《非诚勿扰》

《非诚勿扰》是江苏卫视于2010年1月初推出的大型生活服务类栏目。该栏目为广大单身男女提供公开的婚恋交友平台，以互动的形式打破过去传统的交友方式，体现了新时代男女的婚恋观。

《非诚勿扰》节目画面

《非诚勿扰》主持人孟非

4. 湖南卫视：《天天向上》

《天天向上》是于2008年8月开播的一档脱口秀综艺栏目。栏目以各色嘉宾、清一色男性的主持团队和"中华礼仪之美"环节等为主要特色，多方面展现嘉宾的性格魅力、职业技能等，通过表演、游戏、短剧等娱乐环节，传播了中华礼仪、戏剧知识、体育竞技、声乐舞蹈、民间发明、职场规则等各方面的知识与技能。主持人各有特色，配合默契，妙语连珠，诙谐机智，让观众从风趣的表演中获得有用的信息。

《天天向上》以知识性、娱乐性、观赏性见长，深受年轻观众的喜爱。2010年，《天天向上》获得第二十五届中国电视"金鹰奖"之"优秀文艺节目奖"和第三届"《综艺》年度暨电视人评选"之"年度节目奖"。

《天天向上》节目画面

（六）电视剧类

1. 北京华录百纳影视有限公司：《媳妇的美好时代》

该剧由刘江执导，海清、黄海波等主演，通过描写两家人之间家长里短的家庭故事，探讨了当代都市家庭的婆媳关系以及拥有新式婚恋观的"80后"适婚年轻人的婚姻故事。该剧于2010年3月在东方卫视及北京卫视首播。

《媳妇的美好时代》剧照

《媳妇的美好时代》宣传海报

2. 上海电视传媒公司:《杜拉拉升职记》

该剧讲述了主人公杜拉拉和她身边的年轻人为实现梦想而奋斗的故事,折射出当代职场白领们的心声。编剧张巍,导演陈铭章,主演李光洁、王珞丹等。该剧于2010年7月在北京卫视、东方卫视和深圳卫视播出。

《杜拉拉升职记》剧照

3. 河北电视台:《村里这点事》

《村里这点事》是河北电视台农民频道从2008年起推出的一档大型日播农村题材栏目剧。每集通过一个发生在农民身边的小故事,展现社会主义新农村面貌,针对农村的一些旧传统、旧风俗给予积极正面的引导,在农村精神文明建设中发挥了积极作用。该剧贴近农村实际、贴近农村生活、贴近农民群众,人物、剧情真实、感人,所有角色全部由百姓饰演。2010年4月,该剧获得第三届"《综艺》年度暨电视人评选"之"全国地面频道节目20强"荣誉。

《村里这点事》剧照

4.《七十二家房客》

《七十二家房客》是一部大型粤语电视情景喜剧。该剧自2008年7月开播以来,已完成13季,总集数达1 600集,是国内著名的"长寿剧",反映了20世纪40年代旧广州的生活风貌,以浓郁的地方色彩、有趣的戏剧情节、鲜明的人物形象,描述了七十二家穷苦房客患难相扶,与霸道屋主、反动警察等邪恶势力作斗争的故事。该剧在忠于原作的基础上,加入了广东戏曲元素,邀请了广东著名笑星和粤剧名家演绎,拍出了室内电视喜剧风格和唱做兼备的粤剧特色。编剧廖致楷,导演林书锦,主演彭炽权、黄伟香等。

《七十二家房客》剧照

《七十二家房客》剧组工作照

四、电视评奖

（一）新闻类

1. 第二十届（2009年度）"中国新闻奖"

本届共有277件作品荣获"中国新闻奖"，其中特别奖2件，一等奖42件（含9个新闻名专栏），二等奖87件，三等奖146件。获得一等奖的电视作品有：

◎电视消息：《胡锦涛考察北京国庆期间安保、交通和旅游工作》，集体，中央电视台

◎电视消息：《我国首次在青藏高原冻土带成功钻获"可燃冰"》，张玲等，青海电视台

◎电视评论：《温州：望"楼"兴叹》，陈振仕等，温州广播电视台

◎电视专题：《小镇民警维稳事》，周洋文等，宁波电视台

◎电视访谈：《陈竺：坚持公益性 保障人民健康》，沈公孚等，中央电视台

◎电视直播：《万里追光明》，韩丹等，黑龙江电视台

◎电视编排：《7月1日〈东方新闻〉》，集体，上海广播电视台

◎国际传播类：《"盛典"国庆60周年特别节目》，集体，中央电视台

◎电视专栏：《记者调查》，新疆电视台

◎电视专栏：《第一调查》，安徽电视台

《胡锦涛考察北京国庆期间安保、交通和旅游工作》节目画面

《温州：望"楼"兴叹》节目画面

《陈竺：坚持公益性 保障人民健康》节目画面

《万里追光明》节目画面

《记者调查》节目画面

2. 第十一届（2010年度）"长江韬奋奖"

◎"长江"系列电视业获奖者

史联文，辽宁广播电视台（2015年被撤销获奖资格）

张泉灵，中央电视台

陈国望，天津电视台

◎"韬奋"系列电视业获奖者

杨茂林，贵州电视台

季建南，江苏广播电视总台

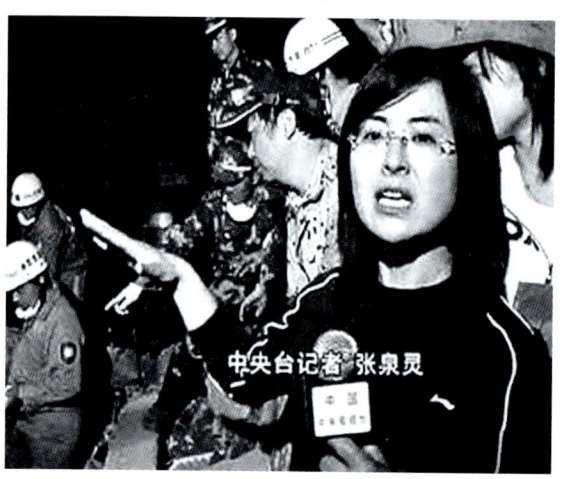

张泉灵不顾生命危险在汶川地震灾区做现场报道

陈国望接受记者采访

季建南

（二）文艺类

第十一届（2010年度）"金话筒奖"获奖情况如下：

◎电视播音员主持人金奖

孙小梅、李小萌、鲁健、芮成钢，中央电视台

王俐，山东电视台

杨芳，陕西电视台

印海蓉，上海广播电视台

姜华，北京电视台

王梅，深圳广播电影电视集团

海琳，中国人民解放军电视宣传中心

第十一届"金话筒奖"颁奖典礼新闻发布会现场

山东电视台主持人王俐手捧"金话筒"奖杯

陕西电视台主持人杨芳获"金话筒奖"

在典礼现场,中央电视台新闻评论部主持人李小萌将获得的"金话筒奖"奖杯送给了2008年在汶川接受她采访的老大爷。李小萌说,"金话筒奖"不仅属于主持人,同样也属于受访者和所有的观众

第十一届"金话筒奖"颁奖典礼由三军仪仗队护送并展示三只具有特殊历史意义的话筒开场。这三只话筒分别是延安新华广播电台使用的话筒、开国大典上使用的话筒和新中国60周年庆典上使用的话筒

五、电视史料

胡锦涛谈文化工作重点（据新华社北京2010年7月23日）

7月23日，中共中央总书记胡锦涛在中共中央政治局第二十二次集体学习时指出：

当前和今后一个时期，要重点抓好以下几项工作：

一是要加快文化体制机制改革创新，按照创新体制、转换机制、面向市场、增强活力的要求，加快经营性文化单位转企改制，稳步推进公益性文化事业单位改革，构建统一开放、竞争、有序的现代文化市场体系，加快推进文化管理体制改革。

二是要加快构建公共文化服务体系，按照体现公益性、基本性、均等性、便利性的要求，坚持政府主导，加大投入力度，推进重点文化惠民工程，加强公共文化基础设施建设，促进基本公共文化服务均等化。

三是要加快发展文化产业，认真落实文化产业振兴规划，精心实施重大文化产业项目带动战略，推进文化产业结构调整，培育新的文化业态，提高文化产业规模化、集约化、专业化水平。要精心打造中华民族文化品牌，提高我国文化产业国际竞争力，推动中华文化走向世界。

四是要加强对文化产品创作生产的引导，真正从群众需要出发，继承和发扬中华文化优良传统，吸收借鉴世界有益文化成果，推出更多深受群众喜爱，思想性、艺术性、观赏性相统一的精品力作。要引导广大文化工作者和文化单位自觉践行社会主义核心价值体系，坚持社会主义先进文化前进方向，坚决抵制庸俗、低俗、媚俗之风。

六、电视技术

（一）台内数字化、网络化建设成效显著

电视台内数字化、网络化进程明显加快，省级以上电视台制播系统数字化、网络化改造基本完成，省级电视台基本具备了制作高清电视频道的能力。许多省级台和城市台已经完成全台业务一体化网络系统的建设，大大提高了节目制播效率，为电视台从单一传统业务模式向为多种终端提供多种综合业务模式转变提供了有力的技术支撑。

中央电视台在2009年庆祝新中国成立60周年庆典现场全程采用高清技术直播

（二）电视数字化进程加快

有线电视数字化整体转换工作顺利进行，截至2010年年底，全国300个地市都具备了开通地面数字电视、提供多套数字节目的能力。全国有线数字电视用户数达到8 870万户，网络双向覆盖用户达到5 000万户，为三网融合奠定了坚实的基础。

七、电视人物

（一）王小列

王小列是电视摄像师、导演，1978年考入北京电影学院摄影系，毕业后分配到峨眉电影制片厂任摄影师，拍摄了《南行记》《月亮背面》《裂缝》《生死之恋》《范府大院》等电视剧。他的作品曾获全国电视剧"飞天奖"优秀摄影奖，2010年获"北京影视春燕奖"之"最佳摄影奖"。

王小列

（二）欧阳常林

欧阳常林曾任湖南经济电视台台长、湖南电视台台长、湖南广播电视台台长等职务，在其领导下，湖南电视台推出了《还珠格格》《丑女无敌》《超级女声》《快乐大本营》等有影响力的电视剧和电视栏目。

欧阳常林

八、电视出版

（一）《中国动画年鉴》（年刊）

《中国动画年鉴》创刊于2006年，中国传媒大学动画与数字艺术学院为主编单位，记录和反映中国动画业历史轨迹和成果。该刊每年编印一卷，尽可能实现"客观记录中国动画产业政策、全面透视中国动画教育现状、见证中国动画产业发展足迹，提供全球动画产业全年资讯，搭建国家动画权威数据平台，引领中国动画产业健康发展"的目标，通常包括重要讲话、文件与法规、产业概况、动漫基地、影视作品、动漫教育、理论研究、特约文章、港台及国际动画产业与动画教育、节展奖项和大事记等内容。

《中国动画年鉴 2010》封面

（二）《新媒体蓝皮书：中国新媒体发展报告（2010）》

《新媒体蓝皮书：中国新媒体发展报告（2010）》是国内首本关于新媒体发展的年度报告，由中国社会科学院新闻与传播研究所主持编撰，2010年7月由中国社会科学院社会科学文献出版社出版。该书反映了我国互联网、手机等新媒体的全面发展状况，对诸多前沿问题进行了深度调研和分析，不仅对新媒体的未来趋势作出预测，还提出了不少具有针对性的对策和建议。

九、电视教育

中国传媒大学获准开展MBA专业学位培养

针对文化传媒领域高级管理人才相对匮乏的现状，中国传媒大学首创文化传媒MBA，拉开了我国文化产业高级管理人才培养的序幕。

中央电视台主持人鲁健被聘为中国传媒大学MBA形象大使

《新媒体蓝皮书：中国新媒体发展报告（2010）》封面

2011年

一、大事记

1月1日，中央电视台纪录频道（CCTV-9）正式开播，中国网络电视台同步开播纪录中英文频道。

中央电视台纪录频道正式开播

1月底，上海广播电视台获得中国内地首张3G手机电视牌照，这标志着该台获得运营3G手机电视"内容服务"加"集成播控"的完整资质，并可以使3G内容供应方通过合作的方式纳入该平台，形成条理、有序的产业链格局。

3月至6月，南方传媒互联网电视"互联八方"集成服务平台——"云视听"节目内容服务平台、湖南广播电视台互联网电视集成遥控平台及内容平台、中国国际广播电台互联网电视集成业务平台分别通过国家广电总局的验收，并取得经营许可，正式面向全国开展互联网电视业务。

南方传媒互联网电视节目内容服务平台"云视听"揭幕仪式

3月28日，黑龙江网络广播电视台开播。这是继央视网络广播电视台、安徽网络广播电视台之后全国第三家网络电视台，也是第一家将广播节目融入其中的网络全媒体。5月，甘肃省广播电影电视总台（集团）成立网络广播电视台，浙江网络广播电视台、湖北网络广播电视台上线开播。8月25日，城市联合网络电视台（China United Television，简称CUTV）在北京举行开播仪式。CUTV是由全国地方电视台组成的联盟，覆盖22个省、市、自治区，拥有近8亿用户。9月，四川网络广播电视台通过IPTV、3G手机电视和网络电视三种形态正式上线开播。截至2011年，全国共批准开办了615家网络视听节目服务机构、17家网络广播电视台，成立了中国网络视听节目服务协会。

黑龙江网络广播电视台开播仪式现场

7月31日，江苏有线"云媒体电视"在南京市正式上线，这是继单向数字电视、互动数字电视之后，江苏有线自主研发的第三代数字电视系统。

苏州云媒体电视上线广告

8月3日，国家发改委、国家广电总局编制印发《全国"十二五"广播电视村村通建设规划》，规划明确重点实施20户以下已通电自然村"盲村"建设和高山无线发射台站基础设施建设。"十二五"期间，工程总投资约为86.42亿元。

8月，湖北省垄上电视联盟成立，各联盟成员单位将在节目互动、活动策划、产业开发等方面展开合作，共同打造对农电视节目合作平台。

湖北省垄上电视联盟成立

长江手机台首页

9月14日，国家广电总局发出通报，对石家庄市广播电视台擅自改变影视频道定位、变更频道标识和节目设置范围并播出虚假节目等严重违规问题，按照《广播电视播出机构违规处理办法（试行）》有关规定，停止该频道播出30日，并全国通报批评，同时责成河北省广电局依法吊销制作虚假节目的河北九天传媒有限公司的广播电视节目制作经营许可证。

9月19日，国家广电总局整合广播电视监测中心、收听收看中心、安全播出调度中心、信息网络视听节目监管中心等单位，成立国家广电总局监管中心。

12月8日，由江苏广电总台、中国电信江苏分公司共同打造的江苏手机门户平台"长江手机台"正式上线。

12月30日，百视通新媒体股份有限公司在上海证券交易所成功挂牌上市，成为国内第一家实现广电新媒体可经营性资产整体上市的公司，开创了主流广电体系新媒体企业上市先河，被誉为"广电新媒体第一股"。

百视通新媒体股份有限公司在上海证券交易所挂牌上市仪式现场

截至2011年12月，全国已建成移动多媒体广播电视（CMMB）大功率发射点2 200余个、中小功率增补点5 000余个，已完成全国336个地级以上城市、855个县级城市的CMMB信号基础覆盖，总覆盖人口数达到8亿，CMMB网络已成为全球最大的移动广播电视覆盖网络。

2011年，中宣部、中央外宣办、国家广电总局、新闻出版总署、中国记协五部门联合开展新闻战线"走基层、转作风、改文风"活动。

2011年9月16日，黑龙江网络广播电视台报道"走基层、转作风、改文风"活动

2011年年底，移动多媒体广播电视已基本覆盖全国336个地级以上城市及部分县级城市，终端用户超过3 500万，付费用户达到1 600万。

二、政策法规

6月7日，《最高人民法院关于审理破坏广播电视设施等刑事案件具体应用法律若干问题的解释》（法释〔2011〕13号，简称《刑法》124条司法解释）公布，并于2011年6月13日起施行。

8月18日，国家广电总局发布《电视剧内容审查实施细则》，2006年5月24日国家广电总局制定的《电视剧内容审查暂行规定》同时废止。

10月11日，国家广电总局发布《关于进一步加强广播电视广告播出管理的通知》（广发〔2011〕79号），明确要求今后全国各家卫视的影视剧中间插播广告要严格遵守时间要求，并禁止在片头之后、剧情开始之前，以及片尾之前插播任何广告。

10月12日，国家广电总局科技司印发了《广播电视安全播出管理规定——IPTV集成播控平台实施细则》（试行），针对新技术、新媒体给安全播出带来的新变化、新要求，进一步指导和规范IPTV集成播控平台安全播出管理工作。

10月1日至18日，第十七届六中全会审议通过了《中共中央关于深化文化体制改革 推动社会主义文化大发展大繁荣若干重大问题的决定》。《决定》要求建立统一联动、安全可靠的国家应急广播体系；整合有线电视网络，组建国家级广播电视网络公司；推进三网融合，建设国家新媒体集成播控平台，创新业务形态，发挥各类信息网络设施的文化传播作用，实现互联互通、有序进行。

11月25日，国家广电总局令第67号发布《有线广播电视运营服务管理暂行规定》。

三、电视栏目和节目

（一）新闻类

1. 中央电视台：《走基层·塔县皮里村蹲点日记》

该节目于2011年9月17日至23日在中央电视台新闻频道播出。塔什库尔干塔吉克自治县位于帕米尔高原，平均海拔3 800米，是国家级边境贫困县。每年寒暑假后，乡干部们都会徒步80多公里接孩子上学。报道团队随着马尔洋乡乡干部们一起攀悬崖、趟冰河，往返10天，记录下孩子们的艰难上学路。

《走基层·塔县皮里村蹲点日记》节目画面

2. 中央电视台：《胡锦涛主席在中南海会见美国佩顿中学访华师生》

该节目2011年7月15日在《新闻联播》栏目中播出。节目采用了定点跟拍、远距离调拍、高角度拍摄等手法，用纪录片的手法拍摄新闻，编辑选取国家主席胡锦涛与学生们在一起最具亲和力的画面，远近景交叉使用、同期声与背景声共同展现现场的良好互动氛围。

《胡锦涛主席在中南海会见美国佩顿中学访华师生》节目画面

3. 江苏广播电视总台：《有一说一》

《有一说一》是由江苏广电总台新闻中心、江苏新闻公共频道联合出品，2005年元旦创办的一部民生社会新闻栏目。2011年栏目全新扩版，每天19:00播出，时长1小时，抓突发事件报道，同时坚持公益特色，推出了一系列公益活动。

《有一说一》栏目宣传片

4. 陕西广播电视台：《天天晒网》

该栏目于2011年5月1日开办，在陕西广播电视台都市青春频道每天22:25播出，时长30分钟。栏目通过对全天网络热点资讯的梳理，实现跨媒体资源整合与互补。该栏目全方位梳理每日网络热点资讯、视频，首创碎片化电视评论样态，全力打造"西评观点（主持人）、网友热评、连线北京（全国著名评论员观点）"三位一体的新评论样态。

《天天晒网》主持人何磊（右）与观众互动

（二）专题类和杂志类

1. 中国教育电视台：《职来职往》

这是一个关注就业、探讨就业、指导就业的大型职场栏目，旨在利用电视手段为高校毕业生就业工作展示才华、解疑释惑提供平台。栏目针对大学毕业生以及广大择业青年，以求职者和面试者之间的观点碰撞为呈现形式，直接关注就业。

《职来职往》节目现场

2. 天津电视台：《非你莫属》

《非你莫属》是天津卫视一档专业性和娱乐性兼具的职场"真人秀"栏目，每期由12名一流企业高管组成"波士团"对4名选手进行招聘，对应聘者进行犀利的评判和严格的挑选。每期节目由"自我介绍""天生我有才""谈钱不伤感情"三个环节组成。

《非你莫属》节目现场

3. 江西卫视：《金牌调解》

《金牌调解》是于2011年3月21日在江西卫视推出的服务性栏目。该栏目定位于"调解纠纷、化解矛盾、促进和谐"，在电视台演播室内讲述事件因果，由人民调解员、律师、心理专家等专业人士组成调解团队现场给出调解建议，促使当事双方达成调解协议，化解矛盾。

《金牌调解》主持人章亭、调解员胡剑云

4. 北京电视台：《身边》

《身边》于2004年4月5日开办，北京卫视（BTV-1）每周一至周五上午08:36播出，时长50分钟。栏目关注北京民生，关心百姓生活，节目风格生动活泼。该栏目从2011年起改版为大型演播室访谈类栏目，现场邀请政府官员、权威专家、热点人物、草根达人、影视明星等，为观众提供政策解读、养生新知、事件剖析等最新信息。

《身边》节目画面

（三）纪录片类

1. 中央电视台：《中国三峡》

《中国三峡》于2011年6月25日21：22在央视一套播出，时长85分钟。该片由国务院三峡工程建设委员会办公室等历时近5年联合打造，是三峡工程的官方纪录片。该片以人文高度、哲学深度、客观角度、公正尺度、大国气度，全景式地展现了三峡工程的修建过程和辉煌成就，展示了共和国几代领导人的英明决策和对三峡工程建设的亲切关怀，刻画了三峡工程的广大建设者、管理者、移民群众无私奉献、顾全大局的感人形象。

《中国三峡》节目画面

2. 中央电视台：《旗帜》

《旗帜》是一部大型文献纪录片，共10集，包括"开天辟地""浴血奋斗""建国创业""艰辛探索""历史转折""滚滚春潮""扬帆沧海""世纪跨越""发展新篇"和"阔步前行"。该纪录片权威、全面地反映了中国共产党建党90年来的伟大历程、光辉成就和宝贵经验。

《旗帜》片头

3. SMG纪实频道：《理想照耀中国》

为纪念中国共产党成立90周年而制作的纪录片《理想照耀中国》于2011年6月在SMG纪实频道首播。该片共5集，每集50分钟。纪录片通过李大钊、瞿秋白、恽代英、方志敏、杨靖宇、钱学森、雷锋、焦裕禄、孔繁森等人物的动人故事，讲述90年来中国共产党人可歌可泣的精神力量。

《理想照耀中国》片头

4. 中国教育电视台：《首播纪录》

《首播纪录》是中国教育电视台2008年推出的纪录片栏目。栏目内容以社会、人文和历史文献纪录片为主，累计播出近1 500余集、120多部优秀国产纪录片。

《首播纪录》片头

（四）综艺类和艺术类

1. 辽宁卫视：《激情唱响》

《激情唱响》在2011年7月28日至9月30日播出，每周一期，共10期，每期90分钟。节目包含海选、才艺秀、训练营、评委之家、晋级秀、总决赛等环节。每期节目中的选手不限性别、不分职业、不论国籍和年龄，充分体现了全民参与的广泛性和普遍性。

《激情唱响》宣传现场

2. 江苏卫视：《非常了得》

《非常了得》于2011年6月5日开播，每周三21：20播出，时长70分钟。栏目定位于"辨人识事长知识"，是一档益智答题脱口秀栏目。嘉宾之间通过相互对抗猜测对方身份或经历真假，引发诸多故事，或奇闻轶事，或社会热点，或情感经历，或感人故事，以综艺的形态讲述社会热点、人间百态、励志情感等。

《非常了得》节目主持人孟非（右）、郭德纲

3. 浙江电视台：《中国梦想秀》

该栏目在浙江电视台新闻综合频道每周六21：21播出，时长90分钟。该栏目源自英国BBCW频道创全英收视第一的王牌综艺《就在今夜》，是一档由明星给平民惊喜、帮平民圆梦的大型公益活动。栏目打破以往平民选秀节目的模式，改变以物质为前提的明星公益，提倡"精神慈善"、零门槛，突出"小人物大梦想"的概念，主持人、偶像明星甘当绿叶，用豪华的舞台为平民圆梦。

《中国梦想秀》现场画面

4. 深圳卫视：《年代秀》

《年代秀》于2011年5月27日开办，每周五21：20播出，时长90分钟。该栏目邀请各个年龄层的明星嘉宾，以新中国近60年来社会发展中产生过积极而巨大影响的人物、事件和艺术作品为基点，结合当今话题，在温暖、有趣、热烈的氛围中呈现积极、美好的主流价值观。

《年代秀》宣传海报

5. 武汉广播电视总台：《世纪之光》文艺晚会

《世纪之光》文艺晚会是武汉广播电视总台为纪念辛亥革命一百周年参与承办制作的大型主题晚会，2011年10月10日晚在武昌首义广场上演，湖北卫视、武汉电视一套、二套同步现场直播。晚会时长90分钟，分为五个部分：序"回望百年"；第一章"热血之志"，表现辛亥革命的民族觉醒；第二章"铁血之花"，书写"大武汉"城市的变迁，追寻民族的崛起之路；第三章"骨血之魂"，书写从今日武汉到全国各地的繁荣兴旺；尾声"走向复兴"，用大型交响乐唱响中华民族的时代强音。

《世纪之光》文艺晚会现场

6. 内蒙古卫视：《蔚蓝的故乡》

《蔚蓝的故乡》于2004年5月1日开播，是一档以草原文化为核心、展现北方地区自然风貌及各民族人文风情和民族风情的栏目。每周六播出的《蔚蓝的故乡·音乐部落》以唱响草原歌曲为己任，邀请来自全国各地的歌手在演播室现场演唱草原歌曲，并讲述他们与草原音乐之间的深情故事。

《蔚蓝的故乡》宣传海报

《蔚蓝的故乡》栏目画面

《蔚蓝的故乡》栏目组工作人员深入牧区一线采访拍摄

7. 西藏汉语卫视：《西藏诱惑》

《西藏诱惑》于每周一至周五20:00播出，时长30分钟。栏目以西藏丰富的自然资源和全球热点关注所引发的预期收视资源为背景，以宣传西藏奇特的自然景观、悠久的历史文化、浓郁的民俗风情和经济社会的巨大历史发展变迁为宗旨。

《西藏诱惑》片头

8. 重庆卫视：《品读》

《品读》于2011年1月3日开播，时长20分钟。栏目由诵读、演播室赏析和配音短片三部分组成，精心选取古今中外极具内涵和震撼力的文学经典，坚持清新淡雅的风格和深厚的文化底蕴，追求简洁、大气、智慧、包容。在尊重经典的前提下，进行多角度、多层面的艺术化、趣味性解读，努力挖掘作品的创作背景、思想内涵、艺术魅力、传播影响、现实观照，并用生动丰富的视听语言传达出来。

《品读》主持人祝克菲

（五）电视剧类

1. 中国电视剧制作中心有限责任公司：
《中国1921》

《中国1921》是2011年5月央视1套播出的32集电视连续剧，主要剧情如下：1918年8月，毛泽东带着25个湖南青年离开长沙前往北京。随后第一次世界大战结束，中国成为战胜国。但是，"翰林总统"徐世昌、蛰伏上海的孙中山、病卧在床的陈独秀、困居在小胡同的毛泽东都清醒地预感到国家不变的话，更大的屈辱可能就在后面。于是，他们为中国的命运苦苦求索。1921年，中国共产党成立，带给人民新的希望。

《中国1921》宣传海报

《中国1921》剧照

2. 中央电视台文艺中心影视部：《乡村爱情交响曲》

《乡村爱情交响曲》是一部37集电视连续剧，主要讲述象牙山村女青年王小蒙和她的丈夫谢永强各自发展壮大自己的事业，象牙山村与王氏集团联袂开发温泉度假山庄后山村发生的喜人变化，反映了当代农民尤其是农村青年的爱情、婚姻、事业和生活，是一部具有时代特色、生活气息和东北乡土风情的轻喜剧。

《乡村爱情交响曲》剧照

《乡村爱情交响曲》宣传海报

3. 北京东方在扬文化传播有限公司等：《当婆婆遇上妈》

《当婆婆遇上妈》是一部30集电视连续剧，2011年在深圳都市频道、东方卫视等平台播出。该剧讲述了罗佳和大可这对因爱迈入婚姻殿堂的小情侣，由于双方母亲的干扰，尝尽了婚姻生活的酸甜苦辣的故事。

《当婆婆遇上妈》宣传海报

四、电视评奖

（一）新闻类第二十一届（2010年度）"中国新闻奖"

本届有287件作品荣获中国新闻奖，其中特别奖2件，一等奖41件（含9个新闻名专栏），二等奖89件，三等奖155件。获得一等奖的电视作品篇目有：

◎电视消息：《胡锦涛总书记同福建革命老区干部群众和在闽台胞共迎新春佳节》，集体，中央电视台

◎电视消息：《一堆木头与一连串车祸》，江虹等，荆州电视台

◎电视评论：《版权保护——南通家纺市场成功密码》，顾道远等，江苏广播电视总台

◎电视访谈：《天河一号:速度背后的较量》，集体，天津电视台

◎电视直播：《王家岭矿透水事故救援报道》，集体，中央电视台

◎电视专栏：《经视直播》，湖北广电总台

◎电视专栏：《今日关注》，中央电视台

◎国际传播类电视专题：《来吧，来吧》，周世祖等，宁波电视台

◎国际传播类电视消息：《中国政府陆路紧急援巴谱写千里救灾友谊赞歌》，黄土根等，兵团电视台

《胡锦涛总书记同福建革命老区干部群众和在闽台胞共迎新春佳节》节目画面

《一堆木头与一连串车祸》节目画面

《天河一号:速度背后的较量》节目画面

《经视直播》宣传海报

《今日关注》节目画面

《来吧，来吧》节目画面

（二）文艺类

1. 第十二届（2011年度）"金话筒奖"

◎电视播音员主持人奖

陈伟鸿、刘纯燕（金龟子），中央电视台

次旦央宗，西藏电视台

翟毓红（小翟），黑龙江电视台

涂经纬（经纬），国家广播电影电视总局电影卫星频道节目制作中心

王旭东，北京电视台

曲藩蕊，天津电视台

何婕，上海广播电视台

吴庆捷，深圳广播电影电视集团

第十二届（2011）中国播音主持"金话筒奖"颁奖典礼节目画面

"金话筒奖"获得者刘纯燕（中）在颁奖典礼现场

黑龙江电视台《新闻夜航》节目主播翟毓红（小翟）获"金话筒奖"

王旭东获"金话筒奖"

涂经纬获"金话筒奖"

何婕获"金话筒奖"

2. 中国广播影视大奖·第二十八届电视剧"飞天奖"

本届共评选出等级奖及特别奖作品43部，单项奖9人。

◎长篇电视剧特别奖：《解放》

◎长篇电视剧一等奖：《沂蒙》《媳妇的美好时代》《医者仁心》《毛岸英》《我的青春谁做主》《兵峰》《解放大西南》《我是特种兵》《人间正道是沧桑》《五星红旗迎风飘扬》《我们的八十年代》

◎优秀编剧奖：《媳妇的美好时代》的编剧王丽萍；《医者仁心》的编剧徐萌；《沂蒙》的编剧赵冬苓

◎优秀导演奖：《沂蒙》的导演管虎；《中国远征军》的导演董亚春

◎优秀男演员奖：《人间正道是沧桑》《中国远征军》的主演黄志忠；《茶馆》《钢铁年代》的主演陈宝国

◎优秀女演员奖：《媳妇的美好时代》的主演海清；《幸福来敲门》的主演蒋雯丽

《解放》剧照

《沂蒙》宣传海报

《媳妇的美好时代》剧照

《医者仁心》剧照

《我的青春谁做主》剧组成员在第二十八届电视剧"飞天奖"颁奖现场

《我是特种兵》宣传海报

管虎(左)、董亚春获优秀导演奖

《我们的八十年代》由齐欢、夏雨担纲主演

黄志忠(左)、陈宝国获优秀男演员奖

海清(左)、蒋雯丽获优秀女演员奖

王丽萍(左)、徐萌(中)、赵冬苓获颁优秀编剧奖

五、电视史料

全国广播电视新媒体发展综述（节选）[1]

2011年，围绕视听新媒体行业秩序建设和三网融合总体方案、试点方案的贯彻落实，国家广电总局努力推动网络视听服务业科学发展，加强对网络广播电视、手机电视、IPTV、互联网电视等业务的建设指导和监督管理，为视听新媒体发展营造了良好环境。广播影视系统紧跟科技趋势，加大创新力度，积极促进传统媒体与新媒体融合发展，取得新的进展。网络广播电视用户规模和市场规模不断扩大，IPTV、手机电视、互联网电视在规范中稳步发展，公共视听载体、移动多媒体广播电视迈上新台阶。

1. 网络广播电视

2011年，大量资本注入网络视听节目服务机构。2011年8月，土豆网在纳斯达克挂牌上市；12月，上海广播电视台新媒体板块百视通借壳广电信息A股上市；腾讯视频成立金额达5亿元之多的互联网影视投资基金。艾瑞咨询数据显示，2011年度，中国网络广告市场规模达到511.9亿元，其中，独立视频网站广告基本实现翻番增长，市场份额提升至7.1%。中国互联网络信息中心2012年1月发布的《中国互联网络发展状况统计报告》显示，截至2011年底，中国网民规模达到5.13亿人；在大部分网络娱乐类应用的使用率继续下滑的同时，网络视频用户规模较上一年增加14.6%，达到3.25亿人，使用率提升至63.4%。

截至2011年12月，共618家机构获得国家广电总局发放的《信息网络传播视听节目许可证》。2011年，国家广电总局指导持证网站开展了庆祝中国共产党成立90周年网上视听宣传月活动，取得良好效果。中国网络电视台、江苏网络广播电视台、新浪网、搜狐网等14家网站实时转播了庆祝建党90周年《我们的旗帜》文艺晚会，全球847万网民通过互联网观看晚会；中国广播网推出《金一南党史开讲》《难忘中国之声》等网络专题；北京电视台网站将北京电视台播出的《红色地图》《一切为了人民》《红色记忆》等30多部、300多集节目整合成网络视频专题。中国网络电视台独家承办的"中国打击侵犯知识产权和制售假冒伪劣商品专项行动成果展"，是中国政府第一次完全通过互联网举办的展览，累计海内外来访者达1.2亿人次，页面访问量超过4.5亿页次。

为争夺热播剧的版权，各大视频网站的购剧预算不断增加。各公司财务数据显示，2011年，优酷、土豆、爱奇艺、搜狐视频的版权投入成本分别达到1.73亿元、1.68亿元、近2亿元和3亿元左右，其中优酷购入卫视黄金档150部热剧、50部独家剧，成为影视版权最大网络买家。据统计，2011年，在优酷播出的热播剧中，点击量超过1亿次的达30部，网络点击率呈逐年翻倍增长的态势。

2011年，网络广播电视台成为网络广播电视发展的主力军。截至2011年12月，国家广电总局共批准网络广播电视台17家（其中有7家为2011年批准成立），分别是中国网络电视台、中国国际广播电视网络台、央广广播电视网络台，山东、安徽、江苏、浙江、湖北、黑龙江、河南、辽宁、甘肃、四川、山西、北京、吉林13家省（市）网络广播电视台，以及深圳市电视台和其他12家地市电视台联合开办的城市联合网络电视台。

---

[1] 《中国广播电视年鉴》编辑委员会.中国广播电视年鉴(2012)[J].北京：中国广播电视年鉴编辑部，2012：221–223.

2011年，网络广播电视台依托传统广电机构的母体资源，走台网融合发展之路；同时，网络广播电视台积极探索创新体制机制，实施差异化竞争策略。央广广播电视网络台致力于建设"全球最大中文音频网络门户"和"全球华语广播联盟"取得进展；江苏网络广播电视台依托江苏卫视的内容优势和《非诚勿扰》的品牌资源，互动社区人气达20多万人，相关活动报名人数超过150万人，江苏台还将3D视频收看用户体验、《非诚勿扰》3D录制等一些最新的业务尝试放在网络广播电视台这个平台上；城市联合网络电视台（CUTV）武汉台对4场《电视问政》进行了网络直播，每场都有1万多网民点播。

2. IP电视

截至2011年年底，三网融合试点地区的IPTV商用业务用户达到约350万户。其中，中国网络电视台IPTV用户总数达到76万户，是2011年年初的4.3倍。

按照三网融合总体方案、试点方案和国家广电总局《关于试点地区IPTV集成播控平台建设有关问题的通知》，三网融合试点地区IPTV集成播控平台由中央电视台（具体由中国网络电视台）会同地方广播电视台联合建设。2011年，中央电视台负责的中央IPTV集成播控总平台和第一批试点地区广电播出机构负责的IPTV集成播控分平台基本建成，实现了相互对接，并已做好与电信企业IPTV传输系统对接的准备。

3. 手机电视

中国互联网络信息中心数据显示：截至2011年12月底，中国手机网民规模达到3.56亿人，同比增长17.5%。

手机电视包括基于通信专网的手机电视和互联网手机视听节目服务两种类别。其中，基于通信专网的手机电视由广电部门负责手机电视集成播控平台建设。

2010年，国家广电总局确定了全国手机电视集成播控平台服务格局（由中国网络电视台、中央人民广播电台、中国国际广播电台、上海广播电视台、杭州市广播电视台、辽宁广播电视台6家单位分别建设）。在此基础上，2011年，广电总局重点推进手机电视内容服务发展。截至2011年12月，共批准15家手机电视内容服务机构，开办单位分别为共青团中央网络影视中心、中国日报社、人民日报社、新华通讯社、中国互联网新闻中心、掌握国际文化投资（北京）有限公司、四川新闻网站、第一视频通信传媒有限公司、乐视移动传媒科技（北京）有限公司、北京中童联合资讯服务有限公司、湖南广播电视台、山东广播电视台、深圳广播电影电视集团、江苏电视台、一九零五（北京）网络科技有限公司。截至2012年1月，全国手机电视用户达5 200万户。

4. 互联网电视

互联网电视指通过电视机收看来自互联网的视听节目（包括文字和图片信息）。收看互联网电视主要有两种方式：一是使用互联网电视机收看节目，二是将普通电视机连接到互联网电视机顶盒收看节目。截至2011年12月，国家广电总局共批准7家互联网电视集成运营机构以及2家内容服务机构。

5. 公共视听载体

公共视听载体播放视听节目是指通过广播电视网、互联网和其他信息网络在公共载体上播放视听节目的服务。目前，公共视听载体的表现形态主要分为车载移动电视、室内固定场所电视（也称为楼宇电视或城市电视）、户外大屏幕三个类别。

易观国际数据显示，我国公共视听载体的广告收入2009年为57.4亿元人民币，2010年为62.3亿元人民币，2011年前三季度达到57亿元人民币，其中公交、地铁移动电视的市场份额达到30%。

中国网络电视台开办了6个移动电视频道，分别是公交频道、列车频道、快客频道、饭店频道、广场频道和民航频道，并在国航国内外航线机舱内开通了机载电视。央广银河网络台推出"车友频道"，为包括一汽、吉利、斯巴鲁在内的汽车企业的智能汽车提供车载视听服务；中国广播网成为全国首个通过3G信息网络向智能汽车提供车载视听服务的广播电视机构。2011年，四川省上百块大型LED显示屏和广播音柱建成开播，将预警信息权威发布、时政资讯及时传达、民生服务全民共享作为播出的主要内容。甘肃广电数字移动传媒有限责任公司主要运营公交车载电视，2011年，该公司在兰州市内1 000辆公交车上拥有电视终端，占有2/3的市场份额。

6. 移动多媒体广播电视

2011年，通过提高覆盖质量、建立运维体系、完善服务体系以及加大合作力度等措施，实现了CMMB快速发展，已完成335个地级及以上城市的信号覆盖，覆盖率达99.41%，覆盖人口达8亿人，入网用户达3 500万户。2011年共新增发展双向终端用户1 063万户，单向终端用户600万户。全国共有339个地市县纳入运维管理，在30多个省（区、市）建立了运营服务体系、终端产品库管理机制，开发了以媒体、公共信息、移动资讯三大类为主体的内容产品体系，研发了以富媒体广播、互动电视、电子报纸等为代表的一系列新业务产品。

六、电视技术

（一）IPTV集成播控平台和监管系统建设初具规模

截至2011年年底，中央电视台和各试点地区广电播出机构已完成IPTV集成播控总平台、IPTV集成播控分平台的建设，建立并完善了全国IPTV监管系统。

（二）初步建立移动多媒体广播电视覆盖全国的网络

截至2011年年底，完成了全国336个地级以上城市的移动多媒体广播电视信号的基础覆盖，总覆盖人口数达到8亿，终端用户总数超过3 500万，付费用户总数达到1 600万。

七、电视人物

（一）胡占凡

1988年调入中央人民广播电台，历任新闻中心地方新闻部副主任、新闻部副主任、新闻中心主任、台长助理、副台长；1999年10月，任中央人民广播电台副台长、分党组副书记；2001年4月，任国家广播电影电视总局党组成员、副局长；2010年3月，调任光明日报社总编辑；2011年11月至2015年4月，任中央电视台台长。

（二）赵冬苓

中国著名影视剧作家。

2011年，赵冬苓入选首都编剧论坛评选的"首都十佳编剧"，并因电视剧《沂蒙》获第二十八届中国电视剧"飞天奖"最佳编剧奖。她担任《叶落长安》《军嫂》《青岛往事》《北方有佳人》《中国地》等多部电视剧的编剧。

胡占凡

赵冬苓在第二十八届中国电视剧"飞天奖"颁奖典礼上发表感言

八、电视出版："中国影视文化软实力研究"丛书

该套丛书获得2011年度国家出版基金，于2014年出版。丛书由中国传媒大学长江学者胡智锋教授主持。丛书12部著作分为"创新系列""力量系列"和"景观系列"三个系列，在内容上突出"中国特色"这一核心内涵，体现"发展"与"创新"两个关键词，围绕"传媒""艺术"与"文化"三个视角。丛书以实现中国影视文化的全面发展、科学发展和特色发展为宗旨，紧紧抓住"问题意识"，针对问题、回应问题、解决问题。该丛书是国内影视文化软实力研究领域内规模最大的系列成果。

"中国影视文化软实力研究"丛书发布暨座谈会与会人员合影

九、电视教育

（一）国家设立新闻与传播硕士等专业学位

2010年1月，国务院学位委员会第27次会议审议批准设立新闻与传播硕士、出版硕士两个专业学位。同年9月，48所高校获得了首批新闻与传播硕士专业学位授予权，14所高校获得了首批出版硕士专业学位授予权。2011年北京大学、中国传媒大学等招收了第一批新闻与传播专业硕士。

（二）河北传媒学院获准招收硕士研究生

河北传媒学院始建于2000年，2007年3月经教育部批准升为本科院校，更名为河北传媒学院，2009年6月获得学士学位授予权。2011年10月经国家学位委员会批准，河北传媒学院获得全日制硕士研究生招生资格，成为全国首批进行硕士研究生教育的民办高校。

河北传媒学院校园

（三）暨南大学新闻与传播学院

1946年，暨南大学新闻学系在上海创立，1986年成为我国第三批新闻学硕士学位授予点之一，2001年获准建立传播学硕士学位授予点，新闻与传播学系也在2001年升格为新闻与传播学院。2005年，暨南大学新闻与传播学院获批新闻学博士点；2010年，获新闻与传播硕士专业学位授予权；2011年，获新闻传播学一级学科博士学位授予权。

2012年

一、大事记

1月1日,中国首个3D电视试验频道开播。

中国3D电视试验频道开播仪式现场,国家广电总局领导戴上3D眼镜观看节目

1月1日,中国教育电视台空中课堂——中国文献纪录频道开播。该频道定位为教育和文献纪录。

2月20日,宁夏移动多媒体广播车载电视项目启动仪式在银川举行。该项目在宁夏各地城市的公交车和出租车上免费安装车载电视终端。

空中课堂——中国文献纪录频道开播仪式合影

宁夏移动多媒体广播车载电视项目启动仪式

1月17日,湖南广播电视台芒果TV手机电视正式接入中国移动视讯基地。

3月23日,中国气象频道(浙江应急)正式开通。所有华数数字电视用户只要打开121频道,就可免费收看最新的天气资讯和插播以浙江本地气象为主的应急防灾减灾节目。

中国气象频道(浙江应急)开通仪式

5月31日,湖北广播电视台和湖北省荆州市人民政府签署协议,共同组建湖北长江垄上传媒集团,确定"采取市场化运作、双方合作组建湖北长江垄上传媒集团、运营全省垄上频道"合作方式,探索一条电视媒体"服务三农"和中国电视产业化发展的新路径。8月29日,湖北长江垄上传媒集团垄上频道开播。该频道由原湖北广播电视台电视垄上频道和荆州垄上行频道整合而成,主要为湖北全省广大农民群众提供时政、科技、文化娱乐等节目和资讯。

湖北长江垄上传媒集团垄上频道开播仪式现场

5月14日、7月30日、11月22日,国家广电总局分别批准云南广播电视台、陕西广播电视台、中国教育电视台开办云南网络广播电视台、陕西网络广播电视台、中国教育网络电视台。至此,全国省级以上网络广播电视台总数达到20家。

5月17日,黑龙江电视台法制频道更名为黑龙江电视台新闻频道。

黑龙江电视台新闻节目现场直播频道更名过程:左上角原来法制频道"法制"字样的台标撤下,换上新闻频道"新闻"字样的台标

5月下旬,江苏省广播电视总台IPTV正式上线,江苏广电总台新闻中心承制的新闻版块正式公开发布,新闻中心整合总台及各方新闻资源向网络、微博、手机、IPTV、地铁公交移动电视等新媒体多终端、多平台发布新闻内容的工作全面展开。

国家广电总局专家组验收江苏IPTV集成播控平台

6月18日，中央电视台新台址播出系统正式启用，央视五个标清频道在新台址成功播出。

中央电视台新址

9月5日，陕西广播电视台文艺频道正式开播。该频道定位于"以经典重塑心灵，以文艺舞动生活，以地域凸显特质，以时尚亮丽风采"。

陕西广播电视台文艺频道开播晚会现场

截至9月底，全国各省（市、自治区）基本完成有线电视网络的整合，基本实现了全省"一张网"。10月9日、10日、16日深圳天威视讯、湖南电广传媒、北京歌华有线分别获得工信部颁发的互联网业务牌照，获准在本地开展基于有线电视网的互联网接入业务、互联网数据传送增值业务以及国内IP电话业务。

11月8日，中央电视台对中国共产党第十八次全国代表大会开幕式进行了全程现场直播。全国各省级卫视频道、高清频道、部分长城平台及付费电视频道共75套上星电视节目以及各省级广播电台主频率、中国网络电视台、CMMB进行了实况转播。

中央电视台演播室在直播中国共产党第十八次全国代表大会

11月28日，国家广电总局停播江苏教育电视台竞猜栏目《棒棒棒》，严禁有丑闻劣迹者发声出镜。

12月7日至9日，首届华语国际广播电影电视节目交易会在广州举行。交易会吸引了境内外广播影视播出、制作、发行的相关机构、组织、协会和人员近2 000人次参加，超过50家海内外广播影视播出制作发行机构参展交易，成交金额达1.3亿元。

首届华语国际广播电影电视节目交易会开幕典礼

2012年，中央及地方各级党委高度重视直播卫星"户户通"工程建设，落实15亿元中央财政专项资金，支持西部地区"户户通"。截至2012年12月31日，直播卫星"户户通"工程累计发展用户近530万户。其中，以省为单位推进的内蒙古、海南、贵州、云南、陕西、甘肃、青海、宁夏等省份累计发展助用户500万户。甘肃、宁夏率先完成基本建设任务，实现广播电视"户户通"、全覆盖。北京、河北、黑龙江、山东、浙江、广东、新疆等省份自筹资金进行"户户通""渔船通"工程试点。

2012年直播卫星"户户通"工程目标责任书签订仪式

二、政策法规

2月9日，国家广电总局发布《广电总局关于进一步加强和改进境外影视剧引进和播出管理的通知》，规定各级电视台每天播出的境外影视剧不得超过当天影视剧总播出时间的25%，境外影视剧不得在黄金时段内（19:00—22:00）播出。

5月22日，国家广电总局发布《广电总局关于鼓励和引导民间资本投资广播影视产业的实施意见》，明确鼓励和引导民间资本进入广播电视节目制作领域、参与有线电视分配网建设领域投资的措施和具体要求，进一步发挥民间资本在推动广播影视产业发展中的作用。

7月6日，国家广电总局、国家互联网信息办公室联合下发《关于进一步加强网络剧、微电影等网络视听节目管理的通知》，明确了引导和规范网络剧、微电影等网络视听节目健康发展的措施。

7月13日广电总局发布《关于加强地面数字电视管理的通知》，要求依法打击违规行为，确保地面数字电视健康有序发展。

三、电视栏目和节目

（一）新闻类

1. 中央电视台：《看见》

《看见》于2010年12月6日开播，2011年8月7日起改版成周播新闻人物深度报道，每周日在中央电视台综合频道22:36播出，时长45分钟。作为记录现实题材的专题栏目，《看见》观察变化中的时代生活，用影像记录"新闻中的人物"和"身边的你我"，努力刻画这个时代中人的冷暖、感知、思想与渴望，在高端人群和青年学生中有着广泛的影响力。

《看见》节目画面

2. 辽宁卫视：《老梁观世界》

《老梁观世界》是新闻评论类栏目，2012年1月2日正式开播。主持人梁宏达，人称"老梁"，著名媒体评论人、出版人，以观点独到、语言犀利著称，自幼学习京韵大鼓、评书、相声等多种曲艺形式，在节目中用极富个性魅力的语言，点评、解读热辣的新闻话题。

《老梁观世界》节目画面

3. 江西广播电视台：《新闻晚高峰》

2012年3月21日江西广播电视台公共频道《第五社区》经过全面升级改版，更名为《新闻晚高峰》，是一档大型民生类新闻栏目。栏目由原来的录播改为直播。

《新闻晚高峰》节目画面

4. 武汉广播电视台：《电视问政》

2012年，武汉广播电视台电视新闻综合频道与武汉市治庸办联合主办了10场《电视问政》直播节目，包括市委常委、副市长、区长、职能部门一把手在内的61名官员接受现场问政，1 000位市民直接参与，近5 000名各级干部现场观看，4 000多个电话诉求得到回应，数十件老大难问题得以解决，成为武汉市委、市政府"治庸问责"与改善民生相结合的重要平台，引起全国各大媒体的广泛关注。

《电视问政》节目画面

5. 中央电视台：《犯罪：别披着"爱国"的外衣》

该节目于2012年9月26日21:30在新闻频道新闻评论部制作的《新闻1+1》栏目首播，时长27分钟。节目以"日本购买钓鱼岛闹剧"为背景，记录了全国多个城市民众的反日游行和示威活动，但在表达愤怒声音的队伍中，却出现了披着"爱国"外衣的公然犯罪现象——打砸日系车、伤害日系车主。节目从法律角度，对打砸犯罪行为进行界定，对群体效应进行全面分析，主题鲜明、角度多元、点评犀利。

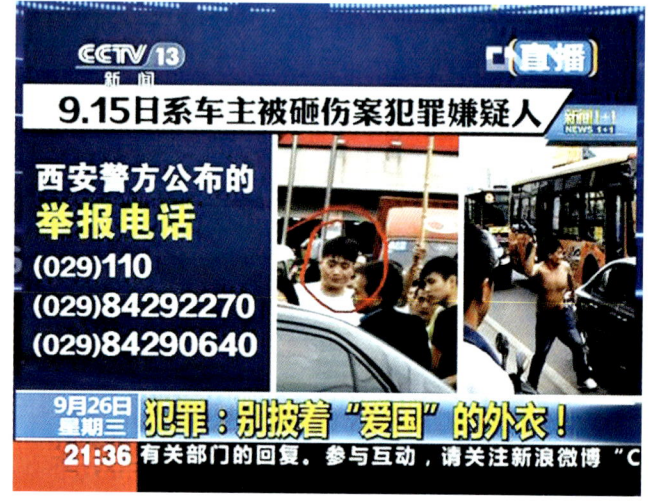

《犯罪：别披着"爱国"的外衣》节目画面

6. 中央电视台：《2012年伦敦奥运会报道》

伦敦奥运会于2012年7月27日至8月12日举行，中央电视台充分发挥资源优势和创作优势进行了全面、充分的报道，形成全媒体、立体式报道模式，实现了多项突破：一是境外报道奥运会规模最大、报道量最大；二是形成全媒体覆盖模式；三是报道手段最先进，境外建立完整外场制播系统；四是解说、评论水平最高；五是制作奥运赛事公用信号规模最大。其中，信号制作中难度最大的项目之一的体操比赛首次由我国的信号团队承担制作。

中央电视台记者在伦敦奥运现场采访

7. 中央电视台：《走基层·百姓心声》特别节目《你幸福吗?》

9月29日起，中央电视台连续9天在综合频道和新闻频道的《新闻联播》《朝闻天下》和《新闻30分》等栏目中推出《走基层·百姓心声》特别节目《你幸福吗?》，选取了147位被采访者对于"幸福"的回答，每天一集、每集8分钟连续播出，在社会上引起强烈反响，引发了人们关于"幸福观"的大讨论。

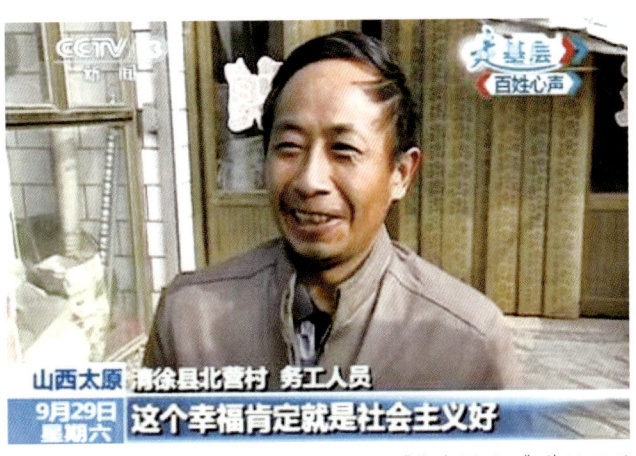

《你幸福吗?》节目画面

（二）专题类和杂志类

1. 山西广播电视台：《小郭跑腿》

《小郭跑腿》在山西广播电视台科教频道每天20：30首播，时长45分钟。这是一档完全本土化的情感援助类栏目，以"用沟通化解恩怨，用诚意圆梦心愿"为宗旨，以"帮您寻找失落的亲情、友情和爱情"为特色，为观众提供了一个寻求帮助和协调解决家庭纠纷、情感矛盾的平台。

《小郭跑腿》记者在采访

2. 湖北广播电视台：《垄上行》

湖北广播电视台的《垄上行》是由湖北垄上频道、荆州电视台等制作的一档对农服务电视栏目。该栏目每天直播90分钟，以"三农"为关注重点，栏目内容包括涉农新闻、维权服务、情感关怀、生产指导、实用信息、深度分析等。栏目互动性、实用性强，以农民利益为出发点，传达关于"三农"的各项政策、法律、法规，深切关注农村、农民、农业中的热点、难点问题。

《垄上行》宣传海报

3. 湖南卫视：《天声一队》

《天声一队》由湖南卫视 2012年3月30日开办，时长100分钟，是一档慈善类综艺竞赛栏目。共6位明星选手及12位草根选手参与节目，组队的明星嘉宾与草根爱心代表根据男、女明星的声线特色分成"高调队"和"低调队"，采用1队长+6队员+3外援的方式进行组队PK，以募得善款的多少作为衡量胜负的标准。10期直播募得善款折合校车91辆捐给贫困地区学校。栏目开创了全新的"草根+明星"通过音乐合作赢得慈善募捐的模式，在国内首打"快乐做公益"的理念。

《天声一队》关注学生交通安全

（三）教育类

1. 中央电视台：《开学第一课》

《开学第一课》于2012年9月2日在中央电视台综合频道首播，时长90分钟。该节目由综合频道全力打造，是全国中小学生迎接新学期的特殊"仪式"，针对中小学生的特点而设计。2012年《开学第一课》的主题是"美在你身边"，主要目的是与孩子们共同分享美的体验和感悟，传播正能量，鼓励孩子们积极成长。节目选取深受孩子们喜爱的航天员、奥运冠军、学者以及身边的普通人共同参与，与现场观众和孩子们一起分享美的感悟。

《开学第一课》节目画面

2. 中央电视台：《开讲啦》

《开讲啦》于2012年8月27日至9月8日在综合频道播出，时长45分钟。《开讲啦》是综合频道2012年系列创新动作中的重点栏目之一，也是中国首档青年电视公开课。栏目将互联网的平等、分享精神与电视呈现完美融合，节目嘉宾以具有创新性的语态表达作"有灵魂的演讲"，帮助青年树立正确的人生观、价值观，以创新的表达形式来传递社会主流价值。

中央电视台《开讲啦》节目现场

（四）纪录片类

1. 中央电视台：《舌尖上的中国》

《舌尖上的中国》于2012年5月14日起22:30在中央电视台综合频道首播，共7集，每集50分钟。这是央视纪录频道推出的第一部中国高端美食系列纪录片，将中国美食的"色香味"用纪录片影像的方式呈现出来，揭示了数千年来流传至今、鲜为人知的众多食材转化的奥秘，传递出蕴藏在中华美食中悠久的东方文化传统，表达了中国人的生活智慧和对生命的热爱，让观众通过影像感知一个具有悠久文化传统的国度。

2. 中央电视台：《金砖之国》

《金砖之国》共9集，每集45分钟，由央视耗时15个月打造。该片以每个国家两集的篇幅，对俄罗斯、印度、巴西、南非四个金砖国家进行系统、全面的介绍。该片采用高清格式、纪实拍摄手法，首次以电视纪录片形态全面深入地介绍以金砖国家为代表的新兴国家的发展之路。

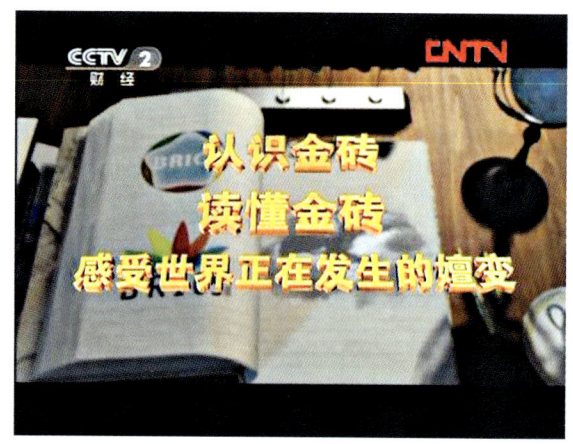

《金砖之国》节目画面

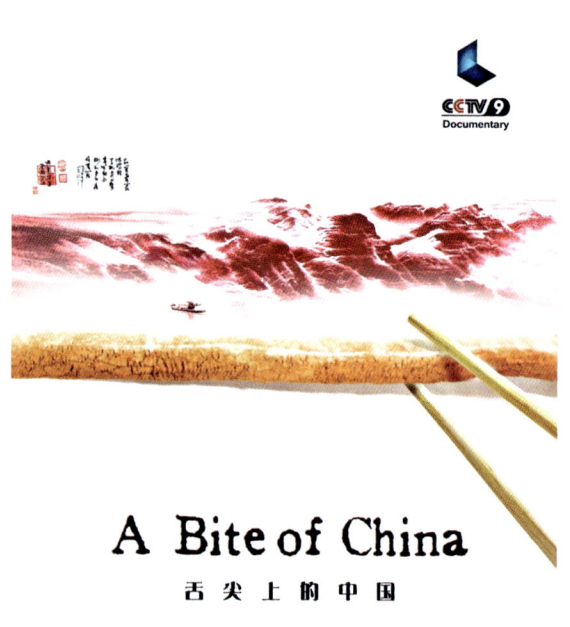

《舌尖上的中国》宣传海报

3. 福建省广播影视集团：《发现档案》

《发现档案》是福建第一个人文历史与自然地理类的纪录片栏目，以独特的视野搜寻未知的真相，以纪录片的手法讲述历史文化故事、搜寻自然奥秘。《发现档案》定位为"娱乐化"纪录片，把历史、地理、自然、科学等内容用讲故事的方式呈现给观众，利用所有可能的电视手段进行表现，向观众呈现一档既有较高品位、知识内涵，又有很强观赏性、娱乐性的电视栏目。

（五）综艺类和艺术类

1. 浙江卫视：《中国好声音》

《中国好声音》是浙江卫视与星空传媒旗下的灿星公司合作推出的首档大型音乐季播节目，于2012年7月13日正式播出。该节目源于荷兰 *The Voice of Holland*，采用真正意义的制播分离模式。

《中国好声音》节目现场

2. 中央电视台:《谢天谢地,你来啦》

《谢天谢地,你来啦》(前身《正大综艺·谢天谢地,你来啦》,2011年10月1日开播)是央视一套于2012年4月14日推出的一档明星戏剧表演"真人秀"栏目。版权来自国外,其主要形式是将参演的明星嘉宾放到一个完全陌生的特定主题场景之中,没有剧本和台词,完全任其即兴表演,同时面对任何问题都只能说"是"。场景中的人物角色见到新参与嘉宾的第一句话就是"谢天谢地,你终于来啦!"迅速将参演嘉宾和观众带入设置的场景当中。主持人为崔永元和高博,王雪纯担任常驻点评嘉宾。

《谢天谢地,你来啦》第1期(2012年4月14日播出)节目录制现场

《妈妈咪呀》节目画面

3. 上海广播电视台：《妈妈咪呀》

《妈妈咪呀》是上海广播电视台娱乐频道于2012年9月推出的是全国首档聚焦"妈妈"群体的大型季播歌唱"真人秀"，在原有韩国节目模式上进行本土化创新，让妈妈们在舞台上唱出新时代、新女性的生活主张，传递强大的正能量。

4. 湖南卫视：《百变大咖秀》

《百变大咖秀》是2012年7月推出的国内首档明星模仿秀比赛，以"每个明星都有一段模仿的岁月，人的成长是模仿的历程"为定位，通过对艺人的变装、变脸与化妆以及艺人本身的模仿向经典致敬。

（上下图）《百变大咖秀》节目画面

《一站到底》节目现场

5. 江苏卫视：《一站到底》

《一站到底》是江苏卫视于2012年3月推出的全新益智答题类栏目。该栏目是由美国NBC的 Who's Still Standing 改编而来。这是一档形式新颖、趣味十足、在挑战中挖掘个性又充满悬念的全新益智攻擂栏目。栏目采用场上参与者分别单独厮杀的模式，让不同职业的参与者在限定的时间内进行竞争。

（六）电视剧类

1. 北京电视艺术中心：《后宫·甄嬛传》

《后宫·甄嬛传》是76集古装电视剧。该剧讲述了甄嬛从一个不谙世事的单纯少女成长为一个善于谋权的深宫妇人的故事。这是一部宫廷情感斗争戏，并注重描写"后宫女人"的真实情感。该剧于2012年3月在安徽卫视、东方卫视上首播并连续一个月获得收视前两名；同年获得MSN星月年度"最佳电视剧奖"和第二届乐视影视盛典"最佳古装情感剧奖"。

2. 云南润视荣光影业制作有限公司：《木府风云》

《木府风云》是40集民族古装电视剧，讲述了明代云南纳西木氏土司家族内部风云变幻的恩怨情仇。该剧于2012年6月在CCTV-8首播时收视不俗，同年获得第九届全国十佳电视片表彰大会之"全国优秀电视剧奖"。

《后宫·甄嬛传》宣传海报

《木府风云》剧照

3. 北京鑫宝源影视投资公司等：《北京青年》

《北京青年》是30集现代生活电视连续剧。该剧讲述的是北京四个"80后"堂兄弟追求人生理想和爱情生活的故事。面对现实社会、家庭生活和个人成长的困惑与迷茫，四兄弟集体"离家出走"，踏上了奔烟台、下深圳、转云南的"青春走一回"之旅。在异地生存和生死考验中，四兄弟逐渐学会了珍视生命、珍重情感、珍爱生活，最终收获了各自的爱情和事业，并对家人和社会作出了回报。该剧于2012年8月在北京卫视、天津卫视、东方卫视、安徽卫视等多家电视台播出；同年在第三届乐视影视盛典上获"年度最具影响力电视剧奖"、第七届2012BQ红人榜"年度电视剧奖"和2012国剧盛典"年度十佳电视奖"。

《北京青年》宣传海报

4. 上海上影英皇文化发展有限公司：《心术》

《心术》是36集电视连续剧，是在当今社会医患关系紧张、极端事件频发的现实背景下诞生的一部反映医患关系和医疗工作者真实情感的电视剧。该剧于2012年5月在安徽卫视、东方卫视、浙江卫视、天津卫视同步首播；同年获得2012国剧盛典"年度十佳电视剧奖"。

《心术》宣传海报

四、电视评奖

（一）新闻类

1. 第二十二届（2011年度）"中国新闻奖"

本届共评选出"中国新闻奖"获奖作品293件，其中特别奖3件，一等奖45件，二等奖90件，三等奖155件。获得特别奖和一等奖的电视作品有：

第二十二届"中国新闻奖"、第十二届"长江韬奋奖"颁奖报告会现场

特别奖

◎电视消息：《胡锦涛主席在中南海会见美国佩顿中学访华师生》，集体，中央电视台

一等奖

◎电视消息：《刁娜：舍己一条腿 救人一条命》，韩信等，山东广播电视台等

◎电视消息：《张春贤"逛"夜市》，周一凡等，新疆电视台

《刁娜：舍己一条腿 救人一条命》节目画面

◎电视评论：《聚焦医患"第三方"》，集体，上海广播电视台

◎电视专题：《右玉精神》，李占鳌等，山西广播电视台

◎电视系列：《走基层·塔县皮里村蹲点日记》，何盈等，中央电视台

◎电视访谈：《拆新房为哪般》，雷蒙等，内蒙古电视台

◎电视直播：《7·23动车追尾事故现场直播》，吴晓等，温州广播电视台

◎电视编排：12月2日《新闻联播》，苏新等，新疆电视台

◎电视专栏：《新闻直播间》，中央电视台

◎电视专栏：《三农最前线》，河北电视台

◎国际传播类（电视系列）：《走进西藏寺庙》，集体，中央电视台

《张春贤"逛"夜市》节目画面

《右玉精神》节目画面

《聚焦医患"第三方"》节目画面

《新闻直播间》节目画面

《三农最前线》节目画面

《7·23动车追尾事故现场直播》节目画面

《拆新房为哪般》节目画面

《走进西藏寺庙》节目画面

2. 第十二届（2012年）"长江韬奋奖"

◎"长江"系列电视业获奖者
齐正宇，新疆电视台

◎"韬奋"系列电视业获奖者
王茂亮，湖北广播电视台
沈国华，天津电视台
李建国，江西电视台
杨华，中央电视台

齐正宇

第十二届"长江韬奋奖"获奖者手捧奖杯

沈国华

杨华

（二）文艺类

第十三届（2012年）"金话筒奖"获奖情况如下：

◎电视播音员主持人奖

潘涛，上海广播电视台

张栗坤（栗坤），北京广播电视台

宋英杰，北京华风气象影视信息集团有限责任公司

周东，成都市广播电视台

罗洁，广东电视台

张羽，中央电视台

撒贝宁，中央电视台

翟量，江西广播电视台

敖特根苏都，内蒙古电视台

季小军，中央电视台

宋英杰（左）、潘涛（中）、翟量获得"金话筒奖"

季小军（一排左一）、罗洁（一排左二）等"金话筒奖"获奖者在颁奖典礼现场

张栗坤

周东

敖特根苏都（左）

五、电视史料

2012年度广播电视新媒体发展概况[①]

2012年,中国新媒体领域呈现出一派繁荣景象,新媒体技术不断突破,新媒体业务形态不断创新,新媒体用户不断增长,传媒形态更加丰富,传媒格局也逐渐发生改变,新媒体的蓬勃发展,对中国的社会经济发展产生了深刻影响。

我国广播电视行业为新媒体发展注入了强大的推动力,广电新媒体是新媒体领域的重要组成部分。2012年,我国有线数字电视用户接近14 500万户,有线数字化程度约为66.79%;IPTV用户数达到2 300万,我国IPTV的用户已达到全球的四分之一,随着三网融合的大力推进,IPTV业务势必随着政策的开放得到迅速的发展;截至2012年一季度,CMMB终端数量达到2 690万台,基本覆盖全国336个地级以上城市,855个县级城市;此外,有15家获广电总局批准的网络电视台正在运营,作为传统广电媒体进军互联网视频领域的媒介融合产物,各网络电视台在2012年均取得较好的发展。

根据赛迪咨询发布的《2011—2012年中国新媒体产业发展研究分析》显示,2011年中国新媒体市场规模达到2947.6亿元,连续3年保持40%以上的增速;在市场规模持续增长的同时,新媒体行业也逐步得到规范。预计未来三年,新媒体产业总体市场规模将保持快速增长,市场平均增速超过33%,2014年,产业总体规模达到6 960亿元。

六、电视技术

(一)卫星广播影视数字化进程加快

国家广电总局组织编制并向国家发改委上报了《未来十年广电行业卫星及地面和应用系统需求及建议》和《未来十年我国卫星广播影视基础设施发展规划》,为我国卫星广播影视的中长期发展提供了依据。CCTV-3/5/6/8、天津卫视、山东卫视、湖北卫视7套高清同播频道上星传输技术方案通过审核,实现了上星传输。

(二)三网融合积极稳妥推进

2012年在做好三网融合第一批试点工作总结的基础上,积极推进第二批试点工作。IPTV集成播控总平台和第一批试点地区的分平台已经全部建设完成,并研究编制了《IPTV集成播控平台用户管理系统接口技术要求(试行)》《IPTV集成播控平台电子节目指南(EPG)管理系统接口技术要求(试行)》,为全国IPTV播控平台统一规划、统一标准、统一建设,总、分平台统一运营奠定了基础。

2012年10月31日,国务院正式批准组建中国广播电视网络有限公司,明确了国家级网络公司的组建方式和经营范围等重要事项。为配合中国广播电视网络有限公司的组建工作,国家广电总局组织编制了国网公司的技术方案和《全国有线电视网络互联互通平台总体技术方案》。

[①] 曹三省,张斌,盖鹏.2012年度广播新媒体研究报告[M]//《中国广播电视年鉴》编辑委员会.中国广播电视年鉴(2013).北京:中国广播电视年鉴编辑部,2013:213.

七、电视人物

（一）宋英杰

宋英杰是中央电视台天气预报节目主持人。20世纪80年代，他从南京信息工程大学天气动力专业毕业后进入中央气象台从事预报工作。宋英杰以其专业的背景、知性的形象和自然诙谐的语言风格赢得了观众的喜爱。2004年在全国"我最喜爱的气象主持人"评选中，宋英杰获得最佳主持人"气象先生"称号，2012年获得"金话筒奖"。

宋英杰早年的天气预报工作照

宋英杰近年的天气预报工作照

（二）陈晓卿

陈晓卿是中央电视台高级编辑。1986年，陈晓卿毕业于北京广播学院（现更名为中国传媒大学），主修摄影；同年被推荐免试攻读硕士研究生，研究方向为摄影美学。1989年，陈晓卿毕业后进入中央电视台，担任《地方台30分钟》编导；1991年，开始创作电视纪录片，代表作品有《孤岛记事》《远在北京的家》《龙脊》《森林之歌》等；2012年执导的《舌尖上的中国》《舌尖上的中国2》在央视播出收视不俗，该片获得中国广播影视大奖（第二十三届"星光奖"）电视纪录片大奖。

陈晓卿

八、电视出版

（一）《中国广播电视改革发展十年回眸（2001年—2010年）》

刘习良主编的《中国广播电视改革发展十年回眸（2001年—2010年）》是对21世纪头十年中国广播电视的改革和发展历程所做的阶段性小结。回顾十年来的状况，在理念变化、政策引导、科技进步和社会需求合力的推动下，中国广播电视的改革和发展进入了一个新阶段。该书对宣传指导思想、节目制作理念、科技进步、产业发展、对外交流合作、人才队伍建设以及管理和经营等方面都作了认真梳理，重在总结经验和教训。

（二）《胶片的美好时代:北广"77摄"口述实录》

《胶片的美好时代:北广"77摄"口述实录》属于中国传媒大学出版社"传媒记忆"书系。该书采用纪录片式充满历史感和影像感的写作手法，分成"广院有多远""电视有多高""生命有多深"三大篇章，营造出怀旧而温馨的氛围。该书记录的对象群体——"77摄"，是中国第一批专业的电视人；他们用影像记录了中国改革开放的三十年历史。

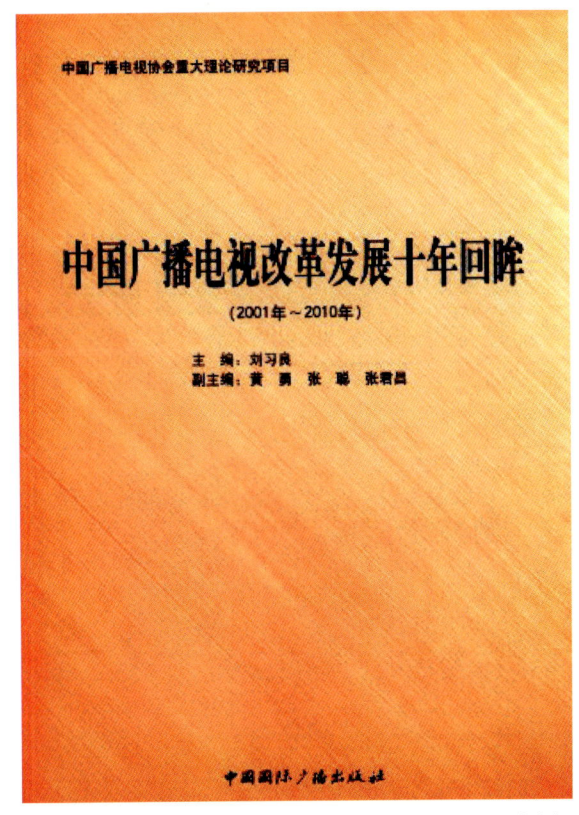

《中国广播电视改革发展十年回眸（2001年—2010年）》封面

《胶片的美好时代:北广"77摄"口述实录》封面

2013年

一、大事记

1月,北京电视台引进的亚洲第一辆具备3D节目制作功能的高清电视转播车正式投入使用,该车2D视频信号与3D视频信号可互不干扰,同时切换播出。

3月,国家广播电影电视总局更名为国家新闻出版广电总局。第十二届全国人大一次会议审议通过《国务院机构改革和职能转变方案》,决定将国家新闻出版总署、国家广播电影电视总局的职责整合,组建国家新闻出版广播电影电视总局,加挂国家版权局牌子,不再保留国家广播电影电视总局、国家新闻出版总署。

3月22日,国家新闻出版广电总局揭牌仪式在原国家广播电影电视总局门口举行。国家新闻出版广电总局局长、党组副书记、国家版权局局长蔡赴朝(左)和国家新闻出版广电总局党组书记、副局长蒋建国(右)一起揭牌。

5月20日，贵州广播电视台全媒体交互式新闻直播全景演播室成功启用。

6月26日，中国教育网络电视台正式上线，该网站是以音视频和图片为主的网民自主交互平台，分为公告、上传工具、征集令、拍客原创、美图上传、上传达人六个版块。

9月16日，北京歌华有线电视网络股份有限公司"歌华飞视"跨屏业务上线。

歌华飞视用户电脑登录页面

12月2日，北京电视台新闻直播互动节目《生命灿烂》首次应用4G回传技术进行现场直播。

8月至12月，国家新闻出版广电总局批准河北网络广播电视台（8月20日）、江西网络广播电视台（8月26日）、海南网络广播电视台（8月26日）、宁夏网络广播电视台（11月19日）、湖南网络广播电视台（12月31日）、重庆网络广播电视台（12月31日）、天津网络广播电视台（12月31日）开办。至此，全国网络广播电视台总数达到27家。

二、政策法规

1月4日，国家广电总局出台《广电总局关于促进主流媒体发展网络广播电视台的意见》，明确了网络广播电视台发展的定位、总体要求、重点任务和保障措施。这是广电系统专门为推动电台电视台与新媒体融合发展出台的第一份指导性文件。

1月21日，工信部、发改委、财政部、工商总局、质检总局、广电总局六部委联合发布《关于普及地面数字电视接收机的实施意见》。

2月7日，国家广电总局发布《关于实行电视纪录片题材公告制度的通知》。

5月9日，国家新闻出版广电总局发布《广播电视节目档案管理规定》。

三、电视栏目和节目

（一）新闻类

1. 中央电视台：《焦点访谈》

2013年1月1日，《焦点访谈》进行开播以来的首次改版，栏目时长由12.5分钟延长到17分钟。栏目内容由每期一个改为每期一个或两个，栏目视角贴近民生，选题紧扣热点，增强新闻时效，视野扩容扩量，调查追求深度，强化固有品牌，扩大栏目影响。

《焦点访谈》节目画面

2. 浙江电视台：《新闻深一度》

《新闻深一度》是全国首创的网络与电视实时互动的新闻评论栏目，运用栏目特有的网络实时互动平台，引入全国最权威的专家和时事评论员，与网民互动，以嘉宾深评、记者快评、网友酷评的方式，理性梳理每日全国最热门新闻，深度解度全天最新资讯。

《新闻深一度》节目画面

（二）专题类和杂志类

1. 吉林卫视：《身边发现》

栏目以"引领风尚，教育人民，服务社会，推动发展"为宗旨，通过发现并展示百姓身边的"好人好事"，向广大电视观众讲述平凡生活中的大爱美德，传播道德建设的正能量。该栏目是公民道德建设和社会主义核心价值体系建设的品牌栏目和重要阵地。

《身边发现》节目画面

2. 广东卫视：《技行天下》

这是一档以普通劳动者为主角、以职业技能竞赛为主题、以"技能改变命运"为主旨的"真人秀"栏目，突出劳动创造美的美学观，内容紧紧围绕"中国梦"主题，凝聚正能量，旨在展现劳动人民的职业技能风采，反映高技能人才勤于追梦、勇于圆梦的精神风貌。

《技行天下》节目画面

3. 新疆卫视：《美丽梦想》

《美丽梦想》于2013年7月3日开播。该栏目旨在讲述美丽人生，点亮梦想中国，彰显社会正能量。栏目紧扣"新疆人·中国梦"这一主题，成系列、有节奏地推出一大批践行"中国梦"的新疆优秀道德人物典范。栏目采用纪实片与演播室访谈相结合的形式，讲述模范人物在追求"中国梦"的历程中涌现的先进事迹和爱心善举，引导广大群众践行社会主义核心价值观，为实现中华民族伟大复兴的"中国梦"积蓄道德正能量。

《美丽梦想》节目画面

4. 辽宁卫视：《中国好人》

《中国好人》是一档以纪实风格呈现的人物专题故事栏目，讲述平凡人不平凡的爱的故事，彰显人性之美和生命情怀。节目制作精良，具有鲜明的时代气息，触摸人心，记录当下中国人有血有肉的真情实感。

《中国好人》栏目组在外拍摄

（三）教育类

1. 中国教育电视台：《非童小可》

《非童小可》于2013年创办，围绕儿童成长过程中可能遇到的方方面面问题，邀请权威专家做客演播室，与家长们进行面对面的交流，分析和指导幼儿家庭教育，为家长们答疑释惑，引导家长们科学育子，促进孩子健康成长。栏目专门设计了"1+1"的内容模式，即每期一位顶级育儿专家，一个儿童成长健康关键主题，探讨"孩子发烧发热的秘密""如何预防孩子近视""让宝宝在游戏中爱上学习""儿童急救常识"等话题。

《非童小可》节目画面

2. 河北卫视：《中华好诗词》

《中华好诗词》是一档由河北电视台自主研发的文化类大型季播节目。节目以大力弘扬中国传统诗词文化为宗旨，集娱乐性和知识性于一体，运用闯关、益智、综艺等电视包装手法，通过寓教于乐的轻松形式，为广大观众提供喜闻乐见的优质节目。

《中华好诗词》节目画面

（四）纪录片类

1. 中央电视台等：《纪录中国》

《纪录中国》在全国70家省市级电视台开播，成为中国参与播出电视台最多、覆盖范围最广、节目种类最多的纪录片栏目。该栏目由中央电视台纪录频道联合全国各省市级电视台共同开办，每天播出30分钟精品纪录片，涵盖自然、社会、人文、文献等内容，主要以优秀国产纪录片为主，同时适当播出国外经典纪录片。

《纪录中国》有关报道画面

2. 中央电视台：《伊战十年》

《伊战十年》是中央电视台新闻频道在伊拉克战争爆发十周年推出的特别节目。节目旨在对十年前爆发的伊拉克战争进行深度揭秘，反思战争起源，解读战争进程，剖析战争给伊拉克带来的剧变。5集纪录片分别为《战争的理由》《枭雄末路》《难愈的创伤》《战争之乱》和《战争之问》。

《伊战十年》节目画面

3. 山东电视台:《新杏坛》

《新杏坛》是以传统文化讲坛及历史人文纪录片为主要形式的山东省唯一一档大型文化类栏目,先后由季羡林、任继愈、余秋雨担纲学术总顾问,现已制作了《孔子的大成之道》《人生智慧学孟子》《易经与人生》等传统文化节目,《走读齐鲁》《古县神韵》等地市文化专题系列节目,《中国崛起与国民心态》、尼山世界文明论坛特别报道等。

2010年9月25日,国务院新闻办公室原主任、中国人民大学新闻学院院长赵启正(左)和中国前驻法大使、国际展览局名誉主席吴建民(右)在《新杏坛》栏目进行了一场题为"向世界说明中国"的高端对话

4. 湖北电视台:《百年辛亥》

该片采集一批海内外珍藏的影像图文资料,并有大量实地采访镜头,再现了辛亥革命风起云涌的历史画卷。该片站在历史与现实、中国与世界交汇的坐标上,回顾辛亥革命波澜壮阔的历程,把历史人物的命运融入宏大的叙事当中,生动展现了孙中山等革命先辈致力于振兴中华的光辉业绩,深刻反映了辛亥革命在中华民族伟大复兴道路上的历史意义和对世界的重大影响。

《百年辛亥》节目画面

（五）综艺类和艺术类

1. 中央电视台：《开门大吉》

《开门大吉》于2013年元旦开播，鼓励普通人通过游戏闯关的方式实现自己浪漫、勇敢、疯狂的家庭梦想，通过多种艺术手段挖掘、展现普通人自信、勇敢、进取、友爱的人性光辉。栏目的形态呈现出独特性、多元化、杂糅性的特点，让真人秀、脱口秀、模仿秀、益智秀、游戏秀、音乐秀、明星秀等多种节目元素进行碎片化组合和情感化呈现，营造出炫目的舞台效果。

《开门大吉》主持人小尼（尼格买提）

2. 中央电视台:《中国汉字听写大会》

《中国汉字听写大会》于2013年推出，由中央电视台、国家语言文字工作委员会联合主办，科教频道承办，是一档原创形态的汉字听写竞赛电视栏目。栏目邀请来自全国31个省(区、市)以及在内地受教育的港澳台和外籍学生组成32支代表队参加，形成多场次晋级比赛。

3. 中国教育电视台:《天才知道》

《天才知道》于2013年创办。以"中国梦 成才梦"为宗旨，以展示中国高校改革发展成果和大学生精神风貌为核心，针对不同高校的不同特点，设定不同的内容与题型，通过多轮比拼和对决，充分展示学生各方面的知识和能力，助力广大青年学子实现人生梦想。

《天才知道》节目画面

4. 湖南卫视:《我是歌手》

《我是歌手》于2013年1月18日开办。这是一档以成名歌手为参赛主体的"真人秀"季播节目。它在音乐节目故事化手法编辑、高品质音乐呈现等方面实现全新突破，树立了全国音乐节目的新标杆。栏目播出后，赢得社会各界及海内外广泛赞誉。

《中国汉字听写大会》节目画面

《我是歌手》节目画面

5. 湖南卫视:《爸爸去哪儿》

《爸爸去哪儿》于2013年10月11日开办。这是一档父子亲情互动季播节目。父爱的回归和对父亲在家庭中角色的思考是栏目一大看点,切中社会现实。当下很多成年人特别是20世纪70年代以前出生的人,把绝大多数的时间用在工作、事业的发展上,和家人、孩子渐行渐远,节目通过创意和内容设计,引导人们回归正确理念。

《爸爸去哪儿》节目画面

6. 河南卫视:《汉字英雄》和《成语英雄》

《汉字英雄》是国内首档大型网台联动的文化综艺季播节目,集综艺性和知识性于一体,将文化和娱乐相融合,让观众认识和重温中华汉字的魅力。《成语英雄》是《汉字英雄》的姊妹篇。节目形式为演播室成语竞猜,以画画猜成语为核心,主持人崔永元、学者钱文忠、漫画家蔡志忠担当"成语先生",在节目中与选手互动,讲解成语典故,弘扬中国传统文化。选手均以组合形式参赛,对默契程度和沟通能力是一种极大考验。在答题的同时,节目还向观众展现丰富的情感故事。

《汉字英雄》节目画面

（六）电视剧类

1. 北京鑫宝源影视投资有限公司等：《老有所依》

《老有所依》是41集电视连续剧。该剧以家庭与温情为元素，拥有贴近生活的人物和故事情节以及直面"养老困局"所引发的话题。该剧由刘涛、张铎等主演。

《老有所依》剧照

2. 中央电视台等：《有你才幸福》

《有你才幸福》是35集电视连续剧。该剧讲述了57岁的"老北京"祺瑞年遭遇老房拆迁、老伴去世、子女"啃老"等人生困境，陷入生活和情感的多重危机的故事。该剧由李雪健、陶慧敏等主演。

《有你才幸福》宣传海报

3. 北青传媒股份有限公司等：《正阳门下》

《正阳门下》是36集电视连续剧。故事讲述北京普通百姓面对社会变迁艰苦创业的故事，充分体现了北京人"爱国、创新、包容、厚德"的精神，由朱亚文、杨立新等主演。

《正阳门下》剧照

4. 中视传媒股份有限公司：《赵氏孤儿案》

《赵氏孤儿案》是41集历史电视剧。该剧围绕赵朔之子——赵氏孤儿引发的一系列故事，彰显了以程婴为首的一群古代英雄坚守忠义、舍生取义、不屈不挠、勇于献身的精神。该剧由阎建钢执导，陈文贵编剧，吴秀波、孙淳、应采儿等人主演。

《赵氏孤儿案》剧照

四、电视评奖

（一）新闻类

第二十三届（2012年度）"中国新闻奖"

本届共有299件作品获奖，其中特别奖3件，一等奖46件（含8个新闻名专栏），二等奖91件，三等奖159件。获得特别奖和一等奖的电视作品有：

特别奖

◎电视消息：《习近平在参观〈复兴之路〉展览时强调 承前启后 继往开来 继续朝着中华民族伟大复兴目标奋勇前进》，集体，中央电视台。

《习近平在参观〈复兴之路〉展览时强调 承前启后 继往开来 继续朝着中华民族伟大复兴目标奋勇前进》节目画面

一等奖

◎电视消息：《神舟九号返回舱成功着陆四子王旗草原 三名航天员平安归来》，菅海霞等，内蒙古电视台

◎电视评论：《"寒山闻钟"新"官"念 自揽监督网民意》，金磊，苏州广播电视台

◎电视专题：《胶囊里的秘密》，集体，中央电视台

◎电视专题：《老兵，回家》，阮拥军等，广东电视台

《胶囊里的秘密》节目画面

◎电视系列：《"最美司机"吴斌》，袁也等，杭州文化广播电视集团

◎电视访谈：《如何理解"中国式民主"》，集体，江苏广播电视总台

◎电视直播：《雨中进行时——7·21北京特大暴雨》，集体，北京电视台，

◎电视编排，5月20日：《黑龙江新闻联播》，集体，黑龙江电视台

◎电视专栏：《新闻眼》，江苏广播电视台

◎国际传播类：《达赖集团与自焚暴力事件》，国际频道新闻编辑部社会部四组，中央电视台

◎国际传播类：《中国面临的挑战》，集体，上海广播电视台

《"最美司机"吴斌》节目画面

（二）文艺类

1. 中国广播影视大奖——第二十九届电视剧"飞天奖"

本届经过复评、终评后，共评选出等级奖及特别奖作品42部，单项奖9人。

◎长篇电视剧特别奖

《辛亥革命》

《辛亥革命》剧照

◎长篇电视剧一等奖
《国家命运》
《温州一家人》
《永远的忠诚》
《我的土地我的家》
《我们的法兰西岁月》
《先遣连》
《焦裕禄》
《中国地》
《国门英雄》
《营盘镇警事》
《誓言今生》
《木府风云》
《北京青年》

◎优秀编剧奖
《永远的忠诚》的编剧石零
《辛亥革命》的编剧王朝柱
《温州一家人》的编剧高满堂

◎优秀导演奖
《北京青年》的导演赵宝刚
《永远的忠诚》《杨善洲》的导演张绍林

《温州一家人》剧照

《永远的忠诚》宣传海报

《我的土地我的家》宣传海报

《我们的法兰西岁月》剧照

《国门英雄》宣传海报

《营盘镇警事》剧照

《誓言今生》宣传海报

《北京青年》剧照

高满堂（右）、王朝柱（中）、石零（左）获优秀编剧奖

赵宝刚（左）、张绍林（右）获得优秀导演奖

◎优秀男演员奖

《营盘镇警事》《悬崖》《心术》《浮沉》的主演张嘉译

《五星红旗迎风飘扬2》的主演孙维民

◎优秀女演员奖

《温州一家人》《延安爱情》的主演殷桃

《北京青年》《厂花》的主演马苏

《五星红旗迎风飘扬2》中孙维民剧照

张嘉译获得优秀男演员奖

马苏（左）、殷桃（右）获得优秀女演员奖

2. 第十四届（2013年）"金话筒奖"

◎电视播音员主持人

劳春燕、毕福剑，中央电视台

单云，青岛市广播电视台

王建萍，甘肃省广播电影电视总台

穆亚赛·吾买尔，新疆电视台

杜鹃，内蒙古电视台

程雷，上海广播电视台

韩咏秋，重庆广播电视总台

董超，深圳广播电影电视集团

罗旭，北京电视台

劳春燕

杜鹃

韩咏秋

五、电视史料

（一）2013电视数字摘录[①]

2013年，全国电视人口综合覆盖率98.42%。

2013年，全国有线电视用户数2.24亿户。数字电视用户1.69亿户，数字电视用户占有线电视用户比重已达75.45%。2013年，全国有线广播电视传输干线网络总长382万公里。有线广播电视用户数22 894万户，其中数字电视用户数17 160万户，付费数字电视用户数3 498万户。

2013年，全国广播电视行业总收入3 735亿元，全国广播电视行业广告收入1 387亿元（其中广播广告收入140亿元，电视广告收入1 119亿元），广播电视网络收入755亿元。

2013年，全国公共电视节目播出时间1 706万小时。

2013年，全国电视节目制作时间340万小时。

2013年，全国广电系统共制作公益广告3万余条，累计播出近1 000万次，总时长超过600万分钟。

2013年，全国生产完成并获得《国产电视剧发行许可证》的剧目共计441部15 770集，其中现实题材剧目242部8 143集，历史题材剧目192部7 366集，重大题材剧目7部261集。

2013年，国产电视动画产量达到20万分钟，完成动画片358部17 163集，完成动画电影29部，推荐播出优秀国产动画片49部。

2013年，主要制作机构纪录片年产量超过4 000小时，较上年增长超过30%。主要播出机构首播纪录片总时长超过15 000小时，较上年增长超过50%。

全国12个省（区市）提前完成了"十二五"村村通任务，8个省（区）基本实现户户通。直播卫星户户通工程已安装开通用户超过1 300万户。

全国有线数字电视用户1.69亿户，数字电视用户占有线电视用户比重超过75%。截至年底，全国共开播41个高清电视频道，其中高标清同播频道已达36个，高清开路频道2个，高清付费频道3个。

中央电视台已搭建覆盖全球的新闻报道网络，国际频道节目进入171个国家和地区的电视家庭用户，累计整频道用户数达3.5亿户，海外酒店落地达4 000多家。中国国际广播电台积极推动海外整频率落地电台建设，在49个国家开办了95家海外落地分台，播出语种38个。长城平台建设进一步发展，全球付费用户超过15万户。

2013年度，全国共有《电视剧制作许可证（甲种）》机构137家，《广播电视节目制作经营许可证》机构6 175家。其中，事业单位和国有企业近千家，民营企业近5 200家（约占总量的84%），节目制作机构注册资金超过600亿元，年末总资产超过1 300亿元。

截至2013年底，全国广播电视从业人员84万余人。其中，编辑记者146 798人，播音员主持人29 683人，工程技术人员152 130人，艺术人员17 907人，经营人员42 069人，管理人员136 281人。

[①] 2013广播电视数字[M]//《中国广播电视年鉴》编辑委员会.中国广播电视年鉴(2014).北京：中国广播电视年鉴编辑部，2014：扉2.

(二)国家广播影视主管部门沿革

国家广播影视主管部门沿革表

时间	机构名称	上级主管单位
1949.6	中国广播事业管理处	中央宣传部
1949.11	广播事业局	政务院新闻总署
1952	中央广播事业局	政务院文教委员会
1954	广播事业局	技术、行政业务由国务院二办领导,宣传业务由中宣部领导
1967	中央广播事业局	列为中央直属部门
1977	中央广播事业局	划归国务院领导,宣传业务划归中宣部领导
1982.5	广播电视部	国务院组成部门
1986.1	广播电影电视部	国务院组成部门
1998.3	国家广播电影电视总局	国务院直属机构
2013.3	国家新闻出版广电总局	国务院直属机构

国家新闻出版广电总局大门

六、电视技术

(一)高清电视发展

上星播出的高清同播频道高标清同播率已经达到100%。全国共开播45个高清频道。70%省级电视台和20%地市级电视台具备了至少一个频道的高清制作播出能力。同时,加强伴音立体声和环绕声制作,在高清电视频道实现了立体声或环绕声播出。

(二)中国网络电视台新媒体技术平台建设

2013年,中国网络电视台(CNTV)建设完成网络电视、IP电视、互联网电视、手机电视和移动电视集成播控平台以及全球网络视频分发体系,共同构成了中国网络电视台的"一云多屏、全球传播"体系。

在互联网电视方面,CNTV互联网电视集成播控平台二期项目通过国家新闻出版广电总局验收并上线,建设面向手机、PAD等移动终端的移动互联网业务,并不断研发、升级平板设备视频客户端和手机视频客户端。2013年,终端覆盖用户已超过2 000万。

在IPTV方面,2013年5月9日,CNTV与百视通共同出资组建成立了IPTV合资公司"爱上电视传媒有限公司"。在IPTV集成播控平台与传输网络对接方面,国家新闻出版广电总局、工信部和三大电信集团公司达成了一致共识。2013年全国IPTV 用户数达3 000多万户,总平台自营用户数超过500万户。

IPTV画面

七、电视人物

（一）王朝柱

王朝柱，是《长征》《解放》《八路军》《延安颂》《第一大总统》《走过雪山草地》《辛亥革命》《寻路》等电视剧和电影的编剧，2013年获得全国电视剧"飞天奖"优秀编剧奖。

王朝柱

（二）关中

关中是黑龙江电视台副总编辑兼新闻中心主任、新闻频道总监，历任黑龙江电视台新闻部副主任、主任，都市频道总监、黑龙江电视台副总编辑兼卫视频道总监等职。他曾率领黑龙江电视台新闻中心荣获"全国五一劳动奖状"和"全国广电系统先进集体"称号，获得"中国新闻奖"一等奖8次，其中有5次由他直接策划参与。他带领报道组到西藏做的现场直播《攀登珠峰》，开创了中国高海拔直播的先河。他主管12年的《新闻夜航》节目曾两度荣获"中国新闻名专栏"。

关中

八、电视出版

（一）《中国纪录片发展研究报告（2013）》

《中国纪录片发展研究报告（2013）》由张同道、胡智锋主编，科学出版社出版。该书对中国纪录片行业进行了全景式扫描，指出2012年是中国纪录片品牌元年，《舌尖上的中国》带动纪录片从专业圈子走向公众视野。《中国纪录片发展研究报告（2013）》从纪录片频道、栏目、作品、文化美学、传播、市场等角度深入调研，以精准的数据与严谨的学术分析记录了2012年中国纪录片在品牌化、产业化、国际化方面的突破、发展与问题，以及央视纪录频道所发挥的驱动作用。

（二）《电视频道的品牌建设》

《电视频道的品牌建设》由社会科学文献出版社于2013年7月出版，从品牌概念的衍生开始，针对我国电视频道建设的现状和问题，结合央视、凤凰卫视、湖南卫视等众多知名电视机构的频道品牌营销实践，对电视频道品牌的营销传播及其延伸、品牌形象的构成、品牌战略等进行了深度剖析，并指出了电视频道品牌营销的传播路线图。

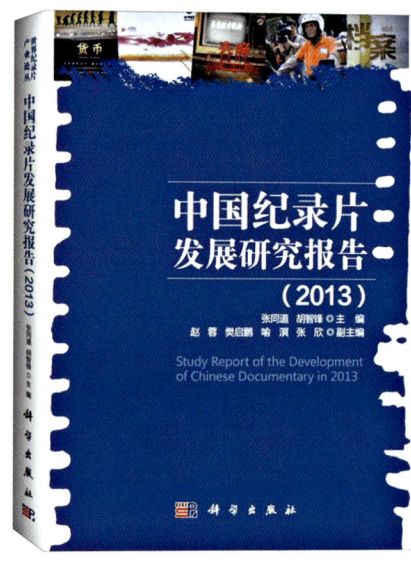

《中国纪录片发展研究报告（2013）》封面

《电视频道的品牌建设》封面

九、电视教育

山西传媒学院成立

2000年,广播电影电视部管理干部学院划转山西省人民政府领导,更名为广播电影电视管理干部学院。2013年,经教育部批准,在广播电影电视管理干部学院基础上建立山西传媒学院。

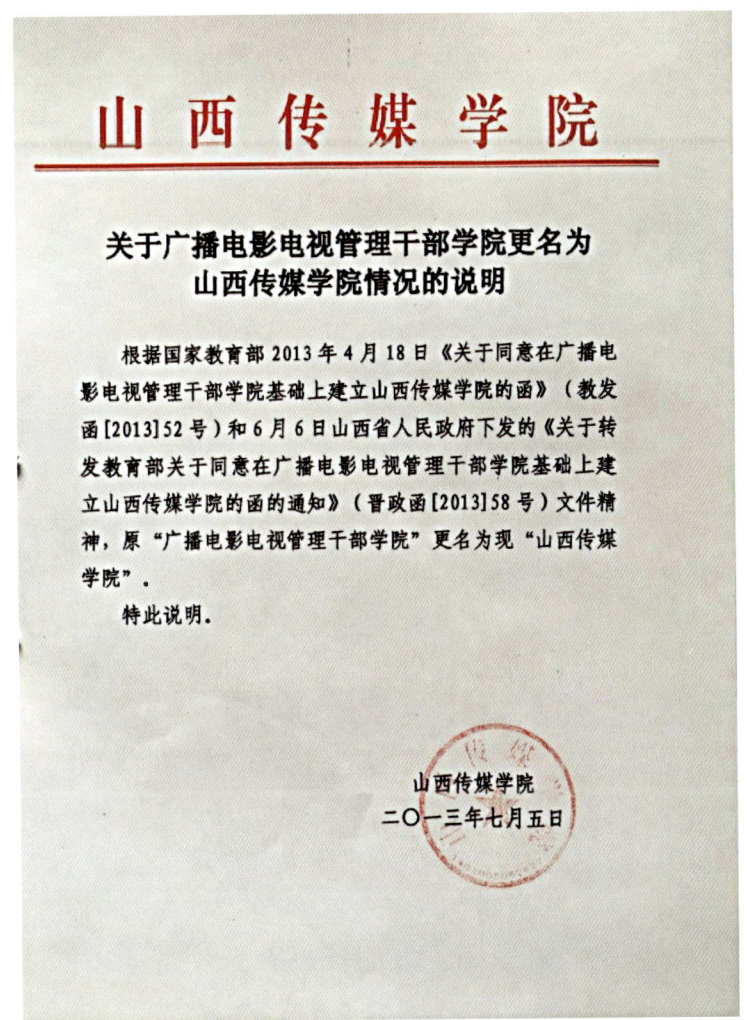

广播电影电视管理干部学院更名为山西传媒学院

2014年

一、大事记

3月31日,上海文化广播影视集团有限公司成立,该公司作为市管企业,与上海广播电视台一体化运作。

上海文化广播影视集团有限公司成立揭牌仪式

4月23日,广东广播电视台暨广东南方广播影视传媒集团有限公司成立。广东广播电视台由原南方广播影视传媒集团、广东人民广播电台、广东电视台、南方电视台整合而成,标志着广东广播事业进入了一个新的发展阶段。

9月,30多个省市地面电视台建立全国广电媒体微融合联盟,拓展微摇客户群,实现从一线卫视到地面频道的全线覆盖。

微摇与电视融合画面

12月5日,湖南省政府门户网站电视版开通,成为国内首个可在电视屏上浏览的省政府门户网站。

二、政策法规

8月18日,中央全面深化改革领导小组第四次会议审议通过了《关于推动传统媒体和新兴媒体融合发展的指导意见》等文件。中共中央总书记、国家主席、中央军委主席、中央全面深化改革领导小组组长习近平在会上强调,推动传统媒体和新兴媒体融合发展,要遵循新闻传播规律和新兴媒体发展规律,强化互联网思维,坚持传统媒体和新兴媒体优势互补、一体发展,坚持先进技术为支撑、内容建设为根本,推动传统媒体和新兴媒体在内容、渠道、平台、经营、管理等方面的深度融合,着力打造一批形态多样、手段先进、具有竞争力的新型主流媒体,建成几家拥有强大实力和传播力、公信力、影响力的新型媒体集团,形成立体多样、融合发展的现代传播体系。

广东广播电视台党委书记、台长张惠建,总编辑陈一珠为广东广播电视台揭牌

中央全面深化改革领导小组第四次会议审议通过了《关于推动传统媒体和新兴媒体融合发展的指导意见》的电视新闻报道画面

12月22日，国家新闻出版广电总局印发《关于加强通过移动互联网开展视听节目服务管理有关问题的通知》，明确移动互联网视听节目服务有关规定。

三、电视栏目和节目

（一）新闻类

1. 中央电视台：《"瘦"了钢筋"肥"了谁》

2014年6月25日19：38，中央电视台综合频道《焦点访谈》播出《"瘦"了钢筋"肥"了谁》，节目时长16分钟，揭露河南南阳一些建筑公司明目张胆地在建筑施工现场违规加工"瘦身"钢筋。所谓"瘦身"钢筋就是把正常的钢筋人为拉细拉长，这是造成"豆腐渣"工程的原因之一。

记者在南阳市多个楼盘建筑工地暗访中发现加工"瘦身"钢筋现象

2. 上海广播电视台：《食品工厂的"黑洞"》

上海广播电视台东方卫视2014年7月20日播出该新闻节目。节目以深度调查的方式，记录了国际知名品牌供应商上海福喜食品有限公司，存在大量使用过期变质原料、回料加工、随意更改保质期等违法行为。节目播出后引起社会各界广泛关注。

《食品工厂的"黑洞"》节目画面

（二）专题类和杂志类

1. 中央电视台：《新春走基层·家风是什么》

春节期间，中央电视台调动31个国内记者站、13家海外记者站以及台本部记者，组成95路采访小组，深入全国各地和十多个国家与地区的海外华人社区，围绕"家风是什么"的主题进行街头随机采访，在《新闻联播》《朝闻天下》等重点新闻栏目推出《新春走基层·家风是什么》系列特别节目，并在"央视新闻"微博、微信、客户端上及时与网友展开互动。

《新春走基层·家风是什么》节目画面

2. 广西电视台：《第一书记》

广西卫视《第一书记》是一档乡村公益节目。节目邀请广西贫困地区的农村基层党支部书记来到演播室，讲述需要资助的项目，获得现场爱心团的帮扶。节目通过倡导"扶贫先扶志"的公益理念，为广西欠发达地区基层农村提供发展项目，有利于当地群众脱贫致富。节目通过"面对面捐款"和"点对点放心帮扶"的公益环节和模式，积极帮扶贫困地区群众，全面展现基层干部风貌。

《第一书记》拍摄现场

3. 上海广播电视台《急诊室故事》

上海东方卫视急救纪实真人秀节目，选址上海最大的急性创伤中心——上海市第六人民医院急诊部，运用78个摄像头，66路现场收音，全天24小时记录急诊室所上演的故事。节目真实反映了医生精湛的医术和敬业的医德，为医生与患者搭建了沟通的桥梁。

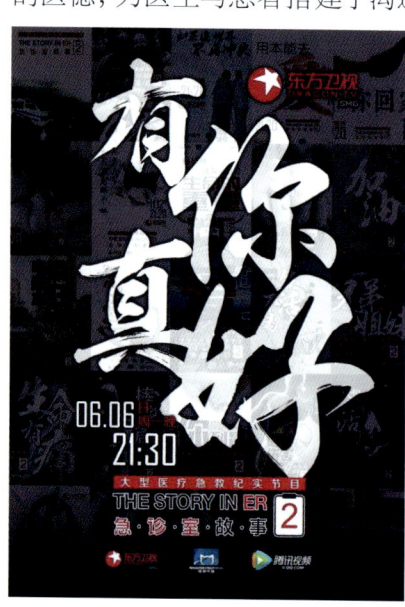

《急诊室故事2·有你真好》海报

4. 湖北广播电视台：《打工服务社》

湖北广播电视台垄上频道播出的是全国唯一专为农民工打工服务的电视栏目，分求职、培训、维权三大版块。栏目宣传语："打工路上有困难，服务社里找娘家"。栏目的"求职帮帮团"定期推荐优质岗位，帮农民工顺利上岗。仅2014年就帮助5 000多名农民工找到了工作。

《打工服务社》求职帮帮团服务现场

（三）纪录片类

1. 广西电视台：《终身大事》

《终身大事》是广西电视台制作的长纪录片。导演吴向列。讲述了广西元宝山青山寨小杜为了延续梯田的历史，接续苗家的香火，费尽心思寻找对象和勤劳致富的故事。

《终身大事》画面

2. 中央电视台：《互联网时代》

10集系列纪录片，中央电视台播出。由中视创新制作。是一部全面、系统、客观解读互联网的大型电视纪录片。从人类前途、国家战略、产业变革高度，以国际化的宏观视角，展现并解析一个新的时代，通过全景式的描绘，呈现出互联网在全球范围掀起的一场影响经济、文化、社会、政治、人性的变革，以人类历史和文明时代的视角探寻种种改变背后的本质，思考互联网对人类社会、人类文明的深远影响与未来发展。

《互联网时代》第一集片头

3. 北京电视台：《纪实天下》

北京电视台纪实频道推出的以纪实新闻为主要形式的栏目，用纪录性的视角，新闻性的眼光，接地气的故事，有悬念的讲述，体现北京城市人文特色的高品质。

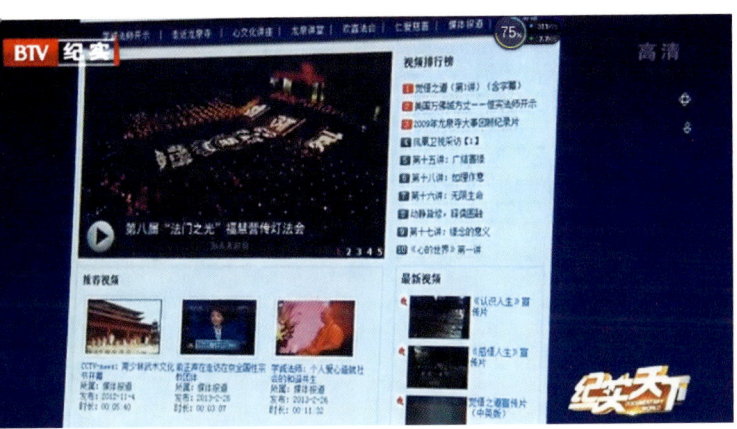

《纪实天下》播出纪录片《龙泉寺》画面

（四）综艺类和艺术类

1. 北京卫视：《我是演说家》

北京卫视原创语言竞技类励志真人秀季播节目。从全国各地选拔出60多位擅长语言表达的精英选手，分为明星类、社会话题类、人生故事类、青春励志类、奇葩类和技巧类等，参赛选手就自己的亲身经历或者感兴趣的话题展开演说，四位评审导师进行点评、指正并决定选手去留。内容积极向上，点评引导有力，在潜移默化中宣传了社会主义核心价值观。

《我是演说家》海报

2. 东方卫视：《笑傲江湖》

上海广播电视台东方卫视播出的大型喜剧真人秀季播节目，节目邀请冯小刚、宋丹丹、刘仪伟、吴君如为嘉宾，秉持立足于百姓、来源于生活的创作理念，为普通人提供展现自我喜剧天分的平台，把正面、积极、乐观的生活态度传递给每一个观众。

《笑傲江湖》宣传画面

3. 江苏卫视:《最强大脑》

江苏卫视《最强大脑》是一档以科学为主题的真人秀季播节目。每期节目选取四位"脑力天才"选手,现场展示其在脑力方面的超强能力,并接受三位现场"观察员"和一位"科学判官"的打分,最终选出"最强大脑"。《最强大脑》以其独特的选题,让"科学"和"智力"成为公众关注的热点。

《最强大脑》宣传画面

(五)电视剧类

1. 中央电视台等:《历史转折中的邓小平》

中央电视台等单位联合制作,纪实性地描写1976—1984年间重新恢复工作的邓小平面对中国复杂动荡的政治经济局面,凭着对党的坚定信念、对社会主义理想的崇高理解,对人民极端负责任的态度,依靠各级干部实施一系列重大改革的人生经历。

《历史转折中的邓小平》剧照

2. 中央电视台等:《马向阳下乡记》

中央电视台、山东影视传媒集团(山东电影电视剧制作中心)等联合制作,讲述的是"不靠谱"小公务员马向阳的乡村奇遇记。该剧展现了一个原生态的农村,真正从农村喜闻乐见的生活中挖掘幽默元素,接地气儿的同时又兼顾"高大全"。

《马向阳下乡记》剧照

3. 北京卫视等:《北平无战事》

2014年10月6日在北京卫视、天津卫视和河南卫视首播。该剧讲述了1948年,潜伏于国民党空军的中共地下党员方孟敖,为和平解放北平,在千钧一发的时刻,为人民的幸福与安宁,做出艰难抉择的故事。

《北平无战事》海报

四、电视评奖

（一）新闻类

1. 第二十四届（2013年度）中国新闻奖

中华全国新闻工作者协会主办的第二十四届中国新闻奖评选于2014年10月19日揭晓。来自全国电视台的多件作品获中国新闻奖，其中特别奖1件，一等奖9件（含1个新闻名专栏）。

其中，电视类获奖作品如下：

特别奖：

◎电视消息：《习近平春节前夕赴甘肃看望各族干部群众 向全国各族人民表达美好的新春祝福》，集体，中央电视台。

电视消息《习近平春节前夕赴甘肃看望各族干部群众 向全国各族人民表达美好的新春祝福》画面

一等奖：

◎电视消息：《超强农民：1=190》，杨国栋、李永和、李鑫，黑龙江电视台。

◎电视消息：《廉价蒲草"编"出亿元淘宝村》，牟宗平、李伟，山东广播电视台。

◎电视评论：《证难办 脸难看》，刘宁、张玉虎、郭峰、杨枫、崔辛雨，中央电视台。

◎电视专题：《不能忘却的记忆——坦赞铁路圆梦纪行》，集体，海口广播电视台。

◎电视专题：《把粮食存到"银行"》，王敬仁、周娉、刘志勇、周丹、郭志光，宁乡广播电视台。

◎电视系列：《寻找可游泳的河》，集体，浙江广播电视集团。

◎电视访谈：《三一重工"状告"奥巴马》，集体，上海广播电视台。

◎电视直播：《太空新旅 天宫授课》，集体，中央电视台。

◎新闻名专栏：《海峡两岸》，集体，中央电视台。

电视评论《证难办 脸难看》画面

电视专题《把粮食存到"银行"》画面

2. 第十三届"长江韬奋奖"

10月19日，第十三届"长江韬奋奖"评选结果揭晓。其中电视从业获奖者有"长江"系列：西藏电视台李森、宁波广播电视集团周洋文；"韬奋"系列：江苏广播电视总台卜宇、黑龙江电视台关中、深圳广电集团苏荣才、中央电视台梁建增。

（二）文艺类

第十五届（2014年）"金话筒奖"

2月26日，由中国广播电视协会主办、中国广播电视协会播音主持委员会承办的2013年度中国播音主持"金话筒奖"颁奖典礼在北京举行。当晚颁出"广播播音主持作品奖""广播播音员主持人奖""电视播音主持作品奖""电视播音员主持人奖"四大类奖项。

◎电视播音员主持人（9人）

孙汀娟，湖北广播电视台

周珊，西藏电视台

穆尼热·安斯尔丁，新疆电视台

高枫，广西电视台

包丽平，江西广播电视台

姚海英（海瑛），天津广播电视台

任秀娟（任玺悦），甘肃省广播电影电视总台（集团）

曹一楠，北京电视台

尼格买提，中央电视台

孙汀娟——湖北广播电视台

五、电视史料

（一）习近平《在文艺工作座谈会上的讲话》（摘录）（2014年10月15日）

第三个问题：坚持以人民为中心的创作导向

社会主义文艺，从本质上讲，就是人民的文艺。毛泽东同志在延安文艺座谈会上指出："为什么人的问题，是一个根本的问题，原则的问题。"邓小平同志说："我们的文艺属于人民"，"人民是文艺工作者的母亲"。江泽民同志要求广大文艺工作者"在人民的历史创造中进行艺术的创造，在人民的进步中造就艺术的进步"。胡锦涛同志强调："只有把人民放在心中最高位置，永远同人民在一起，坚持以人民为中心的创作导向，艺术之树才能常青。"

人民既是历史的创造者、也是历史的见证者，既是历史的"剧中人"、也是历史的"剧作者"。文艺要反映好人民心声，就要坚持为人民服务、为社会主义服务这个根本方向。这是党对文艺战线提出的一项基本要求，也是决定我国文艺事业前途命运的关键。只有牢固树立马克思主义文艺观，真正做到了以人民为中心，文艺才能发挥最大正能量。以人民为中心，就是要把满足人民精神文化需求作为文艺和文艺工作的出发点和落脚点，把人民作为文艺表现的主体，把人民作为文艺审美的鉴赏家和评判者，把为人民服务作为文艺工作者的天职。

2014年10月15日，中共中央总书记、国家主席、中央军委主席习近平在北京主持召开文艺工作座谈会并发表重要讲话。新华社记者 庞兴雷 摄

（二）2014广电新媒体影响力排行榜（摘录）[①]

1. 省级卫视综合搜索指数排行

排名	名称	综合搜索指数
1	湖南卫视	54672.36
2	江苏卫视	32494.02
3	浙江卫视	21137.51
4	东方卫视	19725.02
5	安徽卫视	15073.69
6	山东卫视	10727.32
7	海南卫视	8668.98
8	辽宁卫视	7564.12
9	四川卫视	7196.79
10	湖北卫视	6274.34

2. 城市电视台综合搜索指数排行

排名	名称	综合搜索指数
1	成都卫视	9108.59
2	武汉卫视	8397.97
3	杭州卫视	8198.48
4	深圳卫视	7361.40
5	苏州卫视	6918.98
6	厦门卫视	6770.56
7	长春卫视	5859.09
8	哈尔滨卫视	5831.52
9	西安卫视	5827.74
10	合肥卫视	5054.12

3. 电视台（频道）影响力排行

排名	名称	综合搜索指数
1	央视新闻	1547.60
2	证券资讯频道	886.60
3	湖南卫视	777.80
4	凤凰卫视	767.00
5	安徽卫视	689.40
6	浙江卫视	662.40
7	旅游卫视	539.60
8	江苏卫视	532.00
9	东方卫视番茄台	525.20
10	北京卫视	465.25

4. 电视台（栏目）影响力排行

排名	名称	综合搜索指数
1	爸爸去哪儿	1018.00
2	证券资讯博览	887.00
3	快乐大本营	848.53
4	音乐风云榜	695.05
5	变形计	677.13
6	非诚勿扰	676.47
7	花儿与少年	674.26
8	爸爸回来了	658.00
9	如果爱	645.84
10	非常完美	636.52

5. 电视台（频道）社交媒体关注度

排名	名称	综合搜索指数
1	央视新闻	57 285
2	湖南卫视	23 348
3	央视财经	18 470
4	安徽卫视	4 909
5	旅游卫视	3 827
6	江西卫视	3 515
7	浙江卫视	2 665
8	江苏卫视	1 166
9	山东卫视	680
10	北京卫视	492

6. 电视栏目社交媒体关注度

排名	名称	综合搜索指数
1	非常完美	368 374
2	1818黄金眼	60 339
3	陕西都市快报	52 908
4	爸爸去哪儿	15 625
5	奔跑吧兄弟	14 045
6	CCTV5体育新闻	10 187
7	中国好声音	9 602
8	新闻日日睇	9 134
9	非诚勿扰	8 159
10	一年级	7 843

[①] 曹三省，唐百卉.《2014广电新媒体影响力排行榜》[M].中国广播电视年鉴(2015), 2015: 38-39.

"广电新媒体影响力排行榜"是中国传媒大学新媒体研究院在通过汇聚国内外数十个权威数据源所构建的新媒体进展知识库的基础上,结合互联网搜索引擎、社交媒体平台和其他可信平台的核心数据,经科学精准的数学模型处理,并由一批业内资深人士和学者共同论证而推出的排行榜单。"广电新媒体影响力排行榜"在内容上涉及广电机构发展新媒体的进展与实效,以及广电传媒机构在当前的互联网新媒体环境下的实际影响力。排行榜将广泛采纳业内意见,完善数据模型与处理机制,扬长补短,以期更准确地反映我国广电新媒体发展的现状与趋势,为我国广播电视与新媒体的长足发展提供支持。

六、电视技术

电视数字化深入推进

电视台数字化、网络化、高清化快速发展。全国各级电视台基本实现数字化,省级以上电视台全部实现网络化制播。中央电视台常规频道全部实现高清播出,各级电视台高清制播能力大幅提高。70%以上的省级电视台具备了高清电视制播能力。各级电视传统媒体与新媒体融合发展,云计算应用日渐广泛,移动互联及社交化成为重要发展路径,网络视听内容传播走向高清化,传统媒体正向以视听传播及互动服务为核心的跨网络、跨终端的视听新媒体发展。中央电视台全面启用了新台址的新一代综合制播系统。北京、上海、江苏、浙江、湖南等电视台研发建设了综合制播平台,全国80%以上的省级台开展了网络广播电视、手机广播电视等新媒体业务。中国网络电视台建成亚洲最大网络视频数据库和多路径信源调度中心,第三方公有云服务已覆盖湖南芒果TV所有业务,南方传媒向互联网用户提供4K高清内容服务。

有线电视数字化、双向化稳步推进。有线网络承载能力进一步提升,全国有线数字电视用户数接近1.9亿户,双向网络覆盖用户超过1.08亿户

无线电视数字化取得新突破。2014年年底,国家新闻出版广电总局和财政部决定实施中央广播电视节目无线数字化覆盖工程,国家新闻出版广电总局组织制定了工程总体技术方案。

南京广播电视台数字化全媒体高清演播厅

七、电视人物

(一)马志丹

2014年全国五一劳动奖章获得者。1984年考入广东电视台,先后担任编辑、策划、监制、总编导、总撰稿人、制片人,国家电影电视艺术高级专业一级文学编辑,广东电视台资深导演。自从业以来一直工作在电视创作一线。马志丹被称为南派纪录片领军人物,创建了广东卫视三个纪录片重点品牌:《人在他乡》《追梦在路上》和《我们的青春》。

马志丹

（二）许凌云

2014年全国五一劳动奖章获得者。1994年参加工作，曾任中国首届名专栏奖栏目——山西电视台《记者调查》记者、山西广播电视台新闻中心副主任、山西广播电视台公共频道总监。其作品获得两届中国新闻最高奖"中国新闻奖"一等奖、两届中国广播影视最高奖"中国影视大奖"。

许凌云

《中国广播电影电视发展报告（2014）》封面

八、电视出版

（一）《中国广播电影电视发展报告（2014）》

《中国广播电影电视发展报告（2014）》，是国家新闻出版广电总局发展研究中心编撰的广播影视行业年度发展报告，由社会科学文献出版社出版。中央和省级（副省级）广播影视行政部门及70余家中央和地方广电机构提供权威资料支持。

全书由"总报告""发展报告""专题研究报告""个案分析报告"和系列数据图表等构成。既全面系统报告2013年度中国广播影视改革发展的基本情况和重要进展，又立足经济社会发展全局，深入分析广播影视发展趋势；既对国内广播影视改革发展进行全面研究，又对国外广播影视最新发展形势进行深入分析。

（二）《中国电视剧产业史》

储钰琦著，中国广播影视出版社2014年出版。本书描述了1958年至2012年，中国电视剧产业的发展变化过程。梳理电视剧产业的历史脉络，概括电视剧产业的阶段特征，总结电视剧产业的发展规律，归纳电视剧产业的经验教训，思考电视剧产业的存在问题、未来趋势和发展路径。

《中国电视剧产业史》封面

九、电视教育

7月8日,浙江传媒学院与宁夏广播电视台在银川举行了"全面战略合作框架"协议签约暨"产学研创新人才培养实践基地"揭牌仪式。

9月19日,中国传媒大学、北京电视台"新媒体产学研基地"揭牌仪式在中国传媒大学举行。

中国传媒大学校长苏志武、北京电视台台长赵多佳为基地揭牌

2015年

一、大事记

1月1日，中央电视台新址新闻播出系统正式启用。从1日至8日，中文国际频道全部节目、新闻频道《午夜新闻》和《新闻直播间》凌晨时段节目、外语频道全部节目，相继实现新址播出，启用全新高清包装系统。

1月21日，湖南广电旗下快乐购物股份有限公司在深交所正式上市，市值超过52亿。

上海东方明珠新媒体股份有限公司完整业务介绍截图

7月2日，湖南广播影视集团有限公司正式挂牌成立。这是湖南国有文化资产管理体制改革的一项重大举措。即日起，全台所有可经营性资产陆续剥离，由集团公司运营，打造统一的市场主体。

湖南广播影视集团有限公司正式挂牌仪式

湖南广电旗下快乐购物股份有限公司在深交所正式上市

8月12日晚11:20左右，天津港国际物流中心一间危险品仓库发生爆炸，造成严重伤亡。中央电视台、天津广播电视台等媒体第一时间派记者赶赴现场采访报道。天津广播电视台节目打破常规，全天候直播报道，随时插播、第一时间滚动播出最新权威信息。

6月19日，上海广播电视台、上海文化广播影视集团有限公司（SMG）旗下上海东方明珠新媒体股份有限公司正式在上海证券交易所复牌上市，成为中国A股首家市值超过千亿元的文化传媒上市公司。

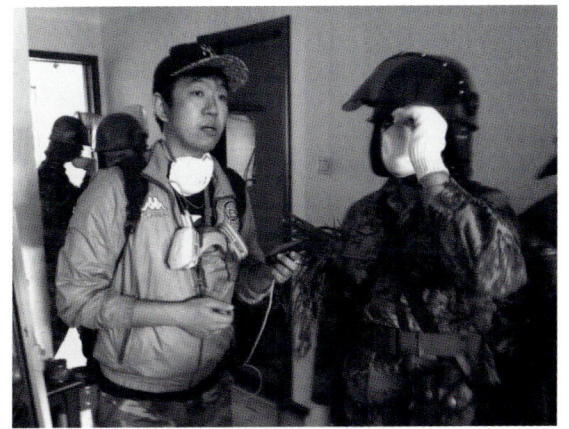

天津广播电视台记者在爆炸抢险现场采访

9月3日,中国人民抗日战争暨世界反法西斯战争胜利70周年纪念大会在天安门广场举行。中央电视台共投入14个电视频道,以及央视网、央视新闻、手机电视等新媒体平台,全程直播纪念大会盛况。天津广播电视台、江苏广电总台等媒体也推出了特别报道节目。

9月3日,中国人民抗日战争暨世界反法西斯战争胜利70周年纪念大会在北京隆重举行。习近平乘红旗车检阅部队

10月23日,北京歌华有线电视网络股份有限公司与中国广播电视网络有限公司联合全国30余家省市有线电视网络公司组建"中国广电大数据联盟"。联盟以全国超过4 000万双向数字电视用户的收视数据为基础,共同搭建全国广电大数据平台,打造全媒体节目收视综合评价体系。

12月23日,黑龙江广播影视传媒集团有限责任公司挂牌。该公司由黑龙江广播电视台组建,所属公司37家,其中包含已在新三板挂牌的黑龙江龙视星传媒股份有限公司、龙广传媒公司。

黑龙江广播影视传媒集团有限责任公司挂牌仪式

二、政策法规

5月25日,国家新闻出版广电总局研究制定并印发了《关于贯彻落实〈加快构建现代公共文化服务体系的意见〉的实施方案》,配套出台了《新闻出版广播影视基本公共文化服务项目指导标准(暂行)》。

8月25日,国务院办公厅印发《三网融合推广方案》(国办发〔2015〕65号),明确中国广播电视网络有限公司要加快全国有线电视网络互联互通平台建设,尽快实现全国一张网。

三、电视栏目和节目

(一)新闻类

1. 中央电视台:《庆安枪击案调查》

中央电视台2015年5月30日新闻频道播出。2015年5月2日,黑龙江省庆安县农民徐纯合在庆安县火车站被警察击毙,此案在网上引起轩然大波。节目仔细回顾了徐纯合事发当天的整个行为,努力还原了徐纯合在生活接受资助等情况,回答了网上关于徐纯合到底是否受到截访等问题。节目播出后,基本上打消了公众关于此事的众多疑问,是调查性报道的范例。

《庆安枪击案调查》节目画面

2. 浙江卫视:《今日聚焦》

浙江卫视于2014年全新打造的由张宪一主持的新闻栏目,每周一至周五18:53播出,主要内容为浙江省地区发生的重大新闻事件。节目以"政府关注、群众关心"为原则,以"建设性舆论监督"为主旨,以践行"走转改"为依托,紧紧围绕浙江省委、省政府中心工作展开建设性舆论监督,用新闻的力量推动进步。

《今日聚焦》片头

2. 河北卫视:《中华好家风》

河北卫视2015年1月推出。节目注重弘扬中华优秀传统文化,展现中国家庭家风的文化情感,刻画一个个鲜活的家庭,讲述一段段精彩的家风故事,体现一代代传承不息的精神坚守。

《中华好家风》节目画面

(二)专题类和杂志类

1. 宁夏电视台:《解码一带一路》

宁夏电视台推出的"一带一路"政经类访谈栏目。栏目关注国家向西开放和"一带一路"建设,由资深媒体人、国际问题专家马晓霖担任主编。通过与世界各国政界、学界、商界和企业界风云人物深入对话,探讨"一带一路"建设中所涉及的方方面面,为观众呈现全球化背景下真实、客观、全面的"一带一路"图景。

《解码一带一路》节目画面

(三)纪录片类

1. 中央电视台:《90后指挥家》

《90后指挥家》以一位90岁指挥家和交响乐的故事,传递出艺术家对生命的感悟和热情,讲述了普通中国人的生活。90岁的曹鹏是上海著名的指挥家。他希望播种交响乐、普及交响乐,总是在音乐会上给观众作非常详细的讲解,让更多的人喜欢交响乐。

《90后指挥家》节目画面

2. 中央电视台：《第三极》

中央电视台中文国际频道于2015年3月推出的纪录片，是"西藏三部曲"的首部作品。它是中国首部全面反映青藏高原人与自然和谐相处的涉藏电视纪录片，也是中国首部采用4K技术摄制的高清纪录片。该片以自然为背景，以人类活动为中心，讲述了青藏高原人与自然和谐相处的故事。

《第三极》片头

3. 北京电视台：《影事》

北京电视台纪实频道推出的关于光影往事的栏目。记录电影、电视剧、纪录片、历史照片等每个光影作品背后的创作故事；视角宽广、描述生动、回味经典、品味人生，让观众感受昨天的精彩与真实。

《影事》宣传画面

（四）综艺类和艺术类

1. 中央电视台：《中国汉字听写大会》

由中央电视台、国家语言文字工作委员会联合主办，中央电视台科教频道承办。2015年《中国汉字听写大会》的主旨为"让书写在古籍里的文字活起来"。参加本届总决赛的有36支代表队。中央电视台新闻中心的新闻主播担任主考官，学术嘉宾则坐阵第二现场，评点语词知识，揭示汉字中的历史文化掌故。

《中国汉字听写大会》节目现场

2. 山西卫视：《走进大戏台》

《走进大戏台》是山西卫视打造的一档融知识性、娱乐性、艺术性为一体的大型综艺类戏曲栏目，节目植根于山西戏曲艺术，通过比拼、打擂、才艺、民俗的展示，吸引不同受众，利用现代传媒优势，广泛挖掘、推出、展示各路戏曲精英。

《走进大戏台》节目画面

3. 浙江卫视：《奔跑吧兄弟》

浙江卫视引进韩国SBS电视台综艺节目 *Running Man* 推出的大型户外竞技真人秀季播节目。《奔跑吧兄弟》每期节目有不同的主题，分为不同的队伍进行比赛，明星们需要根据各种线索来破解最终的谜题，最后获胜一方将获得称号或奖品。《奔跑吧兄弟》第一季于2015年1月16日收官。

《奔跑吧兄弟》海报

（五）电视剧类

1. 北京卫视等：《平凡的世界》

该剧改编自路遥同名小说，讲述了在面对现实压力和人生抉择时，孙少安、孙少平兄弟俩依旧坚守最初梦想和对爱情执着的追求的故事。该剧全面准确地展现改革开放重大历史转折时期中国人的精神世界，尤其是展现以陕西农村为代表的普通人的艰难人生历程。在物质主义盛行的当下，全剧回应时代精神诉求。

《平凡的世界》海报

2. 东方卫视：《琅琊榜》

该剧根据海宴同名网络小说改编，以平反冤案、扶持明君、振兴山河为主线，讲述了"麒麟才子"梅长苏才冠绝伦，以病弱之躯拨开重重迷雾、智搏奸佞，为昭雪多年冤案、扶持新君所进行的一系列斗争。该剧于2015年9月在东方卫视、北京卫视首播。

《琅琊榜》剧照

3. 中央电视台：《东北抗日联军》

该剧讲述了1931年日本帝国主义入侵中国东北，东北人民奋起反击，在中国共产党的领导下进行了艰苦卓绝的对日斗争的故事。该剧全景式描写了抗日英雄们艰苦卓绝的斗争生活，讴歌了赵一曼、杨靖宇、赵尚志等革命英雄舍身卫国、英勇抗日的爱国主义情操。该剧于2015年7月4日在中央电视台一套首播。

《习近平同美国总统在中南海会晤》节目画面

《东北抗日联军》海报

四、电视评奖

（一）新闻类

第二十五届中国新闻奖

由中华全国新闻工作者协会主办的第二十五届中国新闻奖评选结果于2015年11月2日揭晓。来自全国报社、通讯社、电台、电视台和新闻网站的294件作品获奖，其中，特别奖4件，一等奖47件（含10个新闻名专栏），二等奖91件，三等奖152件。电视类的特别奖和一等奖如下：

《寒酸的县委办 不寒酸的民生》节目画面

特别奖

◎系列（连续、组合）报道：《新春走基层·家风是什么》，集体，中央电视台

◎电视评论：《"电商"与"店商" 谁能争锋？》，刘艳琼、林晨、朱贤勇，浙江电视台

《"电商"与"店商" 谁能争锋？》节目画面

一等奖

◎电视消息：《习近平同美国总统在中南海会晤》，集体，中央电视台；《寒酸的县委办 不寒酸的民生》，曾佳、程鹏等，江西卫视

◎电视专题：《食品工厂的"黑洞"》，集体，上海广播电视台新闻综合频道；《无影灯下的生死博弈》，集体，北京卫视

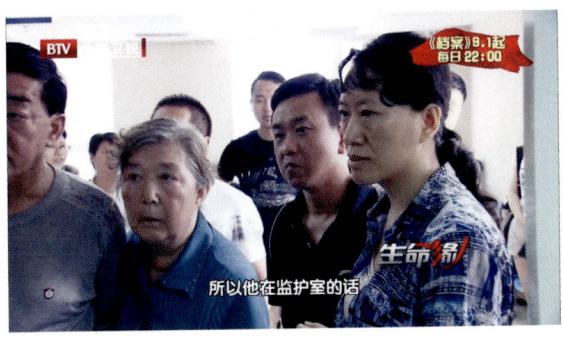

《无影灯下的生死博弈》节目画面

◎电视系列：《绝对忠诚》，杨壮、李越胜、牛嵩峰等，湖南卫视

《绝对忠诚》节目画面

◎电视访谈：《住在涵洞为讨薪》，雷蒙、范有涛、刘小飞等，内蒙古广播电视台经济生活频道

《住在涵洞为讨薪》节目画面

◎电视编排：2014年12月17日《财经夜行线：卢布危机》，集体，上海广播电视台第一财经频道

◎新闻名专栏：《民声》，集体，南京广播电视台；中央电视台《新闻联播》，集体，中央电视台

《民声》节目画面

◎国际传播：《东北虎"串门"》，张晨、李艳清、姜莹等，黑龙江电视台

（二）文艺类

中国广播影视大奖·第三十届（2015年度）"飞天奖"

中国广播影视大奖·第三十届2015年度"飞天奖"评选范围是2013年3月1日至2015年9月30日在全国各级电视台播出的各类电视剧。本届经各地初评选送上来的参评电视剧共200部7 534集，在经过复评、终评后，评选出优秀电视剧奖17部，单项奖4人，提名荣誉奖作品31部，单项奖提名8人。

◎优秀电视剧奖:《毛泽东》《历史转折中的邓小平》《平凡的世界》《父母爱情》《东北抗日联军》《北平无战事》《寻路》《马向阳下乡记》《太行山上》《湄公河大案》《于无声处》《嘿!老头》《大路上》《大秦帝国之纵横》《琅琊榜》《舰在亚丁湾》《原乡》

◎优秀男演员奖:陈宝国,《北平无战事》《原乡》《大河儿女》《湄公河大案》《老农民》

陈宝国主演《大河儿女》画面

《寻路》海报

◎优秀女演员奖:梅婷,《父母爱情》

梅婷主演《父母爱情》画面

◎优秀编剧奖:刘和平,《北平无战事》
◎优秀导演奖:孔笙,《北平无战事》《琅琊榜》《父母爱情》

《嘿!老头》剧照

导演孔笙

五、电视史料

《广播电视新媒体发展综述》节选[①]

二、行业发展情况

近年来，网络视听依托互联网和网络信息技术的日新月异，迎着全面深化改革的时代大潮，迅速成长壮大，成为信息产业和文化产业中的重要力量，成为人民群众工作、生活中的重要内容。总体上看，网络视听行业呈现出以下三个积极特征：

一是网络视听已成为中国互联网行业生态最丰盈、活力最丰沛的领域。据统计，网络音视频作为互联网流量贡献率最大的应用领域，已经占到总流量的70%以上。网络视听节目类型丰富，原创作品数量节节攀升，从2014年10月到2015年10月，网络原创节目上线334万条，占在线节目总量的三分之一。2015年在线视频市场广告规模的增幅超过30%，是全国网络广告市场增长幅度最快的应用领域。看视频时进行过互动行为的用户占整体用户的41%。有17%的用户有过付费看视频的经历，付费用户增长进入快车道。2015年，网络视听节目服务领域各方参与热情更加高涨，围绕几家大型的网络视频平台，已经形成数百家专门针对网络平台创作生产节目内容的新生专业制作机构和创作团队。一些传统影视文艺界的名人名家也积极加入网络文艺创作生产的大潮中。在管理部门的积极有效引导下，网络剧、微电影、网络综艺、网络动画、网络纪录片等网络视听内容正朝着专业化、精品化、品牌化、产业化的方向发展。伴随部分高质量原创网络剧热播继而开发的电影、电视剧、手机游戏以及其他IP授权产品，已经形成长尾效应。

二是网络视听节目在传播正能量方面发挥了积极作用。为鼓励和支持体现主流价值的优秀网络剧、微电影制作传播，在2014年基础上，总局2015年继续组织"弘扬社会主义核心价值观共筑中国梦"原创网络视听节目征集推选和展播活动，共收到29省区市和10个中央单位报送的作品571部，展播作品的数量和质量较2014年都有明显提高。总局2015年还组织了全国重点网络广播电视台和视听节目网站开展了"纪念中国人民抗日战争暨世界反法西斯战争胜利70周年网上影视作品展播活动"，共有296部反法西斯题材的电影、电视剧和纪录片参与展播，各网站展播专区上线15天，展播作品总播放量达到5.57亿次。此外，由中国网络视听节目服务协会组织的优秀原创网络视听作品推选活动，也推荐了1 400多部作品，很多作品温馨感人、引发共鸣。

三是网络视听空间逐步有序清朗，社会责任逐步成为行业共识。为落实习近平总书记关于"使网络空间清朗起来"的重要指示，总局在从业机构和广大从业人员的积极配合下，逐步加强网络视听节目管理，视听节目传播秩序出现良好局面。同时，各从业机构、广大从业人员的法律法规意识、行业自律意识、职业操守意识和社会责任意识不断提升，成为网络视听空间逐步清朗的重要保障。

三、媒体融合发展情况

在视听新媒体发展壮大的过程中，广电主流媒体发展新媒体、推动媒体融合的步伐也大大提速。总局高度重视广电媒体与新兴媒体的融合发展，深入学习贯彻习近平总书记关于媒体融合的重要讲话精神和中央《关于推动传统媒体和新兴媒体融合发展的指导意见》，推动各地积极探索广电媒体融合发展的思路和措施。支持中央三台和一些相对有实力、有创意、有进取精神的广播电视台先行先

---

① 李园园.广播电视新媒体发展综述[J].中国广播电视年鉴(2016), 2016: 178-179.

试，探路子，带好头，起好步。2015年以来，总局先后在深圳召开城市联合网络电视台发展座谈会、在南京召开IPTV建设管理工作座谈会、在成都第三届中国网络视听大会期间专门举办广电媒体融合发展台长论坛。在实践基础上，及时总结推广融合创新的典型经验和成功做法，形成更大范围的思想共识和有效的工作举措。

一年来，各级广电机构积极投身媒体融合，积极参与网络文艺创作，在网络空间里大大拓展了广播影视发展空间，广电媒体的综合影响力显著提升。截至2015年底，全国共有345家广电播出机构开展了互联网视听节目服务业务，其中持证机构166家、在各省局备案的机构179家。

总体看来，各级广电播出机构在推动融合发展、占据新兴舆论阵地方面发挥了积极作用，积累了一定经验。但总体来看，广播电视与新兴媒体融合发展与中央的要求和形势发展的需要相比，还有不小差距，打造新型主流媒体依然任重道远。

六、电视技术

（一）云计算技术初步应用到电视行业

湖南电视台芒果TV云平台。2014年逐步实现混合云架构。2015年，芒果TV进一步完成了云技术部署。芒果TV云平台在2015年已接入60多个项目，占该公司项目的一半多。

深圳广电集团融合新闻中心。全面采用虚拟化和全流程IP化技术的云技术架构，构建了集电视内容生产的全媒体汇聚、共平台编辑、多渠道发布以及办公与信息化应用等业务于一体的全台网业务平台，节目制作效率提升30%以上。

江苏省综合监测监管云平台。江苏省三网融合广播电视全媒体综合监测监管平台项目，采用了云计算、云存储技术，将广播、有线电视、地面电视、卫星电视、CMMB、IPTV等独立监测系统整合为统一、高效、可靠、可扩展的全媒体综合监管平台。

（二）大数据技术获得重视

中国广电大数据联盟成立。2015年10月，全国30余家省市有线电视网络公司，共同成立"中国广电大数据联盟"。

杭州华数搭建大数据平台。2015年，该公司汇聚各业务平台、终端设备的相关数据，搭建自有大数据平台，以数据为驱动、业务为主线，构建华数大数据的基础架构和模型。

（三）全媒体演播室逐步普及

中央电视台、江苏电视台、浙江电视台等已启用全媒体节目制播技术进行节目播出。部分一、二线城市的电视台也开始启用全媒体演播室。

（四）"两微一端"常态化

各级电视媒体通过"两微一端"实现移动化传播，全国省级以上电视机构和部分市县机构普遍开办了微信、微博、客户端业务。

芒果TV界面

七、电视人物

（一）田歌

第九届全国德艺双馨电视艺术工作者。北京电视台文艺节目中心《光荣绽放》栏目制片人、主持人，国家一级导演。1984年从部队转业至北京电视台文艺中心做导演、主持工作，1990年创办谈话栏目《荧屏连着我和你》，2008年创办明星访谈类栏目《光荣绽放》。

田歌主持节目画面

（二）祖光

2015年全国劳动模范获得者。天津广播电视台祖光工作室主任、高级编辑，享受国务院特殊津贴。个人作品多次获得"五个一工程"奖等众多广播电视节目奖。创作的纪录片《五大道》在中央电视台播出后引起强烈反响。

祖光（中）在采访

八、电视出版

（一）《广播电视历史研究文存（2009-2014）》

中广协会史研会、云南广播电视台编，中国国际广播出版社2015年出版。该书汇集了中国广播电视协会广播电视史研究委员会2009年至2014年的文件、资料和研究成果，分为"会议文存——中广协会史研会历届年会发言选登""历史追问——中国广播电视编年史研究进展""历史回响——历史题材节目创新论坛发言选登""往事如歌——征文获奖作品选登""历史镜鉴——学术调研与出版信息选登""往事留痕——中广协会史研会概况及历次会议纪要"六大版块。

《广播电视历史研究文存（2009-2014）》封面

（二）《体媒人物——新中国体育新闻传播口述史》

薛文婷主编，清华大学出版社2015年出版。该书以采访口述资料和其他文献资料相互佐证的方式收录了50位体育新闻工作者的成长经历和新闻故事。这50个人涵盖了通讯社、报刊、广播、电视和网络媒体。新中国体育新闻事业的亲历者、记录者、思考者、缔造者们敞开心扉，真诚地讲述了他们的成长历程，分享了他们从事体育新闻工作的喜怒哀乐，表达了他们对体育的热爱，对新闻的执着。

《体媒人物——新中国体育新闻传播口述史》出版座谈会嘉宾合影

九、电视教育

（一）2015年，多家电视教育机构与新闻实务单位、政府主管部门进行合作与共建

内蒙古自治区新闻出版广电局与内蒙古师范大学合作建设的内蒙古蒙汉文互译新闻出版人才培养基地挂牌。内蒙古自治区新闻出版广电局与内蒙古大学共同建设的基里尔蒙古文新闻出版人才培养基地挂牌。

中国传媒大学与中央人民广播电台签署了《中国传媒大学与中央人民广播电台合作共建新闻传播学部框架协议书》。中国传媒大学与中央电视台签署了《中央电视台—中国传媒大学共建人才教育培养基地合作协议》《中央电视台—中国传媒大学互派人员交流合作协议》《中央电视台—中国传媒大学教学科研实习基地协议》。双方约定，将深入实施卓越传媒人才教育培养计划，创新传媒人才培养机制，在学科建设、人才培养、社会服务等领域进行全面合作，通过人员互聘、建设研究智库、开发课程精品、开展课题研究和人才培训合作等项目，逐项推进双方的合作内容。同时，中央电视台在中国传媒大学建立"中央电视台人才教育培养基地"，中国传媒大学在中央电视台建立"中国传媒大学教学科研实习基地"。

北京第二外国语学院与中国国际广播电台正式签署《共建国际传播学院协议书》，双方将合作建设北京第二外国语学院国际传播学院。

北京外国语大学与中国国际广播电台正式签署全面战略合作协议，双方将在国际新闻与传播学院建设、高端非通用语人才培养、国际传播战略研究以及对外文化交流等方面开展合作。

北京外国语大学与中国国际广播电台战略合作签约仪式

（二）江西传媒职业学院成立

12月2日，江西新闻出版职业技术学院更名为江西传媒职业学院，撤销江西广播电影电视学校建制。

主要参考文献

(以姓氏拼音为序)

〔英〕伯克. 图像证史[M]. 杨豫,译. 北京:北京大学出版社,2008.
陈飞宝,张敦财. 台湾电视发展史[M]. 福州:中国海风出版社,1994.
陈扬明,等. 台湾新闻事业史[M]. 北京:中国财政经济出版社,2002.
丁亚平. 中国电影历史图志(1896—2015)[M]. 北京:文化艺术出版社,2015.
方汉奇. 中国新闻事业通史:第3卷[M]. 北京:中国人民大学出版社,1999.
胡占凡. 中国中央电视台年鉴[M]. 北京:中国广播电视出版社,2011.
胡占凡. 中国中央电视台年鉴[M]. 北京:中国广播电视出版社,2012.
胡占凡. 中国中央电视台年鉴[M]. 北京:中国广播影视出版社,2013.
焦力. 中国中央电视台年鉴[M]. 北京:中国广播电视出版社,2009.
焦力. 中国中央电视台年鉴[M]. 北京:中国广播电视出版社,2010.
李均. 北京电视台[Z]. 北京:中国科学院电子学研究所.
谭天,等. 港澳台广播电视[M]. 广州:暨南大学出版社,2010.
杨伟光. 中央电视台年鉴[M]. 北京:中国广播电视出版社,1994.
杨伟光. 中央电视台年鉴[M]. 北京:中国广播电视出版社,1995.
杨伟光. 中央电视台年鉴[M]. 北京:中国广播电视出版社,1996.
杨伟光. 中央电视台年鉴[M]. 北京:中国广播电视出版社,1997.
杨伟光. 中央电视台年鉴[M]. 北京:中国广播电视出版社,1998.
杨伟光. 中央电视台建台35周年文献资料汇编[M]. 北京:金城出版社,1995.
赵化勇. 中国中央电视台年鉴[M]. 北京:中国广播电视出版社,2000.
赵化勇. 中国中央电视台年鉴[M]. 北京:中国广播电视出版社,2001.
赵化勇. 中国中央电视台年鉴[M]. 北京:中国广播电视出版社,2002.
赵化勇. 中国中央电视台年鉴[M]. 北京:中国广播电视出版社,2003.
赵化勇. 中国中央电视台年鉴[M]. 北京:中国广播电视出版社,2004.
赵化勇. 中国中央电视台年鉴[M]. 北京:中国广播电视出版社,2005.
赵化勇. 中国中央电视台年鉴[M]. 北京:中国广播电视出版社,2006.
赵化勇. 中国中央电视台年鉴[M]. 北京:中国广播电视出版社,2007.
赵化勇. 中国中央电视台年鉴[M]. 北京:中国广播电视出版社,2008.
赵化勇. 中央电视台年鉴[M]. 北京:中国广播电视出版社,1999.
赵玉明. 中国广播电视通史[M]. 北京:北京广播学院出版社,2004.
赵玉明,艾红红. 中国广播电视图史[M],广州:南方日报出版社,2008.
中国电影图史1905—2005[M]. 北京:中国传媒大学出版社,2007.
中央电视台研究室,中央电视台《当代中国的广播电视》编写组. 中央电视台大事记(1955—1983年)》(征求意见稿),中央电视台内部资料
中央电视台《追忆》编委会. 追忆:中央电视台1983—1989春节文艺晚会[M]. 北京:中国国际广播出版社,1990.

后 记

《中国电视图史(1958—2015)》是国家社会科学基金艺术学项目。本书从立项到完成出版，前后历经8年。在本书编撰过程中，由内地、香港和台湾学界和业界权威专家组成的编辑委员会给予了有力指导和支持。

本书编撰由编写团队通力合作完成。主编陈刚负责组建编撰团队，确定编撰宗旨和体例，搭建框架和审稿合成；王姗协助主编审稿合成。

在编写过程中，得到了中央电视台、中国广播电视音像资料馆、中国广播电视年鉴编辑部等单位的支持和协助。本书的出版获得中国传媒大学出版社的大力支持。在中国传媒大学出版社的努力下，本书成功申请了国家出版基金。中国传媒大学出版社的领导和编辑以及相关工作人员为本书的出版做了大量工作。对此，谨表示衷心感谢。

本书涉及内容广泛、史料繁多，各类见解纷呈、不尽一致。加上时间、人力等方面限制，本书在史料取舍、图像选用、文字叙述等方面存在一定的不规范、不完善或不准确之处，不免留下种种遗憾，企望读者不吝批评指正。

本书在编写过程中，参考了很多文献资料，难以一一列举，在此一并致以谢意。本书收录图像数量众多，在此向图像的作者表示衷心的感谢。部分图像作者，因为各种原因不详，未能署名，敬请见谅。作者可与我们联系，待再版时订正。部分处于版权期的图像，未能及时沟通，恳请版权方与我们联系。联系请致函电子邮箱wangshanbbi@126.com。

编者

2018.1